Anna Regeniter,
Hans-Günter Semsek

England – der Süden

Was für ein Land!
Überall saftige Wiesen mit großen Viehherden,
überall die schönsten Dörfer,
wo junge, reinlich gekleidete Mädchen
mit fliegenden Haaren und offener Brust stehen
und in niedlichen Körben Blumen verkaufen;
überall die reizendsten, mit Parks und Teichen umgebenen
Landsitze und, so weit das Auge reicht,
Wagen, Kaleschen und Reiter,
die aus London kommen oder dorthin wollen ...

Nikolai Karamzin, „Briefe eines reisenden Russen", 1790

Impressum

Anna Regeniter, Hans-Günter Semsek
Reise Know-How England – der Süden

erschienen im
Reise Know-How Verlag Peter Rump GmbH
Osnabrücker Str. 79, 33649 Bielefeld

13., neu bearbeitete und aktualisierte Auflage 2024

ISBN 978-3-8317-3839-7

Gestaltung und Bearbeitung
Umschlag: Peter Rump, der Verlag
Inhalt: Günter Pawlak, Wayan Rump, der Verlag
Fotonachweis: siehe S. 597
Kartografie: Ingenieurbüro B. Spachmüller, Dimitrios Gavrides
Lektorat (Aktualisierung): Katja Schmelzer

Druck und Bindung
Druck- und Verlagshaus
Zarbock GmbH & Co. KG,
Frankfurt am Main

Printed in Germany

Bibliografische Information der Deutschen Nationalbibliothek
Die Deutsche Nationalbibliothek verzeichnet diese Publikation in der Deutschen Nationalbibliografie; detaillierte bibliografische Daten sind im Internet über http://dnb.dnb.de abrufbar.

Anzeigenvertrieb
KV Kommunalverlag GmbH & Co. KG,
Alte Landstraße 23, 85521 Ottobrunn,
Tel. 089-928096-0, info@kommunal-verlag.de

Reise Know-How Bücher finden Sie in allen gut sortierten Buchhandlungen. Falls nicht, kann Ihre Buchhandlung unsere Bücher hier bestellen:
D: Prolit, prolit.de und alle Barsortimente
A: Freytag-Berndt und Artaria KG, freytagberndt.com
CH: AVA Verlagsauslieferung AG, ava.ch
B, LUX, NL: Willems Adventure, willemsadventure.nl
oder direkt über den Verlag: **www.reise-know-how.de**

Bildlegende Umschlag und Vorspann
Titelbild: Blick über Bristol während der „Bristol International Balloon Fiesta" (adobe.stock ©Nick)
Vordere Umschlagklappe: Castle Combe (www.fotolia.de ©Jenifoto); kleines Bild: Pubschild „Jamaica Inn" im Dartmoor (vc ©Matthew Jessop)
S. 1: Schnorkeln mit Robben auf den Isles of Scilly (vis)
S. 2/3: Blick auf die Seven Sisters bei Cuckmere Haven (ar)

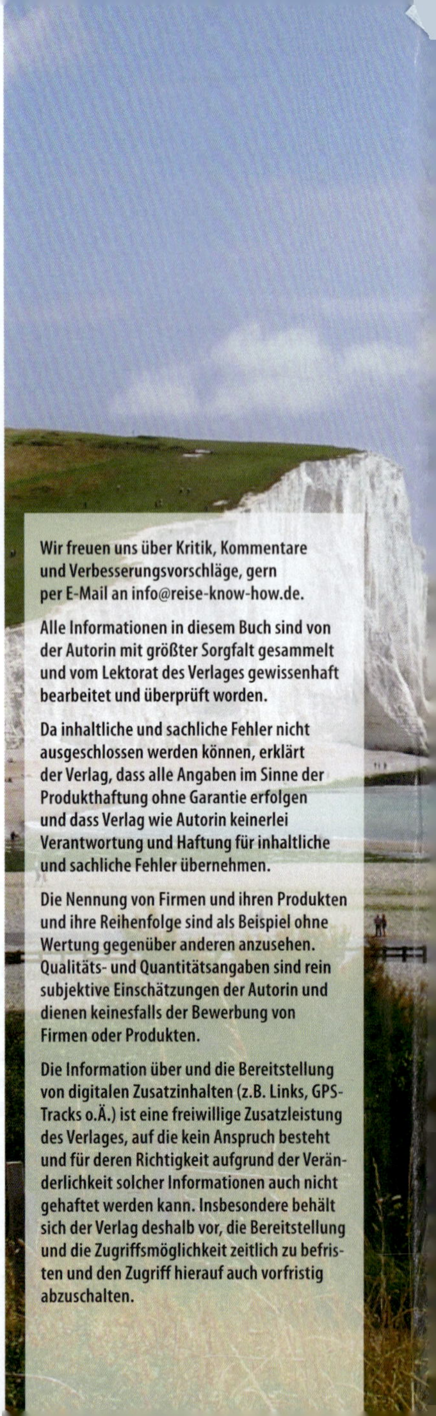

Wir freuen uns über Kritik, Kommentare und Verbesserungsvorschläge, gern per E-Mail an info@reise-know-how.de.

Anna Regeniter,
Hans-Günter Semsek

ENGLAND – DER SÜDEN

Vorwort

Der Süden Englands mag von überschaubarer Größe sein, und doch findet sich hier ein unübertroffener **Reichtum an landschaftlicher Schönheit und kulturellen Attraktionen.** Von den saftig grünen Wiesen und liebevoll gepflegten Vorgärten Südostenglands über die rauromantischen Moore Dorsets und Devons bis zu den hübschen Fischerdörfern Cornwalls hat jede Grafschaft ihren ganz eigenen Reiz.

Und nie weit entfernt ist die **Küste,** die mittlerweile fast ohne Unterbrechung über den neuen *England Coast Path* erwandert werden kann. Mal kommt sie schroff daher, wie an den dramatischen Kreidefelsen der Jurassic Coast, dann wieder fast mediterran, wie z.B. im malerischen Küstenort St. Ives oder den bei schönem Wetter türkis leuchtenden Stränden der Isles of Scilly.

Genauso nah ist auch immer die faszinierende **Geschichte Englands:** Angefangen bei den geheimnisvollen Monumenten aus der Vorzeit im Südwesten des Landes, über die von Sagen und Legenden umwobenen Burgen wie Tintagel und Arundel, den atemberaubenden mittelalterlichen Kathedralen von Canterbury, Salisbury oder Winchester bis hin zu den unzähligen Herrenhäusern – die Erzählungen von Königen und Königinnen, Magieren und Feen, Heiligen und Bösewichten, die einem auf Schritt und Tritt begegnen, verleihen auch dem unbedeutendsten Örtchen noch einen gewissen Zauber.

Die kleinen **Dörfer Südenglands** mit ihren Cottages und urigen Pubs verkörpern das *Merry Old England,* wie man es aus den *Rosamunde Pilcher*-Verfilmungen kennt. Besonders schön sind Ort-

902es tdc

[>] Sommerliches Treiben am Strand von Margate

schaften wie West Lulworth oder Selworthy mit ihren reetgedeckten Bauernhäusern, aber auch das Postkartendörfchen Castle Combe in Wiltshire oder Godshill auf der Isle of Wight sind äußerst pittoresk.

Wer es lieber **städtisch** mag, kommt im Süden Englands ebenfalls ganz auf seine Kosten. Ganz oben steht natürlich **London** mit seiner unübertroffenen Fülle an Sehenswürdigkeiten von Weltklasse und einem Nachtleben, das in Europa seinesgleichen sucht. Aber auch das kreative **Bristol** mit seinem großen Binnenhafen, das Seebad **Brighton** mit seiner trendigen Bohème-Atmosphäre oder die elegante Welterbestadt **Bath** mit ihren römischen Ruinen und schönen Bauten aus dem 19. Jahrhundert sind unbedingt einen Besuch wert.

Eine gute Reise!

Anna Regeniter

Inhalt

Vorwort 4
Vor der Reise nicht vergessen! 9
Kartenverzeichnis 10
Hinweise zur Benutzung 11
Die Regionen im Überblick 12
Reiserouten und Touren 14
England – der Süden: Zu jeder Zeit 18
Fünf schöne Gärten 20
Fünf malerische Küstenorte 21
Fünf geheimnisvolle Orte 22
Fünf einmalige Erlebnisse 23

1 Dover – Eastbourne 24

Dover 26
Der englische Kanal 31
Hythe 33
Die Romney Marsh und Dungeness 35
Rye 37
Winchelsea 42
Hastings 43
Battle 46
In das Hinterland von Hastings 47
Eastbourne 51
In der Umgebung von Eastbourne 56
National Trust und English Heritage 60
Virginia Woolf – Ein tragisches Genie 66

2 Brighton – Portsmouth 70

Brighton 72
You've come a long way, Baby – die Musikszene Brightons 76
Ditchling 85
Arundel Castle 85
Petworth House 86
Bignor 86
Bognor Regis 87
Chichester 87
Portsmouth 92
Lord Nelson, die Victory und die Schlacht von Trafalgar 100

3 Isle of Wight 102

Überblick 104
Anreise 105
Ryde 106
Seaview 107
Bembridge 108
Brading 108
Culver Cliffs 110
Sandown und Shanklin 110
Godshill 113
Ventnor 114
Bonchurch 115
St. Catherine's Point 116
Niton und Chale 116
Blackgang Chine 117
Brighstone 117
Freshwater Bay 117
The Needles 118
Alum Bay 120
Yarmouth 120
Calbourne 121
Newport 121
West und East Cowes 123
Osborne House 124
Praktische Tipps 124

4 Southampton – Bournemouth 126

Southampton 130
Warum die Titanic sank 131

Romsey 135
Heinrich V. und die Langbogenforschung 136
Mottisfont Abbey 137
Winchester 138
Salisbury 144
Old Sarum 151
Im New Forest 151
Bournemouth 154
Kingston Lacy 158

5 Isle of Purbeck – Lime Regis 164

Isle of Purbeck 166
Wareham, Clouds Hill und Moreton 167
Lawrence von Arabien 170
Lulworth Cove und Durdle Door 174
Milton Abbas 176
Dorchester 176
Thomas Hardy – Leben und Werk 178
Auf dem Weg nach Sherborne 180
Montacute House 182
Weymouth 184
Isle of Portland und Chesil Beach 187
Die Schwäne von Abbotsbury 188
Lyme Regis 189
Beer 192

6 Exeter – Plymouth 194

Exeter 196
A la Ronde 204
Torquay 204
Agatha Christie in Greenway 206
Dartmouth 208
Tavistock 211
Wanderungen im Dartmoor 212
Burgh Island 234
Plymouth 235
Francis Drake und die Spanische Armada 238

7 Südliches Cornwall 244

Polperro, Fowey, Mevagissey und St. Mawes 246
Truro 254
Falmouth 256
St. Michael's Mount 260
Penzance 261
Rund um Penzance 265
Ein Theater am Meer – das Minack Theatre 266
Isles of Scilly 269
Schiffskatastrophen vor den Isles of Scilly 270
St. Ives 280
Zinnschürfer in Cornwall 286
Küstenwanderungen in Cornwall 287

8 Nördliches Cornwall 308

Newquay 312
Padstow 315
Pencarrow House and Gardens 317
Rosamunde Pilcher 318
Tintagel 318
Die Legende der Burg Tintagel 319
Boscastle 320
Camelford 320
Im Bodmin Moor 321
Bude 324
Morwenstow 325

9 Hartland Point – Bristol 326

Hartland Point 328
Clovelly 329
Auf dem Weg zum Exmoor-Nationalpark 334

Exmoor-Nationalpark 340
Vom Exmoor-Nationalpark nach Glastonbury 344
Glastonbury 345
Wells 349
Die Mendips 355
Weston-super-Mare 356
Burnham-on-Sea 359
Bristol 360
Banksy – der bekannteste Unbekannte des Kunstbetriebs *364*
Der Bristol-Sound *367*

10 Bath – Canterbury 372

Bath 374
Longleat 394
Stourhead 396
Lacock 400
Castle Combe 401
Die weißen Pferde von Wiltshire 402
Stonehenge und Avebury 403
Neolithische Baukunst *408*
Wilton House 411
Highclere Castle 412
Guildford 412
Polesden Lacy 413
Sheffield Park Garden 414
Hever Castle 416
Leben und Regierungszeit von Heinrich VIII. *418*
Winston Curchill in Chartwell 421
Winston Leonard Spencer Churchill – ein Politikerleben *422*
Sevenoaks 425
Leeds Castle 428
Canterbury 430
Mord im Dom *438*
Sandwich 439
Cinque Ports – die mächtigen Hafenstädte *441*
Deal/Walmer 442
Broadstairs 444
Margate 446
Whitstable 450

11 London 452

Sehenswertes 454

Spaziergang 1 455
Entlang der Themse: Vom Tower of London vorbei an der Tate Modern bis zum London Eye und Big Ben
Spaziergang 2 464
Von Buckingham Palace vorbei an Trafalgar Square und Covent Garden bis zum British Museum

Praktische Tipps London 471

12 Praktische Reisetipps A – Z 474

Anreise 476
Autofahren 482
Barrierefreies Reisen 485
Camping 486
Einkaufen 486
Ein- und Ausreisebestimmungen 487
Elektrizität 489
Essen und Trinken 489
Britische Pub-Besonderheiten *494*
THEMA Pubs 496
Feiertage, Feste und Events 497
Fotografieren 498
Geld 499
Gesundheit und Hygiene 501
Mit Haustier unterwegs 502
Information 502

Mit Kindern unterwegs 503
Klima und Reisezeit 504
Kommunikation unterwegs 504
LGBT+ 506
Maße und Gewichte 507
Notfälle 507
Öffnungszeiten 508
Orientierung und Landkarten 508
Post 509
Rauchen 509
Reisegepäck und Ausrüstung 510
Sicherheit 510
Sport und Aktivitäten 510
THEMA Wandern 511
Sprache 515
Unterkunft 515
Verhaltenstipps 520
Verkehrsmittel 521
Zeit 523

13 Land und Leute 524

Englands Süden 526
Flora und Fauna 532
Seevögel an Englands Küsten 535
Umwelt- und Naturschutz 536
Geschichte Englands 539
Monarchie und Regierung 545
Britische Nationalsymbole 546
Medien 550
Wirtschaft 553
Bevölkerung 554
Architektur 557
Englische Literatur 560
William Shakespeare – Leben und Werk 566

14 Anhang 574

Literaturtipps 576
Kleine Sprachhilfe 577
Register 588
Fotonachweis 597
Die Autorin 598
Schreiben Sie uns! 599

Vor der Reise nicht vergessen!

Reisepass noch gültig und ETA beantragt? (S. 487)

Krank im Urlaub? (S. 501)

Adapter eingepackt? (S. 489)

Achtung Linksverkehr! (S. 482)

Was kostet das Pfund? (S. 499)

Zoll nach dem Brexit! (S. 488)

Nach Hause telefonieren? (S. 504)

Viele Wege führen nach ... (S. 476)

Karten

Süd-England 600
Die Regionen im Überblick 12
Reiserouten und Touren 14–17

Übersichtskarten
Dover – Eastbourne 28
Brighton – Portsmouth 74
Isle of Wight 104
Southampton – Bournemouth 128
Isle of Purbeck – Lime Regis 168
Exeter – Plymouth 198
Cornwall, Südliches 248
Isles of Scilly 272
Cornwall, Nördliches 310
Hartland Point – Bristol 330–332
Bath – Canterbury 376–381

Stadtpläne
Bath 386
Bournemouth 157
Brighton 80
Bristol 362
Canterbury 436
Chichester 90
Dartmouth 210
Eastbourne 55
Exeter 202
London Umschlag vorn
London Zentrum 456
Margate 447
Newquay 314
Penzance 263
Plymouth 240
Portsmouth 96
Rye 39
Salisbury 148
Southampton 134
St. Ives 281
Torquay 207
Weymouth 185
Winchester 142

Wanderkarten
Cornwall, Wanderung 1 288
Cornwall, Wanderung 2 292
Cornwall, Wanderung 3 298
Cornwall, Wanderung 4 302
Cornwall, Wanderung 5 306
Dartmoor, Wanderung 1 214
Dartmoor, Wanderung 2 220
Dartmoor, Wanderung 3 224
Dartmoor, Wanderung 5 233
Seven Sisters-Wanderung 59

Lagepläne
Kingston Lacy 160
Sheffield Park Garden 414
Sissinghurst Castle 428
Stonehenge 404
Stourhead, Gartenanlage 398

Grundrisse
Canterbury, Kathedrale 432
Chichester, Kathedrale 89
Exeter, Kathedrale 200
Salisbury, Kathedrale 146
Wells, Kathedrale 351
Winchester, Kathedrale 140

Thematische Karten
Fährverbindungen 477
Grafschaften 526

Hinweise zur Benutzung

Nicht verpassen!

Die Highlights der Region erkennt man an der **gelben Markierung.**

MEIN TIPP: ...

... steht für spezielle Empfehlungen der Autorin *Anna Regeniter:* abseits der Hauptpfade, nach ihrem persönlichen Geschmack.

Der Schmetterling ...

... zeigt an, wo man besonders gut Natur erleben kann oder Angebote im Bereich des nachhaltigen Tourismus findet.

Kinder-Tipps

Das Symbol kennzeichnet Sehenswürdigkeiten und Aktivitäten, an denen auch kleine Besucher Südenglands ihre Freude haben.

1 Die **farbigen Nummern** in den „Praktischen Tipps" der Ortsbeschreibungen verweisen auf den jeweiligen Karteneintrag.

Updates nach Redaktionsschluss

Auf der Produktseite dieses Reiseführers in unserem Internetshop finden Sie zusätzliche Informationen und wichtige Änderungen.

Postleitzahlen

Britische Postleitzahlen *(postcodes)* weisen eine erstaunliche Genauigkeit auf und können auch ins Navigationsgerät im Auto oder in Apps wie „Google Maps" in das Smartphone eingegeben werden, um zum gewünschten Ziel geleitet zu werden. Sie bestehen aus Buchstaben und Zahlen, einer Lücke (die bei Eingabe oft auch weggelassen werden kann oder muss) sowie im zweiten Teil aus einer Zahl und Buchstaben. In diesem Buch geben wir die Postleitzahl bei allen Adressen, sowie bei vielen Sehenswürdigkeiten an.

Preiskategorien der Unterkünfte

Die Preisangaben für die Unterkunftstipps gelten, sofern nicht anders aufgeführt, stets für ein **Doppelzimmer** mit WC/Duschbad inkl. Frühstück für eine Übernachtung in der Hochsaison.

① bis 69 £
② 70–99 £
③ 99–129 £
④ 129–159 £
⑤ über 159 £

Preiskategorien der Restaurants

Diese Preiskategorien beziehen sich auf **Hauptgerichte am Abend.**

① bis 10 £
② 11–20 £
③ 21–30 £
④ 31–40 £
⑤ ab 41 £

Die Regionen im Überblick

1 Dover – Eastbourne | 24

Wer mit der Fähre kommt, wird als ersten Eindruck Großbritanniens die weißen Kreidefelsen von Dover sehen. Burgen und Dörfer sowie das Seebad **Eastbourne (S. 51)** runden diesen Streckenabschnitt ab.

2 Brighton – Portsmouth | 70

Das elegante Seebad **Brighton (S. 72)** ist auch ein Hort alternativer Kultur. Wenn man der Küste weiter in westliche Richtung zum Seehafen **Portsmouth (S. 92)** folgt, stößt man auf die Burg **Arundel Castle (S. 85),** das Herrenhaus **Petworth House (S. 86)** und auf die Reste einer römischen Villa beim Ort **Bignor (S. 86).**

3 Isle of Wight | 102

Die Insel Wight ist in den letzten Jahren „hip" geworden und bietet neben kleinen Seebädern und malerischen Dörfern eine überraschende landschaftliche Vielfalt.

4 Southampton – Bournemouth | 126

Von der Hafenstadt **Southampton (S. 130),** von wo die *Titanic* einst zu ihrer verhängnisvollen Jungfernfahrt aufbrach, und über die Kathedralenstädte **Winchester (S. 138)** und **Salisbury (S. 144),** gelangt man in das Naturschutzgebiet **New Forest (S. 151).** Das renommierte Seebad **Bournemouth (S. 154)** schließt diese Teilstrecke ab.

5 Isle of Purbeck – Lyme Regis | 164

Die Küste zwischen Bournemouth und **Weymouth (S. 184)** ist von dramatischer Schönheit und wird als Isle of Purbeck bezeichnet. Hier kann man auf den Spuren des *Lawrence von Arabien* wandeln. Weltweit einmalig ist das Schwanenschutzgebiet von **Abbotsbury (S. 188).**

6 Exeter – Plymouth | 194

Zwischen der Universitätsstadt **Exeter (S. 196)** mit ihrer berühmten Kathedrale und der Hafenstadt **Plymouth (S. 235)** lohnt ein Besuch des Dorfes **Dartmouth (S. 208)** mit seinen

Fachwerkhäusern. Wanderfreunde sollten die Heide- und Moorlandschaft **Dartmoor (S. 212)** nicht verpassen.

7 Südliches Cornwall | 244

Der Süden der Grafschaft Cornwall ist gesäumt von Stränden, Felsenküsten, malerischen Dörfern und Seebädern. Gartenfreunde kommen im *Eden Project* auf ihre Kosten und Kunstfreunde im beliebten Ort **St. Ives (S. 280).**

8 Nördliches Cornwall | 308

Die Nordküste Cornwalls hat atemberaubende Felsenküsten und Sandstrände zu bieten. Das Landesinnere ist hier von der Moorlandschaft des **Bodmin Moor (S. 321)** geprägt.

9 Hartland Point – Bristol | 326

Wanderfreunde kommen im Waldgebiet des **Exmoor-Nationalsparks (S. 340)** auf ihre Kosten. Das durch ein Musikfestivals berühmte **Glastonbury (S. 345)** bietet eine einmalige Dichte an Läden mit esoterischen Büchern und Produkten. Nicht verpassen sollte man **Bristol (S. 360),** das sich zu einer kulturellen Metropole gemausert hat.

10 Bath – Canterbury | 372

Zwischen den Städten **Bath (S. 374)** und **Canterbury (S. 430),** die beide Zeugnisse britischer Geschichte seit römischer Zeit bewahrt haben, dürfte der aus prähistorischer Zeit stammende Steinkreis von **Stonehenge (S. 403)** die Hauptattraktion dieser Tour sein. Daneben sind zahlreiche Herrensitze zu besichtigen.

11 London | 452

Die Hauptstadt des Vereinigten Königreichs ist mit ihren fast neun Millionen Einwohnern die größte Stadt Europas, eines der weltweit wichtigsten Finanzzentren und eine der kulturellen Metropolen der Welt. Zu ihrer Erkundung schlagen wir **zwei Spaziergänge (S. 455, S. 464)** vor.

Reiserouten und Touren

Im Folgenden werden **fünf Routen** vorgestellt, die sich für unterschiedliche Zeitbudgets und Interessen anbieten. Einige Ziele lassen sich dabei wie Module miteinander kombinieren.

Route 1: Kurztrip nach Südostengland

Wer es eilig hat, aber trotzdem einige der **schönsten Ecken Südostenglands** entdecken will, kann sich an dieser viertägigen Reise versuchen, deren Ziele alle leicht mit dem Zug von London oder mit dem Auto von Folkestone oder Dover aus zu erreichen sind.

- **Dauer:** 4 Tage
- **Transport:** mit dem Zug oder Auto
- **Reisezeit:** am schönsten von Ostern bis Oktober

1. Tag

Canterbury. Ankunft und Stadtbesichtigung, Bootstour auf dem Flüsschen Stour und Besichtigung der Kathedrale.

2.–3. Tag

Eastbourne. Ausflüge zum *Charleston Farmhouse* und eine Wanderung entlang der Seven-Sisters-Kreidefelsen.

4. Tag

Brighton. Besichtigung des *Royal Pavilions* und *North Laine.*

Route 2: Kurztrip Cornwall

Wer den **Südwesten Englands** kennenlernen will, aber nur wenig Zeit hat, kann auf diesem Routenvorschlag einige der Highlights Cornwalls kennenlernen.

- **Dauer:** 4 Tage
- **Transport:** mit dem Zug oder Auto, Anreise mit dem Zug bis Penzance oder per Flugzeug nach Newquay
- **Reisezeit:** ganzjährig, am schönsten von Ostern bis Oktober

1.–2. Tag

Penzance. Besichtigung des St. Michael's Mount und Ausflug zur Bucht von Porthcurno. Besichtigung des *Minack Theatre* und Spaziergang am Land's End, dem westlichsten Zipfel Englands.

2.–4. Tag

St. Ives. Bummel durch die Innenstadt und Besuch der Galerie *Tate,* gefolgt von einem Tag an einem der schönen Strände.

[>] Bath Cathedral

Route 3: Schnupperkurs West Country

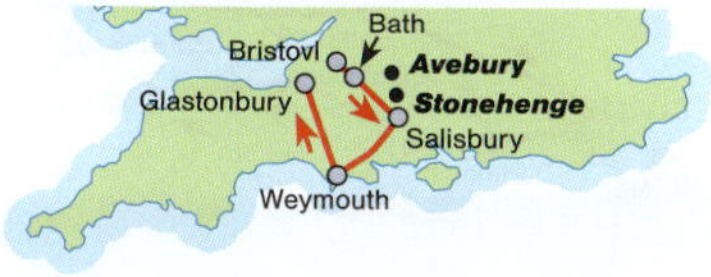

Zum sogenannten *West Country*, dem **Westen Englands,** gehören neben Cornwall auch die weniger oft besuchten Grafschaften Somerset, Wiltshire und Dorset, die man auf dieser Route kennenlernt. Neben der pulsierenden Metropole Bristol führt diese Reise zu mehreren historisch bedeutenden Kleinstädten, zu den Steinkreisen von Stonehenge und Avebury sowie an die atemberaubende Küste bei Weymouth.

- **Dauer:** 7 Tage
- **Transport:** mit dem Zug oder Auto, Anreise z.B. über den Flughafen Bristol
- **Reisezeit:** am schönsten von Ostern bis Oktober

1.–2. Tag
Bristol. Stadtbesichtigung und Ausflug in das nahe Bath.

2.–4. Tag
Salisbury. Besichtigung der Kathedrale und Ausflüge nach Stonehenge und Avebury.

5.–6. Tag
Weymouth. Ausflug zum Felsen Durdle Door und Lulworth Cove.

7. Tag
Glastonbury. Rückreise nach Bristol und Abstecher in das sagenumwobene Glastonbury.

Route 4: Tour für Gartenfreunde

Südengland ist berühmt für seine **schönen Gärten.** Wer in zehn Tagen möglichst viele von ihnen besuchen will, dem sei dieser Routenvorschlag empfohlen.

- **Dauer:** 10 Tage
- **Transport:** mit dem Auto (einige der Gärten sind mit öffentlichen Verkehrsmitteln nur schwer zu erreichen)
- **Reisezeit:** von Mai bis September

963es ar

1.–2. Tag

Ausflüge zu den **Gärten von Sissinghurst** und **Great Dixter** und ein Abstecher in die Kieswüste von **Dungeness,** um den **Garten des Künstlers Derek Jarman** zu besuchen.

3.–4. Tag

Besuch des **Charleston Farmhouse** mit seinem von der *Arts & Craft*-Bewegung inspirierten Garten. Am nächsten Tag können die **Kreidefelsen bei Beachy Head** mit ihren seltenen Pflanzenarten besucht werden (Übernachtungen in Rye und Eastbourne).

5. Tag

Besichtigung der **Kathedrale von Salisbury** und Abstecher nach **Stonehenge** (Übernachtung in Salisbury).

6. Tag

Besuch der großartigen **Gartenanlage von Stourhead.**

7. Tag

Anreise und Besichtigung des **Lost Gardens of Heligan.**

8. Tag

Besichtigung des **Eden Projects.**

9. Tag

Weiterfahrt Richtung Westen und Besuch des **botanischen Gartens von Trebah** mit seinen vielfältigen subtropischen Pflanzen.

10. Tag

Bummel durch St. Ives und Besichtigung von **Barbara Hepworths Skulpturengarten** (Übernachtungen in Looe und Fowey).

Route 5: Große Rundreise

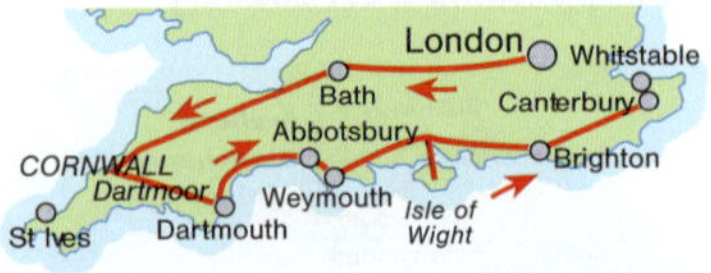

Wer **drei Wochen** Zeit hat und **möglichst viele Highlights** sehen möchte, kann sich an diesen Routenvorschlag halten.

- **Dauer:** 21 Tage
- **Transport:** mit dem Auto
- **Reisezeit:** ganzjährig, am schönsten von Ostern bis Oktober

964es visitsouthdevon.co.uk

1.–2. Tag
London. Es empfiehlt sich, einen der hier im Buch beschriebenen Spaziergänge zu machen, um die wichtigsten Sehenswürdigkeiten zu Fuß zu entdecken.

3.–5. Tag
Bath. Stadtbesichtigung, Ausflüge nach Stonehenge und Stourhead.

6.–10. Tag
Cornwall. Besuch des St. Michael's Mount, St. Ives, Land's End und eines der kleinen Fischerdörfer wie Polperro.

11.–12. Tag
Dartmouth. Besichtigung der Stadt und Wanderungen durch die Landschaften des Dartmoor.

12.–14. Tag
Weymouth. Ausflüge zum Felsentor Durdle Door und Abbotsbury.

15.–16. Tag
Isle of Wight. Streifzüge durch die reetgedeckten Dörfer von Shanklin und Godshill, Besuch der Needles.

17.–19. Tag
Brighton. Bummeln durch *North Laine* und Ausflug zum *Beachy Head.*

20.–21. Tag
Canterbury. Besichtigung der Kathedrale und Ausflug in den hübschen Küstenort Whitstable.

Foss Street in Dartmouth

Ruderregatta mit Tradition
Ende März bzw. Anfang April treten die stärksten Achter der Universitäten von Oxford und Cambridge auf der Themse in London gegeneinander an. Die alljährlichen *Boat Races* gibt es bereits seit dem Jahr 1856.

Glastonbury Festival
Am letzten Juni-Wochenende pilgern rund 200.000 Musikfans jedes Jahr nach Glastonbury, um sich die besten Bands der Welt anzusehen.

Kälteste Monate
In Januar und Februar ist das Wetter oft kalt und grau, umso gemütlicher geht es in vielen Pubs zu, wo man sich am offenen Feuer mit einem Glas Whiskey oder Ale wärmen kann.

May Bank Holidays
Der erste und letzte Montag im Mai sind Feiertage und viele Briten fahren auf das Land oder an die Küste – viele Hotels sind ausgebucht.

JAN FEB MÄR APR MAI JUN

Frühlingszauber
Von Mitte April bis Anfang Mai verwandeln sich viele Waldböden während der Blüte des Atlantischen Hasenglöckchens in blaue Teppiche.

Dickens Festival
In der dritten Juniwoche findet jährlich in Broadstairs das „Dickens Festival" statt, bei dem kostümierte Schauspieler in der Stadt umhergehen und eine Aufführung von „David Copperfield" gegeben wird.

LEGENDE
- Winter
- Frühjahr/Herbst
- Sommer

Beste Reisezeit
Anfang Mai bis Ende Juni steht alles in Blüte, die meisten Orte sind noch nicht überfüllt, und das Wetter ist oft warm und freundlich.

Austernfestival
In Whitstable wird alljährlich das „Oyster Festival" Ende Juli gefeiert.

Tanz der Stare
Von Dezember bis Februar sammeln sich an Küstenorten, wie z.B. Brighton, Hunderttausende von Staren, die sich bei Dämmerung in atemberaubenden Formationsflügen in ihre Nachtquartiere begeben.

Sommerferien in Großbritannien
Ab ca. dem 20.7. bis einschließlich der ersten Septemberwoche wird es voll in der Region, viele Sehenswürdigkeiten bieten ein buntes Programm für Kinder an.

Bonfire Night
Im Andenken an *Guy Fawkes'* missglückten Anschlag auf das englische Parlament im Jahr 1606 werden am 5. November Feuerwerke gezündet, und in Lewes finden große Fackelzüge statt.

Wärmste Monate
Im Juli und August ist Hochsommer mit meist sonnigem, warmem Wetter.

Halloween
Am 31. Oktober verkleiden sich viele Briten mit unheimlichen Kostümen, in Pubs finden Halloween-Partys statt.

JUL | AUG | SEP | OKT | NOV | DEZ

Bristol Harbour Festival
Ende Juli gehen Großsegler im Hafen von Bristol vor Anker, und es herrscht Karneval-Atmosphäre.

Remembrance Day
Am 11. November ist nationaler Gedenktag für die Gefallenen der beiden Weltkriege. Man steckt sich Mohnblumen an die Jacke, da sie die ersten Blumen waren, die einst auf den Schlachtfeldern blühten.

Summer Bank Holidays
Feiertag am letzten Montag im August.

Gutes Wanderwetter
Im September ist es weniger voll als in den Sommermonaten, aber das Wetter ist meist noch freundlich und perfekt zum Wandern.

Weihnachtliche Stimmung
In der Vorweihnachtszeit im Dezember werden Städte und Dörfer mit Lichterketten geschmückt, und in vielen Orten gibt es Weihnachtsmärkte.

Fünf schöne Gärten

905es cc

Great Dixter House & Garden | 40

So stellt man sich einen echten englischen *Cottage Garden* vor: Die Gärten von Great Dixter mit ihren üppigen, farbenfrohen Blumenbeeten vor der malerischen Kulisse der Sussex Wealds sind zu einer Pilgerstätte für Gartenfans aus aller Welt geworden. Wer es lieber wild-romantisch als formell und ordentlich liebt, wird hier seine Freude finden.

904 es vc ©Toby Strong

Lost Gardens of Heligan | 250

Jahrzehntelang lagen die Gärten von Heligan in Cornwall im Dornröschenschlaf. Erst 1990 wurden sie wiederentdeckt und in einen der besuchenswertesten Gärten Englands verwandelt. Teil der Faszination von Heligan ist die große Vielfalt der Biotope – vom subtropischen Dschungel über einen Ziergarten mit schönen Rhododendren bis zum Gemüsegarten und Bambuswald ist alles dabei.

906es vc ©Matthew Jessop

Trebah Garden | 259

Der subtropische Garten von Trebah liegt an einem zum Meer abfallenden Hang mit eigenem Strand, an dem man Picknicken oder auch Schwimmen kann. Besonders beeindruckend ist das Meer von mannshohen Hortensien in den verschiedensten Farben sowie die riesigen urzeitlichen Farne. Ein Fleckchen Erde, das man ungern wieder verlässt!

adobe.stock ©Helen Hotson

Stourhead | 396

Gartenkunst als Landschaftmalerei: Die riesige Parkanlage von Stourhead überrascht immer wieder mit neuen, atemberaubenden Ausblicken und wirkt dabei doch so natürlich, dass die ordnende Hand des Gärtners kaum zu bemerken ist. Ein dreieinhalb Kilometer langer Rundweg führt an malerischen Brücken, Grotten, künstlichen Wasserfällen und Eremitagen vorbei.

adobe.stcok ©Mathieu

Sissinghurst | 427

Der Garten der Schriftstellerin *Vita Sackville-West* in der Grafschaft Kent ist allein Dank des attraktiven Zusammenspiels der üppigen Blütenpracht mit dem alten Gemäuer des Sissinghurst Castle ein Muss für alle Gartenfreunde. Sackville-West beschrieb den Garten als einen „Wirrwarr an Blumen", der allerdings streng nach Farben geordnet ist, so wie im berühmten „Weißen Garten".

Fünf malerische Küstenorte

Shanklin | 110

Mehr als die Hälfte der Isle of Wight gilt wegen ihrer beeindruckenden Steilklippen und saftigen Wiesen als „Gebiet außerordentlicher Schönheit“. Besonders malerisch ist das Städtchen Shanklin mit seinen rosagestrichenen Reetdachhäuschen und dem langen breiten Sandstrand, an dem man dank des milden, sonnigen Klimas der Insel oft auch noch im September schwimmen kann.

909es visitisleofwight.co.uk

Beer | 192

Das Dorf Beer in Devon hat nicht nur einen sehr netten Namen, sondern auch eine malerische, von weißen Klippen gesäumte Bucht. Am windgeschützten Kiesstrand kann man Liegestühle mieten, in der Sonne faulenzen und den Fischern dabei zuschauen, wie sie ihren Fang abladen. Den besten Blick auf Beer hat man von den *Jubilee Gardens* hoch oben über der Bucht.

910es visitsouthdevon.co.uk

Polperro | 246

Das Fischerdorf an der Südküste Cornwalls sieht wirklich aus wie aus dem Bilderbuch: In dem winzigen Hafen dümpeln Boote und Yachten vor sich hin, und die engen mit weißgetünchten Fischerhäuschen gesäumten Gassen winden sich die Hänge hinauf. Wenn abends in den urigen Kneipen die Fischer ihre *Sea Shanties* anstimmen, fühlt man sich wie in eine frühere Zeit zurückversetzt.

911es vc ©Matthew Jessop

St. Ives | 280

Weißer Sand, türkisfarbenes Wasser und ein Licht, wie man es sonst nur aus dem Mittelmeerraum kennt: Kein Wunder, dass das kornische Städtchen über die Jahre hinweg viele Künstler in seinen Bann gezogen hat, und so findet sich in dieser Ecke Cornwalls sogar eine eigene *Tate Gallery*. Besonders schön ist ein Besuch im Frühjahr oder Herbst, wenn die engen Gassen weniger voll sind.

907es vc ©Matthew Jessop

Whitstable | 450

Das Fischerdorf, das nur 45 Minuten von London entfernt liegt, ist als „Perle von Kent“ bekannt, und das nicht unverdient. Die bunten Strandhütten, die kleinen inhabergeführten Läden und Galerien sowie die schönen Sonnenuntergänge hinter dem geschäftigen Hafen tragen alle dazu bei, dass Whitstable zu einem der schönsten Ausflugsziele an der Südostküste Englands zählt.

908es canterbury.co.uk

Fünf geheimnisvolle Orte

915es vd

Ein Zauberwald | 223

Das Wäldchen Wistman's Wood im Dartmoor mit seinen knorrigen Eichen und mooswachsenen Granitbrocken wirkt besonders bei Nebel wie der Eingang in eine Märchenwelt. Angeblich soll der Name auf die Druiden zurückgehen, die den Hain gepflanzt haben. Ob das stimmt oder nicht, der Wald ist ein magischer Ort, an dem es einen nicht überraschen würde, wenn plötzlich ein Elf aus dem Nebel hervorträte.

906es vc ©Matthew Jessop

St. Michael's Mount | 260

Das englische Gegenstück zum Mont St. Michel in der Normandie ist voller Geheimnisse. So wurde die malerisch gelegene Insel im 13. Jahrhundert zu einem wichtigen Pilgerziel, nachdem hier einigen Fischern der Erzengel *Michael* erschienen sein soll. Aber nicht nur das: auch Riesen und Meerjungfrauen sollen hier bereits gesichtet worden sein, sowie auch das ein oder andere Gespenst.

913es ar

Glastonbury | 345

Um keinen anderen Ort in England ranken sich so viele Legenden wie um diesen. Der Sage nach handelt es sich bei dem Städtchen um Avalon, von wo aus König *Artus* irgendwann zurückkehren soll, um England aus der Not zu retten. Und selbst *Josef von Arimathäa* soll es hierhin verschlagen haben: Ein Dorn, den er angeblich aus Palästina mitbrachte, blüht hier noch immer jedes Jahr zu Weihnachten und Ostern.

912es ar

Stonehenge | 403

Der Steinkreis von Stonehenge ist und bleibt einer der geheimnisvolls-ten Orte Europas. Noch immer weiß niemand, wer die Menschen waren, die die riesigen Findlinge hier errichteten, oder wie sie es schafften, sie aus Wales hierhin zu befördern. Besonders beindruckend ist ein Besuch zur Sommersonnenwende, wenn um die Zehntausend Menschen zusammen den Sonnenaufgang feiern.

914es ar

Der größte Steinkreis der Welt | 407

Nur etwa 35 km nördlich von Stonehenge steht der Steinkreis von Avebury, dessen Durchmesser ganze 427 Meter umfasst. Anders als in Stone-henge kommt man direkt an die Steine heran, was ihre über 4000-jährige Geschichte viel greifbarer macht. Ein weiterer Grund für einen Besuch: Avebury ist weltweit der einzige Steinkreis, in dessen Mitte sich ein Pub befindet.

Fünf einmalige Erlebnisse

Theater mit Meereskulisse | 266

Eine Aufführung von *Hamlet* mit dem Donnern der Brandung und dem Türkis der kornischen See im Hintergrund? Auf diesen Genuss kommt man auf der Minack-Freilichtbühne in Cornwall, die von der Theater-Enthusiastin *Rowena Cade* eigenhändig in jahrzehntelanger Arbeit in die Felsküste geschlagen wurde. Schöner kann Theater kaum sein!

917esvc ©Greg Blundell

Schnorcheln mit Robben | 280

Ein unvergessliches Erlebnis: Vor den Küsten der sonnenverwöhnten Scilly-Inseln südwestlich von Cornwall, hat man die Möglichkeit mit Kegelrobben zu schnorcheln. Taucht man in ihre Unterwasserwelt herab, kommen die neugierigen Tiere schon mal auf Armlänge heran und knabbern einem mitunter sogar an den Schwimmflossen.

920es vis

Eine Safari durch Exmoor | 343

In den einsamen Hochmooren des Exmoor-Nationalparks leben Rotwild, halbwilde Exmoor-Ponys und seltene Vögel wie Kornweihen, Provencegrasmücken und Brachvögel. Bei einer Safari mit dem Jeep kann man die scheuen Tiere aus größtmöglicher Nähe sehen und viel über die Legenden, die sich um diese abgelegene Ecke Englands weben, erfahren.

921es ENPA©Nigel Post

Baden wie die Römer | 389

Die Quellen des Städtchens Bath im Südwesten Englands wurden schon vor 2000 Jahren von den Römern dank ihrer Heilkräfte sehr geschätzt. Noch heute kann man in den warmen, mineralreichen Thermalquellen baden, und zwar in einem großen Outdoor-Pool mit wunderbarem Blick über die mittelalterliche Kathedrale und die Dächer der Stadt.

918es thermaebathspa.com

Übernachten in alten Fischerhäuschen | 450

In den schwarzen Holzhäuschen direkt am Strand von Whitstable lagerten früher Fischer ihre Netze. Heute kann man die zweistöckigen Hütten, die mittlerweile mit allem modernen Komfort ausgestattet sind, mieten und nach dem Erkunden des sympathischen Städtchens abends vom Sofa aus dem Sonnenuntergang zuschauen. Meeresromantik pur!

919es vcb

Battle | 46
Dover | 26
Dungeness | 35
Eastbourne | 51
Eastbourne, Umgebung | 56
Hastings | 43
Hastings, Hinterland | 47
Hythe | 33
Romney Marsh | 35
Rye | 37
Winchelsea | 42

1

Dover – Eastbourne

»Wie zuvor für Wilhelm den Eroberer und seine normannischen Truppen sind die weißen Kreidefelsen von Dover und der Küstenabschnitt bis Eastbourne für viele Reisende der erste Eindruck der britischen Insel.

‹ Am Strand von Eastbourne

922es ar

DOVER – EASTBOURNE

Die weißen Kreidefelsen von Dover, Seebäder vom Feinsten und ein Hinterland, das dem Südengland-Klischee gerecht wird – mit viktorianischen Dörfern, spektakulären Burgen und putzigen Eisenbahnlinien. Wem das zu friedlich ist, der findet in Battle Erinnerungen an die große Schlacht von 1066 oder begibt sich auf die Spuren von Virginia Woolf.

NICHT VERPASSEN!

- **Dover Castle,** diese mittelalterliche Trutzburg ist durch ihr Tunnelsystem besonders interessant | 27
- **Rye,** das Örtchen besticht durch seine Fachwerkarchitektur | 37
- **Hastings,** Seefahrtinteressierte kommen hier auf ihre Kosten | 43
- **Battle,** geschichtsträchtiger Schauplatz normannischer Eroberung | 46
- **Bodiam Castle,** eine Burgruine wie aus dem Bilderbuch | 47
- **Eastbourne,** eines der elegantesten Seebäder Englands | 51

Diese Tipps erkennt man an der gelben Markierung.

Dover

– Im White Cliff Country

„This precious stone set in the silver sea", „Dies Kleinod in die Silbersee gefasst" – diese Zeilen aus *William Shakespeares* Werk „Richard II." sind jedem Engländer geläufig. Und besonders gern zitiert der Brite sie in Dover. Der westliche Kreidefelsen heißt nämlich **Shakespeare's Cliff,** Englands großer Dramatiker siedelte dort eine Szene im King Lear an: „Vom furchtbar'n Gipfel dieser kreid'gen Klippe. Sieh nur hinauf, man kann die schrill'nde Lerche so hoch nicht sehn noch hören: sieh hinauf!"

▷ Der Leuchtturm von Dover mit den berühmten Kreidefelsen im Hintergrund

Dover Castle

Auf der östlichen Kreideklippe ragt unübersehbar Dover Castle auf, eine der größten **Burganlagen** in Europa. Um 1170 ließ *Heinrich II.* den mächtigen Bergfried errichten, im 13. und 14. Jh. kamen die unüberwindlichen Ringmauern hinzu. Seit jenen frühen Tagen ist der Gouverneur der Festung auch immer der *Lord Warden of the Cinque Ports* gewesen (→ Exkurs S. 441), dessen offizielle Residenz Walmer Castle war.

Wer den Burghügel zu Fuß hinaufschreitet, passiert eine 6 m lange **Bronzekanone,** die als *Queen Elizabeth's Pocket Pistol* bekannt ist und angeblich ein Geschenk von Spaniens König *Philipp II.* an *Elisabeth I.* war. Die über und über mit Blumenelementen verzierte Kanone trägt einen gegen die Franzosen gerichteten Sinnspruch: „Use me well and keep me clean, I'll send a ball to Calais Green." Dieses Versprechen war jedoch ziemlich übertrieben, denn so weit konnte man mit dem Geschütz gar nicht feuern; ge-

Dover – Eastbourne

Isle of Sheppey
The Swale
Leysdown-on-Sea
450
Whitstable
Herne Bay
Westgate on Sea
A28
Margate
446
Broadstairs
444
Ramsgate
Sittingbourne
A2
A299
Faversham
A291
A299
Sarre
Minster
A28
A258
Blean
Sturry
Sandwich Flats
M2
Dunkirk
A2
439
Sandwich
A257
Ash
Wihchling
Eastling
Sheldwich
430
Canterbury
Wingham
Hacklinge
Chilham
Bridge
A2
Aylesham
Eastry
442
Deal
Challock
A256
442
Walmer
Walmer Castle
Charing
A28
Waltham
Barham
Eythorne
Kingsdown
M20
KENT
Wye
Whitfield
Pluckley
Kennington
Brook
Eltham
Temple Well
St Margaret's at Cliffe
A2
Dover Castle
South Forehead
26
Dover
Ashford
Smeeth
Lyminge
Hawkinge
A20
Bethersden
Sellindge
M20
Saltwood
East Wear Bay
31
Eurotunnel
A2070
Aldington
Port Lympne
Folkestone
35
Sandgate
33
Hythe
Calais, Dünkirchen
Hamstreet
Romney
A259
Marsh
Schmalspurbahn
34
Dymchurch
Appledore
St Mary in the Marsh
St Mary's Bay
The Stocks
35
Brookland
New Romney
Old Romney
Littlestone-on-Sea
Romney Sands
Greatstone-on-Sea
Levels
A259
Welland
Marsh
37
Rye
Lydd
Camber
42
Winchelsea
35
Dungeness
East Wear Bay
STRAIT OF DOVER

rade mal 2000 m flog eine daraus abgeschossene Kanonenkugel.

Interessanter noch als die Festung sind die **Tunnelsysteme** von Dover Castle, die bis 1985 der militärischen Geheimhaltung unterlagen und nun zu besichtigen sind. Schon im 13. Jh. gruben die Verteidiger erste Stollen in den weichen Kreidefelsen, während der napoleonischen Kriege dann wurde das Grabenlabyrinth vergrößert, und im Zweiten Weltkrieg arbeitete hier ein großer Kommandostab. Von Dover Castle aus organisierten die Briten und ihre Verbündeten unter dem Befehl von Vize-Admiral *Ramsay* die Evakuierung der 1940 in Dünkirchen eingeschlossenen alliierten Truppen und später dann die Landung in der Normandie.

■ **Dover Castle,** Castle Hill, CT16 1HU, Tel. 01304-21067, www.english-heritage.org.uk/visit/places/dover-castle, Ostern–Okt. tgl. 10–17, Juli/August tgl. 10–18, Nov.–Ostern Sa/So 10–16 Uhr, Eintrittspreise variieren je nach Saison und Wochentag, Erwachsene 28,10 £, ermäßigt 25,40 £, Kinder (5–17 J.) 17,20 £, Familien 45,30–73,40 £, günstiger bei Online-Vorausbuchung, *English Heritage*-Mitglieder frei.

White Cliffs Visitor Centre

Etwa einen Kilometer nordöstlich des Dover Castle befindet sich das *White Cliffs Visitor Centre* mit einem Café und Geschenkeladen, von dem aus mehrere **Wanderungen** von unterschiedlicher Länge mit Blick auf die Kreidefelsen und den Ärmelkanal starten. Kostenlose Wanderkarten sind hier erhältlich.

Ein etwa 20-minütiger Weg, der auch für Rollstühle geeignet ist, führt zum **White Cliffs Viewpoint,** von dem sich weite Panoramablicke über die See, den geschäftigen Fährhafen und bei klarem Wetter sogar bis nach Calais öffnen.

■ **White Cliffs Visitor Centre,** Langdon Cliffs, Upper Road, CT16 1HJ, Tel. 01304-202756, www.nationaltrust.org.uk/visit/kent/the-white-cliffs-of-dover; Café und Laden März–Okt. tgl. 10–17, Nov.–März 10–16 Uhr, Eintritt frei, Parkplatz 5 £, kostenlos für *National Trust*-Mitglieder.

Wer etwas mehr Zeit hat, kann vom Viewpoint aus weitere 20 Minuten entlang der Küste Richtung Osten bis zum **Fan Bay Deep Shelter** laufen, einem Tunnelsystem, das im Zweiten Weltkrieg gebaut wurde, um die Küste vor deutschen Angriffen zu schützen. Die etwa einstündigen Touren, bei denen man mit Schutzhelm und Stirnlampe ausgerüstet wird, sind hochinteressant und bringen einem die Leben der Soldaten während des Krieges näher.

■ **Fan Bay Deep Shelter,** CT15 6HP, April–Okt. Fr–Mo 11–15 Uhr (Führungen starten alle 30 Min.), Erwachsene 10 £, Kinder 5 £ (die Tour ist für Kinder ab etwa 8 Jahren zu empfehlen), *National Trust*-Mitglieder frei.

Wer der Küste etwa weitere 500 m Richtung Osten folgt, erreicht bald den Leuchtturm **South Foreland Lighthouse,** den man bei einer 30-minütigen Tour erkunden kann. Wer nach der Wanderung jetzt etwas Stärkung braucht, bekommt im *Mrs Knott's Tea Room* Kaffee und Kuchen, und das alles in herrlich kitschiger 1950er-Atmosphäre. Anschließend geht es wieder entlang der Klippen zurück zum *Visitor Centre.* Die reine Laufzeit für den Rundgang zum Leucht-

Der Englische Kanal

Schon von jeher hatte der Englische Kanal eine große psychologische Bedeutung für die Briten, war er doch dafür verantwortlich, dass die Insulaner in einer **Splendid Isolation** vom Kontinent abgekoppelt in relativer Sicherheit lebten. Die berühmte, aus den 1920er Jahren datierende Zeitungsschlagzeile „Nebel über dem Kanal, Kontinent abgeschnitten", zeigt das Selbstbewusstsein der Briten, ihren Humor und die Bedeutung, die sie dem *Mare Britannicum* zumessen.

Als die Gletscher nach der letzten Eiszeit vor etwa 10.000 Jahren abschmolzen, wurde die Landsenke zwischen England und Frankreich überflutet. An der **breitesten Stelle** – zwischen den Isles of Scilly und der französischen Küste – ist der Ärmelkanal 180 km breit, zwischen Calais und Dover, dem Nadelöhr **Strait of Dover,** sind es nur 33 km, seine Länge beträgt 565 km, die Tiefe schwankt zwischen 45 m und 120 m.

Der Tidenhub der **Gezeiten** ist mit 12 m recht mächtig und bringt der Seefahrt Probleme, den Bewohnern der Bretagne dagegen Energie, gewonnen aus einem Gezeitenkraftwerk. Die **Strömung** läuft in Richtung auf die Nordsee, deren Wasser durch den starken Zustrom in jeweils ungefähr 500 Tagen vollständig ausgetauscht wird.

Die **Fischerei** füllt nur noch wenige Netze, die Anfang des 20. Jh. mächtigen Schwärme von Heringen, Sardinen, Makrelen und Kabeljaus sind aufgrund industrieller Überfischung und Umweltverschmutzung so gut wie ausgerottet.

Ökonomische Bedeutung kommt dem Kanal vor allem als eine der **meistbefahrenen Schifffahrtsrouten der Welt** zu. Täglich kreuzen mehrere hundert Schiffe zwischen der englischen und französischen Kanalküste hin und her, hinzu kommen weitere Tausende, die vom Atlantik in die Nordsee und umgekehrt kreuzen. In Verbindung mit dem häufig schlechten Wetter, den eingeschränkten Sichtverhältnissen und einem geringen Manövrierspielraum ist das Gefahrenpotential an den Küsten hoch – wie ja auch mehrere Tankerunfälle zeigten.

Kurz nach der Zeitenwende überwanden die Römer den Kanal und marschierten in Britannien ein, ihnen folgten die Angelsachsen und Dänen; der letzte, der eine Invasion durchführte, war 1066 der Normanne *Wilhelm der Eroberer.* An seine Tradition hätte *Hitler* gerne angeschlossen, Gott sei Dank wurde daraus nichts. Die von Großbritannien ausgehende **Invasion** der Alliierten in der Normandie leitete das Ende des Zweiten Weltkriegs ein.

1802 publizierten Ingenieure erste realisierbare Ideen für einen **Kanaltunnel,** *Napoleon* zeigte Interesse an dem Projekt, doch dann beendete der Krieg solche Planungen. 1880 unternahmen private Firmen einen weiteren Anlauf, und man begann mit Grabungen auf englischer und französischer Seite. Bei Folkestone waren bereits fast 2 km gebohrt, als die englische Presse in Hysterie ausbrach und den Untergang der Nation prophezeite. Der Aufruhr war so groß, dass die britische Regierung den Ausbau stoppte. Mitte 1960 unternahmen die Engländer und Franzosen einen erneuten Anlauf, und ein Jahrzehnt später waren auf beiden Seiten des Kanals jeweils wieder 2 km Tunnel in den Kalkstein getrieben worden; dann ging der englischen Regierung das Geld aus. 1987 einigte sich ein privates Finanzkonsortium mit der englischen und der französischen Regierung, und seit 1988 wurde unentwegt gebaut und gebohrt. Am 5. Mai 1994 konnte der Tunnel eingeweiht werden; nur 35 Minuten liegen die beiden Küsten nun auseinander.

1875 durchschwamm der Brite *Matthew Webb* als erster den Kanal, und 1909 lenkte ein gewisser *Bleriot* erstmals ein Flugzeug über das Wasser.

turm und zurück beträgt etwa 1 Std. 40 Minuten.

■ **South Foreland Lighthouse,** St. Margaret's Bay, CT15 5NA, www.nationaltrust.org.uk/visit/kent/south-foreland-lighthouse, April–Okt. Fr–Mo 11–17.30, Ende Juli–August tgl. 11–17.30 Uhr, Erwachsene 6 £, Kinder 3 £, Familien 15 £, *National Trust*-Mitglieder frei. Die Teestube hat zur gleichen Zeit wie der Leuchtturm geöffnet.

Sehenswertes

Im Ortszentrum von Dover lohnt ein Besuch im **Roman Painted House.** Bei Ausschachtungsarbeiten in den 1970er Jahren stießen Bauarbeiter auf die Reste einer antiken Gästevilla, welche für römische Legionäre um 200 n. Chr. errichtet worden war.

■ **Roman Painted House,** New Street, CT17 9AJ, Tel. 01304-203279, www.karu.org.uk/roman_painted_house, wegen Renovierungsarbeiten voraussichtlich bis Sommer 2024 geschlossen.

Im **Dover Museum** am Market Square gibt es, neben der Lokalgeschichte, ein rund 3600 Jahre altes Boot aus dem Bronzezeitalter, immerhin 9,50 Meter lang, zu sehen.

■ **Dover Museum,** Market Square, CT16 1PB, Tel. 01304-201066, www.dovermuseum.co.uk, Mo–Sa 9.30–17, So 10–15 Uhr, Eintritt frei.

Praktische Tipps

Tourist-Information

■ **www.whitecliffscountry.org.uk**

Unterkunft

■ **The Best Western Marina & Spa**④, Waterloo Crescent, Dover Waterfront, CT17 9BP, Tel. 01304-203633, www.dovermarinahotel.co.uk, gleich am Strand strahlt das Hotel von außen den Charme eines englischen Seebades aus dem 19. Jh. aus. Von innen modern und zweckmäßig eingerichtet. Mit Wellnessbereich und Fitnessstudio.

■ **Holiday Inn Dover**③, Singleledge Lane, CT16 3EL, Tel. 01304-821230, www.ihg.com, zweckmäßig aber sauber, bequem und ruhig. Etwa zehn Autominuten vom Fährhafen entfernt mit kostenlosen Parkplätzen sowie Restaurant, Café und Fitnessraum.

■ **Castle Guest House**②, 10 Castle Hill, CT16 1QW, Tel. 01304-201656, www.castle-guesthouse.co.uk, in einem denkmalgeschützten Gebäude gleich unterhalb der Burg gelegen, netter kleiner Garten für Gäste.

■ **Maison Dieu Guest House**②, 89 Maison Dieu Road, CT16 1RU, Tel. 01304-204033, www.maisondieu.co.uk, relativ zentral gelegen, große Auswahl an verschiedenen Räumen, auch für Familien und Gruppen bis vier Personen. Die ganz preiswerten Räume teilen sich das Bad. Muss man früh aufbrechen, kann das Frühstück (auch vegan oder glutenfrei) auf Anfrage auch zum Mitnehmen gebucht werden.

■ **St Martin's Guest House**③, 17 Castle Hill Road, CT16 1QW, Tel. 01304-205938, Zimmer buchbar über booking.com. Nahe der Burg, saubere, ruhige Zimmer in einem über 200 Jahre alten Haus mit kostenlosen Parkplätzen.

■ **Longfield Guest House**②, 203 Folkestone Road, CT17 9SL, Tel. 01304-204716, www.longfield

guesthouse.co.uk, praktisch gelegen für Eurotunnel und Hafen, Innenstadt zu Fuß erreichbar. Es gibt einen gesicherten Parkplatz und eine Garage für Fahrräder und Motorräder.

■ **Camping:** *Hawthorn Farm Caravan & Camping Site*①, Martin Mill, CT15 5LA, Tel. 01304-852658, www.keatfarm.co.uk/park/hawthorn-farm, die A 258 nordöstlich in Richtung Deal, links in Martin Mill. Es gibt auch einen Laden und ein Café.

Essen und Trinken

■ **The Dover Patrol**②, The Esplanade, CT17 9FS, Tel. 01304-207740, www.thedoverpatrol.co.uk, beliebtes Fischrestaurant direkt an der Promenade, hier kann man beim Essen den Seeblick durch die Panoramafenster genießen.

Ristorante Dino②, italienisch, 58 Castle Street, CT16 1PJ, Tel. 07905-951161, www.dinosrestaurant.co.uk, kleines Familienrestaurant mit gutem Ruf, nicht nur Pizza und Pasta, sondern auch Fisch- und Fleischgerichte und eine große Dessertauswahl. Montag ist Ruhetag.

■ **Blake's**②, 52 Castle Street, CT16 1PJ, Tel. 01304-202194, www.blakesofdover.com, uriger Pub mit guter Speisekarte und großer, auch internationaler Bierauswahl.

■ **White Horse**①, St. James Street, Castle Hill Road, CT16 1QD, Tel. 01304-213066, das älteste Pub in Dover in einem Haus aus dem 14. Jh., gute, einfache Gerichte, hier halten die Kanalschwimmer ihre Abenteuer an den Wänden fest.

■ **The Pines Garden Tea Room**①, Beach Road South, St Margaret's Bay, CT15 6DZ, Tel. 01304-853173, www.baytrust.org.uk/the-pines-garden-tea-room, idyllisch gelegenes Café etwa 15 Autominuten nördlich von Dover. Neben Kuchen gibt es Sandwiches, Quiches, Salate und sonntags auch einen hervorragenden Braten. Nur Mi bis So.

Verbindung

■ **Bahnhof:** *Dover Priory*, Zugang abseits der Folkestone Road, CT17 9SB, nordwestlich vom Zentrum.

■ **Busbahnhof:** Pencester Road, CT16 1BW, gleich bei der Haupteinkaufsstraße Biggin Street. Außerdem mehrere Bussteige am Bahnhof.

Hythe
– Klein und gemütlich

Von Dover geht es auf der A 20 und vorbei an Folkestone in das sympathische kleine Städtchen Hythe. Man sollte nicht versäumen, einen Bummel durch das überschaubare, weitgehend verkehrsberuhigte Zentrum zu machen, das mit seinen engen Gassen und kleinen Häuschen angenehm anzusehen ist. Im frühen Mittelalter gehörte Hythe als Gründungsstadt zu den Cinque Ports (→ Exkurs S. 441). Sehenswert ist auch die **St. Leonard's-Kirche** mit ihrer Krypta, die allerdings eher nichts für zarte Gemüter ist: Sie beheimatet tausende Schädel und Gebeine, ordentlich aufgereiht, die wahrscheinlich den Bewohnern des Ortes gehören, die hier über die Jahrhunderte verstorben sind.

■ **Crypt of St. Leonard,** Oak Walk, CT21 5DN, Tel. 01303-262370, www.slhk.org/theossuary.htm, Mai –Sept. Mo–Sa 10–13 und 14–16, So 14–16 Uhr, Erwachsene 3 £, Kinder 50 Pence.

H. G. Wells, der im deutschsprachigen Raum vor allem durch seinen Roman „Die Zeitmaschine“ bekannt ist, lebte von 1898 bis 1901 mit seiner Familie im **Beach Cottage.**

Im Örtchen beginnt der während der napoleonischen Kriege gegrabene, rund 40 km lange **Royal Military Canal,** der in einem großen Bogen bis nach Rye verläuft und dort in den Fluss Rother mündet. Für den Fall einer französischen Invasion sollte die 10 m breite, 1804 fertiggestellte Wasserstraße die gegnerischen Einheiten an einem Vormarsch hindern. Das Rinnsal sorgte für Spott und Häme in der Öffentlichkeit. Wenn es den Franzosen gelingen sollte, den englischen Kanal zu überwinden, so würde sie ein 10 m breiter Graben kaum aufhalten.

Am Ortsausgang in Richtung New Romney befindet sich der Bahnhof der **Romney, Hythe & Dymchurch Light Railway.** Diese Schmalspurbahn – eine der kleinsten der Welt – fährt von Hythe bis an die Spitze der Lydd-Halbinsel nach **Dungeness.** Lustig ist der Speisewagen mit seiner winzigen Bar. Während man zu Beginn der rund 70-minütigen Fahrt meist nur Hintergärten zu Gesicht bekommt, lohnt sich der doch recht teure Ausflug trotzdem auf jeden Fall. In Dungeness wartet **eine der größten Kieswüsten der Welt,** und die dortigen oft großartigen Lichtverhältnisse ziehen schon seit Jahrzehnten Künstler in diese Ecke Südenglands (→ Kap. „Die Romney Marsh und Dungeness“).

■ **Hythe Station,** Scanlons Bridge Road, CT21 6LD, Tel. 01797-362353, www.rhdr.org.uk. Nach Dugeness/zurück Erwachsene 26 £, ermäßigt 23 £, Kinder 13 £, für Teilstrecken gibt es auch günstigere Tickets.

923es ar

Praktische Tipps

Unterkunft

- **The Hythe Imperial Hotel④**, Princess Parade, CT21 6AE, Tel. 01303-267441, www.hytheimperial.co.uk, viktorianische Pracht mit geschmackvoll eingerichteten Zimmern, Blick über den Ärmelkanal.
- **The Old Post Office Guest House③**, 5 High Street, CT21 5AB, Tel. 01303-230828, http://the-old-post-office-boutique-guesthouse-hythe.hotelskent.com, gemütliche, komfortable Zimmer mitten im Ortszentrum.

Essen und Trinken

- **Hide and Fox⑤**, The Green Saltwood, CT21 4PS, Tel. 01303-260915, www.hideandfox.co.uk, moderne britische Küche auf hohem Niveau, vom *Guide Michelin* gelobt.
- **White Hart②**, 71 High Street, CT21 5AJ, Tel. 01303-238304, www.thewhiteharthythe.com, neben der Town Hall, Pub mit Biergarten und angeschlossenem Restaurant.
- **The Butt of Sherry①**, 132 High Street, CT21 5LA, Tel. 01303-266112, www.facebook.com/thebuttofsherry.htm, Pub mit Biergarten.
- **Twenty Four Deli und Bistro②**, Douglas Avenue, CT21 5JT, Tel. 01303-267912, www.restauranttwentyfour.co.uk, gemütliches, kleines Restaurant mit interessanten Kreationen, auch vegetarische und glutenfreie Gerichte.
- **Ginger's Kitchen②**, 6–8 Bank Street, CT21 5AN, Tel. 01303-230593, www.facebook.com/gingerskitchenhythe, kleines, aber feines Restaurant mit französisch inspirierten Gerichten.
- **The King's Head①**, 117 High Street, CT21 5JJ, Tel. 01303-901495, www.kingshead-hythe.co.uk, traditioneller Pub in einem Gebäude aus dem 16. Jh. Auf der Speisekarte steht typisches englisches Pub-Food, aber auch viele thailändische Gerichte. Im Winter ist es am Kamin besonders gemütlich.

◁ Im Ortskern von Hythe

Verbindung

- **Busse,** Haltestelle vor dem *Red Lion Pub,* Red Lion Square, CT21 5AU, tagsüber mehrmals stündlich von Dover.
- **Schmalspurbahn** über New Romney entlang der Küste zu den kleinen Seebädern, Hythe Station, Scanlons Bridge Road, CT21 6LD.

Die Romney Marsh und Dungeness

Zwischen Hythe und Rye erstreckt sich die teilweise unter Meeresniveau liegende **Romney-Marsch,** eine flache, von Entwässerungsgräben durchzogene Landschaft. Die Region ist bekannt für ihre normannischen Kirchen – einige kann man nur zu Fuß erreichen. Das Biotop der Marsch ist ein **Nature Reserve** und steht unter Naturschutz. Man sollte auch das **Besucherzentrum** in **New Romney** nicht verpassen. Außer einer Kunstgalerie, in der Künstler aus der Region ihre Werke zeigen, gibt es hier eine Ausstellung über die Geschichte, Flora und Fauna dieser einzigartigen Landschaft. Das Besucherzentrum bietet zudem Ausstellungsgärten, die in biologischen Gartenbau und Permakultur einführen.

An der Südostspitze der Marsch liegt **Dungeness,** eine wie eine *Shanty Town* wirkende Siedlung aus kleinen Fischerhäuschen, in denen heute zum Teil Kunstgalerien und Ausstellungsräume untergebracht sind. Dungeness gilt als der **zweitgrößte Kiesstrand der Welt** und zieht dank seiner weiten Leere und den eindrucksvollen Lichtverhältnissen schon seit Jahrzehnten viele Kreative in diese einsame Ecke Englands, unter anderem auch den 1994 verstorbenen Künstler und Regisseur *Derek Jarman*. Sein Haus **Prospect Cottage** ist berühmt für seinen aus Steinen, Treibholz und anderen Fundstücken gestalteten Garten, in dem Mohnblumen, Grasnelken und rote Spornblumen neben dichten Büschen von Strandkohl blühen – eine kleine Oase im Schatten des nahen Atomkraftwerks. 2020 konnte die Kunstinitiative *The Art Fund Jarmans* Haus und Garten dank Spenden aus der ganzen Welt aufkaufen, um beide für die Öffentlichkeit zu erhalten. Der Garten ist von der Straße aus zugänglich.

■ **Prospect Cottage,** Dungeness Road, TN29 9NE, www.creativefolkstone.org.uk/prospect-cottage, Mo–So 9.30–16 Uhr, Erwachsene 16 £, Kinder und junge Leute unter 26 Jahren 10 £. Tickets für das Haus müssen im Internet vorausgebucht werden.

Tourist-Information

■ **Romney Marsh Visitor Centre & Local Nature Reserve,** Dymchurch Road, New Romney, TN28 8AY, Tel. 01797-369487, www.kentwildlifetrust.org.uk, tgl. 10–16 Uhr, Eintritt frei.

Essen und Trinken

■ **Britannia Inn,** Dungeness Road, TN29 9ND, Tel. 01797-321959, www.britanniadungeness.co.uk, rustikaler Pub, in dem frischer Fisch serviert wird, der vor Ort gefangen wurde.

■ **Dungeness Snack Shack/The Fish Hut,** Dungeness Road, TN29 9NB, Tel. 07549-377527, www.dungenesssnackshack.net. Dieser familiengeführte Betrieb verkauft in der *Fish Hut* frisch vom eigenen Boot gefangenen Fisch. Nebenan, im *Snack Shack* bekommt man äußerst leckere Fisch- und Krabbenbrote sowie Fischsuppe. Die Öffnungszeiten sind wetterabhängig – im Zweifelsfall sollte man vorher anrufen.

924es ar

▷ Die „Kieswüste" von Dungeness

Rye

– Blumen, Efeu, Fachwerk

Süß, gemütlich, schön, lieblich, romantisch, pittoresk - das **Puppenstubenstädtchen Rye** wird mit vielen wohlklingenden Adjektiven bedacht, und dies zu Recht. Schlendert man durch die katzenkopfgepflasterten Straßen, vorbei an den blumengeschmückten, efeubewachsenen Fachwerkhäusern und fühlt die rauen Steine unter den Sohlen, so gerät man in seinen Tagträumen schnell in die vergangenen Jahrhunderte. Rye gehörte seit 1191 zum Hafenverband der Cinque Ports (→ Exkurs S. 441), war ein wichtiger Militärstützpunkt und den Franzosen ein Dorn im Auge. Viermal - 1339, 1365, 1377 und 1448 - überfielen die Franzosen die Hafenstadt, erschlugen die Bewohner, plünderten die Häuser und brandschatzten den Ort. Zur Zeit von *Heinrich VIII.*, im 16. Jh., versandete der Hafen, und Rye fiel in einen Dornröschenschlaf, aus dem es erst der Tourismus der vergangenen Jahrzehnte wieder erwecken sollte.

Sehenswertes

Während eines gemütlichen Spaziergangs lernt man die Schönheiten des Städtchens kennen. Ausgangspunkt ist das im Nordosten des Ortes aufragende **Landsgate,** das einzige noch erhaltene Stadttor, mit dessen Bau im Jahre 1329 begonnen wurde. Dann geht es die Straße East Cliff hoch, links unten fließt der Fluss Rother; das Areal dort unten ist als Town Salt bekannt, denn bis zur Mitte des 19. Jh. diente es der Salzgewinnung. Hier biegt man links in die East Street ein, in der sich die erste Niederlassung des **Rye Castle Museums** mit Ausstellungen zur Stadtgeschichte befindet.

■ **Rye Castle Museum,** 3 East Street, TN31 7JY, Tel. 01797-226728, www.ryemuseum.co.uk, April–Okt. Sa/So 10.30–16.30 Uhr, Eintritt frei.

Geht man bis zum Ende, trifft man auf **Market Street.** Hier reihen sich das *Durrant House* aus dem Jahre 1800, das Fachwerk-Restaurant *The Union Rye* aus dem 15. Jahrhundert und die **Townhall** mit fünf Arkaden und geschmückt von einer kleinen Kuppel aus dem Jahr 1743 aneinander.

Dort, wo die Market Street auf die **Lion Street** trifft, blickt man auf die Teestube *Simon the Pieman,* links daneben ragt *Fletcher's House* auf. 1579 erblickte hier *John Fletcher,* Dramatiker und Co-Autor von *William Shakespeare,* das Licht der Welt. Das Ende von Lion Street markiert die **Pfarrkirche St. Mary's,** in deren Turm eine der ältesten Uhren Großbritanniens seit dem Jahr 1561 die Stunden anzeigt. Im nördlichen Seitenschiff lässt ein von *William Morris* (zusammen mit dem Maler *Edward Burne-Jones*) entworfenes Buntglasfenster Licht ins Dunkel des Gotteshauses. Den Kirchturm kann man für einen Rundumblick besteigen.

Quer über den Kirchgarten erreicht man den aus dem 13. Jh. datierenden, von *Heinrich III.* in Auftrag gegebenen **Ypres Tower** mit seinen vier runden Türmen. Lange Zeit diente die düstere

925es visit1066country

◁ Kopfsteingepflasterte Straße in Rye

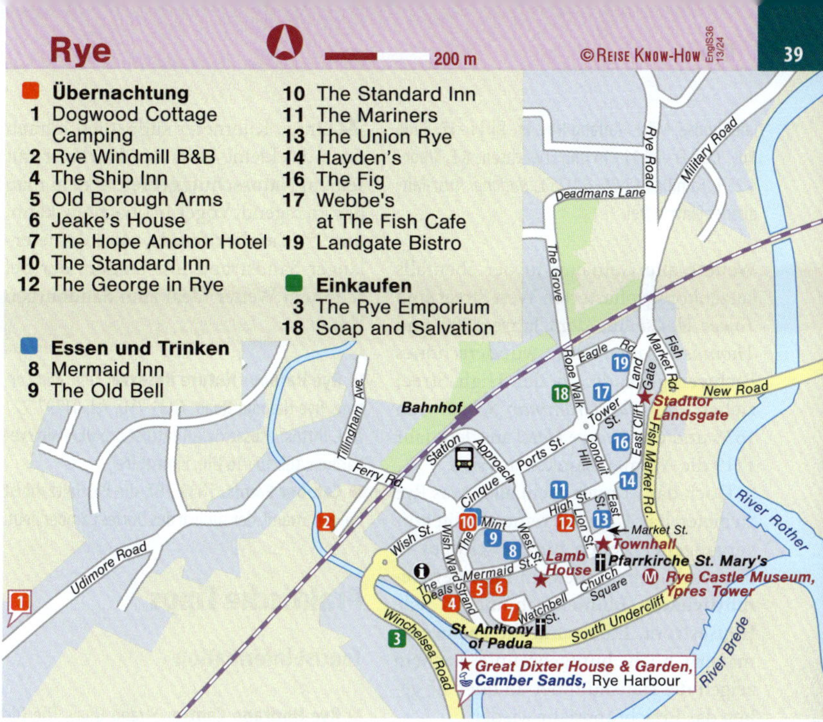

Burg als Gefängnis, heute gehört sie zum **Rye Castle Museum.**

■ **The Ypres Tower,** Gun Garden, TN31 7HH, Tel. 01797-226728, www.ryemuseum.co.uk, April–Okt. tägl. 10.30–17, Nov.–März 10.30–15.30 Uhr, Erwachsene 5 £, Kinder unter 16 frei.

Entlang der Watchbell Street passiert man die italienisch inspirierte Franziskaner-Kirche **St. Anthony of Padua** und erreicht den **Look-out,** einen Aussichtspunkt, von dem aus früher bei Gefahr eine Glocke geläutet wurde (deshalb auch der Straßenname: Watchbell Street).

Von hier führt die Trader's Passage abwärts und trifft auf die **Mermaid Street,** die schönste Straße von Rye. Katzenkopfgepflastert zieht sich die Gasse hügelaufwärts, rechts und links bestanden von alten, blumengeschmückten Fachwerkhäusern. Der wildrosenbewachsene Pub *The Mermaid Inn* datiert aus dem Jahr 1420 und ruht sogar auf noch älteren Fundamenten. Ebenfalls aus dem 15. Jahrhundert stammt das Fachwerkhaus *Old Hospital,* dessen drei mächtige Dachgiebel auf die Straße hervorragen.

Nach rechts, in der **West Street,** steht **Lamb House**, in dem der Schriftsteller *Henry James* von 1898 bis zu seinem Tod 1916 lebte. Hier entstanden seine späten Meisterwerke. Für Englandbesuche ist seine Aufsatzsammlung „In England um glücklich zu sein" („English Hours", 1905) von Bedeutung.

■ **Lamb House,** West Street, TN31 7ES, Tel. 015 80-762334, www.nationaltrust.org.uk/visit/sussex/

lambhouse, März–Anfang Nov. Fr–Di 11–17, Ende Nov./Dez. Fr–Mi 11–16 Uhr, Erwachsene 8 £, Kinder 4,25 £, Familien 12,75–21,25 £, *National Trust*-Mitglieder Eintritt frei.

Weitere alte Gemäuer in der ebenfalls katzenkopfgepflasterten West Street sind *Tower House* aus dem Jahre 1700 und *Thomas House,* ein wunderschönes Fachwerkgebäude. In der High Street ziehen die *Old Grammar School* von 1635 und das *George Hotel* aus dem Jahr 1719 die Aufmerksamkeit auf sich.

Doch das ist noch nicht alles, was Rye zu bieten hat. Über die reine Architektur vergangener Zeiten hinaus schwebt in den winkligen Straßen ein **Flair der Gemütlichkeit.** Blumen schmücken jede Häuserfront, Efeu rankt die Fachwerkmauern hoch, buntgebrannte Kacheln zeigen die Hausnummer an oder sie geben das Errichtungsjahr wieder.

Von Rye aus lassen sich auch gut einige **Abstecher** machen. Wer englische Gärten und alte Fachwerkhäuser liebt, sollte **Great Dixter House & Garden** besuchen, das in Northiam, einige Kilometer nordwestlich von Rye gelegen, liegt. Das ehemalige Zuhause von *Christopher Lloyd* (1921–2006), einem der bekanntesten Gartenspezialisten des Landes, ist mit seinen denkmalgeschützten Fachwerkhäusern und den ausgedehnten Außenanlagen eine Pilgerstätte für Garteninteressierte aus aller Welt. Es gibt hier außerdem einen hübschen Laden und eine Gärtnerei.

■ **Great Dixter,** Northiam, Rye, TN31 6PH, Tel. 01797-252878, www.greatdixter.co.uk, Apr.–Okt. Di–So 11–17 Uhr, Eintritt Haus und Garten Erwachsene 14,50 £, Kinder 4,50 £, nur Garten Erwachsene 13 £, Kinder 4 £.

Einige Kilometer südöstlich lohnen noch das kleine Dorf **Rye Harbour** mit seinem **Naturschutzgebiet,** in dem man hervorragend Vögel beobachten kann, und **Camber Sands,** ein kilometerlanger Sandstrand mit Dünen, der bei schönem Wetter ideal zum Sandburgen bauen ist.

■ **Rye Harbour Nature Reserve,** *Lime Kiln Cottage,* Rye Harbour Road, TN31 7TU, Tel. 01797-227 784, https://sussexwildlifetrust.org.uk/visit/rye-harbour, tgl. 10–16 Uhr, Eintritt frei.

■ **Camber Sands,** TN31 7RT, die Postleitzahl ist für den Strand, der südlich des Dorfes Camber liegt.

Praktische Tipps

Tourist Information

■ **Rye Heritage Centre,** Strand Quay, The Old Loft Rye, TN31 7AY, Tel. 01797-226696, www.ryeheritage.co.uk.

Unterkunft

7 **The Hope Anchor Hotel**③, Watchbell Street, TN31 7HA, Tel. 01797-222216, www.thehopeanchor.co.uk, nettes, kleines Hotel in einem Haus aus dem 18. Jh. mit tollem Blick bis zum Meer.

12 **The George in Rye**④, High Street, TN31 7JT, Tel. 01797-222114, www.thegeorgeinrye.com, Hotel in der Innenstadt mit 34 individuellen Zimmern.

4 **Ship Inn**③, The Strand, TN31 7DB, Tel. 01797-229256, www.theshipinnrye.com. Gasthaus mit 11 originell eingerichteten Zimmern. Unten gibt es ein gemütliches **Restaurant** mit moderner Küche.

10 **The Standard Inn**③, The Mint, TN31 7EN, Tel. 01797-225231, www.thestandardinnrye.co.uk, uriges Gasthaus aus dem 15. Jahrhundert mitten im Zentrum, fünf gemütliche Zimmer mit alten Dach-

balken, aber allem modernen Komfort. Auch sehr empfehlenswertes 10 **Restaurant**③.

5 **Old Borough Arms**③, The Strand, TN31 7DB, Tel. 01797-222128, www.oldborougharms.co.uk, nettes Hotel in der Innenstadt.

2 **Rye Windmill B&B**③, off Ferry Road, TN31 7DW, Tel. 01797-224027, www.ryewindmill.co.uk, einzigartiges Gästehaus in einer alten Windmühle nicht weit vom Stadtkern. Zwei der Zimmer sind im Mühlenturm selbst untergebracht. Vegetarisches und glutenfreies Frühstück erhältlich.

6 **Jeake's House**⑤, Mermaid Street, TN31 7ET, Tel. 01797-222828, www.jeakeshouse.com, efeubewachsenes Gästehaus aus dem 17. Jh., das früher dem amerikanischen Dichter *Conrad Aitken* gehörte.

1 **Dogwood Cottage Camping,** Cackle Street, Brede, TN31 6DY, Tel. 01424-883570, www.dogwoodcamping.co.uk, einsam gelegener (gemütlicher Pub gleich um die Ecke!), sehr kleiner und freundlicher Zeltplatz etwa 10 km westlich von Rye.

Essen und Trinken

19 **Landgate Bistro**③, 5–6 Landgate, TN31 7LH, Tel. 01797-222829, www.landgatebistro.co.uk, hervorragende Fleisch- und Fischgerichte, auch vegetarische Gerichte, große Auswahl an Weinen, Vorbestellung in der Saison ratsam.

17 **Webbe's at the Fish Café**②, 17 Tower Street, TN31 7AT, Tel. 01797-222226, www.webbesrestaurants.co.uk, hervorragendes Seafood-Restaurant in einem alten Ziegel-Magazinspeicher aus dem Jahr 1907, in der offenen Küche kann man beim Kochen zusehen. Dienstag ist Ruhetag.

9 **The Old Bell**②, 33 The Mint, TN31 7EN, Tel. 01797-223323, www.oldbellrye.com, außer englischen Gerichten auch leckere Steinofen-Pizzas. Gaststätte aus dem 15. Jh., ältester Pub von Rye.

8 **Mermaid Inn**④, Mermaid Street, TN31 7EY, Tel. 01797-223065, www.mermaidinn.com, prachtvoller alter Pub aus dem Jahre 1420. Man speist in mittelalterlichem Ambiente.

11 **The Mariners**①, High Street, TN31 7JF, Tel. 01797-223480, kleines, günstiges Restaurant, das eine Stiftung betreibt. Bedient wird man von Leuten mit Lernbehinderungen.

14 **Hayden's**①, 108 High Street, TN31 7JE, Tel. 01797-224501, www.haydensinrye.co.uk. In diesem Café wird gutes Frühstück und Mittagessen aus regionalen Bio-Produkten aufgetischt. Terrasse mit schönem Blick über die Stadt. Auch acht **Gästezimmer**⑤ stehen zur Verfügung.

13 **The Union Rye**②, East Street, TN31 7JY, Tel. 01797-229289, www.theunionrye.co.uk, das Haus datiert aus dem 15. Jh., es wird moderne britische Küche aufgetischt.

16 **The Fig**①, 2 High Street, TN31 7JE, www.thefigrye.com. Perfekt für Brunch oder Mittagessen ist dieses freundliche Café, in dem mit frischen Zutaten aus der Region gekocht wird.

Einkaufen

Besonders wer an Vintage interessiert ist, wird in Rye auf seine Kosten kommen. Hier reiht sich ein Antiquitätenladen an den anderen.

3 **The Rye Emporium,** Jempson's Yard, TN31 7EL, www.theryeemporium.com, großes Warenhaus, vollgestopft mit alten Möbeln und Dekor.

18 **Soap and Salvation,** 18–20 Rope Walk, TN31 7Na, www.soapandsalvation.com, schöne Vintage-Einrichtungsgegenstände – von Vasen über recycelte Textilien bis hin zu Gemälden. Auch viele Secondhand-Kunstbücher stehen zum Verkauf.

Verbindung

- **Bahnhof:** TN31 7AB, abseits der Cinque Port Street am nördlichen Rand der Innenstadt.
- **Busstation:** Die meisten Langstreckenbusse fahren gegenüber des Bahnhofs am Busbahnhof ab, TN31 7AB.

Winchelsea

– Eine Stadt im Dornröschenschlaf

Nur einen Steinwurf entfernt von Rye liegt in musealer Stille das Dörflein Winchelsea. Wie auch Rye wurde es 1191 in die Vereinigung der **Cinque Ports** aufgenommen, genoss beträchtliche Privilegien und erwarb große Reichtümer mit dem Import von Bordeaux-Weinen. Das gesamte 13. Jh. über beutelten schwere Orkane den Hafenort, 1287 dann kam es zu einer **Jahrtausendflut,** und Winchelsea wurde vom Meer verschlungen. Schon kurze Zeit später ordnete *Eduard I.* einen umfangreichen **Neubeginn** an. Im Stadtzentrum sollte eine gewaltige Kirche aufragen, umgeben von den Häusern entlang der schachbrettartig angelegten Straßen. Doch es kam alles anders. Der Hafen versandete, und die Arbeiten an der Kirche wie auch an der Stadt wurden eingestellt. Ein **langer Niedergang** begann.

1719 besuchte der Autor und Begründer der Methodisten-Kirche *John Wesley* den Ort und nannte ihn „das arme Skelett des alten Winchelsea"; 1813 wurde das Städtchen im Band „Die Schönheiten von England und Wales" als der „Schatten eines Schatten" beschrieben.

Ungeheuer **luftig** und **weitläufig** wirkt Winchelsea heute – es gibt keine Reihenhaussiedlungen, die Häuser stehen einzeln und weit auseinander, sodass der Wind zwischen ihnen hindurchfahren kann. Auch hier wieder überall Blumen, sprießende wilde Rosen, Efeu, grüne Bäume und Büsche rechts und links der Straßen. Wer noch mehr über die Geschichte des Ortes erfahren möchte, sollte das **Winchelsea Court Hall Museum** besuchen.

- **Winchelsea Court Hall Museum,** High Street, TN36 4EA, Tel. 01797-226642, www.winchelsea.com/museum/visit-us, Mai–Okt. Mi–So 12–16, Sa 10–16 Uhr, Erwachsene 3 £, Kinder Eintritt frei.

Verbindung

- **Busse** von Rye und Hastings.

926es ©visit1066country

Hastings

– Wo Wilhelm der Eroberer an Land ging

Um es gleich vorweg zu sagen: Von allen Seebädern an der südenglischen Küste ist Hastings sicherlich nicht gerade das Hübscheste.

Im 12. Jh. gehörte Hastings als führende Hafenstadt zu den **Cinque Ports.** Das störte die Franzosen, die 1339 und 1377 einfielen und große Zerstörung anrichteten. Um diese Zeit begann der Hafen zu versanden, und Hastings verfiel in völlige **Bedeutungslosigkeit.** Erst der Anschluss an das Eisenbahnnetz und der damit beginnende **Badetourismus** des 19. Jahrhunderts sorgten wieder für Aufregung, als Hastings einer der beliebtesten Badeorte wurde. Davon zeugen heute noch die viktorianischen Häuserreihen nahe der Klippen. Außerdem war der Ort lange als Schmugglernest berühmt berüchtigt.

Der Name Hastings in England fast jedem Schulkind bekannt, da hier im

☑ Blick über Hastings

Jahre 1066 jener Normanne *Wilhelm der Eroberer* mit seiner Armee landete, welcher später die Insel im Sturm einnahm.

Sehenswertes

Eine steil hinunter zum Strand verlaufende Straße teilt Hastings in zwei Teile – im Osten die **Altstadt,** im Westen die **New Town.** Am alten Ortskern zieht sich der **lange Kieselstrand** entlang, auf dem die Fischerboote aufgereiht sind. Hier stehen auch die Netzspeicher, die schwarzen, aus geteerten Brettern erbauten *Net Lofts*, in denen die Fischer früher ihre Arbeitsutensilien aufbewahrten. Rundherum sorgen Karussells, eine Minigolfanlage, Fischbratereien, Drehorgelspieler und *Amusement Pavilions* mit Bingo-Hallen und einarmigen Banditen für Rummelplatz-Atmosphäre.

Einige Museen halten die Erinnerung an die Seefahrt wach, so das **Fishermen's Museum,** das **Shipwreck Museum** und das **Blue Reef Aquarium.**

Von Rockanore Road, in der sich diese drei Attraktionen befinden, führt eine **Standseilbahn** *(East Cliff Railway)* steil den East Hill zu einem Naturpark hinauf, der sich gut für ein Picknick eignet und in dem man die wunderschöne Aussicht genießen kann. Wer mehr über die Geschichte der Stadt erfahren möchte, kann in der High Street noch einen kurzen Abstecher ins **Old Town Hall Museum** machen.

Am westlichen Ende der Altstadt kann man mit der zweiten Standseilbahn das **West Cliff** hinauf zu den Ruinen der alten normannischen **Burg** fahren, die sich *Wilhelm der Eroberer* direkt nach der erfolgreichen Invasion erbauen ließ. Dort kann man in einem kurzen Film in die Geschichte der Burg eintauchen.

Außerdem kann man von der Bergstation der Bahn aus die **St. Clement's Cavers** erreichen – Höhlen, in denen heute das *Smugglers Adventure* untergebracht ist. Wer sich für die ehemaligen Aktivitäten der Schmuggler, die in der Gegend ihr Unwesen trieben, interessiert, kommt hier auf seine Kosten. Für kleine Kinder sind Teile des **Museums** allerdings nur bedingt geeignet, da es etwas gruselig werden kann.

In der Neustadt stakst ein langer **Pier** ins Meer hinaus, und genau hier soll *Wilhelm* seinen Fuß erstmals auf englischen Boden gesetzt haben.

Als Pendant zum Teppich von Bayeux, der die Geschichte dieser Eroberung darstellt, finden sich im Rathaus von Hastings (Queen Street) zwei Paneele des zum 900. Jahrestag der Invasion von der *Royal School of Needlework* 1966 fertiggestellten **Hastings Embroidery.** Das Kunstwerk zeigt auf fast 70 Metern Länge in über 80 Szenen die Geschichte der Insel von 1066 bis 1966. Leider sind die anderen Stücke zurzeit nicht zu besichtigen.

Praktische Tipps

Tourist Information

- **Hastings Visitor Centre,** Station Approach, TN34 1BA, Tel. 0303-0038265, www.visit1066country.com.

Unterkunft

- **Best Western Royal Victoria Hotel**③, Marina, St. Leonards-on-Sea, TN38 0BD, Tel. 01424-445544, www.royalvichotel.co.uk, etwas außerhalb an der Strandpromenade gelegenes Hotel, leicht plüschig eingerichtet, aber komfortabel.

■ **The White Rock Hotel**②, White Rock, TN34 1JU, Tel. 01424-422240, www.thewhiterockhotel.com, Hotel mit frischer, moderner Einrichtung direkt an der Strandpromenade. Hier ist man sehr hundefreundlich.

■ **The Laindons**⑤, 23 High Street, TN34 3EY, Tel. 01424-437710, www.thelaindons.com, fünf Zimmer in einer denkmalgeschützten, ehemaligen Kutschstation, man kann gemütlich im Wintergarten frühstücken.

■ **Hastings House**④, 9 Warrior Square, St Leonards on Sea, TN37 6BA, Tel. 01424-422709, www.hastingshouse.co.uk, wenige Schritte vom Meer entferntes B&B. Läuft man von hier entlang der Promenade, erreicht man den Pier von Hastings in etwa zehn Minuten.

■ **Camping:** *Shear Barn Holiday Park*①, Barley Lane, Hastings, TN35 5DX, Tel. 01424-423583, www.shearbarn.com, Standplätze für Zelte, Wohnwagen und Wohnmobile, moderne Sanitäranlagen, etwas außerhalb am östlichen Stadtrand, man kann auch statische Wohnwagen und kleine Ferienhäuser mieten; 🚶 *Buckhurst Campsite*①, Bluemans Lane, Sedlescombe, TN33 0SE, Tel. 07517-477447, www.buckhurstcamping.com, familienfreundlicher Platz für Zelte, Wohnwagen und Wohnmobile, etwa 6 km nördlich von Hastings.

Essen und Trinken

■ **The Stag Inn**①-②, 14 All Saints Street, TN34 3BJ, Tel. 01424-438791, www.staghastings.co.uk, schöner alter Schmuggler-Pub in der Altstadt, in dem man auch essen kann. Generell gute Auswahl für Vegetarier und Veganer, Mo, Di kein Speisenangebot. Abends oft Live-Musik.

■ **Bullet Coffee House**①, 38 Robertson Street, TN34 1HT, Tel. 01424-717477, www.bulletcoffeehouse.co.uk, kleines Tagescafé (nur Do–So) mit sehr guter Auswahl an kleinen Gerichten, auch vegan und glutenfrei.

■ **Monellis Sourdough Gourmet Pizza**②, 43a George Street, TN34 3EA, Tel. 01424-432663, www.monellis.co.uk, gemütliche kleine Pizzeria, die von einer Familie aus Puglia geführt wird.

■ **St. Clement's**③, 3 Mercatoria, TN38 0EB, Tel. 01424-200355, www.stclementsrestaurant.co.uk, hervorragendes Restaurant spezialisiert auf die hochwertige Zubereitung lokaler Produkte.

■ **Anchor Inn**①, 13 George Street, TN34 3EG, Tel. 01424-422256, www.anchorhastings.co.uk, alter, gemütlicher Pub mit kleinem Speisenangebot, dies allerdings nur Di bis Fr.

■ **Yaaze Cafe Bistro & Meze Bar**②, 15 Denmark Place, TN34 1PF, Tel. 07893-952515, www.yaazehastings.com, türkische Küche vom Feinsten.

■ **Ye Olde Pumphouse**②, 64 George Street, TN34 3EE, Tel. 01424-422016, www.yeoldepumphouse.com, alter, windschiefer Pub in einem Fachwerkhaus mit Balkendecken und Kamin.

■ **Cinque Ports Arms**①, 105 All Saints' Street, TN34 3BE, Tel. 01424-444758, Pub in einem alten Fachwerkhaus.

■ **Hanushka Coffee House**①, 23 George Street, TN34 3EA, Tel. 01424-552388, hier kann man zwischen Bücherregalen in Wohnzimmeratmosphäre Kaffee und Kuchen oder einen Imbiss genießen.

■ In der **George Street** (läuft parallel zur Küstenpromenade) am Anfang der Old Town weitere Restaurants und Pubs neben Läden und Geschäften.

Verbindung

■ **Bahnhof/Busbahnhof:** Havelock Road, TN34 1BA. Außerdem fahren viele Busse in der Queen's Road ab.

Battle

– Die Schlacht der Normannen

In Hastings ging *William the Conqueror* an Land, marschierte mit seinen Truppen einige Meilen nach Norden und traf am Samstag, den 14. Oktober 1066, auf die Recken von König *Harold*. Der hatte in einem Gewaltmarsch seine 7000 Mannen von York her nach Süden geführt und auf einem Hügelrücken in Stellung gebracht. Die Schlachtlinie war rund 550 m lang und bestand aus hintereinander gestaffelten Reihen von zehn bis zwölf Mann. Im Zentrum befand sich Harold, umgeben von seinen besten Kämpfern, die mit den beidhändig geführten Streitäxten und Schlachtschwertern den Herrscher schützten.

Den ganzen Tag über berannten die Invasoren den Hügel, konnten jedoch immer wieder von *Harolds* Bogenschützen, seinen Schwert- und Lanzenträgern zurückgeschlagen werden. Da griff *Wilhelm* zu einer List. Seine Truppen schützten eine ungeordnete Flucht vor, und die Angelsachsen stürmten aus ihrer sicheren Hügelstellung hinunter in die Ebene, um die Eindringlinge nun vollends niederzumachen. Rasch jedoch hatte *Wilhelm* seine Männer neu organisiert, griff nun die ihres strategischen Vorteils verlustig gegangenen Sachsen an und trieb einen Keil ins Zentrum der gegnerischen Schlachtenreihe. In dieser Phase wurde *Harold* getötet, das Heer war ohne Führung und demoralisiert. Und so stand *William* ein Sieg bevor.

927es ©visit1066country

Dort, wo zwischen Normannen und Angelsachsen die Schlacht *(battle)* tobte, erstreckt sich heute das kleine, sympathische Marktstädtchen Battle.

In der High Street informiert das **Battle Museum of Local History** über die vergangenen Zeiten. Nicht weit entfernt erstreckt sich das einstige Schlachtfeld, wo sich auch die Reste von **Battle Abbey** befinden.

- **Battle Museum of Local History,** The Almonry, High Street, TN33 0EA, Tel. 01424-775955, www.battlelocalhistory.com, Apr.–Okt. Mo–Fr 10–16.15 Uhr, Eintritt frei, Spenden erwünscht.

Sollte er siegreich sein, so hatte *Wilhelm* geschworen, werde er auf dem einstigen Schlachtfeld eine große **Klosteranlage** errichten lassen. Und so geschah es. In der 1094 geweihten Abteikirche markiert der Altar die Stelle, an der König *Harold* einst erschlagen zu Boden sank. Rund 450 Jahre später überließ *Heinrich VIII.* im Zuge der Reformation die Anlage seinem Günstling *Sir Anthony Browne*. Der ließ abreißen und umbauen, sodass wir heute nur noch das mächtige Torhaus aus dem Jahr 1339 (nur von außen) sowie einige Abteiruinen bestaunen können.

- **Battle Abbey and Battle Field,** High Street, TN33 0AD, Tel. 01424-775705, www.english-heritage.org.uk/visit/places/1066-battle-of-hastings-abbey-and-battlefield, Ostern–Okt. tgl. 10–17, Juli/August tgl. 10–18, Nov.–Ostern Sa/So 10–16 Uhr, Eintrittspreise variieren je nach Saison und Wochentag, Erwachsene 17,20 £, ermäßigt 15 £, Kinder (5–17 J.) 10,40 £, Familien 27,60–44,80 £, günstiger bei Online-Vorausbuchung, *English Heritage*-Mitglieder frei.

☒ Battle – Nachspiel der Schlacht von 1066

Praktische Tipps

Essen und Trinken

- **Mrs Burton's Restaurant and Tea Room**①-②, 2 High Street, Battle TN33 0AE, Tel. 01424-774204, www.burtonsrestaurant.co.uk, gemütliche Teestube direkt neben dem Eingang zur Abtei in einem Haus aus dem 16. Jahrhundert. Besonders für einen traditionellen Nachmittagstee zu empfehlen.
- **Ye Olde Kings Head**①, 37 Mount Street, TN33 0EG, Tel. 01424-772317, www.kingsheadbattle.co.uk, gemütlicher alter Pub mit Speiseangebot.
- **The Sweet Olive**②, 17 High Street, TN33 0AE, Tel. 01424-774422, www.thesweetolive.co.uk, mediterrane Küche mit Zutaten aus der Region. Montag ist Ruhetag.

Verbindung

- Regelmäßig **Busse** von Hastings mit *Stagecoach* oder *National Express.*

In das Hinterland von Hastings

Bodiam Castle

Nördlich von Hastings, nahe dem Örtchen Northiam, ragt Bodiam Castle auf, einst sicherlich eine der schönsten Burgen Südenglands und selbst als Ruine eindrucksvoll. Im Jahre 1385 beauftragte *Richard II.* den Baumeister *Sir Edward Dalyngryde*, das Hinterland von Hastings, Winchelsea und Rye durch eine Festung zu sichern. Immer wieder landeten Franzosen an der südenglischen Küste und brandschatzten in den Städten.

So entstand eine mächtige quadratische Anlage, die an allen vier Ecken von runden Türmen gesichert war. Ein breiter Graben – heute recht romantisch mit Wasserrosen bewachsen – bot zusätzlichen Schutz. In den Bürgerkriegswirren des 17. Jh. ließ *Cromwell* die Burg zerstören. 300 Jahre später sorgte *Lord Curzon* – Anfang des 20. Jahrhunderts Vizekönig von Indien, danach englischer Außenminister – dafür, dass die Anlage erhalten blieb und vermachte sie 1917 dem *National Trust*. Einige der Türme kann man besteigen und hat von dort oben gute Ausblicke.

■ **Bodiam Castle,** TN32 5UA, Tel. 01580-830196, www.nationaltrust.org.uk/visit/sussex/bodiamcastle, Mitte Feb.–Okt. tgl. 10–17, Nov./Dez. 10–15.30, Jan.–Mitte Feb. Sa/So 10–15.30 Uhr, Erwachsene 13 £, Kinder 6,50 £, Familien 19,50–32,50 £, günstiger in der Nebensaison, *National Trust*-Mitglieder frei.

928es nt ©John Millar

Bodiam Castle

Bateman's – Das Haus von Rudyard Kipling

Nordwestlich von Hastings, nur einen Steinwurf vom Örtchen **Burwash** entfernt, befindet sich in den South Downs, einer sanft gewellten Landschaft, **Bateman's House,** das Heim des erzreaktionären *Rudyard Kipling* (1865–1936). 1902, im Alter von 36 Jahren, kaufte der um diese Zeit schon weltbekannte Autor – der chauvinistische „Barde des Imperialismus" – das aus dem Jahre 1634 da-

tierende Haus, richtete sich mit seiner Familie ein, schrieb und legte den Garten an. Bibliothek, Arbeitszimmer sowie auch alle anderen Räumlichkeiten sind originalgetreu erhalten.

1907 erhielt der Schriftsteller für seine Erzählungen aus Indien als erster Brite den **Nobelpreis für Literatur.** Die Umgebung von Bateman's, vor allem aber der tägliche Blick auf den Pook's Hill, inspirierten *Kipling* zu den Kindergeschichten „Puck vom Buchsberg" („Puck of Pook's Hill", 1906), in denen *Dan* und *Una Shakespeares* Sommernachtstraum spielen und ihnen dabei *Puck,* der Kobold, erscheint. Täglich aufs Neue war *Kipling* von der Schönheit der Landschaft hingerissen: „... meine Seele gäbe ich hin für die grasüberwachsenen South Downs, wo die Glocken der Schafe, die über sie dahinziehen, erklingen ..."

Das Lexikon der englischen Literatur urteilt über Leben und Werk von *Kipling:* „Kein anderer Autor des 19. Jh. hat der Parteien Hass und Gunst vergleichbar heftig erfahren wie *Rudyard Kipling.* Ursache hierfür ist eine konservative Ideologie, die in nicht wenigen Gedichten und Kurzgeschichten mit rassistischen („Fuzzy-Wuzzy", „Gunga Din"), sexisti-

928es nt ©Andreas von Einsiedel

schen („The Female of the Species") und vor allem imperialistischen („The White Man's Burden") Tendenzen Ausdruck findet. Diese antidemokratische und antiliberale Gesinnung verdeckt Spannungen in Kiplings Leben und Werk."

George Orwell nannte *Rudyard Kipling* einen „ordinären Flaggenschwenker" und „Dichter der Hurra-Schreier".

■ **Bateman's,** Bateman's Ln, TN19 7DS, Tel. 01435-882302, www.nationaltrust.org.uk/visit/sussex/batemans, April–Okt. tgl. 11–16.30, Nov./Dez. und Mitte Feb.–März tgl. 11–15.30, Jan.–Mitte Feb. Sa/So 11–15.30 Uhr, Erwachsene 15 £, Kinder 7,50 £, Familien 22,50–37,50 £, *National Trust*-Mitglieder frei.

Essen und Trinken

■ Verspürt man nach der Besichtigung Hunger, vor allem aber Durst, so sollte man im kleinen Zentrum von Burwash im **Rose and Crown** (Ham Lane, TN19 7ER, Tel. 01435-882600, www.revivedinns.co.uk/roseandcrown) oder im **The Bear Inn** (High Street, TN19 7ET, Tel. 01435-882540, www.bear-inn-hotel-burwash.co.uk) einkehren.

Zum Sugar Loaf – Auf der Suche nach einem Folly

Wer sich für *Follies* interessiert, architektonische Verrücktheiten, die exzentrische Briten in die Landschaft gesetzt haben, der mache sich von Herstmonceux ein paar Kilometer gen Norden auf. Zwischen den beiden Örtchen Dallington und Brightling steht an der B 2096 auf freiem Feld nahe dem Weiler Wood's Corner (kurz bevor es rechts nach Brightling abgeht) ein gut 6 m hoher steinerner **Zuckerhut.** Die Absonderlichkeit geht auf *John Fuller* (1756–1834), einen der bekanntesten englischen Exzentriker, zurück, der im Volksmund auch den Beinamen *Mad Jack* trug. Als Parlamentsabgeordneter tat *Fuller* viel für die Menschen in seiner Region, auch finanzierte er private Arbeitsbeschaffungsmaßnahmen, um die Erwerbslosigkeit zu lindern. Noch bevor *Lord Curzon* Bodiam Castle (s.o.) restaurierte, sorgte *Fuller* dafür, dass die Ruine nicht vollends zusammenstürzte.

Der *Sugar Loaf* ging angeblich auf eine **Wette** zurück. Eines Abends behauptete *Mad Jack*, dass er von seinem Wohnsitz Brightling Park aus den Kirchturm von Dallington sehen könne. Doch ein ortskundiger Gast hegte berechtigte Zweifel. Früh am nächsten Morgen stellte *Fuller* fest, dass er tatsächlich unrecht hatte und ließ geschwinde auf einem Feld die Kirchturmspitze des Gotteshauses von Dallington nachbauen – so wenigstens will es die Überlieferung. In Wahrheit beschäftigte *Fuller* auch hier für einige Zeit arbeitssuchende Familienväter.

■ **Sugar Loaf Folly,** B 2096, Dallington, East Sussex, TN21 9LJ, www.madjackfuller.net/sugarloaf.html.

⟨ Arbeitszimmer im Bateman's

Eastbourne

– Englands elegantestes Seebad

Von allen Seebädern entlang der englischen Südküste gehört Eastbourne mit zu den schönsten. An einem fast 5 km langen sauberen, beim Ansturm der Wellen leise murmelnden Kieselstrand zieht sich eine **Flanierpromenade** entlang, gesäumt von gepflegten weißen Häusern. Der **Pier,** eines der Wahrzeichen der Stadt, wurde vor einigen Jahren wiedereröffnet, nachdem er bei einem Feuer größtenteils zerstört worden war. Neben Spielbuden und Souvenirläden finden sich hier auch ein Café und eine Jazz Bar (www.eastbournepier.com, Eintritt frei).

Das südliche Ende der Seefront markiert der **Wish Tower,** der größte Martello-Turm, der je in England gebaut wurde und der im frühen 19. Jh. französische Invasoren abschrecken sollte.

■ **The Wish Tower,** King Edward's Parade, BN21 4BY. Nicht generell geöffnet aber ab und zu werden Touren angeboten. Infos unter www.eventbrite.de oder www.wishtower.org.uk.

Nördlich vom Stadtzentrum sorgte die kreisrunde, im Jahre 1810 in Dienst gestellte **Festungsanlage Redoubt Fortress** für Schutz. Das Fort ist leider wegen Renovierungsarbeiten bis auf Weiteres nur von außen zu besichtigen.

■ **Redoubt Fortress,** Royal Parade, BN22 7AQ.

Alles in Eastbourne macht einen **gepflegten Eindruck,** die Fassaden der

930es ©visiteastbourne.com

Häuser und Hotels erstrahlen im makellosen Weiß, und viele Blumenbeete erfreuen Besucher mit ihrer Pracht.

Tennis- und Golfspieler finden genügend Plätze, und wenn es einfach nur ein geruhsamer Spaziergang sein soll, so gibt es neben der Strandpromenade eine ganze Reihe von grünen Parkanlagen.

Eastbourne ist auch als **Tagungs- und Konferenzort** beliebt, außerdem bieten Sprachschulen ihre Dienste an, sodass während der Sommermonate das Heer der Touristen um viele Englisch-Schüler bereichert wird.

Ist das Wetter schlecht, sodass man auf ein Bad im Meer verzichten muss, kann man am östlichen Ende der Seeuferstraße im Vergnügungsbad **The Sovereign Centre** im Wasser planschen. Hier liegt auch die **Sovereign Harbour Marina,** wo man sich in etlichen Bars und Pubs erfrischen kann, während man den Jachten und Fischerbooten bei der Ein- und Ausfahrt zuschaut.

■ **The Sovereign Centre & Marina,** Royal Parade, BN22 7LQ, Tel. 01323-738822, www.eastbourneleisure.co.uk/pools, tgl. 7–21 Uhr, Erwachsene 5,30–7,50 £, Kinder 4,40–6,20 £, Familien 22,60 £.

Freunde moderner Kunst kommen mit der Kunstgalerie **Towner Art Gallery** voll auf ihre Kosten. Das markante Gebäude steht etwas zurückgesetzt von der Strandpromenade und bietet außer einer Dauerausstellung moderner Malerei

^ Am Pier von Eastbourne

> Die farbenfrohe Fassade der Towner Art Gallery

wechselnde Sonderausstellungen. Die Außenfassade wurde 2019 vom deutschen Künstler *Lothar Götz* mit bunten, geometrischen Formen versehen, was die Galerie in eines der bemerkenswertesten Gebäude Eastbournes verwandelt hat.

■ **Towner Art Gallery,** Devonshire Park, BN21 4JJ, Tel. 01323-434670, www.townereastbourne.org.uk, Di–So 10–17 Uhr, Eintritt frei.

Ein Tipp für Gartenliebhaber sind die **italienischen Gärten,** etwas außerhalb am westlichen Ende der King Edward's Parade, die zum Teil aus einem in die Felswand hineingehauenen Amphitheater bestehen. Hier finden im Sommer auch **Freilicht-Theateraufführungen** statt und es ist einer der besten Orte der Stadt für ein Picknick.

■ **The Italian Gardens,** King Edward's Parade, BN20 7XL, durchgehend geöffnet, Eintritt frei.

Da es in der **Umgebung** von Eastbourne viel zu entdecken gibt, sollte man das Seebad zum Standquartier für Ausflüge in die Umgebung machen.

Praktische Tipps

Tourist Information

■ **Welcome Building,** Compton Street, BN21 4BP, Tel. 01323-415415, www.visiteastbourne.com.

Unterkunft

1 The Grand Hotel⑤, King Edward's Parade, BN21 4EQ, Tel. 01323-412345, www.grandeastbourne.com. Im „weißen Palast", in dem schon Größen wie *Debussy, Churchill* und *Chaplin* übernachteten, findet man Hotelkomfort auf höchstem Niveau. Auch wer kein Zimmer gebucht hat, kann in der eleganten *Great Hall* den *Afternoon Tea* einnehmen.

931es ar

16 **Langham Hotel**⑤, 43–49 Royal Parade, BN22 7AH, Tel. 01323-731451, www.langhamhotel.co.uk, komfortables Hotel mit 80 Zimmern direkt an der Strandpromenade.
2 **Best Western Lansdowne Hotel**④, King Edward's Parade, BN21 4EE, Tel. 01323-725174, www.landsdowne-hotel.co.uk, großes, traditionsreiches Haus nicht weit vom *Wish Tower.*
14 **Best Western York House Hotel**③, 14 Royal Parade, Tel. 01323-412918, www.bestwestern.co.uk/hotels/best-western-york-house-hotel-83773, viktorianisches Gebäude mit Gästeschwimmbad.
18 **Seaview Sanctuary**②-③, 57 Royal Parade, Eastbourne, BN22 7AQ, Tel. 01323-736730, http://seaview-sanctuary.best-hotels-eastbourne.co.uk, stilvolle Zimmer, nicht weit vom Pier.
15 **Gyves House**②, 20 St Aubyn's Road, BN22 7AS, Tel. 01323-721709, www.gyveshouseeastbourne.com, hübsches, kleines B&B in unmittelbarer Nähe zum Meer.
5 **Ravilious**③, 16 Blackwater Road, BN21 4JD, Tel. 01323-733142, www.ravilioushotel.com, sehr schick und modern eingerichtet, in einem großen, alten Haus nicht weit vom Zentrum.
13 **Beach Front Guest House**④, 13 Royal Parade, BN22 7AR, Tel. 01323-722152, www.beach-front.co.uk, zehn geschmackvoll eingerichtete Zimmer, acht davon mit Seeblick, direkt an der Strandpromenade gelegen.
9 **Jugendherberge:** *YHA Eastbourne*①, East Dean Road, BN20 8ES, Tel. 0345-3719316, www.yha.org.uk/hostel/yha-eastbourne.

Essen und Trinken

10 **Two Bulls Steakhouse**③, The Tally Ho, 42 Church St, BN21 1JB, Tel. 01323-640258, www.thetallyho.uk, natürlich gute Steakauswahl, aber auch andere Fleischgerichte und Vegetarisches.
6 **Pomodoro e Mozzarella**②, Cornfield Terrace, BN21 4NS, Tel. 01323-733800, www.pomodoro-e-mozzarella.com, ein gutes italienisches Restaurant mit Pizzen und Pasta. Für ein mehrgängiges Menü stehen aber auch andere italienische Gerichte auf der Speisekarte. Außerdem gibt es eine eigene Karte für glutenfreie und vegane Speisen.
12 **Meze Restaurant**②, 15 Pevensey Road, BN21 3HR, Tel. 01323-731893, www.meze-retaurant.co.uk, türkische Küche vom Feinsten.
7 **Cru Eastbourne**③, 8A Hyde Gardens, BN21 4PN, Tel. 01323-646494, www.cruwine.co.uk. In dieser Weinbar kann man Tapas-ähnliche Teller zum Teilen bestellen, sowie eine kleine Auswahl an Hauptgerichten: Rindfleisch aus der Region, ein Fischgericht sowie eine Option für Veganer.
8 **Urban Ground**①, 2A Bolton Road, BN21 3JX, Tel. 01323-410751, www.urbanground.co.uk, der perfekte Ort für Kaffee und Kuchen oder einen Imbiss zwischendurch – eine Spezialität sind libanesische Fladenbrote.
16 **The Conservatory Restaurant at Langham Hotel**③, 43–49 Royal Parade, BN22 7AH, Tel. 01323-731451, www.langhamhotel.co.uk/dining gehobene britische Küche mit Meerblick.
20 **Arlington Arms**①, 360 Seaside, BN22 7RY, Tel. 01323-724365, www.thearlingtonarms.co.uk, am östlichen Ende der Seaside Road, drei separate Bar-Areale. Auf der Speisekarte stehen typische Pub-Klassiker wie *Fish'n'Chips* und Pasteten.
3 **Bistro Pierre**①, King Edward's Parade, BN21 4BY, Tel. 01323-886484, www.bistropierre.co.uk, französisches Bistro am *Wish Tower* mit wunderschönem Blick auf das Meer.
11 **The Athens Restaurant and Steakhouse**②, Terminus Road, BN21 3DH, Tel. 01323-733278, wie der Name schon verrät: griechische Küche.

Ausflüge/Verbindung

- **Hop-On-Hop-Off Bus:** Der Doppeldeckerbus mit offenem Dach fährt nicht nur die touristischen Höhepunkte Eastbournes an, sondern macht auch einen Abstecher zum Beachy Head, zum Belle Tout-Leuchtturm und dem bildhübschen Pub *Tiger Inn* in

0 200 m
Übernachtung
1 Grand Hotel
2 Best Western Lansdowne Hotel
5 Ravilious Hotel
9 YHA Eastbourne
13 Beach Front Guest House
14 Best Western York House Hotel
15 Gyves House
16 Langham Hotel
18 Seaview Sanctuary
Essen und Trinken
3 Bistro Pierre
6 Pomodoro e Mozzarella
7 Cru Eastbourne
8 Urban Ground
10 The Two Bulls Steakhouse
11 The Athens Restaurant and Steakhouse
12 Meze Restaurant
16 The Conservatory Restaurant at Langham Hotel
20 Arlington Arms
The Sovereign Centre & Marina
Redoubt Fortress & Military Museum
Eastbourne Pier
Hop-On-Hop-Off Bus
Towner Art Gallery
Wish Tower
Italian Gardens, East Dean
Bahnhof
Upper Avenue Roundabout
Strait of Dover
Whitley Road
Seaside Road
Royal Parade
Grand Parade
King Edward's Parade
Terminus Road
South Street
Ashford Road
Lewes Road
The Avenue
Upper Avenue
Beach Road
Woodgate Road
Ringwood Road
St. Philip's Avenue
Carlton Rd.
Beamsley Rd.
Sidley Road
Addingham Rd.
Rylstone Road
Redoubt Rd.
Latimer Road
Cambridge Rd.
St. Aubyn's Rd.
Marine Road
Marine Parade
Avondale Road
Firle Road
Belmore Road
Cavendish Avenue
Cavendish Place
Bourne Street
Susan's Road
Langney Road
Pevensey Road
Ceylon Place
Elms Ave.
Elms Rd.
Trinity Trees
Trinity Place
Hartington Place
Devonshire Place
Burlington Place
Compton Street
Cornfield Rd.
Cornfield Lane
Cornfield Terrace
Bolton Rd.
Lismore Rd.
Gildredge Road
Hardwick Road
Spencer Rd.
College Road
Furness Rd.
Blackwater Road
Carlisle Road
Wilmington Gardens
Silverdale Road
Commercial Road
Carew Road
Enys Rd.

East Dean. Der Bus startet am Pier und verkehrt von Mai bis Oktober alle 45 Minuten von 10 bis 17 Uhr (Juni bis August alle 30 Minuten). Erwachsene 10 £, Senioren 8 £, Kinder bis 15 J. 6 £, Familien 28 £.

MEIN TIPP: Wer einen **Tagestrip nach Brighton** machen will, sollte das Auto stehenlassen: Parken ist in Brighton sehr teuer. Von Eastbourne nach Brighton fahren die **Buslinien** 12, 12X, 12A und 13X (vom Eastbourne Pier).

- **Busbahnhof:** Die meisten Busse fahren in Terminus Road oder Ashford Road gleich am Bahnhof ab, einige aber auch von Cavendish Place, in der Nähe vom Pier.
- **Bahnhof:** Terminus Road, BN21 3QJ.

In der Umgebung von Eastbourne

Beachy Head und Seven Sisters

Ein wenig südlich von Eastbourne liegt einer der landschaftlichen Höhepunkte von Englands Süden – das **Kap Beachy Head.** Fast 170 Meter hoch steigen die dortigen weißen **Kreidefelsen** aus dem Meer in den Himmel hinauf. Recht gut verdeutlicht ein knapp 50 Meter hoher, unten in der See stehender **Leuchtturm** die Proportionen.

Blick auf die „sieben Schwestern"

932es ar

Seven Sisters-Wanderung

- **Länge:** 22,5 km. Der Weg kann mit dem *Coaster Bus* abgekürzt werden, der an mehreren Stopps am Weg hält.
- **Dauer:** 6–7 Stunden
- **Karten:** *Ordnance-Survey*-Karten *Landranger* 198 *Brighton and Lewes* und 199 *Eastbourne and Lewes* (1:50.000)
- **Anreise:** Der *Coaster-Bus* 12, 12A und 12X verkehrt mehrmals stündlich zwischen Eastbourne und Brighton und hält am Startpunkt dieser Wanderung in Seaford, sowie in Exceat. Von Ende Juli bis Anfang September fährt außerdem täglich der Bus 13X, der auch am Beachy Head, Birling Gap und am *Seven Sisters Country Park* hält (von September bis Juli nur an Sonn- und Feiertagen).

Der Weg von Seaford nach Eastbourne entlang der Kreidefelsen der Seven Sisters gehört zu den **schönsten Tageswanderungen Großbritanniens.** Nicht nur an sonnigen Tagen ist der Blick auf die weißen Klippen, die herrlich mit dem blauen Meer kontrastieren, unvergleichlich. Bei den **Seven Sisters** handelt es sich um eine Kette aus hohen Kreidefelsen, deren Name auf die Zahl der Kuppen verweist, die es zu erklimmen gilt. Die Wanderung ist insofern sehr einfach, da man sich kaum verlaufen kann: Bis auf die Umgehung der Mündung des Flusses Cuckmere folgt man immer dem Küstenverlauf.

Der Weg beginnt in dem verschlafenen Küstenstädtchen **Seaford** mit seinen bunten Strandhütten und dem kleinen Martello-Tower, der 1806 als Schutz gegen die napoleonische Armee gebaut wurde. Heute ist in dem Turm ein **Museum** (www.seafordmuseum.co.uk) untergebracht, das an Wochenenden und im Sommer auch Mittwochs geöffnet ist. Um zum Startpunkt des Weges zu gelangen, begibt man sich zur Strandpromenade (ausgeschildert mit „To the Sea"), von der aus man im Osten bereits die weißen Klippen des Seaford Heads sieht, die man zur Beginn der Wanderung erklimmen wird. Am Ende der Promenade führt ein steiler Fußweg hoch auf die Kreidefelsen. Man hält sich rechts, um der Steilküste an einem Golfkurs vorbei auf den Gipfel des **Seaford Head** zu folgen. Oben angelangt, kann man schon bald in der Ferne die weißleuchtenden Klippen der Seven Sisters erblicken und den dahinterliegenden Leuchtturm Belle Tout.

Man folgt nun dem Weg parallel zur Küste durch das **Seaford Head Naturreservat,** das dank seines kargen Kreidebodens ein Lebensraum für seltene Pflanzen und Tiere ist. So blüht hier im Mai das Kleine Knabenkraut und von Juni bis August die Heilwurz, die im Englischen *Moon Carrot* heißt, da ihre Blüten bei Mondlicht auffällig hell leuchten. In den Sommermonaten bekommt man oft seltene Schmetterlinge wie Silberbläulinge und Zwergbläulinge zu sehen.

Nach 3 km senkt sich der Weg herab zur Bucht von **Cuckmere Haven** und man erreicht die *Coastguard Cottages,* die 1818 gebaut wurden, um die Küste vor Schmugglern zu schützen, die in dieser Bucht oft mit Tabak und Gin aus den Niederlanden an Land gingen. Die hübschen kleinen Häuser vor der Kulisse der Seven Sisters gelten heute als eines der beliebtesten Fotomotive Englands, während die dahinter liegenden Klippen bereits in zahlreichen englischen Filmen wie zum Beispiel „Harry Potter und der Feuerkelch" oder „Robin Hood – König der Diebe" auftauchten.

Am Kiesstrand, den man erreicht, mündet das Flüsschen **Cuckmere** in die See. Bei niedriger Ebbe kann man den Fluss durchwaten und den Weg um 4,2 km abkürzen (Tidenkalender: www.bbc.co.uk/weather/coast-and-sea/tide-tables).

Wenn dies nicht möglich ist, folgt man stattdessen dem Pfad, der nun links abbiegt, um dem Fluss direkt am Ufer Richtung Inland zu folgen. Nach 1,2 km biegt der Weg kurz nach links ab, um 80 m weiter wieder nach Norden abzudrehen. Bald erreicht man den Parkplatz des 1 *Cuckmere Inn* (www.vintageinn.co.uk/restaurants/south-east/thecuckmereinnseaford#), wo man gut zu Mittag essen kann. Vom Pub aus überquert man vorsichtig die A 529, um dann über die Brücke den Fluss zu überqueren. Hinter der Brücke überquert man die Straße ein weiteres Mal und folgt dem Fußweg, der parallel zur Straße entlang verläuft, bis man an einer Kurve das 2 *Saltmarsh Farmhouse* mit angeschlossenem Café erreicht (www.saltmarshfarmhouse.co.uk/cafe). Gleich dahinter geht nun an einer Bushaltestelle rechts ein Gatter ab, von dem aus man auf einen kleinen asphaltierten Weg am Ufer des Flusses gelangt, der zurück zur **Küste** führt.

Diesem folgt man bis zu einer Gabelung, wo man sich rechts hält und durch ein Gatter geht. Etwa 50 m weiter gabelt sich der Weg wiederum. Nun geht man links ab, um dem als „South Downs" ausgeschilderten Weg zu folgen. An der nächsten Gabelung hält man sich rechts und folgt diesem Weg zurück Richtung Meer und dann steil hoch auf **Haven Brow,** die erste Kuppel der Seven Sisters.

Die Wanderung geht nun weiter, dem Küstenverlauf folgend, auf- und ab entlang der Klippen. Am **Brass Point,** der vierten Kuppel, erinnert ein Schild daran, dass man die Hälfte der Wanderung bereits geschafft hat. Es folgen drei weitere Anstiege, bevor die Gebäude an der Bucht von Birling Gap sichtbar werden. Am **Birling Gap** finden sich ein 3 Café, ein Geschenkeladen, öffentliche Toiletten und eine Bushaltestelle für den *Coaster*-Bus, der zwischen Eastbourne und Brighton verkehrt. Wem die Beine mittlerweile schwer geworden sind, kann hier also die Wanderung beenden und mit dem Bus zurück nach Seaford oder weiter nach Eastbourne fahren. Am Birling Gap führt eine Treppe herunter zum Strand, der dank seines sanft abflachenden Strandes gut zum Baden geeignet ist.

Der Küstenweg aber verläuft weiter Richtung Osten, bis man nach einem Kilometer den **Belle Tout-Leuchtturm** erreicht. Der Turm musste 1999 um 17 Meter landeinwärts gerückt werden, um zu verhindern, dass er wegen starker Erosion ins Meer abstürzt. Heute ist in ihm ein B&B untergebracht, in dem man mit tollem Blick auf die See übernachten kann (s.u.).

Bald darauf beginnt der 2,8 km lange Anstieg zum **Beachy Head,** dem mit 162 m höchsten Kreidefelsen Englands. Sehr pittoresk ist der Blick auf den rotweißgestreiften Leuchtturm unter den Felsen. Für den anstrengenden Anstieg wird man mit herrlichen Panorama-Blicken über die See belohnt und kann sich dann anschließend im Pub 4 *The Beachy Head* (www.vintageinn.co.uk/restaurants/south-east/thebeachyheadeastbourne) stärken, der in unmittelbarer Nähe zum Küstenpfad liegt, und einen Blick in das angrenzende **Museum** *The Beachy Head Story* (s.u.) werfen.

Vom Beachy Head aus folgt man dem *South Downs Way* über einen Grasweg weiter entlang der Küste bis zu den Ausläufern von **Eastbourne,** das man schon seit einiger Zeit unten im Tal ausmachen kann. Der Pfad *Foyle's Way* kommt unten am Café *The Kiosk* heraus, von wo aus man sich rechts hält und an der *Bede's*-Schule vorbei der King Edward's Parade folgt. Nach 100 m biegt man rechts in den Holywell Drive ab, der zur Strandpromenade führt. Dieser folgt man 2 km entlang der Küste, um den schönen Pier und den Stadtkern von Eastbourne zu erreichen.

Im Jahre 1895 wohnte der Schriftsteller *George Bernard Shaw* (1856–1950) im nahegelegenen *Beachy Head Hotel* und versuchte hier Fahrrad fahren zu lernen. Doch seine „Anstrengungen brachten die Küstenwacht so zum Lachen, wie keins meiner Bücher je ein Publikum. Ich machte mich mit solchem Erfolg lächerlich, dass ich mich ganz in der Stimmung fühlte, auch mal über jemanden zu lachen."

Am 27. August 1895 streuten die Freunde von *Friedrich Engels* die Asche des Utopisten nicht weit von Beachy Head entfernt ins Meer – denn so hatte *Engels* es in seinem Testament bestimmt.

Auf den Felsen über dem Beachy Head ist heute ein kleines **Museum** untergebracht, in dem man viel über die Geologie der weißen Klippen erfährt, aber auch über die Menschen, deren Geschichten mit dieser Gegend verwoben sind. Ein Beispiel ist die *Woman of Beachy Head*, eine Frau, die um 200 n. Chr. gelebt hat, ursprünglich aus Subsahara-Afrika stammte und in der Nähe des Beachy Head starb.

■ **Beachy Head Story,** Beachy Head Road, BN20 7YA, www.visiteastbourne.com/heritage/visit/beachy-head-story, tgl. 10–17 Uhr, Eintritt frei.

Neben dem Museum liegt der Pub *Beachy Head,* in dem es typische Pub-Gerichte wie *Fish'n'Chips,* aber auch klassischen Sonntagsbraten gibt.

■ **The Beachy Head,** BN20 7YA, Tel. 01323-728 060, www.vintageinn.co.uk/restaurants/south-east/thebeachyheadeastbourne, tgl. 11.30–22 Uhr.

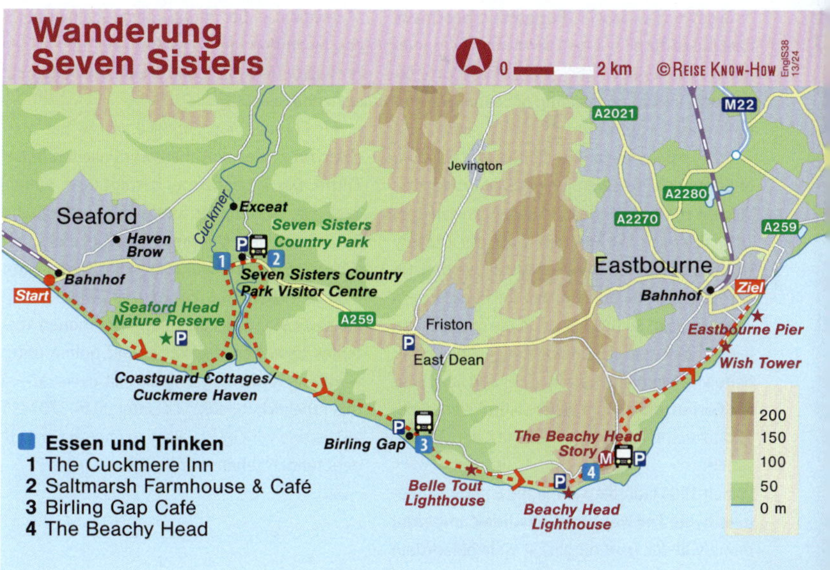

National Trust und English Heritage

Der *National Trust for Places of Historic Interest or Natural Beauty* (abgekürzt *NT*) ist eine gemeinnützige Organisation und Englands größter Immobilien- und Landbesitzer.

Im Jahr 1895 war England eine der reichsten Nationen der Welt, und die Industrialisierung fraß sich immer weiter in die englische *Countryside*, zerstörte Bauwerke und Landschaften von historischem Interesse oder lieblicher Schönheit. *Octavia Hill*, eine Sozialarbeiterin, die sich für bessere Wohnbedingungen der Massen eingesetzt hatte, *Sir Robert Hunter*, ein Rechtsanwalt, und der Pfarrer *Canon Hardwicke Rawnsley* gründeten den *Trust*, um gefährdete Bauwerke und Regionen zu übernehmen und fortan zu schützen. Das **erste Objekt**, das für 10 £ in die Hände der Initiative überging, war das alte Pfarrhaus aus dem 13. Jh. in Alfriston bei Eastbourne.

1907 war die Organisation schon so bedeutend geworden, dass ein **Parlamentsbeschluss** den *Trust* offiziell mit der „permanent preservation for the benefit of the nation of lands and tenements (including building) of beauty or historic interest" beauftragte.

1937 passierte ein Gesetzentwurf das House of Commons, dass demjenigen die Erbschaftssteuern erlassen werden, der sein Anwesen dem *Trust* übergibt; so konnten viele der **Stately Homes**, große Herrensitze, gerettet werden. Da der *Trust* Wert darauf legt, aus solchen Häusern keine Museen zu machen, sind die meisten von ihnen noch von den Adelsfamilien bewohnt, denen sie einmal gehörten. Über 500 Landhäuser, Gärten und andere Sehenswürdigkeiten befinden sich mittlerweile im Besitz der Organisation.

Seit 1965 läuft die Kampagne *Enterprise Neptune*, heute **The Neptune Coastline Campaign**; damit will der *Trust* möglichst viele gefährdete **Küstenstriche** kaufen. Über 20 Mio. £ sind bisher an Spenden zusammengekommen, und dem *Trust* gehören nun etwa 1200 km Küstenlinie. Weiter sind über 250.086 ha Land in seinem Besitz und werden gehegt und gepflegt. Knapp fünf Mio. Briten sind **Mitglieder** im *Trust*.

Die **Eintrittsgelder für Sehenswürdigkeiten** im Besitz des *Trust* sind exorbitant hoch. Werden Sie allerdings Mitglied im *National Trust* für 84 £ Jahresgebühr, kommen Sie in alle Häuser und Gärten der Organisation kostenlos hinein. Für ausländische Besucher gibt es auch einen **Touring Pass**, mit dem man für entweder sieben oder 14 Tage Zugang zu allen *National Trust*-Einrichtungen (außer Schottland) hat. Erwachsene 41/47 £, Partnertarif 71/84 £, Familienkarte 78/99 £. Zu bestellen über die Website des *National Trusts*, www.nationaltrust.org.uk/membership/touring-pass.

English Heritage *(EH)*, aus dem *Department of Environment* hervorgegangen, ist eine staatliche Institution und verwaltet über 400 schützenswerte Denkmäler und unter Denkmalschutz stehende Gebäude.

Als Mitglied von *English Heritage* hat man ebenfalls zu dessen Sehenswürdigkeiten freien Zutritt. Der Jahresbeitrag beträgt 69 £. Außerdem gibt es auch hier speziell für ausländische Besucher einen **Overseas Visitors Pass.** An 9 bzw. 16 aufeinander folgenden Tagen kann man für 45 bzw. 53 £ (Partnertarif 79/90 £, Familienkarte 90/100 £) die Hauptattraktionen kostenlos besuchen. Die Pässe sind online unter www.english-heritage.org.uk/visit/overseas-visitors erhältlich, telefonisch unter 0044-3703331181, sowie vor Ort bei allen zu *English Heritage* gehörenden Sehenswürdigkeiten.

MEIN TIPP: Ein Erlebnis der ganz besonderen Art ist eine **Übernachtung im Leuchtturm** *Belle Tout* westlich von Beachy Head. Von den vier Zimmern öffnen sich atemberaubende Blicke über die Klippen und das Meer. Gästen steht außerdem eine gemütliche Lounge mit Kamin und das runde Turmzimmer mit 360°-Rundumblick zur Verfügung.

■ **Belle Tout Lighthouse B&B**⑤, Beachy Head, BN20 0AE, Tel. 01323-423185, www.belletout.co.uk.

Vom Beachy Head gen Westen zieht sich die weiße Klippenformation **The Seven Sisters** bis zum kleinen Seebad Seaford.

An diesem Küstenstreifen lassen sich wunderbare **Wanderungen** für verschiedene Schwierigkeitsgrade unternehmen, und der Langstreckenwanderweg *South Downs Way* fängt in Eastbourne an und führt durch das Gebiet, → „Seven Sisters-Wanderung" S. 57.

Die **besten Blicke auf die Kreidefelsen** hat man vom Strand **Cuckmere Haven.** Man erreicht ihn über einen etwa einen Kilometer langen Fußweg vom Parkplatz des *Seven Sisters Country Park* aus, wo sich auch ein Besucherzentrum mit Informationen über die Geologie und Geschichte des Ortes befindet.

■ **Seven Sisters Country Park,** BN25 4AD, *Visitor Centre* geöffnet April–Sept. tgl. 10–16.30 Uhr.

Alternativ kann man auch weiter östlich am Strand von **Birling Gap** parken. Auch hier findet sich ein Besucherzentrum sowie ein Geschenkeladen und ein Café. Man erreicht den Strand unmittelbar vom Parkplatz aus über eine Treppe.

■ **Birling Gap,** East Dean, BN20 0AB, Café und Besucherzentrum sowie der Laden sind April–Okt. tgl. 10–17 Uhr geöffnet, sonst 10–16 Uhr.

■ **www.sevensisters.org.uk**

Alfriston – Romantik unter Reetdächern

Zauberhaft ist das Puppenstubenörtchen Alfriston, das einige Kilometer westlich von Eastbourne liegt. Alte, hübsch aussehende **Fachwerkhäuser** mit mächtigen Schindeldächern säumen die Dorfstraße, die so schmal ist, dass zwei Autos kaum aneinander vorbeikommen. Im Zentrum ragt ein mittelalterliches **Marktkreuz** auf und dokumentiert damit die frühere Bedeutung von Alfriston als Handelsstadt. Jedes Haus ist mit einem **Zunftzeichen** geschmückt und zeigt an, welcher Handwerker hier früher gearbeitet hat: Kerzenmacher, Flickschuster, Schmied, Sattler, Fleischer ...

Neben der 700 Jahre alten **Dorfkirche,** die für einen Ort wie Alfriston recht groß geraten ist und deshalb *The Cathedral of the South Downs* genannt wird – steht das auch aus dem 13. Jh. datierende, strohgedeckte Pfarrgebäude **Clergy House,** eines der ältesten noch erhaltenen Wohnhäuser Englands. Es war das erste Objekt, welches der *National Trust* 1896 zu einem Preis von 10 £ in seinen Besitz brachte.

■ **www.alfriston-village.co.uk**

■ **Alfriston Clergy House,** The Tye, BN26 5TL, Tel. 01323-871961, www.nationaltrust.org.uk/visit/sussex/alfriston-clergy-house, Ostern–Okt. Fr/Sa 10.30–16.30 Uhr, Erw. 8,50 £, Kinder 4,25 £, Familien 12,75–21,25 £, *National Trust*-Mitglieder Eintritt frei.

Unterkunft/Essen und Trinken

■ Viele Pubs konkurrieren um die Gunst der Besucher; der **George Inn**②-③, High Street, BN26 5SY, Tel. 01323-870319, www.thegeorge-alfriston.com, ist die älteste Taverne im Örtchen und kann eine Schanklizenz aus dem Jahre 1397 vorweisen; aus dem gleichen Jahrhundert datiert das **Smugglers Inn**②, Market Square, BN26 5UE, Tel. 01323-870 241, www.smugglers-alfriston.co.uk, ein gemütliches Lokal, in dem es sich auch gut essen lässt.

■ Auch der zweistöckige Gasthof **Star Inn**④, High Street, BN26 5TA, Tel. 01323-870495, www.the polizzicollection.com/the-star, erfreut schon seit 600 Jahren die durstigen Reisenden. In den alten Zimmern kann man stilvoll übernachten, es gibt weiterhin ein gutes **Restaurant**② und sommertags trinkt man sein *Bitter* im Biergarten.

Der lange Mann von Wilmington

MEIN TIPP: Direkt von Eastbourne kommt man, Richtung Brighton fahrend, über die A 27 zum **Long Man of Wilmington,** der mehrmals ausgeschildert ist. Parken kann man auf dem öffentlichen Parkplatz der ehemaligen Wilmington Priory (BN26 5SW). Die Attraktion des Weilers Wilmington ist der vom Hang des Wilmington Hill grüßende, 70 Meter hohe „Lange Mann von Wilmington", eine durch freigelegte Kalkschichten entstandene Erdzeichnung. Lange Zeit nahm man an, dass die 1710 erstmals erwähnte Erdzeichnung in der Eisenzeit oder sogar schon in der Jungsteinzeit entstand, aber die Untersuchungen des Umweltarchäologen *Martin Bell* im Jahre 2003 legen eher die Mitte des 16. Jahrhunderts nahe. Sie basieren auf der Analyse von Kalksteinfragmenten, die über die Jahrtausende den Hügel hinunter rollten. *Bell* entdeckte, dass von

☑ Long Man of Wilmington

adobe.stock ©Jeff

der Eisenzeit bis zum Mittelalter nur wenig Bewegung feststellbar ist, aber vor etwa 500 Jahren rutschte eine Kalksteinschicht den Hügel hinunter, was der Archäologe der Universität Reading mit der Herstellung der Erdzeichnung erklärt.

Weitere Erdzeichnungen in Südengland sind der **Riese von Cerne Abbas** (siehe dort) und die **Weißen Pferde von Wiltshire** (siehe dort).

Charleston Farmhouse – Liebe und Kunst auf dem Lande

Auf dem Weg von Wilmington in Richtung auf das Städtchen Lewes liegt abseits der A 27 ein von außen recht unscheinbar wirkendes Bauernhaus (ausgeschildert). Hier lebte **Vanessa Bell** (1879–1961), die Schwester von *Virginia Woolf,* teilweise zusammen mit ihrem Mann *Clive Bell* (1881–1964), ihrem Lebensgefährten, dem Maler *Duncan Grant* (1885–1978) und dessen Freund *David Garnett* (1892–1982).

Charleston darf keinesfalls isoliert betrachtet, sondern muss zusammen mit *Monk's House* nahe dem Rodmell Weiler und Sissinghurst Castle bei Sevenoaks (siehe jeweils dort) als Einheit erlebt werden. *Monk's House* war das kleine Landhaus von *Virginia* (1882–1941) und *Leonard Woolf* (1880–1969), während in Sissinghurst *Vita Sackville-West* (1892–1962) und ihr Mann *Harold Nicolson* (1886–1968) schrieben und gärtnerten. Es waren die dichten emotionalen Verstrickungen und die **ungewöhnlichen Liebschaften** all dieser Personen untereinander in Verbindung mit ihrer ausufernden Kreativität, die dem Besucher Staunen abverlangen.

Doch nun soll das Haus selbst näher betrachtet werden. Im Herbst des Jahres 1916 zog *Vanessa Bell* mit ihren beiden Söhnen *Julian* und *Quentin,* ihrem Gefährten *Duncan Grant* und dessen Freund *David Garnett* in das **spartanische Charleston Farmhouse** ein. Beide Männer waren als Kriegsdienstverweigerer zur Erntearbeit verpflichtet. Im Haus gab es kein fließendes Wasser, keine Heizung, kein elektrisches Licht, und auch die sanitären Anlagen waren primitiv. „Das Leben in Charleston war recht dürftig", stellte *Virginia* fest, „nichts als Wind und Regen und keine Kohlen im Keller".

Vanessa, Duncan und *David* begannen sich einzurichten, renovierten und modernisierten in bescheidenem Maße. **Besucher** gaben sich die Klinke in die Hand: *Clive Bell* kam mit seiner Freundin *Mary Hutchinson; John Maynard Keynes,* der berühmte Wirtschaftswissenschaftler, war nicht nur ein regelmäßiger Gast, sondern wohnte sogar zeitweise in *Charleston.* Hier schrieb er 1919 den Band „The Economic Consequences of the Peace".

Virginia und *Leonard* kamen vom nahegelegenen *Monk's House* und brachten ihre Gäste sowie die Autoren ihres Verlags *Hogarth Press* mit, so etwa *T. S. Eliot.* Auch *Edward Morgen Forster* ging aus und ein und wurde sowohl von *Vanessa* als auch von *Duncan* gemalt. Liest man, wer während der 62 Jahre, in denen das Haus bewohnt war, alles in *Charleston* zum Tee kam, so hat man ein *Who's Who* der intellektuellen Elite Englands vor sich: Maler, Bildhauer, Dichter, Schriftsteller, Sachbuchautoren, Literaturkritiker, Kunsthistoriker, Schauspieler, Sozialwissenschaftler usw.!

Vanessa und *Duncan* bemalten fast jede freie Fläche in Charleston: die Türen, die Türzargen, die Fensterlaibungen, Tischflächen, Bücherschränke, kein Holzpaneel, das nicht farbig verziert wäre, Kaminseiten, das Kopfende eines Bettes, alles trägt Muster und Figuren. Stoffmuster wurden für Stuhlbezüge und Vorhänge entworfen, einige davon sollte *Laura Ashley* rund 50 Jahre später in Massenfertigung produzieren. *Duncan,* der 1978 im Alter von 93 Jahren in *Charleston* starb, erlebte es noch, wie seine Entwürfe und Werke wieder *en vogue* wurden.

Natürlich hängt das ganze Haus voller Bilder, Gemälde von *Vanessa* und *Duncan,* aber auch andere Künstler sind in reichem Maße vertreten.

Nach hinten hinaus gibt es selbstverständlich einen großen **Garten,** welchen *Vanessa* und *Duncan* jahrzehntelang pflegten und der von Frühjahr bis Herbst

Mondänes Wohnzimmer im Charleston Farmhouse

934es visiteastbourne.com

mit seiner Farbenpracht die Bewohner wie auch Besucher erfreute.

Charleston ist ein lebendiges **Gesamtkunstwerk,** in dem die Aura seiner kreativen Bewohner spürbar ist.

■ **Charleston Farmhouse,** BN8 6LL, Tel. 01323-811265, www.charleston.org.uk, Mi–So 10–17 Uhr, Erw. 16,50 £ (Zugang Haus und Ausstellungen 22,50 £), Kinder unter 18 J. Eintritt frei. Tickets müssen vorab online gebucht werden.

Glyndebourne – Die Oper neben dem Kuhstall

Einige wenige Kilometer östlich von Lewes, der Hauptstadt von East Sussex, erstreckt sich an einer schmalen, unklassifizierten Straße Glyndebourne, eigentlich nur ein größerer Herrensitz. In dieser einsamen, ländlichen Gegend findet jährlich ein **grandioses Musikspektakel** statt. Zwischen Mai und August werden eine Reihe von Operninszenierungen aufgeführt, die zum Besten gehören, was Großbritannien in dieser Hinsicht zu bieten hat.

Oper auf dem Lande – das konnte nur dem Hirn eines exzentrischen Engländers entspringen. **John Christie** hatte in den 1930er Jahren die Sopranistin *Audrey Mildmay* geheiratet. London war weit weg, und sie sah sich außerstande, ihren erlernten Beruf auszuüben. Gatte *John,* der bemerkte, auf welch harte Probe Ehe und Liebe gestellt wurden, fackelte nicht lange und baute dem Herrensitz ein Opernhaus an. Im Mai 1934 wurde – *Audrey* liebte Mozart – „Die Hochzeit des Figaro" gegeben – die Premiere war ein voller Erfolg!

Mittlerweile ist es weniger die Oper als das Drumherum, das zum Zauber von Glyndebourne beiträgt. Die Singspiele beginnen schon am Nachmittag, gegen Abend gibt es dann eine lange Pause. In großer Garderobe – lange Abendkleider, Frack und Fliege – hocken die Besucher nun auf den weiten Rasenflächen, bestaunt von Kühen, Schafen und Pferden, breiten Decken aus, kämpfen mit der Technik der Klappstühle und geben sich dem Picknick hin. Hinein in die Stille ploppen die Champagnerkorken, der schottische Räucherlachs entfaltet sein Aroma in der bukolischen Aura, und allen mundet die Lammkeule in Minzsoße – Oper in Glyndebourne!

Wer dies erleben möchte, sollte bereits im Dezember das **Programm** bestellen und nach Erhalt zeitnah die Karten ordern: *Glyndbourne Festival,* Glyndbourne, Lewes, East Sussex, BN8 5UU, Tel. 01273-815000, www.glyndebourne.com, Aufführungen von Mitte Mai bis Ende August.

Monk's House – Wo Virginia Woolf zu Hause war

Einen Katzensprung südlich von Lewes liegt der Weiler Rodmell, und hier ist es das Landhaus von *Virginia* und *Leonard Woolf,* das den „Voyeur" in die ländliche Stille eines südenglischen Dorfes zieht.

„Es war ein bescheidenes, aus Back- und Feldsteinen errichtetes, zur Straßenseite hin mit Schindeln verschaltes Haus mit steilem Dach; drinnen kleine, niedrige, ineinandergehende Zimmer, die Böden mit Ziegeln gepflastert, die

Virginia Woolf – Ein tragisches Genie

Virginia erblickt am 25. Januar 1882 als drittes Kind von *Julia* und *Leslie Stephen* in London das Licht der Welt. 1879 bereits war *Vanessa* geboren, ein Jahr später, 1880, kommt *Thoby* hinzu, 1883 schließlich *Adrian*. Die vier Kinder wachsen in einem viktorianisch-großbürgerlichen, **gebildeten Haushalt** auf. *Sir Leslie* hatte einen Namen als Literaturkritiker und arbeitete 18 Jahre lang an der 63-bändigen Ausgabe der „Dictionary of National Biography". *Virginia,* die nie eine Schule, geschweige denn als Frau in jenen Tagen eine Universität besucht hat, verdankt ihr Wissen fast ausschließlich dem väterlichen Unterricht.

Virginia ist 13 Jahre alt, als die Mutter stirbt; einige Monate später hat sie einen ersten **psychischen Zusammenbruch.** Anfang des Jahres 1904 verstirbt auch *Sir Leslie.* Die vier Stephen-Kinder erholen sich von dem langen Sterben des Vaters auf einer Reise nach Italien. Nach der Rückkehr erleidet *Virginia* einen zweiten schweren depressiven Anfall. Fast sechs Monate lang wird sie von drei Krankenschwestern umsorgt. Die Stephen-Kinder ziehen vom teuren Stadtteil Kensington in das billigere Bloomsbury um und wohnen nun am Gordon Square 46. Im November des Jahres 1904 ist *Leonard Woolf,* Studienkollege von Bruder *Thoby,* bei den *Stephens* zu Gast, bevor er als Kolonialbeamter nach Sri Lanka aufbricht. Einen Monat später erscheint der erste gedruckte Text von *Virginia* im *Guardian.*

Ab 1905 lädt *Thoby* jeden Donnerstagabend seine Freunde aus den gemeinsamen Studientagen in das Haus am Gordon Square ein, „lauter erstaunliche Burschen, die, nachlässig gekleidet und ohne Manieren im Hyde-Park-Gate-Sinne, sich zunächst schweigend um ihn, seine schönen Schwestern *Vanessa* und *Virginia* und deren Freunde gruppierten, aber bei einem stimulierenden Stichwort überaus aufmerksam und äußerst beredt wurden". Die Gruppe, heute als **Bloomsbury Group** bekannt und berühmt, diskutiert über Politik, Kunst, Literatur und – ganz wichtig für das nachviktorianische Zeitalter – ausführlich und ungehemmt über Sex. *Virginia* berichtet: „Es war an einem Frühlingsabend, *Vanessa* und ich saßen im Salon. Ich redete egozentrisch, aufgeregt, zweifellos nur über meine eigenen Probleme. Plötzlich öffnete sich die Tür, und die lange und unheimliche Gestalt von Mr. *Lytton Strachey* stand auf der Schwelle. Er zeigt mit dem Finger auf einen Fleck auf *Vanessas* weißem Kleid. Sperma, rief er aus. Darf man das wirklich sagen, dachte ich, und wir brachen in Gelächter aus. Durch dieses Wort fielen alle Barrieren der Zurückhaltung und Reserve. Eine Flut der geheiligten Ergüsse schien uns zu überwältigen. Sex beherrschte die Unterhaltung. Das Wort homosexuell lag uns ständig auf der Zunge. Wir diskutierten über den Beischlaf mit derselben Begeisterung und Offenheit, mit der wir über das Wesen des Guten diskutiert hatten."

Im Sommer des Jahres 1906 reisen die Stephen-Kinder nach Griechenland. *Thoby* kehrt vorzeitig nach England zurück, erkrankt an Typhus und stirbt am 20. November. Unter dem Eindruck der Trauer erhört *Vanessa* zwei Tage später den Heiratsantrag von *Clive Bell,* den sie bei den gemeinsamen Donnerstagnachmittagen kennen gelernt hatte. Nach der Hochzeit der beiden übersiedeln *Virginia* und *Adrian* zum Fitzroy Square; auf *Virginias* Initiative werden die Donnerstagabende wieder aufgenommen, auch schreibt sie weiter regelmäßige Buchrezensionen, hat einen Roman in Arbeit und engagiert sich in der Frauenrechtsbewegung. Mitte 1910 erleidet sie einen erneuten psychischen Zusammenbruch und ist einige Wochen in stationärer Behandlung. Auch dieser Anfall geht vorbei.

Mittlerweile ist **Leonard Woolf** aus Sri Lanka zurück. *Virginia* beschließt einen Wohnungswechsel innerhalb von Bloomsbury und zieht Ende des Jahres 1911 mit *Adrian,* dem Wirtschaftswissenschaftler *John Maynard Keynes, Duncan Grant* und *Leonard Woolf* in das Haus am Brunswick Square 38. Auch mietet sie Asham House, 10 km nordöstlich von Brighton im Örtchen Beddington gelegen, als stilles Refugium.

Im Januar 1912 macht *Leonard Virginia* einen Heiratsantrag, aber erst am 29. Mai willigt sie ein; am 10. August dann stehen beide im Standesamt von St. Pancras. Eine zweimonatige Hochzeitsreise führt in die Provence, weiter gen Spanien, dann mit dem Schiff nach Italien und von dort über Venedig zurück nach London.

Im März des folgenden Jahres gibt *Virginia* das Manuskript ihres **Romans „Voyage Out"** an den Verleger *Gerald Duckworth,* der den Text für eine Veröffentlichung annimmt. Aus Angst vor der Meinung der Kritiker häufen sich *Virginias* Depressionen und Wahnvorstellungen, sie verbringt einige Wochen in einer Privatklinik. Dann, am 9. September 1913, unternimmt sie einen **ersten Selbstmordversuch.** Erst ein Jahr später ist ihr psychischer Zustand wieder stabil.

Nach *Leonards* Meinung regt die geschäftige Großstadt London *Virginia* zu sehr auf; so mietet er in Richmond, vor den Toren der Metropole, eine neue Heimstatt an, Hogarth House.

Am 26. März 1915 erscheint *Virginias* erster Roman. Tage vorher schon hat sie einen schweren Rückfall erlitten. Vier Krankenschwestern kümmern sich Tag und Nacht um die von Delirien und Tobsuchtsanfällen gepeinigte Virginia. Erst im November kann die letzte Krankenschwester Hogarth House verlassen.

Im Frühjahr 1917 wird die von *Virginia* und *Leonard* bestellte Druckerpresse geliefert, und im Sommer bringt der Verlag *Hogarth Press* seine ersten beiden Bücher auf den Markt. Die *Woolfs* pendeln während der kommenden Jahre zwischen *Asham House* und ihrem Heim in Richmond hin und her. *Virginia* betätigt sich als Setzerin für die *Hogarth Press,* schreibt regelmäßig für das renommierte *Times Literary Supplement* und hat den Text zu **„Night and Day"** in Arbeit, den sie Ende 1918 abschließt. Zur gleichen Zeit lernen die *Woolfs T. S. Eliot* kennen, dessen umfangreiches Gedicht „The Waste Land" die Hogarth Press 1922 in das Verlagsprogramm aufnehmen sollte. Anfang 1919 wird *Virginia Asham House* gekündigt, die *Woolfs* ersteigern *Monk's House* im Weiler Rodmell. Zum Ende des Jahres erscheint, wieder bei *Gerald Duckworth,* „Night and Day".

Die **Ehe von Virginia und Leonard** ist von großer Liebe füreinander geprägt; ohne *Leonard* hätte *Virginia* ihre bisherigen psychischen Zusammenbrüche wohl kaum so gut überstanden. Nur selten sind die *Woolfs* voneinander getrennt und wenn, dann leiden beide. *Virginia* schreibt einmal: „Ich liege da und denke an mein teures Biest, das mich Tag für Tag meines Lebens glücklicher macht, als ich es für möglich gehalten hätte. Gar kein Zweifel, ich bin schrecklich in Dich verliebt. Ich denke dauernd daran, was Du wohl tust und muss rasch damit aufhören – es ruft in mir den Wunsch wach, Dich zu küssen."

T. S. Eliot, John Maynard Keynes und *E. M. Foster* – um nur die bekanntesten zu nennen – sind regelmäßige **Besucher** in Rodmell wie auch in Richmond. Über all die Jahre halten auch die engen Beziehungen zwischen *Virginia* und *Vanessa* an, die, nur einen Steinwurf entfernt von *Monk's House,* auf *Charleston Farm* lebt.

1923 übernimmt *Leonard* die Feuilleton-Redaktion der Zeitung *Nation,* und die *Hogarth*

Press druckt Virginias **Buch „Jacob's Room"**, das von den Kritikern sehr gut besprochen wird – *Virginia* erlangt langsam Ruhm. *T. S. Eliot* schrieb ihr zu dem Roman: „Sie haben sich freigemacht von jedem Kompromiss zwischen dem herkömmlichen Roman und ihrer ureigenen Begabung. Sie haben die Kluft zwischen Ihren anderen Romanen und der experimentellen Prosa überbrückt und etwas bemerkenswert Gutes zustande gebracht."

Virginia, die nun seit etlichen Jahren frei von Anfällen ist, will fort von Richmond und wieder hinein ins Londoner Leben. 1924 ziehen die *Woolfs* erneut nach Bloomsbury an den Tavistock Square 52.

Zwischen 1925 und 1928 hat *Virginia* eine **Liebesaffäre mit Vita Sackville-West;** bei den ersten Begegnungen ist sie allerdings noch wenig von der aristokratischen *Vita* beeindruckt. „Nicht so recht mein Geschmack", schreibt sie, „auffallend, schnurrbärtig, bunt wie ein Papagei, mit der ganzen natürlichen Ungezwungenheit ihrer Klasse, aber ohne die geistigen Voraussetzungen des Künstlers." Doch *Vita* verstand es zweifellos zu bezaubern, und so heißt es schon bald darauf in einem Brief an *Vanessa:* „Gleich kommt Vita, um mit mir allein zwei Nächte hierzubleiben; Leonard fährt nach London zurück. (...) Trotzdem, die Juninächte sind lang und warm; die Rosen stehen in Blüte; und der Garten ist voll von Lust und von Bienen, die sich auf den Spargelbeeten vermischen."

1927 erscheint **„To the Lighthouse"**, und im gleichen Jahr beginnt *Virginia* mit der Arbeit an *Orlando;* die durch die Jahrhunderte reisende Hauptfigur, sowohl Mann als auch Frau, ist nach *Vita* modelliert. Der Roman erscheint Ende 1928 und ist eine große Liebeserklärung an *Vita.* So heißt es über *Orlando:* „Das Rot der Wangen war von Pfirsichflaum überzogen; der Flaum auf den Lippen nur um ein weniges dichter als der Flaum auf den Wangen. Die Lippen selbst waren kurz und leicht geöffnet über Zähnen von erlesenem mandelhellem Weiß. Nichts störte die pfeilgerade Nase auf ihrem kurzen gespannten Flug; die Haare waren dunkel, die Ohren klein und eng am Kopf anliegend. (...) Er hatte Augen wie benetzte Veilchen, so groß, dass es schien, das Wasser habe sie bis zum Rand gefüllt und sie geweitet, und eine Stirn wie die Wölbung einer marmornen Kuppel, eingepresst zwischen den beiden blanken Medaillons, die seine Schläfen waren."

In den folgenden Jahren schreibt *Virginia* an weiteren Werken, arbeitet sporadisch in der *Hogarth Press* und hat zusammen mit *Leonard* viele **gesellschaftliche Verpflichtungen;** die *Woolfs* pendeln regelmäßig zwischen *Monk's House* und *Bloomsbury* hin und her. *Virginia* kränkelt zwar häufig und verfällt oft in Melancholie, doch ist sie, gemessen an ihren früheren Zusammenbrüchen, psychisch stabil. Sowohl in Rodmell als auch in *Bloomsbury* gehen Besucher aus und ein, *Virginia* und *Leonard* sind häufig bei Freunden eingeladen, gehen ins Theater, in Konzerte und schauen sich Kinofilme an. Die beiden besuchen Griechenland, Frankreich und Deutschland. *Virginia* ist zu einer bekannten und **geachteten Schriftstellerin** geworden; drei englische Universitäten bieten ihr daraufhin die Ehrendoktorwürde an, doch sie lehnt ab.

1939 übersiedeln die *Woolfs* an den Mecklenburgh Square; ein Jahr später wird das Haus bei einem Luftangriff schwer beschädigt. Die Druckmaschine der *Hogarth Press* sowie die Bücher und viele Möbelstücke werden nach *Monk's House* in Sicherheit gebracht.

Ende 1940, Anfang 1941 verschlechtert sich der psychische Zustand von *Virginia* rapide. Am Morgen des 28. März, an einem sehr kalten und klaren Tag, schreibt sie in *Monk's House* **Abschiedsbriefe** an *Vanessa* und *Leonard,* die beiden Menschen, die sie am meisten liebt. Dann geht sie zum Fluss Ouse, zwängt einen schweren Stein in ihren Mantel und ertränkt sich.

In ihrem Brief an *Leonard* heißt es: „Liebster, ich spüre genau, dass ich wieder wahnsinnig werde. Ich glaube, dass wir eine solch schreckliche Zeit nicht noch einmal durchmachen können. Und diesmal werde ich nicht wieder gesund werden. Ich höre Stimmen, und ich kann mich nicht konzentrieren. Darum tue ich, was mir in dieser Situation das Beste scheint. Du hast mir das größtmögliche Glück geschenkt. Du bist mir alles gewesen, was einer sein kann. Ich glaube nicht, dass zwei Menschen haben glücklicher sein können ..."

Virginia ist 59 Jahre alt geworden; *Leonard* bleibt nach ihrem Tod in *Monk's House*, wo er 1969, 89-jährig, stirbt. In seiner Biografie schreibt er, dass er *Virginia* wie eine kostbare Ming-Vase behütet habe, von der man weiß, dass sie einen Sprung hat.

818es

Virginia Woolf

Treppe eng, die Stufen ausgetreten", so beschreibt *Quentin Bell* in seiner Virginia-Biografie *Monk's House*. Im Juli 1919 ersteigerten die 37-jährige *Virginia* und ihr zwei Jahre älterer Mann *Leonard* das Häuschen für 700 £.

Nach Kriegsbeginn siedelten die *Woolfs* von London nach Rodmell um. 1941 ertränkte sich *Virginia* – gequält von Depressionen – im nahe vorbeifließenden Fluss Ouse, *Leonard* starb 28 Jahre später in *Monk's House*. Die Asche der beiden wurde in ihrem Garten verstreut.

■ **Monk's House,** Rodmell, Lewes, BN7 3HF, Tel. 01273-474760, www.nationaltrust.org.uk/visit/sussex/monks-house, Mai–Sept. Do–Sa 12.30–17, April/Okt. Fr/Sa 12.30–17 Uhr, Nov.–März geschl., Erwachsene 9,50 £, Kinder 4,75 £, Familien 14,25–23,75 £, *National Trust*-Mitglieder frei.

Arundel Castle | 85
Bignor | 86
Bognor Regis | 87
Brighton | 72
Chichester | 87
Ditchling | 85
Petworth House | 86
Portsmouth | 92

adobe.stock ©nickos

2

Brighton – Portsmouth

» **Vom alternativ veranlagten Brighton, vorbei an Herrenhäusern, einer Burg, einer römischen Villa und der gotischen Kathedrale von Chichester, geht es in den Seehafen Portsmouth.**

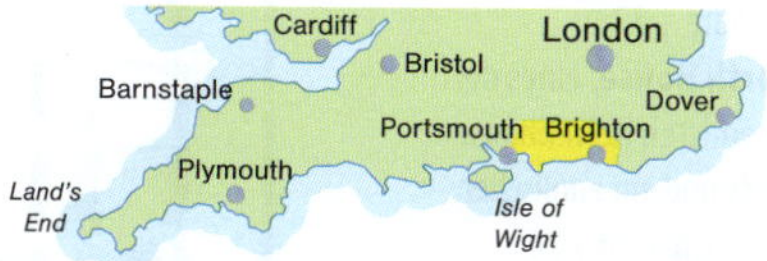

[<] Bäderarchitektur und bunte Strandhütten in Brighton

BRIGHTON – PORTSMOUTH

Brighton ist nicht nur das berühmteste Seebad Englands, sondern eine Stadt voller Dynamik und Energie. Ein paar Kilometer entfernt trifft man auf Villen aus der Römerzeit, Städte mit mächtigen Kathedralen und auf Englands wichtigsten Marinestützpunkt, die Stadt Portsmouth.

NICHT VERPASSEN!

- **Brighton,** Promenade, Pier, Pavillon, Fassaden eleganter Häuser: die urtypische englische Seebad-Atmosphäre | 72
- **Petworth House,** eines der bedeutendsten Herrenhäuser Englands und ein englischer Landschaftsgarten | 86
- **Chichester,** das pittoreske Städtchen hat auch außer der berühmten Kathedrale einiges zu bieten | 87
- **Historic Dockyard, Portsmouth,** historische Hafenanlage, man kann zwischen zahlreichen Museen und Ausstellungsschiffen wählen | 93

Diese Tipps erkennt man an der gelben Markierung.

Brighton

– Englands berühmtestes Seebad

Brighton ist bei britischen wie ausländischen Touristen der wohl **beliebteste Badeort** Großbritanniens. Die Stadt hat eine **lebendige alternative Kulturszene** und gilt zudem als Schwulenhauptstadt der Insel. Der innerstädtische Wahlkreis Brighton Pavilion stellt seit dem Jahr 2010 die einzige grüne Parlamentsabgeordnete im britischen Unterhaus.

300es vk

Bis Mitte des 18. Jahrhunderts war Brighton ein unbedeutendes Fischerdorf, das damals noch den viel umständlicheren Namen Brighthelmstone („Gehöft des Beorthelm“) trug. Dann stellte der Arzt *Richard Russell* die Theorie der **heilenden Wirkung von Meerwasser** auf und empfahl, in Brighton im Meer zu baden und Meerwasser zu trinken. Als seine Behandlungsmethode immer populärer wurde, zog er in das Fischerdorf und baute für sich und seine Patienten dort, wo heute das *Royal Albion House* steht, ein Haus. Eine Plakette am Hotel erinnert noch heute an den Arzt. *Russells* Wirken wird als einer der wesentlichen Gründe gesehen, warum sich das verschlafene Dorf im 19. Jahrhundert zu einem populären Seebad entwickelte. Wichtig war auch, dass *George, Prince of Wales* und späterer König *George IV.*, die Stadt für sich entdeckte und den Royal Pavilion hier bauen ließ.

„The Doughnut“ – eine Skulptur am Strand von Brighton

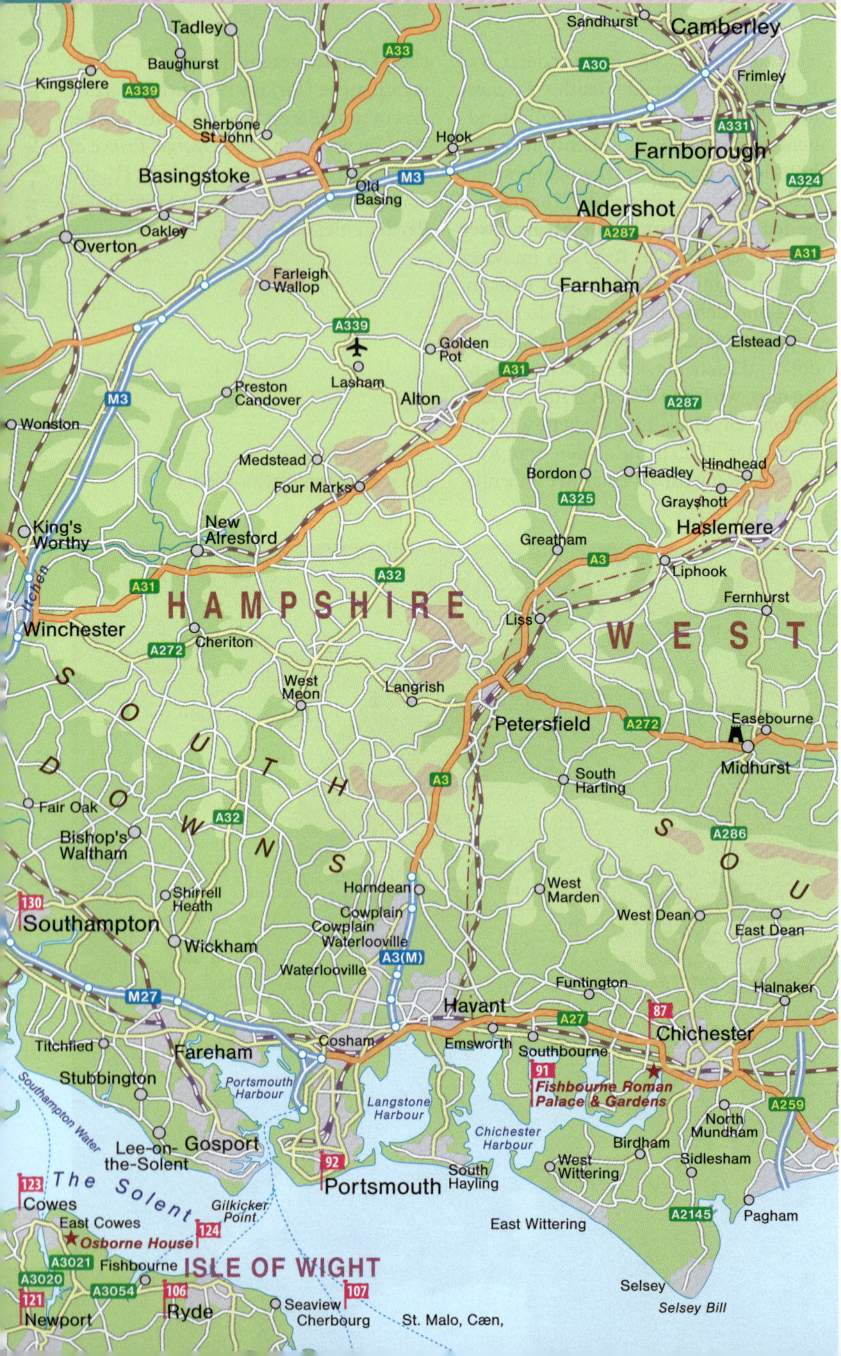
HAMPSHIRE
WEST
SOUTH DOWNS
Tadley
Baughurst
Kingsclere
Sherbone St John
Basingstoke
Old Basing
Hook
Sandhurst
Camberley
Frimley
Farnborough
Aldershot
Farnham
Elstead
Oakley
Overton
Farleigh Wallop
Golden Pot
Lasham
Alton
Preston Candover
Wonston
Medstead
Four Marks
Bordon
Headley
Hindhead
Grayshott
Haslemere
Liphook
Greatham
Fernhurst
King's Worthy
New Alresford
Winchester
Itchen
Cheriton
Liss
West Meon
Langrish
Petersfield
Easebourne
Midhurst
South Harting
Fair Oak
Bishop's Waltham
Shirrell Heath
Horndean
Cowplain
Waterlooville
West Marden
West Dean
East Dean
Southampton
Wickham
Funtington
Halnaker
Havant
Emsworth
Southbourne
Chichester
Titchfied
Fareham
Cosham
Stubbington
Portsmouth Harbour
Langstone Harbour
Fishbourne Roman Palace & Gardens
North Mundham
Chichester Harbour
Birdham
Sidlesham
Southampton Water
Lee-on-the-Solent
Gosport
West Wittering
South Hayling
Portsmouth
The Solent
Cowes
East Cowes
Osborne House
Gilkicker Point
East Wittering
Pagham
ISLE OF WIGHT
Fishbourne
Selsey
Selsey Bill
Newport
Ryde
Seaview
Cherbourg
St. Malo, Cæn,
A33
A30
A339
A331
M3
A324
A287
A31
A325
A3
A32
A272
A286
A3(M)
M27
A27
A259
A2145
A3021
A3020
A3054
130
87
91
92
123
124
121
106
107

GROSSRAUM LONDON
Chobham
Byfleet
Epsom
Woking
M25
Banstead
Warlingham
A3
Great Bookham
413
Leatherhead
Polesden Lacey
Caterham
Woldingham
A320
West- East- -Horsley
A24
Oxted
412
Guildford
Onslow Village
Gomshall
Westcott
A25
Dorking
Reigate
A3
Shere
Shalford
SURREY
A22
Lingfield
Horley
Godalming
M23
Gatwick Airport
Witley
Ewhurst
Cranleigh
A264
Crawley
Three Bridges
A281
THE WEALD
Chiddingfold
Pound Hill
Turners Hill
Standen (NT)
Rudgwick
A264
Slinford
Horsham
Balcombe
A23
Ardingly Resr.
SUSSEX
Billingshurst
Southwater
A272
Cuckfield
Haywards Heath
A24
Cowfold
A272
Petworth
86
Petworth House
A29
West Grinstead
B2112
A24
Pulborough
Burgess Hill
EAST
86
Roman Villa
Hurstpierpoint
A285
Henfield
Hassocks
Keymer
86
Clayton
Ditchling
85
Bignor
Storrington
Washington
Clayton Tunnel North Portal
B2116
Ditchlin Beacon
River Arun
A283
THE DOWNS
SUSSEX
A23
A29
85
Findon
A27
Arundel Castle
Patcham
Moulsecoomb
A24
A27
Arundel
A280
A27
Preston
Southwick
Woodingdean
Westergate
Sompting
Hove
72
East Preston
Shoreham-by-Sea
Portslade-by-Sea
Brighton
Worthing
Littlehampton
Middleton-on-Sea
87
Bognor Regis
ÄRMELKANAL

You've come a long way, Baby – die Musikszene Brightons

von *Simone Schrempf* und *Anna Regeniter*

Brighton gilt neben London als eines der **wichtigsten kulturellen und kreativen Zentren** des Vereinigten Königreichs, und die Stadt legt großen Wert auf die Förderung der Künste im Allgemeinen und der Musik im Speziellen. Davon profitiert die junge Indie-Rock/Pop Generation. Bands wie *Blood Red Shoes, The Kooks, The Go!Team* und *British Sea Power* nutzen die ausgezeichnete musikalische Infrastruktur mit Proberäumen, Studios und zahllosen Live Clubs, und erobern von Brighton aus den Rest der Welt.

Seit sich in den 1960er Jahren die **Mods** in dem damals noch beschaulichen Seebad blutige Keilereien mit den Rockern lieferten, Bands wie *The Who* in den legendären *Florida Rooms* am Pier aufspielten und Abba 1974 mit „Waterloo" den *Eurovision Song Contest* gewannen, ist viel passiert. In den 1990er Jahren erkannte die britische Musikindustrie das kreative Potential Brightons: **A&R (Artists & Repertoire)** Manager der großen Plattenfirmen scouteten Neuzugänge nicht mehr nur in London, sondern in der umtriebigen Clubszene Brightons, Labels wie beispielsweise das renommierte Undergroundlabel **FatCat Records** verlegten ihren Geschäftssitz hierher.

Mit der Gründung des **Brighton Institute of Modern Music (BIMM)** 2001 wurde ein Meilenstein der musikalischen Nachwuchsförderung gesetzt. Das *BIMM* ist eine Akademie und bietet Ausbildungen in Gesang, Gitarre, Bass, Schlagzeug, Keyboards sowie Songwriting und Live Sound an. Als Gastdozenten lehrten bereits *Lemmy* von *Motörhead, Roger Daltrey* von *The Who* und *Chad Smith* von den *Red Hot Chili Peppers.*

Der international bekannteste musikalische Ziehsohn Brightons ist der DJ und Produzent *Norman Cook,* besser bekannt als **Fatboy Slim.** Anfang der 1980er Jahre zieht es den damals 18-Jährigen zum Studieren nach Brighton, wo er sich schnell einen Namen als DJ und Organisator von Partys und Jams in der lokalen *Hip Hop Community* macht. Er gründet 1989 das Musikerkollektiv *Beats International.* Ein Jahr später steigt die Single „Dub Be Good To Me" international in die Charts ein, und löst über die Landesgrenzen hinaus eine Kontroverse über den Missbrauch von Urheberrechten aus: der Basslauf des Stücks ist Note für Note dem *The Clash* Song „Guns of Brixton" entnommen, der Text stammt zu weiten Teilen aus „Just be good to me" von der *S.O.S. Band.* Im Jahr darauf nimmt er schließlich den Künstlernamen *Fatboy Slim* an, mit dem er weltweit bekannt wird. Seine Alben „You've come a long way, Baby" (1998), „Halfway between the gutter and the stars" (2000) sowie die Singleauskopplungen „The Rockafeller Skank", „Praise you" und „Right Here Right Now" schreiben Popgeschichte.

Mittlerweile macht sich längst eine neue Generation von Brighton-Musikern einen Namen: 2016 feierte der Sänger **Rag'n'Bone Man** mit der Single „Human" weltweit einen großen Erfolg, und Indie-Bands wie **Royal Blood** gehören heute zu den beliebtesten britischen Bands der Gegenwart. Die aufsteigenden Stars der Musik-Szene von Brighton entdeckt man am besten bei den allabendlichen Konzerten in Clubs wie dem *Concorde 2* oder dem *Hope and Ruin:*

- **Concorde 2,** Madeira Drive, BN2 1EN, www.concorde2.co.uk.
- **Hope and Ruin,** 11–12 Queen's Road, BN1 3WA, www.hope.pub.

Sehenswertes

Brightons herausragende Sehenswürdigkeit ist der **Royal Pavilion**. Den Thronfolger hatte es ja schon früh ins Seebad gelockt, und ab dem Jahr 1802 ließ *Prinny*, The Prince of Whales (der Prinz der Wale) wie der spätere *George IV.* aufgrund seiner Leibesfülle und Genusssucht auch verächtlich genannt wurde, seine Villa zu einem prunkvollen Palast umbauen. Mit Hilfe des begnadeten und geldverschwendenden Architekten *John Nash* (1752–1839) entstand die größte und teuerste aller britischen Follies – Verrücktheiten.

Von außen ist der Royal Pavilion mit seinen Zwiebelkuppeln, Bleistiftminaretten, den säulengetragenen Balkonen und der orientalischen Ornamentik im indisch-muslimischen Stil gehalten und hätte bestimmt jedem ehrbaren Maharadscha zur Ehre gereicht; im Innern dagegen dominiert der fernöstliche Einfluss – französisierend *Chinoiserie* genannt.

Die Küche war eine der modernsten ihrer Zeit. Es gab Dunstabzugshauben, automatische Spieße und verschließbare Herde. Die gusseisernen tragenden Säulen sind als Palmen gestaltet.

Durch den Südsalon, den kreisrunden Mittelsalon und den Nordsalon – hier pflegte man Konversation, spielte Karten, Schach oder Backgammon – geht es in den Musiksaal. Eine goldene Kuppel überspannt den Raum, gewaltige rotgoldene Wandgemälde machen sprachlos, mächtige Lüster zeigen Drachen- und Flammenornamente.

Sage und schreibe 500.000 £ kostete das Märchenschloss – in jenen Tagen eine ungeheure Summe. Als es fertig war und die Geschmacksverirrungen in der Öffentlichkeit hämisch diskutiert wur-

☑ Royal Pavilion

936es ar

den, war *Prinny* beleidigt und kehrte nie wieder nach Brighton zurück. *Queen Victoria*, der Prunksucht wahrlich nicht zugetan, verkaufte den exotischen Palast der Stadt Brighton für 50.000 £.

■ **Royal Pavilion,** 4/5 Pavilion Buildings, BN1 1EE, Tel. 03000-290900, http://brightonmuseums.org.uk/royalpavilion, Okt.–März 10–17.15, Apr.–Sept. 9.30–17.45 Uhr, Erwachsene 18 £, Kinder (5–18 Jahre) 11 £, Familien 29–47 £.

In den ehemaligen Ställen im Garten des Royal Pavilions befindet sich das **Brighton Museum and Art Gallery.** Hier gibt es unter anderem Ausstellungen zur Geschichte und Gegenwart Brightons (in der Ausstellung „Images of Brighton“ ist ein Modell der West Pier zu sehen), zum Leben und den Jenseitsvorstellungen im alten Ägypten sowie zu Kunst und Design des 20. Jahrhunderts.

Der **LGBTQ Trail** führt zu Objekten mit Bezug zu Brightons *LGBTQ*-Geschichte *(LGBTQ = Lesbian, Gay, Bisexual, Transgender and Queer)*. Am Eingang und auf der Website des Museums (PDF-Download) gibt es zu diesem Rundgang ein Infoblatt.

■ **Brighton Museum and Art Gallery,** Royal Pavilion Gardens, BN1 1EE, Tel. 0300-0290900, www.brightonmuseums.org.uk/brighton-museum-art-gallery, Di–So 10–17 Uhr, Erwachsene 9 £, Kinder (5–18 Jahre) 4 £, Familien 13–22 £.

Gegenüber des Pavillons steht **The Dome,** *Prinnys* einstige Reitställe, die von einer großen Kuppel gekrönt sind. Der Gebäudekomplex wird heute als Konzertsaal genutzt.

▷ Brighton Palace Pier

Flankiert vom Royal Pavilion im Norden und der Kongresshalle **The Brighton Centre** – ein monströser Betonklotz, der sich ziemlich grimmig neben der eleganten viktorianischen Fassade des Grand Hotels ausnimmt – erstreckt sich das verkehrsberuhigte Viertel **The Lanes,** Brightons Urzelle. Vor allem hier findet der Besucher, wonach er auf der Suche ist: das enge Gassengewirr beherbergt gute Restaurants, gemütliche Cafés, alte Pubs sowie Läden aller Art (z.B. in der *Dukes Lane*). Früher flickten hier die Fischer ihre Netze und landeten den Fang an.

Wer es bunt und kreativ mag, sollte auch das nördlich von hier gelegene Szene-Viertel **North Laine** nicht verpassen, wo über 300 inhabergeführte Läden mit u.a. veganen Schuhen, Secondhand-Büchern und Kunsthandwerk um Kundschaft werben.

Rund 7 km lang ist die Strandpromenade, in zwei Hälften geteilt durch den **Brighton Palace Pier.** In westlicher Richtung liegt ohne Verbindung zur Promenade das Stahlskelett des **West Pier,** der 1866 gebaut wurde. Auf der Seebrücke befand sich ein kleiner Pavillon, ein Konzertsaal und ein großer Pavillon mit Theatersaal. Lange Zeit war diese Seebrücke eine der führenden Touristenattraktionen der Stadt, doch 1975 musste sie wegen Renovierungsarbeiten, für die kein Geld da war, geschlossen werden. 2003 brach dort gleich zweimal Feuer aus und so gilt die Seebrücke heute als nicht mehr zu renovieren.

Die gegenüber befindliche neueste Attraktion Brightons, der im Sommer 2016 eröffnete **Brighton i360-Turm,** war eigentlich einmal als Teil eines neuen West Piers geplant. Der 173 m hohe Turm wird von einer runden, gläsernen Aussichtsplattform umgeben, die bis auf 138 m Höhe langsam nach oben gezogen wird. Die Fahrt dauert 20 bis 25 Minuten. Man genießt in der Glaskuppel einen Panoramablick über Brighton und kann bei guter Sicht u.a. die 79 km entfernte Isle of Wight sehen.

■ **Brighton i360,** Lower Kings Road, BN1 2LN, Tel. 0333-720360, www.brightoni360.co.uk, erste Fahrt spätestens 11 Uhr, meist schon um 10 Uhr, letzte Fahrt in den Wintermonaten16.30 Uhr, im Sommer meist 18.30 Uhr (siehe Homepage), Erwachsene 17,95 £, Kinder (4–15 Jahre) 8,95 £; bedeutend günstiger, wenn man online mehr als fünf Tage vorab bucht.

Die nach wie vor wohl wichtigste Attraktion Brightons, zumindest bei jüngeren Gästen, ist die 1899 erbaute, 530 m lange Seebrücke **Brighton Palace Pier,** auf der wie in englischen Seebädern üblich eine Dauerkirmes beheimatet ist.

■ **Brighton Palace Pier,** Madeira Drive, BN2 1TW, Tel. 01273-609361, www.brightonpier.co.uk, Mo–Fr 10–20 Uhr, Sa/So 10–22 Uhr (die Fahrgeschäfte und Gaststätten haben teilweise unterschiedliche Öffnungszeiten, auch können diese vom Wetter abhängen), Eintritt frei, die Fahrgeschäfte haben unterschiedliche Preise.

Schräg gegenüber befindet sich das **Sea Life,** Brightons Aquarium.

■ **Sea Life,** Marine Parade, BN2 1TB, Tel. 08714-232110, www.visitsealife.com/brighton, Juni–Aug. tgl. 10–18 Uhr, sonst bis 16/17 Uhr (genaueres auf der Website), Erw. 22,50 £, Kinder (3–14 J.) 19 £.

Folgt man der Uferstraße gen Osten, so ist bald die **Marina** erreicht, in der tausende Yachten ankern können und wo sich auch zahlreiche **Läden** und **Restaurants** befinden.

■ **Brighton Marina,** BN2 5UF, Tel. 01273-693636, www.brightonmarina.co.uk.

937es ar

Unbedingt sollte man sich die auf den Architekten *John Nash* zurückgehenden **Regency-Häuserzeilen** ansehen. Viele der halbmondförmigen Crescents oder rechteckigen Squares mit ihren gleichmäßigen Fassaden sind ein gelungenes Stück Stadtplanung. Die Häuser mit ihren über zwei Stockwerke laufenden Erkern und den drei eingesetzten Fenstern, dem schmiedeeisernen Balkon darunter, dem spitzen Gitterzaun und dem unter Straßenniveau befindlichen Souterrain, in früheren Tagen der Dienstbotenbereich, haben einen ganz eigenen Charme. Gute Beispiele für diesen Baustil sind der Royal Crescent, östlich vom Brighton Pier, und der Regency Square vor dem West Pier, Oriental Place, Clarence Square und Sillwood Place.

Praktische Tipps

Tourist Information

- **Visitor Information Point,** *Churchill Square Shopping Centre,* Russell Pl, Brighton and Hove, BN1 2RG, www.visitbrighton.com.
- **www.brilliantbrighton.com**

Unterkunft

31 No 27 Brighton B&B④, 27 Upper Rock Gardens, BN2 1QE, Tel. 07717-128313, www.27brighton.com. Fünf stilvoll und mit viel Liebe zum Detail eingerichtete Zimmer.

30 Blanch House②-④, 17 Atlingworth Street, BN2 1PL, Tel. 01273-603504, www.blanchhouse.co.uk, zwölf sehr individuell eingerichtete Zimmer in unterschiedlichen Größen und Preislagen, vom opulenten Art-Déco-Raum bis zum marokkanisch inspirierten Zimmer in den Gelbtönen der Wüste.

6 Hotel Una④, 55–56 Regency Square, BN1 2FF, Tel. 01273-820464, www.hotel-una.co.uk, familiengeführtes Boutique-Hotel mit luxuriös eingerichteten Zimmern. In manchen kann man Frühstück im Bett gleich mitbuchen.

29 Drakes Hotel Brighton⑤, 44 Marine Parade, BN2 1PE, Tel. 01273-696934, www.drakesofbrighton.com, kleines Hotel mit hell und modern eingerichteten Zimmern an der Strandpromenade.

4 Hotel Pelirocco③, 10 Regency Square, BN1 2FG, Tel. 01273-327055, www.hotelpelirocco.co.uk, sehr zentral, jedes Zimmer ist im Stil einer bestimmten Musikrichtung eingerichtet.

5 Artist Residence Brighton⑤, 34 Regency Square, BN1 2GG, Tel. 01273-324302, www.artistresidence.co.uk, jedes Zimmer ein eigenes Kunstwerk.

10 Cappadocia Guesthouse④, 29–30 North Road, BN1 1YB, Tel. 01273-233107, www.cappadociaguesthouse.co.uk, das Haus bietet 13 komfortable Zimmer mitten im lebhaften und trendigen North Laine-Viertel.

28 YHA Brighton Hostel①, Old Steine, BN1 1NH, Tel. 0345-3719176, www.yha.org.uk/hostel/yha-brighton, die Jugendherberge liegt nur wenige Schritte vom *Brighton Palace Pier* entfernt. Es stehen auch günstige Privatzimmer① zur Verfügung.

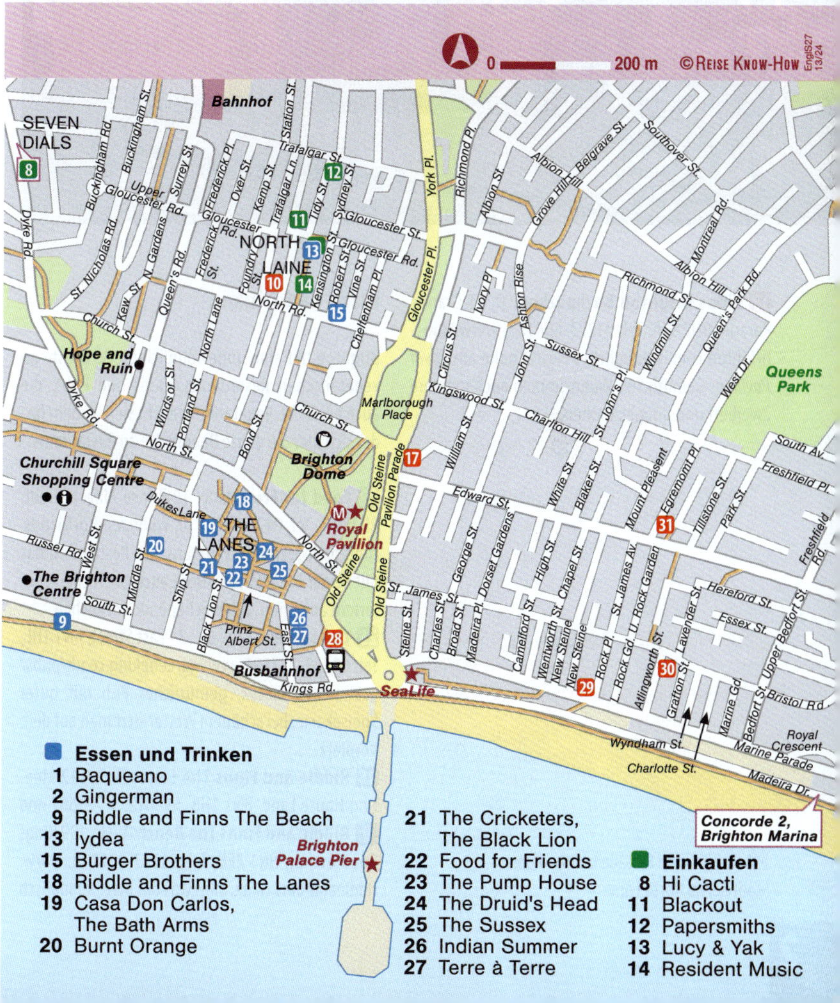

938es ar

17 Kipps Brighton Backpackers①, 76 Grande Parade, BN2 9JA, Tel. 01273-604182, www.kipps-brighton.com, freundliches Hostel nahe am *Royal Pavilion*. Gemütliches Wohnzimmer, auch mehrere Zweibett und Doppelzimmer.

Essen und Trinken

Brighton hat eine ungewöhnlich große Dichte an vegetarischen Restaurants, Cafés und Pubs, die auch bei Nicht-Vegetariern beliebt sind. Zudem findet sich hier die ganze Bandbreite an Restaurants.

22 Food for Friends②, 18 Prince Albert Street, BN1 1HF, Tel. 01273-202310, www.foodforfriends.com, preisgekröntes vegetarisches Restaurant, das mit seiner innovativen Küche auch bei Nicht-Vegetariern ankommt. Am Wochenende vorbuchen.
25 The Sussex①-②, 33–34 East Street, BN1 1HL, Tel. 01273-327591, www.greeneking.co.uk/pubs/east-sussex/sussex, gemütlicher Pub mit guter Speisekarte, bei schönem Wetter sitzt man auf dem Vorplatz.
18 Riddle and Finns The Lanes②-④, 12 Meeting House Lane, BN1 1HB, Tel. 01273-721667 und
9 Riddle and Finns The Beach②-④, 139 Kings Road Arches, BN1 2FN, Tel. 01273-821218, www.riddleandfinns.co.uk, alles was das Meer kulinarisch

Farbenfrohe Fassade im trendigen Stadtviertel North Laine

zu bieten hat. In der zweiten Filiale gibt es auch den Meerblick dazu.

23 The Pump House②, Market Street, BN1 1HH, Tel. 01273-827421, www.nicholsonspubs.co.uk/restaurants/southeast/thepumhousebrighton, traditioneller Pub mit guter Auswahl an *Ales* sowie typischen Pub-Klassikern wie *Fish'n'Chips* und Pasteten.

2 Gingerman⑤, 21A Norfolk Square, BN1 2PD, Tel. 01273-326688, www.gingermanrestaurant.com, gehobene internationale Küche vom Feinsten.

15 Burger Brothers①, 97 North Road, BN1 1YE, Tel. 0131-3788368, www.burgerbrothersbrighton.co.uk, wer Burger liebt, ist hier genau richtig: die Auswahl ist groß und die Qualität ist hervorragend. Es gibt auch vegetarische und vegane Optionen. Einige Sitzplätze, hauptsächlich zum Mitnehmen.

24 The Druid's Head①, Brighton Place, BN1 1HJ, eine kleine, blumengeschmückte, mit Liebe zum Detail aus Bruchsteinen errichtete Kneipe, das Gebäude wurde im Jahr 1510 erbaut.

MEIN TIPP: **27 Terre à Terre**②-③, 71 East Street, BN1 1HQ, Tel. 01273-729051, www.terreaterre.co.uk, das zweite preisgekrönte vegetarische Restaurant der Stadt. Die meisten Gerichte gibt es auch in einer veganen Variante.

19 Pub The Bath Arms②, 3–4 Meeting House Lane, BN1 1HB, Tel. 1273-731864, www.batharms.pub, klassische alte Pub-Einrichtung, auch gute Speisekarte.

19 Casa Don Carlos②, 5 Union Street, BN1 1HA, Tel. 01273-327177, gute spanische Küche.

21 The Cricketers②, 15 Black Lion Street, BN1 1ND, Tel. 01273-329472, www.cricketersbrighton.co.uk, Brightons ältester Pub mit Bistro.

16 Burnt Orange②-③, 59 Middle Street, BN1 1AL, Tel. 01273-299923, www.burnt-orange.co.uk, elegantes, aber entspanntes Restaurant mit schönem Ambiente. Die Gerichte sind mit Gewürzen aus dem Nahen Osten, z.B. wie *Baharat* oder *Harissa,* verfeinert und äußerst schmackhaft.

21 The Black Lion②, 14 Black Lion St, BN1 1ND, Tel. 01273-711884, www.blacklion.pub, Pub in einem alten Magazinhaus, oft Livemusik.

13 Iydea①, 17 Kensington Gardens, BN1 4AL, Tel. 01273-933060, nettes vegetarisches Café, das nur tagsüber geöffnet hat. Man stellt sich das Gericht, zwei Beilagen und eine Sauce selber zusammen.

26 Indian Summer②, 70 East Street, BN1 1HQ, Tel. 01273-711001, www.indiansummerbrighton.co.uk, indische Küche vom Feinsten.

1 Baqueano②, 125 Western Road, BN1 2AD, Tel. 01273-911991, www.baqueano.co.uk, das Ehepaar *Jorge* und *Adriana* tischt in diesem Steakhouse authentische argentinische Gerichte aus der Heimat auf.

Einkaufen

Brighton ist ein **Paradies für Shopping-Liebhaber.** Während sich in den **Lanes** etliche Juweliergeschäfte angesiedelt haben, reiht sich im Viertel **North Laine** ein unabhängiger Laden an den anderen. Weitere interessante Geschäfte finden sich im eleganten Viertel **Seven Dials** nordwestlich des Bahnhofs.

11 Blackout, 53 Kensington Place, BN1 4EJ, www.blackoutshop.co.uk. In diesem hübschen Laden, der seinen Kunden eine „Kakophonie der Freude" verspricht, findet man farbenfrohen Kitsch und schöne Einrichtungsgegenstände.

8 Hi Cacti, 83 Dyke Street, BN1 3JE, www.hicacti.com, Inhaberin *Sabina* stammt aus Texas und verkauft neben ihren geliebten Kakteen auch handgefertigte Blumentöpfe, Heimdekor und Geschenkideen, die von ihrer Heimat inspiriert sind.

13 Lucy & Yak, 18 Kensington Gardens, BN1 4AL, www.lucyandyak.com, nachhaltige Mode vom britischen Design-Label *Lucy & Yak,* das vor allem für seine kultigen Latzhosen bekannt ist.

12 Papersmiths, 21 Sydney Street, BN1 4EN, www.papersmiths.co.uk, Schreibwarenladen mit großem Angebot an sorgfältig ausgesuchten Notizbüchern, Tagebüchern, Etuis und Grußkarten.

14 Resident Music, 28 Kensington Gardens, BN1 4AL, www.resident-music.com, Kult-Musikladen, in dem Schallplatten von allen Genres verkauft werden. Auch viele Live-Events.

Verbindung

Es empfiehlt sich, allein schon wegen der Kosten für das Parken mit **öffentlichen Verkehrsmitteln** anzureisen. Einige Hotels bieten hauseigene Parkplätze an. Diese sind aber oft auch kostenpflichtig.

■ **Bahnhof:** am nördlichen Ende der Queen's Road, BN1 3XP.

■ **Busbahnhof:** gleich hinter der Strandpromenade, zwischen Old Steine und King's Road, BN1 1NJ.

Kitsch und Kunst im Laden „Blackout"

939es ar

Ditchling

Zehn Kilometer nördlich von Brighton liegt das kleine Örtchen Ditchling.

Südlich des Örtchens hat man bei schönem Wetter gute Ausblicke über die Region vom **Ditchling Beacon** (ausgeschildert), einem ca. 300 m hohen Hügel. Die Erhebung war im 16. Jh. Teil der Leuchtfeuerkette, mit der die Nachricht von der gesichteten spanischen Armada (→ Exkurs S. 100) nach London geleitet wurde.

Unweit von Ditchling liegt an der Eisenbahnstrecke London – Brighton der Weiler **Clayton.** Nahebei gibt es wieder einmal einen Folly bzw. eine Verrücktheit zu besichtigen: Der **Tunneleingang** der einstigen *London, Brighton and South Coast Railway*-Linie ist seit 1841 als Tudor-Festung gestaltet. Auf der „Burgmauer“ zwischen den beiden (Schein-)Türmen gibt es eine Bauernhausfassade zu sehen, hinter der einst der Tunnelwärter wohnte.

■ **Clayton Tunnel North Portal,** Clayton Hill, BN6 9PQ. Am besten zu sehen von der A 273 aus. Von Brighton kommend macht die Straße eine Biegung nach links und führt über eine Brücke, welche die besagte Eisenbahnlinie kreuzt.

Arundel Castle

Von Brighton aus geht es auf der A 27 vorbei an der Stadt Worthing in das kleine Dörfchen Arundel mit seiner mächtigen **Bilderbuchburg**, deren trutzige Rundtürme schon von weitem martialische Wehrhaftigkeit demonstrieren. Die Burg wurde im frühen 11. Jh. erbaut und ist bis heute die Residenz des Herzogs von Norfolk, auch wenn die Grafschaft Norfolk an der Ostküste liegt. Ein Großteil der heutigen Burg geht auf Renovierungsarbeiten und Erweiterungen zurück, die *Henry,* der 15. Herzog von Norfolk (1847–1917) bis 1900 veranlasste. *Edward William,* der 18. Herzog von Norfolk, lebt nach wie vor mit seiner Familie hier. Als *Earl Marshal of England,* ein vererbliches Amt des Herzogs, war er für die Trauerfeierlichkeiten zur Beerdigung von Königin *Elizabeth II.* und die Krönung von *Charles III.* verantwortlich.

Herausragende Räume sind die 40 m lange und 15 m hohe Baronenhalle mit einer gewaltigen eichenen Decke, die Gemäldegalerie, der prachtvolle Speisesaal, der mit seinen Lanzettfenstern eher an eine Kapelle erinnert, und die 37 m lange Bibliothek mit ca. 10.000 Bänden.

Auch das Örtchen **Arundel** sollte man besuchen. Die Hauptstraße steigt einen Hügel hoch und ist gesäumt von Geschäften, Cafés, Restaurants und Pubs.

■ **Arundel Castle,** BN18 9AB, Tel. 01903-882173, www.arundelcastle.org, Apr.–Okt. Gärten 10–17, Burg 12–17 Uhr, Erwachsene 25 £, Kinder 11 £, Familienkarte 61 £. Wer nur die Gärten anschauen will, zahlt 14 £ (Kinder 6,50 £).

Tourist Information

- Im **Arundel Museum,** River Road, BN18 9PA, Tel. 01903-885866, www.visitarundel.co.uk.

Petworth House

15 km nördlich von Arundel wird das kleine Örtchen Petworth fast erdrückt von **einem der bedeutendsten Herrenhäuser Englands.** Mitten durch das gemütliche Dorf mit seinen Fachwerkhäusern und den engen, winkligen Straßen zieht sich die gewaltige Mauer von *Petworth House.*

Dieses Herrenhaus wurde im späten 17. Jh. gebaut, den Südflügel gestaltete der Architekt *Anthony Salvins* in den frühen 1870er Jahren im Stil des Barock neu. Neben den herrschaftlichen Räumen kann man den Arbeitsbereich des Dienstpersonals und die historische Küche besichtigen. Sehenswert ist auch die Gemäldesammlung, die u.a. Werke von *Joseph Mallord William Turner* enthält, der einer der bedeutendsten englischen Maler der Romantik war. Auch klassische und neo-klassische Skulpturen sind hier zu sehen.

Nach der Besichtigung sollte man einen Spaziergang im **Park** von Petworth nicht versäumen. Gestaltet wurde der Park, in dem die größte Herde von Damhirschen Englands lebt, vom Landschaftsarchitekten *Lancelot „Capability" Brown.* Das Haus und der Park sind seit 1947 im Besitz des *National Trust.*

- **Petworth House,** GU28 0AE, Tel. 01798-342207, www.nationaltrust.org.uk/visit/sussex/petworth, März–Okt. tgl. 10.30–16.30, Nov.–Feb. tgl. 10.30–15.30 Uhr, Erwachsene 12 £, Kinder 6 £, Familien 18–30 £. Die Nutzung des Parkplatzes kostet für Nicht-Mitglieder 3 £.

Bignor – Die Villa aus der Römerzeit

Nur wenig entfernt von Petworth findet der archäologisch interessierte Besucher beim Weiler Bignor einen der bedeutendsten **Funde aus der Römerzeit.** Im Jahre 1811 legte ein Bauer beim Pflügen die Reste einer römischen Mauer frei; die Archäologen gruben eine große, residenzähnliche Villa in den Maßen 50 x 80 m aus, die in einem ca. 2 ha großen, mauerumsäumten Park stand. In einem kleinen Museum kann man eine ganze Reihe von Ausstellungsstücken, vor allem die Reste eines Bodenmosaiks, bewundern. Da der Fundort bereits 1814 für die Öffentlichkeit freigegeben wurde, kann man außerdem die Geschichte der Ausgrabung und der Entwicklung des Museums nachvollziehen.

- **Bignor Roman Villa,** Bignor, Pulborough, RH20 1PH, Tel. 01798-869259, www.bignorromanvilla.co.uk, April–Okt., die Öffnungszeiten variieren (siehe Website), August tgl. 10–16.30, in der Nebensaison nur Sa/So 10–16.30 Uhr, Erwachsene 10 £, ermäßigt 8,50 £, Kinder (5–15 J.) 7 £, Familien 27,50 £.

Bognor Regis

– Seaside Resort für die Working Class

Bognor Regis ist ein **typischer kleiner Badeort,** wie es Hunderte davon an der südenglischen Küste gibt. Ein kurzer Pier, eine schmale Promenade entlang des Strandes, bestanden mit Fish-&-Chips-Buden und Softeis-Kiosken, Unterhaltung in Form von kleinen *Bingo Halls* und *Amusement Pavilions* sowie einigen Teestuben und Pubs ermöglichen einen erschwinglichen Urlaub.

Im Jahre 1929 kam *George V.* zur Kur ins Örtchen, sammelte neue Kräfte, kehrte gestärkt nach London zurück und ließ die Stadt als Bognor Regis, Latein für **„Bognor des Königs“,** adeln.

Chichester

– Gemütliches Kathedralstädtchen

Auf gar keinen Fall darf man auf einen Besuch im gemütlichen **Puppenstubenstädtchen** Chichester verzichten. Die rund 27.000 Einwohner zählende Stadt ist weithin bekannt für ihre prächtige Kathedrale, außerdem ist die kleine Metropole voller Charme und Atmosphäre.

Den Römern, die um 200 n. Chr. Noviomagnus Reginorum, so der lateinische Name der Stadt, mit einer elfeckigen Stadtmauer und Toren in allen vier Himmelsrichtungen sicherten, ist die ausnehmend **klare Stadtgliederung** zu verdanken. Das Zentrum des Ortes bildet das große, Anfang des 16. Jh. errichtete Marktkreuz, das ein beliebter Treffpunkt ist. Von hier gehen nach Norden die North, nach Osten die East, nach Süden die South und nach Westen die West Street ab. An allen vier, in Teilstücken verkehrsberuhigten, Sträßchen finden sich Geschäfte, Cafés, Restaurants und Pubs jeder Couleur.

Sehenswertes

Folgt man der North Street vorbei am ehemaligen Stadttor, so hat man nach wenigen Minuten Fußweg das **Chichester Festival Theatre** im Oaklands Park erreicht. Das Schauspielhaus ist weit über die Grenzen der Stadt für seine hervorragenden und künstlerisch recht eigenwilligen *Shakespeare*-Aufführungen bekannt. Dieses zu hören verwundert nicht, wenn man weiß, dass *Sir Lawrence Olivier* erster Direktor des Hauses war. Das ganze Jahr über kommen Aufführungen auf die Bühne, doch zwischen Mai und September ist Festspiel-Saison, und dann zieht es viele Briten von nah und fern nach Chichester.

Nahe der Priory Road kann man einen **Wall Walk,** einen Spaziergang auf der alten Stadtmauer, unternehmen (Infos und Plan dazu s.u. www.chichesterwalls.org/chichester-city-walls).

Am Schnittpunkt der North, East, South und West Pallant Street befindet sich die **Pallant House Gallery,** ein ehemaliges Weinhandelskontor, das als schönstes Beispiel georgianischer Stadtarchitektur gilt und die Wohnbedingungen des Bürgertums im 18. Jh. deutlich macht. Heute befindet sich hier ein bedeutendes und bekanntes Museum zur modernen Kunst.

■ **Pallant House Gallery,** 9 North Pallant, PO19 1TJ, Tel. 01243-774557, www.pallant.org.uk, Di–Sa 10–17 Uhr, Do 10–20 Uhr, So 11–17 Uhr, Erwachsene 14 £, Kinder unter 18 J. und Studenten Eintritt frei.

Die Kathedrale von Chichester

Unübersehbar ist die **Kathedrale** der Stadt. Obwohl der mächtige Vierungsturm mit einer fast 100 m hohen Helmspitze dem Betrachter von weitem reinste Gotik signalisiert, ist das Gotteshaus doch weitgehend normannisch, also romanisch, gehalten. 1091 begann man mit dem Bau, erste Teilabschnitte konnten 1108 geweiht werden. 1186 brannte das Holzdach ab, die Hitze hatte dem Mauerwerk jedoch keinen nennenswerten Schaden zugefügt, sodass man nur einige gotisierende Restaurierungen im Early-English-Stil vornahm. Im 13. Jh.

www.fotolia.de © cbckchristine

mauerten die Handwerker den Vierungsturm, der 200 Jahre später seinen hohen Helm erhielt. In der Mitte des 19. Jh. wurde das Gotteshaus umfassend renoviert.

Machen wir uns nun auf einen **Rundgang durch die Kathedrale:** Im nördlichen Seitenschiff steht – in der Kleidung eines antiken Römers – die Statue von *William Huskisson,* der 1830 bei der Eröffnung der *Liverpool and Manchester Railway* das erste Opfer der neuen Verkehrstechnik wurde. Im nördlichen Querschiff zeigen Gemälde von *Lambert Bernard* die Porträts der Bischöfe von Chichester. Wiederum im nördlichen Seitenschiff ehrt ein Denkmal den Bischof *Edward Story,* der Anfang des 16. Jh. Chichesters prächtiges Marktkreuz errichten ließ. Einige Meter weiter lässt an der nördlichen Seite des Retrochors (das ist der Umgang hinter dem Chorgestühl in der englischen Kathedral-Gotik) ein Glasfenster von *Marc Chagall* Licht ins Dunkel des Gotteshauses. Hinter dem Altarraum liegt der *Hl. Richard* – Mitte des 13. Jh. Bischof der Stadt – zur letzten Ruhe gebettet. In

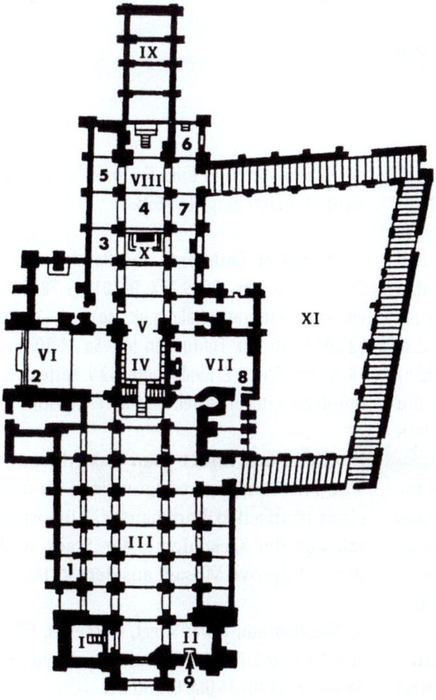

Kathedrale Chichester

I	NW-Turm
II	SW-Turm
III	Langhaus
IV	Vierungsturm
V	Chor
VI	Nördliches Querschiff
VII	Südliches Querschiff
VIII	Retrochor
IX	Marienkapelle
X	Altar
XI	Kreuzgang
1	Statue von Huskisson
2	Bischofsporträts von Lambert Bernard
3	Denkmal für Bischof Story
4	Grab des hl. Richard von Wych
5	Fenster von Marc Chagall
6	Gemälde von Graham Sutherland
7	Reliefs aus dem 12. Jh.
8	Königsporträts von Lambert Bernard
9	Taufbecken von Skelton und Gemälde von Hans Freibusch

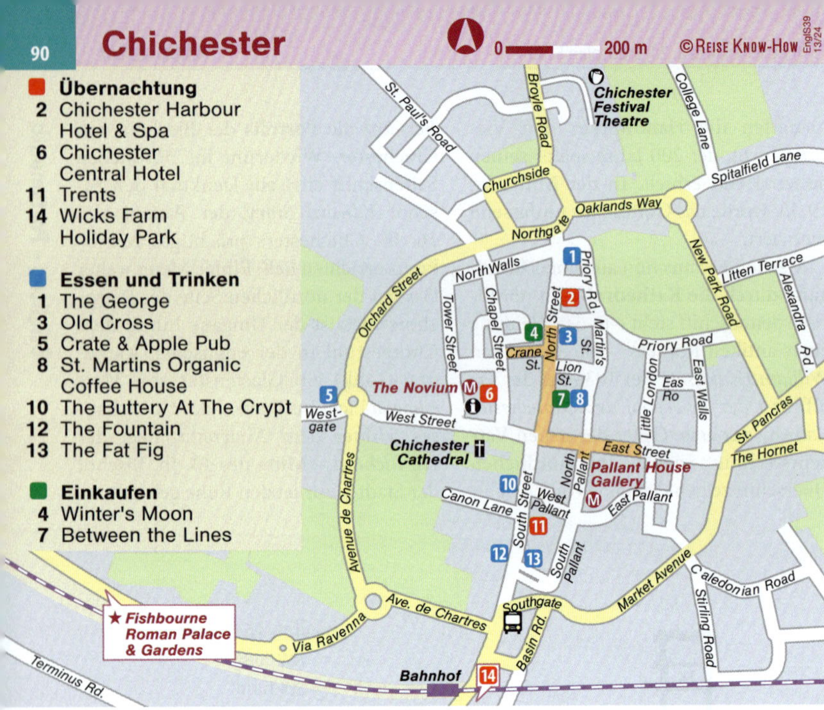

der Südostkapelle hängt das aus dem Jahr 1962 datierende Altargemälde „Noli me tangere" von *Graham Sutherland*. Einige Meter weiter, an der Südwand des Retrochors, sieht man zwei durch Glas geschützte Reliefs aus dem 12. Jh. Das eine zeigt die Erweckung des Lazarus, das andere den Einzug von Jesus in Bethlehem. Auf dem Boden erkennt man die Reste eines römischen Mosaiks, das 1968 freigelegt wurde. Im südlichen Querschiff hängen als Gegenstück zu den Bischofsporträts im nördlichen Querhaus die Darstellungen der englischen Könige, beginnend bei *Wilhelm dem Eroberer* bis zu *Heinrich VIII.;* auch diese Gemälde stammen von *Lambert Bernard*. Im Südwestturm befinden sich das Taufbecken, das *John Skelton* 1983 schuf, und ein Gemälde von *Hans Freibusch*, das die Taufe Christi zeigt (1952).

■ **Chichester Cathedral,** The Royal Chantry, Cathedral Cloisters, PO19 1PX, Tel. 01243-782595, www.chichestercathedral.org.uk, Mo–Sa 9–17, So 12.30–14.30 Uhr, Führungen Mo–Sa 11.30 und 14.30 Uhr (Erw. 4 £, Kinder unter 12 J. kostenlos), Eintritt zur Kathedrale frei, Spenden erwünscht.

Im Zentrum findet man das Museum **The Novium,** mit restaurierten Resten eines römischen Badehauses, Kuriositäten aus der Geschichte der Stadt und dem Chilgrove Mosaik aus dem 4. Jh.

■ **The Novium,** Tower Street, Chichester, PO19 1QH, Tel. 01243-775888, www.thenovium.org, Di–Sa 10–17, So 10–16 Uhr, Eintritt frei.

Gen Süden erstreckt sich entlang vieler Buchten und Halbinseln der **Chichester Harbour** genannte Küstenstreifen, mit vielen Wassersportmöglichkeiten. Die Gegend ist auch eine sogenannte „Area of Outstanding Natural Beauty" (Gegend von herausragender Naturschönheit). Wer also gern Vögel beobachtet oder sich für den Naturraum an der Küste interessiert kommt hier voll auf seine Kosten.

Ca. 3 km westlich, zwischen der Stadt und dem Meer gelegen, liegt der **Römische Palast von Fishbourne.** Das größte je in England ausgegrabene römische Haus wurde um 80 n. Chr. erbaut und fiel rund 190 Jahre später einem Brand zum Opfer. Interessant sind vor allem die Mosaike.

■ **Fishbourne Roman Palace & Gardens,** Roman Way, Chichester, PO19 3QR, Tel. 01243-785859, www.sussexpast.co.uk/attraction/fishbourne-roman-palace, März–Okt. 10–17, Feb./Nov. 10–16 Uhr, Erwachsene 13 £, Kinder und Studenten 6,50 £, Familien 22–35 £.

Praktische Tipps

Tourist Information

■ **The Novium,** Tower Street, PO19 1QH, Tel. 01243-775888, www.discoversussex.org/places-to-visit/chichester.

Unterkunft

6 **Chichester Central Hotel**②, Chapel Street, PO19 1BU, Tel. 0871-9846454, www.travelodge.co.uk, preiswertes Hotel mit modernem Ambiente, direkt im Zentrum.

2 **Chichester Harbour Hotel & Spa**⑤, North Street, PO19 1NH, Tel. 01243-778000, www.harbourhotels.co.uk/chichester, Boutiquehotel mit **Restaurant**③ in einem denkmalgeschützten Haus.

11 **Trents**③, 50 South Road, PO19 1DS, Tel. 01243-773714, www.greenekinginns.co.uk, komfortable Zimmer mitten im Zentrum.

14 **Camping:** *Wicks Farm Holiday Park*①, Redlands Lane, West Wittering, PO20 8QE, Tel. 01243-513116, www.wicksfarm.co.uk, von Chichester die A 286 gen Süden, weiter auf der B 2179 auf das Dörfchen West Wittering zu, kurz vor dem Ort rechts ab in die Redlands Lane.

Essen und Trinken

10 **The Buttery at the Crypt**①, 12a South Street, PO19 1EJ, Tel. 01243-537033, www.thebuttery.org, traditionelles Café in einer Krypta aus dem 12. Jahrhundert.

5 **The Crate & Apple**②, 14 Westgate, P19 3EU, Tel. 01243-539336, www.crateandapple.co.uk, Gastro-Pub, dessen leckere Gerichte mit Zutaten aus der Region gekocht werden.

12 **The Fountain**②, 29 Southgate, PO19 1ES, Tel. 1243-781352, www.fountainchichester.co.uk, nettes Pub mit Biergarten.

13 **The Fat Fig**①-②, 42 South Street, PO19 1DR, Tel. 01243-530366, mediterran inspiriertes Café mit warmen Gerichten, auch Vegetarisches und Veganes.

3 **The Old Cross**①, North Street, PO19 1LP, Tel. 01243-536290, www.greeneking.co.uk, sehr großer alter Fachwerk-Pub mit schönen Bleiglasscheiben, traditioneller Pub-Atmosphäre und typischem Pub-Food wie Burgern, Steaks und Pasteten.

1 **The George**②, 51 North Street, PO19 1NQ, Tel. 01243-785660, www.thegeorgechichester.com, Restaurant mit angeschlossenem **B&B.** Man speist im Wintergarten, im Pub-Bereich oder auf einer schönen Terrasse.

8 **St. Martins Organic Coffee House**①, 3 St. Martins Street, PO19 1NP, Tel. 01243-786715,

www.organiccoffeehouse.co.uk, kleines, gemütliches Café mit herzhaften Bio-Speisen und Kuchen. Es gibt auch Vegetarisches und Veganes auf der Karte. Freitagnachmittags ab 16 Uhr gibt es oft Musik.

Einkaufen

7 **Between the Lines,** 79 North Street, PO19 1LQ, www.between.co.uk. Schöne Geschenkideen für jeden Geschmack und Geldbeutel.

4 **Winter's Moon,** 29 North Street, PO19 1LX, www.wintersmoon.co.uk. Auch hier findet man geschmackvolle Mitbringsel – von handgemachten Seifen über Kunsthandwerk bis hin zu dekorativem Gartenbedarf.

Verbindung

- **Bahnhof:** Southgate, PO19 8DL, Tel. 0800-1381016.
- **Busbahnhof:** Southgate, PO19 8DG, nicht weit vom Bahnhof.

Portsmouth

– Flagship of Maritime England

Der größte Teil der Stadt Portsmouth liegt auf der Insel Portsea, die nur durch den etwa 30 Meter breiten Portsbridge Creek vom Festland entfernt liegt. In erster Linie ist Portsmouth eine **Hafenstadt** und seit Jahrhunderten der **wichtigste Marinestützpunkt des Königreichs.** Im Zweiten Weltkrieg war die Stadt deshalb das Ziel zahlreicher deutscher Luftangriffe, weshalb heute größtenteils zweckmäßige Nachkriegsarchitektur dominiert. Doch in der Altstadt um den Portsmouth Point im Südwesten der Insel Portsea hat sich die Stadt ihren alten maritimen Charme bewahrt. Der Hafen ist mit vielen Museen und den Gunwharf Quays, einem modernen Einkaufs- und Ausgehviertel, ein lohnendes Reiseziel.

adobe.stock ©Jitloac

Sehenswertes

Der **Historic Dockyard** im Nordwesten ist der erste Anlaufpunkt bei der Besichtigung des Hafengebietes. 800 Jahre Geschichte der Seefahrt können hier besichtigt werden, und es locken mehrere Schiffe aus ruhmreicheren Tagen.

Direkt am Eingang des Hafenareals dümpelt die **HMS Warrior** am Kai, als erstes stahlbewehrtes Kriegsschiff 1860 vom Stapel gelaufen. Mit seiner Panzerung, den schnell von hinten zu ladenden Kanonen und der kräftigen Dampfmaschine stellte es eine gefürchtete Waffe dar und war Britanniens Antwort auf die Flottenbaupläne der ambitionierten Franzosen. *Napoleon III.* war sich ganz offensichtlich der Kampfkraft bewusst, denn er soll die *HMS Warrior* als „eine schwarze Schlange unter Kaninchen" bezeichnet haben.

Hauptanziehungspunkt im Hafengebiet ist jedoch *Nelsons* Flaggschiff **HMS Victory,** 1758, im Geburtsjahr des großen maritimen Strategen, auf Kiel gelegt und sieben Jahre später vom Stapel gelaufen. Die *HMS Victory* ist – so wie sie im Dock von Portsmouth liegt – uneingeschränkt seetüchtig und ist offizielles Flaggschiff des *Commander-in-Chief Naval Home Command!*

Neben der *Victory* sind in einer für rund 35 Mio. Pfund erbauten bootsförmigen Klimahalle die Reste der *Mary Rose* und andere Attraktionen, wie zum Beispiel eine Rekonstruktion der fehlenden Bootsseite, aufgebaut. Der Stolz der Kriegsmarine von *Heinrich VIII.* führte eine Streitmacht gegen die vor Portsmouth kreuzenden Franzosen an, segelte in voller Kampfesstärke in den Solent ein, krängte hier im Wind stärker als erwartet und zog durch die Geschützluken innerhalb von Sekunden Tausende von Hektolitern Seewasser. Vor den Augen des Königs soff das Schiff wie ein Stein ab. 1982 wurde der guterhaltene Rumpf der *Mary Rose* gehoben.

■ **Historic Dockyard,** *Visitor Centre,* Victory Gate, M Naval Base, PO1 3LJ, Tel. 023-92839766, www.historicdockyard.co.uk., Apr.–Okt. 10–17, Nov.–März 10–16 Uhr, mit dem *Three Attraction Explorer Ticket* kann man sich drei Museen und Schiffe der *Historic Dockyards* anschauen. Es kostet für Erwachsene 44 £, ermäßigt 43 £, Kinder (3–15 Jahre) 29 £. Einzeltickets Erwachsene 34 £, ermäßigt 33 £, Kinder (3–15 J.) 24 £.

Im **National Museum of the Royal Navy,** das in einer Reihe von einstigen Speicherhäusern eingerichtet ist, werden über 300 Jahre Geschichte der britischen Marine thematisiert. Besonders sehenswert ist die multimediale Ausstellung zur Seeschlacht von Trafalgar, in der man auch Vizeadmiral *Horatio Nelson* und seinen Widersacher *Napoleon Bonaparte* trifft.

■ **National Museum of the Royal Navy,** HM Naval Base (PP66), PO1 3NH, www.nmrn.org.uk, Apr.–Okt. 10–17, Nov.–März 10–16.15 Uhr, Eintritt im *Three Attraction Explorer Ticket* der *Historic Dockyards* eingeschlossen, s.o.

◁ Das historische Schiff „HMS Warrior" im Hafen von Portsmouth

Gleich um die Ecke liegt das raumschiffähnliche **Mary Rose Museum,** in dem die Überreste des Kriegschiffes *Mary Rose* zu sehen sind, die zu Anfang des 16. Jh. in Portsmouth aus rund 600 Eichen gebaut wurde.

■ **Mary Rose Museum,** Main Road, PO1 3PY, www.maryrose.org, Apr.–Okt. 10–17.30, Nov.–März 10–17 Uhr, Eintritt im *Three Attraction Explorer Ticket* der Historic Dockyard eingeschlossen, s.o.

Vom der Portsmouth Harbour Railway Station fahren auch **Fähren** in Richtung Gosport auf der anderen Uferseite ab, wo man das **Royal Navy Submarine Museum** findet. Hier ist die *HMS Alliance*, ein Museums-U-Boot ausgestellt. Zudem gibt es ein Stück weiter das neue **Museum Explosion!** in einem alten Munitionsspeicher aus dem 18. Jh., in dem man in die Geschichte der Entwicklung von Waffen in der Marine eintauchen kann.

■ **Royal Navy Submarine Museum,** Haslar Road, Gosport, PO12 2AS (Fähre nach Gosport ab Portsmouth Harbour Station Pier nehmen), www.nmrn.org.uk, Mi–So 10–16.30 Uhr, während der englischen Schulferien tgl. 10–16.30 Uhr, der Eintritt ist im *Three Attraction Explorer Ticket* der *Historic Dockyards* eingeschlossen, s.o.

■ **Explosion! Museum of Naval Firepower,** Heritage Way, Priddy's Hard, Gosport, PO12 4LE (Fähre nach Gosport ab Portsmouth Harbour Station Pier

adobe.stock ©Graham Prentice

nehmen), www.nmrn.org.uk, Mi–So 10–16.30, während der englischen Schulferien tgl. 10–16.30 Uhr, der Eintritt ist im *Three Attraction Explorer Ticket* der *Historic Dockyards* eingeschlossen, s.o.

Im Hafengebiet von Portsmouth hat man vom 170 m hohen **Spinnaker Tower** einen weiten Blick über die Stadt und bei gutem Wetter sogar bis zur Isle of Wight. Die Form des Turms ist einem Vorsegel (Spinnaker) nachempfunden und erinnert an die maritime Geschichte der Stadt. Auf dem **Skywalk** gibt es einen Glasboden, der vor allem bei Kindern sehr populär ist (und sich für spektakuläre *Selfies* eignet). Auf dem **Sky Deck,** der höchsten Plattform, die nur per Treppe zugänglich ist, steht man im Freien. Im *Café Clouds* hat man beim Tee atemberaubende Ausblicke, das Essen ist aber nicht günstig („High Tea" mit Sandwiches, Gebäck und Scones, Tee oder Kaffee und Eintritt zum Turm für zwei Personen 55 £, Buchung mindestens 48 Stunden vorher per Telefon oder online).

■ **Spinnaker Tower,** Gunwharf Quays, PO1 3TT, Tel. 02392-857520, www.spinnakertower.co.uk, tgl. 10–18 Uhr, Erw. 14,75 £, ermäßigt 13,50 £, Kinder (4–15 Jahre) 11,50 £, Familienkarte 51 £.

◁ Historic Docklands mit dem Spinnaker Tower

Unterhalb des Turms befinden sich die **Gunwharf Quays,** eine ausladende Shoppingmeile mit allem, was das Herz begehrt. Das gesamte Hafengebiet wurde für viel Geld wieder in Stand gesetzt und teilweise luxriös saniert, erstklassige Wohnlage mit Blick aufs Meer inklusive.

Folgt man nun der St. George's Road in südwestlicher Richtung gelangt man zum **Portsmouth Museum.** Hier wird u.a. die Geschichte der Stadt erzählt, es gibt eine Kunstgalerie sowie eine Ausstellung über das Leben und Werk von *Arthur Conan Doyle.*

■ **Portsmouth Museum,** Museum Road, PO1 2LJ, Tel. 023-92834744, www.portsmouthcitymuseums.co.uk, Di–So 10–17.30 Uhr, Eintritt frei.

Geht man nun zurück zur Strandpromenade stößt man auf **Clarence Pier,** eine Amüsiermeile mit Karussells, Miniachterbahn und anderen Vergnügungen.

■ **Clarence Pier,** Clarence Esplanade, PO5 3AA, Tel. 023-92821455, www.clarencepier.co.uk, sehr variable Öffnungszeiten (siehe Homepage), Ende Juli–August tgl. meist 11–20 Uhr, Okt.–Feb. geschl., Armband für unbegrenztes Fahren 24 £, einfache Fahrt 1 £, im Internet günstiger.

Das **D-Day Story Museum** in der Clarence Esplanade, etwas weiter südlich, nahe von Southsea Castle, lässt die Invasion der Alliierten während des Zweiten Weltkriegs noch einmal lebendig werden. Am 6. Juni 1944 setzten die Alliierten vor der Küste der Normandie 160.000 Soldaten an Land. Damit hatte das größte Landungsunternehmen aller Zeiten begonnen. Anhand von Originaldokumenten, Filmbeiträgen und vielen

Portsmouth

0 200 m
Historic Dockyard
★ HMS Victory,
Ⓜ Mary Rose Museum
Ⓜ National Museum of the Royal Navy
Ⓜ Charles Dickens Birthplace Museum
HMS Warrior
in Gosport:
Ⓜ Explosion!, Ⓜ Royal Navy Submarine Museum & HMS Alliance
Fähren nach Gosport, Catamaran zur Isle of Wight
Portsmouth Harbour Railway Station
Gunwharf Quays
Spinnaker Tower
Bahnhof Portsmouth und Southsea
Autofähren zur Isle of Wight
The Point
ALTSTADT UM DEN PORTSMOUTH POINT
Portsmouth Museum
Clarence Pier mit Dauerkirmes
Hovercraft zur Isle of Wight
The D-Day Story
Southsea Castle
Main Rd.
Admiralty Rd.
Cross St.
York Pl.
Queen St.
Alfred Rd.
Unicorn Rd.
Commercial Rd.
Arundel St.
Stanhope Road
Station St.
Havant St.
C. Howe Rd.
Bishop St.
Aylward St.
Clock St.
The Hard
College St.
Kent St.
St. James St.
St. George's Sq.
Britain St.
Park Rd.
Hard St.
Branbury Rd.
Anglesea Rd.
St. Michael's Rd.
Isambard Brunell Rd.
Greenham Street
Ln.
White Swan
Alec Rose
Winston Churchill Avenue
Minerva Cres.
Gunwharf Rd.
Armory Ln.
St. George's Rd.
Cambridge Rd.
Hampshire Terr.
Melbourne Pl.
Middle St.
St. James's Rd.
Waterloo St.
St. Paul's Rd.
Park St.
Eldon St.
Grovesnor St.
Landport Terr.
Landport Road
King St.
Warbling St.
St. Thomas St.
High St.
Museum Rd.
Yorke St.
Norfolk St.
Green Rd.
Belmont St.
Lombard St.
White Hart Rd.
Broad St.
Peacock Ln.
Woodville Dr.
King's Rd.
Steel St.
Flint St.
Southsea
Elm Grove
King's Terr.
Gnd. Pd.
Penny St.
Hambrooke St.
Castle Rd.
St. Edward's Rd.
Pelham Rd.
Pembroke Rd.
Victoria Ave.
Jubilee Terr.
Bellevue Terr.
Southsea Terr.
Sussex Rd.
Queen's Crescent
Kent Rd.
Grove Rd. South
Long Curtain Rd.
Pier Rd.
Duisburg Way
Western Parade
Nightingale Rd.
Shaftesbury Rd.
Ashburton Rd.
Elphinstone Rd.
Portland Rd.
Clarence Esplanade
Osborne Rd.
Auckland Rd. West
Palmerston Rd.
Villiers
Clarence Parade
Avenue de Caen
1
2
3
4
5
6
7
8
9
10
11

anderen Exponaten wird das Interesse der Briten an der *Operation Overlord* wachgehalten, die mit dem Code-Wort *D-Day* begann.

Prunkstück der Ausstellung ist der mehr als 80 m lange Wandteppich *Overlord Embroidery*, in den die militärischen Operationen eingestickt sind. Fünf Jahre haben Mitglieder der *Royal School of Needlework* an dem guten Stück gearbeitet. Der Riesengobelin ist als Pendant zum „Teppich von Bayeux" gedacht; zeigt jener die normannische Invasion Englands im Jahre 1066, so hat seine moderne Entsprechung das gegenteilige Thema zum Inhalt.

The D-Day Story, Clarence Esplanade, Southsea, PO5 3NT, Tel. 023-92827261, www.theddaystory.com, tgl. 10–17.30 Uhr (Okt.–März nur bis 17 Uhr), Erwachsene 14,35 £, ermäßigt 11,45 £, Kinder (5–17 J.) und Studenten 7,20 £, Familienticket 35,80 £, günstiger bei Online-Buchung.

Spaziert der Besucher über die Esplanade von Southsea weiter nach Süden, so kommt er an **Southsea Castle** vorbei – von hier beobachtete *Heinrich VIII.* den Untergang seiner *Mary Rose*.

Southsea Castle, Clarence Esplanade, PO5 3PA, Tel. 023-92841625, www.southseacastle.co.uk, Apr.–Okt. Di–So 10–17 Uhr, Eintritt frei.

Im nördlichen Teil der Innenstadt, in der Commercial Road 393, befindet sich das Haus, in dem **Charles Dickens** am 7. Februar 1812 geboren wurde. Ein kleines **Museum** würdigt Leben und Werk des sozialkritischen Dichters.

Charles Dickens' Birthplace Museum, 393 Old Commercial Road, PO1 4QL, Tel. 023-92827261, www.charlesdickensbirthplace.co.uk, das Museum ist derzeit nur an bestimmten Tagen geöffnet (s. Website), Erwachsene 4,60 £, ermäßigt 4,10 £, Kinder und Studenten 3,50 £.

Für einen Tag ist das auf jeden Fall zuviel, also empfiehlt es sich **vorzuplanen,** besonders, wenn man einen Platz für eine der beliebten Führungen auf der *HMS Victory* ergattern will.

Praktische Tipps

Tourist Information

- **Portsmouth Museum,** Museum Road, PO1 2LJ, Tel. 023-92826722.
- **www.visitportsmouth.co.uk**

Unterkunft

14 **The Clarence Hotel**⑤, Clarence Road, Southsea, PO5 2LQ, Tel. 023-92009777, www.theclarencehotel.co.uk, schickes, gut gelegenes Hotel, nicht weit von der Strandpromenade.

8 **Becketts**③, 11 Bellevue Terrace, PO5 3AT, Tel. 023-92865000, www.beckettssouthsea.co.uk, sechs elegante Zimmer im beliebten Viertel Southsea mit empfehlenswertem 8 **Restaurant**③.

15 **Somerset House Boutique Hotel**③, 10 Florence Road, PO5 2NE, Tel. 023-920082222, www.somersethousehotel.co.uk, auch dieses Hotel befindet sich in Southsea, nur wenige Gehminuten vom Strand entfernt. Die sieben Zimmer sind geräumig, hell und modern.

1 **Q8 Boutique Hotel**④, 38 Clarence Parade, PO5 2ET, Tel. 023-92733331, www.q8hotel.co.uk, 17 moderne Zimmer im Stadtteil Southsea in Meernähe.

7 **The Pier**②, 2 Bellevue Terrace, Southsea, PO5 3AT, Tel. 023-92823813, www.pier-hotel.com, Gästehaus nicht weit von der Promenade.

Essen und Trinken

3 **Spice Island Inn**②, am Ende der Broad Street, 1 Bath Square, PO1 2JL, Tel. 023-92870543, mit schönem Blick auf die Hafeneinfahrt; in früheren Tagen lag dieser Bereich von Portsmouth außerhalb der Stadtmauer, hier drängelten sich im 17. Jh. rund 40 Kneipen, übrig davon sind nur noch *Spice Island Inn* und das *Still and West Country House.*

2 **Still and West Country House**②, Bath Square, PO1 2JL, Tel. 023-92821567, www.stillandwest.co.uk, *Seaside Pub* von 1700, Restaurant im ersten Stock mit grandioser Aussicht über den Hafen.

13 **Nemrut**②, 94 Albert Road, Southsea, PO5 2SN, Tel. 023-9275 6777, www.nemrut.co.uk, preiswertes türkisches Restaurant mit guten Grillgerichten.

5 **The Wellington**②, High Street, PO1 2LY, Tel. 023-92818965, www.wellingtonoldportsmouth.co.uk, traditioneller Pub mit Biergarten.

10 **The Rocka Restaurant**②, 42 Osborne Road, PO5 3LT, Tel. 023-92346417, www.therockarestaurant.co.uk, der brasilianische Chefkoch *Alecio Mendes* kocht Gerichte, die von seiner Heimat inspiriert sind.

11 **Soprano's**②, 108 Palmerston Road, Southsea, PO5 3PT, Tel. 023-92811139, www.sopranos-southsea.com, familiengeführtes italienisches Restaurant, gute vegetarische Auswahl.

6 **Duke of Buckingham**②, 119 High Street, PO1 2HW, Tel. 023-92827067, http://dukeofbuckingham.co.uk, rustikaler Pub mit kleiner Speisekarte.

9 **Pie and Vinyl**②, 61 Castle Road, Southsea, PO5 3AY, Tel. 023-92753914, www.pandvrecords.co.uk, schräge, aber individuelle und faszinierende Mischung aus Plattenladen und Café. Hier bekommt man herzhafte *pies* in allen Variationen. Außerdem gibt es eine gute Auswahl an Tees und ungewöhnlicheren Getränken.

[>] Der Pub Spice Island Inn an der Hafeneinfahrt von Portsmouth

Einkaufen

4 Hotwalls Studios, Broad Street, PO1 2FS, www.hotwallsstudios.co.uk, in den ehemaligen Militärbaracken am Hafeneingang sind heute etliche Künstlerstudios untergebracht, in denen man den Künstlern und Designern bei der Arbeit zuschauen und ihre Werke kaufen kann.

16 Portsmouth Distillery, Fort Cumberland Road, PO4 9LD, www.theportsmouthdistillery.com, hier kann man den preisgekrönten Gin und Rum kaufen, der vor Ort hergestellt wird.

12 Strong Island Clothing Co, 87 Marmion Road, Southsea, PO5 2AX, www.stronislandclothingco.com, Pullis, Shirts und Accessoires von diesem Portsmouth-eigenen Mode-Label.

Verbindung

- **Bahnhof:** Portsmouth Harbour Station, The Hard, PO1 3EB, am Hafen.
- **Busbahnhof:** Gunwharf Quays, PO1 3PA, gleich am Bahnhof beim Hafen.
- **Auto- und Personenfähren** zu den Spitzenzeiten im Halbstundentakt zur Isle of Wight, www.wightlink.co.uk. *Anlegestelle für Personenfähren:* Portsmouth Harbour Railway Station, The Hard, PO1 3PS, Tel. 0333-9997333; *Anlegestelle für Autofähren: Portsmouth Car Ferry Terminal,* Gunwharf Road, PO1 2LA, Tel. 0333-9997333 (ausgeschildert).

Hovercraft zur Isle of Wight, www.hovertravel.co.uk. Anlegestelle am Southsea Hoverport, Clarence Esplanade, PO5 3AD, Tel. 01983-717717.

adobe.stock © Mogzy

Lord Nelson, die Victory und die Schlacht von Trafalgar

Die *Victory,* ein Dreimaster, ist 62 m lang, 15,50 m breit und erreichte bei gutem Wetter unter vollen Segeln eine Geschwindigkeit von 8 Knoten (knapp 15 km/h). Über 41 km an Seilen sicherten die drei Masten und die insgesamt 1,6 ha oder 16.000 m² an Segelfläche. Das doppelte Steuerrad der *Victory* wurde unter normalen Wetterkonditionen „nur" von vier, bei Sturm von acht Mann bedient.

Die *Victory* hatte im Unterdeck 30 **Kanonen** des Kalibers 32 Pfund, im Mitteldeck 28 Vierundzwanzigpfünder, auf dem Oberdeck 30 und dem Achterdeck zwölf Zwölfpfünder sowie auf dem Vorderdeck zwei Achtundsechzigpfünder und zwei Zwölfpfünder. Die 68er Mörser waren für kurze Entfernungen konzipiert und richteten verheerende Schäden an. Eine Kugel aus einem Zweiunddreißigpfünder durchschlug noch nach 1,5 km Flug 60 cm dicke Eichenbalken.

850 Mann **Besatzung** waren nötig, um das Schiff kampftüchtig zu halten. Allein eine Kanone des Kalibers 32 benötigte eine Crew von 12 Personen; hinzu kam der Pulverjunge, *Monkey* genannt, der das Schießpulver aus Sicherheitsgründen für jeden einzelnen Schuss aus den tief im Innern des Schiffes gelegenen, besonders geschützten *Hanging Magazine*s holte.

Die **Geschützmannschaften** waren derartig gut gedrillt, dass die Victory alle 90 Sekunden eine volle Breitseite feuern konnte. In der Schlacht von Trafalgar war der besiegte Admiral *Villeneuve* voll des Lobes über die Kampfdisziplin der Briten. Die Franzosen brauchten mehr als doppelt so lange, um ihre Kanonen wieder schussbereit zu machen; dies gab den Briten eine überlegene Feuerkraft.

Die **englischen Seeleute** galten zudem als die besten der Welt; bei dem Befehl *Clear for Action*, „Fertig zum Gefecht", war ein Kriegsschiff von der Größe der Victory in weniger als zehn Minuten kampftauglich. Und das mit Mannschaften, die entweder *shanghait,* also entführt und zum Dienst gezwungen worden waren, oder aber anstelle einer Gefängnishaft sich freiwillig zur See gemeldet hatten. Eine derartig unzufriedene, wenig motivierte Truppe konnte nur durch eine mörderische Disziplin und durch drakonische Strafen in Zucht und Ordnung gehalten werden, und in der Tat waren die britischen Marinegesetze und ihre praktischen Auswirkungen die brutalsten in ganz Europa.

Gegessen und geschlafen wurde auf allen drei Decks zwischen den Kanonen; allein im Unterdeck aßen und schliefen 550 Mann. Dabei bekam jeder Matrose eine „Schlafbreite" von 14 inch = 35,5 cm zugestanden. In Friedenszeiten hingen Tischplatten an Seilen von der Decke, und einfache Bänke dienten als Sitzgelegenheiten. Drei Mahlzeiten gab es pro Tag; morgens Porridge aus Weizenmehl mit einem Schlag Fett, mittags gepökeltes Schweine- oder Rindfleisch mit getrockneten Erbsen und Schiffszwieback und abends Zwieback mit Käse und Butter. Auf jedem Deck befanden sich große Fässer, in denen schon nach einigen Tagen auf See das faulende Wasser stank; nach einer zeitgenössischen Quelle hatte dieses wichtigste aller Lebensmittel eine „Farbe von der Borke eines Birnenbaums, mit Maden und Rüsselkäfern darin". Ähnliches wird vom Schiffszwieback berichtet, „der den Schlund ganz eisig werden ließ, wenn man ihn herunterschluckte, weil die Maden sehr kalt waren, und der wie Kalbspfote in Aspik oder wie ein Wackelpudding schmeckte."

Die einzige Freude der hart arbeitenden Seeleute war die täglich ausgegebene **Rum-Ration.**

Pro Mann gab es einen Viertelliter, der in einem Hieb weggeschluckt werden musste; so hatten die Matrosen keine Möglichkeit, den Alkohol zu horten und für ein Besäufnis aufzusparen.

Bänke und Tische ließen sich vor einem Kampfeinsatz leicht forträumen und verstauen. Abends hängten die Männer ihre **Hängematten** an die Decke, des Morgens wurden sie zu einem Bündel zusammengerollt. Die Brücke, also das hintere erhöhte Deck, der Ort, von dem die Offiziere ihre Befehle gaben, war mit Netzen eingefasst. Drohten Kampfhandlungen, so kamen die zu Würsten gerollten Hängematten dort hinein und dienten als Splitterschutz.

Die Victory erlangte besondere Berühmtheit als Flaggschiff der englischen Flotte, die in der **Schlacht vor Trafalgar** die französisch-spanische Armada besiegte und damit die englische Vorherrschaft auf den Weltmeeren errang.

Am frühen Morgen des 21. Oktober 1805 sichtete *Nelsons* Flotte die französischen Schiffe vor dem südspanischen Kap Trafalgar. *Napoleons* maritime Streitmacht war wesentlich stärker als die britische; die Franzosen konnten sieben Schiffe mehr in die Schlacht führen. Um 7 Uhr gab *Nelson* den Befehl *Prepare for Battle*, dann formierten sich die Flotten zu Kampfverbänden. Als die Schiffe noch 2½ km voneinander entfernt waren, sagte *Nelson* zu seinem Adjutanten: „Ich werde die Flotte jetzt mit einem Signal erfreuen!" Und dann ließ er den Spruch übermitteln, den jedes englische Schulkind kennt. „England expects that every man will do his duty" (England erwartet, dass jeder Mann seine Pflicht tut). Um 12.40 Uhr eröffnete die Victory eine **erste Breitseite** auf das französische Flaggschiff *Bucentaure*. Die Kanonade aus 52 Geschützen richtete verheerende Schäden an, tötete an die 200 Franzosen und ließ das Schiff des Admirals *Villeneuve* manövrierunfähig zurück. Dann durchbrach die *Victory* den feindlichen Verband, gefolgt von weiteren britischen Schiffen, die ihre Breitseiten auf die Franzosen abfeuerten. Eine parallel zur *Victory* segelnde britische Streitmacht durchbrach die Linie, sodass die Flotte der Franzosen in drei Teile gespalten war und nicht mehr synchron kämpfen konnte.

Um 13.25 Uhr, 45 Minuten nachdem die *Victory* das Feuer eröffnet hatte, wurde **Nelson** von der Musketenkugel eines Mastschützen **getroffen.** Rasch brachten einige Offiziere den Admiral – der sich sein Taschentuch vor das Gesicht hielt, damit seine Männer nichts vom Ausfall ihres obersten Schlachtenlenkers sahen – unter Deck. Doch der Schiffsarzt konnte nichts mehr für ihn tun. Als die Kämpfe vorbei waren, kam *Thomas Hardy*, der Kapitän der *Victory*, hinunter, gratulierte *Nelson* zu seiner Taktik und meldete die Versenkung oder Zerstörung von 15 französischen Schiffen. „Das ist gut", soll *Nelson* geflüstert haben, „doch hatte ich eigentlich mit 20 gerechnet." Und so verschied der Held von Trafalgar.

Den weitaus meisten Engländern galt sein Tod übrigens als göttliche Strafe für sein langjähriges Verhältnis mit Lady *Emma Hamilton*, der Frau des britischen Gesandten in Neapel.

Die sterblichen Reste des Admirals wurden in der St. Paul's Cathedral in London beigesetzt.

Überblick | 104
Anreise | 105
Praktische Tipps | 124
Alum Bay | 120
Bembridge | 108
Blackgang Chine | 117
Bonchurch | 115
Brading | 108
Brighstone | 117
Calbourne | 121
Chale | 116
Culver Cliffs | 110
Cowes, East | 123
Cowes, West | 123
Freshwater Bay | 117
Godshill | 113
Newport | 121
Niton | 116
Osborne House | 124
Ryde | 106
Sandown | 110
Seaview | 107
Shanklin | 110
St. Catherine's Point | 116
The Needles | 118
Ventnor | 114
Yarmouth | 120

www.fotolia.de © hardyuno

3 Isle of Wight

» Diese Insel vor der Südküste wird wegen ihrer landschaftlichen Vielfalt und ihrer historischen Gebäude oft als „Little England" bezeichnet.

‹ Freshwater Bay auf der Isle of Wight

ISLE OF WIGHT Überblick

Gut 40 Kilometer Küstenlinie mit spektakulären Klippen, Stränden und Sanddünen umschließen eine Insel, die als „Kleines England" gilt. Hier gibt es alles, was England ausmacht – und mehr Sonnenschein.

Die Isle of Wight ist seit 1890 eine eigenständige Grafschaft und Großbritanniens kleinstes County. Von Nord nach Süd misst die Sonneninsel 20 km, von West nach Ost 35 km; der Inselgarten Englands hat eine Fläche von 380 km² und zählt 141.600 Einwohner.

Das sympathische Eiland bekommt von allen britischen Landstrichen jährlich den meisten Sonnenschein ab. Lange Sandstrände, kleine, überschaubare Seebäder ohne großen Ferienrummel, romantische Dörfer mit reetgedeckten Cottages, steil abfallende Kreideklippen und im Inselinnern eine grüne, gewellte Landschaft sind weitere Markenzeichen. Es heißt, die **Isle of Wight sei ein verkleinertes Abbild Englands;** alles, was es dort im Großen gibt, ist hier in einer Miniaturausgabe ebenfalls vorhanden.

Wenn möglich, so sollte man durchaus zwei oder drei Tage auf der Insel verbringen, dort **wandern** (800 km an Wanderwegen) oder eine Umrundung mit dem Fahrrad unternehmen.

Auch wer **mit Kindern** unterwegs ist, wird Wight schätzen, denn viele Dörfchen und Seebäder haben kinderfreundliche Attraktionen im Angebot.

NICHT VERPASSEN!

- **Culver Cliffs,** Kreidefelsen und weite Ausblicke über den Solent | 110
- **St. Boniface Old Church,** verwunschen anmutende normannische Kirche | 115
- **Blackgang Chine,** der Freizeitpark bietet Unterhaltung für die ganze Familie | 117
- **The Needles und Old Battery,** Küstenbefestigung und markante Gesteinsformationen | 118, 119
- **Osborne House,** Königin Victorias Residenz erstrahlt immer noch in gebührender Pracht | 124

Diese Tipps erkennt man an der gelben Markierung.

Anreise

Alle **Anreisemöglichkeiten per Fähre** haben gemeinsam, dass sich frühzeitige Buchung im wahrsten Sinne des Wortes bezahlt macht. Zu den kostentreibenden Faktoren gehören die Jahres- und auch die Tageszeit. Besonders bei den Autofähren sind bis zu 30 % Rabatt möglich, auch eine Onlinebuchung führt zu Einsparungen. So kostet eine Hin- und Rückfahrt von Southampton nach East Cowes mit Auto, zwei Erwachsenen und zwei Kindern etwa zwischen 80 £ und 185 £. Um in den Genuss der billigsten Preise zu kommen, muss man rechtzeitig vorbuchen. Allerdings gibt es in der Hauptsaison nur wenige Tickets der unteren Preisklasse (www.redfunnel.co.uk). Die Möglichkeiten im Einzelnen:

- **Zu Fuß:** Mit dem *Hovercraft* kann man von Southsea nach Ryde übersetzen, Fahrzeit 10 Min. Fahrpläne und aktuelle Kosten: www.hovertravel.co.uk. Außerdem gibt es einen Katamaran von Portsmouth nach Ryde, Fahrpläne und aktuelle Kosten: www.wightlink.co.uk.

■ **Mit dem eigenen Fahrzeug:** Autofähren verkehren ab Southampton nach East Cowes/West Cowes, Fahrpläne und aktuelle Kosten: www.redfunnel.co.uk; ab Portsmouth nach Fishbourne, Fahrpläne und aktuelle Kosten: www.wightlink.co.uk; ab Lymington nach Yarmouth, Fahrpläne und aktuelle Kosten: www.wightlink.co.uk.

■ **Mit dem Bus:** *National Express* stellt Tickets aus, die bis zur Isle of Wight durchgehen, Fahrpläne und aktuelle Kosten: www.nationalexpress.com.

■ **Mit dem Zug:** *South West Trains* bietet kombinierte Zug- und Fährtickets, Fahrpläne und Kosten: www.southwesternrailway.com.

Wer **auf der Insel** angekommen ist, kann zwischen diesen Fortbewegungsmöglichkeiten wählen:

■ **Bus:** Die Buslinie *Southern Vectis* betreibt das Busnetz auf der Insel. Es gibt verschiedene Ticketarten: 24/48-Std.-Ticket, *Rover & Breezer Ticket* genannt, unbegrenzte Busnutzung, 10/15 £. Mit dem Ticket kann man die Insel an 1–2 Tagen umrunden und die Dörfer besichtigen, Zustieg ist jederzeit möglich. Der sieben Tage gültige *Freedom Pass* kostet 32,50 £. Fahrpläne und aktuelle Kosten: www.islandbuses.info.

■ **Zug:** Die *Island Line* verkehrt zwischen Ryde, Brading, Sandown, Lake und Shanklin. Die Fahrt dauert 25 Minuten. Das *Island Line Day Ranger,* mit dem man innerhalb eines Tages hin und zurück fahren kann, kostet 6,70 £. Fahrpläne und aktuelle Kosten unter: www.southwesternrailway.com/destinations-and-offers/island-line.

■ **Dampf-Eisenbahn:** Die historische *Isle of Wight Steam Railway* fährt von Smallbrook Junction nach Wootton. Das Vergnügen kostet ab 13 £ (online billiger). Fahrpläne und aktuelle Kosten sind im Internet abrufbar unter: www.iwsteamrailway.co.uk. Kombinierte Tageskarten für *Island Line* und *Steam Railway (Island Liner Day Rover Ticket)* kosten 23 £ für Erwachsene und 11,50 £ für Kinder.

Ryde

Ryde, mit rund 24.000 Einwohnern die **Metropole der Sonneninsel,** hat sich den Beinamen *Gateway to the Garden Isle* gegeben.

Ein langer, 1815 erbauter, fast einen Kilometer weit ins Meer reichender **Pier** dominiert an der Seeseite. Doch dient er nicht wie anderswo den Vergnügungen der Sommergäste, sondern fungiert als Anlegestelle für die Fähren, die bei Ebbe sonst keine Passagiere anlanden könnten. Ein Untergrundzug der **Londoner Tube** rattert bis an die Spitze, wenn die Personenfähre von Portsmouth festmacht und Pendler heimbringt. Die *Tube* verkehrt weiterhin die Westküste entlang bis zum Seebad Shanklin.

Die **All Saints' Church** mit ihrem alles überragenden Turm wurde unter der Bauaufsicht des bekannten Architekten *Sir Gilbert Scott* errichtet wurde. *Scott* entwarf in London u.a. auch das neogotische *Albert Memorial* und die mit Jugendstilelementen versehene *Battersea Power Station.*

Überall in Ryde findet man georgianische Häuserzeilen und viktorianische Architektur; so etwa die **Victorian Arcade** an der Hauptgeschäftsstraße **Union Street,** eine schöne, Einkaufspassage aus dem Thronjahr Königin *Victorias.*

Liebhaber alter Transportmittel kommen im **Isle of Wight Bus & Coach Museum** auf ihre Kosten.

■ **Isle of Wight Bus & Coach Museum,** Park Road, PO33 2BE, Tel. 01983-567796, www.iwbusmuseum.org.uk, Ostern–Okt., So/Mo/Mi/Do 10–16 Uhr, Eintritt frei.

940es visitisleofwight.co.uk

Essen und Trinken

■ **The Duck**②, Appleby Rise, PO33 1LE, Tel. 019 83-613925, www.theduckiow.co.uk, moderne britische Küche mit schönem Blick über einen See.

■ **Ada Mediterranean Kitchen**②, 55 Union Street, PO33 2LG, Tel. 01983-544023, www.adamediterraneanryde.co.uk, herzhafte Gerichte aus dem Mittelmeerraum wie Lamm *Kofte* oder *Kleftico* sowie Pizza und Pasta.

■ **The Blacksheep Bar & Club Lounge**①, 53 Union Street, PO33 2LF, Tel. 01983-811006, www.theblacksheepbar.co.uk, lebendige Bar mit Tapasgerichten, Burgern und Sandwiches.

■ **Ryde Tandoori**①, 45 Union Street, PO33 2LF, Tel. 01983-563165, www.rydetandoori.co.uk, preisgünstige indische Küche.

■ **No 64 Ryde**①-②, 64 George Street, PO33 2JF, Tel. 01983-614071, www.no64ryde.com, gutes Frühstück und günstiges Mittagsmenü.

■ **Weitere Pubs** und preiswerte **Restaurants** in Union und Castle Street.

Seaview

Nur einen Steinwurf von Ryde entfernt liegt der Weiler Seaview. Wie der Name verspricht, hat man gute **Ausblicke über die See** und auf die in den Solent einfahrenden, nach Portsmouth und Southamptom zustrebenden Frachter. Wer Ruhe und Beschaulichkeit sucht, ist in Seaview mit seinen schmalen und verwinkelten Gassen am richtigen Platze.

*The Old Fort*②, ein **Pub** mit angeschlossenem Restaurant an der Esplanade, sorgt für leibliche Genüsse (*The Esplanade,* PO34 5HB, Tel. 01983-612363, www.theoldfort.co.uk).

⌃ Ankunft des Hovercrafts auf der Isle of Wight am Sandown Beach

Bembridge

Das ehemalige Fischerdörfchen hat eine lange Seefahrtstradition und besaß früher einige Werften, die sehr schnelle Küstensegler fertigten. Diese erfreuten sich großer Beliebtheit bei den **Schmugglern** der Insel, und die Auftragsbücher der Schiffsbaufirmen waren voll. Es heißt, dass die Freihändler von Bembridge angeblich ganz besonders dreist zollpflichtige Waren bei Nacht und Nebel anlandeten und außerdem zahlenmäßig die größte Schmugglerbande der Insel stellten.

Ein Wahrzeichen des Örtchens ist die **Rettungsbootstation,** die weithin sichtbar auf einem Pier ins Meer hinaus ragt. Der angrenzende Strand ist besonders geeignet für das sogenannte „rock pooling", das Beobachten von allerlei Meeresgetier in den Gezeitentümpeln, die sich bei Ebbe bilden.

- **Lifeboat Station,** Lane End Beach, PO35 5TD.

Ein Stückchen außerhalb des Dorfzentrums dreht die letzte verbliebene **Windmühle** der Insel ihre Flügel; die Mühle wurde um das Jahr 1700 erbaut und ist im Besitz des *National Trust.* Sie ist außerdem ein sehr guter Ausgangspunkt für Spaziergänge und Wanderungen in der Gegend.

- **Bembridge Windmill,** High Street, PO35 5SQ, Tel. 01983-873945, www.nationaltrust.org.uk/visit/isle-of-wight/bembridge-windmill, April–Okt. Di–Do und So 10.30–17 Uhr, Erwachsene 6,50 £, Kinder 3,25 £, Familienticket 16,25 £, *National Trust*-Mitglieder frei.

Essen und Trinken

- **The Best Dressed Crab**②, Fishermans Wharf, Embankment Road, PO35 5NS, Tel. 01983-874758, www.thebestdressedcrabintown.co.uk, geöffnet 10–15 Uhr, von diesem Bistro hat man einen tollen Blick auf den Hafen. Es gibt leckere Fischbrötchen, Salate und Suppen.
- In einem schönen Puppenstubenhäuschen in der High Street ist der sehenswerte Pub **Ye Olde Village Inn**②, PO35 5SF, Tel. 01983-872616, www.facebook.com/theoldvillageinn, untergebracht – und das seit dem Jahr 1787.
- **The Beach Hut Cafe**①-③, Forelands Beach, PO35 5TR, Tel. 07832-127737, www.isleofwightbeachcafe.co.uk, Apr.–Okt. tägl. 11–17 Uhr bei gutem Wetter geöffnet, in einem winzigen Gebäude überrascht dieses Café mit einer mediterran inspirierten Speisekarte, vor allem Fischgerichte, aber auch Vegetarisches.

Brading

Von Bembridge geht es weiter nach Brading, das mit vollem Titel *The Kynges Town of Bradynge* heißt – *Eduard I.* verlieh 1285 die Stadtrechte – und eine der ältesten Siedlungen auf der Insel ist. Schon in der Bronzezeit war die Region um das heutige Brading besiedelt, und auch die Römer waren vor Ort. 1880 entdeckten Archäologen in Brading die Reste einer großen **römischen Villa** aus den Jahren um 300 n. Chr. Unterschiedliche Bodenmosaike – eines zeigt den Kopf der *Medusa* – und Fußbodenheizungssysteme sind besonders interessant. In der Nähe ist der **Pub** *Yarbridge Inn*② für hungrige und durstige Besucher ein willkommener Anblick.

941es visitisleofwight.co.uk

■ **Brading Roman Villa,** Morton Old Road, PO36 0EN, Tel. 01983-406223, www.bradingromanvilla.org.uk, Di–Sa 10–16 Uhr, Erwachsene 11 £, ermäßigt 10,30 £, Kinder (5–16 Jahre) 5,40 £, Familienkarte 28,60 £.

In der High Street findet sich ein **Puppenmuseum,** das eine erstaunliche Sammlung beinhaltet. Die Exponate stammen sogar aus mehreren Jahrtausenden, so z.B. eine Puppe aus dem alten Ägypten.

■ **The Lilliput Antique Doll & Toy Museum,** Hight Street, PO36 0DJ, Tel. 01983-407231, www.lilliputmuseum.co.uk, Mitte März–Okt. tgl. 10–16 Uhr, Mo und Do geschl., Erwachsene 4,95 £, ermäßigt 4,50 £, Kinder 3,50 £.

Reetgedecktes Haus auf der Isle of Wight

Das Innere der **Kirche von Brading,** die aus dem 12. Jh. stammen soll, zeigt eine Grabfigur den lokalen Adligen *Sir John Oglander,* der lang hingestreckt auf der Seite liegt, den Kopf auf die Hand gestützt, und mit zufriedenem Gesichtsausdruck in die Ferne schaut. In einer Nische oberhalb des Denkmals befindet sich die Vorlage, nach der der Holzschnitzer die Figur gearbeitet hat. Herzerweichend ist das Denkmal, das die mit 15 Monaten verstorbene *Elizabeth Rollo* schlummernd auf einer Knopfmatratze zeigt.

Essen und Trinken

■ **The Bugle**②, 56–57 High Street, PO36 0DQ, Tel. 01983-407359, www.thebugleinnbrading.co.uk. Der Pub besitzt eine Schanklizenz aus dem Jahr 1314; wie es heißt, soll der Wirt *Karl I.* vor den Häschern *Oliver Cromwells* in einem geheimen Schrank versteckt haben.

Culver Cliffs

Von Brading aus führt eine Straße hoch zu den Culver Cliffs (Ausschilderung Culver Downs), von denen man gen Norden einen **fantastischen Blick** auf den Solent und die südenglische Küste hat und im Süden auf die langen Strände von Sandown und Shanklin schaut.

Am höchsten Punkt ehrt ein **Obelisk** *Charles Pelham,* den Initiator der *Royal Yacht Squadron* von Cowes (s.u.). Nahebei schreckte **Fort Culver** (Privatbesitz, nicht zu besichtigen), Mitte des 19. Jh. erbaut, mögliche Invasoren ab.

Sandown und Shanklin

Nur wenige Minuten Fahrt, und die beiden zusammengewachsenen Seebäder Sandown und Shanklin sind erreicht. **Sandown** ist eine alte Ansiedlung und bereits im *Domesday Book*, dem direkt nach der Invasion von 1066 angelegten Katasterwerk, erwähnt. Der breite Strand ist im Norden und Süden von Klippen eingerahmt, in der Mitte jedoch führt flaches Land bis ins Inselinnere hinein.

Eine solche landschaftliche Formation zieht feindliche Invasoren an und macht heimische Militärs nervös. Schon *Heinrich VIII.* ließ im Rahmen seines Küstensicherungsprogramms 1537 eine erste **Festung** erbauen, die jedoch bald vom Meer verschlungen wurde. 1632 folgte ein zweites Fort, doch auch dieses stand zu nahe am Strand; es wurde abgetragen und durch eine dritte Anlage ersetzt.

Diese Befestigung ist heute in ein **Schutzgebiet für wilde Tiere** (ein ehemaliger Zoo) von Sandown integriert, in dem Raubkatzen aller Art leben, das aber besonders auf Tiger und Lemuren spezialisiert ist.

■ **Wildheart Animal Sanctuary,** https://wildheartanimalsanctuary.org, April–Sept. 10–17, sonst 10–16 Uhr, Erwachsene 14 £, ermäßigt 13 £, Kinder (3–14 Jahre) 12 £, Familienkarte 47 £.

An der Culver Parade findet sich das Ausstellungsgebäude **Dinosaur Isle,** in dem Saurierfossilien und lebensgroße Rekonstruktionen zu bestaunen sind. Die Sammlung der Versteinerungen wurde ab 1819 begonnen und war früher in der Stadthalle beheimatet. *Charles Darwin* (1809–1882) arbeitete hier kurze Zeit an seinem epochemachenden Werk „On the Origin of Species“ (1859, dt. „Über die Entstehung der Arten“).

■ **Dinosaur Isle,** Culver Parade, Sandown, PO36 8QA, Tel. 01983-404344, www.dinosaurisle.com, Di–Sa 10–16 Uhr, Erwachsene 8 £, ermäßigt und Kinder (3–15 Jahre) 5 £, Familienkarte 18–24 £.

Der Strand von Sandown – von dem aus man gute Ausblicke auf die weißen Culver Cliffs hat – ist leichter zugänglich als der von **Shanklin,** denn dort steigt eine steile Klippe auf. So gelangt man vom hochgelegenen Shanklin aus mit einem Fahrstuhl an der East Cliff Promenade sozusagen in einem Rutsch hinunter an die Küste.

▷ Wasserfall in der Klamm Shanklin Chine

Überhaupt sollte man die **East Cliff Promenade** in Ruhe und Muße entlangspazieren, denn von dort oben hat man eine fantastische Aussicht auf das bei schönem Wetter türkisblaue Meer, auf Ozeanriesen und kleine Yachten mit ihren schneeweißen Segeln, die auf den Solent zulaufen, auf die langen, sanft geschwungenen Sandstrände und auf die steilen hochaufragenden Kreideklippen.

Obwohl in einem Herbststurm des Jahres 1987 Shanklin-Pier von den Wellen in Stücke gehauen wurde, hat der Schwesterort von Sandown immer noch genügend zu bieten. Allererste Attraktion ist die im Jahre 1817 der Öffentlichkeit zugänglich gemachte **Shanklin Chine,** eine tiefe, in Jahrmillionen vom Wasser ausgewaschene Klamm.

In den vergangenen Jahrhunderten diente die Schlucht Schmugglerbanden als versteckter Unterschlupf. Im Old Village von Shanklin, am südlichen Ende der High Street, quert ein wirklich winziges Rinnsal die Straße und stürzt plötzlich hinter dem Ticket Kiosk spektakulär 15 m senkrecht in die Tiefe. Seltene Pflanzen säumen die Hänge der Schlucht, hohe Bäume spenden an heißen Tagen angenehmen Schatten, leise murmelt das Bächlein, Vögel zwitschern. An Sommerabenden wird die Klamm und der Wasserfall von einer **Lichtinstallation** in allen Farben angestrahlt.

adobe.stock ©paulbriden

■ **Shanklin Chine,** 3 Chine Hill, PO37 6BW, Tel. 01983-66432, www.shanklinchine.co.uk, April–Juni und Sept.–Anfang Nov. tgl. 10–21, Juli–Anfang Sept. tgl. 10–22 Uhr, Erwachsene 9,50 £, ermäßigt 8,50 £, Kinder (5–15 Jahre) 7,50 £, Familienkarte 29–36,50 £.

Am Ende der Klamm liegt das Stück einer **Pipeline,** die im Zweiten Weltkrieg durch den englischen Kanal verlegt war und mittels derer Treibstoff in die Normandie gepumpt wurde. Die Versorgungsleitung bekam den Namen *Pluto (Pipeline under the Ocean)*. In seiner Biografie bekommt *Lord Louis Mountbatten* die Idee zu dieser Leitung zugeschrieben, in der Biografie von *Winston Churchill* dagegen heißt es, dass die Anregung zur Pipeline auf ihn zurückging. Wer mag die Idee nun gehabt haben? Beide haben Anfang der 1940er Jahre zusammengearbeitet, als *Mountbatton* Chef des Stabes *Combined Action* war; da werden sie sich gegenseitig mit Ideen befruchtet haben.

Die Klamm endet unten am Strand von Shanklin, an der Stelle, wo der **Pub** *Fisherman's Cottage* mit seinem **Familiengarten** auf Kundschaft wartet.

Im 19. Jh. war die Schlucht ein Anziehungspunkt für Künstler und Literaten. Im Old Village, dem ältesten Teil von Shanklin, sorgen viele gut erhaltene reetgedeckte Häuser für romantische Atmosphäre. Gemütlich ist der blumengeschmückte, efeuumrankte **Pub** *The Crab Inn*.

1819 war der Lyriker *John Keats* für einige Wochen vor Ort und logierte im *Eglatine Cottage* in der High Street 76; **Keats Green** heißt heute das Klippenareal, an dem er täglich entlangspazierte. In Shanklin hat der Romantiker sein berühmtes Gedicht „Endymion" geschrieben, das mit der bekannten Zeile beginnt: „A thing of beauty is a joy for ever." Woher er die Inspiration für seine Poesie bekam, ist den Bewohnern von Wight völlig klar – die landschaftliche

942es visitisleofwight.co.uk

Schönheit der Insel hat noch manch anderen Dichter beflügelt.

Essen und Trinken

Im **Old Village** und entlang der hübsch aussehenden **High Street** von Shanklin mit ihren vielen Geschäften finden sich viele Pubs und Restaurants; so etwa:

- **The Village Inn**②, 1 Church Road, PO37 6NU, Tel. 01983-865500, gemütlicher Pub und Restaurant mit Biergarten.
- **Fisherman's Cottage**②, Shanklin Esplanade, PO37 6BN, Tel. 01983-863882, www.shanklinchine.co.uk/fishermans-cottage, idyllisch am Strand gelegener reetgedeckter Pub, in dem es sich gut essen lässt.
- **Pencil Cottage**①, 2 Church Road, PO37 6NU, Tel. 07766-917190, www.pencilcottage.co.uk, eine Teestube mit Garten und angrenzendem Antik- und Souvenirladen. Es gibt Pizzas, Backkartoffeln, Sandwiches, Kuchen – auch eine gute Auswahl an glutenfreien Optionen.
- **The Old Thatch Tearooms**①, 4 Church Road, PO37 6NU, Tel. 01983-865587, www.oldthatchteashop.co.uk, preisgekrönte Teestube in einem denkmalgeschützten Haus aus dem 17. Jh., auch vegetarische und glutenfreie Gerichte.
- **The Happy Haddock**①, 87 High Street, PO37 6NR, populärer Schnellimbiss mit guten Fish'n' Chips. Wenn man als Vegetarier oder Veganer dort Pommes haben möchte, kann man sich diese in Pflanzenöl statt Rinderfett frittieren lassen.
- **Vernon Cottage Inn**②, 1 Eastcliff Road, PO37 6AA, Tel. 01983-865411, www.vernoncottage.co.uk, ein Restaurant und Café, vor dessen efeuumrankter Fassade mit dem reetgedeckten Dach es sich gemütlich sitzen lässt.

☒ Pencil Cottage Tearoom in Shanklin

Godshill

In Shanklin führt die Route von der Küste fort, und Sie fahren einige Kilometer inseleinwärts zum **Puppenstubendörflein Godshill.** Die kurze Hauptstraße säumen reetgedeckte Cottages, in denen Pubs, Teestuben, Cafés, Restaurants und Kunstgewerbeläden untergebracht sind. Ein großer Parkplatz am Ortseingang bietet auch Platz für viele Reisebusse, und so drängeln sich an schönen Tagen Hunderte von **Tagesausflüglern** in diesem Örtchen. Am schönsten präsentiert sich die schmucke Dorfanlage oben rund um die **Kirche St. Lawrence,** 2012 feierte das kleine normannische Gotteshaus sein 970-jähriges Bestehen.

Kinder werden sich am **Model Village** erfreuen, eine Miniaturstadt, die im Maßstab von 1:10 im Garten des alten Vikarhauses bestaunt werden kann.

- **Model Village Godshill,** High Street, PO38 3HH, Tel. 01983-840270, www.modelvillagegodshill.co.uk, Apr.–Okt. tgl. 10–16 Uhr, Erwachsene 7 £, ermäßigt 6,50 £, Kinder (3–16 Jahre) 6 £, Familienticket 25 £.

Essen und Trinken

- **The Taveners**②, High Street, PO38 3HZ, Tel. 01983-840707, www.thetavernersgodshill.co.uk, Restaurant und Biergarten in einem Haus aus dem Jahre 1600, saisonale Küche aus der Region mit internationalen Einflüssen.
- **Cook&Baker**①, High Street, PO38 3HZ, Tel. 01983-840080, www.cookandbaker.co.uk, leckeres Frühstücks- und Mittagsmenü in einem urigen Haus aus dem frühen 19. Jh.

Ventnor

Nur ein Katzensprung gen Süden, und das rund 6000-Seelen-Städtchen Ventnor, Großbritanniens wärmster und regenärmster Ort, ist erreicht. Im 19. Jh. erlangte Ventnor als **Heilbad** für Tuberkulose-Kranke Reputation; das letzte Sanatorium schloss 1964 seine Pforten. Der krebskranke *Karl Marx* war 1878 zur Kur hier; aufgrund der finanziellen Unterstützung durch *Friedrich Engels* konnte *Marx* 1882, ein Jahr vor seinem Tod, noch einmal in das Seebad kommen.

Vom Zentrum mit der geschäftigen High Street verläuft eine kurvenreiche und extrem steil bergab führende Straße zum **Strand.** Am Ende der kurzen Promenade überblickt Ventnors schönster **Pub,** *The Spyglass Inn,* den Strand.

Außerhalb des Ortes lohnt ein Besuch im 9 ha großen **Botanischen Garten,** in dem – vom milden Klima verwöhnt – subtropische Pflanzen in großer Farbenpracht blühen.

■ **Ventnor Botanic Garden,** Undercliff Drive, PO38 1UL, Tel. 01983-855397, www.botanic.co.uk, Apr.–Okt. 10–17, Nov.–März 10–16 Uhr, Erwachsene 10,50 £, ermäßigt 8,50 £, Kinder (6–16 J.) 7 £,

Familienkarte 28 £. Parkgebühren sind im Preis enthalten (sonst 5 £), Sie müssen Ihr Auto aber an der Kasse registrieren lassen.

Essen und Trinken

■ **The Spyglass Inn**②, Esplanade, PO38 1JX, Tel. 01983-855338, www.thespyglass.com, Restaurant mit toller Aussicht über den Ärmelkanal, spezialisiert auf Fisch und Meeresfrüchte, oft Live-Musik. Auch vier **Gästezimmer**③, drei davon mit Meeresblick, stehen zur Verfügung.

■ **The Bistro**②, 30 Pier Street, PO38 1SX, Tel. 01983-853334, www.thebistroventnor.co.uk, kleines freundliches Lokal mit offener Küche. Moderne europäische Gerichte mit meist lokalen Zutaten. Auch zum Frühstücken oder für ein leichtes Mittagessen geeignet.

■ **The Seapot**①, Wheeler's Bay, PO38 1HP, Tel. 01983-857787, nettes Strandcafé mit gemütlicher Terrasse und wunderbarem Ausblick. Es gibt auch Liegestühle.

■ **The Hambrough Restaurant**④, Hambrough Road, PO38 1SQ, Tel. 01983-856333, www.thehambrough.com, schickes Restaurant mit gehobener Küche in einem Hotel mit Meerblick.

943es visitisleofwight.co.uk

Bonchurch

Ventnors Vorort Bonchurch, der sich recht atmosphärereich, ja mit den mächtigen grünen Bäumen, dem leise murmelnden Bach, den hohen Hecken und den vielen wilden Blumen rechts und links der Straße etwas verwunschen gibt, ist eine der ältesten Siedlungen auf der Insel. Das ehemalige Dorf hat noch den ursprünglichen Ententeich und im 19. Jh. war der Ort wegen seiner Atmosphäre ein Anziehungspunkt für Dichter und Schriftsteller.

In Bonchurch findet man außerdem einen **schön gelegenen Strand,** an dem es sich gut picknicken lässt.

Besuchen sollte man **St. Boniface Old Church**, deren älteste Teile wahrscheinlich aus dem 11. Jh. stammen. An diesen kleinen Ort verirrt sich selten jemand; der Kirchhof mit den alten verwitterten Grabsteinen rund um das gedrungene, trotz allem aber luftig wirkende normannische Gotteshaus, die hohen Hecken drumherum und die schattenspen-

☐ Blick über Ventnor

denden Bäume strahlen eine ganz eigenartig beruhigende Atmosphäre aus.

Beide Kirchen von Bonchurch erinnern daran, dass der *Hl. Bonifatius* (um 675–754) von hier aus nach Deutschland aufbrach, um unter den Germanen zu missionieren.

■ **St. Boniface Old Church,** Bonchurch Village Road, PO38 1RG.

St. Catherine's Point

Von Ventnor führt eine landschaftlich sehr schöne Straße zum St. Catherine's Point, dem mit einem Leuchtturm bestückten, südlichsten Punkt der Isle of Wight. Der Leuchtturm, **St. Catherine's Oratory,** wurde Anfang des 14. Jh. von *Walter de Godeton* gebaut und ist somit der einzige verbliebene mittelalterliche Leuchtturm in England. Wegen seiner charakteristischen Form wird er auch *pepperpot* (Pfefferstreuer) genannt.

■ **St. Catherine's Oratory,** Chale, PO38 2HD.

Hier unterhält der *National Trust* die **Knowles Farm,** von der aus der italienische Physiker *Guglielmo Marconi* (1874–1937) erste Versuche mit drahtloser Telegrafie unternahm.

■ **St. Catherine's Down and Knowles Farm,** Blackgang Road, Blackgang, PO38 2JB.

Von Catherine's Point aus lassen sich auch **Spaziergänge** an der Küste entlang unternehmen, bei denen man die wundervolle Aussicht genießen kann. Der *National Trust,* der die beiden zugehörigen Parkplätze unterhält, hat zwei schöne Touren auf seiner Website. Die detaillierten Beschreibungen kann man dort nachsehen und zusammen mit der *Odnance Survey Explorer*-Karte OL29 als Grundlage für eine Wanderung nutzen.

■ **Informationen** zu den **Wanderungen:** www.nationaltrust.org.uk/st-catherines-down-and-knowles (erst auf den Link „Things to see and do", dann auf „Top Trails" klicken).

Niton und Chale

Im nahe gelegenen Dorf Niton lohnt ein Besuch im Gasthaus *White Lion* aus dem Jahr 1850. Im nahen Örtchen Chale ist der *Wight Mouse Inn* erreicht, der Besucher mit Pubgerichten und vielen Biersorten versorgt. Sommertags sitzt man draußen vor der ehemaligen, aus dem 17. Jh. stammenden Kutschstation. Für Kinder gibt es Spielmöglichkeiten.

■ **White Lion**②-③, High Street, Niton, PO38 2AT, Tel. 01983-719402, www.whitelioniow.co.uk, gutes Speiseangebot mit Zutaten aus der Region – vom Lammbraten über ein Seefrüchte-Curry bis hin zum glasierten Schweinekotellet. Es gibt auch eine vegane Speisekarte. Di/Mi Ruhetage. Auch mehrere **Zimmer**③ werden vermietet.

■ **The Wight Mouse Inn**②, Church Place, Chale, PO38 2HA, Tel. 01983-730431, www.wightmouse.co.uk, Fish'n'Chips, Steaks, Hamburger, Salate, vegetarische Gerichte und Sandwiches bis 21 Uhr. Zudem stehen zehn modern und geschmackvoll eingerichtete **Gästezimmer**③ zur Verfügung.

Blackgang Chine

Zwischen Niton und Chale liegt mit der Blackgang Chine eine weitere Attraktion. Der unermüdlich nagende Zahn der See hat einen Teil der **Klammschlucht** abgetragen. Von der steilen, hohen Klippe sieht man auf eine weitere Chine, gleichermaßen von den Gewalten des Meeres zerstört. 1963 wurde *Sealand House,* ein nahegelegener viktorianischer Herrensitz, unterspült und fiel die Klippe hinab. Durchschnittlich werden jedes Jahr knapp 4 m der Südküste von Wight abgetragen.

Entlang der Blackgang-Klippe – die ihren Namen von einer berüchtigten Schmugglerbande namens *Black Gang* erhalten hat – sorgt ein **Freizeitpark** bei den Kleinen für Freude. Da gibt es ein Piratenschiff, eine Westernstadt, eine Zauberburg, einen Dino-Park, eine Achterbahn, eine Wasserrutsche u.v.m.

■ **Blackgang Chine,** PO38 2HN, Tel. 01983-730 330, www.blackgangchine.com, Apr.–Okt. 10–17 Uhr, die Zeiten variieren nach Jahreszeit (siehe Homepage), Erwachsene und Kinder ab 4 J. 15–30 £ je nach Jahreszeit, günstiger bei vorheriger Online-Buchung.

Brighstone

Ein Stück ins Landesinnere hinein lockt das Dorf Brighstone, das ähnlich wie auch Godshill eine ganze Reihe von alten, **reetgedeckten Cottages** entlang seiner wenigen Straßen hat.

Die Bewohner des charmanten Örtchens waren vom 13. bis in die zweite Hälfte des 19. Jh. als Strandräuber und Schmuggler berüchtigt. Das änderte sich erst, als ein ehemaliger **Schmuggler,** nach Verbüßung seiner Strafjahre in der Marine geläutert, eine Rettungsbootstation in Brighstone eröffnete. Über das Leben der Rettungsbootbesatzungen und der Menschen in der Region generell kann man mehr im **Museum** in der kleinen reetgedeckten Bibliothek in der North Street erfahren.

■ **Brighstone Library and Museum,** North Street, PO30 4AX, Di 9–12.30 Uhr, Do 13.30–16.30, Sa 10–16 Uhr, Eintritt frei.

Essen und Trinken

■ **The Three Bishops**②, Main Road, PO30 4AH, Tel. 01983-740226, www.threebishops.co.uk, hat seinen Namen drei Geistlichen aus Brighstone zu verdanken, die alle in den Bischofsstand erhoben wurden. Vorwiegend britische Hausmannskost und italienische Gerichte.

Freshwater Bay

Schon von weitem erkennt man an der Westspitze der Insel die weißen Felsen, hoch über der See führt die Straße nahe am Klippenrand entlang. Ins Landesinnere hinein blickt man auf in der Sonne leuchtende kanariengelbe Rapsfelder, und je näher man kommt, um so mehr eröffnen sich spektakuläre Ausblicke auf die **Kreidefelsen** entlang der Freshwater Bay, um die sich das gleichnamige Dörfchen schmiegt. Hier im Südwesten findet der Besucher die landschaftlichen Höhepunkte der Insel.

Im Dorf Freshwater selbst lohnt ein Besuch im **Dimbola Museum,** in dem sich auch eine Touristeninformation befindet. Kernstück des Museums ist eine Ausstellung über die Fotografin *Julia Margaret Cameron* (1815–1879), die entgegen der viktorianischen Konventionen erfolgreich Karriere machte und viele einflussreiche Persönlichkeiten der Zeit ablichtete. Außerdem gibt es Exponate zur Fotografiegeschichte und wechselnde Ausstellungen zeitgenössischer Arbeiten. Außerdem lohnt ein Besuch zum Nachmittagstee im angeschlossenen Café①.

■ **Dimbola Museum and Galleries,** Terrace Lane, PO40 9QE, Tel. 01983-756814, www.dimbola.co.uk, April–Sept. Mo–Sa 10–16, So 11–15, Okt.–März nur Di–Sa 10–16 Uhr, Erwachsene 6 £, Kinder (11–15 Jahre) 2,75 £, Kinder (6–10 Jahre) 1,50 £, Familienkarte 10–16 £.

The Needles

Von Freshwater Bay verläuft ein öffentlicher Fußweg, der *Tennyson Trail*, an die Westspitze der Isle of Wight, wo drei große weiße Kreidefelsen im Meer stehen – die Needles. Ursprünglich gab es hier einmal vier Felsen – man kann die Lücke deutlich sehen. Der vierte, deutlich nadelförmig gab der Felsformation den Namen. Dieser stürzte allerdings während eines starken Sturms im Jahr 1764 ins Meer. Auf dem Weg, der wunderschöne Ausblicke auf das Meer und

944es visitisleofwight.co.uk

⊡ Blick über Freshwater Bay

die gegenüberliegende südenglische Küste zulässt, passiert ein Wanderer auch die 150 m hohe **Erhebung Tennyson Down,** wo ein **Denkmal für den Dichter Alfred Lord Tennyson (1809–1892)** steht. Der Titel „Hofdichter" des Königshauses verpflichtete ihn zum Schmieden offizieller Verse über Mitglieder der königlichen Familie sowie zum Abfassen reimender Sentenzen bei nationalen Anlässen von Bedeutung.

An den Needles angekommen, sollte man in Ruhe den fantastischen Ausblick genießen und die **Old Battery** besichtigen. Die aus dem Jahr 1862 datierende Küstenbefestigung liegt 77 m über dem Meer und hat 60 m an Tunneln und Kasematten; auch von hier ist die Aussicht hervorragend. Ein Stück weiter findet man die **New Battery,** in der man etwas über das Raketenprogramm Großbritanniens während des Kalten Krieges erfahren kann.

■ **The Needles Old Battery and New Battery,** West High Down, Alum Bay, PO39 0JH, Tel. 01983-754772, www.nationaltrust.org.uk/visit/isle-of-wight/the-needles-old-battery-and-new-battery, Old Battery März–Okt. tgl. 10.30–17 Uhr, New Battery Juni–Aug. Sa 10.30–16 Uhr, Needles und New Battery Eintritt frei, Old Battery Erw. 8 £, Kinder 4 £, Familien 12–20 £, *National Trust*-Mitglieder frei.

Alum Bay

An die Westspitze der Isle of Wight mit den Needles schließt sich Alum Bay, eine Bucht mit bunten Sandsteinfelsen, an. Oben auf den Klippen befindet sich der **Needles Park,** ein Freizeitpark mit verschiedenen Fahrgeschäften, einem 4D-Kino, einem Golfplatz, verschiedene Einkaufsmöglichkeiten, Cafés und vieles mehr. An Sommerabenden gibt es außerdem Programm mit Musik, Straßentheaterdarbietungen und Feuerwerk. Man kann vom Strand aus mit einem Sessellift zum Park gelangen.

- **The Needles Park,** Alum Bay, PO39 0JD, Tel. 01983-752401, www.theneedles.co.uk, tgl. 10–16 Uhr, längere Öffnungszeiten im Sommer (nähere Informationen erhalten Sie telefonisch am Vorabend oder Morgen des Besuchs). Die Preise variieren stark, je nachdem, welche Attraktionen man nutzen möchte. Es gibt aber ein Fahrkartenheft *(Super Saver Ticket)* mit 12 Ermäßigungskarten für 9 £. Parkplatz von April bis Oktober 6 £, sonst kostenlos.

Yarmouth

In Yarmouth passiert der Besucher als erstes eine Marina, in der Aberhunderte von **Yachten** vor Anker liegen. Anheimelnd ist es im Ortszentrum rund um den Fähranleger, die kleine Festung und den kurzen, ins Meer hinausragenden Pier. An schönen Sommertagen tummeln sich so viele Yachten im Solent vor Yarmouth, dass man vor lauter Segeln kaum die südenglische Küste erkennt.

Sehenswert ist die **Burganlage** des Ortes, die von *Heinrich VIII.* erbaut wurde. Außerdem gibt es etwas außerhalb in Norton ein kleines **Aquarium** und ein **Planetarium.**

- **Yarmouth Castle,** Quay Street, PO41 0PB, Tel. 01983-760678, www.english-heritage.org.uk/visit/places/yarmouth-castle, Ostern–Okt. tgl. 10–17 Uhr, Eintrittspreise variieren je nach Saison und Wochentag, Erwachsene 8,10 £, ermäßigt 7,20 £, Kinder (5–17 J.) 4,50 £, Familien 12,60–20,70 £, günstiger bei Online-Vorausbuchung, *English Heritage*-Mitglieder frei.
- **Island Planetarium,** *Fort Victoria Country Park,* Westhill Lane, Norton, PO41 0RR, Tel. 01983-761 555, www.islandastronomy.co.uk, Ende März–Okt. tgl. 10.30–16 Uhr, Erwachsene 6 £, Kinder 4 £.

Essen und Trinken

- **The Gossips Café**①, The Square, PO41 0NS, Tel. 01983-760646, www.gossipscafe.co.uk, nettes Tagescafé mit gutem Blick über den Pier.
- **The George**③-④, Quay Street, PO41 0PE, Tel. 01983-760331, www.thegeorge.co.uk, imposantes Hotel mit angeschlossenem Bistro *The Conservatory,* direkt am Hafen gelegen. Gehobene, international inspirierte Küche, deren Schwerpunkt auf Fisch und Meeresfrüchten liegt. In der ebenso zum Hotel gehörenden **Beach Bar**② wird außerdem Pizza angeboten.
- **The King's Head**②, Quay St, PO41 0PB, Tel. 01983-760177, www.characterinns.co.uk/the-kings-head, gemütlicher Pub mit offenem Kamin und Balkendecke, in dem man auch essen kann; viele Fischgerichte und regelmäßig wechselndes Tagesessen. Ab und zu Livemusik.
- **The Bugle Coaching Inn**②-③, The Square, PO41 0NS, Tel. 01983-760272, www.characterinns.co.uk/the-bugle-coaching-inn, Pub in einem Haus aus dem 17. Jh., in dem man auch übernachten

kann. Speisekarte mit Schwerpunkt auf Steaks und Pasta, aber auch andere Gerichte, Vegetarisches und glutenfreie Speisen im Angebot. Im Sommer kann man im Biergarten sitzen und am Wochenende gibt es regelmäßig Livemusik.

■ Wenige hundert Meter außerhalb von Yarmouth in Richtung Shalfleet lockt ein **Parkplatz** mit dem Hinweis *View Point Picnic Area;* ein Weg führt hinunter zum Meer, dort befindet sich ein Picknick-Areal.

Calbourne

Auf keinen Fall darf man den im Inselinnern gelegenen Weiler Calbourne auslassen. Dort gibt es ein kurzes Stück Straße, die **Winkle Street,** die an romantischer Schönheit unübertroffen ist.

☐ Winkle Street in Calbourne

Newport

Nach wenigen Kilometern Fahrt ist Newport, die etwa 24.000 Seelen zählende Hauptstadt der Insel erreicht. Zentrum der kleinen Metropole ist der St. James' Square, auf dem eine **Statue Queen Victoria** ehrt; die Königin weilte gerne auf Wight in ihrem Schloss Osborne House, wo sie 1901 im Alter von 82 Jahren starb. Ein weiteres Denkmal erinnert an einen ehemaligen Gouverneur der Insel, **Lord Louis Mountbatten,** Earl of Burma, der 1979 von der *IRA* auf seinem Boot ermordet wurde.

Rund um die St.-Thomas-Kirche ist der gleichnamige Platz zwischen den beiden parallel verlaufenden Geschäfts- und Einkaufsstraßen High Street und Pyle Street eine angenehme **Fußgänger-**

945es visitisleofwight.co.uk

oase, bestanden mit Tischen und Bänken sowie gesäumt von Geschäften, Cafés und Pubs, so etwa mit der atmosphärereichen Taverne *Wheatsheaf* oder dem Café und Sandwich-Depot *French Franks.* Im Jahre 1926 wurden bei Ausgrabungsarbeiten die Reste eines aus dem 3. Jh. stammenden **römischen Farmhauses** entdeckt. In einem Raum fanden die Archäologen das Skelett einer Frau, die gewaltsam ums Leben kam. Welches Drama sich dort abgespielt haben mag, konnte nicht mehr ergründet werden.

■ **Newport Roman Villa,** Cypress Road, PO30 1HA, Tel. 01983-529720, www.visitisleofwight.co.uk/things-to-do/newport-roman-villa-p152081, Mo, Mi und Fr 10.30–14.30 Uhr, Erwachsene 4,50 £, Kinder 3 £, Familienkarte 12,50 £.

Das **Quay Arts Centre** am Hafen ist das wichtigste Kunst- und Kulturzentrum der Insel. In der ehemaligen Brauerei kann man in der Galerie wechselnde Ausstellungen vorwiegend moderner Künstler sehen. Daneben gibt es ein Programmkino, Konzerte und ein Café① mit Terrasse direkt am Yachthafen.

■ **Quay Arts Centre,** Sea Street, Newport Harbour, PO30 5BD, Tel. 01983-822490, www.quayarts.org.

Etwas außerhalb, südwestlich der Stadt liegt **Carisbrooke Castle** aus dem 12. Jh., das von *English Heritage* betrieben wird. Hier wurde einst König *Karl I.* gefangen gehalten, nachdem er den englischen Bürgerkrieg verloren hatte (1647–48). Heute beherbergt das Gemäuer ein Museum, das über die Geschichte der Burg Auskunft gibt. Eine besondere Attraktion sind die **Esel,** die demonstrieren wie früher mithilfe ihrer Kraft das Wasser aus der Burgquelle geschöpft wurde und der **Princess Beatrice-Garten** aus der ersten Hälfte des 20. Jh.

■ **Carisbrooke Castle,** Carisbrooke, PO30 1XY, Tel. 01983-522107, www.english-heritage.org.uk/visit/places/carisbrooke-castle, Ostern–Okt. tgl. 10–17, Juli/August tgl. 10–18, Nov.–Ostern Sa/So 10–16 Uhr, Eintrittspreise variieren je nach Saison und Wochentag, Erwchsene 15 £, ermäßigt 13,60 £, Kinder (5–17 J.) 9,50 £, Familien 24,50–39,50 £, günstiger bei Online-Vorausbuchung, *English Heritage*-Mitglieder Eintritt frei.

Für Tierfreunde ist außerdem der **Monkey Haven** interessant, ein Tierasyl, in dem man eine Vielzahl verschiedener Affenarten, Eulengattungen und andere exotische Tiere sehen kann.

■ **Monkey Haven,** Staplers Road, PO30 2NB, Tel. 01983-530885, www.monkeyhaven.org, Mai–Okt. tgl. 10–17, Okt. tgl. 10–16, sonst nur Sa/So 10–16 Uhr, Erw. 13,50 £, ermäßigt 12,50 £, Kinder (3–14 Jahre) 11,50 £, Familienticket 46–57 £.

Essen und Trinken

■ **The Castle Inn**②, 91 High Street, PO30 1BQ, Tel. 01983-522528, www.facebook.com/castleinniow, laut eigener Aussage der älteste Pub des Ortes, der seit 1550 Bier an durstige Seelen ausschenkt. Außerdem wird bodenständige englische Küche serviert. Freitags und samstags gibt es oft Livemusik.

West und East Cowes

Acht Kilometer nördlich von Newport erstreckt sich am westlichen Ufer des Flusses Medina West Cowes und gegenüber East Cowes, beide Stadtteile werden durch eine **Floating Bridge** genannte Kettenfähre miteinander verbunden. Nicht sicher ist, woher die Stadt ihren Namen hat. Entweder von den vorgelagerten Sandbänken im Solent, die von den Seeleuten in früheren Tagen *Cows* genannt wurden, oder von den beiden Befestigungsanlagen, die *Heinrich VIII.* an den beiden Ufern des Flusses Medina bauen ließ und die im Volksmund ebenfalls *Cows* hießen.

In East Cowes werden in einem großen Industriegelände von der *Hovercraft Corporation* die bekannten Luftkissenboote produziert. Außerdem gibt es hier einen schönen, versteckten **Strand,** der selten überfüllt ist, eine kleines **Museum zur Stadtgeschichte** und ein **Schiffsmuseum** mit Bootsausstellung.

- **East Cowes Heritage Centre,** 8 Clarence Road, East Cowes, PO32 6EP, Tel. 01983-280310, www.eastcowesheritage.co.uk, Feb.–Dez. Mo–Sa 10–13 Uhr, Eintritt frei.
- **Classic Boat Museum Gallery,** Columbine Road, East Cowes, PO32 6EZ, Tel. 01983-244101, www.classicboatmuseum.com, Di, Mi, Fr, Sa 10–16 Uhr, Erwachsene 5 £, Kinder (5–16 J.) 3 £, Familienkarte 14 £.

West Cowes ist eine **attraktive kleine Stadt** mit einer langen, gewundenen und verkehrsberuhigten Hauptstraße, die rechts und links von hübschen Geschäften, gemütlichen Pubs, Cafés und Restaurants gesäumt wird. Wer nicht gerade die Einsamkeit sucht der sollte sein Inselquartier hier aufschlagen.

An der Promenade befindet sich Großbritanniens exklusivster Seglerverein, der **Royal Yacht Squadron.** Hier kann man sich in den 22 blitzblank geputzten Messingkanonen spiegeln, die Salut feuern oder mit einem Böllerschuss den Start einer Regatta melden. Während der Sommermonate finden Segelveranstaltungen in Cowes statt. Einer der Höhepunkte ist alljährlich an jedem letzten Samstag im Juni das *Round the Island Race*, bei dem die Isle of Wight ein Mal umrundet wird. Highlights sind die **Regatten** während der *Cowes Week* Anfang August. Alles was Rang und Namen hat mischt sich unter die vielen Besucher und das Örtchen verwandelt sich in ein einziges Straßenfest.

Auch während der anderen Monate kann man sich in West Cowes die Zeit vertreiben. Zum Beispiel kann man einen Blick auf den **historischen Verladekran** von 1912 am Hafen werfen oder eines der beiden **Museen** besuchen, die sich mit Schifffahrt und deren Geschichte in der Gegend befassen.

- **The 1912 Cowes Hammerhead Crane,** Medina Road, West Cowes, PO31 7LP.
- **Sir Max Aitken Museum,** 83 High Street, West Cowes, PO31 7AJ, Tel. 01983-293800, www.sirmaxaitkenmuseum.org, Mai–Sept. Di–Sa 10–16 Uhr, Eintritt frei.
- **Cowes Maritime Museum,** Cowes Library, Beckford Road, West Cowes, PO31 7SG, Tel. 01983-293341, www.visitisleofwight.co.uk/things-to-do/cowes-maritime-museum-p140581, Mo, Di, Fr und Sa 10.30–12.30 und 14–16.30 Uhr, Eintritt frei.

Essen und Trinken

- **Moocow②**, 55 Cross Street, PO31 7TA, Tel. 019 83-200750, www.moocowstuff.com, Kaffee, Cocktails, *Mezze* (kleine mediterrane Gerichte) und Kunst unter einem Dach. Vegetarische, vegane und glutenfreie Alternativen erhältlich.
- **The Red Duster②-③**, 37 High Street, PO31 7RF, Tel. 01983-290311, www.theredduster.com, gemütliches Restaurant in einem winzigen, alten Häuschen gelegen, gehobene, international inspirierte Küche.
- **The Anchor Inn②**, 1–3 High St, PO31 7SA, Tel. 01983-292823, www.theanchorcowes.co.uk, Pub mit guter Speisekarte direkt am Yachthafen, gute Bierauswahl und regelmäßig Livemusik.
- **The Basque Kitchen②**, Medina Road, PO31 7HT, Tel. 07481-741056, www.thebasquekitchen.co.uk, gemütliche Tapas-Bar mit guter Auswahl an Wein. Die meisten Gerichte sind glutenfrei.

Osborne House

Auf dem Weg von East Cowes nach Fishbourne passiert man das Osborne House, die ehemalige Residenz von *Königin Victoria.*

Prinz Albert, königlicher Gemahl, entwarf und baute zusammen mit dem Architekten *Thomas Cubbit* das Schlösschen in den Jahren 1845–1850 im Stil einer italienischen Villa mit einem kleinen Campanile. *Victoria* war begeistert: „It is impossible to imagine a prettier spot", schrieb sie in ihr Tagebuch. Einige Jahre später legte er für Balmoral Castle in den schottischen Highlands gleiches Engagement an den Tag. Balmoral und Osborne wurden die beiden bevorzugten Aufenthaltsorte Königin *Victorias.*

Man kann die opulent augestatteten Räume der Residenz besichtigen, durch die **Gartenanlagen** und **Gewächshäuser** flanieren oder Königin *Victorias* Privatstrand und ihre „Bademaschine" besichtigen. Interessant ist die Ausstellung über ihre Kindheit als Mitglied der königlichen Familie während der viktorianischen Zeit im *Swiss Cottage.* Für Erfrischungen sorgen ein Restaurant und Cafés.

- **Osborne House,** East Cowes, PO32 6JX, Tel. 01983-200022, www.english-heritage.org.uk/visit/places/osborne, Ostern–Okt. tgl. 10–17, Juli/August tgl. 10–18, März/Nov./Dez. Mi–So 10–16, Jan./Feb. Sa/So 10–16 Uhr, Eintrittspreise variieren je nach Saison und Wochentag, Erwachsene 25 £, ermäßigt 21,80 £, Kinder (5–17 J.) 15 £, Familien 40–65 £, günstiger bei Online-Vorausbuchung, *English Heritage*-Mitglieder frei.

Praktische Tipps

Tourist Information

Es gibt auf der Isle of Wight dazu neben der Homepage **www.visitisleofwight.co.uk** nur **Tourist Information Points,** z.B. in Läden, Bibliotheken, Cafés oder Hotels. Die wichtigsten sind:

- **Newport Tourist Information Point,** *Quay Arts Centre,* 15 Sea Street, Newport Harbour, Newport, PO30 5BD, oder *IW County Press Shop,* 123 Pyle Street, Newport, PO30 1ST, Tel. 01983-535007.
- **Ryde Tourist Information Point,** 10 Esplanade, Ryde, PO33 2DY, Tel. 01983-716491.
- **Yarmouth Tourist Information Point,** *Harbour Office,* The Quay, Yarmouth, PO41 0NT.

■ **Ventnor Tourist Information Point,** *Seasons Post Office and Newsagents,* 8–10 High Street, Ventnor, PO38 1RY.

Unterkunft

■ **Cowes:** *Duke of York*②, Mill Hill Road, PO31 7BT, Tel. 01983-295171, www.dukeofyorkcowes.co.uk, Gaststätte mit Fremdenzimmern.

■ **Ryde:** *Appley Manor Hotel*②, Appley Road, PO33 1PH, Tel. 01983-564777, www.appley-manor.co.uk, in Laufweite zu Sandstränden; *Yelf's Hotel*②, Union Street, PO33 2LG, Tel. 01983-564062, www.yelfshotel.com, in ehemaliger Herberge einer Poststation.

■ **Shanklin:** *The Nightingale Hotel*⑤, 3 Queens Road, PO37 6AN, Tel. 01983-862742, www.nightingale-hotel.co.uk, auf einer Klippe mit Meerblick.

■ **Seaview:** *Seaview Hotel*⑤, High Street, PO34 5EX, Tel. 01983-612711, www.seaviewhotel.co.uk, schickes Hotel im netten Städtchen am Meer.

■ **Ventnor:** *Eversley*③, Park Avenue, PO38 1LB, Tel. 01983-852244, www.eversleyhotel.uk.com, mit Schwimmbad und Fitness-Studio, fünf Minuten vom Strand entfernt; *Hillside Hotel*⑤, 151 Mitchell Avenue, PO38 1DR, Tel. 01983-852271, www.hillsideventnor.co.uk, strohgedecktes georgianisches Landhaus aus dem 18. Jh.

■ **Jugendherbergen**①: Brighstone, North Street, PO30 4AX, Tel. 0345-2602191, www.yha.org.uk/hostel/isle-wight-brighstone; *Totland Bay,* West Wight, Hurst Hill, Totland Bay, PO39 0HD, Tel. 0345-260 2912, www.yha.org.uk/hostel/isle-wight-totland.

■ **Camping**①: *Whitecliff Bay Holiday Park,* Hillway Road, Bembridge, PO35 5PL, Tel. 01442-508850, www.awayresorts.co.uk/whitecliff-bay, die A 3055 bis Brading, von dort die B 3395 Richtung Bembridge, restliche Strecke ist ausgeschildert; *Grange Farm,* Brighstone Bay, PO30 4DA, Tel. 01983-740296, www.grangefarmholidays.co.uk, der familiengeführte Campingplatz gehört zu einem Bauernhof mitten an den Klippen der Bucht von Brighstone.

Einkaufen/Essen und Trinken

■ **Arreton Barns,** Main Road, in **Arreton,** PO30 3AA, www.arretonbarns.co.uk, zu dem kleinen Handwerkszentrum gehört eine Reihe von Läden, deren Inhabern man teils bei der Herstellung ihrer Waren zusehen kann. Auch ein **Pub** gehört mit zum Areal, so dass man hier bei Regenwetter gut ein paar Stunden vertrödeln kann.

The Garlic Farm, Mersley Lane, in **Newchurch,** PO36 0NR, www.thegarlicfarm.co.uk, auf diesem Bio-Bauernhof baut Familie *Boswell* schon seit drei Generationen Knoblauch an und verkauft ihn im zugehörigen Shop in jeder Form – ob eingelegt, als *Chutney* oder sogar in Bier und Eiscreme. Auch andere Lokalprodukte wie Honig, Cider und Käse bekommt man hier, oder man kauft gleich ein paar Knoblauchzehen zum Selbstanbau.

■ **Quarr Abbey Farm Shop,** in **Ryde,** PO33 4ES, www.quarrabbey.org/visit/farm-shop, im Laden dieses Benediktinerklosters bekommt man vor Ort hergestellte Produkte wie Honig, Marmeladen, Alkoholisches und frisches Gemüse aus dem Klostergarten.

☑ Osborne House

adobe.stock©Darren Harrison/Wirestock Creators

Beaulieu | 153

Bournemouth | 154

Kingston Lacy | 158

Lyndhurst | 152

Minstead | 154

Mottisfont Abbey | 137

New Forest | 151

Old Sarum | 151

Romsey | 135

Salisbury | 144

Southampton | 130

Winchester | 138

adobe.stock ©Alexandre ROSA

4

Southampton – Bournemouth

›› Attraktive Städte, beeindruckende Kathedralen und das Waldgebiet des New Forest gibt es hier zu bewundern.

‹ Ocean Village Marina, ein saniertes Viertel von Southampton, mit einem Luxushotel, das die Form eines Kreuzfahrtschiffes nachahmt

Southampton – Bournemouth

SOUTHAMPTON – BOURNEMOUTH

In Southampton verließ die Titanic festen Boden, heute fahren Kreuzfahrtschiffe in die weite Welt hinaus. Ein paar Kilometer weiter liegt Englands älteste Hauptstadt, Winchester. Salisbury gilt als eine der schönsten Städte Englands, Bournemouth als international renommiertes Seebad zeigt andere Seiten.

NICHT VERPASSEN!

- **Winchester,** die ehemalige Hauptstadt des Königreiches Wessex mit beschaulichem Charme | 138
- **Salisbury,** malerische Stadt mit berühmter Kathedrale | 144
- **New Forest Nationalpark,** ausgedehnte Wanderungen durch Wald- und Heideland | 151
- **Bournemouth,** renommiertes Seebad mit hervorragendem Kunstmuseum | 154
- **Kingston Lacy,** historischer Landsitz mit interessanter Kunstsammlung | 159

Diese Tipps erkennt man an der gelben Markierung.

Southampton
– Englands wichtigste Hafenstadt

Während des Zweiten Weltkriegs wurde die strategisch bedeutsame Seemetropole Southampton (254.300 Einwohner) mit verheerenden **Bombenangriffen** überzogen, sodass kaum noch historische Bausubstanz zu finden ist; beim Wiederaufbau in den 1950er Jahren musste es dann möglichst schnell gehen, und so präsentiert sich Southampton heute weitgehend im Einheitsgrau der **Betonarchitektur.**

Schon Römer und Angelsachsen hatten die gute Lage erkannt und siedelten am **Southampton Water,** dem langen fjordartigen Einschnitt. Wie in anderen Orten der Südküste auch, mussten die Bewohner ab dem Frühmittelalter immer wieder Überfälle fürchten, zuerst von den Wikingern, dann den Normannen und letztlich wurden sie Anfang des 14. Jh. von französischen Piraten heimgesucht. Die Bewohner der Stadt waren es schließlich leid, ausgeraubt zu werden, und so entstanden schützende **Wallmauern,** in dem man die Außenwände der Wohnhäuser zusammen mit den bereits existierenden Stadtmauern verstärkte und verband.

In den folgenden Jahrhunderten trieben die **Kaufleute** von Southampton Handel in allen bekannten Teilen der damaligen Welt, von hier aus auch verließen die Pilgerväter mit der *Mayflower*

Tudor House in Southampton

adobe.stock ©Leonid Andronov

Warum die Titanic sank

Im Frühjahr 1912 stach das zur *White Star Line* gehörende, **größte Passagierschiff** der Welt von Southampton aus in Richtung Amerika in See. In den frühen Morgenstunden des 15. April sank die *Titanic* und riss 1513 Passagiere und Besatzungsmitglieder in den Tod. Nur 711 Menschen konnten gerettet werden. Am Vorabend war der Ozeanriese mit einer Geschwindigkeit von 22 Knoten (40,7 km/h) **auf einen Eisberg gekracht** und leck geschlagen.

1985 fand der Unterwasserexperte *Robert Ballard* das **Wrack der Titanic** 680 km südöstlich vor Neufundland in einer Tiefe von 3795 m. Mit Hilfe eines ferngesteuerten Mini-U-Bootes konnte er Aufnahmen von der *Titanic* machen. Bis zum Sommer des Jahres 1993 arbeiteten die Teams von insgesamt fünf Expeditionen mit Unterwasserrobotern und bemannten Mini-U-Booten an dem Wrack. Neben Münzen, Porzellan und Taschenuhren wurden auch Teile des Rumpfes geborgen, für die sich eine Gruppe von Schiffsbau- und Materialexperten besonders interessierte.

1993 legten die Wissenschaftler auf einer Konferenz von Schiffs- und Maschinenbauern in New York ihren Bericht vor. Danach war der Rumpf des 269 m langen Schiffes aus **„Stahl minderer Qualität"** zusammengenietet worden. Dieser Werkstoff neigte bei niedrigen Temperaturen zu sogenannten Sprödbrüchen. Schon damals waren bessere, aber auch teurere Stähle bekannt. Während hochwertiger Stahl sich unter Belastung verformt, bevor er bricht, splitterte das Billigeisen der Titanic im eiskalten Wasser (minus 1 °C) wie Glas.

William Garzke, ein amerikanischer Schiffsbauingenieur, hält es sogar für denkbar, dass sich das Unglück schon am Abend vorher ankündigte. Bei der offiziellen Seeamtsuntersuchung hatten Überlebende von Grummel- und Knackgeräuschen tief im Innern des Ozeanriesen berichtet; die Experten taten dies jedoch als Maschinengeräusche ab. *William Garzke* nun glaubt, dass es sich bei den Geräuschen bereits um **Verformungen** handelte. Hätten die Schiffsbauer die *Titanic* aus hochwertigem Material hergestellt, so wäre laut *Garzke* der Riss, den der Eisberg schlug, kleiner gewesen; mithin wären geringere Wassermassen in den Schiffsbauch geflossen, wodurch mehr Zeit für Rettungsmaßnahmen zur Verfügung gestanden hätte. „Nicht die Stärke des Eisbergs, sondern die Schwäche des Stahlmantels sei der Titanic zum Verhängnis geworden", sagte der Experte *William Garzke* zum Abschluss seines Vortrags.

Seit immer mehr „Schatzsucher" mit ferngesteuerten Klein-U-Booten Fundstücke rund um die Titanic aus dem Meer fischen, fordern pietätvolle Gruppen, die *Titanic* zum Grab zu erheben und Tauchexkursionen zu verbieten.

ihr Heimatland. **Werften** sorgten für den Nachschub an Schiffen, die u.a. die beiden großen Reedereien *White Star* und *Cunard* orderten. Die vollen Auftragsbücher versorgten viele Männer mit Arbeit und Brot. Bekannte Ozeanriesen sind in Southampton auf Kiel gelegt worden; so die Passagierdampfer *Queen Mary* und *Queen Elizabeth II*. Die *Titanic* lief von Southampton zu ihrer Unglücksfahrt aus.

Sehenswertes

Das **Cultural Quarter** der Stadt befindet sich südlich des West Parks, Richtung Hauptbahnhof. Hier liegt auch das **SeaCity Museum,** in dem sich fast alles um die *Titanic* dreht. Dazu gibt es eine Ausstellung zur Geschichte der Stadt als Fenster zur Welt, Kunstausstellungen, Museumsshop und Café.

■**SeaCity Museum,** Havelock Road, SO14 7LT, Tel. 023-80834536, www.seacitymuseum.co.uk, tgl. 10–17 Uhr, Erwachsene 10,50 £, ermäßigt 9 £, Kinder (5–16 J.) 8 £, Familienticket 33 £.

www.fotolia.de © laguna35

In unmittelbarer Nähe zum *SeaCity Museum* liegt die **Southampton City Art Gallery,** die für ihre Sammlung von moderner britischer Kunst berühmt ist. Zu den Künstlern, deren Werke hier zu sehen sind, gehören *Lucian Freud, Rachel Whiteread* und *Anthony Gormley* sowie Mitglieder der *St. Ives and Camden Group*. Auch Werke von italienischen Renaissance-Malern wie *Nuzi* und *Arcimboldo* sind zu sehen.

■**Southampton City Art Gallery,** Commercial Road, SO14 7LY, Tel. 023-80834536, www.southamptoncityartgallery.com, Mo–Fr 10–15, Sa/So 10–17 Uhr, Eintritt frei.

Läuft man von hier aus in östlicher Richtung zum East Park, erreicht man die **John Hansard Gallery,** eine international anerkannte Galerie für zeitgenössische Kunst, die zur *University of Southampton* gehört. 2018 zog die Galerie in das jetzige Gebäude um, das mit seinen lichtdurchfluteten Räumen eine großartige Kulisse für die hier gezeigten Ausstellungen bietet.

■**John Hansard Gallery,** 142–44 Above Bar Street, SO14 7DU, Tel. 023-80592158, www.jhg.art, Di–So 11–17 Uhr, Eintritt frei.

Die Bugle Street gen Süden gehend, trifft man rechts am St. Michael's Square auf das **Tudor House and Garden.** In dem Fachwerkhaus mit den auf die Straße herausragenden beiden oberen Stockwerken zeigen Exponate das häusliche und soziale Leben während der viktorianischen und der edwardianischen Zeit.

[<] Das Mayflower-Denkmal in Southampton

Tudor House and Garden, Bugle Street, SO14 2AD, Tel. 023-80834242, www.tudorhouseandgarden.com, Mo–Do 10–15, Sa/So 10–17 Uhr, Erwachsene 7 £, ermäßigt 6,50 £, Kinder (5–16 Jahre) 6 £, Familien 23 £.

Gegenüber von *Tudor House* blickt man auf die Rückfassade der **St. Michael's Church,** deren älteste Teile aus dem Jahr 1066 stammen.

St. Michael's Church, St Michael's St., SO14 2AD.

Vom Ende der Bugle Street kann man die **Hafenanlagen** sehen, wo die Fähren zur Isle of Wight/East und West Cowes ablegen.

Nach Westen liegt der zum Gedenken der Pilgerväter angelegte **Mayflower Park;** nahebei ragt das **Mayflower-Denkmal** in den Himmel. Nicht weit von dieser Stelle entfernt lösten am 5. August 1620 die *Mayflower* und ihr Schwesterschiff *Speedwell* die Leinen und segelten gen Westen – die Besiedlung Nordamerikas hatte begonnen.

In der parallel zur Bugle Street verlaufenden Castle Way, an der Ecke French Street, gibt das 1290 erbaute und im Stil jener Zeit eingerichtete **Medieval Merchants House** gute Einblicke in mittelalterliche Wohnverhältnisse.

Medieval Merchants House, 58 French Street, SO1 0AT, Tel. 0370-3331181, www.english-heritage.org.uk/visit/places/medieval-merchants-house, Ostern–Okt. Fr–So und Feiertage 11–16 Uhr, Preise variieren je nach Saison und Wochentag, Erwachsene 7,20 £, ermäßigt 5,90 £, Kinder (5–17 J.) 4 £, Familien 11,20–18,40 £, günstiger bei Online-Vorausbuchung, *English Heritage*-Mitglieder frei.

In der High Street erinnert die **Ruine der Holyrood-Kirche** an ertrunkene Seeleute der britischen Handelsmarine. Ein Stück weiter die High Street hinauf passiert man **Bargate,** ein altes Stadttor; ab hier ist die Straße Fußgängerzone.

Holyrood Church Merchant Navy Memorial, Holy Rood Place, SO14 2AA.

Praktische Tipps

Tourist Information

www.visitsouthampton.co.uk

Unterkunft

2 **Novotel Southampton**④, 1 West Quay Road, SO15 1RA, Tel. 02380-1072800, www.accorhotels.com, Hotel mit Fitnessstudio, Swimmingpool und Sauna.

2 **Ibis Southampton Centre Hotel**③, 9 West Quay Road, Western Esplanade, SO15 1RA, Tel. 02380-634463, www.all.accor.com.

1 **Glenmore Guesthouse**①, 34 Hill Lane, SO15 5AY, Tel. 023-80223082, www.glenmore-guesthouse.co.uk, preisgünstiges, aber dennoch komfortables B&B rund 800 m vom Bahnhof entfernt.

8 **Moxy**③, Harbour Parade, SO15 1BA, Tel. 023-81680269, www.marriott.com/moxy/southampton, 208 kleine, aber stilvolle Zimmer. Zum Hotel gehört auch ein schöner Gemeinschaftsbereich sowie eine rund um die Uhr geöffnete Bar. Hunde sind willkommen.

3 **Hunter's Lodge**②, 25 Landguard Road, SO15 5DL, Tel. 02380-227919, www.hunterslodgehotel.net, schönes, viktorianisches Haus, das seit dem Jahr 1926 ein B&B bzw. Hotel ist. In ruhiger Wohngegend gelegen.

Essen und Trinken

Wie es sich für einen prominenten Seehafen gehört, gibt es in Southampton mehr als 200 Bars, Pubs und Clubs. Eine gute Gelegenheit also, sich ein wenig treiben zu lassen.

9 Duke of Wellington②, 36 Bugle Street, SO14 2AH, Tel. 023-80339222, www.dukesouthampton.

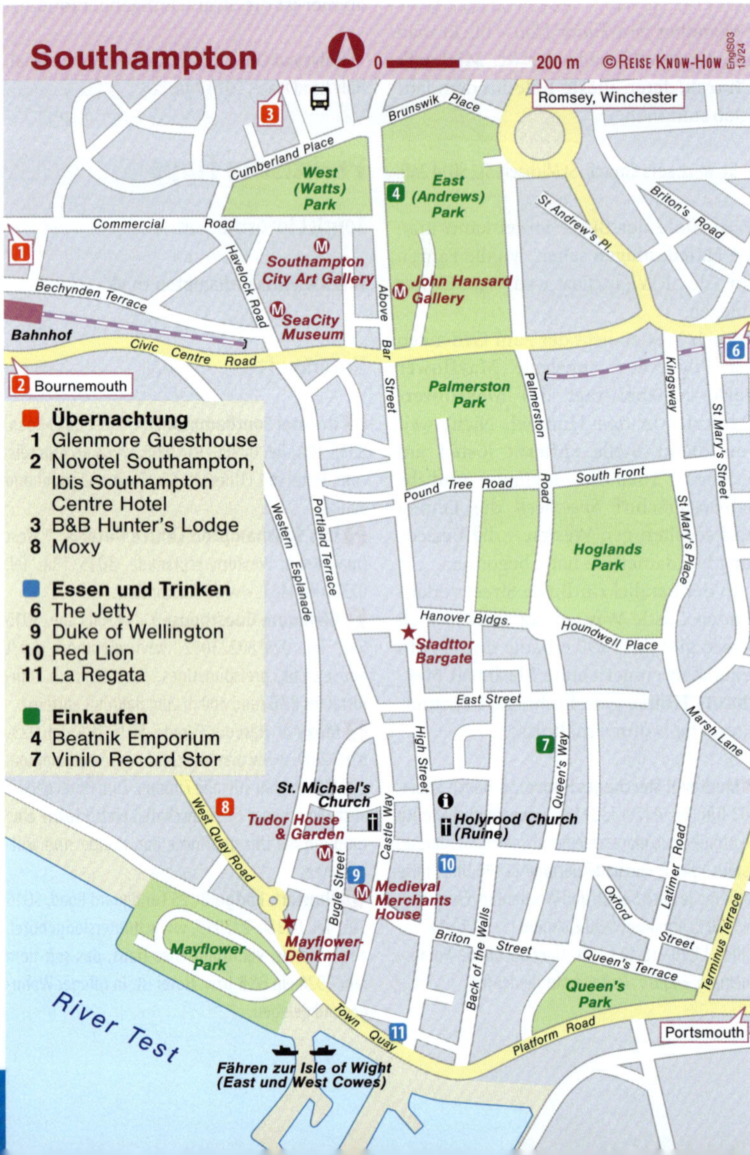

co.uk, der älteste Pub von Southampton; mit angeschlossenem Restaurant.

10 Red Lion②, 55 High Street, SO14 2NS, Tel. 023-80333595, www.redlionpubsouthampton.co.uk, historische Kneipe aus dem 16. Jh., schöne Tudor-Fassade, mit angeschlossenem Restaurant. Angeblich soll es hier spuken.

11 La Regata②-③, Town Quay, SO14 2AR, Tel. 023-80223456, www.laregata.co.uk, atmosphärisches Tapas-Restaurant gegenüber des Fährhafens.

6 The Jetty③, 5 Maritime Walk, SO14 3QT, Tel. 023-81103777, www.harbourhotels.co.uk/southampton/eat-and-drink/the-jetty, gehobene, moderne britische Küche direkt am Jachthafen. Hauptsächlich Meeresfrüchte, auch vegane Gerichte.

Einkaufen

4 Beatnik Emporium, 202 Above Bar Street, SO14 7DW, www.beatnikemporium.co.uk, angesagte Vintage-Mode von den 1940ern bis zu den 1990ern.

7 Vinilo Record Store, 43–47 Queensway, SO14 3BL, www.vinilo.co.uk, Plattenladen mit Spezialisierung auf *Indie, Alternative Rock* und *New Wave.*

Verbindung

- Mit **Zügen** des *Network Southeast* sowie den Anschlüssen des Intercity-Netzes und **Bussen** des *National Express* in alle Landesteile.
- **Bahnhof:** *Southampton Central Railway Station,* Blechynden Terrace, SO15 1AL, westlich vom *Civic Centre* im Stadtzentrum.
- **Busbahnhof:** unmittelbar im Norden sowie Harbour Parade, SO15 1BA, hinter dem West Quay-Einkaufszentrum.

Romsey

– Das Dorf der Mountbattens

Vor den Toren der großen Hafenstadt Southampton liegt inmitten grüner Wiesen das kleine Landstädtchen Romsey. Bekannt im ganzen Land ist es für sein altes **Herrenhaus Broadlands,** dem Stammsitz der in Großbritannien hochangesehenen Familie der *Mountbatten*. Das Herrenhaus ist für Besucher geöffnet.

In den ehemaligen Stallungen von Broadlands macht ein interessanter Videofilm die Besucher mit dem Leben des Admirals und Generalgouverneur Indiens *Louis Mountbatten,* der ein Onkel von *Prinz Philip,* dem Ehemann von Königin *Elizabeth II.*, war und 1979 einem Attentat der IRA zum Opfer fiel. Danach geht es an die Besichtigung des Hauses.

- **Broadlands House, Broadlands Park,** Romsey, SO51 9ZD, Tel. 01794-278615, www.broadlandsestates.co.uk, Haus und Park Fr–Di 12.30–15.30 Uhr, Mi–Do nur Besichtigung des Hauses 12.30–14 Uhr, jeweils nur mit Führung, Erwachsene 10 £, ermäßigt 8 £, Kinder (5–16 J.) 5 £.

Im Örtchen Romsey darf man einen Besuch der **Abteikirche** nicht versäumen. Als *Heinrich VIII.* im Zuge der Reformation alle Klöster auflöste und deren Schätze und Ländereien an treue Gefolgsleute verteilte, wäre es beinahe um das Gotteshaus geschehen gewesen. Doch die Bewohner von Romsey kauften dem Herrscher ihre Kirche zum

Heinrich V. und die Langbogenforschung

„Der Wind ist günstig, lasst uns nun an Bord. Fröhlich zur See. Die Fahnen fliegen schon; kein König Englands ohne Frankreichs Thron." So lässt *Shakespeare* im Ratssaal zu Southampton *Heinrich V.* zum Aufbruch rufen. Und in der Tat stach im Herbst des Jahres 1415 – zwischen England und Frankreich tobte der Hundertjährige Krieg – von Southampton aus unter Führung von König *Heinrich* eine kleine Truppe in See, überquerte den Kanal und ging nahe dem französischen Städtchen Harfleur an Land. Einen großen Waffengang hatten die Engländer nicht im Sinn, dazu war die Armee viel zu klein. Man wollte ein bisschen brandschatzen, marodierend durch die Gegend ziehen, plündern und dann wieder schnell zurück in die Sicherheit der heimischen Insel segeln. Doch daraus wurde nichts. Als sich in den Frühstunden des 25. Oktober 1415 der Morgennebel lichtete, sah sich der kleine Haufen einer gewaltigen Streitmacht gegenüber – die Franzosen hatten den Eindringlingen beim kleinen Örtchen Agincourt den Rückweg zur Küste abgeschnitten.

Die Landesverteidiger leisteten sich erst einmal ein opulentes Frühstück, der demoralisierte Feind dagegen zitterte vor Hunger, Kälte und Angst. „Sie haben volle 60.000 Streiter. Fünf gegen einen, auch sind alle frisch. Gott sei mit uns! Die Übermacht ist schrecklich." Das war sie in der Tat, wenngleich *Shakespeare* zur Übertreibung neigte. 24.000 französische Fußsoldaten, alle in Rüstungen, und 1000 gepanzerte Reiter standen einer Streitmacht von nur 7000 englischen Recken, davon 6000 Bogenschützen, gegenüber. Die Invasoren hatten sich in den vergangenen Tagen nur von Beeren und Nüssen ernähren können, viele waren vom Durchfall geschwächt. Der Ausgang der Schlacht war klar; so sicher glaubten die Franzosen an den Sieg, dass die Adligen schon die zu erwartende Beute aufteilten. Stunden später lagen über 15.000 Franzosen tot am Boden, der Rest des Heeres stolperte in blinder Flucht von dannen. Von den Engländern hatte die Schlacht nur 300 Opfer gefordert. Der britische Militärhistoriker *John Keegan* bejubelte das Ereignis, als „den Sieg des Schwachen über den Starken, des gemeinen Mannes über den Ritter hoch zu Ross, des Entschlossenen über den Hochtrabenden." Die Schlacht von Agincourt war eines der „epischen Ereignisse der englischen Geschichte."

Doch davon weiß der 28-jährige *Heinrich V.* noch nichts, und so macht er sich vor Angst fast in die Hose. Vier Stunden stehen sich auf einem waldumsäumten Feld die Gegner gegenüber, die Franzosen wollen nicht angreifen, sie weiden sich an der Furcht der Engländer und machen sich lustig über den trostlosen Haufen. *Heinrich* sammelt also seine Mannen, lässt eine Messe lesen und dürfte in seiner Verzweiflung wohl so den Herrn angefleht haben, wie *Shakespeare* es ihm in den Mund legt: „O Gott der Schlachten! Stähle meine Krieger, erfüll sie nicht mit Furcht, nimm ihnen nun den Sinn des Rechnens, wenn der Gegner Zahl sie um ihr Herz bringt. Heute nicht, o Herr. O heute nicht."

Heinrich teilt seine Kämpfer in drei Abteilungen, zwischen denen je ein großer Trupp Bogenschützen stationiert wird, und sichert auch die Flanken der Schlachtenreihe mit den Männern des Langbogens. Dann lässt er auf die Franzosen losmarschieren, bis nur noch ein Abstand von 200 m die Gegner trennt. Die Bogenschützen rammen einen beidseitig spitzen Pfahl schräg in die Erde, eine Art „Panzersperre" für die berittenen Feinde, und jagen dann alle 10 Sekunden in synchroner Aktion 6000 Pfeile auf die Franzosen. Erst nach der vierten Bogenattacke setzt sich die schon dezimierte französische Reiterei in Bewegung, die im Angriff eine fünfte „Breitseite" ereilt. Dann geht das gegenseitige Abschlachten richtig los.

Es war der Langbogen, der die Schlacht entschied, doch bis vor kurzem wussten die Historiker nichts über seine Schusskraft, über die Reichweite und die Durchschlagskraft der Pfeile. Der Physiker *Gareth Rees* vom *Scott Polar Institute* in Cambridge hat aufsehenerregende Untersuchungsergebnisse im Fachblatt *New Scientist* vorgelegt. Bisher hatten die Wissenschaftler angenommen, dass das Spanngewicht eines im Durchschnitt 1,70 m hohen Langbogens rund 40 kg betrug. Bei Langbogen, die man vor einigen Jahren aus der gehobenen *Mary Rose* (siehe Kap. „Portsmouth") geborgen hatte, kamen die untersuchenden Wissenschaftler zu dem Schluss, dass die Waffen ein doppelt so hohes Spanngewicht, also 80 kg, hatten. Ein mit solchem Schwung von der Sehne abgeschossener, 75 cm langer und 600 Gramm schwerer Pfeil erreichte eine Anfangsgeschwindigkeit von 200 km/h. Nach 200 m geschwindem Flug – dies war ja die Entfernung zwischen den beiden Heeren – trafen die Pfeile noch mit 130 km/h auf den Stahl der gepanzerten Franzosen und durchschlugen ihn!

Als die Entfernung für Pfeilschüsse zu gering wurde, legten die *Longbowmen* ihre Waffen beiseite. Wer von den Franzosen aus der zentralen Todeszone verwundet entkommen konnte, in Richtung auf die Flanken der englischen Schlachtenreihe forttaumelte und dabei von der 30 kg schweren Rüstung behindert wurde, den erschlugen die englischen Bogenschützen, die sich in ihren Lederwesten leicht bewegen konnten.

Preis von 100 £ ab. Verspielt und bunt wie ein Wetterhäuschen gibt sich das um 1650 errichtete, wunderschöne Grabdenkmal der Familie *St. Barbe*, einst die Besitzer von Broadlands. Davor ist unter einer im Boden eingelassenen schwarzen Granitplatte *Lord Louis Mountbatten* zur letzten Ruhe gebettet.

■ **Romsey Abbey,** The Abbey, SO51 8EN, Tel. 017 94-513125, www.romseyabbey.org.uk, Mo–Sa 8.30–19.15, So 7.30–19.15 Uhr, Eintritt frei.

Mottisfont Abbey

– Vorspiegelung falscher Tatsachen

7 km nordwestlich von Romsey und rund 1,5 km westlich der A 3057 liegt Mottisfont Abbey, das sicherlich einen Besuch lohnt.

Das aus dem 13. Jh. datierende, **ehemalige Augustinerkloster**, das heute in einem zauberhaften Landschaftsgarten liegt, ging im Zuge der Reformation an einen Würdenträger von *Heinrich VIII.* über; der ließ es zu einem Tudor-Landsitz umbauen.

Im Jahre 1938 beauftragten die damaligen Besitzer den Maler *Rex Whistler* (1905–1944) mit der Ausgestaltung eines Raumes. Verblüfft und fasziniert steht der heutige Besucher in dem Zimmer, reibt sich vor Erstaunen die Augen und weiß nicht, was Täuschung, was Realität ist. Der sogenannte **Whistler Room** ist vollständig im *Trompe-l'oeil* bemalt. (*Trompe-l'oeil* bezeichnet eine Scheinarchitektur, eine in Wirklichkeit nicht vorhandene, durch Malerei nur vorgetäuschte Bauweise.)

■ **Mottisfont Abbey,** Romsey, SO51 0LP, Tel. 01794-340757, www.nationaltrust.org.uk/visit/hampshire/mottisfont, Mitte Feb.–Okt. tgl. 11–16.30, Dez. und Jan.–Mitte Feb. tgl. 11–16 Uhr, Nov. geschlossen, Erwachsene 20 £, Kinder 10 £, Familien 30–50 £, *National Trust*- Mitglieder frei.

Winchester

– Englands alte Hauptstadt

Die rund 124.000 Einwohner zählende Hauptstadt der Grafschaft Hampshire blickt auf eine lange und bedeutende Geschichte zurück. Unter den Römern eine der größten Ansiedlungen in Britannien, hieß sie *Vente Belgarum*; die Angelsachsen machten Wintaceaster im 7. Jh. zur **Hauptstadt des Königreiches Wessex.** Unter der Herrschaft der *Könige Egbert* und *Alfred* avancierte Wintaceaster dann im 9. Jh. zur Kapitale ganz Englands. *Wilhelm der Eroberer* ließ sich 1066 sowohl in London als auch in Winchester krönen und bewahrte hier das *Domesday Book* und die königliche Schatztruhe auf.

Ab dem 12. Jh. verlor die Stadt ihre Vorrangstellung, und London war fortan das neue Herrscherzentrum. Winchester fiel in einen **Dornröschenschlaf,** aus dem es auch die vielen Touristen bisher nicht aufwecken konnten.

[>] Winchester Cathedral

Die Kathedrale

Neben dem atmosphärisch dichten Gesamteindruck der Kleinstadt, ist die Kathedrale unter kunsthistorischen wie auch allgemeingeschichtlichen Gesichtspunkten die herausragende Sehenswürdigkeit der Grafschaftskapitale.

Schon ab dem 9. Jh. waren Baumeister für die kommenden 200 Jahre mit Arbeiten an einer großen Kirche beschäftigt, an der immer wieder Veränderungen und Anbauten vorgenommen wurden. 14 Jahre nach der erfolgreichen Invasion von 1066 ging der von *Wilhelm* eingesetzte *Bischof Walkelyn* daran, die Baumaßnahmen zu koordinieren, und ließ ein gewaltiges Gotteshaus im normannischen Stil errichten. Krypta, Chor sowie nördliches und südliches Querschiff dieses **Old Minster,** des Alten Münsters, sind erhalten geblieben.

Im Jahre 1107 stürzte der Vierungsturm in sich zusammen. Ein göttliches Zeichen, wie die abergläubischen Zeitgenossen sofort erzählten. Sieben Jahre zuvor nämlich war **Wilhelm II. Rufus,** Sohn des Eroberers, von den kirchlichen Autoritäten, dem Adel und dem Volk gleichermaßen gehasst, unter der Vierung beigesetzt worden. Ein verirrter Pfeil hatte ihn bei der Jagd im New Forest vom Leben zum Tode befördert. Weder wollte Gott den Frevler auf Erden wandeln noch unter dem Turm seiner Kirche aufgebahrt sehen, raunten die erschrockenen Zeitgenossen.

Ende des 12. Jh. begann die **gotische Umgestaltung,** Retrochor und Marienkapelle entstanden im *Early-English*-Stil, im folgenden Jahrhundert ging man daran, das Langhaus im **Perpendicular** umzubauen. Dessen klassische Attribute

– senkrechtes Maßwerk in großen Fenstern und Fächergewölbe – sind reichlich in Winchester Cathedral vertreten.

Während des Bürgerkriegs richteten die Truppen des *Oliver Cromwell* verheerende Schäden an, ihrer völligen Zerstörung entging die Kathedrale nur aufgrund des beherzten Eingreifens der Bürger. Nach *Cromwells* Verschwinden wurde sie umfassend renoviert.

Eine letzte spektakuläre **Rettungsaktion** musste Anfang des 20. Jh. vorgenommen werden. Die Fundamente begannen im weichen Torfuntergrund einzusinken, und die Kathedrale drohte auseinanderzubrechen. Stützende Strebepfeiler, vor allem jedoch die Arbeit von *Will the Diver* retteten das Gotteshaus; 7 Jahre lang goss der „Taucher" *William Walker* den Untergrund mit Beton aus und schuf damit eine stabilisierende Bodenwanne.

Man betritt die mit Hunderten von Denkmälern geschmückte Kathedrale durch das Portal der **Westfassade** – in dem großen Fenster befinden sich noch Reste des ursprünglichen mittelalterlichen Glases. Im Innern flankieren die Statuen von *Karl I.* und *Jakob I.* das Eingangsportal. Im **nördlichen Seitenschiff** ruhen die sterblichen Reste der Dichterin *Jane Austen*, die 1817 42-jährig in ihrem Haus an der College Street an Tuberkulose starb. Ein Stück weiter ehrt ein Fenster ihre dichterische Schaffenskraft. Ein normannisches **Taufbecken** aus

Adobe.stock ©great_photos

schwarzem Marmor zeigt Reliefszenen aus dem Leben des *hl. Nikolaus.* Das **nördliche Querschiff** ist wie auch das südliche noch im Wesentlichen im normannischen Stil gehalten; in der **Dreikönigskapelle** lässt ein Fenster von *William Morris* fahles Licht ins Dunkel des Gotteshauses.

Im **nördlichen** und südlichen **Chorumgang** ruhen in hölzernen Särgen eine ganze Reihe von angelsächsischen Königen. Die Altarrückwand, in die man im 19. Jh. neue Figuren einsetzte, ist von zwei Grabkapellen flankiert: Die nördliche, letzte Ruhestätte von Bischof *Stephen Gardiner*, enthält den Stuhl, auf dem *Maria I.* im Juli 1554 bei ihrer Eheschließung mit *Philip II.* von Spanien saß. In der **südlichen Grabkapelle** harrt Bischof *Richard Fox*, auf dessen Initiative das prachtvolle Fächergewölbe der Vierung zurückgeht, auf das ewige Leben. Vor dem Eingang zur **Kapelle für Bischof Thomas Langton** steht die von *Sir*

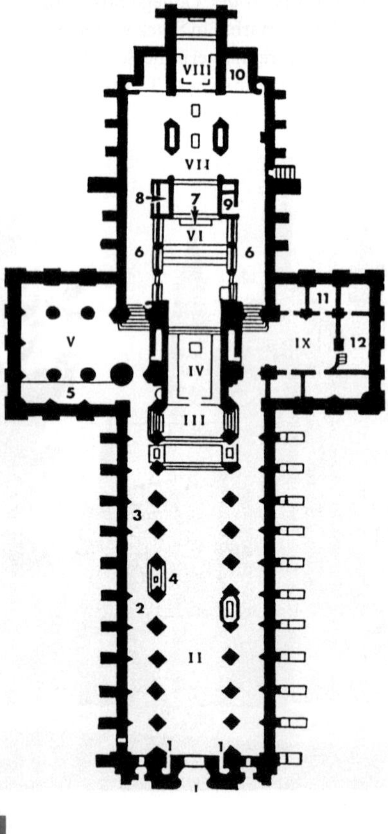

Kathedrale Winchester

I	Westfassade
II	Langhaus
III	Chor
IV	Vierung
V	Nördliches Querschiff
VI	Altar
VII	Retrochor
VIII	Marienkapelle
IX	Südliches Querschiff

1	Statuen von Jakob I. und Karl I.
2	Grab von Jane Austen
3	Gedenkfenster für Jane Austen
4	Normannisches Taufbecken
5	Dreikönigskapelle
6	Särge Sächsischer Könige und Bischöfe
7	Altarrückwand
8	Grabkapelle von Bischof Gardiner
9	Grabkapelle von Bischof Fox
10	Grabkapelle von Bischof Langton, davor die Statue William Walkers
11	Grab von Izaak Walton
12	Dom-Bibliothek

Charles Wheeler geschaffene Bronzestatue von *Will the Diver, William Walker.*

Im **südlichen Querschiff** liegt *Izaak Walton* zur letzten Ruhe gebettet; der Autor hat der Welt im Jahre 1653 sein Werk „The Compleat Angler" hinterlassen. Das mit Fischen aller Art verzierte Fenster der Grabkapelle stifteten Angler aus der gesamten englischsprachigen Welt. Schließlich trifft man auf das Grabmal von Bischof *William Edington*, auf den Mitte des 14. Jh. die gotische Umgestaltung des Langhauses zurückgeht.

Der kostbarste Schatz in der **Dom-Bibliothek** ist die aus dem 12. Jh. stammende Winchester-Bibel, die mit Miniaturmalereien prachtvoll illustriert ist.

Winchester Cathedral, 9 The Close, SO23 9LS, www.winchester-catheral.org.uk, Mo–Sa 9–17, So 12.30–15 Uhr, Erwachsene 12 £, ermäßigt 10 £, Studenten 8 £, Kinder unter 16 J. Eintritt frei.

Weiteres Sehenswertes

Auf dem Areal der Domfreiheit, südlich der Kathedrale, findet der Besucher die **Ruine der Dekanei,** Pilgrims Hall und Pilgrims School sowie das King's Gate, das in die College Street führt. Hier wird das **Winchester College** von einer hohen Mauer geschützt. 1382 von Bischof *William of Wykeham* ins Leben gerufen, ist dies die älteste *Public School* Großbritanniens. (*Public School* bezeichnet keineswegs eine öffentliche, sondern ganz im Gegenteil eine private Schule.) Wer sie erfolgreich absolviert hat, kann dann ggf. am ebenfalls von *Wykeham* gegründeten New College in Oxford studieren. In diesem Teil Winchesters ist die Stadt am schönsten, alte Fachwerkgemäuer und enge Straßen vermitteln das Flair vergangener Tage.

Winchester College, College Street, SO23 9NA, Tel. 01962-621209, www.winchestercollege.org/visit-us, nur mit Führung, April–Okt. tgl. 14.15 und 15.30 Uhr, Erwachsene 10 £, ermäßigt 8,50 £, Kinder unter 11 Jahren Eintritt frei.

Kurz vor der High Street, der verkehrsberuhigten Hauptgeschäftsstraße, lässt das **Westgate** den Besucher in den Innenstadtbereich. Das mittelalterliche Stadttor beherbergt ein kleines **Museum**

947es ar

☒ Alfred der Große in Winchester

Winchester

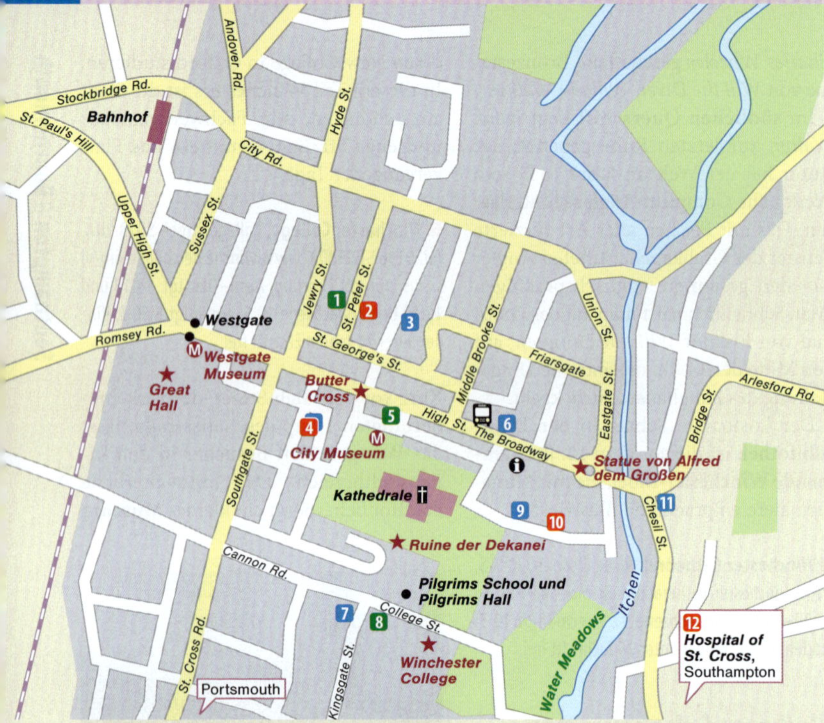

Übernachtung
- 2 Royal Hotel
- 4 The Old Vine
- 10 Cathedral Cottage Bed and Breakfast
- 12 The Black Hole

Essen und Trinken
- 3 Kyoto Kitchen
- 4 The Old Vine
- 6 The Crown and Anchor
- 7 Wykeham Arms
- 9 Inn the Park
- 11 Chesil Rectory

Einkaufen
- 1 The Consortium
- 5 Eclectic Hound
- 8 P&G Wells

zur Stadtgeschichte mit besonderem Fokus auf das 15. bis 17. Jahrhundert. Vom Dach des Tores eröffnen sich schöne Blick auf die Stadt.

■ **Westgate Museum,** High Street, SO23 9AP, Tel. 01962-869864, www.hampshireculture.org.uk/westgate-museum, Mo–Sa 10–17, So 11–17 Uhr, Erw. 3 £, ermäßigt 2,50 £, Kinder (5–15 J.) 2 £, Familien 8,50 £, Kombiticket mit dem *Winchester City Museum* (s.u.) Erw. 15 £, Kinder 10,50 £.

Daneben ragt die 1234 errichtete **Great Hall** auf, in deren großem Saal die riesige runde Tischplatte aufbewahrt wird, an der *König Artus'* Tafelrunde einst diniert haben soll. Niemand weiß, aus welcher Zeit der *Round Table* datiert, sicher aber ist, dass er nicht aus der Ära des legendären Königs stammt. In der Great Hall feierte *Maria I.* ihre Hochzeit mit *Philip II.* von Spanien; einige Jahre später wurde *Sir Walter Raleigh* hier der Schauprozess gemacht, der mit seiner Hinrichtung endete.

■ **The Great Hall,** Castle Avenue, SO23 8UJ, Tel. 01962-846476, www.hants.gov.uk/greathall, tgl. 10–17 Uhr, Erwachsene 4 £, ermäßigt 3,50 £, Kinder (5–16 J.) 3 £, Familien 10 £.

In der **High Street** findet der kauflustige Besucher Einzelhandelsgeschäfte des gehobenen Standards in schönen alten Häusern mit hohen Fachwerkfassaden und vorkragenden Giebeln; beim Flanieren passiert man auch das prachtvolle, aus dem 14. Jh. stammende Marktkreuz, **Butter Cross** genannt, mit seinen vielen Heiligenfiguren. High Street geht in The Broadway über, an dessen Ende die 1901 enthüllte, gewaltige **Statue von König Alfred dem Großen** (9. Jh.) in martialischer Geste wacht.

Geht man hier zurück in Richtung Kathedrale stößt man auf das **Winchester City Museum,** in dem man mehr zur Stadtgeschichte erfahren kann.

■ **Winchester City Museum,** The Square, SO23 9ES, Tel. 01962-863064, www.hampshireculture.org.uk/winchester-city-museum, Mo–Sa 10–17, So 11–17 Uhr, Erwachsene 6,50 £, ermäßigt 5,50 £, Kinder (5–15 J.) 4,50 £, Familien 21 £. Kombiticket zusammen mit dem *Westgate Museum* (s.o.) Erwachsene 15 £, Kinder 10,50 £.

Empfehlenswert ist ein Spaziergang entlang der **Water Meadows,** der Auen des Flusses Itchen, in südlicher Richtung zum **Hospital of St. Cross.** Englands ältestes Armenhaus wurde 1136 von *Bischof Blois* ins Leben gerufen und versorgte die Armen. Wer möchte, bekommt noch heute im *Wayfarer's Dole* ein Glas Bier und eine kräftige Brotkruste.

■ **The Hospital of St. Cross,** St. Cross Road, SO23 9SD, Tel. 01962-878218, www.hospitalofstcross.co.uk, Apr.–Okt. Mo–Sa 9.30–17, So 13–17, Nov.–März Mo–Sa 10.30–15.30 Uhr, Erwachsene 5,50 £, ermäßigt 5 £, Kinder (unter 13 J.) 3,50 £.

Praktische Tipps

Tourist Information

■ **The Guildhall,** The Broadway, SO23 9GH, Tel. 01962-840500, www.visitwinchester.co.uk.

Unterkunft

2 **Royal Hotel**④, 21 Saint Peter Street, SO23 8BS, Tel. 0330-1027242, www.winchesterroyalhotel.com, zentral gelegen mit ummauertem Garten.

12 **The Black Hole**③, Wharf Hill, SO23 9NQ, Tel. 01962-807010, www.theblackholebb.co.uk, anders als der Name vermuten lassen könnte, handelt es sich beim „schwarzen Loch" um ein schön gestaltetes B&B, von dem aus man die Innenstadt zu Fuß in gut zehn Minuten erreicht. Schöne Dachterrasse mit Blick auf die Kathedrale.

10 **Cathedral Cottage Bed and Breakfast**②, 19 Colebrook Street, SO23 9LR, Tel. 01962-878975, www.cathedralcottagebandb.co.uk, freundliches kleines B&B, 3 Minuten zu Fuß bis zur Kathedrale oder Haupteinkaufsstraße.

4 **The Old Vine**⑤, 8 Great Minster Street, SO23 9HA, Tel. 01962-854616, www.oldvinewinchester.com, Pub mit **4** **Restaurant**③ und Gästezimmern.

Essen und Trinken

7 **Wykeham Arms**③, 35 Kingsgate Street, SO23 9PE, Tel. 01962-853834, www.wykehamarmswinchester.co.uk, gehobene Küche in einem urigen Pub in einem 250 Jahre alten Gemäuer, Biergarten.

11 Chesil Rectory③, 1 Chesil Street, SO23 0HU, Tel. 01962-851555, www.chesilrectory.co.uk, gutes Restaurant in einem denkmalgeschützten Fachwerkhaus mit Deckenbalken und offenem Kamin.

6 The Crown and Anchor②, 168 High Street, SO23 9BA, Tel. 01962-870074, www.thecrownanchorwinchester.co.uk, ein gemütlicher Pub gegenüber der *Guildhall* mit guter Speisekarte.

3 Kyoto Kitchen②-③, 70 Parchment Street, SO23 8AT, Tel. 01962-890895, http://kyotokitchen.co.uk, japanisches Restaurant, die meisten als vegetarisch markierten Gerichte sind auch vegan, mehrere glutenfreie Optionen.

9 Inn the Park②, Colebrook Street, SO23 9LH, Tel. 01962-678100, www.innthepark.co.uk, schön in einer alten Mühle mit Blick auf die Abbey Gardens an der Kathedrale gelegen. Saisonale Küche aus der Region.

Einkaufen

1 The Consortium, 39 Jewry Street, SO23 8RY, www.theconsortiumonline.co.uk, in dem dreistöckigen Geschäft bekommt man alles, was das Zuhause schöner aussehen lässt – von Kissen über Leuchter bis hin zu Vasen, außerdem Mode, Schmuck und Geschenkartikel.

5 Eclectic Hound, 31a The Square, SO23 9EX, www.eclectichound.co.uk, britische Männermode und Accessoires von Designern wie *Ted Baker, Gabicci* und *Viyella.*

8 P&G Wells, 11 College Street, SO23 9LZ, www.pgwells.co.uk, schon seit 1729 werden in diesem Laden auf der Südseite der Kathedrale Bücher verkauft. Manch einer behauptet sogar, es sei der älteste Buchladen Englands.

Verbindung

- Mit **Zügen** im Network Southeast und **Bussen** des *National Express* in alle Landesteile.

Salisbury

– Eine der schönsten Städte Englands

Hatten die beiden Kathedralenstädte Chichester und Winchester in ihren engen Straßen und zwischen den alten Fassaden schon eine reiche Atmosphäre und viel Flair, so erlebt der Besucher in Salisbury eine weitere Steigerung. Salisbury ist neben Bath eine der **schönsten Städte im Süden** Englands, einerseits romantisch verträumt, andererseits aber ebenso vital und spritzig; ungebremst wogt das zeitgenössische Leben zwischen den alten Häuserzeilen, sodass es eine Freude ist, durch die Stadt zu flanieren. Selbst in der **prachtvollen Kathedrale** und um sie herum geht es nicht museal still, sondern springlebendig zu. Daran hat die prachtvolle Kirchenarchitektur erhebliche Anteile; Salisbury Cathedral wirkt mit dem hohen Turmhelm leicht und luftig und damit fast heiter.

Die Ursprünge der Stadt liegen 3 km außerhalb in **Old Sarum;** in diesem eisenzeitlichen Hügelfort von 1,5 km Durchmesser – seit der Prähistorie besiedelt – nahmen auch die Römer Quartier und nannten den Ort *Sorviodunum*, dann kamen die Angelsachsen und schließlich die Normannen. Die legten den Bischofssitz nach Old Sarum, bauten innerhalb der inneren Umwallung eine Festung und innerhalb der äußeren eine Kathedrale. Doch geistliche und

▷ Salisbury Cathedral

weltliche Herrscher kamen nicht miteinander aus, zudem herrschte Wassermangel in der Gegend, und so zogen die Kirchenleute gen Süden und fanden in einer anmutigen Schleife des Avon auf einer großen Fluss-Aue einen Platz für ihr neues Gotteshaus.

Die Kathedrale

1220 wurde der Grundstein gelegt, 1265, nach nur 45 Jahren Bauzeit, war die Kathedrale fertig; allerdings vorerst noch ohne Kreuzgang, Kapitelhaus und Turm. Trotz der für die damalige Zeit ungewöhnlich **kurzen Bauzeit** entstand ein gotisches Wunderwerk, das fast ausschließlich im reinsten *Early-English-Stil* errichtet worden ist.

1240 ließ der Bischof mit dem Bau des **Kreuzganges** beginnen, der 30 Jahre später fertiggestellt wurde. Von 1263 bis 1284 dauerten die Arbeiten am achteckigen **Kapitelhaus,** und 1315 war auch der **Turm** mit der Spitze fertiggestellt.

Fährt man auf die Stadt zu, so grüßt schon früh dieser nadelspitze, 120 m hohe Turmhelm, der unvergleichlich schlank in die Höhe strebt. Ist man dann vor Ort, so zeichnet maßgeblich für den Gesamteindruck des Gotteshauses der große **Cathedral Close** verantwortlich, die größte Domfreiheit aller englischen Kathedralen. Da wächst das Gotteshaus auf einem weiten grünen Grasteppich in die Höhe, „steigert sich in Stakkato-Sprüngen bis hin zum Vierungsturm" und findet in dessen hohem Helm seinen konzentrierten Abschluss.

Die **Westfront** ist ähnlich wie die von Wells und Exeter mit reichem Skulpturenschmuck überzogen.

Im Innern findet man im nördlichen Seitenschiff Englands **ältestes Uhrwerk,** das vermutlich um das Jahr 1386 gefertigt wurde. Nahebei ehrt ein **Grabdenkmal William Longespée d. J.,** der wäh-

948es am

rend des Kreuzzugs 1250 bei den Kämpfen um die ägyptische Stadt Mansura ums Leben kam.

In der Vierung erkennt man besonders gut an der südwestlichen Säule, wie sich diese unter dem Gewicht des Turmes verbogen hat. Nur vier **Hauptsäulen,** die anderen drei krümmen sich

Kathedrale Salisbury

- I Westfassade
- II Langhaus
- III Vierung
- IV Westliche Querschiffe
- V Chor
- VI Östliche Querschiffe
- VII Retrochor
- VIII Marienkapelle
- IX Kreuzgang
- X Kapitelhaus

- 1 Uhr
- 2 Grabmal von William Longespée d. J.
- 3 Grabmal von William Longespée d. Ä.
- 4 Modell der Kathedrale
- 5 Flutmarke von 1915
- 6 Grabmal der Familie Mompesson

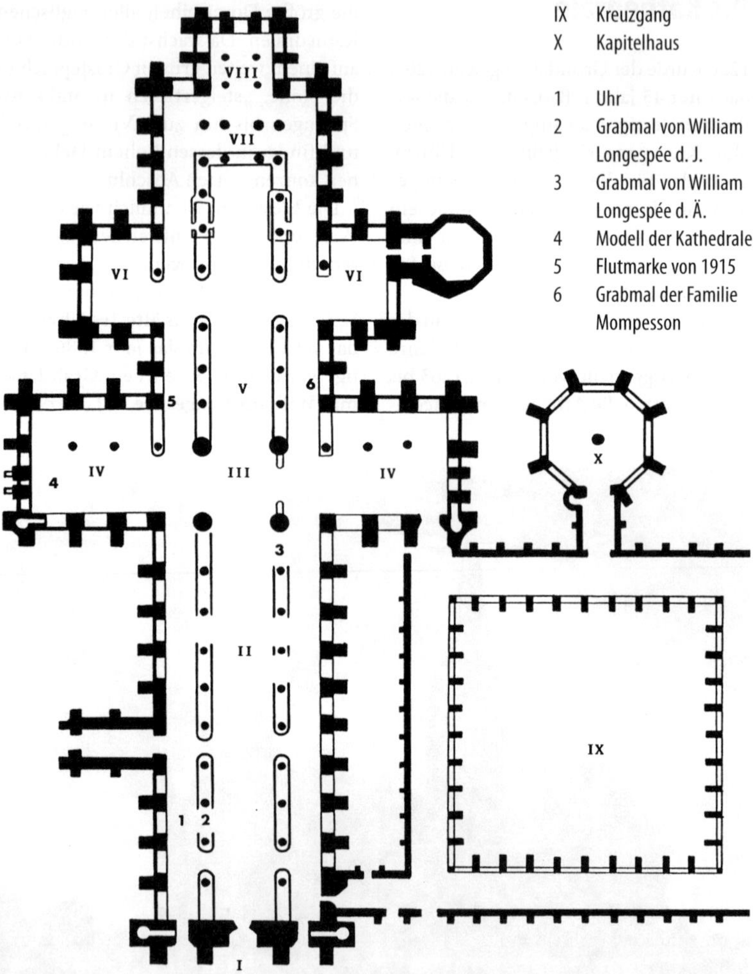

ebenfalls unter der Last, tragen das ungeheure Gewicht von 6400 t. Die ursprüngliche Planung sah überhaupt keinen Turm, geschweige denn eine Helmspitze vor. Ein durchbrochener Dachaufsatz auf der Vierung überragte nur wenige Meter das Hauptschiff. Die Stützpfeiler waren somit für eine Last von ungefähr 400 t ausgelegt – mehr als genug für den Dachstumpf. Doch dann fügte ein kühner Baumeister zwei weitere hohe Absätze hinzu, gab sich mit dem Erreichten keineswegs zufrieden und begann, die 120 m hohe steinerne Spitze rund um ein hölzernes Gerüst aufzumauern. Leider wissen wir heute nicht mehr, wer dieser Könner war.

Unter **statischen Gesichtspunkten** hätte es den Turm nicht geben dürfen, seine Konstruktion war und ist äußerst fragil. Zwar wurden zeitgleich mit dem Bau des Turmes die ohnehin dicken Lichtgadenmauern mit steinernen inneren Stützpfeilern versehen, hinzu kamen äußere Strebebogen, die von den Hauptschiffwänden bis in den Turm hineinragten und für weitere Stabilität sorgten. Das reichte aber noch immer nicht, und so entlasteten ab Ende des 14. Jh. im Chor und im östlichen Querschiff Scherenbögen die Hauptsäulen (leider sind diese nicht ganz so elegant wie die in Wells). Trotzdem, die vier Hauptsäulen begannen sich zu biegen, und die Wände verschoben sich leicht. So ließ im 15. Jh. *Bischof Beauchamp* an den Eingängen zu den Hauptquerschiffen weitere Stützbogen anbringen, und 1479/80 wurde das hölzerne Deckengewölbe des Chores durch ein widerstandsfähigeres aus Stein ersetzt.

Der Turm hielt die Baumeister und Bischöfe Jahr für Jahr in Atem. Im 17. Jh. beauftragten sie *Sir Christopher Wren* – u.a. Architekt der St. Paul's Cathedral in London – mit einer statischen Untersuchung. Der Baumeister fand heraus, dass der Turm um „nur" 9 cm abgesackt war und die Spitze sich um 75 cm nach Südwesten neigte. *Wren* ließ den Turm mit Eisenbändern ummanteln und verstärkte das dem Druck standhaltende Gemäuer.

1737 tat es ihm *Sir Gilbert Scott* nach und sicherte den Turm mit weiteren Eisenstreben; außerdem richtete er eine Messstation ein: Der Fußboden im Mittelpunkt der Vierung erhielt eine Messingplatte, auf die von der Turmspitze ein Lot herunterreichte; dort, wo es die Platte berührte, wurde eine Markierung angebracht. In dem einen Jahrhundert zwischen *Wrens* Berechnungen und *Scotts* Messungen hatte sich die Turmspitze nicht weiter geneigt. Auch 1951 und 1970, als erneute Untersuchungen vorgenommen wurden, konnte keine weitere Veränderung festgestellt werden. Dafür waren mittlerweile die Eisenbänder und -streben, die *Wren* und *Scott* hatten anbringen lassen, durchgerostet, und auch die oberen 9 m der Spitze mussten erneuert werden. Dennoch blieb eine grundsätzliche Renovierung dringend nötig, und im Jahr 1985 rief der damalige *Prince Charles* und heutige König *Charles III.* zu einer großangelegten Spendenkampagne auf. 7 Mio. Pfund wurden benötigt, um den höchsten Kirchturm Englands und den zweithöchsten Europas sicher ins nächste Jahrtausend zu bringen. Mittlerweile sind die Renovierungsarbeiten längst abgeschlossen.

Weiter geht es auf dem Rundgang. Im nördlichen Hauptquerschiff kann man an einem **großen Modell** die Kathedrale

Salisbury

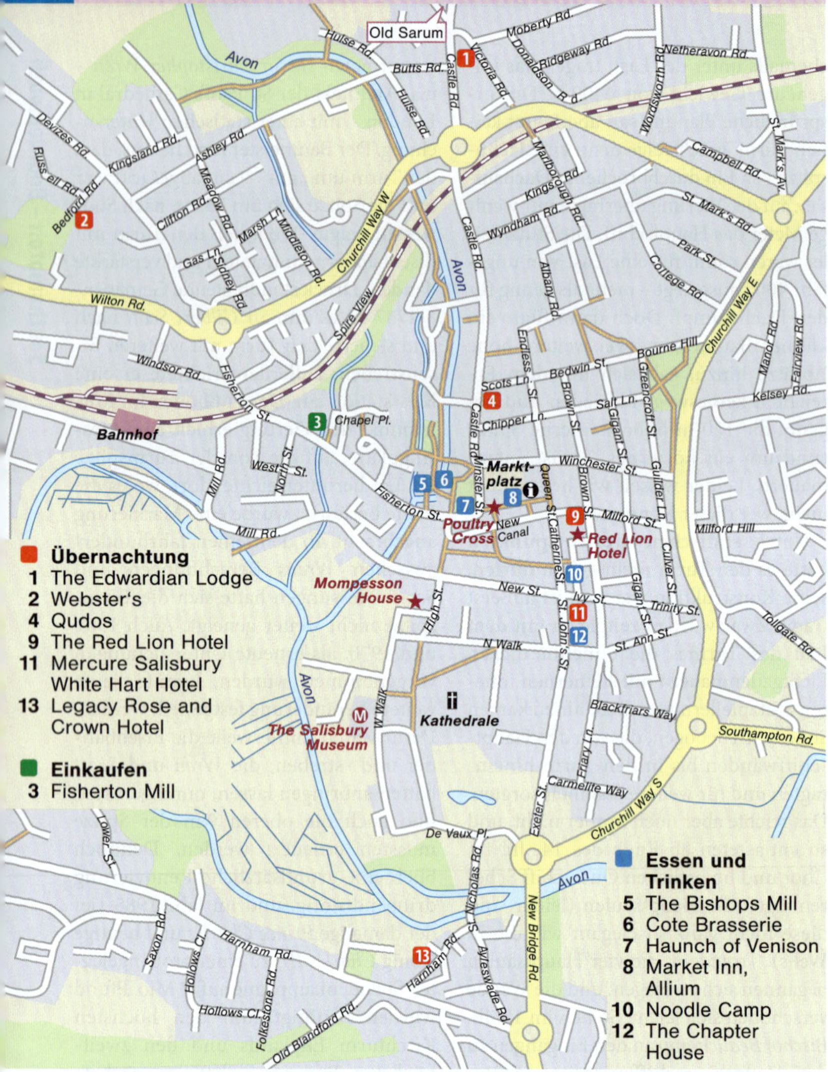

genau studieren. Um die Ecke herum, im nördlichen Chorschiff, weist eine Metalltafel mit der Markierung *Flood Level* und dem Datum des 5. Januar 1915 auf eine **Hochwasserkatastrophe** hin; in jenem Jahr war der Avon in einer Jahrhundertflut über die Ufer getreten. Es heißt, dass die hohe Geistlichkeit auf ihren Pferden in die Kathedrale geritten kam, um trockene Füße zu behalten.

Im südlichen Chorschiff schließlich darf man einen langen Blick auf das **Grabdenkmal der Familie Mompesson** nicht versäumen. Wer, wie empfohlen, die Abteikirche von Romsey besucht und dort schon das Grabdenkmal der Familie *St. Barbe* gesehen hat, wird den Stil wiedererkennen. Auch die Ruhestätte der *Mompessons* ist so bunt wie ein Papagei und wirkt fröhlich und heiter.

Über das südliche Hauptquerschiff gelangt man in den Kreuzgang und von dort ins **Kapitelhaus.** Hier tagten die Geistlichen der Kathedrale; bei den Zusammenkünften war es Brauch, ein Kapitel aus der Bibel vorzulesen, und so erhielten das Domkapitel und das Kapitelhaus ihre Namen.

Das achteckige Gebäude ziert ein vollständig umlaufender, mittelalterlicher Steinfries, der Szenen aus der Bibel zeigt. In der Mitte des Raumes ragt eine Säule auf, die in ein Fächergewölbe übergeht und die Dachlast trägt.

Im Kapitelhaus wird u.a. ein Original der **Magna Carta** (1215) ausgestellt; Adel und Kirche trotzten dem verhassten König *John Lackland* weitreichende Rechte ab und zwangen ihn, die Verfassungsurkunde zu unterschreiben.

Salisbury Cathedral, 6 The Close, SP1 2EJ, Tel. 01722-555100, www.salisburycathedral.org.uk, Mo–Sa 9.30–17, So 12.30–16 Uhr, Erwachsene 9 £, wenn im Voraus gebucht wurde, 11 £ am selben Tag, Studenten 6,50 £ bzw. 7,50 £, Kinder (12–16 Jahre) 5,50 £ bzw. 6,50 £, Kinder unter 12 Jahren Eintritt frei. Turmtouren finden mehrmals täglich statt (s. Homepage), Erwachsene 18 £ inkl. Eintritt zur Kathedrale, Studenten 14 £, Kinder ab 7 Jahren 11 £, außerdem gibt es themenspezifische Touren, bei denen man z.B. die Steinmetze, die die Kirche in Schuss halten, trifft (Zeiten s. Homepage).

Weiteres Sehenswertes

Die große *Cathedral Close,* die Domfreiheit, wird von schönen alten Häusern eingefasst. Am West Walk ist im 700 Jahre alten *King's House* das sehenswerte **Salisbury Museum,** das Heimatmuseum der Region, untergebracht. Eines der Highlights des Museums ist der „Bogenschütze von Amesbury", der aus der Alpenregion stammte und etwa 2300 v. Chr. in der Nähe von Stonehenge mit überaus reichen Grabbeilagen bestattet wurde. Von den englischen Medien wurde er daher als „König von Stonehenge" betitelt.

Ein Stückchen weiter pflegt der *National Trust* **Mompesson House,** das aus dem 18. Jh. datiert und mit seinen Möbeln einen Eindruck von den Wohnstandards des gehobenen Bürgertums der damaligen Zeit gibt.

Auf einen Stadtbummel kann man z.B. dem Avon durch das Stadtzentrum folgen, rund um den **Marktplatz** (Markt ist Di und So ab 8 Uhr) flanieren, das prachtvolle Marktkreuz **Poultry Cross** bestaunen und sich in der Milford Street das aus dem 14. Jh. stammende **Red Lion Hotel** anschauen, in dessen verwunschenem, efeuumrankten Innenhof früher die Postkutschen einfuhren.

The Salisbury Museum, The Kings House, 65 The Close, Salisbury, SP1 2EN, Tel. 01722-332151, www.salisburymuseum.org.uk, tgl. 10–17 Uhr, Erw. 9 £, Kinder (5–15 Jahre) 4,50 £, Familien 22,50 £.

Mompesson House, The Close, SP1 2EL, Tel. 017 22-335659, www.nationaltrust.org.uk/visit/wiltshire/mompesson-house, März–Okt. Fr–Di 11–16, Nov./Dez. Fr–Di 11–15.30 Uhr, Jan./Feb. geschlossen, Erw. 9 £, Kinder 4,50 £, Familien 13,50–22,50 £, *National Trust*-Mitglieder Eintritt frei.

Praktische Tipps

Tourist Information

■ Fish Row, SP1 1EJ, Tel. 01722-342860, www.visit wiltshire.co.uk/salisbury.

Unterkunft

11 **Mercure Salisbury White Hart Hotel**⑤, St. John Street, SP1 2SD, Tel. 01962-312801, www.accorhotels.com, Hotel in Gebäude aus dem 17. Jh.

9 **The Red Lion Hotel**④, Milford Street, SP1 2AN, Tel. 01722-323334, www.the-redlion.co.uk, Hotel aus dem 13. Jh., nach eigenen Angaben das älteste als Hotel gebaute Gebäude Europas.

13 **Legacy Rose & Crown Hotel**⑤, Harnham Road, SP2 8JQ, Tel. 01722-328615www.legacy-hotels.co.uk/hotels/rose-crown-hotel-salisbury-wiltshire, idyllisch am Fluss Avon gelegenes.

1 **The Edwardian Lodge**③, 59 Castle Road, SP1 3RH, Tel. 07803-583388, www.edwardianlodge.co.uk, B&B in Stadthaus von 1902.

2 **Webster's**②, 11 Hartingdon Road, SP2 7LG, Tel. 01722-339779, www.websters-bed-breakfast.com, freundliches B&B in Laufweite zur Innenstadt.

4 **Qudos**②, 38 Castle Street, SP1 1BW, Tel. 01722-413755, www.qudos.co.uk, im Stadtzentrum über einem Pub gelegen, sehr modern und sauber mit großem Frühstücksbuffet.

Essen und Trinken

7 **Haunch of Venison**②, 1 Minster Street, SP1 1TB, Tel. 01722-411313, http://haunchpub.co.uk. Salisburys atmosphärereichster Pub gegenüber Market Cross in einem schönen alten Gemäuer aus dem Jahr 1320; damals Haus des Priesters der St. Thomas Church, große Auswahl an *Malt Whiskys*. Außerdem kann man gut essen, besonders Wildgerichte und Steak.

8 **Market Inn**②, 16 Butcher Row, SP1 1EP, Tel. Tel. 01722-324528, www.greatukpubs.co.uk/the-market-inn-salisbury, gemütlicher Pub mit einfachem Restaurant. Sommertags sitzt man draußen auf dem Marktplatz. Mit vegetarischen und glutenfreien Speisen.

6 **Cote Brasserie**②, 8 St. Thomas Square, SP1 1BA, Tel. 0172-2335164, französische Klassiker wie Boeuf Bourguignon, Pilz-Cassoulet oder Enten-Confit.

10 **Noodle Camp**①, 39 Catherine Street, SP1 2DH, Tel. 01722-326063, www.noodlecamp.com, leckere chinesische Reis- und Nudelgerichte in einem einfachen, aber sympathischen Bistro.

8 **Allium**③, 6–7 Ox Row, SP1 1EU, Tel. 01722-326057, www.alliumsalisbury.restaurant, in diesem Restaurant am Marktplatz bekommt man kleine, exquisite Gerichte, die zum Teilen gedacht sind, z.B. Lamm mit Dattel-Ketchup oder geschmorten Brokkoli mit Tofu und Mandeln.

12 **The Chapter House**②, 9–13 St John's Street, SP1 2SB, Tel. 01722-341277, www.thechapterhou seuk.com, Steakhaus mit südafrikanischem Einschlag. Hier gibt es z.B. Spezialitäten wie *Bobotie*, ein Curry aus Rinderhackfleisch mit *Chutney*, sowie *Trinchado*, ein aromatisches Rindfleischgericht. Auch gute Auswahl an veganen Speisen.

5 **The Bishops Mill**①-②, 7 The Maltings, SP1 1BD, Tel. 01722-412127, www.greeneking-pubs.co.uk/pubs/wiltshire/bishops-mill. Zugang von der Fisherton Street, sehr angenehm sitzt man hier bei schönem Wetter am Ufer des Avon und lauscht dem Murmeln eines kleinen Wasserfalls, der ehemals das Mühlrad trieb. Auch vegane und glutenfreie Gerichte stehen auf der Speisekarte.

Einkaufen

3 **Fisherton Mill,** 108 Fisherton Street, SP2 7QY, www.fishertonmill.co.uk, in der ehemaligen Getreidemühle werden u.a. Gemälde, Kunsthandwerk, Schmuck und Geschenkartikel von rund 200 britischen Künstlern und Designern verkauft. Nach dem

Einkauf kann man sich im preisgekrönten Bistro stärken.

Verbindung

■ Die Busse fahren an verschiedenen Haltestellen rund um den Market Square ab, v.a. in Endless Street, Blue Boar Row und New Canal.

■ **Bahnhof:** South Western Road, SP2 7RS, rund 800 m westlich vom Zentrum.

Old Sarum

– Die Urzelle von Salisbury

3 km nördlich von Salisbury liegt an der A 345 in Richtung Amesbury Old Sarum, der Gründungsort von Salisbury. Um 3000 v. Chr. gab es hier eine neolithische Ansiedlung, um 100 n. Chr. besetzten dann die Römer das eisenzeitliche Hügelfort, 525 bezogen es die Angelsachsen. 1010 erlangte Sarum Reputation durch eine königliche Münze, 75 Jahre später ließ *Wilhelm der Eroberer* eine Festung errichten, und 1092 begann man mit dem Bau eines großen Gotteshauses. 1130 war es *Bischof Roger,* der einen Palast für *Heinrich I.* in Angriff nahm, 1219 dann zog der Klerus gen Süden und legte ein Jahr später den Grundstein für die neue Kathedrale, um die herum Salisbury entstand. 1336–1414 diente Old Sarum Castle als Gefängnis, 1514 brach die baufällige Burg in sich zusammen, und 1734 war die Stätte vollends verlassen.

Heute kann man die eisenzeitliche Befestigung und die Ruinen späterer Bauwerke an dieser Stelle besichtigen.

■ **Old Sarum,** Castle Road, SP1 3SD, Tel. 01722-335398, www.english-heritage.org.uk/visit/places/old-sarum, April–Okt. tgl. 10–17, Nov.–März tgl. 10–16 Uhr, Eintrittspreise variieren je nach Saison und Wochentag, Erwachsene 8,10 £, ermäßigt 7,20 £, Kinder (5–17 J.) 4,50 £, Familien 12,60–20,70 £, günstiger bei Online-Vorausbuchung, *English Heritage*-Mitglieder frei.

Im New Forest

– Wo nur der König jagen durfte

Zwischen den Städten Southampton und Bournemouth erstreckt sich der rund 350 km² große, unter Naturschutz stehende New Forest, einer der landschaftlichen Höhepunkte im Süden Englands, ein schönes, ruhiges Wald- und Heidegebiet, das zu Wanderungen und Spaziergängen einlädt. *Wilhelm der Eroberer* ließ die damals dichtbewaldete Region 1079 exklusiv für sich und seine Jagdfreuden reservieren. Das englische Wort *forest,* heute allgemein mit „Wald" übersetzt, bezeichnete in jenen Tagen den königlichen Forst, der ausschließlich dem Nutzen des Herrschers diente.

Das Gelände war bewacht, wer hier bei der Jagd erwischt wurde, hatte sein Leben verwirkt. Über die Jahrhunderte hinweg sorgten *Forest Warden* und *Verderers* (Forstwächter und königliche Jagdaufseher) für die Waldregion, und noch heute sind zehn *Verderer* zum Wohle des New Forest tätig; fünf werden von den Bürgern gewählt, fünf von öffentlichen Körperschaften in ihr Amt eingesetzt. Die Wald- und Heideschützer tagen in der *Verderers Hall* in Lyndhurst.

Im 17. und 18. Jh. wurden die großen Wälder durch die Flottenbauprogramme erheblich verkleinert, 100 Jahre später dann avancierte die Region per Parlamentsbeschluss zum Naturschutzgebiet, und es wurde kräftig aufgeforstet.

Im gesamten Gebiet findet man die frei grasenden, halbwilden **New Forest Ponies,** die auch schonmal auf der Fahrbahn stehen können; auch **Rinder** haben hier einen geschützten Lebensraum und liegen nicht selten wiederkäuend auf der Straße. Der Autofahrer wird um eine defensive Fahrweise gebeten, Tiere haben in diesem Naturschutzgebiet „Vorfahrt".

In Kilometerabständen finden sich **Parkplätze,** sodass man fast überall dort, wo man es schön findet, mit einem Spaziergang beginnen kann. Der Naturpark bietet für jeden etwas – von **Wandern** über **Radfahren** bis zur **Tierbeobachtung.** Wer möchte, kann sich auch gemütlich mit einem oben offenen Doppeldeckerbus durch die schöne Landschaft kutschieren lassen.

www.newforestnpa.gov.uk

Lyndhurst

Im **Zentrum des New Forest** liegt das Städtchen Lyndhurst, in dem ein Informationszentrum den Besucher tiefer mit der Fauna und Flora der Region bekannt macht. Lyndhurst hat auch die beste touristische Infrastruktur.

Auf dem Friedhof des Ortes liegt *Mrs. Reginald Hargreaves* begraben, die hochbetagt 1932 starb und mit ihrem Mädchennamen *Alice Liddel* in die englische Literaturgeschichte eingegangen ist; als Kind hatte sie *Lewis Carroll* zu „Alice in Wonderland" (1865) inspiriert.

Wenige Kilometer gen Süden bietet das Örtchen **Brockenhurst** ebenfalls eine gute Anlaufstelle für Aktivitäten.

New Forest Heritage Centre, Lyndhurst, SO43 7NY, Tel. 023-80283444, www.newforestheritage.org.uk.

Beaulieu

Für viele Besucher ist nicht ein angenehmes Naturerlebnis der Grund für ihren Besuch, sondern der „Vergnügungspark" rund um den Stammsitz der Montagu-Familie beim Örtchen Beaulieu. Hauptattraktion ist hier das **National Motor Museum,** das über 300 alte Karossen im Bestand hat.

National Motor Museum, *John Montagu Building,* Beaulieu, SO42 7ZN, Tel. 01590-612345, www.beaulieu.co.uk, tgl. 10–17, Juni–Anfang Sept. tgl. 10–18 Uhr, Erwachsene 27,50 £, Kinder (5–16 Jahre) 16,50 £, Familien 73 £. Die Karten sind wesentlich günstiger, wenn man sie online im Voraus bucht.

Beaulieu selbst ist ein hübsches Dörfchen, dort gelegen, wo sich der Beaulieu River zum Mündungstrichter verbreitert. Sehr empfehlenswert ist ein Spaziergang am westlichen Ufer des Flüsschens gen Süden zum ca. 4 km entfernten **Buckler's Hard.** Im 17., 18. und 19. Jh. wurden hier die Schiffe gebaut, mit denen *Nelson* Jagd auf die Franzosen machte; Buckler's Hard war einmal – bedingt durch den Holzreichtum des New Forest – eine der größten Werftanlagen im Lande. Ein interessantes **Maritime Museum** und zwei gegenüberliegende, durch ein breites Grün getrennte Reihenhaussiedlungen aus früheren Tagen sind die Attraktionen. An schönen Tagen kann es in diesem **Freilichtmuseum** allerdings recht voll werden. Dann hocken viele Besucher auf dem großen Rasenplatz, schauen aufs Wasser und picknicken oder schlecken ein Eis. Kommt man nicht zu Fuß, sondern mit dem Auto an, so wird man an einer Straßensperre zur Kasse gebeten und dann auf einen großen Parkplatz abseits des Örtchens gelotst. Besucher, die mit öffentlichen Verkehrsmitteln anreisen bekommen 20 % Nachlass auf den Eintrittspreis.

Buckler's Hard, Beaulieu, SO42 7XB, Tel. 01590-616203, www.bucklershard.co.uk, April–Sept. 10–17, Okt.–März 10–16 Uhr, Erw. 5,90 £, Senioren (über 60 J.) 5,40 £, Kinder (5–17 J.) 4 £, Familien 16 £, Bootsfahrten auf dem Fluss Erwachsene 7,50 £, Senioren 7 £, Kinder 5,50 £, Familien 21,50 £.

adobe.stock ©DRPL

Bei Sonnenaufgang im New Forest nahe Lyndhurst

Minstead

Anhänger und Freunde des Meisterdetektivs *Sherlock Holmes* wird es zum kleinen Weiler Minstead ziehen, nordwestlich von Lyndhurst gelegen. Im Kirchhof des 700 Jahre alten Gotteshauses liegt *Sir* **Arthur Conan Doyle** (1859–1930) begraben. Auf dem Grabstein wird er als „Knight, Patriot and Physician" und als „Man of Letters" gelobt. 1890 hatte er die Gegend kennen gelernt und in einem gemieteten Farmhaus südlich von Minstead seinen historischen Roman „The White Company" geschrieben. Im Jahr 1925 kaufte *Conan Doyle* dann im Örtchen das Haus Bignell Wood. Hier entstand „The Case-Book of Sherlock Holmes".

Nördlich von Minstead, nur einen Katzensprung entfernt, trifft man auf den **Rufus Stone,** der jene Stelle markiert, an der König *Wilhelm II. Rufus*, Sohn von *Wilhelm dem Eroberer,* am 2. August 1100 von dem verirrten Pfeil *Sir Walter Tyrells* tödlich getroffen zu Boden sank und sein Leben aushauchte. Eleganter lässt sich ein Königsmord nicht in Szene setzen, doch handelte es sich wahrscheinlich tatsächlich um einen Unglücksfall. Wie auch immer es gewesen sein mag, Volk, Adel und Klerus waren hochzufrieden mit dem unerwartet freudigen Ereignis! In seiner nur dreijährigen Herrschaft hatte *Wilhelm II.* die Kirche, die Adligen und seine Untertanen mit seinen unverschämten Forderungen zutiefst gegen sich aufgebracht.

Bournemouth

– Wo sich die Welt trifft

Bournemouth, Poole und das Örtchen Christchurch sind in den letzten Jahrzehnten zusammengewachsen und zählen heute rund 460.000 Einwohner.

Wie Brighton und Eastbourne auch, ist Bournemouth ein gepflegtes, **international renommiertes Seebad,** das mit seinem großen Konferenzzentrum Tagungen aller Art ausrichten kann; viele Sprachschulen bieten ihre Dienste an und werden von jungen Leuten aus aller Herren Länder besucht. Weite Grünflächen und Parks – einer mit etlichen Vogel-Volieren, in der eine Anzahl exotischer Piepmätze herumzwitschern – laden zur Erholung ein, und an den Straßenrändern spenden hohe Bäume Schatten und lassen die steinernen Häuserzeilen etwas freundlicher aussehen.

10 km lang ist der **Sandstrand,** und zwei **Piers** signalisieren Größe und Bedeutung. Im Zentrum, am **Bournemouth Pier,** steigen die Klippen steil empor, viele Treppen führen hinunter ans Gestade; für Fußfaule gibt es zwei Aufzüge, die an der West Promenade und am östlichen Undercliff Drive die Schwimmer und Sonnenanbeter nach unten und auch wieder zurück bringen. Von dort oben hat man auch einen schönen Blick auf den langen, weit ins Meer ragenden Pier; besonders abends sieht es recht stimmungsvoll aus, wenn die Seebrücke mit bunten Lämpchen geschmückt ist. Wer den Nervenkitzel mag, kann vom Pier aus an einem Drahtseil befestigt über das Meer an den Strand

adobe.stock ©DRPL

„fliegen". Die Seilfahrt beginnt auf dem 25 m hohen **Zip Tower.**

Zip Tower, Bournemouth Pier, BH2 5AA, Tel. 01202-983983, www.rockreef.co.uk/pierzip, Apr.–Sept. 22 £ oder 40 £ für zwei Personen, sonst 17 £ (30 £). Öffnungszeiten variieren je nach Wetter und Saison.

Bournemouth wurde erst um 1810 gegründet und hatte 40 Jahre später noch immer weniger als 1000 Einwohner. Doch als der Ort dann 1870 an das Eisenbahnnetz angeschlossen wurde, gab es kein Halten mehr, Bournemouth entwickelte sich rasant zu einem **eleganten Seebad.** Im milden, golfstromerwärmten Klima suchten die Kranken Genesung von ihren Leiden.

Auf dem Kirchhof der **St. Peter's Church** liegt das Herz von *Percy Bysshe Shelley* begraben (1792–1822), der zusammen mit *John Keats, William Wordsworth, Coleridge und Lord Byron* zu den ganz großen Dichtern der englischen Romantik zählt. *Shelley* war im Sommer des Jahres 1822 im Golf vor Livorno beim Kentern seines Segelbootes ertrunken; zwei Wochen später spülten die Wellen seine Leiche an Land. Am Strand von Viareggio wurden seine sterblichen Überreste verbrannt. Shelleys zweite Frau *Mary Wollstonecraft* (1797–1851), Autorin des Romans „Frankenstein" (1818), liegt ebenfalls auf dem Friedhof der St.-Peters-Kirche begraben.

Strand und Pier von Bournemouth

Wer ab und an einmal bei seinen Besichtigungen auf alte englische Kirchhöfe kommt, sollte auf den Grabsteinen Ausschau halten nach dem im 16., 17. und 18. Jh. beliebten Spruch für gemeinsam bestattete Eheleute: „She first deceased him; he a little, tried / To live without her, liked it not, and died." (Sie verließ ihn zuerst, er versuchte ein wenig ohne sie zu leben, mochte es aber nicht und starb.) Der berühmte Satz stammt vom Schriftsteller und Diplomaten *Sir Henry Wotton* (1568–1639).

Sehenswertes

Nahe dem **Bournemouth Pier** findet der kunstinteressierte Besucher das hervorragende **Russel-Cotes Art Gallery and Museum.**

Direkt neben dem Pier liegt das sicherlich vor allem für Kinder interessante **Aquarium** *Oceanarium,* in dem man Haie, Rochen, Pinguine und Krokodile aus nächster Nähe anschauen kann.

■ **Oceanarium,** Pier Approach, BH2 5AA, Tel. 01202-311993, www.oceanarium.co.uk, tgl. 10–16 Uhr, Erwachsene 15,99 £, ermäßigt 13,50 £, Kinder 10,95 £, Familienticket 31,95–46,95 £.

Etwa 300 m nordöstlich vom Pier ragt die Tagungsstätte *BIC* auf – das **Bournemouth International Centre.**

In der großen Hafenbucht von Bournemouth/Poole liegt das 200 ha umfassende **Brownsea Island;** die Vogelschutzinsel gehört dem *National Trust* an und ist von April bis Oktober vom Poole Quay aus zu besuchen.

Eine verkehrsberuhigte **Einkaufsstraße** ist die **Old Christchurch Road,** die in den St. Peter's Walk mit der Criterion Arcade übergeht. Eine weitere Geschäftsstraße ist die **Commercial Road.**

Etwas weiter östlich auf einer Halbinsel bei Christchurch gelegen, lohnt für Natur- und Archäologieliebhaber ein Besuch im **Hengistbury Head Nature Reserve.** Das Besucherzentrum gibt ausführlich Auskunft über die geologischen und geografischen Gegebenheiten sowie die Besiedlungsgeschichte des Ortes in den letzten 12.000 Jahren. Außerdem lassen sich hier wunderbar ausgedehnte Spaziergänge durch die Küstenlandschaft unternehmen oder ein Picknick machen.

Praktische Tipps

Tourist Information

■ **Pier Approach,** BH2 5AA, Tel. 01202-123800.

Unterkunft

3 Royal Exeter Hotel③, Exeter Road, BH2 5AG, Tel. 01202-438000, www.royalexeterhotel.co.uk, elegantes Hotel aus dem Jahr 1812 in der Nähe des Piers mit Fitnessstudio, Bar und kostenlosem Parkplatz.

6 The Cumberland Hotel③, 27 East Overcliff, BH1 3AF, Tel. 01202-298350, www.cumberlandbournemouth.co.uk, Art-Déco-Hotel direkt am Meer, mit Swimmingpool.

9 Amarillo③, 52 Frances Road, BH1 3SA, Tel. 01202-553884, www.amarillo.co.uk, freundliches B&B in der Nähe des Bahnhofs mit geschmackvoll eingerichteten Zimmern.

7 The Ravensbourne Hotel①, 17 Westby Road, Boscombe, BH5 1Ha, Tel. 01202-390383, www.ravensbourne-hotel.co.uk, B&B im bei Surfern belieb-

Bournemouth

ten Vorort Boscombe. Ein 2 km langer Spaziergang entlang der Küste führt ins Stadtzentrum.

8 Mory House③, 31 Grand Avenue, Southbourne, BH6 3SY, Tel. 01202-433553, www.moryhouse.co.uk, B&B in ruhigem Wohnviertel, 200 m vom Strand entfernt.

Jugendherbergen①: **10** *Bournemouth Backpackers,* 3 Frances Road, BH1 3RY, Tel. 01202-299 491, www.bournemouthbackpackers.co.uk, nahe Bahnhof. In Burley, ca. 10 km nordwestlich im New Forest gelegen: **11** *YHA New Forest,* Cott Lane, Burley, Ringwood, BH24 4BB, Tel. 0345-3719309, www.yha.org.uk/hostel/yha-new-forest. Zur Jugendherberge gehört auch ein schöner Zeltplatz.

12 Camping: *The Homestead Campsite,* 355 Christchurch Road, West Parley, Ferndown, BH22 8SH, Tel. 01202-574247, www.jmleisure.co.uk, kleiner Campingplatz mit viel Natur und altem Baumbestand. Platz für Zelte und Wohnmobile.

Essen und Trinken

5 Key West Bar & Grill②, Bournemouth Pier, BH2 5AA, Tel. 01202-237902, www.keywestbournemouth.co.uk, Restaurant am Ende des Piers mit toller Aussicht, serviert werden vor allem Grillgerichte und Burger, aber auch einige vegetarische Gerichte.

1a Twelve Eatery②, 12 The Triangle, BH2 5RY, Tel. 01202-310166, www.twelveeatery.com, Nachhaltigkeit steht laut der Inhaber in diesem Restaurant an erster Stelle, und so finden sich auf der Speisekarte nur vegane Speisen aus Bio-Produkten, was die Gaumenfreuden aber keineswegs einschränkt: Die Gerichte überzeugen durch ihre perfekte Zubereitung und schöne Präsentation.

1 Da Mario Wood fired Pizza①, 12 Queens Road, BH2 6BE, Tel. 01202-766988, www.damariopizza.co.uk, original neapolitanische Pizza aus dem Steinofen zu moderaten Preisen.

adobe.stock ©Andy Chisholm

2 **Lola's Spanish Tapas Restaurant**②, 95 Commercial Road, BH2 5RT, Tel. 075-88065360, www.lolasrestaurant.co.uk, kleine, sehr beliebte Tapas-Bar, am Wochenende besser vorbuchen.

Einkaufen

Wer auf der Suche nach kleinen, unabhängigen Läden ist, sollte sich nach **Westbourne** aufmachen, einem Vorort von Bournemouth, den man zu Fuß in etwa 15 Minuten erreicht. In der viktorianischen **Arcade,** die 1885 gebaut wurde, finden sich über 25 Boutiquen, Geschenkeläden und kleine Cafés sowie ein winziges Kino mit nur 19 Sitzplätzen.

- **Westbourne Arcade,** Poole Road, BH4 9AY.

Verbindung

- **Bahnhof** und **Busbahnhof:** Holdenhurst Road, BH8 8HX, ca. 1,2 km östlich vom Zentrum.

[^] Fast versteckt von alten Bäumen: das Rathaus von Bournemouth

Kingston Lacy

– Das Schmuckkästchen des National Trust

Einige Kilometer nordwestlich von Bournemouth findet man an der B 3082 mit Kingston Lacy einen weiteren prachtvollen **südenglischen Palast.** 1663 beauftragte *Sir Ralph Bankes*, dessen Familienbesitz Corfe Castle im Bürgerkrieg von den Cromwell-Truppen zerstört worden war, den Architekten *Roger Pratt* mit der Errichtung eines neuen Hauses – „for the politer way of living“.

[>] Kingston Lacy

Gut 100 Jahre später wird hier *William John Bankes* geboren (1786–1855) und verbringt eine beschützte Jugend auf dem Landsitz. Zusammen mit *Lord Byron* studiert er in Cambridge und beginnt dann – für begüterte Adlige jener Tage unverzichtbar – die sogenannte Kavalierstour, eine ausgedehnte Europa- und Orientreise. *Bankes* geht nach Spanien, wo er sich unter das fahrende Volk mischt und mit den Zigeunern lebt. (Eine Freundin informiert *Byron* über die Lebensweise von *William John:* „Ich habe über Bankes Aufenthalt in Granada gehört – er lebt dort in einem erbärmlich exzentrischen Stil“) Als *Wellington* in mehreren Schlachten die Franzosen im sogenannten *Peninsular War* von der Iberischen Halbinsel vertreibt, ist *Bankes* in seinem Gefolge und rafft an Kunstschätzen zusammen, was ihm unter die Finger gerät. *William John* treibt es gar so arg, dass *Wellington* eines Abends seinen Offizieren befiehlt: „Gentlemen, I will have no more looting; and remember, Bankes, this applies to you also!“ („Meine Herren, ich möchte keine Plünderungen mehr, und vergessen Sie nicht, Bankes, das gilt ganz besonders für Sie!“)

adobe.stock ©chrisdorney

Kingston Lacy

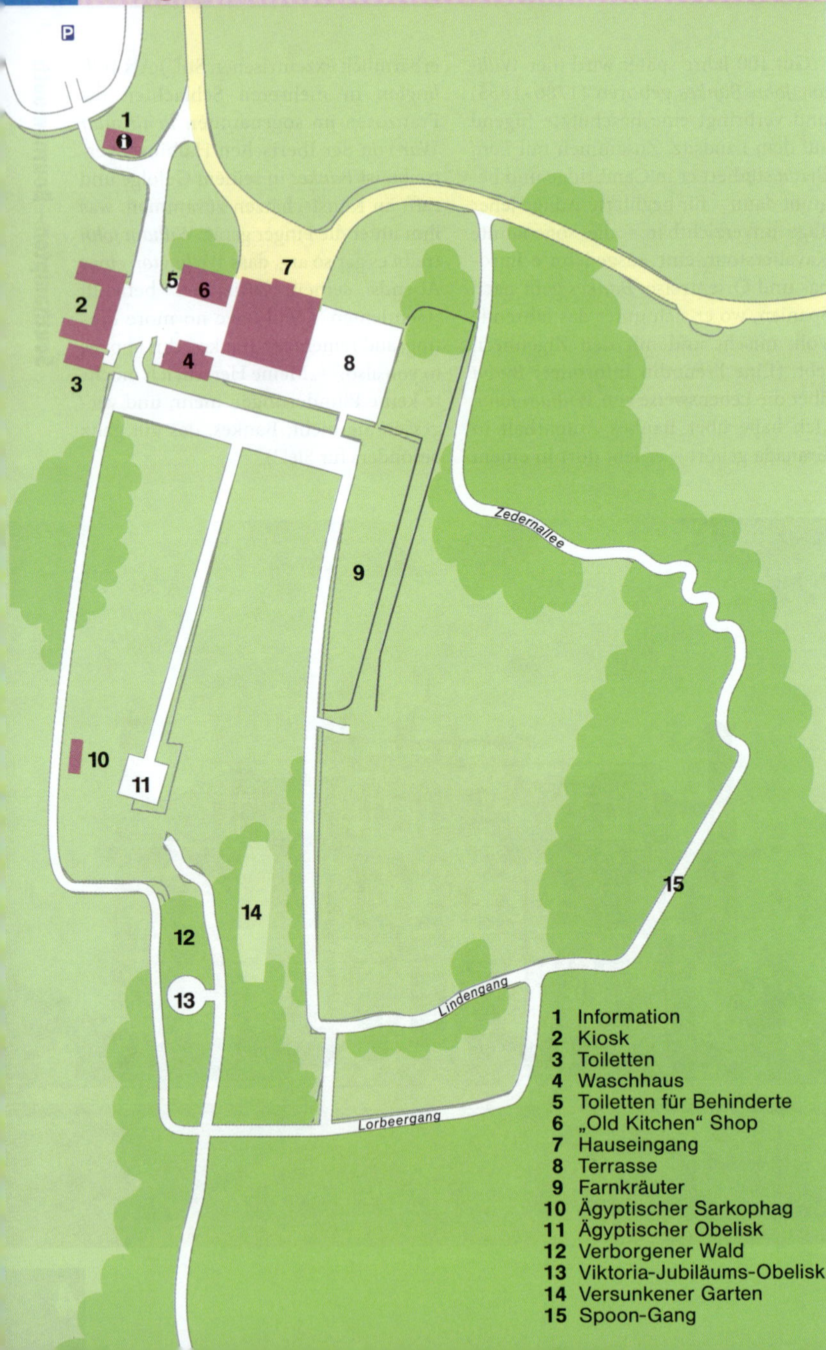

Natürlich hält sich der junge Springinsfeld nicht daran, rafft weiter zusammen und schickt wöchentlich Kisten nach Hause, adressiert an *Lord Wellington*, Kingston Lacy. Was *Bankes* von der Iberischen Halbinsel mitbrachte, dokumentiert eindrucksvoll der Spanische Raum in Kingston Lacy.

Als es in Spanien für ihn nichts mehr zu holen gibt, wendet sich *William John* Griechenland und Ägypten zu. 1815 lässt er auf der oberägyptischen Nil-Insel Philae einen **Obelisken** aus dem dortigen Isis-Tempel verschiffen. Die pharaonische Nadel enthält Hieroglypheninschriften und einen griechischen Text; zusammen mit dem Stein von Rosetta, der ebenfalls hieroglyphische und griechische Inschriften enthielt, gelang es dann dem Franzosen *Champollion*, das Geheimnis der altägyptischen Schrift zu lösen. Der Obelisk ragt nun im Garten von Kingston Lacy in den südenglischen Himmel; der *Duke of Wellington* wählte auf die Bitte von *Bankes* den Standort und legte das Fundament. Neben vielen Kleinigkeiten schickte *Bankes* auch einen lebensgroßen Sarkophag nach Hause.

Von Ägypten geht es nach Syrien, in den Libanon und nach Jordanien, wo *William John*, verkleidet als Beduine, in der Nabatäerstadt Petra forscht. Ein Begleiter schrieb: „From his profound knowledge of ancient history as well as his skill in drawing, he was by far the best calculated to go on such expedition." Und: „Bankes leaves nothing unexplored." („Mit seiner profunden Kenntnis der Frühgeschichte und seinem Zeichentalent war er am besten geeignet, eine solche Expedition zu unternehmen." Und: „Bankes ließ absolut nichts unerforscht.")

Unbestätigten Gerüchten zufolge soll *William John* sogar der erste Engländer gewesen sein, der in Verkleidung die heilige Stadt Mekka besuchte. Von seinem Naturell her wäre es ihm zuzutrauen gewesen. Gesicherter ist, dass er wieder zurück in das Nil-Land kommt, wo er eine Expedition ausrüstet und von Oktober 1818 bis zum Frühsommer des folgenden Jahres nach ägyptischen Schätzen sucht. *Bankes* dringt bis tief nach Nubien ein und kopiert die Wandreliefs von Abu Simbel, dem kolossalen Felsentempel von *Ramses II.*, der erst fünf Jahre zuvor von dem Schweizer *Johann Ludwig Borchert* durch Zufall entdeckt worden war. Hier besucht ihn – ebenfalls auf Grand Tour – der Architekt *Charles Barry*.

Von Ägypten reist *Bankes* in das Land zwischen Euphrat und Tigris und forscht nach den Spuren der Assyrer. Nach sieben Jahren Orient – die meiste Zeit an Plätzen, in denen „the eternal silence of infinite space", „das ewige Schweigen des unendlichen Raumes", herrschte – kehrt *Bankes* zurück. Vorher besucht er *Lord Byron* in Italien und kauft dort schnell noch einige Meisterwerke. In England wird er als *Nubian Explorer* von der feinen Gesellschaft gefeiert, aber auch seine Tätigkeit als Politiker wird allgemein hochgeachtet.

Um seiner Kunstsammlung einen angemessenen Rahmen zu geben, beginnt er zusammen mit *Charles Barry* Kingston Lacy umzubauen. Sechs Jahre dauern die Arbeiten, und aus dem Haus wird einer der bewundertsten Landsitze Englands. Als der dann 1841 endlich fertig ist, bereitet sich *William John Bankes* darauf vor, die Großen des Landes in seinem Schatzhaus zu empfangen.

Doch es kommt alles ganz anders. *William Johns* homosexuelle Kontakte waren herausgekommen, er wird verhaftet und nur gegen Kaution auf freien Fuß gesetzt. Rasch legt er die Verwaltung von Kingston Lacy in die Hände seines Bruders und flieht nach Italien. Hier sammelt *Bankes* weiter Kunstwerke aller Art und schickt sie seinem Bruder; auch kommt er an Sonntagen in die Bucht von Studland gesegelt und löscht dort seine Ladung. Nach einem alten Gesetz durften im Ausland lebende Kriminelle an Sonntagen von Sonnenaufgang bis Sonnenuntergang ihren Fuß auf englischen Boden setzen, ohne dabei verhaftet zu werden. Der Brauch ging auf katholische Zeiten zurück, als man auch flüchtigen Verurteilten die Gelegenheit geben wollte, an Sonntagen die heilige Messe zu hören.

Am 17. April 1855 stirbt *William John Bankes* in Venedig. Ein Parlamentsbeschluss ist nötig, um seine sterbliche Hülle nach England zu überführen.

Letzter Besitzer von Kingston Lacy war der exzentrische *Ralph Bankes*. Als *Lord Pembroke*, ein Schulfreund aus vergangenen Tagen, eines Tages anrief, um anzukündigen, dass die *Queen Mum* sei-

adobe.stock ©chrisdorney

ne Kunstsammlung zu sehen wünschte, sagte Ralph: „The house is open to the public at weekends!". Ein anderes Mal kam eine Besuchergruppe auf Einladung des Umweltministeriums extra von London angereist. Ein Teilnehmer klingelte an der Haustür, *Ralph* steckte seinen Kopf aus einem Pförtnerzimmer und schimpfte laut: „Not in here!", schloss das Fenster, und die Tür blieb zu.

Völlig vereinsamt starb er 79-jährig im August 1981 in Kingston Lacy, das – so hatte der kinderlose Exzentriker beschlossen – mit sämtlichen Ländereien an den *National Trust* fallen sollte. Eine größere Schenkung hatte der Trust bisher noch nicht erhalten. Das Objekt mit der grandiosen Kunstsammlung und den Landbesitzungen ist mehrere hundert Millionen Pfund wert. Als die Experten des *Trusts* das Haus besichtigten, sackte ihnen jedoch erst einmal das Herz in die Hose. Das Gebäude war praktisch eine Ruine; alles zusammen war nicht nur Millionen wert, es würde auch Millionen verschlingen, alles zu renovieren. Und so machten sich die Restauratoren des *Trusts* an ihre bisher größte Herausforderung. Fünf Jahre lang wurde ununterbrochen renoviert und restauriert – es gab nicht einen heilen Bilderrahmen, Meisterwerke von *Tizian, Rembrandt, Rubens, Reynolds, Brueghel, Veronese, Velazques, van Dyck* und *Kneller* schimmelten vor sich hin, der Regen plätscherte durchs Dach, kein Möbelstück, das nicht bei Berührung zusammenbrach, in tragenden Balken tummelten sich die Holzböcke, stützende Eisenkonstruktionen waren verrostet.

Im Jahr 1986 konnte Kingston Lacy der Öffentlichkeit zugänglich gemacht werden.

Ein wenig nördlich von Kingston Lacy liegt die **eisenzeitliche Hügelfestung Badbury.** Drei hohe Erdwälle sichern ein zentrales Plateau, das heute mit hohen Bäumen bestanden ist. Die Römer nutzten die Anlage. Esoteriker pilgern gerne zu den **Badbury Rings** und huldigen *König Artus,* der hier gegen die Angelsachsen gekämpft haben soll.

■ **Kingston Lacy,** Wimborne Minster, BH21 4EA, Tel. 01202-883402, www.nationaltrust.org.uk/visit/dorset/kingston-lacy, tgl. 10.30–16 Uhr, Erwachsene 19 £, Kinder 9,50 £, Familien 28,50–47,50 £, *National Trust*-Mitglieder frei.

☒ Sonnenuhr im Park von Kingston Lacy

Abbotsbury | 188
Beer | 192
Cerne Abbas | 180
Chesil Beach | 187
Clouds Hill | 167
Dorchester | 176
Durdle Door | 174
Isle of Portland | 187
Isle of Purbeck | 166
Lulworth Cove | 174
Lyme Regis | 189
Milton Abbas | 176
Montacute House | 182
Moreton | 167
Sherborne | 181
Wareham | 167
Weymouth | 184

adobe.stock© LilyRosePhotos

5

Isle of Purbeck – Lyme Regis

» Die Südküste Dorsets lockt mit dramatischen Klippen, hübschen Seebädern und einem Hinterland voller Geschichte.

‹ Segel- und Fischerboote im Hafen von Weymouth

ISLE OF PURBECK – LYME REGIS

Die dramatische Küstenlinie lädt ein zu ausgiebigen Exkursionen – vielleicht auf den Spuren von Lawrence von Arabien oder denen von Thomas Hardy im behäbigen Dorchester. Wer danach ein wenig Ruhe braucht, der findet diese in den Seebädern Lyme Regis und Weymouth oder bei den Schwänen von Abbotsbury.

NICHT VERPASSEN!

- **Corfe Castle,** malerisches Örtchen mit Burgruine | 166
- **Dorchester,** die Heimatstadt des Schriftstellers *Thomas Hardy* ist seit römischer Zeit ein regionales Zentrum | 176
- **Montacute House,** Landhaus aus dem 16. Jh. mit sehenswertem Garten | 182
- **Lyme Regis,** hier kommen Dinosaurier-Freunde und Fossilien-Enthusiasten auf ihre Kosten | 189

Diese Tipps erkennt man an der gelben Markierung.

Isle of Purbeck

Die Halbinsel südlich von Bournemouth wird Isle of Purbeck genannt und ist bekannt für ihren **Marmor,** der jede englische Kathedrale ziert. Die Gegend steht zwar unter **Naturschutz,** doch findet man hier ein **militärisches Sperrgebiet.**

Klammert man diesen Tatbestand aus, so zeigt sich die Küste zwischen Bournemouth und Weymouth von dramatischer Schönheit.

Von Bournemouth geht es entlang der A 351 über Wareham zum efeuverhängten Weiler **Corfe Castle,** wo sehr malerisch eine Burgruine über dem Örtchen steht. *Wilhelm der Eroberer,* unter dem die Normannen im 11. Jh. England und Wales eroberten, ließ diese Burg bauen. Während des englischen Bürgerkrieges im 17. Jh. war die Festung ein Stützpunkt der Royalisten und wurde von den siegreichen Parlamentariern im Jahr 1646 zerstört.

■ **Corfe Castle,** Wareham, BH20 5EZ, Tel. 01929-481294, www.nationaltrust.org.uk/visit/dorset/corfe-castle, März–Okt. tgl. 10–17, Nov.–Feb. tgl. 10–16 Uhr, Erwachsene 13 £, Kinder 6,50 £, Familien 19,50–32,50 £, *National Trust*-Mitglieder frei.

Von Corfe ist es ein Katzensprung zum **Seebad Swanage,** das entgegen vieler anderer südenglischer Urlaubsorte eher wenig Kirmesrummel hat.

Ab Corfe führt eine kleine Straße nach Kimmeridge und über East Lulworth nach **West Lulworth.** Da die Strecke durch das militärische Sperrgebiet führt, ist sie nicht täglich geöffnet. Große Hinweistafeln an den Straßen rund ums und im Sperrgebiet zeigen an, ob weitergefahren werden darf. Ansonsten muss man von Wareham die A 352 in westlicher Richtung fahren und beim Weiler Wool die B 3071 gen Süden nehmen.

→ Lulworth Cove, S. 174

Wareham, Clouds Hill und Moreton

– Auf den Spuren von Lawrence von Arabien

Über die A 351 ist schnell das Dorf **Wareham** erreicht; hier steht in der kleinen angelsächsischen Kirche St. Martin ein Denkmal, das der Bildhauer *Eric Kennington* nach dem Tode von *Thomas Edward Lawrence,* besser bekannt als „Lawrence von Arabien“, zur Erinnerung an seinen Freund geschaffen hat. In arabischer Kleidung liegt *Lawrence* lang ausgestreckt, die rechte Hand umfasst den Dolch, sein Kopf ruht auf dem Kamelsattel – während seiner Reisen auf der Arabischen Halbinsel wird er so vie-

☑ Das kleine Haus von Thomas Edward Lawrence in Clouds Hill

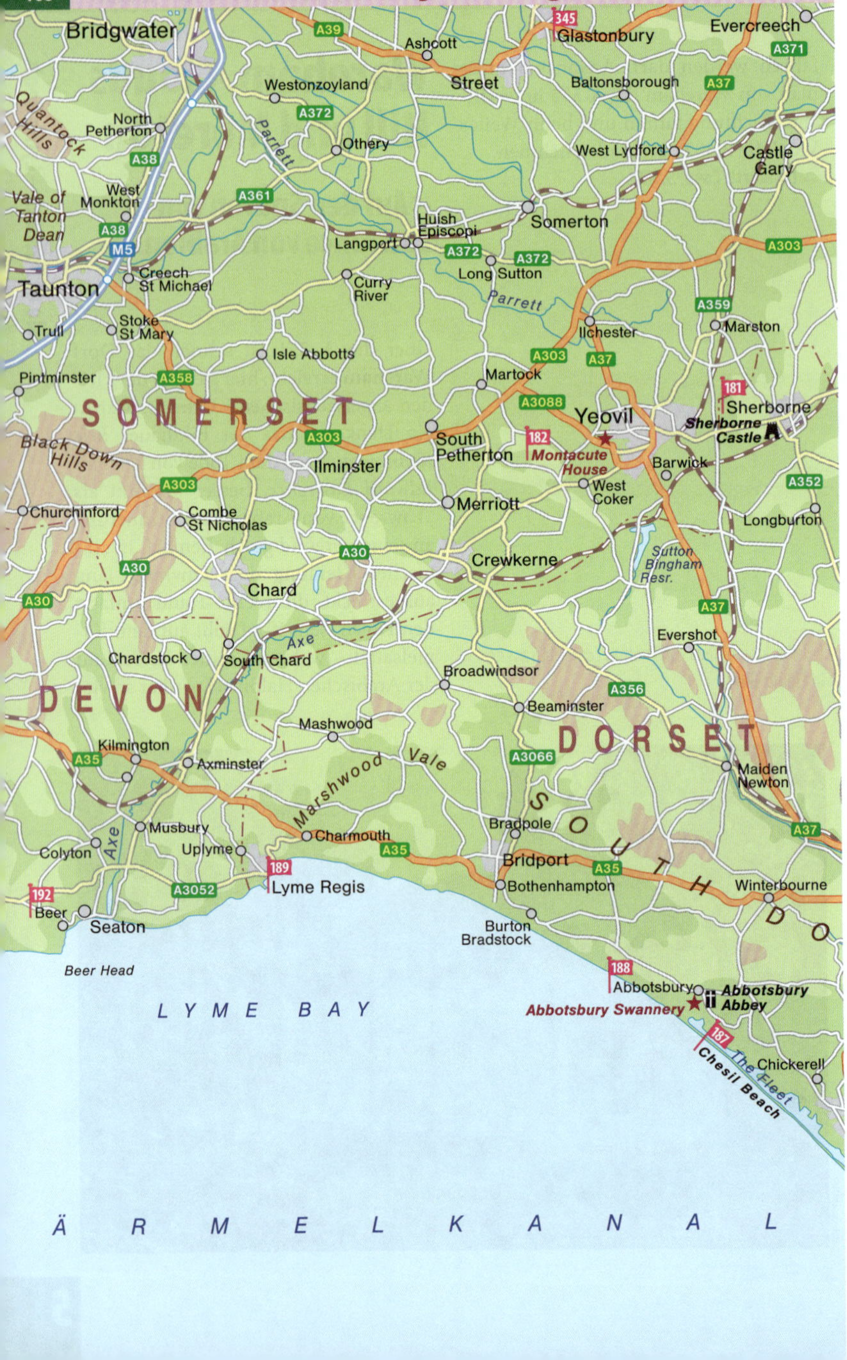
Bridgwater
Ashcott
345
Glastonbury
Evercreech
A39
A371
Westonzoyland
Street
Baltonsborough
A37
Quantock Hills
North Petherton
A372
Parrett
Othery
West Lydford
Castle Cary
A38
West Monkton
A361
Vale of Tanton Dean
A38
M5
Huish Episcopi
Somerton
Langport
A372
A372
A303
Long Sutton
Taunton
Creech St Michael
Curry River
Parrett
A359
Trull
Stoke St Mary
Ilchester
Marston
Isle Abbotts
A303
A37
Pintminster
A358
Martock
181
Sherborne
SOMERSET
A3088
Yeovil
Sherborne Castle
A303
South Petherton
182
Montacute House
Black Down Hills
Ilminster
Barwick
A303
West Coker
A352
Churchinford
Merriott
Longburton
Combe St Nicholas
A30
Crewkerne
Sutton Bingham Resr.
A30
Chard
A30
A37
Axe
Evershot
Chardstock
South Chard
Broadwindsor
A356
DEVON
Beaminster
Mashwood
Vale
Kilmington
DORSET
A35
Axminster
A3066
Maiden Newton
Marshwood
SOUTH DORSET
Musbury
Bradpole
A37
Colyton
Axe
Uplyme
Charmouth
A35
Bridport
A35
189
Winterbourne
192
A3052
Lyme Regis
Bothenhampton
Beer
Seaton
Burton Bradstock
Beer Head
188
Abbotsbury
Abbotsbury Abbey
LYME BAY
Abbotsbury Swannery
187
Chickerell
Chesil Beach
The Fleet
ÄRMELKANAL

0 — 5 km

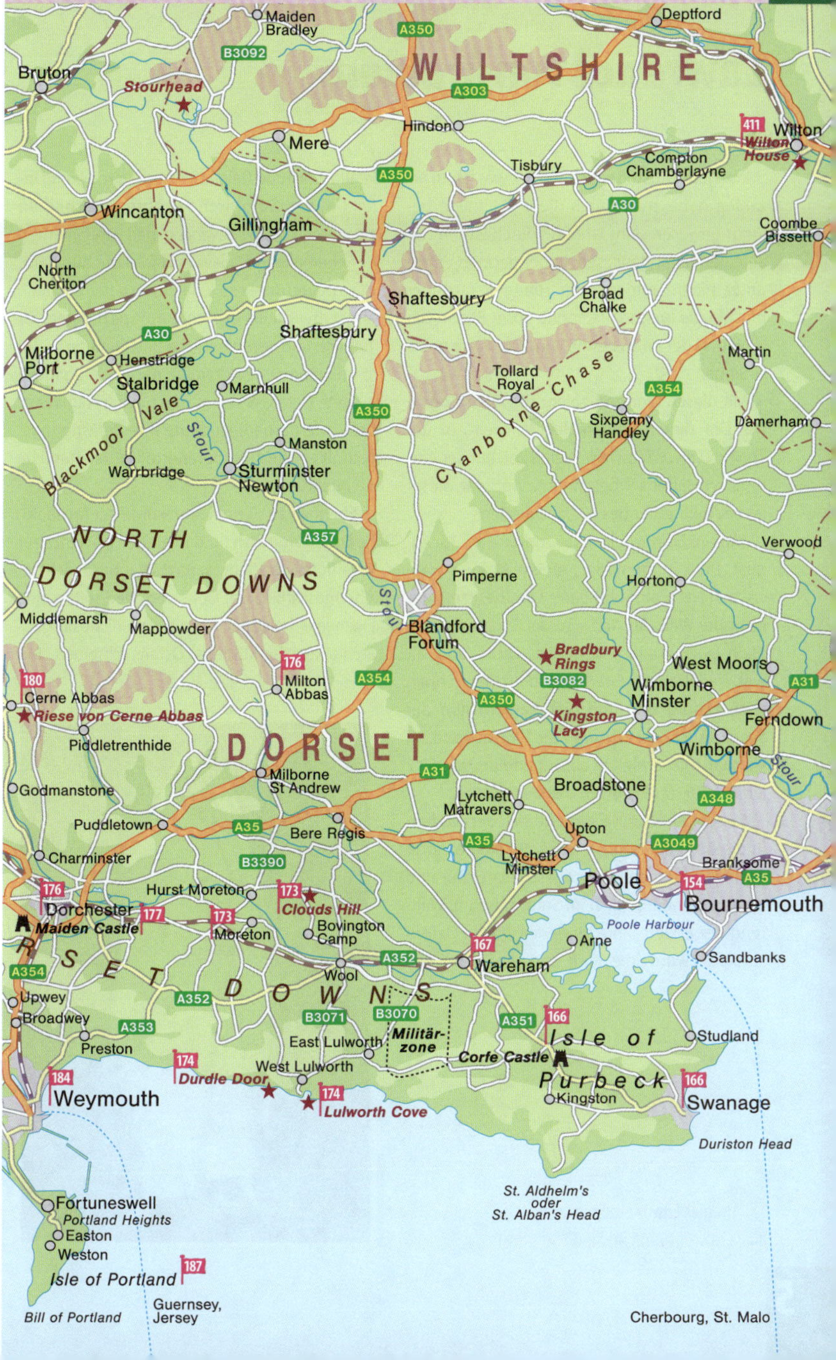
WILTSHIRE
Maiden Bradley
Deptford
A350
B3092
Bruton
Stourhead
A303
Hindon
Mere
411
Wilton
Wilton House
Tisbury
Compton Chamberlayne
A350
A30
Wincanton
Gillingham
Coombe Bissett
North Cheriton
Shaftesbury
Broad Chalke
A30
Shaftesbury
Milborne Port
Henstridge
Martin
Tollard Royal
Cranborne Chase
Stalbridge
Marnhull
A354
Sixpenny Handley
Damerham
A350
Blackmoor Vale
Stour
Manston
Warrbridge
Sturminster Newton
NORTH DORSET DOWNS
A357
Verwood
Pimperne
Horton
Middlemarsh
Mappowder
Stour
Blandford Forum
176
Milton Abbas
180
Cerne Abbas
Riese von Cerne Abbas
A354
Bradbury Rings
B3082
West Moors
A31
Wimborne Minster
A350
Kingston Lacy
Ferndown
Piddletrenthide
DORSET
Wimborne
Stour
Milborne St Andrew
A31
Godmanstone
Lytchett Matravers
Broadstone
A348
Puddletown
A35
Bere Regis
Upton
A35
A3049
Charminster
B3390
Lytchett Minster
Branksome
Poole
154
A35
176
Hurst Moreton
173
Clouds Hill
Bournemouth
Dorchester
177
173
Maiden Castle
Moreton
Bovington Camp
Poole Harbour
167
Arne
A354
A352
Wareham
Sandbanks
Wool
DORSET DOWNS
Upwey
A352
B3071
B3070
Broadwey
A353
Militärzone
A351
166
Preston
East Lulworth
Isle of Purbeck
Studland
Corfe Castle
174
184
Durdle Door
West Lulworth
166
Weymouth
174
Lulworth Cove
Kingston
Swanage
Duriston Head
St. Aldhelm's oder St. Alban's Head
Fortuneswell
Portland Heights
Easton
Weston
187
Isle of Portland
Guernsey, Jersey
Bill of Portland
Cherbourg, St. Malo

Lawrence von Arabien

„Mancherlei Abstoßendes in dem, was ich zu erzählen habe, mag durch die Verhältnisse bedingt gewesen sein. Jahre hindurch lebten wir, aufeinander angewiesen, in der nackten Wüste unter einem mitleidlosen Himmel. Tagsüber brachte die brennende Sonne unser Blut in Gärung und der peitschende Wind verwirrte unsere Sinne."

Mit diesen Worten beginnt die **Autobiografie** „Die sieben Säulen der Weisheit", in der *Thomas Edward Lawrence* seine Zeit auf der Arabischen Halbinsel beschreibt. Wer war dieser letzte Abenteurer des 20. Jahrhunderts?

Thomas Edward Lawrence erblickte am 15. August 1888 in Tremadoc, einem kleinen walisischen Nest, als Sohn eines Landbesitzers das Licht der Welt. Als *Ned* – so der Spitzname von Klein *Lawrence* in der Familie – acht Jahre alt war, siedelten die Eltern mit ihren vier Söhnen nach Oxford um, und hier begann nun der Schulbesuch, der bis zum Jahr 1906 dauerte. Im Februar 1907 erhielt er ein Stipendium von 50 £ jährlich für das **Studium der Geschichte.**

Neben der Historie vertiefte sich der Student in die Grundkenntnisse der Archäologie, hörte auch Vorlesungen über englische Literatur und arbeitete unentgeltlich im Stadtmuseum. Während der ersten Jahre, in denen *Ned* in Oxford studierte, wurde die Stadt stark umgebaut, viele alte Gebäude fielen der Abrissbirne zum Opfer. Um **archäologische Grabungstechniken** zu erlernen, grub *Lawrence* in den Fundamenten der ehemaligen Häuser und förderte alte Keramik zutage, die es zuverlässig zu datieren galt – also entwickelte er sich zum Spezialisten für Töpferei und deren zeitliche Bestimmung.

Im Sommer 1908 radelte der vielseitig interessierte Oxford-Student durch ganz Frankreich, besuchte Burgen, studierte ihre Befestigungstechniken und fotografierte mittelalterliche Architektur.

Ebenfalls ab diesem Jahr wurde der Archäologe **David Hogarth** für den jungen *Lawrence* zur Vaterfigur, vor allem *Hogarths* Rat bezüglich der Abschlussarbeit war Gold wert. Ned sollte seine Examensarbeit über die mittelalterliche Burgenarchitektur des Mittleren Ostens schreiben. „Mit

adobe.stock ©Archivist

[>] Thomas Edward Lawrence alias „Lawrence von Arabien"

Erlaubnis der Eltern", so schreibt sein Biograf, „würden Hogarths Freunde und Helfer mit Geld und einer Kamera aushelfen. Pirie-Gordon konnte ihm seine Landkarte leihen; und der Außenminister, vom Rektor des Jesus College in gehöriger Weise darum ersucht, konnte die Iradés vermitteln: Ermächtigungsschreiben mit der Bitte um ein sicheres Geleit, die für eine Reise durch die asiatische Türkei nötig waren."

Ned lernte nun wie besessen Arabisch und machte stundenlange Zielübungen mit seiner Mauserpistole, bis er mit beiden Händen gleichgut schießen konnte. In den frühen Morgenstunden des 9. Juli 1909 kam der 21-jährige **in Beirut** an.

Ned wanderte vom 9. Juli bis zum 24. September durch das Heilige Land und **studierte** die **Kreuzfahrerburgen** – doch nicht nur das! Bei seiner dritten Etappe zog es Lawrence von Aleppo weit nach Nordosten in die einsamen und rauen Vorgebirge des südlichen Anatoliens. Hier gab es allerdings keine Kreuzritterburgen zu vermessen, statt dessen wollte sein Mentor *Hogarth* Informationen ganz anderer Art. Der Archäologe und freie Mitarbeiter des Britischen Geheimdienstes, ließ seinen Schüler die wahrscheinliche Trassenführung der gerade unter deutscher Leitung entstehenden **Bagdad-Bahn** erkunden.

Als Mitte des Jahres 1910 die Entscheidung eintraf, dass *Hogarth* eine Grabungslizenz **in Karkemisch** (heute Dscherablus am mittleren Euphrat) bekommen sollte, schlug er Ned als einen seiner Assistenten vor und besorgte ihm ein Stipendium von 100 £ für die kommenden vier Jahre.

Auch hier war der junge Archäologe „inoffizieller Mitarbeiter" des Britischen Geheimdienstes und hielt weiter die Augen auf, wie der aktuelle Baustand der deutsch-türkischen Bagdad-Bahn war, die nahe an Karkemisch vorbeiführte. *Lawrence* fotografierte Brücken, Tunneleingänge und Wasserleitungen.

Kurz vor **Beginn des Ersten Weltkriegs** brach das Britische Museum die Grabungen ab; *Lawrence* hatte vier Jahre Feldarbeit im Mittleren Osten hinter sich, er war nun nicht nur ein erfahrener Archäologe, sondern beherrschte die Sprache und kannte sich in den Sitten und Gebräuchen, vor allem in der arabischen Seele aus.

Zwei Monate nach Ausbruch des Krieges rekrutierte der **Geheimdienst** *Lawrence*, verpasste ihm einen militärischen Rang, und am 14. Dezember 1914 bezog er sein Zimmer im Kairoer Hotel *Grand Continental*. Hier hatte er zunächst einen langweiligen Schreibtischposten inne.

1916 dann jedoch schickte man *Lawrence* auf die Arabische Halbinsel, wo er den **Aufstand der Beduinenstämme** gegen die türkischen Besatzer koordinieren sollte, damit die mit Deutschland verbündeten Türken Truppen zum Schutz ihrer Einflusssphäre in der Region belassen mussten und nicht anderswo einsetzen konnten. *Lawrence* verstand es wie kein anderer, die Männer zu begeistern und seine Beduinenkrieger, die sich ja keiner Befehlsgewalt unterordnen würden, so flexibel zu führen, dass trotzdem ein schlagkräftiger Kampfverband entstand. Schon nach wenigen Monaten schreibt er über seine rund 18.000 Wüstensoldaten nach Kairo: „Sie behalten immer noch ihre Befehlsunabhängigkeit bei, das ist ein Stammesinstinkt, aber sie zügeln ihre Gewohnheit, Munition zu verschwenden, haben eine Art Routine erlangt, was das Lagern und Marschieren angeht."

Lawrence und seine Beduinenarmee verwickelten die Türken in einen **Guerilla-Krieg,** und taten alles, um der türkischen Präsenz auf der Arabischen Halbinsel und in Palästina zu schaden.

Eine militärische Glanzleistung war die **Einnahme des Hafens Aqaba;** von See aus hatten die Briten die Stadt schon unter Feuer genommen, doch so gut wie nichts erreicht; die Türken fühlten sich sicher, da sie aufgrund des weiten wasserlosen Hinterlandes von dort keine Gefahr erwarteten. *Lawrence* zog mit seinen Männern in einem Gewaltmarsch von fast 1000 km durch die heiße Wüste und griff Aqaba an.

Als sich der Krieg dem Ende näherte, marschierte *Lawrence* mit seinen Wüstenkriegern auf Damaskus zu und eroberte die Stadt, noch bevor reguläre britische Truppen herangerückt waren.

Jetzt war die Zeit gekommen, wo der **Mythos** *Lawrence* sich zu entfalten begann. Die britischen Offiziere mit ihrem Standesdünkel konnten sich nicht vorstellen, wie ein einziger Mann Tausende von unzivilisierten Arabern führte, in der Gewalt hatte, sie dazu bringen konnte, über 900 km durch wasserlose Wüste zu ziehen, um Türken, mit denen die Beduinen nur wenig zu tun hatten, anzugreifen. Noch weniger konnten sie sich vorstellen, selbst auf einem schwankenden Kamel zu sitzen.

Auf der **Versailler Friedenskonferenz** war der Held von Arabien als Sachverständiger geladen; er konnte sich mit seinen Vorschlägen jedoch nicht gegen die Großmachtinteressen Frankreichs und Großbritanniens durchsetzen, und die zugesagte Unabhängigkeit der Araber kam nicht zustande.

Nach Kriegsende arbeitete *Lawrence* daran, seinen Mythos zu erhalten und das Geheimnisvolle seiner Persönlichkeit herauszustreichen, sich von anderen abzuheben und unkonventionelles Verhalten zu pflegen. Sein Biograf *Desmond Stewart* erzählt die Geschichte, wie *Lawrence* sich den **Zorn des Monarchen** zuzog. „Die lange Reihe der Ordensempfänger defilierte am König vorbei. Als Oberst *Lawrence* an die Reihe kam und der König den Orden vom Samtkissen nahm und sich anschickte, ihn auf das Häkchen zu hängen, das Offiziere zu diesem Zweck an ihren Waffenröcken angebracht haben, unterbrach ihn *Lawrence* und erklärte mit leiser Stimme und größter Hochachtung, dass er unmöglich eine Auszeichnung von seiner Majestät annehmen könne, während Britannien dabei sei, die Versprechungen zu brechen, die er den Arabern, die so tapfer gekämpft hätten, in Englands Namen gegeben habe. Der König war natürlich überrascht und ungehalten. Der von so vielen tapferen Männern begehrte Orden wurde aufs Kissen zurückgelegt. *Lawrence* verbeugte sich und ging weiter, die Zeremonie nahm ihren Fortgang."

Er feilte an seinem Mythos, und dazu gehörte die Beschreibung seiner Jahre auf der Arabischen Halbinsel. *Lawrence* begann mit der Niederschrift seiner **„Sieben Säulen der Weisheit".** Als das mehrere hundert Seiten umfassende Manuskript abgeschlossen war, wurde es ihm auf dem Bahnhof von Reading gestohlen, woraufhin er sich daranmachte, das Buch neu zu schreiben – so wenigstens hat *Lawrence* es berichtet.

1922 ließ *Lawrence* in der Druckerei der *Oxford Times* das Manuskript setzen und bat den Kritiker *Edward Garnett*, den Schriftsteller *E. M. Forster* und den Dramatiker *George Bernard Shaw* um ihren lektorialen Beistand. Als *Winston Churchill* – es sei daran erinnert, dass Churchill selbst 48 Bücher geschrieben und den Nobelpreis für Literatur bekommen hat – später „Die sieben Säulen der Weisheit" ergriffen las, schrieb er: „Dieses Buch darf zu den größten gerechnet werden, die je in englischer Sprache erschienen sind."

Und *George Bernard Shaw*, der zu seinen einflussreichsten Förderern zählte, erklärte: „Zufällig gehörte nun zu dem Genie von *Lawrence* auch literarisches Genie. Er schrieb seinen Bericht, und als er verlorenging, schrieb er ihn zum zweiten Mal. Dieses Unterfangen grenzte an ein

Wunder, und das Resultat war ein Meisterwerk." Sprachlich und stilistisch ist es allemal ein Meisterwerk, und Leser, die Texte analysieren können und über psychologische Grundkenntnisse verfügen, finden Zugang zur Persönlichkeit, zum Wesen von *Lawrence*. Nur als wahrheitsgetreuen Bericht seiner Taten und Leistungen darf man die „Sieben Säulen der Weisheit nicht heranziehen."

1921/22 war *Lawrence* **Berater im Kolonialministerium** und hatte viel mit *Churchill* zu tun, der dem Amt als Minister vorstand; auch hier konnte er sich mit seinen Vorstellungen nicht durchsetzen, so verschwand *Lawrence* von der Bildfläche, und niemand wusste, wohin er verschwunden war. Unter dem Namen *John Hume Ross* war der berühmte *Lawrence von Arabien* **als gemeiner Rekrut** in die noch junge *Royal Air Force* eingetreten. Doch schon kurze Zeit später lüftete der *Daily Express* das Geheimnis.

Also nahm *Lawrence* den Namen *T. E. Shaw* an und trat ebenfalls als Rekrut in die Panzerkaserne in Bovington ein. Hier lernte er den Schotten **John „Jock" Bruce** kennen, der bis zu *Lawrences* tödlichem Unfall sein Sekretär, inoffizieller Bursche und Flagellant sein sollte – *Lawrence* war homosexuell und masochistisch veranlagt.

Ab nun führte *Lawrence* ein weitgehend zurückgezogenes Leben; mit seinem Motorrad besuchte er *Thomas Hardy*, *Winston Churchill*, die *Shaws*, die meiste Zeit jedoch lebte er still in seinem Häuschen Clouds Hill. Im Januar 1927 kam er als **einfacher Soldat nach Indien,** zwei Jahre später entdeckte die Presse, wer dort unter dem Namen *Shaw* Dienst tat. Er wurde nach England zurückgebracht und konnte in der Armee bleiben.

Am 26. Februar 1935 wurde er aus dem Militärdienst entlassen, und am 19. Mai desselben Jahres starb *Lawrence* an den Folgen eines **Motorradunfalls.**

le Nächte lang in den Schlaf gefallen sein (→ Exkurs S. 170).

Dann geht es nach Nordwesten ins **Piddle-und-Puddle-Land,** wo die Dörfer Affpuddle, Tolpuddle, Puddletown, Piddletrenthide und Piddlehinton heißen. Die Fahrt verläuft parallel zum gemächlich fließenden Piddle (der Fluss ist auch als Trent oder North River bekannt). Nördlich der A 352, südlich der A 35 und zwischen den beiden Dörfern Bere Regis im Norden und Wool im Süden liegt **Clouds Hill,** das winzige Refugium von *Lawrence*. 1923 mietete er das verrottete Häuschen und renovierte es. Als *Lawrence* 1925 wieder in die *Air Force* eintrat, kaufte er sein Refugium und verbrachte seine freien Tage hier. Clouds Hill steht auf einer Lichtung und hat nur drei Räume; unten der so genannte *Book Room*, mit dem breiten Bett und den vielen Büchern, dann der *Bunk Room*, die Küche, und im ersten Stock der *Music Room* mit dem Plattenspieler. Das Häuschen ist winzig, eng, niedrig und dunkel.

Nach seiner Entlassung aus der *Air Force* im März 1935 zog *Lawrence* fest in sein *Earthly Paradise* ein. Zwei Monate später kam er bei einem nie völlig aufgeklärten Motorradunfall 46-jährig ums Leben. Begraben ist *Lawrence* in **Moreton,** einen Katzensprung südlich von Clouds Hill, auf dem Kirchhof der **St. Nicholas Church.**

■ **Clouds Hill,** King George V Road, Bovington, Wareham, BH20 7NQ, Tel. 01929-405616, www.nationaltrust.org.uk/visit/dorset/clouds-hill, Ende März –Okt. Mi/Do u. Sa/So 10–16 Uhr, Erw. 10 £, Kinder 5 £, Familien 15–25 £, *National Trust*-Mitglieder frei.

■ **St. Nicholas Church,** Moreton, DT2 8RH, www.stnicholasmoreton.org.uk, tgl. 9–18 Uhr (im Winter bis 16 Uhr), Eintritt frei.

Lulworth Cove und Durdle Door

– Ein spektakulärer Küstenabschnitt

Südwestlich von Wareham erreicht man bald das idyllische Dorf **West Lulworth** mit reetgedeckten Häusern und einigen gemütlichen Pubs und Cafés. Berühmt ist der Ort aber vor allem für die **Lulworth Cove,** einer mit perfekter Symmetrie gezeichneten, kreisrunden Bucht, die gesäumt ist von hohen Klippen. Die gesamte Küste hier wurde dank ihrer beeindruckenden Gesteinsformationen, die vor über 150 Millionen Jahren entstanden, 2001 zum UNESCO-Weltnaturerbe erklärt. Ein kleines Besucherzentrum informiert anhand von Filmen und Infotafeln über die Geologie des Ortes, und man kann das ein oder andere Fossil als Andenken kaufen.

■ **Lulworth Visitor Centre,** Main Road, BH20 5RQ, www.lulworth.com, April–Sept. tägl. 10–16.30, sonst 10–15.30 Uhr, Eintritt frei.

Folgt man von hier dem gut ausgezeichneten Küstenpfad Richtung Westen, erreicht man nach 2 km ein weiteres Highlight der Jurassic Coast – das beeindruckende Felsentor **Durdle Door,** das zu den meistfotografierten Motiven Südenglands gehört. Achtung – der erste Anstieg der Wanderung ist steil, und wer es lieber gemütlicher angeht, läuft besser in umgekehrter Richtung von Durdle Door bergab nach Lulworth.

In den englischen Sommerferien kann es besonders an Wochenenden am Durdle Door brechend voll werden, so

dass man möglichst früh am Morgen oder kurz vor Dämmerung kommen sollte. Besonders beeindruckend ist ein Besuch an **Dezemberabenden** – dann geht die Sonne genau hinter dem Felsentor unter. Eine steile Treppe führt herunter zum Kiesstrand, der auch bei Schwimmern sehr beliebt ist.

Oberhalb des Durdle Door befindet sich ein Campingplatz mit öffentlichen Toiletten und einigen Imbissbuden.

Unterkunft

■ **Rudds**②-⑤, Main Road, West Lulworth, BH20 5RQ, Tel. 01929-400552, www.ruddslulworth.co.uk, das idyllisch gelegene B&B bietet billige Zimmer im Dachgeschoss sowie teurere Räume mit herrlichen Blicken über die Bucht. Auch vom hauseigenen Pool blickt man direkt auf die Bucht.

■ **Camping:** *Durdle Door Holiday Park*①, Main Road, BH20 5PU, Tel. 01929-400200, www.durdledoor.co.uk, wunderschön gelegen mit Blick über das Meer, neben Plätzen für Zelte und Wohnwagen werden auch einfache Holzhütten vermietet.

■ **Jugendherberge:** *YHA Lulworth Cove*①, School Lane, West Lulworth, BH20 5SA, Tel. 0345-3719331, www.yha.org.uk/hostel/yha-lulworth-cove.

Essen und Trinken

■ **Limestone Restaurant**③, *Limestone Hotel*, Main Road, West Lulworth, BH20 5RL, Tel. 01929-400252, www.limestonehotel.co.uk, Restaurant mit ansprechendem Ambiente, in dem mit Zutaten aus der Region gekocht wird.

■ **The Boat Shed Café**①, Main Road, Lulworth Cove, BH20 5RQ, Tel. 01929-400810, Café mit wunderbarem Panorama-Blick über die Bucht. Täglich bis 17 Uhr geöffnet, es gibt Sandwiches, Salate und Fischgerichte.

■ **Lulworth Cove Inn**②, Main Road, BH20 5RQ, Tel. 01929-400333, www.lulworth-coveinn.co.uk, uriger Pub mit schöner Terrasse, typisches Pub-Essen wie *Fish'n'Chips*. An Sommerwochenenden sollte man unbedingt einen Tisch reservieren! Es stehen auch zwölf **Gästezimmer**⑤, teils mit Meerblick, zur Verfügung.

Verbindung

■ **Busse:** Die Busse X54 und X55 verkehren zwischen Weymouth und Poole mit Haltestellen in der Nähe von Durdle Door und im Ortskern von West Lulworth.

■ **Parkplätze:** Sowohl in der Lulworth Cove als auch oberhalb des Durdle Door finden sich große Parkplätze. Parkgebühr 4 £ für vier Stunden, 12 £ pro Tag.

950es ar

◁ Blick auf das Felsentor Durdle Door

Milton Abbas

– Ein Beispiel früher Dorfplanung

15 km nördlich von Clouds Hill liegt abseits der A 354 das kleine Dorf Milton Abbas. Hier befindet sich eine **halbfertige Abteikirche,** deren Bau im 14. Jh. begonnen und in den Reformationswirren dann eingestellt wurde. Im Innern zeigt das schneeweiße, von *Robert Adams* entworfene Grabdenkmal *Lady Caroline Milton* und ihren Gatten.

Neben die Kirche ließ im 18. Jh. *Joseph Damer, Lord Milton* und 1. Earl of Dorchester, von dem Architekten *William Chambers* einen **klassizistischen Prachtbau** setzen (heute eine Privatschule); mit der Ausgestaltung des Parks beauftragte er den Landschaftsarchitekten *Capability Brown.*

Einmal im Baurausch, gefiel *Lord Milton* das etwas unstrukturiert gewachsene Dörfchen Middleton nicht mehr, und so ließ er es kurzerhand niederreißen. Architekt *Capability Brown* musste für einen **Neubau des Dorfes** Pläne erarbeiten. Entlang einer 500 m langen Dorfstraße reihen sich seitdem in vollendeter Symmetrie auf gleichgroßen Parzellen immer die gleichen zweistöckigen Häuschen mit ihren reetgedeckten Dächern aneinander.

Gemütlich ist die **Dorfschänke** *The Hambro Arms* aus dem Jahr 1773, in der man auch übernachten kann.

- **www.miltonabbas.org.uk**
- **The Hambro Arms**③, The Street, DT11 0BP, Tel. 01258-880233, www.hambroarms.com.

Dorchester

– Die Stadt von Thomas Hardy

Die **Hauptstadt der Grafschaft Dorset** zählt rund 19.000 Einwohner und strahlt den behäbigen Charme eines kleinen Landstädtchens aus.

Der englische Schriftsteller *Thomas Hardy* wuchs Mitte des 19. Jh. in der Nähe auf, ging in Dorchester zur Schule und machte hier eine Ausbildung zum Architekten. Dorchester ist das Casterbridge seiner Romane. An der Ecke High Street West/The Grove ehrt das von dem Bildhauer *Eric Kennington* geschaffene **Denkmal** den Schriftsteller. **Hardys Wohnhaus** Max Gate befindet sich in der Max Street und ist zu besichtigen.

- **Max Gate,** Alington Avenue, DT1 2AB, Tel. 01305-262538, www.nationaltrust.org.uk/visit/dorset/hardys-house-max-gate, Ende März–Okt. Mi/Do und Sa/So 10.30–16.30 Uhr, Erwachsene 10 £, Kinder 5 £, Familien 15–25 £, *National Trust*-Mitglieder frei.

Außerdem lohnt sich ein Besuch in **Hardys Geburtshaus** in Higher Brockhampton, etwas nordöstlich außerhalb des Ortes gelegen, wo sich auch das **Hardy's Birthplace Visitor Centre** befindet, das den Besucher mit dem Leben *Hardys* und seiner Beziehung zur Region vertraut machen soll.

- **Hardy's Cottage,** Higher Bockhampton, DT2 8QJ, Tel. 01305-262366, www.nationaltrust.org.uk/visit/dorset/hardys-cottage, Ende März–Okt. Di–Do und Sa/So 10–16 Uhr, Erwachsene 10 £, Kinder

5 £, Familien 15–25 £, *National Trust*-Mitglieder frei. Der Eintritt zum **Hardy's Birthplace Visitor Centre** (in Laufweite des *Cottage*) ist kostenlos, geöffnet hat das Museum Di–So 10–15 Uhr.

Ebenfalls in der High Street West in Dorchester erläutert das **Dorset Museum** die Geschichte der Stadt und der Grafschaft; hier ist auch das Arbeitszimmer von *Thomas Hardy* nachgebaut.

■ **Dorset Museum,** High West Street, Dorchester, DT1 1XA, Tel. 01305-22735, www.dorsetmuseum.org, Mo–Sa 9–16.30, So 10–16 Uhr, Erw. 14 £, junge Leute (16–25 J.) 11 £, Kinder unter 16 J. Eintritt frei, 10 % günstiger bei Online-Buchung.

Nur einige Schritte entfernt befindet sich das **Shire Hall Museum.** In dem Gebäude aus dem Jahr 1797 waren bis 1955 die Bezirksverwaltung sowie das Gericht der Grafschaft Dorsets untergebracht. Heute stehen der Gerichtssaal und die Gefängniszellen für Besucher offen, die hier allerhand über die Justiz im 18. und 19. Jahrhundert erfahren und Richterroben sowie Perücken anprobieren können.

■ **Shire Hall Museum,** High West Street, DT1 1UY, Tel. 01305-261849, www.shirehalldorset.org, Mo–Sa 10–16 Uhr, Erwachsene 9 £, ermäßigt 7,50 £, Kinder (5–17 Jahre) 5 £, Familien 20 £.

Neben dem Museum bewahrt die **St. Peter's Church** Konstruktionszeichnungen des Architekten *Hardy* auf.

Schräg gegenüber von St. Peter's beginnt die verkehrsberuhigte **Einkaufsstraße Cornhill,** die weiter unten in die South Street übergeht. Im Anschluss an die South Street, ziehen sich in der **Weymouth Avenue** mittwochs die Marktstände des Wochenmarktes entlang.

Nahe bei Dorchester befindet sich **Maiden Castle,** das größte eisenzeitliche Hügelfort Großbritanniens.

■ **Maiden Castle,** Winterborne Monkton, DT2 9PT, Tel. 0117-9750700, www.english-heritage.org.uk/visit/places/maiden-castle, tgl. geöffnet, schließt, wenn es dunkel wird, Eintritt frei.

www.fotolia.de ©Bryan Clarke

⊡ In Dorchester

Thomas Hardy – Leben und Werk

Zwischen Puddletown und Dorchester liegt ein Stückchen abseits der A 354 beim Weiler Higher Bockhampton **Hardy's Cottage,** das Geburtshaus des Schriftstellers **Thomas Hardy,** der wie kein anderer die südenglische Countryside beschrieben hat.

1840 wird *Thomas Hardy* in Dorset als Sohn eines Steinmetzen geboren; die Mutter sorgt dafür, dass er eine für die damalige Zeit **lange Schulausbildung** von acht Jahren bekommt, hält ihn zum Lesen an und kauft ihm Bücher in der Hoffnung, dass der einmal gesellschaftlich den Aufstieg schafft. Nach der Schule absolviert er eine vierjährige Architekturlehre und arbeitet von 1862–1867 in einem Londoner Architekturbüro.

Thomas' größter Wunsch ist es, Priester zu werden, doch stehen die finanziellen Mittel für ein Studium nicht zur Verfügung. Doch dann liest Thomas die Bücher von *Darwin, Mills, Fourier* und *Comte* und entfremdet sich von sinnstiftender Religion. Glücklicherweise entdeckt er in jenen Tagen das weite Feld der Literatur, sodass in seiner Seele keine inhaltliche Leere entsteht.

Erste Gedichte und journalistische Arbeiten kommen auf den Markt und werden gelobt. Ein nicht erhaltener Erstlingsroman wird von dem Dichter *George Meredith* begutachtet, der dem jungen Thomas wertvolle Hinweise gibt, und so kommt 1871 die Romansensation „Desperate Remedies" heraus, an der Kritiker die Landschaftsdarstellungen loben – Ausgangspunkt für den jungen Autor, seine Geschichten nun in der ihm bekannten Landschaft anzusiedeln. *Hardy* benennt sein Dorset nach dem ersten angelsächsischen Königreich *Wessex* und verschlüsselt die Namen aller weiteren Orte.

In seinem ersten Wessex-Roman **„Under the Greenwood Tree"** (1872, dt. „Am grünen Rand der Welt") durchstreift er die anmutige Landschaft; zwei Jahre später kommt das ebenfalls noch Heiterkeit auszeichnende Werk **„Far from the Madding Crown"** – eine Frau schickt drei ernsthafte Liebhaber in die Wüste und gerät an einen tunichtguten Schwindler – auf den Markt, begeistert Kritiker wie Leser gleichermaßen und ist ein finanzieller Erfolg. *Hardy* gibt den Architektenberuf auf und heiratet.

Seine folgenden Romane geraten ihm unter der philosophischen Last *Schopenhauers* und der biologisch-erbgeschichtlichen Werke von *Darwin* leidvoll und pessimistisch, was sich mit seinem dritten Prosawerk **„The Return of the Native"** (1878) schicksalsschwer ankündigt und sich nun weiter steigern soll.

Seine beiden Hauptwerke **„Tess of the D'Urbervilles"** (1891, deutsch „Tess von den D'Urbervilles") und vor allem das autobiografisch beeinflusste **„Jude, the Obscure"** (1895), in der er die Zwänge der Ehe und die Probleme der Sexualität diskutiert, reißen Kritiker wie auch das Publikum zu Proteststürmen hin.

Das Letztere, beschrieb er einmal selbst als „War between Flesh and Spirit". Hier wird der junge und kluge *Jude* vom Schulmeister *Phillotson* dazu angehalten, artig zu lernen, um einmal in Oxford zu studieren. Doch die Versuchung naht in Form der leichten Barmaid *Arabella,* die den schönen *Jude* in ihre Fänge bekommen möchte, sich von ihm schwängern lässt und so seine Ehefrau wird. Doch schon kurz nach der Hochzeit wird ihr *Jude* langweilig, und sie verlässt ihn. *Jude* geht nach Oxford, arbeitet als Steinmetz, setzt seine Studien fort und hofft immer noch auf studentische Ehren. Hier trifft er seine unkonventionelle, sensible, dauernd Swinburne-Sentenzen zitierende Cousine *Sue,* die als Devotionalienverkäuferin arbeitet. Obwohl sie alles dagegen unternehmen, verlieben sich beide ineinander, und in einem Versuch von verzweifeltem Masochismus heiratet *Sue* den Schulmeister *Phillotson*. Dessen physische Erscheinung bereitet ihr jedoch alsbald Ekel, und sie flieht zu *Jude*, ihre Liebe nimmt zu, sie leben zusammen, doch sie schlafen nicht miteinander. Das ändert sich erst, als *Arabella* erscheint und *Jude* freigibt; auch *Sue* kommt von *Phillotson* los, und so können die Liebenden in den gesegneten Stand der Ehe treten. Doch nun schreckt *Sue* vor diesem Schritt zurück, da sie befürchtet, ein legalisiertes Verhältnis würde ihrer Liebe schaden. Das tun jedoch in erster Linie der Druck der Armut und die fehlende soziale Anerkennung. Die beiden streiten sich, Tag für Tag geht die Liebe ein Stück mehr dahin, als sie der schlimmste aller Schicksalsschläge trifft: Der Sohn aus der Verbindung zwischen *Arabella* und *Jude* erhängt sich und die beiden kleinen Zwillinge, die *Sue* geboren hat. Er hinterlässt die lapidare Mitteilung: „Done because we are too many!" Da flieht *Sue* wieder in die Arme von *Phillotson* und flüchtet sich in eine bigotte Religiosität, während *Jude* durch ihren Fortgang so aus der Bahn geworfen wird, dass er zu *Arabella* zurückkehrt und derart heftig zu trinken anfängt, dass er, noch nicht 30-jährig, am Suff stirbt.

Der **Aufruhr nach der Publikation** führte dazu, dass *Thomas Hardy* bis zu seinem Tod keinen Roman mehr schreiben und sich ganz auf das Feld der Lyrik verlegen sollte.

Als er 1928 stirbt, erhält er in der Poets's Corner von Westminster Abbey seine **letzte Ruhestätte;** eine Ehrung, die als letzter Romancier 1870 *Dickens* und seit *Tennysons* Tod 1892 keinem Lyriker mehr widerfahren war. Sein Herz wird in Stinsford/Dorset beigesetzt.

Praktische Tipps

Tourist Information

- **Shire Hall Museum,** High Street West, DT1 1UY, Tel. 01305-257231.
- **www.discoverdorcester.co.uk**

Unterkunft

- **Wessex Royale Hotel**⑤, 32 High West Street, DT1 1UP, Tel. 01305-262660, www.wessexroyalehotel.co.uk, das Gebäude ist eine alte Gaststätte, die 1756 erbaut wurde. Das Hotel gehört zur *Best Western*-Kette.
- **Bay Tree House**②, 4 Athelstan Road, DT1 1NR, Tel. 01305-263696, www.bandbdorchester.co.uk, zentral gelegenes familiengeführtes B&B in Stadthaus aus dem 19. Jahrhundert.
- **Beggar's Knap**③, 2 Weymouth Street, DT1 1QS, Tel. 01305-268191, buchbar über booking.com, B&B mit viel Charme nahe der beiden Bahnhöfe.

Essen und Trinken

- **Al Molo**③, 6 High West Street, DT1 1UJ, Tel. 01305-602330, www.almolodorchester.co.uk, italienisches Restaurant in einem der ältesten Gebäude der Stadt. Besonders die Gerichte mit Fisch und Meeresfrüchten, die vor der Küste Dorsets gefangen wurden, sind sehr empfehlenswert.
- **Tom Brown's**, 47 High Street East, DT1 1HU, Tel. 01305-264020, www.tombrownspub.co.uk, gemütlicher kleiner Pub, häufig mit Live-Musik. Kein Speiseangebot.
- **The Blue Raddle**②, Church Street, DT1 1JN, Tel. 01305-267762, www.blueraddle.co.uk, gemütlicher Pub mit großer Bier- und Weinauswahl und guter Speisekarte, bietet auch etwas für Vegetarier.
- **Potters Café Bistro**①-②, 19 Durngate Street, DT1 1JP, Tel. 01305-260312, Café mit großer Terras-

se zum draußen sitzen. Neben Kaffee und Kuchen wird auch ein gutes Frühstück serviert, genauso wie kleine Speisen zum Mittag.

- **The Old Tea House**①, 44 High West Street, DT1 1UT, Tel. 01305-263719, kleines Café mit Wohnzimmeratmosphäre in einem Haus aus dem 17. Jh.

Verbindung

- **Bahnhof:** Dorchester hat zwei Bahnhöfe südlich vom Zentrum, Dorchester South Station Approach, DT1 1QX, Züge nach London und Weymouth; Dorchester West, Damers Road, DT1 2LB, Züge nach Bath und Bristol.
- **Busse:** Es gibt keinen zentralen Busbahnhof. Viele Busse fahren entweder von den Bahnhöfen aus ab oder in der Trinity Street und deren Verlängerung, der Weymouth Street, abseits der High Street.

Auf dem Weg nach Sherborne

Cerne Abbas

Von Dorchester kommt man über die A 353 nach Cerne Abbas. Kurz vor dem Ort ist wieder einmal eine große Figur in den weißen Kalkstein eines Hügelabhangs geschnitten – der **„Riese von Cerne Abbas“.** Das Land, auf dem sich diese Erdzeichnung befindet, gehört dem *National Trust,* Eintritt wird aber keiner erhoben und die Nutzung der Parkbucht ist kostenlos. In der Nähe befinden sich ein Aussichtspunkt sowie ein schöner Picknickplatz.

Es ist nicht sicher, wann die 60 m hohe Zeichnung eines keulenschwingenden nackten Mannes mit erigiertem Penis entstanden ist und was genau er darstellt. Es gibt derzeit **drei Theorien:** Erstens wird der Gigant wegen einer ähnlichen Abbildung auf einem von Archäologen in Dorset ausgegrabenen Kochgeschirr als britannische Gottheit gedeutet, zweitens als der (keulenschwingende) *Herkules* der römisch-griechischen Mythologie, was einen Ursprung im römischen Britannien nahelegen würde. Diese Theorie wird weiter gestärkt, da 1996 unterhalb des linken Armes eine ehemals vorhandene Fläche entdeckt wurde, die das für Herkulesdarstellungen typische Fell des Nemëischen Löwen dargestellt haben könnte. Drittens könnte wegen des Fehlens von Erwähnungen der Erdzeichnung vor dem Jahr 1694 eine wesentlich spätere Entstehung angenommen werden: Der *Giant of Cerne Abbas* ist vielleicht eine Parodie auf *Oliver Cromwell.* Diese Theorie würde auch die Ähnlichkeiten der Figur zu *Herkules* erklären, denn *Cromwell* wurde von Gegnern manchmal als „English Hercules“ bezeichnet.

Oberhalb der Erdzeichnung des Riesen befinden sich noch ein rechteckiges Erdwerk, das als *Trendle* bezeichnet wird. Es stammt vermutlich aus der Eisenzeit, und es wird jedes Jahr von den lokalen *Morris Dancers* für deren Maifeier genutzt wird. Sie führen dort dann ihren traditionellen englischen **Morris Dance** auf.

Auf gar keinen Fall darf man einen Besuch im hübsch anzusehenden Puppenstubendorf Cerne Abbas auslassen, das eine alte **Abteikirche** sein eigen nennt, einen **Dorfteich,** von dem aus das Wasser die Abbey Street entlangfließt und früher den Unrat aus der Gosse spülte, und mehrere gut restaurierte **Pubs.** So z.B. *The Giant Inn* oder die efeubewachsene Taverne *The Royal Oak* oder auch *The New Inn,* der keineswegs neu ist, sondern aus der Mitte des 16. Jh. datiert und ehemals eine Kutschstation war. Alle drei genannten Pubs halten sommertags auch einen Biergarten für das Publikum bereit, Cerne Abbas ist ein beliebtes Ausflugsziel bei den Bewohnern der Region.

- **The Giant Inn**②, 24 Long Street, DT2 7JF, Tel. 01300-341441.
- **The Royal Oak**②, 23 Long Street, DT2 7JG, Tel. 07908-015142, www.theroyaloakcerneabbas.co.uk.
- **The New Inn**②, 14 Long Street, DT2 7JF, Tel. 01300-341274, www.thenewinncerneabbas.co.uk.

Sherborne

Weiter geht es nun auf Sherborne zu, wo das **Old Castle** einen Besuch lohnt. *Königin Elisabeth I.* schenkte es einst ihrem Günstling *Sir Walter Raleigh* für seine Verdienste. 1593 aber verschlechterten sich die Beziehungen zwischen dem Seehelden und der Königin. *Sir Walter* fiel in Ungnade, und da wollte er das Geschenk der Monarchin auch nicht mehr. Stattdessen also begann er, das einige hundert Meter entfernte **Jagdhäuschen** auszubauen.

951es ro

☒ The Royal Oak Pub

Unter Elisabeths Nachfolger *Jakob I.* kam das **New Castle** in den Besitz der *Digby*-Familie, und die baute kräftig an und vergrößerte das Anwesen. Im 18. Jh. wurde das Schloss noch einmal modifiziert, *Lancelot „Capability" Brown* ließ den See graben und legte den Landschaftsgarten an. Heute kann man beide, Old Castle und New Castle, besichtigen.

Von dem alten Schloss sind nur noch die Ruinen zu bestaunen, aber im neueren Anwesen kann man durch die alten, opulent dekorierten Räume flanieren, sich ansehen wie eine Küche in der Zeit der Tudors funktionierte, oder durch den wunderschön angelegten Garten schlendern. **Sherborne Old Castle** wird von *English Heritage* verwaltet, wohingegen sich das neuere Haus in Familienbesitz befindet.

Sherborne Castle, New Road, DT9 5NR, Tel. 01935-812072, www.sherbornecastle.com, April–Okt. tgl. 12–15, Garten 10–17 Uhr, Erwachsene 16,50 £ (nur Garten 12 £), Kinder (3–15 Jahre) 5 £, *English Heritage*-Mitglieder 15 £.

Sherborne Old Castle, New Road, DT9 5NR, Tel. 01935-812730, www.english-heritage.org.uk/visit/places/sherborne-old-castle, Ende März–Anfang Nov. tgl. 10–17 Uhr, Eintrittspreise variieren je nach Saison und Wochentag, Erw. 8,10 £, ermäßigt 7,20 £, Kinder (5–17 J.) 4,50 £, Familien 12,60–20,70 £, günstiger bei Online-Vorausbuchung, *English Heritage*-Mitglieder frei.

Montacute House

Montacute House

– Ein elisabethanischer Landsitz

Montacute House, nur wenige Minuten Fahrt westlich von dem kleinen Landstädtchen Yeovil gelegen, ist ein gutes Beispiel für den elisabethanischen Landsitz einer begüterten Familie. **Sir Edward Phelips,** der Erbauer von Montacute, war während der Regierungszeit von *Elisabeth I.* und ihrem Nachfolger *Jakob I.* ein erfolgreicher Mann.

1590 gab *Phelips* dem lokalen Steinmetz *William Arnold* den Auftrag, einen angemessenen Landsitz für ihn und seine Familie zu erbauen. *Arnold* vereinte die gotischen Traditionen des Kathedralbaus mit den neuen Ideen der Renaissance des Kontinents zu einem harmonischen Ganzen. Insbesondere die Ostfassade kündet von den neuen gestalterischen Prinzipien; besonders ragen die **Figurengruppe** der sogenannten **Nine Worthies** heraus; einvernehmlich nebeneinander stehen dort so illustre Gestalten wie *Alexander der Große, Cäsar, Josua, Judas Makkabäus, König Artus, Karl der Große, Hektor, David* und *Gottfried von Bouillon*.

Montacute wurde im Laufe der Jahrhunderte kaum verändert; lediglich 1780 ließ ein weiterer Phelips die Westfassade modifizieren, sodass wir ein Herrenhaus im reinsten elisabethanischen Stil vor uns haben. Größte Attraktion ist heute wie damals die **Long Gallery.** Über die gesamte Länge des Hauses zieht sich im zweiten Stock diese so genannte Lange Galerie: 52 m lang und 6,50 m breit, die längste Galerie aller englische Landsitze der damaligen Zeit. Der Reichtum einer Familie und der Wert eines Hauses zeigte sich in jenen Tagen an der Größe dieser besagten *Long Gallery*, und *Montacute House* wurde nicht übertroffen. War das Wetter schlecht, sodass sich die Männer der Familie mit ihren Gästen nicht draußen auf der Jagd vergnügen konnten, so verbrachten sie ihre Zeit in den Nischen der *Long Gallery*, schauten von den großen Fenstern auf die prachtvollen Gartenanlagen oder wagten ein Spielchen. Heute zeigen hier Gemälde –

304es fk

Dauerleihgaben der Londoner *National Portrait Gallery* – Persönlichkeiten aus der elisabethanischen Ära.

Wunderschön ist der **Garten** von *Montacute House,* vor allem im East Court, der von zwei grazilen Pavillions flankiert wird.

■ **Montacute House,** TA15 6XP, Tel. 01935-823 289, www.nationaltrust.org.uk/visit/somerset/montacute-house, März–Okt. 11–16.30, Nov.–Feb. 11–15.30 Uhr, Erw. 13 £, Kinder 6,50 £, Familien 19,50–32,50 £, *National Trust*-Mitglieder frei.

Weymouth

– Klein und intim

Den Ruhm des kleinen Seebades begründete König *George III.*, der bereits im Jahre 1789 hier sommerliche Badefreuden genoss. Daran erinnert die 20 Jahre nach dem ersten Besuch von den dankbaren Bürgern der Stadt gestiftete papageienbunte Statue des Herrschers an der Strandpromenade. Der richtige Aufschwung erfolgte jedoch erst 1857 mit dem Anschluss an das Eisenbahnnetz.

Am 10. Februar 1910 kam es in Weymouth zu dem in der englischen Öffentlichkeit berühmt gewordenen **„Jux mit der Dreadnought“**, an dem die 28-jährige *Virginia Stephen*, die spätere *Virginia Woolf*, maßgeblich beteiligt war. Die *Dreadnought* war das modernste Kriegsschiff der damaligen Zeit, und entsprechend hoch lagen die Sicherheitsstandards. *Virginia* war als Kaiser von Abessinien verkleidet und besichtigte mit ihrem Hofstaat aus in Fantasiegewänder steckenden Freunden, im Zuge eines „offiziellen Staatsbesuches“ das Kriegsschiff. Niemand bemerkte etwas, die Spaßvögel teilten die Sache der Presse mit, und die Offiziere der *Dreadnought* fühlten sich um ihre Ehre gebracht und forderten schlimmste Bestrafungen. Später hat *Virginia* in einer Kurzgeschichte mit dem Titel „A Society“ diese Erfahrung literarisch festgehalten.

Attraktion des Seebades ist der 3 km lange, feine **Sandstrand,** begrenzt von der Promenade, die ein zum 20-jährigen Thronjubiläum *Victorias* erbauter Uhrturm in zwei Hälften teilt.

Geschäftig geht es am von bunten Häusern gesäumten **Hafen** zu, wo man den Fischern bei der Arbeit zusehen oder selbst, wie die Einheimischen, Krabben fangen kann. Von hier aus starten auch Boote zur Insel Portland sowie entlang der Jurassic Coast.

■ **Coastline Cruisers,** Brewery Quay, DT4 8TJ, Tel. 01305-785000, www.coastlinecruises.com, Apr.–Okt. tgl. Hin- und Rückfahrt Portland Erwachsene 15 £, Kinder (3–15 Jahre) 10 £, Rundfahrt entlang der Jurassic Coast Erwachsene 16,50 £, Kinder (4–15 Jahre) 11 £.

Von besonderem Interesse ist **„Sandworld“**, ein **Sandskulpturenfestival,** das jedes Jahr von April bis Anfang November stattfindet. Zu einem vorgegebenen Thema werden von verschiedenen Künstlern riesige Skulpturen aus Sand und Wasser hergestellt, die man bestaunen kann. Wer möchte, kann sich auch selbst an einer Skulptur versuchen.

■ **Sandworld,** *Lodmoor Country Park,* Preston Beach Road, DT4 7SX, Tel. 07411-387529, www.

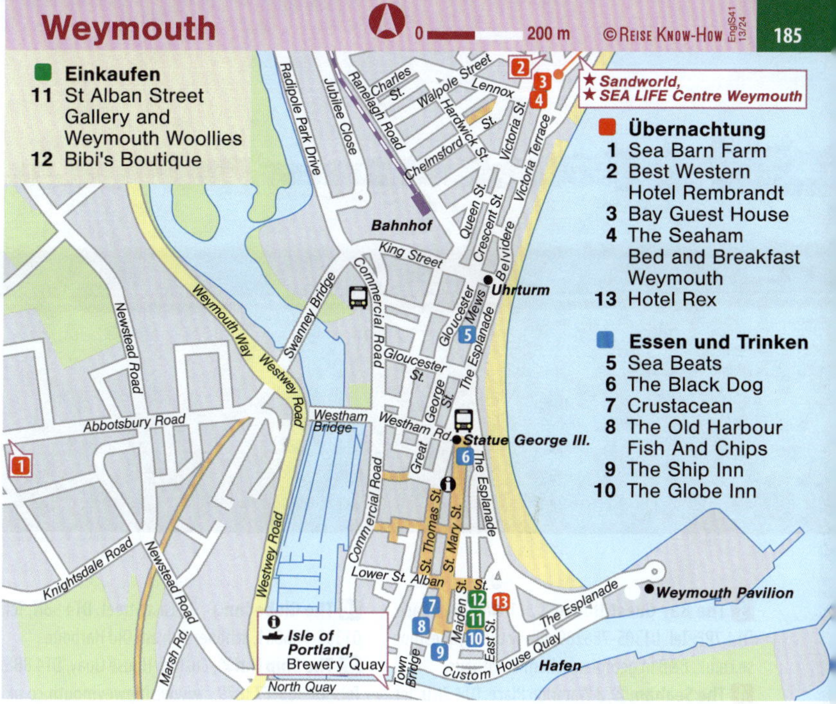

sandworld.co.uk, April bis Anfang November tgl. ab 10.30 Uhr (Schließzeiten variieren von 15 bis 17.30 Uhr), Erw. 9,75 £, ermäßigt 8,75 £, Kinder (5–16 Jahre) 7,75 £, Familien 23,25–30 £, im Internet zu buchen wird mit 1 £ Rabatt pro Person belohnt.

Gleich nebenan befindet sich auch ein **Aquarium,** in dessen *Ocean Tunnel* man die Möglichkeit hat, verschiedene Hai- und andere Fischarten aus größtmöglicher Nähe zu beobachten.

SEA LIFE Centre Weymouth, Lodmoor Country Park, DT4 7SX, Tel. 01305-761070, www.visitsealife.com/weymouth, April–Sept. tgl. 10–16, sonst 11–16 Uhr, Erwachsene 24 £, Kinder (3–14 Jahre) 20 £, die Karten sind im Internet günstiger.

Praktische Tipps

Tourist Information

Weymouth Information Shop, 98 St Mary Street, DT4 8NY.

www.weareweymouth.co.uk

Unterkunft

13 **Hotel Rex**③-④, 29–30 The Esplanade, DT4 8DN, Tel. 01305-760100, www.kingshotels.co.uk/hotels/hotel-rex, Hotel an der Seepromenade.

2 **Hotel Rembrandt**④, 12–18 Dorchester Road, DT4 7JU, Tel. 01305-764000, www.hotelrembrandt.co.uk, mit Fitnessstudio, Swimmingpool und Sauna.

adobe.stock ©david hughes

3 The Bay Guest House③, 11 Waterloo Place, DT4 7PE, Tel. 01305-786289, www.thebayguesthouse.co.uk, B&B in georgianischem Stadthaus.

4 The Seaham②, 3 Waterloo Place, DT4 7NU, Tel. 01305-782010, www.theseahamweymouth.co.uk, freundliches, familiengeführtes B&B.

1 Camping: *Sea Barn Farm Camping Site*①, Fleet, DT3 4ED, Tel. 01305-782218, www.seabarnfarm.co.uk, von Weymouth entlang der B 3157 Richtung Bridport und nach ca. 7 km links ab.

Essen und Trinken

7 Crustacean③, 59 St. Mary Street, DT4 8PP, Tel. 01305-777222, www.crustaceanrestaurant.co.uk, modernes Fisch- und Seefrüchte-Restaurant in der Nähe des Hafens.

5 Sea Beats②, The Esplanade, DT4 7AT, Tel. 01305-767444, https://seabeats.co.uk, Bistro mit frischgefangenem Fisch und Meeresfrüchten.

10 The Globe Inn①, 24 East Street, DT4 8BN, Tel. 01305-786061, schöner Pub am Old Harbour.

9 The Ship Inn②, Custom House Quay, DT4 8BE, Tel. 01305-773879, www.shipweymouth.co.uk, Pub mit guter Speisekarte in einem ehemaligen Speicher am alten Hafen. Auch vegetarische und glutenfreie Speisen.

6 The Black Dog①, 3 St. Mary's Street, DT4 8PB, Tel. 01305-771426, www.facebook.com/TheBlackDogWeymouth, Pub aus dem 16. Jh. Günstiges Essen wie Würstchen oder Lasagne.

8 The Old Harbour①, 16 St. Edmunds Street, DT4 8AR, Tel. 01305-458772, www.theoldharbour.co.uk. Typisches *Fish'n'Chips*-Lokal mit hochwertigem Speiseangebot, auch glutenfrei. Zum Mitnehmen oder dort Essen.

Einkaufen

11 St Alban Street Gallery and Weymouth Woollies, 1a St Alban Street, DT4 8BZ, Kunstgalerie mit Fotografien von der Umgebung von Weymouth, Keramik und Gemälden. Auch gibt es eine gute Auswahl an Wolle sowie Strick- und Häkelzubehör.

Am Strand von Weymouth

12 **Bibi's Boutique,** 21 St Alban Street, DT4 8BZ, www.bibisboutique.co.uk, gute Auswahl an Damenmode sowie einige Geschenkartikel.

Verbindung

- Mit **Zügen** im Verbundsystem *Network Southeast* und **Bussen** des *National Express* gelangt man in alle Landesteile.
- **Bahnhof:** Im Zentrum, abseits der King Street, DT4 7BN. Es gibt keinen zentralen Busbahnhof. Die Haupthaltestellen sind an der Promenade um die King's Statue herum und in der Commercial Road, nicht weit vom Bahnhof. Am Bahnhof gibt es allerdings eine Anzeigetafel mit allen Abfahrtszeiten und eine Haltestelleninfo.

Isle of Portland und Chesil Beach

Südlich von Weymouth hängt nur an einem dünnen Zipfel die Halbinsel **Isle of Portland.** Seit Jahrhunderten wird hier der graue Portlandstein gebrochen, der im ganzen Land beliebt ist. 60.000 Tonnen wurden allein an St. Paul's Cathedral in London verbaut; auch die Bank von England, das Oxford-Street-Kaufhaus *Selfridge's* und die meisten Gebäude in Westminster bestehen aus *Portland Stone.*

Die Südspitze der Insel, **Bill of Portland** genannt, markiert ein rot-weiß geringelter Leuchtturm.

Hinter dem Örtchen Fortuneswell erheben sich die **Portland Heights,** an deren höchstem Punkt ein Obelisk steht. Von dort oben hat man einen prachtvollen Ausblick auf den **Chesil Beach,** eine gigantische, mehrere hundert Meter breite und 27 Kilometer lange, die Küste schützende Kieselsteinbarriere.

Zwischen dem Festland und diesem „Damm" erstreckt sich eine unter Naturschutz stehende Lagune, **The Fleet** genannt, in der viele Vögel ein Refugium gefunden haben. Dazu gehören u.a. der Schilfrohrsänger *(Sedge Warbler),* das Wintergoldhähnchen *(Goldcrest),* die Fluss-Seeschwalbe *(Common Tern),* verschiedene Reiherarten *(Heron),* das Blässhuhn *(Coot),* der Kormoran *(Cormorant),* verschiedene Regenpfeifer *(Plover),* der Haubentaucher *(Grebe)* und die Brandgans *(Shelduck).*

Achtung: Auf keinen Fall darf man von dem Kieselsteinstrand in die Meeresfluten springen. **Starke Strömungen** ziehen auch den stärksten Schwimmer hinaus aufs offene Meer.

An der A 354 zwischen Weymouth und Portland gibt es ein **Besucherzentrum,** in dem man Infobroschüren bekommen kann und in einer kleinen Ausstellung etwas über das Naturschutzgebiet erfahren kann. Hier kann man auch Bootsfahrten im **Glasbodenboot** *(The Fleet Observer)* buchen.

- **Chesil Visitors Centre,** Portland Beach Road, Portland, DT4 9XE, Tel. 01305-206191, www.chesilbeach.org/cbvc, Sommer tgl. 10–17, Winter tgl. 10–16 Uhr, Eintritt frei.
- **The Fleet Observer,** Bootsfahrten im Glasbodenboot, www.dorsetwildlifetrust.org.uk/thingsdo/fleet-explorer, Ostern bis September, die Fahrten dauern eine Stunde. Erwachsene 10 £, Kinder (3–15 Jahre) 8 £.

Die Schwäne von Abbotsbury

Am westlichen Ende des Chesil Beach liegt das Dorf Abbotsbury, das mit seinen *thatched cottages*, seinen reetgedeckten Häusern, einen romantischen Eindruck aus alter Zeit hinterlässt. Auf frühere Tage geht auch die weltweit einmalige *Swannery*, eine Schwanerei, zurück. Dabei handelt es sich um eine von Menschen organisierte **Kolonie von Höckerschwänen** (engl. *mute swans*). Etwa 600 Schwäne nisten hier eng beieinander. Sie sind an Menschen gewöhnt und Besucher laufen dicht an den überall nistenden Vögeln und ihren Küken vorbei. Schnelles Laufen sollte man aber vermeiden, nicht zwischen den Schwänen und ihren Küken gehen und diese auch nicht füttern. **Massenfütterungen** finden jeden Tag um 12 Uhr und 16 Uhr statt und Kinder, die nahe genug am Zaun stehen, können als Helfer ausgewählt werden, die dann aus einem Eimer Futter schaufeln und den Schwanenmassen entgegenwerfen können.

Die Schwäne kommen seit mindestens 600 Jahren **freiwillig** hierher. Faszinierend ist, dass Höckerschwäne ansonsten nicht in Kolonien brüten und anderswo aggressiv werden, wenn sich ihnen fremde Vögel nähern.

303es fk

Im 11. Jh. bauten Benediktinermönche hier ein **Kloster** und gründeten die Schwanerei vermutlich, da Schwäne als Nahrung galten. Das Kloster fand ein Ende, als es 1539 wie alle Klöster des Landes von *Heinrich VIII.* aufgelöst und zerstört wurde. Die Schwanerei blieb aber bestehen und 1543 wurde sie von *Sir Giles Strangways* gekauft. Sie befindet sich noch immer im Besitz seiner Nachfahren. Der Verzehr von Schwänen kam im 19. Jh. aus der Mode, die Abbotsbury Swannery ist heutzutage eine Touristenattraktion und wird zudem für wissenschaftliche Studien genutzt.

■ **Abbotsbury Swannery,** New Barn Road, DT3 4JG, Tel. 01305-871858, www.abbotsburyswannery.co.uk, Ende März–Anfang Nov. tgl. 10–17 Uhr, letzter Einlass 16 Uhr, Erwachsene 12,50 £, Kinder (5–15 Jahre) 6,50 £, für die Schwanerei und die subtropischen Gärten (s.u.) sind günstige Kombitickets erhältlich.

Im Ortszentrum von Abbotsbury lohnt ein Besuch des **Pubs** *Ilchester Arms.* Das Gasthaus, eine ehemalige Kutschstation, datiert aus dem 17. Jh. bietet auch einige individuell gestaltete Fremdenzimmer an, u.a. eine *Honeymoon Suite.* Vegetarier und Reisende, die der Würstchen und des Specks überdrüssig sind, bekommen dort ein „Veggie full English breakfast" mit *Halloumi,* Avocado, kurz angebratenen Pilzen und den üblichen Zutaten eines englischen Frühstücks.

Ein kurzes Stück hinter dem Ortsausgang von Abbotsbury locken die farbenprächigen **Subtropical Gardens.** Die Ursprünge des Parks gehen auf die *Countess of Ilchester* zurück, die 1765 einen Kräutergarten für ihre Küche anlegen ließ. Wie der Name schon sagt, wachsen vielfältige exotische Pflanzen in dem Park, der in einem klimatisch sehr milden Teil der Südküste liegt.

◁ Federvieh der Schwanerei

■ **Abbotsbury Subtropical Gardens,** Buller's Way, DT3 4LA, Tel. 01305-871387, www.abbotsburygardens.co.uk, Sommer tgl. 10–17 Uhr, Winter 10–16 Uhr, Mitte Dezember geschlossen, Erwachsene 10 £, Kinder 5 £, für die Schwanerei und die subtropischen Gärten sind günstige Kombitickets erhältlich.

Unterkunft

■ **Ilchester Arms Hotel**③, 9 Market Street, DT3 4JR, Abbotsbury, Tel. 01935-840220, www.ilchesterarms.co.uk.

■ **Wheelwrights Cottage**②, 14 Rodden Row, DT3 4JL, Tel. 01305-871800, www.wheelwrights.co.uk, B&B in einem alten Häuschen im Ortskern.

Lyme Regis – Eldorado für Fossiliensucher

Das **königliche Lyme,** so der lateinische Beiname Regis (Genitiv von *rex* = König), geht nach Chroniken auf eine 774 gegründete Ansiedlung zurück. 1284 erhielt Lyme von *Eduard I.* die Stadtrechte – inklusive des Zusatzes *Regis.* 1760 kamen die ersten Besucher, die in der salzhaltigen Luft und dem Wasser kurten. Lyme Regis ist ein Städtchen mit **steil**

auf- und absteigenden Straßen und Gassen, einer schmalen **Promenade** vor dem Sandstrand und einem kleinen Hafen mit der weit ins Meer reichenden, bereits aus dem Mittelalter stammenden Mole, einer ins Meer ragenden Steinmauer, die den Namen **The Cobb** trägt.

Zu Beginn des 19. Jh., als das wissenschaftliche Interesse an der Entstehungsgeschichte der Welt seinen Höhepunkt erreicht hatte, machten sich wissenschaftlich-interessierte Geister auf nach Lyme Regis. Im Lias-Gestein der Umgebung fanden sich, reichhaltig wie nirgendwo sonst, **Fossilien** aller Art. 1811 legte die erst 10-jährige *Mary Anning* das vollständige, versteinerte Skelett eines Ichthyosaurus (ein Fischsaurier, Länge bis 17 m) frei; 17 Jahre später fand sie das erste Knochengerüst eines Pterodactylos (Flugsaurier mit bis zu 8 m Flügelspannweite, eines der größten bekannten Flugtiere).

In einigen kleinen Läden der Stadt kann der Interessent Fossilienhammer und -meißel erstehen und selbst auf die Suche gehen. Im Ausstellungsgebäude **Dinosaurland,** einem privat von Paläonthologen geführten Museum, und im **Lyme Regis Museum** sind unter anderem auch eine ganze Anzahl von Funden ausgestellt.

Dinosaurland Fossil Museum, Coombe St, DT7 3PY, Tel. 01297-443541, www.dinosaurland.co.uk, Mitte Feb.–Okt. 10–16 Uhr (Öffnungszeiten können vor allem außerhalb der Sommersaison variieren!), Erwachsene 6 £, Kinder (5–16 Jahre) 5 £, Familien 20 £.

Lyme Regis Museum, Bridge Street, DT7 3QA, Tel. 01297-443370, www.lymeregismuseum.co.uk, Di–Sa 10–17, So 10–16 Uhr, Erwachsene 7,20 £, Kinder und Studenten 4,50 £, Familien 18,90 £. Hier können auch geführte Fossil-Exkursionen gebucht werden, Erwachsene 14,75 £, Kinder 8,75 £.

Jane Austen (1775–1817) kam Anfang des 19. Jh. erstmals nach Lyme Regis und in den folgenden Jahren kehrte sie wieder. In dem ein Jahr nach ihrem Tod publizierten, autobiografischen Roman „Persuasion" verlegt sie weite Teile der Handlung in das Seebad. *Louisa Musgrove,* eine Verwandte der Protagonistin *Anne Elliot,* stürzt in der Liebesgeschichte auf die Pflasterung der Hafenmole Cobb.

Der 1926 geborene Romancier *John Fowles* (gest. 2005) lebte und schrieb in Lyme Regis, „in der Stadt, die damals wie heute vom Klatsch so voll ist wie ein Stück Roquefort vom Käse." Sein berühmtester Roman, „The French Lieutenant's Woman" (1969, dt. „Die Geliebte des französischen Leutnants"), spielt in Lyme Regis; auch hier ist die Mole The Cobb wichtiger Schauplatz, weshalb hier auch für die Verfilmung von 1981 (mit *Meryl Streep*) gedreht wurde.

Südenglandbesucher, die während der Studentenbewegung Ende der 1960er Jahre über repressionsfreie Kindererziehung diskutiert haben, werden sich an den Namen **A. S. Neill** erinnern. Dieser „angesehene Erzieher, der sich von einem konventionellen Schulmeister zu einem der originellsten und erfolgreichsten Reformer unserer Zeit entwickelt hat" – so *Bertrand Russel* –, gründete 1924 seine berühmte Internatsschule Summerhill in Lyme Regis.

Sehenswert ist außerdem die alte **Stadtmühle,** deren Gebäude heute nicht nur ein Museum, in dem man geführte Touren machen kann, sondern auch

▷ Teil der Hafenmole The Cobb

Künstlerstudios, Galerien, Delikatessenläden, eine Brauerei und ein nettes Café beherbergen.

■ **The Town Mill,** Mill Lane, DT7 3PU, Tel. 01297-444042, www.townmill.org.uk, März–Sept. tgl. 11–13.30, an manchen Tagen 11–16 Uhr (siehe Website), Eintritt frei, Spenden erwünscht.

Praktische Tipps

Tourist Information

■ **www.visit-dorset.com/lyme-regis**

Unterkunft

■ **Mariners Hotel**④, Silver Street, DT7 3HS, Tel. 01297-442753, www.hotellymeregis.co.uk, am Meer gelegenes Hotel, einige Zimmer mit Seeblick.
■ **Royal Lion**④, Broad Street, DT7 3QF, Tel. 01297-445622, www.royallionhotel.com, Haus aus dem 16. Jh., mit Swimmingpool und Sauna.
■ **Rock Point Inn**⑤, 1–2 Broad Street, DT7 3QD, Tel. 01297-443153, www.rockpointinn.co.uk, neun Zimmer direkt an der Strandpromenade. Zum Gasthaus gehört auch ein gutes **Restaurant**② mit schönem Blick über die Bucht.
■ **The Nags Head**③, 32 Silver Street, DT7 3HS, Tel. 01297-445208, www.nagsheadlymeregis.com, fünf geschmackvoll eingerichtete Zimmer über einem Pub aus dem 18. Jahrhundert. Zwei Zimmer haben schöne Aussichten auf das Meer.
■ **Lyme Townhouse**③, 8 Pound Street, DT7 3HZ, Tel. 01929-400252, www.lyme-twonhouse.co.uk, freundliches Hotel mit 7 Zimmern, wenige Gehminuten vom Ortszentrum und dem Meer entfernt.

Essen und Trinken

■ **Volunteer Inn**②, Broad Street, DT7 3QE, Tel. 01297-442214, www.thevolunteerlymeregis.com, sicherlich einer der atmosphärereichsten Pubs im Ort. Vor allem lokale Zutaten.
■ **The Fudge Kitchen**①, 9 Broad Street, DT7 3QD, Tel. 07805-335616, Teestube, in der man vor allem Toffee-Spezialitäten probieren kann.

adobe.stock ©kevinatrent

The Millside Restaurant②, 1 Mill Lane, DT7 3PU, Tel. 01297-445999, www.themillside.co.uk, britische Küche, gleich neben der alten Stadtmühle.

Pilot Boat Inn Restaurant②, 1 Bright Street, DT7 3QA, Tel. 01297-443157, www.thepilotboat inn.co.uk; gute Bar und typische Pub-Speisekarte. Glutenfreie Optionen erhältlich.

Baroque③, 2 Drakes Way, DT7 3QP, Tel. 01297-444788, www.baroquelyme.co.uk, das winzige Restaurant (unbedingt vorbuchen!) liegt versteckt in einer kleinen Nebengasse und hat einen schönen, weinberankten Außenbereich. Die köstlichen Gerichte sind von der libanesischen Küche inspiriert.

Verbindung

Lyme Regis hat keinen Bahnhof und ist auch nicht im Liniennetz des *National Express;* die Linie X51 der Busgesellschaft *First* fährt von Dorchester über Lyme Regis nach Axminster und zurück; die Linie X52 führt von Bridport nach Exeter und die Linie X53 von Weymouth nach Axminster.

Beer

Folgt man der Jurassic Coast weiter nach Westen, erreicht man nach etwa 14 km das **hübsche Dörfchen** Beer, dessen **schöner Kiesstrand** von **hohen Kreidefelsen** geschützt ist. Am Strand kann man Liegestühle ausleihen, im *Ducky's Café* ein Getränk bestellen und entspannt den bunten Fischerbooten zuschauen, die hier ihren Fang entladen. Auch der Ort selbst, mit seinen weißgetünchten Häuschen, blumengeschmückten Fassaden und Geschenkeläden, ist pittoresk.

Mitte August findet hier die **Beer-Regatta** statt, bei der bunte Segelboote in der Bucht aufkreuzen und im Dorf Karneval-Atmosphäre herrscht (www.beer regatta.co.uk).

Am Hang über dem Dorf findet sich das Zuhause des Modell-Eisenbahnherstellers *Pecorama.* Von hier aus hat man atemberaubende Blicke über die Lyme Bay und kann mit der winzigen **Beer Heights Light Railway** fahren. Auch gibt es eine Ausstellung über Modelleisenbahnen sowie einen großen Abenteuerspielplatz.

Pecorama, Underleys, EX12 3NA, www.pecora ma.co.uk, April–Okt. Di–Sa 10–16 Uhr, Erwachsene 12,95 £, Kinder (4–17 Jahre) 10,95 £, Familien 44,95 £, Hunde 1 £.

Kurz außerhalb des Dorfes liegen die **Höhlen** der **Beer Quarry,** die man sich bei einer Führung anschauen kann. Im **Steinbruch** von Beer wurde bereits in der Römerzeit Stein abgebaut, aber am wichtigsten war der Steinbruch im Mittelalter, als der helle Stein sehr beliebt für Sakralbauten war. In 24 der 44 britischen Kathedralen ist der *Beer-Stone* heute zu sehen, unter anderem in der Westminster Abbey und der Kathedrale von Winchester, aber auch in anderen wichtigen Bauten wie dem Tower of London und Windsor Castle. Bei Führungen erfährt man viel über die Geschichte der Höhlen und auch über die teilweise sehr seltenen Fledermausarten, die hier leben.

Beer Quarry Caves, Quarry Lane, EX12 3AS, Tel. 01297-680282, www.beerquarrycaves.co.uk, Erwachsene 11 £, Kinder (5–16 J.) und Senioren 9 £, Familienkarte 35 £.

Das Dörfchen Beer mit hübschem Strand

Praktische Tipps

Unterkunft

■ **Durham House**③, Fore Street, EX12 3JL, Tel. 07816-526871, www.durhamhouse.co.uk, schmuckes B&B mit bequemen, geräumigen Zimmern im Zentrum von Beer.

■ **Belmont House**③, Dolphin Road, EX12 3EN, Tel. 01297-24415, www.belmonthousebeerdevon.co.uk, B&B in einem 200 Jahre alten Fischerhäuschen direkt im Zentrum des Ortes.

■ **Dolphin Hotel**②, Fore Street, EX12 3EQ, Tel. 01297-20068, www.hall-woodhouse.co.uk/pub/the-dolphon-hotel-beer, kleines Hotel in der Nähe des Strandes mit **Restaurant** und Bar.

■ **YHA Beer**①, Bovey Lane, EX12 3LL, Tel. 0345-3719502, www.yha.org.uk/hostel/yha-beer, die Jugendherberge ist in einem schönen *Arts & Craft*-Gebäude am Rande von Beer untergebracht. Es gibt auch Privatzimmer und einen Zeltplatz.

■ **Camping:** *Beer Head Caravan Park,* Common Hill, EX12 3AH, Tel. 01297-21107, www.beer-head.com, hoch über dem Strand von Beer mit schönem Blick auf das Meer liegt dieser Campingplatz mit Platz für Wohnmobile und Zelte.

Essen und Trinken

■ **Smugglers Kitchen**②, Fore Street, EX12 3JF, Tel. 01297-22104, www.thesmugglerskitchen.co.uk, uriges Restaurant mit großer Auswahl an Gerichten auch für Kinder. Besonders die Fisch- und Seefood-Speisen, wie z.B. die Linguine mit Meeresfrüchten oder der gegrillte Barsch sind zu empfehlen.

■ **Anchor Inn**①, Fore Street, EX12 3ET, Tel. 01297-20386, www.greenekinginns.co.uk/hotels/anchor-inn, sehr schöner Biergarten mit Blick über die Bucht. Es werden auch günstige, herzhafte Speisen serviert.

■ **Beer Head Bistro,** *Beer Head Caravan Park,* Common Hill, EX12 3AH, Tel. 07340-078817, www.beer-head.com/thebistro, typisches Pub-Food, wie Pasteten und *Fish & Chips,* mit Blick aufs Meer.

Verbindung

■ **Busse:** Buslinie 9A verkehrt mehrmals täglich zwischen Exeter und Lyme Regis mit einem Stopp in Seaton, dem Nachbarort von Beer. Von Seaton aus fahren die Linien 885 und 899 nach Beer, oder man erreicht den Ort zu Fuß in etwa 30 Minuten.

A la Ronde | 204

Burgh Island | 234

Dartmoor, Wanderungen | 212

Dartmouth | 208

Exeter | 196

Plymouth | 235

Torquay | 204

Tavistock | 211

6

Exeter – Plymouth

» Von der englischen Riviera um Torquay geht es in die Moorlandschaft Dartmoor.

< Abendstimmung im Dartmoor beim Steinkreis Nine Maidens

EXETER – PLYMOUTH

Hier beginnt die englische Riviera, Dichter und Denker fühlten sich an diesem Küstenstrich zuhause. Das Dartmoor ist bekannt düster dank des „Hund von Baskerville“ aus der Feder von Sir Arthur Conan Doyle – und mehr als eine Wandertour wert.

NICHT VERPASSEN!

- **Greenway House,** das ehemalige Heim von *Agatha Christie* gibt einen Einblick in ihr Leben und Schaffen | 206
- **Dartmouth,** charmantes Hafenstädtchen, das sich auch gut als Ausgangspunkt für Erkundungen im Dartmoor eignet | 208
- **Dartmoor,** rauhe Landschaft, in der die größte Dichte an frühgeschichtlichen Monumenten in England zu finden ist | 212
- **Hangershell Rock,** Wahrzeichen in der kargen Moorlandschaft | 217
- **Burgh Island,** romantische Gezeiteninsel mit Art-Déco-Hotel | 234

Diese Tipps erkennt man an der gelben Markierung.

Exeter

– Hauptstadt, Bischofssitz, Universitätsmetropole

Das rund 130.000 Einwohner zählende Exeter ist die Hauptstadt der Grafschaft Devon, Bischofssitz und Universitätsmetropole. Sie konnte sich ihren beschaulichen Charme bis heute bewahren.

Um das Jahr 80 n. Chr. gründeten die Römer die Ansiedlung Isca Dumnoniorum, rund ein halbes Jahrtausend später kam unter den Angelsachsen ein Kloster hinzu, und kurz vor der normannischen Invasion erlangte Exeter 1050 den Rang einer Bischofsstadt. Die Abteikirche, 1003 von den Dänen zerstört, wurde zu einem normannischen Gotteshaus erweitert. 1270 begann man mit der gotischen Umgestaltung, die 90 Jahre später mit der Fertigstellung der grandiosen Westfassade ihr Ende fand. **Exeter Cathedral** ist im reinsten *Decorated Style*, der englischen Hochgotik, errichtet.

Exeter Cathedral

Allererster Blickfang ist zweifellos die **Westfassade,** die von einer dreireihigen Skulpturengalerie geschmückt ist. In den ersten Jahren nach der Fertigstellung muss dieser Teil des Gotteshauses noch beeindruckender ausgesehen haben, denn die Figuren waren bunt bemalt.

Machen wir nun einen Rundgang durch die Kathedrale. Rechts vom Haupteingang ruht in einer kleinen **Grabkapelle Bischof Grandisson,** der

adobe.stock ©Alexey Fedorenko

maßgeblich den Bau der Kathedrale vorantrieb. Im **Langhaus** stützen 16-teilige Pfeiler das Gewölbe, das, da es auch in der Vierung nicht unterbrochen ist, das längste gotische Gewölbe der Welt ist. Wäre da nicht der Lettner mit der Orgel obendrauf, so könnte man sehr tief in die Weite der Kathedrale schauen. Den nördlichen Teil des Langhauses schmückt die **Sängerempore Ministry Gallery.**

Im nördlichen Querschiff zeigt die **astronomische Uhr** aus dem Ende des 14. Jh. nicht nur die Zeit, sondern auch die Mondphasen an. Im nördlichen Teil des Chores ist **Bischof Stapeldon** zur letzten Ruhe gebettet; auch er war einer der Geistlichen, unter denen die Baumeister große Fortschritte in der Errichtung des Gotteshauses machten. Darüber hinaus war er Schatzmeister von *Eduard II.* Dies sollte ihm zum Verhängnis werden; ein wütender Londoner Mob brachte den wegen seiner unpopulären Maßnahmen gehassten Kirchenmann 1326 um. In der **Marienkapelle** ist der angelsächsische Bischof *Leofric* (gest. 1072) begraben.

Eine persönliche Atmosphäre nimmt die steinerne Kathedrale an, wenn man die buntbestickten **Sitzkissen** entlang der Steinbänke sieht. 70 Frauen der Gemeinde haben mehr als ein halbes Jahrzehnt daran gestickt und erzählen in den Bildern die Geschichte der Stadt.

In der Dombibliothek ist mit dem **Exeter Book** die einzige Quelle angelsächsischer Dichtung erhalten; Bischof *Leofric* (s.o.) vermachte das Buch, dessen Texte zwischen 950 und 1000 geschrieben wurden, der Kathedralbibliothek.

[^] Exeter Cathedral

Exeter – Plymouth

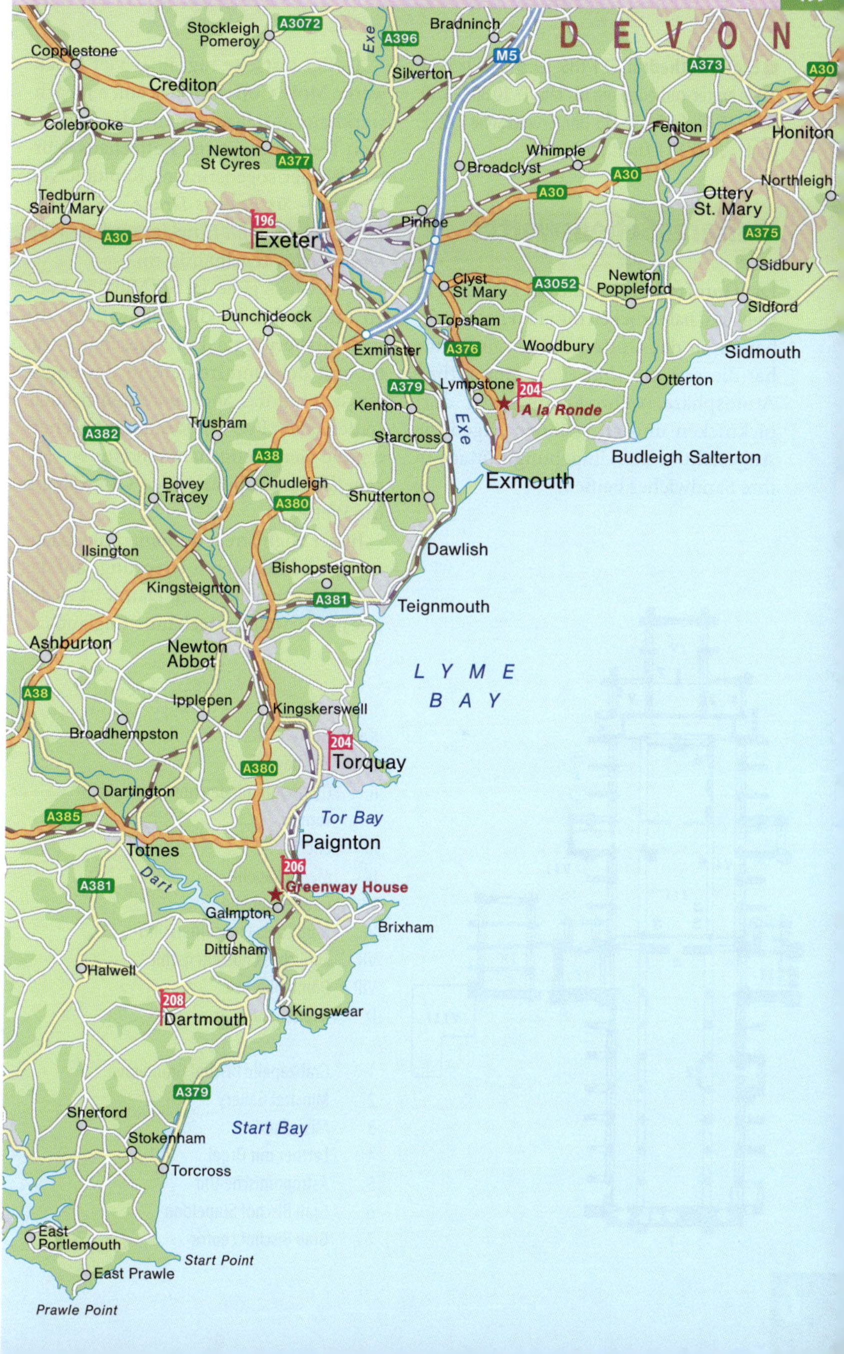
0 5 km
©Reise Know-How
EnglSK06 13/24
DEVON
Stockleigh Pomeroy
A3072
Bradninch
Exe
A396
M5
Copplestone
Crediton
Silverton
A373
A30
Colebrooke
Feniton
Honiton
Newton St Cyres
A377
Whimple
Broadclyst
A30
Northleigh
Tedburn Saint Mary
A30
Ottery St. Mary
196
Exeter
Pinhoe
A30
A375
Sidbury
Dunsford
Clyst St Mary
A3052
Newton Poppleford
Sidford
Dunchideock
Topsham
Exminster
A376
Woodbury
Sidmouth
A379
Lympstone
204
A la Ronde
Otterton
Kenton
A382
Trusham
Exe
Starcross
Budleigh Salterton
A38
Bovey Tracey
Chudleigh
A380
Shutterton
Exmouth
Ilsington
Dawlish
Bishopsteignton
Kingsteignton
A381
Teignmouth
Ashburton
Newton Abbot
LYME BAY
A38
Ipplepen
Kingskerswell
Broadhempston
204
Torquay
A380
Dartington
A385
Tor Bay
Totnes
Paignton
206
Dart
A381
Greenway House
Galmpton
Brixham
Dittisham
Halwell
208
Dartmouth
Kingswear
A379
Sherford
Start Bay
Stokenham
Torcross
East Portlemouth
Start Point
East Prawle
Prawle Point

■ **Exeter Cathedral,** EX1 1HS, Tel. 01392-285983, www.exeter-cathedral.org.uk, Mo–Fr 10.30–16.30, Sa 9–16.30, So 11.30–15 Uhr, Erwachsene 7,50 £, Kinder unter 18 J. Eintritt frei.

Weiteres Sehenswertes

Die **Domfreiheit** ist eine der kleinsten in England, nahe rücken die alten Fachwerkhäuser an das Gotteshaus heran. Dafür hat dieser *Cathedral Close* eine intime Atmosphäre, wenn Schulklassen dort picknicken und an schönen Tagen die Angestellten der Umgebung mittags in ihre Sandwiches beißen.

An der Ostseite ragt über vier Stockwerke **Mol's Coffee House** auf, ein Fachwerkhaus aus elisabethanischer Ära; in dem Tee- und späteren Kaffeehaus kehrten die vier sogenannten „Kapitäne von Devon" – *Sir Francis Drake, Sir Martin Frobisher, Sir John Hawkins* und *Sir Walter Raleigh* – regelmäßig ein.

Vom Close geht die St. Martin's Lane ab und verbindet die High Street, die verkehrsberuhigte Hauptgeschäftsstraße, mit der Domfreiheit; in der engen Gasse lohnt das *Ship Inn* einen Besuch. In dem alten Pub mit Restaurant becherten die vier obengenannten Herren, *Elisabeths* Elitekapitäne, des Öfteren um die Wette.

In der High Street imponiert die mächtige **Guildhall,** deren Ursprünge auf das Jahr 1160 zurückgehen. Damit ist es das älteste Verwaltungsgebäude Englands.

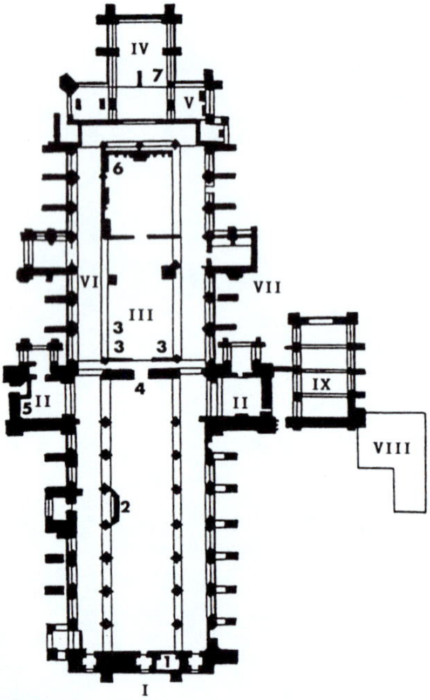

Kathedrale Exeter

I	Westfassade
II	Querschiff mit den normannischen Türmen
III	Chor
IV	Marienkapelle
V	Gabrielskapelle
VI	Nördliches Chorseitenschiff
VII	Südliches Chorseitenschif
VIII	Dombibliothek
IX	Kapitelhaus
1	Grabkapelle Bischof Grandisson
2	Minstrel Gallery
3	Miserikordien
4	Lettner mit Orgel
5	Astronomische Uhr
6	Grab Bischof Stapeldon
7	Grab Bischof Leofric

Unweit der Guildhall, in der Queen Street, befindet sich **Royal Albert Memorial Museum and Art Gallery** mit einer breiten Palette an zoologischen, botanischen, geologischen, archäologischen, historischen, ethnografischen sowie Kunstausstellungen.

■ **Royal Albert Memorial Museum and Art Gallery,** Queen Street, EX4 3RX, Tel. 01392-265858, www.rammuseum.org.uk, Di 10.30–17, Mi–So 10–17 Uhr, Eintritt frei.

Nahebei, zurück in der High Street, steht der Pub *The Turks Head,* in dem *Charles Dickens* logierte, wenn er in Exeter war. Hier wurde er einst von einem Kellner bedient, der zu einer seiner Romanfiguren wurde.

Geht man weiter die High Street hinauf, kommt man rechts am **Einkaufszentrum** *Princesshay* mit über 70 Geschäften sowie Restaurants vorbei.

Am nördlichen Ende der High Street befindet sich der Eingang der **Underground Passages.** Diese im 14. Jahrhundert angelegten Tunnel dienten dazu, durch Bleirohre Trinkwasser in die Stadt zu bringen. Damit sie bei notwendigen Reparaturen nicht mühsam ausgegraben werden mussten, legte man sie in begehbare Passagen. Diese teils sehr engen Gänge unter der Stadt kann man in Führungen besichtigen, in denen man Helme tragen muss. Vor der Führung sieht man sich eine Ausstellung und einen kurzen, informativen Videofilm an.

■ **Underground Passages,** 2 Paris Street, EX1 1GA, Tel. 01392-665887, https://exeter.gov.uk/passages, Do–So 11–16 Uhr, Erw. 7,50 £, ermäßigt 6 £, Kinder 5 £, Familien 22 £. Kinder unter 5 Jahren können an den Führungen nicht teilnehmen.

Geruhsam geht es in den zentrumsnahen **Rougemont Gardens** zu, wo Reste von **Rougemont Castle** daran erinnern, dass Exeter die einzige Stadt in England war, die sich nicht dem normannischen Eroberer *Wilhelm* unterordnete. Erst zwei Jahre nach der Invasion konnte die widerspenstige Ansiedlung eingenommen werden. *Wilhelm* ließ eine Burg errichten, um die rebellischen Bewohner besser kontrollieren zu können.

Im Süden der Stadt breitet sich der **alte Hafen** aus, der kräftig renoviert wurde; in die alten Magazinhäuser sind Pubs, Cafés und kleine Geschäfte eingezogen, Apartmenthäuser säumen die Ufer des Flusses Exe. Dort kann man ihn mit *Butts Ferry,* einer der wenigen **Seilfähren** der Welt überqueren. Eigentlich handelt es sich dabei um eine schwimmende Brücke, die an einem Kabel zur anderen Seite gezogen wird. Die Überfahrt kostet nur ein paar Pence und verkehrt seit 1641. Ihren heutigen Namen verdankt sie aber dem Versicherungsvertreter *George Butt,* der 1971 mit einer Petition, unterzeichnet von 66 Einheimischen und 2500 Besuchern, verhinderte, dass der nicht mehr rentable Dienst der Seilfähre eingestellt wurde. Heute wird sie von *Exeter Cruises* betrieben, die im Sommer Bootsrundfahrten auf der Exe anbieten. Auf Wunsch kann man zum Mittagessen im **Pub** *The Double Locks* aussteigen und dann in einem späteren Boot seine Fahrt fortsetzen.

■ **Exeter Cruises,** The Quay, EX2 4AN, Tel. 07984-368442, www.exeterquayside.co.uk/exeter-cruises, Mitte Juli und August tgl. 11–17 Uhr, April, Mai, Juni und Sept. nur Sa/So 11–17 Uhr, Erwachsene einfache Fahrt 5 £, hin und zurück 8 £, Kinder 3 £/4 £, Familien 15 £/22 £.

Exeter

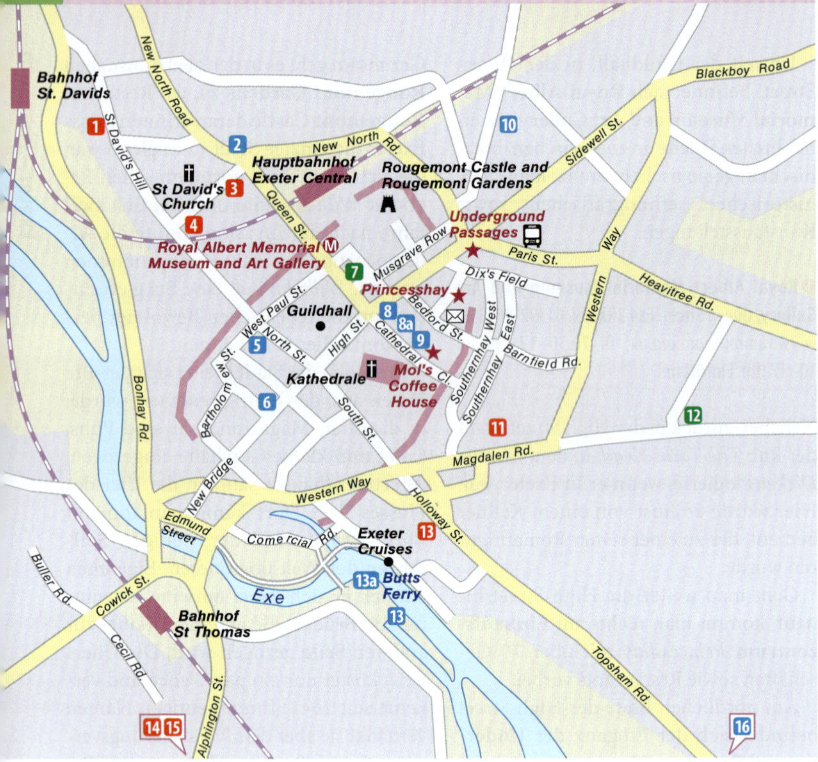

Praktische Tipps

Tourist Information

- **www.visitexeter.com**

Unterkunft

11 Hotel du Vin Exeter⑤, Magdalen Street, EX2 4HY, Tel. 01392-790120, www.hotelduvin.com/locations/exeter, luxuriöses Hotel in viktorianischem Gebäude aus dem 19. Jahrhundert, das eine Augenklinik war. Mit Swimmingpools und einem Wellness-Bereich.

3 Queens Court Hotel③, Bystock Terrace, EX4 4HY, Tel. 01392-272709, www.queenscourt-hotel.co.uk, zentral gelegenes Hotel in georgianischem Stadthaus.

14 Devon Hotel③, Exeter Bypass, EX2 8XU, Tel. 013 92-259268, www.devonhotel.co.uk. Kleines Hotel, knapp 5 km von der Kathedrale entfernt gelegen.

4 Townhouse②, 54 St. Davids Hill, EX4 4DT, Tel. 01392-494994, www.townhouseexeter.co.uk, nettes B&B in ruhiger Lage bei der St. David's Church gelegen, rund fünf Min. zu Fuß in die Innenstadt.

1 The Telstar②, 77 St. David's Hill, EX4 4DW, Tel. 01392-272466, www.telstar-hotel.co.uk, sympathisches kleines B&B in einem viktorianischen Haus.

Übernachtung
1 The Telstar
3 Queens Court Hotel
4 B&B Townhouse
11 Hotel du Vin Exeter
13 Exeter Globe Backpackers Hostel
14 Devon Hotel
15 Kennford International Caravan and Camping Park

Essen und Trinken
2 Dinosaur Café
5 Herbie's
6 Jasmine Thai Restaurant
8 Ship Exeter
8a Sabatini
9 Tea on the Green
10 Harry's Restaurant
13 The Prospect Inn
13a On The Waterfront
16 The Double Locks

Einkaufen
7 Makers Mart
12 Maker Maker

13 **Jugendherberge:** *Exeter Globe Backpackers Hostel*①, 71 Holloway Street, EX2 4JD, Tel. 01392-215521, www.exeterbackpackers.co.uk.

15 **Camping:** *Kennford International Caravan and Camping Park,* Kennford, EX6 7YN, Tel. 01392-833 046, www.kennfordinternational.co.uk, 6 km südlich von Exeter an der A 38.

Essen und Trinken

10 **Harry's Restaurant**③, 86 Longbrook Street, EX4 6AP, Tel. 01392-202234, www.harrysrestaurant.co.uk, Bistro mit italienischem Einschlag in einem Gebäude von 1883, etwas außerhalb des Zentrums.

13a **On the Waterfront**②, The Quay, EX2 4AP, Tel. 01392-210590, www.waterfrontexeter.co.uk, am alten Hafen, Pub und preiswertes Lokal mit Pizzas, Burgern und Steaks. Zudem gute Auswahl an vegetarischen, veganen und glutenfreien Gerichten.

16 **The Double Locks**①, Canal Banks, EX2 6LT, Tel. 01392-256947, www.doublelocks.com. Pub von 1820, schön am alten Kanal gelegen, mit großem Biergarten, Eltern werden sich über ein Kinderareal freuen, wo die Kleinen gut aufgehoben sind, breites Angebot an *Real Ales* und Bar Snacks, ein Restaurant in separaten Räumen ist angeschlossen. Auch vegetarische Gerichte und Alternativen. Im Sommer kann man mit dem „Taxiboot" der *Exeter Cruises* hierher kommen (s.o.).

8 **Ship Exeter**①, 1–3 St. Martin's Lane, EX1 1EY, Tel. 01392-272040, www.greeneking-pubs.co.uk/pubs/devon/ship, die Lieblingskneipe von *Sir Francis Drake* (hieß früher *The Ship Inn*), mit Restaurant. Auch vegetarische und veganen Gerichte.

2 **Dinosaur Café**①-②, 5 New North Road, EX4 4HH, Tel. 01392-490951. Hinter diesem Namen versteckt sich seltsamerweise ein kleines türkisches Restaurant. Ein „full English breakfast" kann man hier aber auch bekommen. Auch vegetarische Gerichte und vegane Alternativen.

8a **Sabatini**②, 16 Catherine Street, EX1 1EU, Tel. 01392-499333, www.sabatiniexeter.co.uk, gute italienische Küche nahe der Kathedrale.

9 **Tea on the Green**②, Cathedral Close, EX1 1EZ, Tel. 01392-276913, www.teaonthegreenexeter.com, preiswerte Mittagsgerichte, gute Auswahl vegetarischer und glutenfreier Speisen. Große Frühstücksauswahl, u.a. gibt es das mächtige nordirische „Ulster Fry", das neben den Zutaten eines englischen Frühstücks u.a. auch Blutwurst *(black pudding)* und verschiedene nordirische Brote *(soda bread, potato bread)* enthält.

5 **Herbie's**①-②, North Street, EX4 3QS, Tel. 01392-258473, www.herbiesrestaurant.co.uk, vegetarisches Restaurant, viele glutenfreie Gerichte. Alle auf der Speisekarte mit „v" markierten Gerichte können auf Wunsch vegan serviert werden.

6 **Jasmine Thai Restaurant**②, 153 Fore Street, EX4 3AT, Tel. 01392-689988, www.jasmine-thai.co.uk. Thailändisches Restaurant, auch gute Auswahl veganer und glutenfreier Gerichte.
13a **The Prospect Inn**①-②, The Quay, EX2 4AN, Tel. 01392-273152, originalgetreu erhaltener Gasthof aus dem 17. Jh. am alten Hafen. Typisches *pub food,* auch einige vegetarische Gerichte.

Einkaufen

12 **Maker Maker,** 19 Magdalen Road, EX2 4TA, www.facebook.com/makermakershop, in diesem sehr schön gestalteten Geschäft verkauft das Ehepaar *Rupert* und *Anita Oxlade* Wohnaccessoires, Dekorationsobjekte und Ukulelen. Die Saiteninstrumente sind die große Leidenschaft *Ruperts,* und er bietet auch Kurse im Spielen der Instrumente an.
7 **Maker Mart,** 11a Gandy Street, EX4 3LS, www.makermart-exeter.com, Handwerk, Kunst, Karten, Schmuck und vieles weitere von lokalen Künstlern und Herstellern.

Verbindung

- **Bahnhof:** *Exeter Central,* Queen Street im Zentrum, EX4 3SB, *St. David's Train Station,* nördlich vom Zentrum an Bonhay Road, EX4 4NT.
- **Busbahnhof:** Paris Street, EX1 2JX.

A la Ronde

– Und noch ein Folly

Eine Kuriosität ersten Ranges ist das etwas abseits der A 376, südlich von Exeter und am nördlichen Stadtrand von Exmouth gelegene **Haus** *A la Ronde.*

Wie der Name schon sagt, ist es rund geraten oder wenigstens annähernd rund, denn es ist **sechzehneckig.**

A la Ronde geht auf die zwei alleinstehenden Damen, *Jane Parminter und ihre Cousine Mary,* zurück. Die beiden begaben sich 1784 auf die bei adligen Männern übliche Kavaliersreise, im Sprachgebrauch der damaligen Zeit *Grand Tour* genannt, und besuchten den Kontinent, vor allem Italien. *Jane* und *Mary* nahmen ihre Aufgabe mehr als ernst und kamen erst elf Jahre später, beladen mit Souvenirs, wieder nach England zurück. Nun musste ein geeigneter Wohnsitz gefunden werden, und laut Familientradition soll *Jane A la Ronde* ohne die Hilfe eines Architekten entworfen haben. Forschungen des *National Trust,* in dessen Händen sich diese Kostbarkeit befindet, haben jedoch ergeben, dass aller Wahrscheinlichkeit nach ein gewisser *John Lowder,* Architekt in Bath, das Haus konstruiert hat.

- **A la Ronde,** Summer Lane, Exmouth, EX8 5BD, Tel. 01395-265514, www.nationaltrust.org.uk/visit/devon/a-la-ronde, März–Okt. tgl. 10.30–15.30 Uhr, Erwachsene 10 £, Kinder 5 £, Familien 25 £, *National Trust*-Mitglieder Eintritt frei.

Torquay

– Die englische Riviera

Torquay bildet zusammen mit Paignton und Brixham eine langgestreckte **urbane Ballungszone** mit über 150.000 Einwohnern – zu groß, zu laut und zu hektisch eigentlich, als dass die rechte Urlaubsfreude aufkommen könnte. Dem Golfstrom jedoch ist es zu verdanken, dass Torquay die „Königin der englischen Riviera mit der milden italienischen Luft" ist, wie der Historiker *Macaulay* einmal bemerkte. Palmen säumen die Straßen, in einer großen **Marina** liegen Abertausende von Motor- und Segelyachten vor Anker, des Abends beleuchten bunte Lichterketten die Straßen und Hausfassaden – alles in allem gibt sich Torquay sehr kosmopolitisch und versucht, an die Atmosphäre der französischen Riviera-Orte heranzukommen.

Läden und Geschäfte aller Art findet man entlang der Fußgängerzone **Fleet Street,** an deren Anfang sich gleich eine gut 150 m lange Arkadenpassage mit kleinen Läden und Cafés entlangzieht.

Mehr dörflich dagegen zeigt sich **Brixham,** wo am kleinen Hafen inmitten der flanierenden Urlauber tatsächlich noch Fischer dabei sind, ihre Netze zu flicken und ihre Boote zu überholen.

Hier liegt auch ein **Nachbau der Golden Hind** vor Anker (und bei Ebbe auf dem Schlick des Hafenbeckens), mit der *Sir Francis Drake* am 13.12.1577 in See stach und nach rund dreijähriger Fahrt als erster Engländer nach *Magellan* die Welt umsegelte. Das Schiff ist klein, *Drakes* Kajüte dürfte nicht größer als 4 m² sein. Man kann sich vorstellen, wie es war, wenn monatelang ein Haufen Männer auf engstem Raum zusammengepfercht blieb; die Disziplin konnte nur mit Härte aufrechterhalten werden, und ohne sanitäre Anlagen müssen Schiff und Mannschaft bestialisch gestunken haben.

In Brixham betrat am 5.11.1688 der niederländische Prinz *Wilhelm von Oranien* mit einer Armee englischen Boden, nachdem das englische Parlament ihm die Krone angeboten hatte, die allerdings nach wie vor der ungeliebte katholische König *Jakob II.* trug. Damit begann die sogenannte *Glorious Revolution* gegen den alten König. Eine Statue markiert die Stelle, an der *Wilhelm* an Land kam.

Rund um den **Hafen** von **Brixham** finden sich einige Pubs und Restaurants aller Art und Preisstufen.

Torquays berühmteste Literatin ist die am 15. September 1891 geborene **Agatha Christie,** die ihr Leben in *Greenway House,* einige Kilometer südlich von Torquay, verbrachte.

Eine aus Funk und Fernsehen bekannte Attraktion ist die **Babbacombe Cliff Railway,** die seit 1926 treu ihre Dienste verrichtet. Die kleine Bahn fährt auf einer Gesamtlänge von rund 220 Metern spektakuläre 73 m in die Tiefe an den Oddicombe Beach.

■ **Babbacombe Cliff Railway,** Babbacombe Downs Road, TQ1 3LF, Tel. 01803-328750, www.babbacombecliffrailway.co.uk, tägl. 9–16.45 Uhr, Einzelfahrscheine/Hin- und Rückfahrt: Erwachsene 2,50 £/3,50 £, Kinder 2 £/2,50 £, Familien (hin und zurück) 11 £.

Praktische Tipps

Tourist Information

■ **Visitor Information,** 5–7 Vaughan Road, TQ2 5JG, Tel. 01803-211211, www.englishriviera.co.uk.

Unterkunft

6 **Livermead Cliff Hotel**⑤, Torbay Road, TQ2 6RQ, Tel. 01803-299666, www.livermeadcliff.co.uk, Hotel der *Best Western*-Kette mit eigenem Strand.

11 **Lincombe Hall Hotel**④, Meadfoot Road, TQ1 2JX, Tel. 01803-213361, www.lincombehallhotel.co.uk. Luxushotel mit Hallenbad und beheiztem Freibad (mit Whirlpool) sowie einem Kino, in dem jeden Abend Filmklassiker gezeigt werden.

16 **Cary Arms & Spa**⑤, Babbacombe Beach, TQ1 3LX, Tel. 01803-327110, www.caryarms.co.uk, das Boutique-Hotel liegt an einer sehr schönen Bucht, in der man mit etwas Glück Robben und Delfine sehen kann. Zum Hotel gehört ein Spa, ein Schwimmbad und ein gutes **Restaurant.**

■ **Bed and Breakfast:** 5 *Court Prior*④, St. Lukes Road South, TQ2 5NZ, Tel. 01803-292766, www.courtprior.co.uk; 2 *The Cranmore*②, 89 Avenue Road, TQ2 5LH, Tel. 01803-298488, www.thecranmore.com; 3 *Crown Lodge*②, 83 Avenue Road, TQ2 5LH, Tel. 01803-298772, www.crownlodgehotel.business.site; 15 *Headland View*②, 37 Babbacombe Downs Road, Babbacombe, TQ1 3LN, Tel. 01803-312612, www.headlandview.com. 4 **Jugendherberge:** *Torquay International Backpackers Hostel*①, 119 Abbey Road, TQ2 5NP, Tel. 018 03-299 9924, www.torquaybackpackers.co.uk.

1 **Camping:** *Treacle Valley*, Oreston Lane, Daccombe, Newton Abbot, TQ12 4ST, Tel. 01803-328294, www.treaclevalley.co.uk, liegt etwa 5 km nördlich von Torquay.

Essen und Trinken

8 **The Elephant**③, 3–4 Beacon Terrace, TQ1 2BH, Tel. 01803-200044, www.elephantrestaurant.co.uk, zweistöckiges Restaurant am Hafen, unten befindet sich eine Brasserie, oben ein Feinschmeckerrestaurant. Moderne und anspruchsvolle moderne britische Küche. Nur Mi bis Sa geöffnet.

Agatha Christie in Greenway

Zwischen Torquay und Brixham liegt an der A 3022 der Ort **Galmpton.** Folgt man der Ortsdurchgangsstraße aus Galmpton hinaus, so gelangt man zur Einfahrt von **Greenway House,** das fantastisch auf einem Vorgebirge über der Trichtermündung des Flusses Dart liegt. 1938 kauften *Agatha Christie* und ihr Mann, der Archäologe *Max Mallowen,* das Haus samt der umliegenden Ländereien und nutzten es als Sommer- und Ferienhaus bis zum Tod der Krimi-Autorin 1976. Im Jahr 2000 gab ihre Tochter *Rosalind* das Haus samt der umliegenden Grundstücke an den *National Trust,* der 5,4 Mio. £ in die Restaurierung steckte und Greenway 2009 erstmals für die Öffentlichkeit freigab. Alles ist originalgetreu erhalten, und man bekommt einen umfangreichen Eindruck vom Leben der Autorin.

Achtung: Greenway liegt ca. 3 km außerhalb von Galmpton. Wer mit dem Auto bis an das Haus heranfahren möchte, muss vorbuchen, da nur begrenzter Parkraum zur Verfügung steht (nur Fahrzeuge bis 5 m Länge). **Buchungen** spätestens bis 8 Uhr morgens des Besuchstages auf der Internetseite des *National Trusts* unter „Book your Parking". Parkgebühren von 3 £ fallen an, wenn man nicht Mitglied im *National Trust* ist. Zu Fuß von Galmpton muss man hin und zurück etwa 6 km zurücklegen.

■ **Greenway House:** Galmpton, TQ5 0ES, Tel. 01803-842382, www.nationaltrust.org.uk/visit/devon/greenway, Mitte Feb.–Okt. tgl. 10.30–17, Nov./Dez. Sa/So 11–15 Uhr, Jan.–Mitte Feb. geschlossen, Erw. 15 £, Kinder 7,50 £, Familien 22,50–37,50 £, *National Trust*-Mitglieder Eintritt frei.

Übernachtung
1 Treacle Valley Campsite
2 The Cranmore Torquay/Devon
3 Crown Lodge Hotel
4 Torquay International Backpackers Hostel
5 Court Prior Boutique B&B and Apartment
6 Best Western Livermead Cliff Hotel
11 Lincombe Hall Hotel
15 Headland View
16 Cary Arms & Spa
Essen und Trinken
7 No 7 Fish Bistro & Wine Bar
8 The Elephant Restaurant
9 The Hole In The Wall
10 The Orange Tree Restaurant
12 Old Vienna Restaurant
13 The Waddling Duck
14 Hanbury's Famous Fish & Chips
Babbacombe Cliff Railway
Oddicombe Beach
Bahnhof Torre
Bahnhof Torquay
Marina
Golden Hind Museum Ship,
Greenway House,
Brixham
Galmpton
Daccombe Hill
Great Hill Rd.
Barchington Avenue
Moor Lane
Barton Hill Rd.
Teignmouth Rd.
Fore Street
Beechfield Ave.
Barton Hill Way
Hele Rd.
Barton Rd.
Westhill Rd.
St. Marychurch Rd.
Fore St.
Babbacombe Rd.
Manor Rd.
Chatto Rd.
Old Woods Hill
Cricketfield Rd.
Pennys Hill
Lymington Rd.
Forest Rd.
Reddenhill Rd.
Newton Rd.
St. Michael's Rd.
Upton Hill
Upton Rd.
Windsor Rd.
Ellacombe Church Rd.
South St.
East St.
Union St.
Tor Hill Rd.
Princes Rd.
Market St.
Higher Warberry Rd.
Ilsham Rd.
Avenue Rd.
Falkland Rd.
Belgrave Rd.
Abbey Rd.
Pimlico
Shedden Hill Rd.
Lincombe Drive
Walnut Rd.
The King's Drive
Rathmore Rd.
Torbay Rd.
Fleet St.
Strand
Torwood Street
Victoria Parade
Parkhill Rd.
Meadfoot
Lower Woodfield Rd.
Higher Woodfield Rd.
Higher Lincombe Drive
Sea Rd.
Meadfoot Sea Rd.

12 Old Vienna②-③, 7 Lisburn Square, TQ1 2PT, Tel. 01803-380180, www.oldvienna.co.uk, britisch-österreichische Küche mit lokalen Produkten. Der Koch und Besitzer *Werner Rott* hat seine Ausbildung im Hotel *Schloss Fuschl* in Salzburg absolviert. Nur Fr bis So geöffnet.

13 The Waddling Duck③, 35 Ilsham Road, TQ1 2JG, Tel. 01803-203778, www.thewaddlingduckbistro.co.uk, gemütliches Bistro, in dem mit hochwertigen Zutaten aus der Region gekocht wird.

10 The Orange Tree②-③, 14–16 Parkhill Road, TQ1 2AL, Tel. 01803-213936, www.orangetreerestaurant.co.uk, moderne Küche in einer Seitenstraße in der Nähe des Hafens.

7 No 7 Fish Bistro & Winebar②-④, Beacon Terrace, TQ1 2BH, Tel. 01803-295055, www.no7-fish.com, gutes Fischrestaurant, Juni u. Okt. So geschl., Nov.–Mai So/Mo geschlossen.

9 The Hole in the Wall①-②, 6 Park Lane,TQ1 2AU, Tel. 01803-200755, www.holeinthewalltorquay.co.uk, der älteste Pub von Torquay bietet auch Burgern, *Fish'n'Chips,* Nudelgerichten und Steaks an.

14 Hanbury's Famous Fish & Chips②, Princes Street, TQ1 3LW, Tel. 01803-329928, www.hanburys.net, traditionelles *Fish and Chips*-Lokal mit *Take Away* und Restaurant.

Einkaufen

Während man in Torquay selbst hauptsächlich nur die üblichen großen Kettengeschäfte findet, haben sich um den **Hafen von Brixham** etliche unabhängige Läden angesiedelt, in denen man gut nach Mitbringseln und Geschenken stöbern kann. Auch findet hier täglich außer dienstags ein Markt statt, auf dem Kunsthandwerk, Schmuck und lokale Produkte verkauft werden.

- **Brixham Art & Craft Market,** The Old Fish Market, TQ5 8AW, April– Okt. Mi–Mo 10–16 Uhr.
- **Flotsam 50,** 50 Middle Street, TQ5 8EJ, www.flotsam.co.uk, in dem hübsch gestalteten Laden verkaufen die Inhaber upgecycelte Möbel, Wohnaccessoires, Schaffelle aus der Grafschaft Devon, lokal angefertigte Keramik und anderes Kunsthandwerk.

Verbindung

- Torquay und Paignton sind im **Intercity-Netz, Züge** von Bristol, Exeter und Plymouth. **Busnetz** des *National Express.*
- **Bahnhof:** Rathmore Road, TQ2 6NU.
- **Busbahnhof:** Lymington Road, TQ1 4BD.

Dartmouth

– Ein Juwel am Meer

Anreise

Von Brixham nimmt man die B 3205 zum Örtchen Kingswear; wer nicht mit dem Auto unterwegs ist, sollte die sorgfältig restaurierte **Schmalspureisenbahn** benutzen, die fauchend und zischend von Paignton bis Kingswear ihre Rauchzeichen in die Luft lässt.

Von Kingswear geht es mit mehreren **Fähren** über den Mündungstrichter des Flusses Dart nach Dartmouth. Diese Verkehrsverbindung existiert übrigens seit dem 14. Jahrhundert. Bei der *Lower* und der *Higher Ferry* handelt es sich um Seilfähren: Die **Lower Ferry** (8 Autos) ist eine schwimmende Brücke, die von Schleppbooten gezogen und geschoben wird, die **Higher Ferry** (36 Autos) wird hingegen durch über den Fluss gespannte Stahlseile angetrieben und manövriert. Die **Dartmouth Passenger Ferry** ist ein Schiff, das nur Fußpassagiere befördert. Alle drei Fähren werden unabhängig voneinander betrieben. Wer mit dem Auto auf der Durchreise ist und die Innenstadt von Dartmouth meiden will, sollte mit der *Higher Ferry* fahren.

■ **Lower Ferry,** Kingswear (TQ6 0AA) nach Dartmouth (TQ6 9AP). Autos 6,70 £, Fußgänger 2 £.
■ **Higher Ferry,** Kingswear (TQ6 0DZ) nach Dartmouth (TQ6 9PH), Autos 8,20 £, Fußgänger 1 £.
■ **Passenger Ferry,** Kingswear (TQ6 0AA) nach Dartmouth (TQ6 9BH), nur Fußgänger, Erwachsene 2 £, Kinder 1 £.

Achtung: Während der Saison bilden sich oft Autoschlangen vor den Fähranlegern, und man ist gut beraten, den dann schnelleren Umweg von Torquay über Totnes nach Dartmouth zu nehmen.

Sehenswertes

Dartmouth darf man auf einer Südenglandrundreise keineswegs auslassen, viel alte Bausubstanz, blumengeschmückte Straßen und Fachwerkfassaden schaffen ein **einmaliges Dorfambiente.**

Im Jahr 1147 sammelten sich im natürlichen Hafen von Dartmouth, dem Mündungstrichter des Flusses Dart, englische, französische, deutsche und flämische Schiffe, um zum Zweiten Kreuzzug ins Heilige Land aufzubrechen. Zwischen 1488 und 1509 wurden zwei kleine unspektakuläre Artilleriebefestigungen – **Dartmouth Castle** und **Bayard's Cove Castle,** deren Reste zu besichtigen sind – zum Schutz gegen französische Überfälle errichtet. *Thomas Newcomen of Dartmouth* (1663–1729) entwickelte Anfang des 18. Jh. die **erste** industriell einsetzbare **Dampfmaschine** – zu besichtigen in den *Royal Avenue Gardens.*

Die Geschichte des Ortes und seiner Menschen erzählt das **Dartmouth Museum** am Butterwalk.

■ **Dartmouth Museum,** The Butterwalk, TQ6 9PZ, Tel. 01803-832923, www.dartmouthmuseum.org, tgl. 11–15 Uhr, Erwachsene 5 £, Senioren 4,50 £, Kinder unter 16 Jahren Eintritt frei.

1905 wurde das hoch über Dartmouth gelegene **Britannia Royal Naval College** gegründet, eine Ausbildungsstätte für Seekadetten; *Königin Elisabeths* Ehemann *Philip* und ihre drei Söhne *Charles, Andrew* und *Edward* haben hier ihren letzten militärischen Schliff bekommen.

Zentrum der Stadt ist **The Quay** mit einem quadratischen Hafenbecken, an zwei Seiten umstanden von schwarzweißen Fachwerkhäusern, an den beiden anderen Seiten gesäumt von der Seepromenade und einem kleinen Park.

Noch attraktiver ist **The Butterwalk,** bestanden von gut restaurierten Gemäuern, die von früheren Tagen künden.

Am schönsten ist es in Dartmouth am frühen Abend, wenn man mit einem *Bitter* vom nahen Pub *Dartmouth Arms* am Kai auf den Bänken der katzenkopfgepflasterten Straße Bayard's Cove sitzt, und die untergehende Sonne das auf der anderen Uferseite an einem Hügelhang klebende Örtchen **Kingswear** mit seinen bunten Häuschen beleuchtet.

Wer die im Kap. „Wanderungen im Dartmoor" beschriebenen **Wanderungen** machen möchte, sollte trotz längerer Anfahrt sein Quartier in Dartmouth nehmen; wenn man dann am Abend am **Bayard's Cove Castle** sitzt, so hat man einen der schönsten Plätze weit und breit.

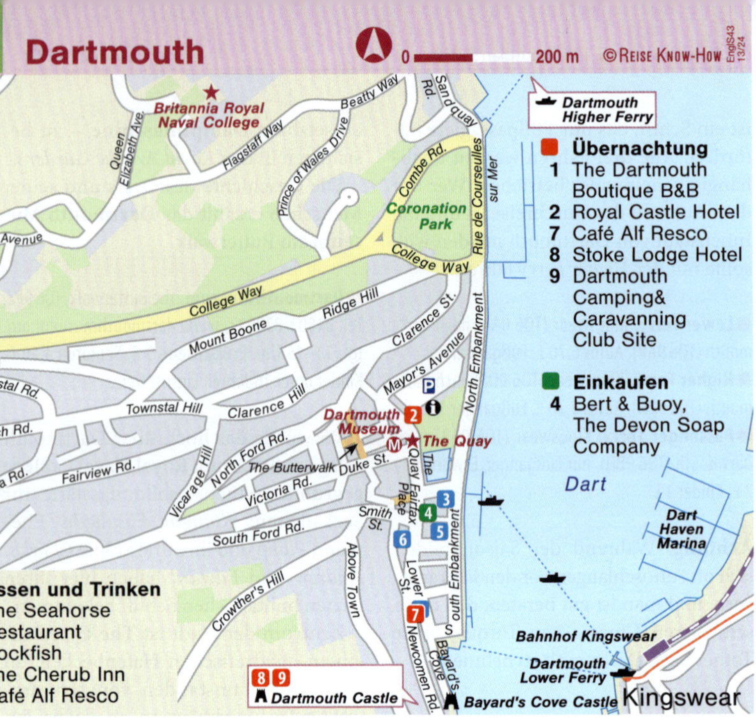

Praktische Tipps

Tourist Information

■ **The Engine House,** Mayor's Avenue, TQ6 9YY, Tel. 01803-834224, www.discoverdartmouth.com.

Unterkunft

8 **Stoke Lodge Hotel**⑤, Stoke Fleming, TQ6 0RA, Tel. 01803-770523, www.stokelodge.co.uk, luxuriöses Hotel mit Innen- und Außenswimmingpools, Whirlpool, Tennisplatz und Spielzimmer mit Billardtisch, Tischtennisplatte usw. Das **Hotelrestaurant** hat eine vegetarische und eine vegane Speisekarte. Gerichte von letzterer muss man aber einen Tag im Voraus bestellen.

2 **Royal Castle Hotel**⑤, 11 The Quay, Tel. 018 03-833033, www.royalcastle.co.uk, Hotel aus dem 17. Jahrhundert in zentraler Lage. einige kostspieligere Zimmer haben Sicht auf den Fluss.

■ **Bed and Breakfast:** 7 *Café Alf Resco*③, Lower Street, TQ6 9AN, Tel. 01803-835880, www.cafealfresco.co.uk, Café (→ unten), in dem man auch übernachten kann. Zwei B&B-Zimmer befinden sich über dem Lokal, zwei weitere in einem Haus in Laufweite des Cafés. Im obersten Stockwerk ist eine kleine Wohnung *(The Captain's Cabin)* mit Kochgelegenheit, die man als Selbstversorger mieten kann; 1 *The Dartmouth Boutique B&B*③, 7 Church Road, TQ6 9HQ, Tel. 07400-593693, www.thedartmouthbandb.co.uk, B&B in Laufweite der Innenstadt, auch vegetarisches Frühstück. Man stellt auch Picknickkörbe mit selbstgebackenem Brot und *Chutney* aus eigener Herstellung zusammen.

9 **Camping:** *Dartmouth Camping and Caravanning Club*①, Stoke Fleming, TQ6 0RF, Tel. 01803-770253, mit dem Auto über die A 379 ist man von Dartmouth zehn Minuten bis hier unterwegs. Toller

Blick über die Start Bay. Auch *Glamping*② in fertig ausgestattetem Luxuszelt wird angeboten. Dies kann man allerdings nur auf folgender Seite buchen: www.readycamp.co.uk.

Essen und Trinken

5 **Rockfish**②, 8 South Embarkment, TQ6 9BH, Tel. 01803-832800, http://therockfish.co.uk, preiswertes Fischrestaurant einer kleinen südenglischen Lokalkette. Es gibt z.B. Tacos mit gebratenem Fisch, Calamari-Steak oder Seebrasse. Wem der Sinn nicht nach Gerichten aus dem Meer steht, für den gibt es gegrillten Hähnchenburger oder einen vegetarischen Burger mit Salat.

3 **The Seahorse**③, 5 South Embankment, TQ6 9BH, Tel. 01803-835147, www.seahorserestaurant.co.uk, auf Fischgerichte spezialisiertes Restaurant, italienisch-inspirierte Küche.

6 **The Cherub Inn**②-③, Higher Street, TQ6 9RB, Tel. 01803-832571, www.the-cherub.co.uk, schönster Pub im Ort, in einem efeuumrankten Fachwerkhaus von 1320, angeboten werden Steaks, Burger, Scampi und Hähnchen sowie eine gute Auswahl an vegetarischen Hauptgerichten.

7 **Café Alf Resco**①-②, Lower Street, TQ6 9AN, Tel. 01803-835880, www.cafealfresco.co.uk, mediterrane Brasserie mit kleinen Gerichten, auch vegetarisch. Tägl. 7–14 Uhr, sehr gut zum Frühstücken geeignet. Auch B&B möglich → Unterkunft.

Einkaufen

4 **Bert & Buoy,** 24 Fairfax Place, TQ6 9AB, www.bertandbuoy.com, junges britisches Design, das von der Küste Devons inspiriert ist – von Kunstdrucken über Küchenzubehör bis hin zu Handtüchern und Kissen.

4 **The Devon Soap Company,** 22 Fairfax Place, TQ6 9AB, www.devonsoap.co.uk, natürliche, vor Ort hergestellte Seifen und Badezusätze.

Verbindung

- Kein Bahnhof und keine Busse des *National Express,* **lokale Busse** von Torquay und Plymouth. **Schmalspurbahn** nach Kingswear, von dort mit der Fähre über den Fluss Dart nach Dartmouth (für Fußgänger kostenlos).

Tavistock

Das **historische Städtchen** Tavistock liegt am westlichen Rand des Dartmoors und ist nicht nur ein guter **Ausgangspunkt für eine Erkundung des Dartmoor Nationalparks,** sondern dank seiner Fülle an guten Restaurants und eines schönen Marktes ohnehin ein lohnendes Reiseziel.

Im 10. Jahrhundert ließ der Graf von Devon hier am Ufer des Flusses Tavy eine Abtei bauen, die den Ort zu einem wichtigen religiösen Zentrum werden ließ. 1105 verlieh *Henry I.* den Mönchen das Recht, einen wöchentlichen Markt abzuhalten, der noch heute als *Pannier Market* (Korbmarkt) weiterbesteht. Die Bedeutung von Tavistock als Handelszentrum wurde 1305 besiegelt, als *Edward I.* die Stadt zu einer sogenannten *Stannary Town* erklärte. *Stannum* ist das lateinische Wort für Zinn, und der Titel wurde denjenigen Städten verliehen, in denen Zinn gewogen, gestempelt und versteuert werden durfte. Die Abtei wurde im 16. Jahrhundert im Zuge der Reformation fast gänzlich zerstört.

Das Herzstück der Stadt ist weiterhin der Markt, auf dem der Herzog von Bedford 1860 eine **Markthalle** bauen ließ, in der noch heute dienstags bis samstags

Händler ihre Waren verkaufen - von Kunsthandwerk über Trödel bis hin zu Lebensmitteln.

Gleich neben der Markthalle liegen die beiden anderen Sehenswürdigkeiten der Stadt, die **Guildhall,** in der heute die Touristeninformation und ein kleines *Heritage Centre* mit Ausstellungen über die Stadtgeschichte untergebracht sind, sowie das **Tavistock Museum,** in dem Besuchern ebenfalls die Geschichte der Stadt und die Traditionen der Region nähergebracht werden. Hier erfährt man auch viel über den berühmtesten Sohn der Stadt, den Entdecker und Weltumsegler *Sir Francis Drake.*

- **Tavistock Guildhall Heritage Centre,** Guildhall Square, PL19 0FW, www.tavistockguildhall.org, Di–Sa 10–16 Uhr, Eintritt frei.
- **Tavistock Museum,** Guildhall Square, PL19 0AE, www.tavistockmuseum.co.uk, April–Okt. Mi–Sa 11–15 Uhr, Eintritt frei, Spende erbeten.

Praktische Tipps

Tourist Information

- **Guildhall**, Guildhall Square, PL19 0AE, Tel. 01822-813946, www.visit-tavistock.co.uk.

Unterkunft

- **Tavistock House Hotel**④, 50 Plymouth Road, PL19 8BU, Tel. 01822-481627, www.tavistockhousehotel.co.uk, moderne, elegante Zimmer, etwa zehn Gehminuten vom Zentrum.
- **The Queen's Head Weatherspoon**②, 79–80 West Street, PL19 8AQ, www.hotels.jdweatherspoon.com/hotels/the-queens-head, zweckmäßige Zimmer über einem Pub, zentral und günstig.

Essen und Trinken

- **The Cornish Arms**③, 15 West Street, PL19 8AN, www.thecornisharmstavistock.co.uk, der Pub wurde wiederholt in die Top 50 der besten Gastro-Pubs in Großbritannien gewählt und wird auch vom *Guide Michelin* empfohlen. Zudem stehen sieben **Gästezimmer**④ zur Verfügung.
- **Taylors**②, 22 Market Street, PL19 0DD, Tel. 01822-613045, www.taylorstavistock.co.uk, entspanntes Bistro, in dem man vom Frühstück bis zum Abendbrot alles bekommt. Die Zutaten stammen von Bauern aus der Umgebung.
- **The Annex**②, Drake Road, PL19 0AX, Tel. 07435-891048, www.theannextavistock.co.uk, hier werden Tapas-ähnliche kleine Gerichte zum Teilen serviert. Bei mildem Wetter sitzt es sich schön auf der Terrasse mit Blick über die Dächer der Stadt.

Wanderungen im Dartmoor

Das Dartmoor

Das Dartmoor ist ein ca. 1000 km² großes, einsames Heide- und Moorgebiet, wo immer wieder unvermittelt aus den erikavioletten Flechten und dem gelben Ginster gewaltige **Steinauftürmungen** in die Höhe ragen. Diese sogenannten *Tors* sind willkommene Orientierungspunkte für Wanderer.

Im Süden und Osten der Dartmoor-Region findet man eine sanftere Gegend vor, im Norden und Westen dagegen ist es rauer und schroffer. Im Zentrum dominiert eine Hochmoorebene, die wie ein Schwamm wirkt, und so entspringen hier die Flüsschen **Lyd, Tavy, Meavy, Walk-**

ham, Plym, Yealm, Erme, Avon, East und **West Dart, Bovey, Teign, Taw** und **Okement,** die alle, bis auf die beiden letztgenannten, im englischen Kanal münden und vielen Städtchen und Dörfern ihre Namen gegeben haben: Lydford, Plymouth, Yealmpton, Dartmouth, Dartmeet, North Bovey, Bovey Tracy, Teignmouth, Drewsteignton, Okehampton.

Fast überall stößt man auf **prähistorische Steinzirkel** oder auf die Reste ehemaliger neolithischer Ansiedlungen; das Dartmoor weist die größte Dichte an frühgeschichtlichen Monumenten in ganz England auf.

In **Princetown,** gibt es ein **Visitor Center** (Tavistock Road, PL20 6QF, Tel. 01822-890414, April–Okt. tgl. 10–16 Uhr), das Informationen über diese interessante Gegend vermittelt.

In der Nähe von Princetown, im Zentrum des Dartmoors, befindet sich das berühmt-berüchtigte **Her Majesty's Prison.** 1806 zogen die ersten Gefangenen aus den Napoleonischen Kriegen in das Gefängnis ein, ab 1850 dann wurde es für den normalen Strafvollzug genutzt. Im Frühjahr 1901 kam *Sir Conan Doyle* in das Örtchen Princetown, logierte im *Rowe's Duchy Hotel* und machte sich auf Wanderungen mit dem Dartmoor vertraut. Ein Jahr später erschien sein Roman „The Hound of the Baskerville" („Der Hund von Baskerville"). Sicherlich eine empfehlenswerte Urlaubslektüre zwischen den Wanderungen im Moor.

Bei Yelverton, zwischen Tavistock und Plymouth, liegt **Buckland Abbey** (nicht zu verwechseln mit Buckfast Abbey, vgl. Wanderung 2). Die im Jahre 1278 gegründete Zisterzienserabtei kam nach der Reformation von *Heinrich VIII.* an *Sir Richard Grenville,* der das Kloster samt Kirche erst einmal für seine Bedürfnisse umbauen ließ. Dann aber gefiel ihm sein Landsitz nicht mehr, und 1581 verkaufte er das Anwesen an *Sir Francis Drake.* Heute hat der *National Trust* hier ein **Marinemuseum** eingerichtet, das besonders an den legendären Seebären *Francis Drake* erinnert.

■ **Buckland Abbey,** Yelverton, PL20 6EY, Tel. 01822-853607, www.nationaltrust.org.uk/visit/devon/buckland-abbey, Feb.–Okt. tgl. 11–16.30, Dez. tgl. 11–15.30 Uhr, Nov./Jan. geschlossen, Erwachsene 15 £, Kinder 7,50 £, Familien 22,50–37,50 £, *National Trust*-Mitglieder frei.

Eine große **Ringstraße** – bestehend aus der A 38, A 30 und A 386 – umrundet den unter Naturschutz stehenden *Dartmoor National Park,* und eine **Nordsüd-** (B 3212) und eine **Westost-Verbindung** (B 3357), die sich im Zentrum bei Two Bridges treffen, kreuzen die Region. Wer das Dartmoor nicht auf Wanderungen erkunden will, sollte auf dem Weg nach Plymouth wenigstens hindurchfahren, um einen Eindruck von der rauen Schönheit der Landschaft zu erhaschen. Von Exeter kommend, eignet sich die landschaftlich schöne B 3212; von Torquay sollte man auf der Ostwestroute (B 3357) über Two Bridges nach Tavistock und von dort nach Plymouth fahren.

Von den folgenden beschriebenen **fünf Wanderungen** im Dartmoor sind drei zwischen 13 und 16 km lang; zwei Wanderungen sind eher größere Spaziergänge (5,5 km und 6,5 km), die auch für Eltern mit Kindern geeignet sind.

Zäune und Wallmauern überquert der Wanderer auf Übertritten, den **Stiles,** steinernen oder hölzernen Treppenstufen. Manchmal findet man in der Moor-

und Heidelandschaft die **Cairns,** kleine Steinhügel, die von Wanderern angelegt wurden und der Orientierung dienen.

MEIN TIPP: Wer beim Wandern einmal eine außergewöhnliche Begleitung erleben möchte, kann im Dartmoor mit **Lamas und Alpacas** wandern. *Dartmoor Llama Walks* bietet Wanderungen von verschiedener Länge, bei denen die Inhaber *Steve* und *Diane* auch viel über das Leben im Dartmoor erzählen. Es empfiehlt sich, die sehr beliebten *Walks* so früh wie möglich zu buchen.

- **Dartmoor Llama Walks,** Poundsgate, Newton Abbey, TQ13 7PD, Tel. 01364-631489, www.dart

Wanderer im Dartmoor

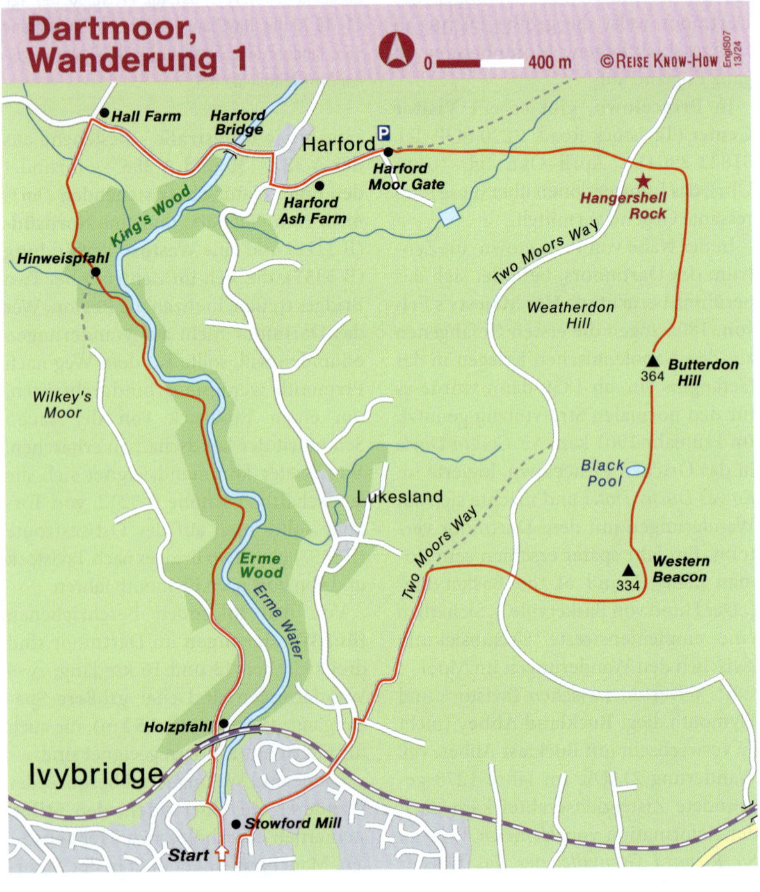

moorllamawalks.co.uk. Zweistündige Wanderung Erwachsene und Kinder über 10 Jahren 55 £, 77 £ für zwei Personen, die sich ein Lama oder Alpaca teilen, 70 £ für einen Erwachsenen und ein Kind zwischen 6 und 10 Jahren.

Wanderung 1: Ivybridge, das Tal des Flusses Erme und der Western Beacon

- **Länge:** 13 km, Rundwanderung
- **Dauer:** ca. 3½–4 Stunden
- **Karten:** *Ordnance-Survey*-Karten *Landranger 202* (Torbay & South Dartmoor, 1:50.000) und Outdoor Leisure 28 (Dartmoor, 1:25.000)

Ausgangspunkt der Tour ist das kleine Städtchen **Ivybridge,** ganz im Süden des Dartmoors gelegen. Im Ortszentrum biegt man an der Brücke über den Erme ab und folgt der Erme Road flussaufwärts; an einer kleinen Kreuzung geht es geradeaus weiter die Station Road hoch, nach einigen hundert Metern liegt links eine Apotheke und Grundschule, und hier suche man sich am Straßenrand einen Parkplatz.

Der Straße weiter folgend, kommt man an eine scharfe Linkskurve, in der rechts ein großes Gittertor zu der ehemaligen Papiermühle *Stowford Mill* führt. führt; hier zeigt ein Schild mit der Aufschrift „Public Footpath“ in den Wald, und auf einem schmalen Weg geht es oberhalb des murmelnden Fluss Erme entlang. Nach wenigen Schritten steigt man ein wenig nach links hinauf, unterquert den Bogen eines riesigen Viaduktes und stößt auf einen Weg, der rechts abgeht; ein **Holzpfahl** mit der Aufschrift „FP“ (für *Footpath*) gibt gute Orientierungssicherheit.

Es geht weiter den Erme flussaufwärts, den man hier im Moment nicht sieht, aber rauschen und über Kaskaden sprudeln hört. Bald ist wieder das Ufer des Erme erreicht. Teile des Weges können nach Regenfällen ein wenig schlammig sein. Nächster Orientierungspunkt ist ein **Übertritt,** der über ein Wallmäuerchen führt, einige Minuten später trifft man auf eine weitere Trittstufe, die über einen Zaun hilft. Man kreuzt einen kleinen

adobe.stock ©Delphotostock

Bach und folgt nach wie vor dem Flusslauf des Erme. Ein Stückchen weiter führen Holzplanken über eine sehr sumpfige Stelle, kurz darauf geht es auf einer winzigen **Brücke** über einen Bach. Ab hier wird der Weg wieder besser.

Dort, wo es geradeaus nicht mehr weitergeht, weist ein **Hinweispfahl** nach links. Wieder kreuzt man einen Bach, und der Weg führt nun leicht ansteigend weg vom Erme.

Oben angekommen, passiert man auf einer Wiese einen weiteren hölzernen Wegweiser, und es geht rechts durch ein Gatter. Der Pfad ist steinig, an beiden Seiten gesäumt von alten, knorrigen, moosbewachsenen Bäumen, zwischen denen Farne wachsen. Man trifft erneut auf ein Gatter, der Wald wird langsam dichter, und ein Wegweiser gibt Orientierungshilfen. Ein Stückchen weiter führt ein Tor aus dem Wald hinaus auf eine Wiese, und es geht rechts ab am Waldrand entlang.

Man überquert eine weitere Weide, von hier erkennt man rechts, gen Osten, in der Ferne den Glockenturm der Kirche von Harford, ein **Holzpfahl** weist den Weg, und man gelangt wieder auf einen ansteigenden Pfad. Wieder ist ein Gatter zu durchqueren. Der Weg ist rechts von einer Steinmauer und links von Hecken und Bäumen gesäumt, dahinter erstrecken sich Wiesen. Dann ist ein weiteres Gatter zu passieren; hier weist ein Hinweispfeiler in die Richtung, aus welcher man gekommen ist und informiert: „Public Footpath, Ivybridge 2½ Miles".

adobe.stock ©georgeheap

Nun befindet man sich auf einer schmalen Asphaltstraße, geradeaus liegt die **Hall Farm,** und es geht rechts weiter. Man passiert *Tristis Cottage* und überquert kurz danach auf der **Harford Bridge** den Fluss **Erme**. Ab hier steigt das Sträßchen steil an, und bald kommt man in den Weiler **Harford** (PL21 0JQ), der aus zwei Farmhäusern und der St. Petroc Church besteht.

Rechts geht es laut Wegweiser nach Ivybridge, die Route biegt aber an der Kirche links ab und folgt der leicht ansteigenden Straße. Nach ca. 850 m endet die Straße am Parkplatz Harford-Moor-Gate-Park, der von einem Gatter verschlossen ist.

Von hier verläuft ein Weg nach rechts in Richtung Süden, ein anderer nach links in Richtung Nordosten; man ignoriere beide und wandere querfeldein geradeaus nach Osten. Schon nach wenigen Schritten kommt in der Ferne am Horizont **Hangershell Rock,** eine Gesteinsformation, in den Blick; dies ist das nächste Ziel.

Schaut man ab und an zurück, so hat man gute Ausblicke auf die Landschaft. Es geht weiter durch eine sumpfige Niederung und dann über einen kleinen Bach; rechts und links grasen Schafe und Rinder, und hier sieht man auch mit großer Wahrscheinlichkeit die **wilden Dartmoor Ponys.** Die ein oder andere sumpfige Stelle ist noch zu passieren und erinnert daran, dass man im Dartmoor ist. Unterhalb der Felsen erstreckt sich ein steinübersätes Areal, und über einen breiten Weg sind nun die aufgetürmten Felsblöcke des **Hangershell** erreicht.

Hoch oben von den Felsen mit Blick gen Osten erkennt man ca. 200 m entfernt eine in Nordsüdrichtung verlaufende Reihe von Steinsetzungen. Entlang dieser **Steinreihe,** die schon seit Jahrtausenden als Wegmarkierung dient, läuft ein klar erkennbarer Pfad exakt gen Süden auf den Butterdon Hill zu. Schön sind die Ausblicke weit hinaus auf die Landschaft, und ruhig wandert es sich über die grasbewachsene Hochebene.

Ein *Cairn*, eine kleine Steinpyramide, markiert den „Gipfel" des 364 m hohen **Butterdon Hill.** Von hier geht es weiter gen Süden querfeldein auf die nächste Hügelerhebung zu. Auch hier weisen wieder Steinsetzungen die Richtung.

Vor uns liegt der Hügelhang des **Western Beacon;** an der tiefsten Stelle zwischen Butterdon Hill und dem Beacon liegt der *Black Pool,* ein kleiner Teich, an dem die wilden Ponys ihren Durst löschen. Der Western Beacon ist die südlichste Erhebung des Dartmoors, und von dort oben hat man an schönen und klaren Tagen einen weiten Blick hinaus auf die Landschaft. Im Südwesten erkennt man die Häuser von Ivybridge und darüber hinaus den Plymouth-Sund, in dessen Wassern sich die Sonne spiegelt.

Vom Beacon geht es querfeldein und abwärts gen Westen; da Ivybridge links im Südwesten liegt, ist die Orientierung nicht mehr weiter schwierig. Man wandert so lange weiter in westlicher Richtung – wobei man einen breiten Weg kreuzt –, bis man auf eine Steinmauer stößt, der man gen Süden bis zu einem Durchlass folgt. Von dort führt ein Sträßchen hinein nach **Ivybridge.**

☒ Wildes Pony im Dartmoor

Wanderung 2: Buckfast-Abtei Chalk Ford und Cross Furzes

- **Länge:** 15 km, Rundwanderung
- **Dauer:** 4½–5 Stunden
- **Karten:** *Ordnance-Survey*-Karten *Landranger 202* (Torbay & South Dartmoor, 1:50.000) und Outdoor Leisure 28 (Dartmoor, 1:25.000)

Die Wanderung beginnt im Örtchen **Buckfast,** das im Südosten des Dartmoors nahe der A 38 liegt. Hier kann der Wagen auf dem Parkplatz der **Buckfast-Abtei** geparkt werden, die nach der Wanderung besichtigt werden kann.

Man nimmt vom Parkplatz den Haupteingang zur Abbey Church, biegt vor der Caféteria links ab, durchschreitet das mittelalterliche Nordtor und folgt der nach links verlaufenden Grange Road ca. 800 m bis zu einer T-Kreuzung. Links geht es nach Buckfastleigh, wir schwenken rechts ab und biegen wenige Meter weiter nach links in eine asphaltierte Gasse ein (hier ein Hinweisschild für Scorriton und Holne). Nach einigen Minuten Fußweg ist eine erneute Kreuzung erreicht und es geht wiederum rechts ab, den Ausschilderungen Scorriton und Holne folgend. Nach ca. 800 m führt von der asphaltierten Straße an einem Haus ein Pfad nach rechts ab und durch ein Gatter gelangt man in den Wald. Dies ist **Burchett's Wood,** der im Besitz des *National Trust* ist.

Schnell ist eine kleine Kreuzung erreicht, es geht weiter geradeaus; im Gebüsch versteckt, gibt ein **Hinweispfeiler** mit der Aufschrift „Bridle Path" Orientierungshilfe. Der Pfad führt bergab. Unten angekommen, erreicht man eine T-Kreuzung, hier geht es links weiter. Man hört von rechts ein Bächlein rauschen, ab und zu schimmern Lichtungen durch die dichtstehenden Bäume. Nach Regenfällen kann dieser Teil der Strecke recht schlammig sein, was vor allem daran liegt, dass Reiter mit den Hufen ihrer Pferde die Grasnabe zerstört haben.

Bald marschiert man am Ufer des plätschernden kleinen Bächleins entlang, und nun ist schnell ein Holzsteg erreicht, der darüber hinwegführt und den Wandersmann auf einen schmalen asphaltierten Weg bringt. Dieser leitet zu ei-

adobe.stock ©Lee Morriss

nem Haus hoch, und gegenüber der **Mill Leat Farm** befindet sich ein Gatter; dort folgt man dem Hinweispfeil mit der Aufschrift „Public Footpath Holne". Der Pfad führt über eine Wiese, an deren Ende ein **Stile** über einen Zaun geleitet. Weiter geht es den Pfad geradeaus, links vom Weg spenden Bäume Schatten, rechts wächst dichtes und hohes Farnkraut. Nach wenigen Minuten Fußweg ist ein Gatter erreicht, und man steht auf einer schmalen asphaltierten Straße.

Es geht nach links, das Sträßlein führt abwärts ins Tal. In einer scharfen Linkskurve steigt es an, und man folgt einem noch engeren Asphaltweg rechts hoch. Das von hohen Hecken gesäumte Sträßlein führt in den Weiler **Scorriton.**

An der T-Kreuzung im Örtchen nun rechts ab (dies ist auch der Weg zum einzigen Pub von Scorriton) und sofort wieder links, geht das Asphaltsträßlein bald in einen breiten, steinigen, leicht ansteigenden Pfad über. Ist der Kulminationspunkt erreicht, steht man vor einem Gatter, und ein **Hinweisschild** vermeldet: „Bridle Path to Chalk Ford and Lud Gate".

Buckfast Abbey im Dartmoor

Fast unnötig zu sagen, dass es in Pfeilrichtung weiter geht; nach rechts hat man gute Ausblicke auf die Scorriton Downs, geradeaus in der Ferne erstreckt sich Buckfastleigh Moor, und links wächst der Scae Wood im Tal des Flusses Mardle, dessen Rauschen und Plätschern bis hier hoch an das Ohr des einsamen Wanderers dringt. Rechts säumen schattenspendende Bäume den Weg, der nun bergab führt. Unten am **Chalk Ford** angekommen passiert man ein weiteres Gatter, liest auf einem **Hinweisschild** „Bridle Path to Lud Gate and Cross Furzes 1¼ Miles und überquert den Mardle auf einer kleinen **Brücke,** steigt auf, macht einen großen Schritt über ein Wasserrinnsal, spaziert halb links auf den Waldrand zu und hält sich parallel zu den Bäumen weiter nach oben.

Hier ist sorgfältige Navigation erforderlich, denn in diesem Gelände verläuft man sich leicht. Entlang des **Waldrandes** und des hier befindlichen Zaunes geht es weiter bergauf. Nach einigen hundert Metern trifft man linker Hand auf eine dicht bewachsene **Mauer,** der es unbeirrt zu folgen gilt, bis man auf ein Gatter trifft; dies ist das gesuchte **Lud Gate.** Als weiterer Orientierungspunkt dient ein Hinweisschild „Public Bridle Path Cross Furzes and Foot Path to Higher Coombe".

Der folgende steinige Pfad ist rechts und links von Mäuerchen gesäumt und

Dartmoor, Wanderung 2

führt nach einigen Metern rechter Hand am Wohnhaus der **Furze Acres Farm** vorbei. Einige Minuten später passiert man rechts die **Hayford Hall Farm,** und ab hier ist der Weg asphaltiert, der nun zur **Cross-Furzes**-Kreuzung führt. Links geht es nach Scorriton, nehme man die rechte Abzweigung Richtung Buckfastleigh und schwenke nach ca. 400 m bei der nächsten Möglichkeit links ab; „Buckfast 2½, Ashburton 5" lautet die Ausschilderung.

Hier geht es nun bergab, in der Ferne kann man manchmal den Kirchturm von Buckfast Abbey erkennen. Man passiert im weiteren Verlauf linker Hand die **Parklands Farm,** von wo der Weg weiter bergab verläuft. Wir gehen auf dem asphaltierten Farmweg weiter, passieren rechter Hand einen Bauernhof und finden ca. 200 m weiter ein Straßenschild, das uns ein Gefälle von 20 % mitteilt. Der Pfad ist links von Farnkräutern und rechts von einem Wald gesäumt. Die Kronen der hohen Bäume spenden an heißen Tagen angenehmen Schatten. Steil geht es bergab und der Wanderer rutscht in die Spitzen seiner Stiefel.

Schnell taucht nun links das Farmhaus *Brook Mill* auf und wenige Minuten weiter ist eine Kreuzung erreicht. Dies ist **Hockmoor Head Junction,** und ein kleines Schild weist nach rechts: „Buckfast ¾ Meile, Buckfastleigh 1¼ Meile.

Nach geschätzten 800 m stehen wir an einer weiteren Kreuzung, links verläuft der Weg nach Buckfast, rechts nach Buckfastleigh, wir jedoch gehen geradeaus weiter. Orientierungshilfe gibt ein Hinweispfeil mit der Aufschrift „Parish Church". Der nadelspitze Turm der Kirche von Buckfastleigh gibt zuverlässig die Richtung an. Kurz bevor eine weitere Kreuzung erreicht ist, schreitet man links durch ein Sicherungsschwingtor, ein *Kissing Gate,* auf eine Wiese und marschieren stracks eine Hecke entlang: Am Ende der Wiese gibt ein weiteres *Kissing Gate* den Weg weiter geradeaus frei; rechts säumen Bäume, links eine Hecke den Pfad. Schnell ist ein drittes *Kissing Gate* erreicht, links nun Bäume, rechts eine Wiese und geradeaus in einiger Entfernung **Buckfast Abbey,** die von hier einen fotogenen Eindruck macht. Schnell ist nun der Parkplatz erreicht.

Hunger und Durst kann man im klostereigenen *Grange Restaurant* stillen und dabei auch ein wenig über die Abtei erfahren, in der immer noch Mönche leben und arbeiten.

Buckfast Abbey

Im Jahre 1018 wurde der Grundstein für das Kloster gelegt, eineinhalb Jahrhunderte später, 1147, übernahmen die Zisterzienser die Anlage, bauten neu und erweiterten den Komplex. Am 25. Februar 1539 ordnete *Heinrich VIII.* im Zuge seiner Reformation die Auflösung der Abtei an, und viele Gebäude wurden zerstört, als Steinbruch genutzt und verfielen. 1882 kamen erneut gläubige Brüder nach Buckfast und bauten die Abtei weitgehend im Stil des 16. Jh. wieder auf.

Eine audiovisuelle Show in der Kirchenkrypta macht mit der langen Geschichte dieser geweihten Stätte vertraut.

Berühmt im ganzen Land ist Buckfast Abbey für seine Entwürfe und die Produktion von **Buntglasfenstern,** seinen Honig und seinen Likör. Bruder *Charles Norris,* Absolvent des *Royal College of Art,* entwirft und produziert mit seinen Helfern diese Buntglasfenster; über 150 Kirchen in Großbritannien haben die Mönche von Buckfast bisher mit Buntbleiglas versorgt und noch einmal so viele private Auftraggeber zufriedengestellt.

■ **Buckfast Abbey,** Buckfastleigh, TQ11 0EE, Tel. 01364-645500, www.buckfast.org.uk, Kirche geöffnet So–Fr 7.45–20.20, Sa 7.45–19 Uhr, die Gärten, der Klosterladen und das dazugehörige **Grange Restaurant**② tgl. 10–16.30 Uhr, Eintritt frei.

In der Kirche von Buckfast Abbey

adobe.stock ©Maciej Olszewski

Wanderung 3: Der Wistman's Wood und auf den Stepping Stones über den Fluss Dart

- **Länge:** 15 km, Rundwanderung
- **Dauer:** 4½–5 Stunden
- **Karten:** *Ordnance-Survey*-Karten Landranger 202 (Torbay & South Dartmoor, 1:50.000) und Outdoor Leisure 28 (Dartmoor, 1:25.000)

Diese Wanderung sollte man nur unternehmen, wenn es einige Tage zuvor nicht geregnet hat; bei Hochwasser ist es unmöglich den Fluss Dart zu überqueren (oder man zieht Schuhe und Strümpfe aus und krempelt die Hosenbeine hoch). Eine andere feuchte Stelle befindet sich westlich von der Powder Mill; nach starken Regenfällen könnte dieser Sumpfabschnitt wirklich unpassierbar sein.

Die Tour beginnt in **Two Bridges,** im Zentrum des Dartmoors, dort, wo sich die Nordsüd- und die Westost-Achse durch das Moor treffen. Gegenüber vom 1 1 **Two Bridges Hotel** (PL20 6SW) befindet sich ein kleiner Parkplatz, hier durchschreitet man das Gatter und marschiere auf einem Pfad gen Norden los. Die Richtung ist ausgeschildert durch den **Hinweispfahl** mit der Aufschrift „Public Footpath to Wistman's Wood". In der Ferne ragt Longaford Tor auf und markiert das erste Etappenziel. Dann, nach ca. 800 m passiere man **Crockern Cottage,** hier schwingt der Wegnach rechts weg und führt weiter geradeaus.

Rechts ragt **Crockern Tor** auf, an der gewaltigen Steinaufhäufung tagte in mittelalterlichen Tagen das *Stannary Parliament*, das für alle Angelegenheiten der Zinnschürfer zuständig war (vgl. Wanderung 4). Crockern Tor war als Tagungsort ausgewählt worden, weil es im Zentrum des Dartmoors liegt.

Ein **Hinweisschild** mit der Aufschrift „Footpath"weist den Weg, der nun recht steinig ist. Wenige Minuten später überquert man auf einem Übertritt eine Steinmauer und schreitet tüchtig aus. Ein richtiger Weg ist nun nicht mehr zu erkennen, es geht weitgehend über offenes, grasiges, mit großen Steinen besetztes Gelände bergauf gen Norden. Man hält sich auf halber Höhe am Hang und parallel zu einem Bach links im Tal. Noch eine weitere Steinmauer wird mittels eines Übertritts überquert, und dann sieht man vor sich ein Wäldchen liegen.

Dies ist **Wistman's Wood,** der aus vielen kleinen, nur vier bis fünf Meter hohen, uralten und knorrigen Bäumen besteht. Eine Hinweistafel informiert über den Wald, der gleichermaßen von botanischem wie historischem Interesse ist. Seit dem 17. Jh. wird der Eichenwald mit seinen verkümmerten Bäumen in der englischen Literatur beschrieben. Hier wachsen eine Menge sehr seltener Moose und Flechten. In Übereinstimmung mit der Administration der *Duchy of Cornwall*, dem Prinz *William* gehörendem Herzogtum Cornwall, wurde Wistman's Wood 1961 unter Naturschutz gestellt. Das ändert leider nichts daran, dass durch den zunehmenden Wandertourismus das fragile Ökosystem des Wäldchens Schaden nimmt. Halten Sie sich hier also bitte an die Pfade und brechen Sie keine Zweige ab!

Dartmoor, Wanderung 3

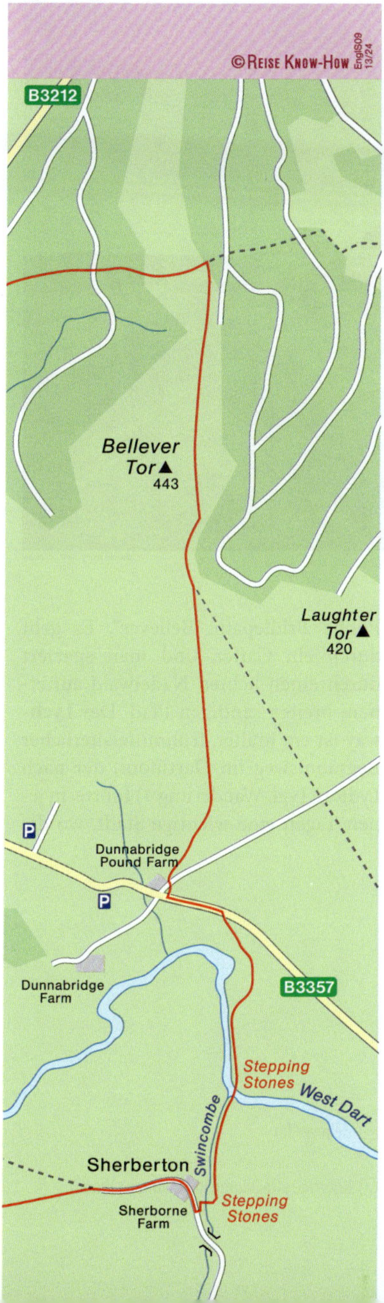

Man spaziere rechts am Wäldchen vorbei, an dessen Ende es nach rechts den Hang zur großen Steinaufhäufung **Longaford Tor** hochgeht, die 507 m über Meereshöhe aufragt.

Unterhalb des Gipfels zieht sich eine **Mauer** entlang, die in Richtung Osten auf einem Übertritt zu überqueren ist. Hier sollte man nun sorgfältig Ausschau halten! Im Osten in der Ferne sieht man die Gebäude der *Powder Mills Farm;* da sonst weit und breit keine weiteren Häuser zu sehen sind, ist die Farm leicht auszumachen. Schweift der Blick vom Bauernhof nach links, so erkennt man eine Baumreihe; dort, wo diese Baumreihe endet, ragt der hohe Kamin einer ehemaligen Pulvermühle auf. Aber da diese Esse aus grauen Bruchsteinen gemauert ist, hebt sie sich vor allem bei diesigem Wetter nicht sehr deutlich vom Hintergrund ab. Dieser Kamin ist jedoch das nächste Ziel.

Es geht auf grasigem Untergrund bergab bis zu einer Moorebene, die an einigen Stellen etwas sumpfig ist. Nun sind auch der Kamin und eine Anzahl von Hausruinen der **Powder Mills** gut zu erkennen. Das Areal ist von einer Mauer umgeben, durch die direkt gegenüber der Esse ein Gatter führt.

In den Gebäuden wurde in früheren Tagen Schießpulver produziert; deutlich ist zu erkennen, dass sie alle weit auseinanderstanden, um im Fall einer Explosion nicht mit in die Luft zu fliegen.

Hinter dem Kamin folgt man dem Weg rechts ab, vorbei an Hausruinen. Links ragt eine weitere Esse auf, und hier führt eine *Clapper Bridge,* eine **Steinplattenbrücke,** über einen Bach. Vorbei am Kamin ist schnell eine Mauer erreicht, davor breitet sich eine Wiese aus,

adobe.stock ©annacurnow

und in einer Entfernung von etwa 300 m verläuft die vielbefahrene B 3212, die Nordsüdroute durch das Dartmoor.

Marschiert man gen Osten über die für Moore charakteristisch mit Wollgras bewachsene **Wiese** auf die Straße zu, so halte man sich unbedingt rechter Hand an der Mauer, die nach einigen Metern dann in einen Zaun übergeht. Bleiben Sie eng an diesem Zaun, wechseln Sie nach einiger Zeit auf die andere Seite über; nur am Zaun entlang haben Sie die Möglichkeit, die sehr sumpfige Wiese zu überqueren. In der Mitte dieser Wiese sind Sie schneller, als Sie denken, bis zur Hüfte im Moor eingesunken. Nach starken Regenfällen kann die Überquerung völlig unmöglich sein.

Mit einem Aufatmen ist die Straße erreicht; hier befindet sich ein **Parkplatz** mit dem Hinweisschild „The Lychway, Public Bridlepath, Bellever“. Es geht durch ein Gatter, und man spaziert durch einen lichten Nadelwald auf einem breiten sandigen Pfad. Der **Lychway** ist ein uralter, frühmittelalterlicher Begräbnisweg im Dartmoor, der nach Lydford (vgl. Wanderung 4) führte, in jenen Tagen eine wichtige Stadt, wo die

⌃ Bellever Tor

› Knorrige alte Bäume im Wistman's Wood

sterbliche Hülle ein christliches Begräbnis bekam.

Nach einigen Minuten Fußweg ist eine ca. 150 m breite baum- und strauchlose Lichtung erreicht; dies ist eine **Feuerschneise,** die bis zum Waldrand auf der anderen Seite überquert wird. Nach rechts, gen Süden, ist in nicht allzu weiter Entfernung **Bellever Tor** zu erkennen, von dessen 443 m hohem Gipfel ein toller Ausblick in alle Himmelsrichtungen möglich ist. An den Hängen des Bellever sieht man mit großer Wahrscheinlichkeit die Dartmoor-Ponys grasen.

Vom Bellever Tor schwenkt der Wanderer halblinks (Richtung Südosten) querfeldein abwärts auf die in einiger Entfernung liegende Ecke eines Waldes zu und erreicht am Schnittpunkt zweier Mauern ein **Gatter,** das den weiteren Weg freigibt. Man spaziert hier über grasiges, ganz leicht ansteigendes Moorland; nur schwach ist ein Weg ausgeprägt, doch geht es mehr oder weniger querfeldein in südlicher Richtung. Linker Hand ragt das im Gegensatz zu Bellever recht steinlose **Laughter Tor** auf. Ist der höchste Punkt dieses Moorplateaus erreicht, so trifft man auf eine hohe Steinsetzung, ein Relikt aus mittelalterlichen Tagen. Nahebei verläuft eine niedrige Mauer, die man links liegenlässt und an der es in halbrechter Richtung gen Süden entlang geht. Nach einigen Minuten Fußweg immer der Mauer nach ist ein breiter Weg erreicht, den man rechts abgeht. Weit voraus sieht man ab und an Autos auf einer Straße; dies ist die B 3357, die Ostwest-Achse des Dartmoor.

adobe.stock©tylwithteg1

Wenige hundert Meter weiter steht man vor einem Gatter, an dem ein Hinweisschild über die Arbeit der **Dartmoor Pony Society Moorland** informiert. Dieses Unternehmen sorgt für die Züchtung und Arterhaltung der widerstandsfähigen Dartmoor-Pferde, die wichtig für das ökologische Gleichgewicht der Region sind. Hier findet sich auch der nicht zu unterschätzende Hinweis, dass die Pferde keineswegs ängstlich und friedlich sind, sondern – allerdings nur, wenn sie sich belästigt oder bedroht fühlen – aggressiv und angriffslustig sein können.

Halbrechts in die Ferne, befinden sich zwei gegenüberliegende Parkplätze an der Straße. Man passiert erneut ein Gatter und vorbei an der Dunnabridge Farm ist nun die **Straße** erreicht, der man ca. 200 m nach links folgt, um dann rechts in einen schmalen Weg einzubiegen, der ein Stück zwischen der Straße und einer Steinmauer verläuft.

Nach wenigen Schritten sieht man an dieser **Mauer** ein kleines Schild mit der Aufschrift „Private Land, Access along Public Bridle Path 100 Yards". Schnell ist ein **Gatter** erreicht, hier das Hinweisschild „Public Bridle Path to Sherberton Bridge Weir, Stepping Stones". In einer schönen, grünen Flussauenlandschaft geht es hinunter zum romantisch anzusehenden Fluss **Dart,** dem man ein Stückchen flussabwärts folgt, bis die **Stepping Stones** erreicht sind. Hier wird

es spannend, denn nun muss auf einer Anzahl wasserumspülter Steine der Dart überquert werden.

Weiter geht es nun entlang des Flusses **Swincombe,** der wenige hundert Meter weiter ebenfalls auf *Stepping Stones* überquert wird. Ein **Hinweisschild** mit der Aufschrift „Path" weist unmissverständlich die Richtung, und man erreicht durch ein Gatter eine kleine asphaltierte Straße, die es nach rechts hochgeht. Man passiert ein weiteres Gatter, überquert den Hof der **Sherborne Farm** und folgt dann dem Hinweispfahl mit der Aufschrift „Path" und biegt dann links ab. Ein Gatter geleitet auf einen steinigen Pfad heraus aus dem Farmgelände.

Am Ende dieses Weges, nach ca. 250 m, geht es durch ein letztes Gatter hinaus ins **offene Gelände.** Der weiter geradeaus führende Weg bringt den Wanderer nach Little Sherberton – doch da wollen wir nicht hin. Ab hier wird die Navigation nun nicht ganz einfach. Man hält sich nun halblinks und folgt querfeldein leicht aufsteigend einem kleinen Mäuerchen, das man links von sich lässt. Oben angekommen, findet man einen weiteren **Hinweispfeiler,** der nach links zeigt. Vertrauensvoll wird dann so lange querfeldein und geradeaus weitermarschiert – auf den wenigen Felsen im grasigen Untergrund tauchen manchmal als weitere Orientierungspunkte schon stark verwaschene blaue **Farbkleckse** auf –, bis man auf einen weiteren **Hinweispfahl** mit der Aufschrift „Bridle Path to Prince Hall" trifft, diesem Pfeil folge man nun nach rechts.

Hier ist nun in Ansätzen ein Weg erkennbar. Je nach den Regenfällen der vergangenen Tage überspringt man den ein oder anderen Bach und sieht nach längerem Fußmarsch links die Gebäude der **Moorland Farm** liegen und weiß nun, dass man richtig ist. Ein Stückchen weiter kreuzt man auf einer Bogenbrücke den **Dart,** den man während der vergangenen Wegstrecke lange Zeit nicht sehen konnte, marschiert vorbei am *Dartmoor Training Centre* sowie am **2 Prince Hall Hotel** und erreicht wenige Minuten später die B 3357, die Ostwest-Achse des Dartmoors. Hier geht es links ab, und bald ist der Parkplatz gegenüber vom *Two Bridges Hotel* erreicht, in dessen Pub man sich stärken kann.

adobe.stock ©jitchanamont

☐ Das Flüsschen Dart

Wanderung 4: Lydford-Klamm und White-Lady-Wasserfall

Länge: 6 km, Rundwanderung, auch für Kinder gut geeignet, rutschfestes Schuhwerk nötig
Dauer: 2–2½ Stunden

Diese Wanderung im Nordwesten des Dartmoors, die auch von Familien mit Kindern gemacht werden kann, beginnt im kleinen Örtchen **Lydford** (EX20), dem eine Furt *(Ford)* im Fluss Lyd seinen Namen gegeben hat. Zu angelsächsischer Zeit, als *Alfred der Große* über das Königreich Wessex herrschte, war die *Burgh Lydford* als westlichste Befestigung eine wichtige Stadt. 997 tobte bei *Lydanforde* eine Schlacht zwischen Angelsachsen und Dänen, die die Heimatverteidiger für sich entscheiden konnten. Das Städtchen hatte eine eigene Münze und war Justizort des *Stannary Law*, das die rechtliche Basis für die im Dartmoor schürfenden Zinnminenbesitzer bildete, sowie des *Forest Law*, das der Verwaltung der königlichen Wälder diente.

An der Hauptdurchgangsstraße findet der Besucher einen Parkplatz; von hier geht es links ab durch den Ort, vorbei an einem kleinen *Tower House* und der Kirche mit ihrem Friedhof (beides wird auf dem Rückweg näher beschrieben), und ab nun führt die Straße steil nach unten. Man kreuzt eine Brücke, hat dabei von beiden Seiten gute Ausblicke in die 50 m tief ins Gestein **eingeschnittene Klamm**, wo das Wasser rauschend und plätschernd über die Kaskaden sprudelt, und schwenkt nach rechts auf den **Ticket-Kiosk** des *National Trust* zu, der in der Schlucht die Flora und Fauna hegt und pflegt und für die Sicherheit der Besucher sorgt.

Lydford Gorge, EX20 4BH, Tel. 01822-820320, www.nationaltrust.org.uk/visit/devon/lydford-gorge, Mitte März–Sept. tgl. 10–16.30, Okt. 10–15.30, sonst 11–15 Uhr, Erwachsene 11 £, Kinder 5,50 £, Familien 16,50–27,50 £, in den Wintermonaten Eintritt frei, *National Trust*-Mitglieder frei.

Ist der Eintrittsobolus entrichtet, so gelangt man auf einem Pfad in einen Wald, und es geht in Serpentinen abwärts. An einem Scheitelpunkt weist ein **Schild** mit der Aufschrift „Waterfall Entrance 1½ Mile“ nach links. Dies ist auch unsere Route. Die Strecke führt durch dunklen schattigen Wald und steigt bald bergauf, von tief unten hört man die Lyd gedämpft durch das Unterholz plätschern. Man spaziert an der Abbruchkante der Klamm entlang. Auf einer **Holzbrücke** wird ein kleiner Talabschnitt überquert, und Stufen führen ein kurzes Stück steil nach oben. Ab und an sieht man durch kleine Lichtungen tief unten den Fluss Lyd, wie er schäumend über die Steine gurgelt. Mal geht es ab-, mal geht es aufwärts. Bänke laden in regelmäßigen Abständen zum Verschnaufen oder zum Picknick ein. Bald nun überquert man auf einer kleinen **Brücke** den Fluss; hier führt ein Pfad unter den Bogen einer nicht mehr benutzten Eisenbahnbrücke zu einem kleinen Café. Wer keinen Tee trinken und auch keinen Snack essen möchte, nimmt hinter der Brücke die rechte Abzweigung und gelangt bald an eine **Gabelung,** wo es entsprechend der eigenen Kondition eine Entscheidung zu treffen gilt: Der Weg links ist *Long and Easy,* der Pfad rechts *Short and Steep.* Alle beide führen zum **White-Lady-Wasserfall,** der aus einer Höhe von 35 m in die Tiefe rauscht.

Hat man den Wasserfall bewundert, so geht es weiter über eine Holzbrücke und am **Ufer der Lyd** entlang. Dort, wo an ausgewaschenen Stellen im Felsen sich kleine Pools gebildet haben, kann man in dem klaren Wasser die Fische stehen sehen. Holzstege und -treppen führen weiter und helfen, den steilsten Teil der Klamm zu überwinden. Tosend und schäumend stürzen hier die Wasser zu Tal. Von den Stegen kann man tief in die Klamm schauen und sieht, wie die Flussstrudel in regelmäßigen Abständen runde Becken aus dem Gestein gewaschen haben; das Auswaschen solcher Pools nennt man im Englischen sehr treffend *Pot-Holing.*

Durch einen kleinen **Tunnel** geht es aufwärts. Weiter spaziert man nun auf schmalem, kantigem Gestein zwischen Wasser und hoher Felswand her; an den engsten Stellen sorgt ein Handlauf für Sicherheit. Ein ganzes Stück geht es so auf schmalem Weg am steinigen Ufer des nun langsamer fließenden und gemächlich plätschernden Flusses entlang.

Und so erreicht man nach zwei bis drei Stunden wieder den Ausgangspunkt dieser Wanderung.

Auf dem Rückweg zum Parkplatz passiert man die aus dem 13. Jahrhundert datierende **Kirche St. Petroc** (EX20 4BH). Am Eingang zum Gotteshaus befindet sich der Grabstein für den 1802 verstorbenen Uhrmacher *George Routledge;* eine amüsante Grabinschrift vergleicht das menschliche Leben mit der Anfertigung und der Funktion einer Uhr. Das neben der Kirche aufragende einstige **Tower House** wurde um 1195 als Gefängnis erbaut.

Wen die Wanderung hungrig oder durstig gemacht hat, der kann sich im **Castle Inn**②-③ stärken, das auch über einen Familiengarten verfügt (EX20 4BH, Tel. 01822-820242, http://castleinnlydford.co.uk, Steaks, Fish'n'Chips, einige vegetarische Gerichte. Man kann dort auch übernachten②).

Wanderung 5: Burg Drogo und die Klamm des Teign

- **Länge:** 6,5 km, Rundwanderung, auch mit Kindern gut möglich
- **Dauer:** 2–3 Stunden

Diese Wanderung, die wie Spaziergang 4 ebenfalls für Familien mit Kindern gedacht ist, beginnt an der **Fingle Bridge,** nicht weit südlich des Weilers **Drewsteignton** im Nordosten des Dartmoor. Ausschilderungen führen über schmale einspurige Straßen zu der kleinen, spitzbogigen, aus dem 16. Jh. stammenden Brücke über den Teign. Dort befindet sich ein Parkplatz, und man nimmt von Fingle Bridge den Weg nach Norden in Richtung Drewsteignton. Nach ca. 200 m führt links ein Pfad hoch in den Wald; hier sorgt ein **Hinweisschild** mit der Aufschrift „To Hunter's Path" für Orientierungssicherheit.

adobe.stock ©Hans Sehringer

Der Weg geht lange Zeit mal mehr, mal weniger steil bergauf. Ist man dann keuchend oben angekommen, so hat man einen schönen weiten Blick auf die grünen, bewaldeten Talhänge des Flusses Teign, und weniger anstrengend geht es nun weiter auf dem Hunter's Path, der von Heidekraut, Stechginster und Farnen gesäumt ist. Tief unten hört man das Wasser rauschen. An einer kleinen Kreuzung befindet sich ein Schild das nach links weist: „Hunter's Path, Castle Drogo and to the Fisherman's Path!"

Nach einiger Zeit sieht man die scheinbar wehrhaften Turmzinnen von **Castle Drogo** halb rechts durchs Gebüsch schimmern, und bald steht man vor dem Herrenhaus, das keineswegs eine richtige mittelalterliche Burg ist. Drogo ist zwischen 1910 und 1930 als letztes großes *Country House* von dem Hofmaler *Sir Edwin Lutyens* für den im Teehandel reich gewordenen Geschäftsmagnaten *Julius Drewe* erbaut worden. 1974 fiel der Herrensitz an den *National Trust.*

■ **Castle Drogo,** Drewsteignton, EX6 6PB, Tel. 016 47-433306, www.nationaltrust.org.uk/visit/devon/castle-drogo, März–Okt. tgl. 10.30–16.30, Nov. Sa/So 10.30–15.30, Dez. Fr–So 10.30–15.30, Feb. tgl. 10.30–15.30 Uhr, Jan. geschlossen, Erwachsene 15 £, Kinder 7,50 £, Familien 21–37,50 £, *National Trust*-Mitglieder frei.

Castle Drogo

Das Areal rund um Castle Drogo war in früheren Tagen ein öffentliches Weideland, auf dem u.a. **wilde Ponys** grasten. Der *National Trust* hat eine Anzahl dieser genügsamen Tiere ausgesetzt, damit dadurch in der Natur verschiedene biologische Vorgänge erneut in Gang gesetzt werden: So hoffen die Experten des *Trusts* darauf, dass aufgrund der Weidefunktionen bald wieder 25 unterschiedliche Schmetterlingsarten durch die Lüfte flattern sowie eine Anzahl von Vögeln zurückkehren und in dem Gebiet rund um Castle Drogo wie einst brüten.

Hat man die prachtvollen Zimmer und die in allen Farben blühenden Gärten von Castle Drogo ausgiebig bewundert, so kehre man zum **Hunter's Path** zurück und marschiere weiter gen Westen. Nach einer scharfen Rechtskurve geht es hinein in den Wald und bergab. Man passiert ein Gatter und folgt dem **Hinweisschild** „Fisherman's Path" nach links. Hier ist das westlichste Ende der **Teign Gorge,** der Klamm des Teign, erreicht. In dieser in Jahrmillionen vom Wasser gegrabenen Schlucht jedoch plätschern die Fluten des Teign sehr gemächlich dahin, es geht keineswegs so rauschend zu wie in der Lydford Gorge (vgl. Wanderung 4).

Alsbald stößt man auf eine **Gabelung;** nach rechts geht ein asphaltiertes Sträßlein ab, man folge aber links einem Waldpfad, der überdies mit dem Zeichen „Public Footpath" kenntlich gemacht ist. Schnell wandert man an dem kleinen **Gibhouse Cottage** vorbei, nimmt links den Pfad und lässt das schöne reetgedeckte Häuslein rechts liegen. Unten nun, am Ufer des Teign angekommen, weist ein weiteres **Schild** mit der Aufschrift „Fisherman's Path, Public Footpath, Fingle Bridge" nach links. Gemächlich spaziert man durch den Wald am Gestade des Flüsschens entlang, das manchmal lustig plätschernd über eine Anzahl Steine rauscht. Einmal noch

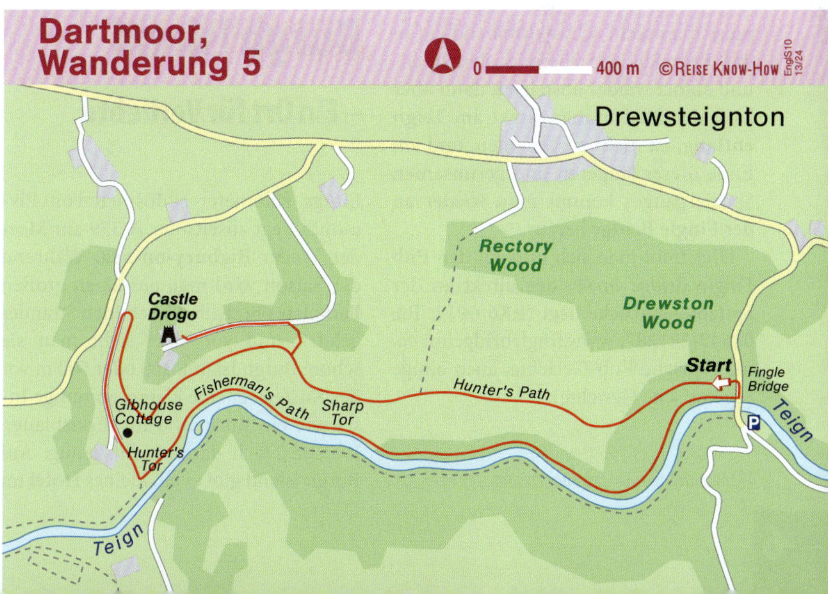

muss man recht schweißtreibend auf in das Erdreich getriebene Stufen hoch- und sofort wieder absteigen, dann aber läuft der Pfad immer direkt **am Teign entlang,** ist nicht zu verfehlen, und am Ende dieses längeren und geruhsamen Spazierganges kommt man wieder an der **Fingle Bridge** heraus.

Hier freut man sich nun auf den **Pub** *Fingle Bridge Inn*②, der direkt an der Spitzbogenbrücke liegt (EX6 6PW, Tel. 01647-281287, www.finglebridgeinn.co.uk, typische Pub-Gerichte, auch einige vegetarische Gerichte).

Bigbury-on-Sea und Burgh Island

Burgh Island

– Ein Ort für Verliebte

Einige Kilometer südöstlich von Plymouth liegt abseits der A 379 am Meer der Weiler **Bigbury-on-Sea.** Während der Saison wird man auf einen großen Parkplatz oberhalb des schönen Strandes gelotst, und von dort sieht man sie schon: Burgh Island. 400 oder 500 m vor der Küste liegt eine kleine, anmutige Insel wie ein Buckelwal im türkisblauen Wasser. Doch damit nicht genug: Auf Burgh Island gibt es ein kleines **Hotel** im

adobe.stock ©shpak

Art-Déco-Stil, das allerdings den Geldbeutel arg strapaziert: Unter 400 £ pro Nacht bekommt man hier in der Hauptsaison kein Doppelzimmer, man sollte auch vorbuchen: *Burgh Island Hotel*⑤, TQ7 4BG, Tel. 01548-810514, www.burghisland.com. *Agatha Christie* schrieb hier zwei ihrer Romane und ließ sich von der Örtlichkeit inspirieren.

Bei Ebbe marschiert man per pedes nach Burgh Island hinüber, bei Flut hingegen wird es pittoresk: Dann nämlich rattert der *Sea Tractor* – ein mit dicken Gummireifen bestückter, hochbeiniger Karren – durch die niedrigen Fluten und hält die Verbindung mit dem Festland aufrecht.

Auf einen Besuch der Insel sollte man nicht verzichten; es lockt nämlich auch der **Pub** *The Pilchard Inn*, TQ7 4BG, eine Gaststätte aus dem 14. Jh. Gutes Bier. Eltern werden zu schätzen wissen, dass der Pub-eigene **Strand** ungefährlich und ideal für die Kleinen ist.

Von der Taverne, wie auch vom Hotel, hat man gute **Ausblicke** auf die hohen Klippen der Küste östlich und westlich von Bigbury.

Plymouth

– Auf den Spuren von Sir Francis Drake

Seit frühester Zeit ist Plymouth eng mit den maritimen Ambitionen Englands verbunden. 1231 taucht der Name erstmals in den Chroniken auf; zur Zeit *Wilhelm des Eroberers* lautete der Eintrag im Doomsday Book noch auf den Namen des Fischerörtchens Sutton, an das heute der gleichnamige Hafen erinnert. Schon während des **Hundertjährigen Kriegs** (1338–1453), in dem England für seinen Anspruch auf die französische Krone focht, liefen die Schiffe von Plymouth nach Frankreich aus. Von hier segelte auch *Eduard, der Schwarze Prinz*, mehrfach über den Kanal; schon mit 16 Jahren kämpfte er so mutig gegen die Franzosen, dass er seinen furchteinflößenden Beinamen bekam, der sich auf die Farbe seiner Rüstung bezog.

Die größte Bedeutung hingegen erlangte Plymouth in der elisabethanischen Ära. Von Plymouth aus brach

Francis Drake 1577 zu seiner Weltumseglung auf; drei Jahre später kehrte er zurück – begrüßt von den Bürgern der Stadt. Tief lag die Golden Hind im Wasser, schwer wog das Gold der gekaperten spanischen Galeonen. Elf Jahre später führte *Francis Drake* die englische Flotte von Plymouth aus der angreifenden Spanischen Armada entgegen. Und auch für die anderen berühmten *Devon Sea Captains – Frobisher, Hawkins* und *Raleigh* – war Plymouth Heimathafen.

Im Jahre 1620 fuhr die **Mayflower,** von Southampton kommend, in den sicheren Hafen ein, fasste hier noch einmal Proviant und segelte dann schließlich auf die Neue Welt zu.

Im folgenden Jahrhundert startete *James Cook* seine Weltumseglungen in Plymouth, und auch der Südpolarforscher *Robert Falcon Scott* begann von Plymouth aus seine tragisch verlaufende Antarktisexpedition. Zu guter Letzt war es *Sir Francis Chichester,* der an die großen maritimen Traditionen anknüpfte und als Einhandsegler im Jahre 1966 vom südenglischen Plymouth aus zu seiner Weltumseglung aufbrach.

adobe.stock ©annaszk

Sehenswertes

Flair und Atmosphäre sowie Reminiszenzen an vergangene Tage findet der Besucher heute vor allem noch am **Hafen** sowie im Viertel **Royal William Yard.** Letzteres diente der *Royal Navy* bis 1992 als der Ort, von wo aus ihre gesamte Flotte mit Verpflegung eingedeckt wurde. Und so fanden sich hier große Speicherhallen, Schlachthofhallen, Bäckereien, eine Brauerei und gleich auch ein Hersteller von Bierfässern. All diese Gebäude wurden in den letzten Jahrzehnten renoviert. Heute werden sie als Wohnungen, Restaurants, Läden und Künstlerstudios genutzt. Besonders bei schönem Wetter macht das Flanieren durch dieses **historische Viertel** mit Blick auf das Meer viel Vergnügen (www.royalwilliamyard.com).

Prachtvoll grün und mit Denkmälern aller Art bestanden ist **The Hoe,** jener legendäre Platz, an dem man *Drake* – gerade beim Bowling-Spiel – die in den Englischen Kanal einlaufende Armada meldete.

Einträglich nebeneinander stehen auf dem Hoe das Kriegerdenkmal der Marine, das Armada-Denkmal und auch die **Statue von Sir Francis Drake.**

☒ Die „Mayflower" im Hafen von Plymouth

Rotweiß geringelt ragt hier auch **Smeaton's Tower** auf, einer der ersten Leuchttürme, der einst die englische Küste sicherte. Man kann das *Lighthouse* bis zur oberen Plattform besteigen, hat von dort oben natürlich einen guten Ausblick, schaut nach Osten auf den *Sutton Harbour* und in die andere Richtung auf die *Great Western Docks*. Recht angenehm ist es, bei schönem Wetter auf dem Hang von **The Hoe** zu sitzen, herzhaft in die Picknick-Sandwiches zu beißen und dabei dem geschäftigen Schiffsverkehr zuzuschauen.

■ **Smeaton's Tower,** PL1 2NZ, Tel. 01752-304774, www.theboxplymouth.com, Ostern–Sept. Di–So 10–17, März und Okt. nur Sa/So 10–17 Uhr, Erwachsene 5 £, Kinder und ermäßigt 2,50 £, Familien und Gruppen 12 £.

Im Rücken von The Hoe schließt sich die Neustadt von Plymouth mit ihrem schachbrettartigen Straßenraster an. An dem Platz Charles Cross erinnert die **Ruine der Charles Church** an die Toten der Bombenangriffe.

Folgt man aber der Promenade Madeira Road gen Osten, so passiert man die mächtige **Zitadelle** und flaniert dann am Sutton Harbour entlang ins alte **Hafenviertel Barbican.** Hier findet man die **Mayflower Steps,** jene Stelle, an der die Pilgerväter einst die Leinen lösten und ab in die Neue Welt segelten. Beachtung findet im Barbican auch das alte **Elizabethan House** in der New Street, das aus der Ära der Königin datiert. Eine weitere Attraktion im Barbican-Viertel am Hafen ist das **National Marine Aquarium,** das dem Besucher Einblicke in die geheimnisvolle Unterwasserwelt ermöglicht.

Francis Drake und die Spanische Armada

Wann genau *Francis Drake* das Licht der Welt nahe dem Örtchen Tavistock in Devon erblickte, wissen wir nicht; unterschiedliche Quellen datieren seine Geburt um die Jahre 1540, 1543 und 1545. *Francis* war freibäuerlicher Herkunft und wurde im frommen protestantischen Sinne erzogen. Unter dem Sklavenkapitän *John Hawkins*, mit dem seine Familie entfernt verwandt war, lernte er den Seefahrerberuf und zeichnete sich bereits mit Anfang 20 als Kapitän der *Judith* im Golf von Mexiko gegen die Spanier aus.

1572 plünderte *Drake* mit nur einem Schiff in einem Anfall von Tollkühnheit die spanische Karibikniederlassung Nombre de Dios, segelte durch den Isthmus von Panama und fügte der spanischen Flotte schwere Schäden zu. Sein größter Erfolg war die Kaperung einer spanischen Galeone, die Silber im Wert von 40.000 Pfund an Bord hatte.

Am 13. Dezember 1577 stach *Francis Drake* nach finanzieller Unterstützung durch *Elisabeth I.* auf seiner „Golden Hind" und mit vier weiteren Schiffen in See und umsegelte als erster Engländer die Welt. Während seiner Fahrt brachte er eine Anzahl spanischer Schiffe auf und kehrte 1580 mit reicher Beute wieder nach England zurück; nicht nur Gold und Silber, sondern auch Tabak und Kartoffeln füllten den Laderaum, und die Golden Hind lag tief im Wasser, als der umjubelte Kapitän mit seiner kleinen Flotte im Hafen von Plymouth einlief. Auf Anweisung von *Elisabeth* sollte sein Schiff als nationales Denkmal erhalten bleiben, und für seine mutigen Taten adelte die Königin den tapferen Seebären.

Der spanische König schäumte vor Wut, war gereizt wie ein wütender Stier und befahl die Aufstellung der Armada, um England in die Knie zu zwingen. Ein solch gewaltiges Vorhaben konnte jedoch nicht lange geheim bleiben, und am 19. April 1587 drang *Drake* mit 30 Schiffen in den Hafen von Cadiz ein; hier lag ein großer Teil der bereits fertiggestellten Armada. *Drake* beschoss die Schiffe und setzte sie in Brand. Nach seinen eigenen Worten „versengte er dem König von Spanien damit den Bart", als er über 1000 t Schiffsraum zu den Fischen schickte.

Die Seeschlacht mit der Spanischen Armada

Ein Jahr später segelte die gewaltige Spanische Armada dann auf England zu, und unter dem Kommando von *Lord Howard* trat *Drake* als Vize-Admiral in die Seeschlacht ein.

Während es früher so war, dass die Schiffe sich mit ihren Bugspießen zu rammen versuchten, wobei dann die Mannschaften auf das feindliche Deck enterten und der Kampf Mann gegen Mann losbrach, ließ sich dies aufgrund der gewaltigen Menge an Schiffen nicht bewerkstelligen. Es galt nun nicht mehr der Kampf Schiff gegen Schiff, sondern Flottenverband gegen Flottenverband.

Um 9 Uhr morgens am 31. Juli 1588 griff *Lord-Admiral Howard* auf seinem Flaggschiff „Ark Royal" die nördliche Spitze des spanischen Halbmonds an, an der die „Rata Coronada" segelte. Beide wechselten einige Breitseiten, kamen sich jedoch aufgrund der Windverhältnisse nicht nah genug, und niemand wurde verletzt.

Als die Schlachtenreihe neu gebildet wurde, stieß das Flaggschiff des andalusischen Geschwaders, die *Nuestro Señora del Rosario,* mit einem anderen Segler zusammen und wurde manövrierunfähig; darauf explodierte die Pulverkammer der „San Salvador". Während die Spanier Rettungsmaßnahmen einleiteten und dann in Formation weitersegelten, hielten die englischen Kapitäne auf dem Flaggschiff Kriegsrat.

Francis Drake sollte in der kommenden Nacht die Verbindung zur Armada halten, während sich die englische Flotte an seiner Heckleuchte orientieren konnte – und so segelte man in die Nacht!

Als dann die Morgendämmerung kam, sah *Lord Howard* an Bord des Flaggschiffes entsetzt, dass er der Hecklaterne des gegnerischen Flaggschiffs gefolgt war und inmitten des spanischen Halbmonds segelte. Von *Drake* fand sich weit und breit keine Spur, und von der englischen Flotte sah man nur einige Mastspitzen in weiter Ferne. Die Engländer wendeten und gaben auf.

Francis Drake war in der Nacht angeblich zufällig auf die manövrierunfähige *Nuestra Señora de Rosario* gestoßen und hatte dort eine Prise gemacht, was ihm später nicht geglaubt wurde.

Einen Tag später lag die Armada dicht vor der Küste, und *Howard* wollte sie von der Seeseite her an der Flanke angreifen. Es entspann sich ein heftiges Gefecht, Engländer wie Spanier feuerten aus allen Rohren Breitseiten, kein Matrose hatte je etwas ähnliches erlebt, und die Befehlshaber der einzelnen Verbände wussten eigentlich gar nicht so recht, was sie genau tun sollten, keine Seite konnte Erfolge verbuchen. Die Engländer benötigten dringend neue Munition und Pulver, und auch bei den Spaniern wurden die Kugeln knapper. Weiterhin hielten die Spanier ihre behäbige halbmondförmige Schlachtenreihe bei, welche die schnelleren und wendigeren, dafür leichteren englischen Segler nicht auseinanderbringen konnte. So fuhren die Flotten weiter entlang der Südküste gen Osten und die Armada erreichte Calais, wo sie vor Anker ging, um sich mit den in Holland und Belgien stationierten spanischen Landtruppen zu koordinieren.

Die Engländer wussten, dass Gefahr im Verzug war und hatten schnell die rettende Idee, um die ankernde Flotte anzugreifen: Brander! Acht Schiffe wurden entladen und mit brennbarem Material gefüllt, die Kanonen erhielten eine doppelte Ladung Pulver und Kugeln, der Wind war günstig und die vollgetakelten brennenden Geisterschiffe, immer zwei nebeneinander, stoben auf die Armada zu. *Medina Sidonia,* der spanische Admiral der Armada, ließ schnell Pinassen ausschwärmen, um die fliegenden Holländer vom Kurs abzubringen. Das gelang bei den ersten beiden, doch als die zweite Reihe herankam, explodierten die Kanonen, und die Mannschaften auf den Pinassen brachten sich in Sicherheit. Ungehindert rauschten die Brander auf die Armada zu. Hier brach nun Panik aus, niemand folgte den vernünftigen Befehlen von *Sidonia*, die spanischen Schiffe gingen an den Wind und strebten in alle Richtungen auseinander, liefen zum Teil auf Sandbänke oder strandeten an Felsen – die Ordnung war gebrochen.

Am nächsten Morgen ging *Howard* zum Kampf, fand zu seiner Freude jedoch nur einige Schiffe vor, auf die er Breitseiten niederprasseln ließ; im Verlauf des Tages kamen weitere spanische Segler in den Kanal zurück und wurden von den Engländern mit weiteren Breitseiten empfangen. Mitten in die Kämpfe sauste ein Sturm mit Wolkenbrüchen hinein, und schwer angeschlagen, mit Tausenden von Toten und Verwundeten, ohne Munition, mit lecken Schiffen, wenig Lebensmitteln und fauligem Trinkwasser entkamen die Reste der stolzen Armada.

Wie ging es weiter mit *Sir Francis Drake?* Nachdem er sich ausgiebig in seinem Ruhm gesonnt hatte, unternahm er weitere Kaperfahrten und machte sich zusammen mit *John Hawkins* wieder in die Karibik auf, um spanische Stützpunkte zu überfallen. Die beiden Kapitäne behinderten sich jedoch gegenseitig, und das einstige Lehrer-Schüler-Paar zerstritt sich so heftig, dass der Expedition kein Erfolg beschieden war. Aus Gram hierüber, so heißt es, ist *Sir Francis Drake* am 28. Januar 1596 in Portobello gestorben; doch war es wohl nicht nur Gram, sondern auch die Ruhr hatte ihren Anteil am Tod des Helden.

Plymouth

Bahnhof
Mayflower St.
6
Cecil St.
Neswick St.
Francis St.
Anstis St.
Neswick St.
Western Aproach
Cornwall St.
King St.
King St.
Market Av.
Alice St.
Rendle St.
Rendle St.
Octagon St.
Raleigh St.
Courtenay St.
Flora St.
1 1a ROYAL WILLIAM YARD
Royal Parade
Union St.
Union St.
The Cresent
Derrys Cross
Princess Way
Princess St.
Sawrey St.
Martin St.
Bath Ln.
Bath St.
The Cresent
Notte St.
Notte St.
4
Millbay Rd.
Millbay Rd.
Crescent Av.
Mulgarve St.
Lockyer St.
Athenaeum St.
Alfred St.
St. James Pl.
Brunel Way
3
Citadel Rd.
Millbay Park
Prospect St.
W. Hoe Rd.
Elliot St.
Holyrood Pl.
Osborne Pl.
5
Leigham St.
Grand Hotel Rd.
Elliot Terrace Ln.
The Esplanade
Hoe
Walker Terrace
Cliff Rd.
Hoe Promenade
Cliff Rd.
Cliff Rd.
West Hoe Park
2
Pier St.
Central Rd.
Radford Rd.
Hoe Rd.
Hoe Rd.
Great Western Rd.
Garden Cres.
Great Western Rd.
Übernachtung
2 Caraneal (B&B)
3 Citadel House (B&B)
4 Moxy Plymouth
5 Invicta Hotel
9 Riverside Caravan Park
17 Premier Inn

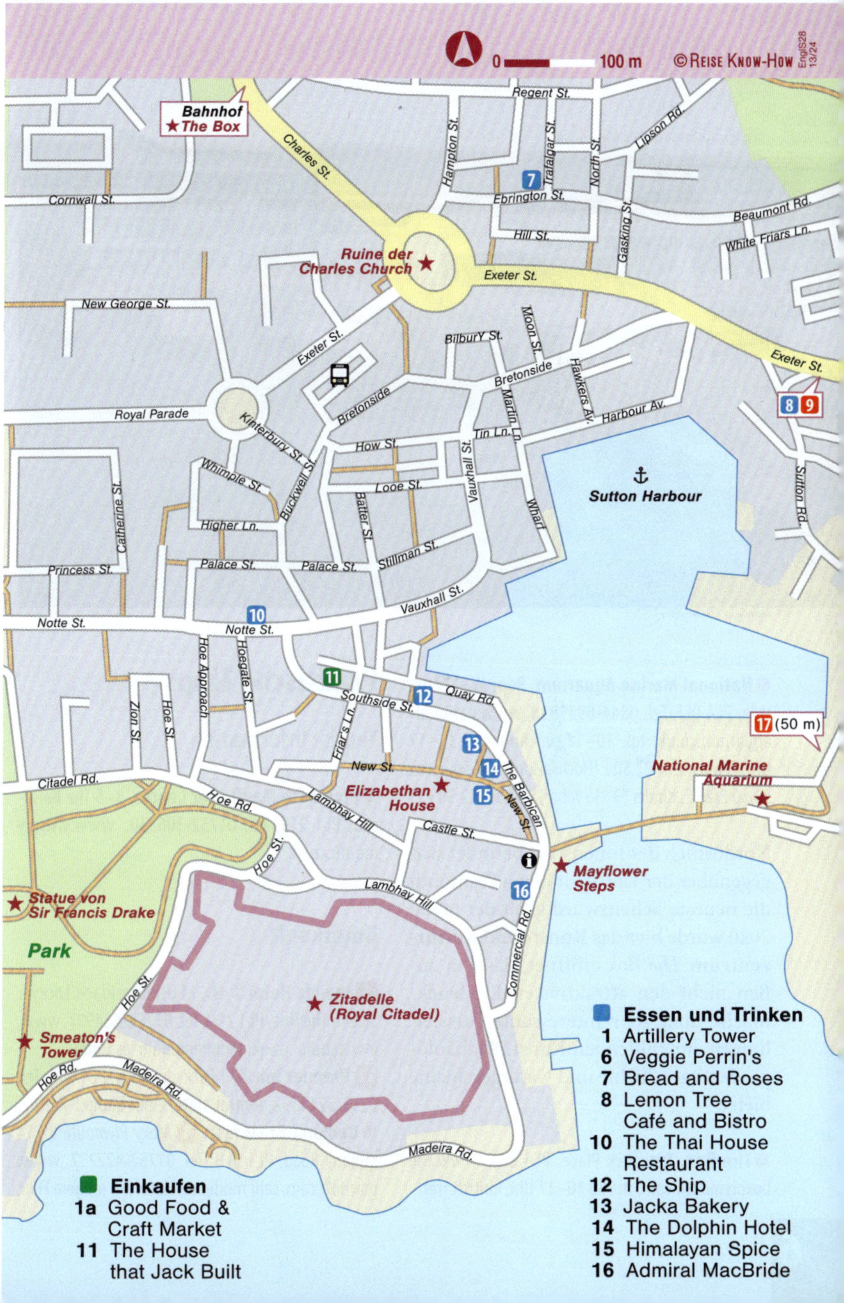
0 100 m
©Reise Know-How
EnglS28 13/24
Bahnhof
★ The Box
Regent St.
Charles St.
Hampton St.
Trafalgar St.
North St.
Lipson Rd.
7
Cornwall St.
Ebrington St.
Gasking St.
Beaumont Rd.
Hill St.
White Friars Ln.
Ruine der Charles Church
Exeter St.
New George St.
Moon St.
Bilbury St.
Exeter St.
Exeter St.
Bretonside
Hawkers Av.
8 9
Royal Parade
Kinterbury St.
Bretonside
Martin Ln.
Harbour Av.
How St.
Tin Ln.
Whimple St.
Buckwell St.
Vauxhall St.
Sutton Harbour
Looe St.
Catherine St.
Higher Ln.
Batter St.
Wharf
Sutton Rd.
Princess St.
Palace St.
Palace St.
Stillman St.
Vauxhall St.
Notte St.
10
Notte St.
Hoe Approach
Hoegate St.
11
Southside St.
12
Quay Rd.
Zion St.
Hoe St.
Friar's Ln.
13
17 (50 m)
New St.
14
National Marine Aquarium
Citadel Rd.
Elizabethan House
15
The Barbican
New St.
Hoe Rd.
Lambhay Hill
Castle St.
Hoe St.
Mayflower Steps
Lambhay Hill
16
Statue von Sir Francis Drake
Park
Commercial Rd.
Hoe St.
Zitadelle (Royal Citadel)
Smeaton's Tower
Hoe Rd.
Madeira Rd.
Madeira Rd.
Essen und Trinken
1 Artillery Tower
6 Veggie Perrin's
7 Bread and Roses
8 Lemon Tree Café and Bistro
10 The Thai House Restaurant
12 The Ship
13 Jacka Bakery
14 The Dolphin Hotel
15 Himalayan Spice
16 Admiral MacBride
Einkaufen
1a Good Food & Craft Market
11 The House that Jack Built

adobe.stock ©Ian Woolcock

■ **National Marine Aquarium,** Rope Walk, Coxside, PL4 0LF, Tel. 0844-8937938, www.nationalaquarium.co.uk, tgl. 10–17, im August 9.30–17 Uhr, Erwachsene 22,50 £ (Hochsaison 25 £), Senioren 20,50 £/23 £, Kinder (3–15 Jahre) 11,25 £/12,50 £.

Nordöstlich der Innenstadt befindet sich gegenüber der Universität von Plymouth die neueste Sehenswürdigkeit der Stadt: 2020 wurde hier das **Kunst- und Kulturzentrum** *The Box* eröffnet, das von außen nicht den attraktivsten Eindruck macht, aber sehr interessante Ausstellungen zur Bildenden Kunst, Archäologie, Stadtgeschichte und Naturgeschichte bietet.

■ **The Box,** Tavistock Place, PL4 8AX, www.theboxplymouth.com, Di–So 10–17 Uhr, Eintritt frei.

Praktische Tipps

Tourist Information

■ **Plymouth Mayflower Centre,** 3–5 The Barbican, PL1 2TR, Tel. 01752-306330, www.visitplymouth.co.uk.

Unterkunft

5 **Invicta Hotel**③-④, 11 Osborne Place, Lockyer Street, The Hoe, PL1 2PU, Tel. 01752-664997, www.invictahotel.co.uk, familiengeführtes Hotel.

17 **Premier Inn**③, 1 Lockyers Quay, PL4 0DX, Tel. 0333-3211392, zentral, Hotel einer Budget-Kette.

■ **Bed and Breakfast:** 4 *Moxy Plymouth*③, 14 Millbay Road, PL1 3LH, Tel. 01752-422237, www.marriott.com, sehr modernes Hotel mit jungem Flair,

15 Min. Fußweg von *The Hoe;* **2** *Caraneal*①, 12 Pier Street, West Hoe, Tel. 01752-663589, www.caraneal plymouth.co.uk; **3** *Citadel House*②, 55 Citadel Road, The Hoe, PL1 3AU, Tel. 01725-661712, www.citadelhouse.co.uk.

9 Camping: *Riverside Caravan Park*①, Leigham Manor Drive, Marsh Mills, PL6 8LL, Tel. 01752-344 122, www.riversidecaravanpark.com, ruhiger Campingplatz an der A 38, knapp 5 km von der Innenstadt entfernt. Mit beheiztem Freibad.

Essen und Trinken

12 The Ship②, Quai Road/SW Coast Path, PL1 2JZ, Tel. 01752-667604, www.theshipplymouth.co.uk, kleines Restaurant im 1. Stock, das u.a. Fischgerichte und Burger serviert, auch Vegetarisches.

14 The Dolphin Hotel②, 14 The Barbican, PL1 2LS, Tel. 01752-660876, eine ehemalige Hafenarbeiterkneipe mit Atmosphäre.

15 Himalayan Spice①-②, New Street, PL1 2NA, Tel. 01752-252211, www.himalayanspice.net, neben dem *Elizabethan House* gelegen, hier wird preiswerte indische und nepalesische Küche serviert in einem Haus aus dem 16. Jh.

16 Admiral MacBride, Barbican, PL1 2LR, Tel. 01752-262054, Hafenpub.

13 Jacka Bakery①, 38 Southside Street, PL1 2LE, www.facebook.com/jackabakery, leckere Backwaren und Sandwiches zum Mitnehmen.

1 Artillery Tower⑤, Durnford Street, PL1 3QR, Tel. 01752-257610, www.artillerytower.co.uk, uriges Feinschmeckerrestaurant in einem Wachturm aus dem 15. Jh., direkt am Meer.

10 The Thai House Restaurant①-②, Notte Street, PL1 2AG, Tel. 01752-661600, www.thethai house.com, preiswerte thailändische und vietnamesische Gerichte, auch vegetarische Speisen.

6 Veggie Perrin's①, 97 Mayflower Street, PL1 1SD, Tel. 01752-252888, www.veggieperrin.co.uk, die vegetarische Alternative in Plymouth, indisch zubereitet.

7 Bread and Roses①-②, 62 Ebrington Street, PL4 9AF, Tel. 01752-659861, www.breadand rosesplymouth.co.uk, künstlerisch angehauchter Pub. Es werden lokale Biere und *Fairtrade* Bio-Weine serviert. Abends treten oft Live-Bands auf.

8 Lemon Tree Café and Bistro①-②, 2 Haye Road South, Elburton, PL9 8HJ, Tel. 01752-481117, www.facebook.com/theLemonTreeElburton, nettes lokales Café und Bistro auf der anderen Seite des Flusses Plym im Vorort Elburton. Etwa 6 km von der Innenstadt entfernt, über die A 379 zu erreichen. Es gibt eine Tagessuppe, Panini, Sandwiches, Pfannkuchen sowie das typisch englische Frühstück mit Bohnen und Speck (auch vegetarisch). Di–Sa.

Einkaufen

Kleine **inhabergeführte Geschäfte** gibt es vor allem im alten Hafenviertel Barbican sowie am Royal William Yard, während die großen **Markenläden** im Dreieck zwischen dem Western Approach, der Charles Street und der Royal Parade zu finden sind.

1a Good Food & Craft Market, Royal William Yard, PL1 3RP, www.royalwilliamyard.com/things-to-do/good-food-craft-market, Markt mit Kunsthandwerk, regionalen Produkten und *Street Food,* jeweils am 1. Sonntag im Monat von 10 bis 15 Uhr.

11 The House that Jack Built, 10 Southside Street, Barbican, PL1 2LA, exzentrisches Alternativ-Kaufhaus, in dem etliche Läden untergebracht sind, in denen alles – von nachhaltiger Mode über Vintage bis hin zu Zaubereiartikeln – zu haben ist.

Verbindung

- **Bahnhof:** 1,5 km nördlich von The Hoe an der Saltash Road, PL4 6AA.
- **Busbahnhof:** Bretonside, PL4 0BG.

☐ Mayflower Steps in Plymouth

Cornwall, Küstenwanderungen

Falmouth | 256

Fowey | 247

Isles of Scilly | 269

Lamorna | 265

Land's End | 268

Logan Rock | 265

Mevagissey | 253

Mousehole | 265

Penzance | 261

Polperro | 246

Porthcurno | 265

St. Ives | 280

St. Just | 269

St. Mawes | 253

St. Michael's Mount | 260

Truro | 254

7

Südliches Cornwall

»Idyllisch anmutende Fischerdörfer, Seebäder mit geschäftigem Rummel, spektakuläre Küstenlandschaften und viele Häfen mit Schiffen und Booten aller Art.

Strand bei Tresco auf den Isles of Scilly

SÜDLICHES CORNWALL

Im südlichen Cornwall wird es recht putzig und pittoresk: Die historischen Fischerdörfchen haben es in sich. Glücklicherweise ist mit dem Eden Project die Moderne nicht weit und in St. Ives laden die Maler zur Auseinandersetzung mit Licht und Farben ein.

NICHT VERPASSEN!

- **The Eden Project,** die größten Gewächshäuser der Welt | 250
- **St. Michael's Mount,** Felseninsel mit Klosteranlage und Gegenstück zum Mont Saint Michel in der französischen Normandie | 260
- **Minack Theatre,** Freilichttheater am Meer bei Land's End | 266
- **Isles of Scilly,** Inseln mit subtropischem Klima, wunderschöner Natur und bewegter Geschichte | 269
- **St. Ives,** Paradies für Maler, Bildhauer und Töpfer, in dem man in Kunst schwelgen kann | 280

Diese Tipps erkennt man an der gelben Markierung.

Polperro, Fowey, Mevagissey und St. Mawes

– Puppenstubenörtchen entlang der kornischen Kanalküste

Von Plymouth geht es auf einer hochgelegenen Brücke über den Fluss Tamar, von der man einen fantastischen Ausblick hat, hinein in Englands westlichstes County, nach Cornwall. Irgendwann sollte man von der A 38 nach Süden abbiegen, um ans Meer zu kommen. Über die Küstenstraße geht es dann vorbei an den beiden Örtchen East und West Looe, deren Häuser sich entlang einer Flussmündung ziehen, nach Polperro, zum ersten der vielen kleinen pittoresken, museal und wenig lebendig wirkenden Fischerdörfer Cornwalls.

Polperro

Polperro ist **eines der hübschesten Fischerdörfchen der Gegend** und daher auch bei Touristen sehr beliebt. Das Auto muss man am Ortsrand auf einem der großen Parkplätze stehen lassen. Von hier geht es zu Fuß, mit der Kutsche oder einem Elektromobil in den historischen Ortskern mit seinen engen Gassen und kleinen Fischerhäuschen. In dem **winzigen Hafen** von Polperro dümpeln Boote und Yachten vor sich hin; bei Ebbe liegen sie im schwarzen Schlick. Hier sorgt der 400 Jahre alte **Pub** *The Three Pil-*

*chards*①-② (Quay Rd, PL13 2QZ, Tel. 01503-272233, www.threepilchardspolperro.co.uk) noch für ein wenig Schmugglerromantik; die Freihändler Polperros waren derart berüchtigt, dass im 19. Jahrhundertauf königliche Anordnung hin ein erster Trupp Zöllner in den Ort verlegt wurde. Ebenfalls am Hafen gibt der **Pub** *Blue Peter Inn*①-② (Quay Rd, PL13 2QZ, Tel. 01503-272743, www.thebluepeterinn.com), erbaut im 16. Jh., Eindrücke, wie in früheren Tagen eine Fischerkneipe ausgesehen haben könnte. MEIN TIPP: Besonders schön ist die Stimmung, wenn die Fischer abends ihre **Sea Shanties** anstimmen und die Gäste auffordern mitzusingen. Während der Sommermonate singt an den meisten Mittwochabenden der *Polperro Fishermen's Choir,* abwechselnd im *The Ship Inn* (Fore Street, www.shipinnpolperro.com) oder im *Royal British Legion Club* in der Landaviddy Lane (www.polperrofishermenschoir.co.uk) – ein unvergessliches Erlebnis, das man nicht verpassen sollte.

Die engen, holprigen Straßen, in den Sommermonaten voll mit Besuchern, sind gesäumt von Pubs, Teestuben, Andenkengeschäften und Fish'n'Chips-Buden. Sehenswert sind zudem das kleine **Museum** über Schmuggelei und Fischerei am Ort sowie, vor allem wenn man mit Kindern reist, das **Modelldorf** und die **Figurenpräsentationen zu kornischen Legenden.**

Für Schwimmbegeisterte gibt es in Polperro noch **Chapel Pool,** einen Gezeitentümpel, der, wenn nicht gerade Flut herrscht, (natürlich auf eigene Gefahr) als wunderbares natürliches Schwimmbecken genutzt werden kann. Nimmt man vom Hafen kurz nach dem *Blue Peter Inn* den Küstenpfad, so kommt man ein paar hundert Meter weiter zu den steilen Steinstufen, die zu dem Becken hinunterführen. Man sollte sich allerdings vorher im Ort genau über die Gezeiten informieren, damit man nicht vom Wasser überrascht wird.

■ **Harbour Museum,** 4 The Warren, PL13 2RB, Tel. 01503-273005, www.polperroharbourtrust.org/harbour-museum, Ostern–Okt. tgl. 10–16 Uhr, Erwachsene 3 £, Kinder Eintritt frei.

Polperro Model Village, Land of Legend & Model Railway, Mill Hill, Looe, PL13 2RP, Tel. 01503-272378, www.polperromodelvillage.co.uk, Ostern–Nov. So–Fr 10.30–17 Uhr, Erwachsene 3 £, Senioren und Kinder 2 £.

Fowey

Mit Freude entdeckt man, dass in den engen Straßen von Fowey an schönen sonnigen Tagen eine heiter-mediterrane Stimmung herrscht. Hierher hat uns die kleine **Fähre von Bodinnick** (dort befindet sich der ausgezeichnete, 400 Jahre alte Pub *Old Ferry Inn*②, PL23 1LX, Tel. 01726-870237, www.oldferryinn.co.uk) gebracht, die den Verkehr über den Mündungstrichter des Flusses Fowey aufrechterhält.

■ **Fähre von Bodinnick,** April–Okt. Mo–Sa 7–20.45, So 8–20.45, Nov.–März Mo–Fr 7–19, Sa 8–19, So 9–19 Uhr, Auto 5,80 £, Fußpassagiere: Erwachsene 2,30 £, Kinder 1,10 £.

Am **Town Quay** dann geht es geschäftig zu, man schaut neidisch den Seglern nach, blickt auf die bewaldeten Hügel an der anderen Seite des Flusses, erfreut sich dort am Anblick der bunten Häuser

Südliches Cornwall

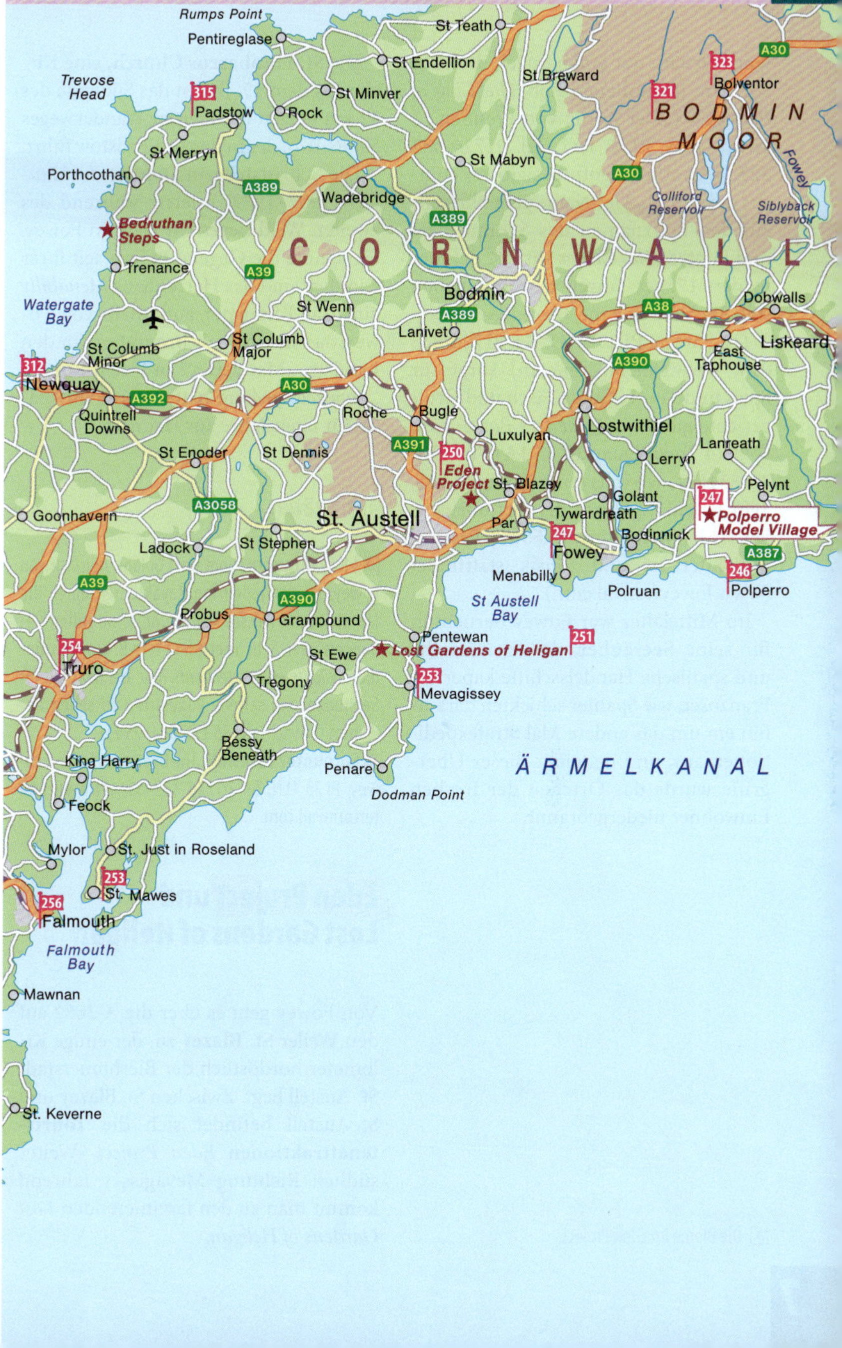
Rumps Point
Pentireglase
St Teath
St Endellion
Trevose Head
315
Padstow
St Minver
Rock
St Breward
321
323
Bolventor
A30
BODMIN MOOR
St Merryn
Porthcothan
A389
Wadebridge
St Mabyn
A30
Colliford Reservoir
Siblyback Reservoir
Fowey
Bedruthan Steps
A389
Trenance
CORNWALL
A39
Bodmin
Watergate Bay
St Wenn
A389
Lanivet
A38
Dobwalls
St Columb Major
St Columb Minor
312
Newquay
A30
East Taphouse
Liskeard
A390
A392
Quintrell Downs
Roche
Bugle
Lostwithiel
Luxulyan
St Enoder
St Dennis
A391
250
Eden Project
Lanreath
Lerryn
St Blazey
Golant
Pelynt
247
Polperro Model Village
Goonhavern
St. Austell
Tywardreath
Par
A3058
247
Fowey
Bodinnick
Ladock
St Stephen
A387
Menabilly
246
Polperro
Polruan
A39
A390
St Austell Bay
Probus
Grampound
Pentewan
251
254
Truro
St Ewe
Lost Gardens of Heligan
Tregony
253
Mevagissey
Bessy Beneath
King Harry
Penare
ÄRMELKANAL
Dodman Point
Feock
Mylor
St. Just in Roseland
253
St. Mawes
256
Falmouth
Falmouth Bay
Mawnan
St. Keverne

von Polruan, isst einen Snack draußen vor dem gemütlichen Pub *The King of Prussia*② („Der König von Preußen", 3 Town Quay, PL23 1AT, Tel. 01726-832 323, www.thekingofprussiafowey.com) aus dem 18. Jh. Der Name geht übrigens auf den Spitznamen des Schmugglers und Piraten *John Carter* zurück, der hier in den 1780er Jahren gewohnt haben soll. Auch die Taverne *The Galleon Inn*①-② (12 Fore St, PL23 1AQ, Tel. 01726-833 014, www.galleon-inn.com) sorgt für Speis und Trank. Guten Fisch und Grillgerichte gibt es in *Havener's Bar & Grill* ②-③ (4 Town Quay, PL23 1AT, Tel. 017 26-834591, www.havenersfowey.co.uk). Sehr geschäftigt wird der Ort übrigens jeden Mai, wenn hier das **Fowey Festival** mit Literatur und Musik stattfindet (www.foweyfestival.com).

Im Mittelalter war Fowey berüchtigt für seine **Seeräuber,** die französische und spanische Handelsschiffe kaperten. Franzosen wie Spanier schickten daraufhin ein um das andere Mal Strafexpeditionen aus, und bei einer dieser Übergriffe wurde das Örtchen der frechen Einwohner niedergebrannt.

☒ Die Biome im Eden Project

Die **St. Finnbarrus Church,** eine Kirche aus dem 15. Jh., ist das Südende des 42 km langen markierten Wanderweges *Saints Way,* der in den Ort Padstow führt.

Die Schriftstellerin *Daphne du Maurier* (1907–1989) mietete während des zweiten Weltkrieges ein Haus in Fowey. Sie kannte die Gegend bereits seit ihrer Kindheit und das Herrenhaus *Menabilly* ein paar Kilometer außerhalb von Fowey, das ihr zuvor als Inspiration für den Landsitz „Manderley" in ihrem Roman „Rebecca" gedient hatte, wurde ihr später für lange Jahre zur Heimat.

Aktivitäten

Kayaktouren: Vom Dorf Golant, nördlich von Fowey, starten jeden Tag Kayaktouren durch die Mündung des Flusses Fowey und seine stillen Nebengewässer. Sehr interessant ist z.B. die dreistündige *Wildlife and Waterfronts Tour,* bei der man oft Seehunde und seltene Vogelarten zu sehen bekommt (Erwachsene 35 £, Kinder 25 £).

- **Encounter Cornwall,** The Boatshed, Golant, Fowey, PL23 1LN, Tel. 01726-832451, www.encountercornwall.com.

Eden Project und Lost Gardens of Heligan

Von Fowey geht es über die A 3082 auf den Weiler **St. Blazey** zu, der einige Kilometer nordöstlich der Bierbrauerstadt St. Austell liegt. Zwischen St. Blazey und St. Austell befindet sich die **Touristenattraktionen** *Eden Project.* Weiter südlich Richtung Mevagissey fahrend kommt man zu den faszinierenden *Lost Gardens of Heligan.*

Beim **Eden Project** handelt es sich um die **größten Gewächshäuser der Welt,** die mehrere tropische und subtropische Zonen für die Besucher beinhalten. In den gigantischen, tropisch-mediterranen *Biomes* (Das englische Wort *Biome* steht für *Bio Dome,* also Bio-Kuppel.) spaziert man durch die Pflanzenwelt von Westafrika, Malaysia, Amazonien, der Ozeanischen Inseln, Kaliforniens, des Mittelmeers und Südafrikas. Auf der 2,2 ha großen Fläche – das entspricht der Größe von sechs Fußballfeldern – wachsen mehr als eine Million Pflanzen. Ein zentraler Gedanke des Projektes ist, unsere Beziehung zu und Abhängigkeit von Pflanzen zu demonstrieren, und den Besuchern zu zeigen wie eine nachhaltige Lebensweise möglich sein kann.

Eden Project, Bodelva, PL24 2SG, Tel. 01726-811911, www.edenproject.com, Öffnungszeiten und Eintrittspreise variiren je nach Saison, in den Sommermonaten meist 9–18, sonst 10–16 Uhr, letzter Einlass zwei Stunden vor Schließung, Erwachsene 33–38 £, junge Erwachsene (17–28 J.) 28–32,50 £, Kinder (5–16 J.) 11–12 £.

Ebenfalls unbedingt einen Besuch wert sind die **Lost Gardens of Heligan** zwischen St. Austell und Mevagissey. Die Gartenanlage hatte ihre Blüte zur Jahrhundertwende des 19./20. Jh. als Teil des Herrensitzes der *Tremayne*-Familie. Zu dieser Zeit waren dutzende Gärtner da-

955es vc

mit beauftragt nicht nur den produktiven Küchengarten, sondern auch die weitläufigen Anlagen mit seltenen und exotischen Pflanzen, die in dem milden Klima hervorragend gedeien konnten, zu hegen und zu pflegen. Im Zweiten Weltkrieg wurden Teile des Gartens zu Kriegszwecken abgeholzt und, da alle wehrfähigen jungen Männer einberufen wurden, gab es auch nicht genug Gärtner. Heligan wurde mehr und mehr vernachlässigt und geriet in Vergessenheit. Als *John Willis,* ein Nachkomme der Familie *Tremayne* die Anlage 1990 erbte, machte er sich in den Folgejahren und mit Hilfe einer Gruppe um den späteren Gründer des *Eden Projects, Tim Smit,* daran, die ausgedehnten Garten- und Landschaftsanlagen zu restaurieren. Heute erwartet die Besucher eine Fülle an Gartenräumen und weitläufigen Parkanlagen, in denen man nicht nur die üppige Bepflanzung bestaunen, sondern auch in das Leben der Gärtner und Bewohner zur viktorianischen Zeit und Anfang des 20. Jh. eintauchen kann. Außerdem gibt es eine interessante **Beobachtungsstation für Wildtiere** und mehrere **Skulpturen** in den Parkanlagen.

■ **Lost Gardens of Heligan,** Pentewan, St. Austell, PL26 6EN, Tel. 01726-845100, www.heligan.com, Apr.–Sept. 10–18 Uhr, Okt.–März 10–17 Uhr, letzter Einlass zwei Stunden vor Schließung, Erwachsene 18,50 £ (Ende Juli–Anfang Sept. 20,50 £), Kinder (5–17 Jahre) 8,50 £, Familienkarte 30–48 £ (Ende Juli–Anfang Sept. 34–54 £).

☐ Skulptur „Mud Maid" in den Lost Gardens of Heligan

702es fk

Mevagissey

Im Gegensatz zu Polperro etwas weniger touristisch ist der Fischerort Mevagissey, der von der Anlage ähnlich, aber nicht so puppenstubenhaft ist, und es herrscht hier eher die **Atmosphäre eines englischen Seebades** mit *Fish and Chips*-Buden, Eisdielen, Pubs, Restaurants und Souvenirläden, die um das kleine Hafenbecken und in den engen Gassen der Stadt angesiedelt sind. Mit ein wenig Fantasie kann man sich die längst vergangenen Tage vorstellen, wenn die Fischer morgens mit ihren Luggern zum Sardinenfang ausfuhren, abends dann am Hafenkai den Fang anlandeten, der gleich von den Frauen weiterverarbeitet wurde.

Wer sich für Eisenbahnen interessiert oder mit Kindern reist, die solche Interessen hegen, kann in die **Modelleisenbahnausstellung** gehen. Zudem gibt es am Hafen ein **Aquarium,** das sich auf die Unterwasserwelt Cornwalls spezialisiert hat, sowie ein **Heimatmuseum.**

■ **World of Model Railways,** PL26 6UL, Tel. 01726-842457, www.model-railway.co.uk, wegen Renovierungsarbeiten vorausichtlich bis Sommer 2024 geschlossen.

■ **Mevagissey Aquarium,** Harbour, PL26 6QU, Tel. 01726-843305, Ostern–Okt. 11–16 Uhr, Eintritt frei.

■ **Mevagissey Museum,** East Wharf, Inner Harbour, PL26 6QR, Tel. 01726-843568, www.mevagisseymuseum.co.uk, Ostern–Okt. 10–18 Uhr, Eintritt frei.

St. Mawes

Letztes Örtchen entlang des Küstenbogens ist St. Mawes, das an der Spitze der kleinen **Roseland Peninsula** – sieht man von Juli und August ab – seinen Dämmerschlaf hält. Wieder einmal auf *Heinrich VIII.*, der ja die gesamte Südküste mit Verteidigungsanlagen bestücken ließ, geht die Burganlage **St. Mawes Castle** zurück, die zusammen mit ihrem Pendant **Pendennis Castle** im heutigen Falmouth auf der anderen Uferseite der Carrick Roads jedem invasionsfreudigen Franzosen die Einfahrt in den Sund unmöglich gemacht hätte. Kreisrund ist St. Mawes Castle, zur Meerseite hin sitzt ein kleiner Ausguckturm recht keck auf dem Mauerkranz. Zwischen Falmouth und St. Mawes verkehrt eine **Personenfähre** (www.falriver.co.uk/getting-about/ferries/st-mawes-ferry, im Sommer dreimal pro Stunde, im Winter einmal pro Stunde 8.30–18 Uhr, hin und zurück: Erwachsene 13,50 £, ermäßigt 13 £, Kinder 8 £, Familien 39 £, Online-Buchung 10 % Ermäßigung).

■ **St. Mawes Castle,** Castle Drive, TR2 5DE, Tel. 0370-3331181, www.english-heritage.org.uk/visit/places/st-mawes-castle, April–Okt. tgl. 10–17, März Mi–So 10–16, sonst nur Sa/So 10–16 Uhr, Eintrittspreise variieren je nach Saison und Wochentag, Erwachsene 10,40 £, ermäßigt 9,50 £, Kinder (5–17 J.) 5,90 £, Familien 16,30–26,70 £, günstiger bei Online-Vorausbuchung, *English Heritage*-Mitglieder Eintritt frei.

Recht angenehm ist in St. Mawes ein **Spaziergang** vom Hafen entlang des Wassers und langsam aufsteigend zur Burganlage. Zwei, drei gemütliche Pubs sowie zwei, drei kleine Restaurants mit

Wohnzimmeratmosphäre sorgen für leibliches Wohl. Wer kein Nachtleben braucht oder wem der Sinn generell nach Ruhe steht, der ist hier am richtigen Ort.

Hafen in Mevagissey

Truro

Über den Fluss Truro ist die Stadt mit den Carrick Roads verbunden. Sie war in früheren Tagen ein **geschützter inländischer Hafen,** von dem aus Zinn und Kupfer zum Kontinent und nach Wales verschifft wurden. Im 17. Jahr-

Südliches Cornwall

703es fk

hundert ging es ökonomisch bergab, denn der Fluss versandete. Mit der Eisenbahn, die 1859 bis nach Truro verlegt wurde, und der Erlangung des Stadtstatus im Jahr 1877 wurde das wirtschaftliche Leben im Ort wieder angekurbelt. Heute ist Truro die **Verwaltungshauptstadt Cornwalls.**

Im Jahr 1910 wurde die mächtige, im neogotischem Stil gehaltene **Kathedrale** fertiggestellt, für welche der Architekt *John Loughborough Pearson* verantwortlich zeichnete. Das Gotteshaus besitzt eine Reihe von viktorianischen Glasfenstern.

Das **Royal Cornwall Museum** an der River Street macht Besucher mit der Vergangenheit von Englands westlichstem County bekannt macht. Es gibt auch eine Abteilung über die antiken Zivilisationen Roms, Griechenlands und Ägyptens, wo auch eine Mumie zu sehen ist. Andere Abteilungen widmen sich Cornwalls Fauna und Mineralien oder Kunst aus Keramik, Glas und Metall, zudem gibt es Sonderausstellungen. Stärken kann man sich im museumseigenen *Truro Arts Café*①.

■ **Royal Cornwall Museum,** River Street, TR1 2SJ, Tel. 01872-723230, www.royalcornwallmuseum.org.uk, Di–Sa 10–16 Uhr, während der englischen Schulferien auch Mo, Erwachsene 7,50 £, Kinder unter 18 J. Eintritt frei.

Vom Town Quay aus verkehrt nur in den Sommermonaten eine **Fähre nach Falmouth;** bei Ebbe legt sie von Malpas ab, dann gibt es aber einen Shuttle-Bus (www.falriver.co.uk, Tel. 01326-741194, tgl. ca. 10–17 Uhr, die Zeiten können variieren, hin und zurück Erwachsene 18 £, ermäßigt 17,10 £, Kinder 10,80 £, Familien 44,10 £).

Praktische Tipps

Tourist Information

■ **Visitor Information,** 30 Boscawen Street, TR1 2QQ, Tel. 01872-274555, www.visittruro.org.uk.

Unterkunft

■ **Hotel Vara**③, 49 Falmouth Road, TR1 2HL, Tel. 01872-272450, www.hotelvara.co.uk, moderne Einrichtung, hundefreundlich.

■ **Mannings**③, Lemon Street, TR1 2QB, Tel. 01872-270345, www.manningshotels.co.uk, stilvolles Hotel, zentral gelegen, ein **Restaurant**③ ist angeschlossen.

■ **Bissick Old Mill**②, Ladock, TR2 4PG, Tel. 01726-882557, www.bissickoldmill.co.uk, Unterkunft in einer 300 Jahre alten Mühle in einem nahegelegenen Dorf, vier Zimmer *en suite*.

■ **Bay Tree Guest House**①, 28 Ferris Town, TR1 3JH, Tel. 01827-240274, www.baytree-guesthouse.co.uk, kleines, freundliches B&B, nur 5 Minuten Fußweg vom Zentrum.

Essen und Trinken

■ **Tabb's**②-③, 85 Kenwyn Street, TR1 3BZ, Tel. 01872-262110, www.tabbs.co.uk, moderne britische Küche, hochwertig zubereitet, So und Mo geschl.

■ **The Rising Sun Pub**②, Mitchell Hill, TR1 1ED, Tel. 01872-240003, www.risingsuntruro.co.uk, gute Fisch- und Fleischgerichte – mehr als das übliche Pub-Essen!

■ **Bodega 18**②, 18 Bridge Street, TR1 2AH, Tel. 01872-262330, www.bodegaeighteen.com, gemütliche Tapas-Bar mit klassischen spanischen Gerichten.

■ **Hooked**②-③, Tabernacle Street, TR1 2EJ, Tel. 01872-274700, www.hookedrestaurantandbar.co.uk, modernes Fischrestaurant.

■ **Old Ale House**①, 7 Quay Street, TR1 2HD, Tel. Tel. 01872-719462, www.theoldalehousetruro.co.uk, sicherlich eine der besten Tavernen in Truro mit eigener Brauerei, montag- und samstagabends oft Livemusik.

■ **William the Fourth**①, Kenwyn Street, TR1 3DJ, Tel. 01872-273334, www.thewilliamivtruro.co.uk, sehr gemütlicher Pub mit Biergarten, Wintergarten, gutem Speiseangebot, abendlicher Livemusik während der Saison. Ebenfalls einer der besten Pubs von Truro.

■ **Bunters Bar,** 58 Little Castle Street, TR1 3DL, www.buntersbar.co.uk, der Treffpunkt der jungen Menschen aus Truro und Umgebung, freitags Livemusik. Es gibt hier allerdings nichts zu essen.

Verbindung

■ **Bahnhof:** Station Road, TR1 3HH.

■ **Busbahnhof:** Lemon Quay oder Richmond Hill, nahe am Bahnhof.

Falmouth

Am schönsten ist es in Falmouth, wenn man oben auf dem Hügel von **Pendennis Castle** steht, Stadt und Hafen dem Besucher zu Füßen liegen, Blicke über das blaue Meer schweifen und man den Schiffen im englischen Kanal nachschaut. Pendennis Castle, das Gegenstück zu St. Mawes, schützt seit 1546 die Einfahrt in die Meeresbucht.

■ **Pendennis Castle,** Castle Close, TR11 4LP, Tel. 01326-316594, www.english-heritage.org.uk, April –Okt. tgl. 10–17, Mitte Feb.–März Mi–So 10–16, sonst nur Sa/So. 10–16 Uhr, Eintrittspreise variieren je nach Saison und Wochentag, Erwachsene 15 £, ermäßigt 13,60 £, Kinder (5–17 J.) 9,50 £, Familien 24,50–39,50 £, günstiger bei Online-Vorausbuchung, *English Heritage*-Mitglieder Eintritt frei.

▷ Der Fischerhafen von Falmouth

Ende des 17. Jahrhunderts avancierte Falmouth zur zentralen Poststation, hier legten die Windjammer aus der Neuen Welt an, deren Postsäcke dann mit Kutschen nach London befördert wurden. Aber auch für die Handelsschifffahrt war Falmouth mit seinem großen **geschützten Naturhafen** eine der wichtigsten Anlegestellen in England und hatte zeitweise nach London den höchsten Warenumschlag. Mit dem Aufschwung der von Dampfmaschinen angetriebenen Schiffe ging es dann mit dem Hafen von Falmouth bergab. Stattdessen wurde bei Plymouth eine Brücke über den breiten Mündungstrichter des Flusses Tamar geschlagen, und nun kam die Eisenbahn nach Falmouth. Das brachte Ausflügler und Badegäste mit, wodurch wieder ein Aufschwung erreicht wurde.

Vom **Custom House Quay** verkehren die Fußgängerfährboote zum Örtchen St. Mawes auf der anderen Seite der Carrick Roads. Hier am Kai kann man auch wieder einmal eine Kuriosität bestaunen: In einem hohen Kamin, **The King's Pipe** genannt, verbrannten die Zöllner während der vergangenen Jahrhunderte Schmuggelware wie zum Beispiel Tabak.

Gleich am Anfang des Hafengebietes, am Discovery Quay, befindet sich das hochinteressante **National Maritime Museum.** Hier geht es um Schiffe, wie sie gebaut wurden und welche Rolle sie im Leben der Menschen spielen und spielten. Technikinteressierte werden voll auf ihre Kosten kommen und auch Kinder können viel ausprobieren, vor allem im „Quarterdeck" im 3. Stock. Es gibt auch Ausstellungsräume über das Leben kornischer Fischer, zur Auswan-

adobe.stock ©gb27photo

derung aus Cornwall und Großbritannien im 19. Jahrhundert und zur Geschichte Falmouths als zeitweise wichtigsten Seehafen Großbritanniens. Im Keller kann man wie in einem Aquarium einen Blick ins Hafenbecken werfen und vom Turm hat man einen sehr guten Ausblick über den Hafen. Kostenlos erhält man übrigens im Museum ein Infoblatt auf Deutsch. Fragen Sie nach dem „Brief Guide in German".

■ **National Maritime Museum Cornwall,** Discovery Quay, TR11 3QY, Tel. 01326-313388, www.nmmc.co.uk, tägl. 10–17 Uhr, Erw. 16,90 £, Kinder (5–17 Jahre) 8,50 £.

⊡ Im National Maritime Museum in Falmouth

Praktische Tipps

Tourist Information

■ 11 Market Strand, Prince of Wales Pier, TR11 3DF, Tel. 01326-741194, www.falmouth.co.uk.

Unterkunft

■ **Falmouth Hotel**⑤, Castle Beach, TR11 4NZ, Tel. 01326-312671, www.falmouthhotel.com. Ein *Grand Victorian Hotel* mit zwei Hektar Garten unterhalb von Pendennis Castle.

■ **St Michaels Resort**③-⑤, Gyllyngvas Beach, TR11 4NB, Tel. 01326-312707, www.stmichaelsresort.com. Am gleichnamigen Strand gelegen, mit gutem Seeblick, Fitnesstudio im Haus und subtropischem Garten vor der Tür.

956es vc ©Luke Hayes

■ **Bed and Breakfast:** *Braemar Guest House*③, 9 Avenue Road, TR11 4AZ, Tel. 01326-311285, www.braemarguesthouse-falmouth.co.uk, nettes Gästehaus nahe am Stadtzentrum mit neun Zimmern, sieben *en suite; Highcliffe Contemporary Bed and Breakfast*③, 22 Melvill Road, TR11 4AR, Tel. 01326-314466, www.highcliffefalmouth.com, acht Zimmer, modern und individuell eingerichtet, in einem schönen edwardianischen Haus.

■ **Camping:** *Tregedna Farm Campsite*①, Maenporth, TR11 5HL, Tel. 07979-645946, www.tregednafarmholidays.co.uk, 4 km von der Innenstadt beim Dorf Maenporth gelegen; *Menehay Farm Touring Park*①, Budock Water, TR11 5BY, Tel. 01326-372550, www.menehayfarm.co.uk, ruhiger Platz für Wohnmobile und Zelte am Ortsrand von Falmouth.

Essen und Trinken

■ **Indidog Eatery**②-③, 28 Market Street, TR11 3AT, Tel. 01326-450699, www.indidogeatery.co.uk, Bistro mit schönem Blick auf den Fluss Fal. Moderne britische Küche mit Zutaten aus der Region.

■ **The Mulberry**④, 29 High Street, TR11 2AD, Tel. 01326-761055, www.themulberryfalmouth.co.uk, stimmungsvolles Kellerrestaurant, in dem kleine, aber mit großer Perfektion gekochte Gerichte auf der Speisekarte stehen.

■ **Harbour Lights Fish & Chips**①, Arwenach Street, TR11 3LH, www.harbourlights.co.uk, unter den Top 10 der besten britischen *Fish & Chip Shops*.

■ **Amanzi**②, 38 Arwenack Street, TR11 3JF, Tel. 01326-312678, www.amanzirestaurant.co.uk, hervorragendes afrikanisches Restaurant.

■ **Daaku**②, 2 Bells Court, TR11 3AZ, Tel. 07540-271127, www.daakucornwall.com, farbenfrohes Restaurant, in dem eine Fusion aus indischer und kornischer Küche serviert wird.

■ **The Boathouse**②, Trevethan Hill, TR11 2AG, Tel. 01326-315425, www.theboathousefalmouth.co.uk, preisgekrönter Pub mit toller Aussicht.

■ **Windjammer Café & Bar**②, Grove Place, TR11 4AU, Tel. 01326-450497, www.windjammercafebar.co.uk, herzhafte Speisen mit Blick auf den Hafen, gut geeignet für ein ausgiebiges Brunch.

■ **Finn M'Couls**①, Killigrew Street, TR11 3PG, gemütlicher irischer Pub mit *Guinness* vom Fass.

■ **Beerwolf Books Freehouse**①, 3 Bells Court, TR11 3AZ, www.facebook.com/BeerwolfBooks, gibt es eine bessere Kombination als Bier und Bücher? Im Nebenzimmer von diesem urigen Pub werden neue und Secondhand-Bücher verkauft, die man dann mit einem *Pint* in der Hand lesen kann.

Verbindung

■ **Bahnhof:** Avenue Road, TR11 4AZ.

■ **Hauptbushaltestelle:** Killigrew Street, im Ortszentrum.

Trebah – ein subtropischer Garten

Der Garten von Trebah ist ohne Fragen **einer der schönsten Gärten Cornwalls.** Dank des milden Klimas und seiner geschützten Lage in einer bewaldeten Schlucht gedeihen hier viele Exoten wie Riesenrhabarber, Agaven, Palmlilien und riesige Farne, deren üppige Ausmaße einen manchmal vergessen lassen, dass man sich in England befindet. Unten, am Ende der Schlucht, haben Besucher Zugang zu dem privaten **Strand** Polgwidden Cove, wo sich schöne Blicke auf die Mündung des Flusses Helford und die See eröffnen.

■ **Trebah Garden,** *Mawnan Smith*, Falmouth, TR11 5JZ, www.trebahgarden.co.uk, Sa–Mi 10–16 Uhr, Ostern–Okt. tgl. 10–17, sonst 10–16 Uhr, Erwachsene 15 £, Kinder (5–15 J.) 7,50 £.

St. Michael's Mount

– Das englische Mont Saint Michel

Von Falmouth geht es über die A 394 durch den Norden der Lizard-Halbinsel und entlang des Meeresgestades, bis man auf einer kleinen Insel ein paar hundert Meter vor der Küste eine Burg aufragen sieht. Das ist St. Michael's Mount, das englische Gegenstück zur Klosterinsel Mont St. Michel in der französischen Normandie.

Im Jahre 495, so heißt es in der **Chronik der Felseninsel,** soll den Fischern der *Hl. Michael* erschienen sein, fortan galt der Platz als heiliger Ort, und einige keltische Mönche pflegten hier das monastisch geprägte frühe Christentum. Nachdem der Normanne *William the Conqueror* 1066 erfolgreich den Sprung über den Kanal nach England getan hatte, überließ er den französischen Benediktinermönchen des Mont St. Michel die Bruderabtei, und 1135 gingen die gläubigen Männer bald daran, umfangreiche Baumaßnahmen durchzuführen. St. Michael's Mount avancierte zu einer der Stationen des irisch-schottisch-englischen Pilgerwegs bis ins spanische Santiago de Compostela. *Heinrich VIII.* dann beendete die religiöse Nutzung der Felseninsel und ließ die heilige Stätte im Zuge seines Südküstenbefestigungsprogramms in eine Trutzburg umbauen.

957es vc©Matthew Jessop

Mitte des 17. Jh. dann übernahm die Familie *St. Aubyn* die Felseninsel und baute die Gemäuer zu einem Landsitz aus. 1954 übergab *Lord St. Levan,* Nachfahre der *Albyns,* die Burg dem *National Trust,* behielt sich aber das Wohnrecht vor.

Die Insel wird neben der *St. Aubyn*-Familie von 30 Menschen bewohnt. Der Familiensitz der *St. Aubyn,* die über der Insel thronende **Burg,** kann besichtigt werden, ebenso mehrere **subtropische Gärten.** Einkehren kann man im *Island Café*①, wo man *Cornish Pasties* und Sandwiches bekommt und im *Sail Loft Restaurant*①-②, wo neben Snacks auch Fischgerichte zubereitet werden.

Bei Ebbe spaziert man auf einem Damm zur Felseninsel hinüber, bei Flut gelangt man nur mit Booten dorthin. Ausgangspunkt ist das kleine und angenehme Örtchen **Marazion,** das zu Unrecht im Schatten der Burginsel steht. Hier gibt es noch gemütliche Pubs, von deren Terrassen man einen guten Blick auf das ganze Felseneiland hat.

Parken kann man gegenüber der Insel auf zwei kostenpflichtigen Parkplätzen.

An den Wochenenden sind ganze Völkerscharen bei Ebbe in Richtung Damm unterwegs, auf dem es dann schon mal eng werden kann. Bei Flut kann man mit dem Boot zur Insel gelangen (Erwachsene 2 £, Kinder 1 £ pro Strecke).

St. Michael's Mount, Marazion, Cornwall, TR17 0HS, Tel. 01736-710265, www.stmichaelsmount.co.uk, Burg Ende März–Okt. So–Fr 9.15–15.45, Gärten Mai–August Mo–Fr 9.15–15.45 Uhr, Erw. 26 £ (nur Gärten 11 £), Kinder (5–17 J.) 14 £ (6,50 £), Familien 40–66 £ (17,50–28,50 £), *National Trust*-Mitglieder Eintritt frei.

☒ St. Michael's Mount

Penzance

– Die kornische Metropole

Mit rund 21.000 Einwohnern ist Penzance die kornische Metropole, die mit dem Eisenbahnendpunkt, dem Fährhafen für die Isles of Scilly und dem *Land's End Aerodrome,* einem kleinen Flughafen, ein wichtiger **Verkehrsknotenpunkt** der Region ist.

Eine erste Siedlung entstand bereits im 11. Jh., 300 Jahre später erhielt der Weiler Marktrechte, und nach weiteren 300 Jahren dann wurde Penzance der Stadtstatus zuerkannt. 1595 kamen die Spanier, brandschatzten an der kornischen Küste und zogen auch Penzance schwer in Mitleidenschaft. Mit dem Anschluss an das Bahnnetz im 19. Jh. und wegen der Fährverbindung zu den Isles of Scilly avancierte Penzance zur ökonomisch wichtigsten Stadt Cornwalls. Penzance wird von palmengesäumten Straßen und einer Altstadt mit georgianischer Architektur, sowie einer Seepromanade aus dem 19. Jahrhundert geprägt.

Eine Sehenswürdigkeit ist in der Chapel Street das **Ägyptische Haus,** das im Jahre 1835 im Zuge der orientalischen Manie nach pharaonischen Stilvorlagen – Papyrusbündelsäulen, Hohlkehlen mit der Uräusschlange, Mumienfiguren u.Ä. – erbaut wurde.

In einer viktorianischen Villa aus dem Jahr 1865 ist in der Morrab Road die **Penlee House Gallery and Museum** untergebracht, die sich den Künstlern der *Newlyn School* rund um den Iren *Stanhope Forbes* widmet. Neben der sehenswerten Dauerausstellung der Newlyn-

Maler finden regelmäßig Wechselausstellungen statt.

■ **Penlee House,** Morrab Road, TR18 4HE, Tel. 01736-363625, www.penleehouse.org.uk, Apr.–Okt. tägl. 10–17, Nov.–März tägl. 10–16.30 Uhr, Erwachsene 5 £, junge Erwachsene (18–26 Jahre) 3 £, Kinder Eintritt frei.

Hauptgeschäftsstraße ist die **Market Jew Street** mit Läden, Pubs und Restaurants aller Art.

Am südöstlichen Zipfel der Stadt befindet sich der **Jubilee Pool,** ein schönes Art Déco-Freibad mit Seewasser, dessen elegante Architektur schon allein einen Besuch wert macht. Ein Teil des Pools wird durch Erdwärme beheizt – Eintrittskarten für diesen Teil des Bads sind allerdings teurer.

■ **Jubilee Pool,** Battery Road, TR18 4FF, Tel. 01736-369224, www.jubileepool.co.uk, tägl. 9.30–17 Uhr, Erwachsene 6 £ (*Geothermal Pool* 11,75 £), Kinder (4–16 J.) 4,50 £ (8,20 £).

Vom Hafen starten von März bis November, wenn das Wetter es zulässt, täglich 1½- bis 4-stündige **Bootstouren** entlang der Küste und auf die offene See. Besonders bei den längeren Touren stehen die Chancen gut, Delfine, Tümmler oder Schweinswale zu sehen.

■ **Marine Discovery Penzance,** Shed 5, Albert Pier, Tel. 07749-277110, www.marinediscovery.co.uk, Erwachsene 28 £–50 £, Kinder 20 £–50 £.

Praktische Tipps

Tourist Information

■ Vor dem Bahnhof am Parkplatz, TR18 2NF, Tel. 01736-335530, www.penzance.co.uk.

Unterkunft

6 **Queens' Hotel**⑤, The Promenade, TR18 4HG, Tel. 01736-362371, www.queens-hotel.com. Großes viktorianisches Haus an der Strandpromenade, traditionell eingerichtete Zimmer.

17 **Hotel Penzance**⑤, Britons Hill, TR18 3AE, Tel. 01736-363117, www.hotelpenzance.com. Hoch am Hang inmitten eines subtropischen Gartens gele-

adobe.stock ©SakhanPhotography

gen, mit Ausblicken über die Bucht bis hin zum St. Michael's Mount, modern eingerichtete Zimmer, das hauseigene **Garden Bar & Restaurant**②-③ ist exzellent.

4 Holbein House③, Alexandra Road, TR18 4LZ, Tel. 01736-333654, www.holbeinhouse.com. B&B in einem stilvollen Haus aus dem Jahr 1886, etwa zehn Minuten Fußweg in das Ortszentrum.

3 Pendennis①-③, Alexandra Road, TR18 4LZ, Tel. 01736-691301, www.thependennis.co.uk, Gästehaus nicht weit von der Seepromenade.

5 Treventon Guest House②, Alexandra Road, TR18 4NE, Tel. 01736-332730, www.treventon.co.uk, sechs modern eingerichtete Zimmer in einem schönen alten Haus nicht weit von der Innenstadt.

7 Chy-An-Mor③, 15 Regent Terrace, Tel. 01736-363441, www.chyanmor.co.uk, sehr stilvoll eingerichtete Zimmer in einem *Regency*-Haus an der Promenade mit Seeblick.

< Blick auf Penzance

■ **Jugendherbergen:** 1 *YHA Penzance*①, Alverton, Penzance, TR20 8TF, Tel. 0345-3719653, www.yha.org.uk/hostel/yha-penzance, 80 Betten, Räume mit vier bis zehn Betten in einem alten georgianischen Herrenhaus. Es gibt auch **Zeltplätze:** A 30, Umgehungsstraße von Penzance, kurz vor dem Kreisverkehr, der die Straßen A 30 nach Land's End und die A 3071 nach St. Just verteilt, rechts ab; 14 *EasyPZ Stay*, 29 Lannoweth Road, TR18 3AB, Tel. 01736-800066, www.easypz.info, kleines, sehr persönliches Hostel in einem viktorianischen Stadthaus nicht weit vom Zentrum. Fünf Zwei- bis Vierbettzimmer, Küche und Wohnzimmer wie zu Hause und ein kleines Gärtchen mit Terrasse.

2 **Camping:** *Ash Farm Campsite*, Ludgvan, TR20 8HF, Tel. 01736-740181, www.ashfarm.blogspot.co.uk, sehr schöner kleiner und ruhiger Campingplatz ohne Elektrizität (aber mit genügend Solarlichtern und heißem Wasser). Auf der A 30 Richtung Redruth nach ca. 1 km links nach Ludgvan abbiegen, dann nach der Kirche von Ludgvan rechts.

Essen und Trinken

13 **Harris's**③, 46 New Street, TR18 2LZ, Tel. 01736-364408, www.harrissrestaurant.co.uk, eine kleine Gasse neben dem Pub *Star Inn*, geht gegenüber vom *Market House* ab, gehobene Küche mit viel Fisch- und Grillgerichten.

8 **Harbour Side Café**②, Wharf Road, TR18 4AA, Tel. 01736-362405, traditioneller *Coffee Shop* mit Pommes, Fisch, Sandwiches, guter Hafenblick.

10 **Turks Head**②, 49 Chapel Street, TR18 4AF, Tel. 01736-332757, www.turksheadpenzance.co.uk, Penzances ältester Pub, ambientevolles Trinken, mit Biergarten und Speiseangebot.

9 Daneben befindet sich die Kneipe **Admiral Benbow**②, 46 Chapel Street, TR18 4AF, Tel. 01736-363448, www.thebenbow.com, ein ebenso traditioneller Pub im Piratenstil für gemütliches Bechern mit dem für Pubs typischen Speiseangebot aus Burgern, Steaks und *Fish'n'Chips*.

14 **The Singing Rooster**①-②, 39 Causewayhead, TR18 2ST, Tel. 01736-438293, www.thesingingrooster.co.uk, hier wird man nach einer Küstenwanderung richtig satt: Herzhafte polnische Küche zu günstigen Preisen.

Einkaufen

15 **The Edge of the World Bookshop,** 25/26 Market Jew Street, TR18 2HR, www.edgeoftheworldbookshop.co.uk, guter Buchladen mit viel Literatur zu Cornwall.

12 **Handworked,** 64 Chapel Street, TR18 4AD, www.thehandworkedshop.com, handgefertigte Mode und Accessoires, die nicht billig sind, dafür aber garantiert einmalig.

14a **Circa 21,** 21 Market Jew Street, TR18 2HR, www.circa21.co.uk, Kunstkarten, Grußkarten und Schmuck von lokalen Künstlern.

11 **Fishboy PZ,** 10 Chapel Street, TR18 4AJ, www.fishboypz.co.uk, Shirts und Pullis für Frauen und Männer vom lokalen Mode-Label *Fishboy*.

Verbindung

■ **Bahnhof** und **Busbahnhof** (TR18 2NF) am Beginn des Hafens.

■ Täglich von März bis Anfang Nov. legt die *Scillonian III* morgens (meist um 9.15 Uhr) im Hafen von Penzance zu den **Isles of Scilly** ab (Fahrplan: www.islesofscilly-travel.co.uk/timetable-fares, Tel. 01736-334220), Tagesausflüge: Erwachsene ab 48 £, Kinder (2–15 J.) 24 £, Kleinkinder ab 16 £.

■ Vom *Land's End Aerodrome* (ca. 3 km nördlich von Land's End) **Skybus Flights** in zweimotorigen Propellermaschinen, am So keine Flüge zu den Inseln. Flugdauer 15–20 Min. (Flugplan: www.islesofscilly-travel.co.uk/timetables, telef. Auskunft wie *Scillonian III*), Tagesausflüge: Erwachsene ab 125 £, Kinder (2–15 J.) ab 100 £, Kleinkinder ab 43,50 £.

Rund um Penzance

Mousehole

Mousehole (gesprochen Mausel), 5 km südlich von Penzance, ist ein weiterer **kleiner Fischerort** mit engen Gassen und kleinen Steinhäusern. Um den Hafen herum finden sich verschiedene Galerien, Souvenirläden und Restaurants. Außerdem ist der schöne **Sandstrand,** auf dem man sich bei Ebbe niederlassen kann, besonders bei Familien beliebt.

Für eine kulinarische Pause bietet sich das *Ship Inn*② (TR19 6QX, Tel. 01736-731234, www.shipinnmousehole.co.uk), eine ehemalige Fischertaverne aus dem 16. Jh. an. Hier hat man beim Essen einen schönen Blick auf den Hafen.

Im Dezember 1981 drohte der Frachter *Union Star* auf eine Klippe geworfen zu werden, und der **Seenotrettungskreuzer von Mousehole** lief mit acht erfahrenen Seeleuten bei schwerster Brandung und orkanartigen Böen aus. Alle acht kamen nicht mehr zurück, die Rettung schlug fehl. Ganz Großbritannien trauerte damals tief um die Männer aus Mousehole.

Lamorna

Anheimelnd ist es im Weiler Lamorna, dessen weit auseinandergezogene Häuser im dichten Wald stehen; die Meeresbucht ist allemal einen Ausflug wert (vgl. auch Küstenwanderung 3). Im späten 19. und frühen 20. Jahrhundert war Lamorna Teil einer Künstlerkolonie der impressionistischen *Newlyn School,* die hier hervorragende Voraussetzungen für Freilichtmalerei fanden.

Heute kann man im gemütlichen **Pub** *Lamorna Wink*① (Lamorna Cove, TR19 6XQ, Tel. 01736-731566, www.lamornawinkpub.com) an schönen Tagen draußen vor dem alten Gemäuer sitzen, etwas essen oder nur ein Bier trinken.

Logan Rock

Kurz vor Porthcurno erhebt sich direkt am Meer der Logan Rock (ausgeschildert), ein granitener Felsklotz, der so ausbalanciert ist, dass ein kräftiger Mann ihn aus seiner Stellung hebeln kann. 1824 kam ein gewisser **Leutnant Goldsmith** daher, ein Tunichtgut, der seine überschüssige Kraft loswerden musste, und warf den Felsen nach unten auf den Strand. Das ließ sich die ortsansässige Bevölkerung nicht bieten. Sie klagten gegen den Kraftmeier auf Wiederherstellung ihrer lokalen Sehenswürdigkeit. Der Leutnant musste auf eigene Kosten den Felsen wieder oben auf die Granitformation bringen lassen.

Das Areal rund um den Logan Rock ist heute im Besitz des *National Trust.* In neolithischer Zeit befand sich auf der unzugänglichen Felsenformation einmal ein **Cliff Castle.**

Porthcurno

Etwa 3 km südöstlich von Land's End liegt das Dörflein **Porthcurno.** Attraktionen sind der prachtvoll geschwungene, weiße Sandstrand und das **Minack**

Ein Theater am Meer – das Minack Theatre

Unweit von Englands westlichstem Punkt Land's End entfernt ist in die Steilküste von Cornwall ein kleines Theaterhalbrund in den Felsen eingehauen – das *Minack Theatre*. Während der Sommermonate von Mai bis September finden mehrmals wöchentlich sowohl am frühen Nachmittag als auch am Abend Aufführungen unter freiem Himmel statt.

Man schrieb das Jahr 1929, und kulturelle Ereignisse im rauen Westen von Cornwall standen nur selten auf der Tagesordnung. Eine Gruppe von Laienschauspielern aus der Gegend um Land's End führte während der warmen Jahreshälfte 1929 *Shakespeares* „Sommernachtstraum" auf einer Wiese auf. Das Ereignis sprach sich schnell herum, und die Leute kamen von weither in ihren Kutschen angefahren; kaum ein Zuschauer hatte je eine Theateraufführung gesehen. Dem Ensemble war ein überwältigender Erfolg beschieden.

Rowena Cade, in jenen Tagen 35 Jahre alt, hatte die Kostüme sowie das Bühnenbild für das Shakespeare-Stück entworfen und arbeitete als Organisatorin für die Laiengruppe. Alle Akteure – von der Begeisterung der Zuschauer mitgerissen – planten weitere Stücke für die kommenden Sommer, und es galt nun, einen besseren Platz als die feuchte Wiese zu finden. Rowenas kleines Anwesen – Minack House genannt – lag oberhalb der See, und ihr Garten fiel über eine Klippe steil zum Meer hinab. Mit Hilfe zweier Gärtner begann sie, rund um ein kleines Plateau, die spätere Bühne, Erde und Gesteinsbrocken wegzuschaffen und Terrassen für die Sitzplätze aus den Felsen zu schlagen. Dort, wo das nicht möglich war, „klebte" sie mit ihren Helfern Zementsitze an die Klippe. Jede kleinste Unebenheit wurde genutzt, und so hängen über dem einen Ende der Bühne gar zwei kleine Logen im Stein. Wenn diese Balkone nicht zum Bühnenbild gehören, dann sitzen bei vollem Haus auch dort Zuschauer.

Über zwei Jahre arbeitete *Rowena* an ihrem Theater, und im Frühsommer des Jahres 1932 führte die Laienschar *Shakespeares* Märchenspiel „Der Sturm" („The Tempest") vor vollbesetzten Rängen auf. Wieder strömten von nah und fern die Fischer, die Bauern und die Arbeiter der Zinngruben zusammen, hatten Spaß am Stück, lachten, schluchzten und applaudierten. So ging es bis in den Herbst hinein. In jeder freien Minute widmete sich *Rowena* ihrem Theater und versuchte, an den unmöglichsten Stellen noch Plätze aus dem Stein zu schneiden, damit so viele Leute wie möglich in das Theater kommen konnten. Heute fasst das *Minack* 800 Zuschauer.

Drei Jahre nach der Premiere schrieb die *Times* im fernen London einen langen und begeisterten Artikel über das Theater am Meer, und nun reisten auf dem Weg in die Sommerfrische gar die Hauptstadtbesucher an. Bis zum Kriegsausbruch brachte jede Saison *Rowena* und der Schauspieltruppe große Erfolge.

1952, 20 Jahre nach der Eröffnung, brachte *Rowena* auf den Tag genau wieder *Shakespeares* „Sturm" auf die Bühne – das *Minack Theatre* hatte seine neue Saison eröffnet. Im Laufe der Jahr-

[>] Vorstellung im Minack Theatre

917 es vc ©Greg Blundell

zehnte wurden immer mehr Feinarbeiten rund um diese einzigartige Spielstätte geleistet.

1982, zum 50. Jahrestag des *Minack,* wurde zum dritten Mal *Shakespeares* „Tempest" gegeben; *Rowena,* 89-jährig, saß wie immer auf ihrem Platz. Ein Jahr später, kurz vor Beginn der Spielzeit starb sie in ihrem Haus oberhalb des Theaters.

Pro Saison strömen 50.000 Besucher zusammen und erfreuen sich an der grandiosen Naturkulisse. Wie fast alle anderen britischen Schauspielhäuser auch, wird das *Minack* staatlich nicht subventioniert. Von den 12–40 £, (Kinder unter 16 Jahren bezahlen 6–9 £), die ein Ticket kostet, verbleibt das meiste bei den Schauspielgruppen. Ehrenamtliche Helfer fungieren als Platzanweiser oder Beleuchter. Gespielt wird alles; *Shakespeare* ist selbstverständlich, Komödien aller Art, Dramen, ab und zu auch Musicals; die englischen und irischen Klassiker ebenso wie avantgardistisches Theater. Wirtschaftlich erfolgreich aber müssen alle Stücke sein. **Aktuelles Programm** siehe Homepage.

Selten wird eine Aufführung wegen schlechten Wetters abgesagt. *Phillip Jackson*, der Manager des Minack, erzählt, dass von über 100 Vorstellungen im Durchschnitt nur vier Veranstaltungen wetterbedingt ausfallen. Selbstverständlich wird bei einem Regenguss weitergespielt – die Schauspieler heben die Stimme ein wenig, schlüpfen, als wäre es eine Regie-Anweisung vom Autor, in die Wetterjacken, und die Besucher zurren die Kapuzen fest. Unangenehmer als ein Schauer ist die mittägliche Sonne während der Matinées. „Auf Regen, Wind und Kälte sind sie alle eingestellt", erklärt *Phil Jackson*, „aber nur die erfahrenen Besucher haben auch Sonnenschutzmittel dabei". Krebsrot an Gesicht und Händen verlässt mancher Besucher die Vorstellung. Wenn gerade keine Vorstellung oder Probe stattfindet, steht das Theater Besuchern offen (tgl. ab 10 Uhr), Erwachsene 10 £, Kinder (2–15 Jahre) 5 £.

Minack Theatre, Porthcurno, TR19 6JU, Tel. 01736-810181, www.minack.com.

Theatre (→ Exkurs S. 266), ein wunderschön gelegenes, historisches Freilichttheater.

Außerdem sehenswert ist das kleine **Telegrafenmuseum,** etwas nördlich des Örtchens. Hier findet sich von alten Fotos über Telegrafenkarten bis zu noch funktionierenden Apparaten alles zu der Technik, die lange in Cornwall eine so bedeutende Rolle gespielt hat. Zusätzlich kann man noch zwei Tunnel besichtigen, die im Zweiten Weltkrieg zum Schutz von Ausrüstung und Proviant angelegt wurden.

Museum of Global Communication, Eastern House, Old Cable Lane, TR19 6JX, Tel. 01736-810 966, www.pkporthcurno.com, April–Nov. tgl. 10–17, Dez.–März Sa–Mi 10.30–16 Uhr, Erwachsene 10 £, Studenten 9 £, Kinder (5–17 Jahre) 6 £, Familien 30 £.

Land's End

Englands westlichster Punkt ist natürlich ein großer Anziehungspunkt für Touristen. Die rauen Granitfelsen, die hier weit ins Meer hinausragen und von schäumenden Wellen umspült werden, sind ein spektakulärer Anblick. Hier lohnt ein ausgedehnter Spaziergang oder eine längere Wanderung entlang der Küste. Wanderkarten und Wegbeschreibungen bekommt man im *Lands End Visitor Centre* (Sennen, TR19 7AA, Tel. 01736-871501, www.landsend-landmark.co.uk, tägl. 10–16 Uhr), wo es auch noch eine Reihe von Unterhaltungs- und Einkaufsmöglichkeiten gibt. Das Auto stellt man auf einem kostenpflichtigen Parkplatz ab.

Land's End

St. Just

St. Just, südwestlich von St. Ives, ist Großbritanniens westlichster Ort und war einmal ein Bergarbeiterdorf der **Zinnschürfer;** in der Nähe findet man noch eine Anzahl Gruben mit Ruinen von Maschinenhäusern; eine solche Anlage ragt neben der Straße Richtung St. Ives auf.

Heute macht das Örtchen einen eher verschlafenen Eindruck. Das ändert sich allerdings jedes Jahr im Juli, wenn das **Lafrowda Festival** stattfindet. Dann erwacht St. Just zum Leben, die Straßen werden für den Verkehr gesperrt und es gibt Musik, Tanz und Theater sowie Straßenkünstler und Kinderunterhaltung (www.lafrowda.co.uk).

Wer sich für die Industriegeschichte der Gegend interessiert, sollte das **Bergbaumuseum in Pendeen,** etwas nördlich von St. Just nicht verpassen. Hier kann man, mit einem Helm ausgestattet, in ein Zinn- und Kupferbergwerk aus dem 18. Jahrhundert eintauchen und etwas über die Geschichte des Bergbaus in Cornwall erfahren.

- **Geevor Tin Mine,** Pendeen, TR19 7EW, Tel. 01736-788662, www.geevor.com, April–Okt. So–Fr 9–17, Nov.–März So–Fr 10–16 Uhr, Erwachsene 18,90 £, Senioren 16,15 £, Studenten und Kinder 10,60 £, Familienkarte 58,60 £

958vc ©Matthew Jessop

Isles of Scilly

– Südseeinseln im Atlantik

Die Isles of Scilly liegen 50 km vor der Küste Cornwalls und bilden Großbritanniens westlichste Vorhut. Bei dem idyllischen Anblick, der sich vom Flugzeug oder Schiff ergibt, wähnt sich der Besucher eher im warmen Südpazifik als im rauen Nordatlantik – das Bild wird der Realität jedoch durchaus gerecht!

Denn so unwirtlich ist der Atlantik hier gar nicht, werden doch die Scilly's vollständig vom Golfstrom umspült, und das wärmende Karibikwasser sorgt für **subtropisches Klima.** Außerdem kann der kleine Archipel jährlich fast 2000 Sonnenstunden verbuchen, und verglichen mit nordeuropäischen Wetterbedingungen muss man von heißen Sommern und milden Wintern sprechen. Man will es kaum glauben, die Januartemperaturen liegen über denen der französischen Riviera, und so reklamieren die *Scillonians* ganz zu Recht, dass

Schiffskatastrophen vor den Isles of Scilly

Die bisher schlimmste **Katastrophe** ereignete sich in der Nacht vom 22. Oktober 1707; fünf Kriegsschiffe der englischen Flotte – unter ihnen das Flaggschiff **„Association"** mit Admiral *Sir Cloudesley Shovel* – liefen bei den Scilly's auf Grund, und 1670 Matrosen ertranken. Der Admiral hingegen kam an Land, dort traf eine Bäuerin den erschöpften Mann, sah zwei wertvolle Ringe an seinen Fingern blitzen – und ermordete ihn.

Am 10. Dezember 1798 sank *Her Majesty Ship* **„Colossus"** vor dem Archipel, ein Seemann kam ums Leben. Das 74 Kanonen-Schiff hatte an der Schlacht von Alexandria teilgenommen, in der *Lord Nelson Napoleon* aus Ägypten vertrieb. Auf ihrem Rückweg übernahm die „Colossus" in Neapel die Sammlung etruskischer Vasen des dortigen britischen Botschafters *Lord Hamilton*. 1975 fanden Taucher viele dieser 2500 Jahre alten Schmuckgefäße, die heute die etruskische Abteilung im Britischen Museum zieren.

Im Jahr 1800 hatten zwei große **französische Schlachtschiffe** den Auftrag die größte Insel, St. Mary's, einzunehmen. Noch bevor ein erster Kanonenschuss abgefeuert war, lief eines der beiden auf einen Felsen und sank. Da drehte der zweite Segler ab und verschwand.

1874 lief der Viermastsegler **„Minnahaha"** auf den Big Jolly Rock; die Seeleute sprangen auf den Felsen. 36 Jahre später rauschte ein Schiff gleichen Namens auf die Untiefen. Niemand kam zu Schaden. In der Hoffnung, die „Minnahaha" wieder flott zu bekommen, warf die Mannschaft die gesamte Fracht über Bord, die Bewohner von Bryher fischten alles sorgfältig aus dem Wasser und kamen zu Geld.

Tragisch verlief die Reise des deutschen Überseedampfers **„Schiller"**, der mit 100 Besatzungsmitgliedern und 272 Passagieren auf dem Weg von New York nach Hamburg war. Dichter Nebel herrschte am Abend dieses 7. Mai 1875, der Kapitän ließ die Geschwindigkeit auf vier Knoten reduzieren, und rund um das Schiff hielten Matrosen und freiwillige Passagiere Ausschau. Der Kapitän setzte eine Flasche Champagner für denjenigen aus, der zuerst das Licht des Bishop-Rock-Leuchtturms sehen oder dessen Nebelhorn hören sollte. Gegen 22 Uhr lief das Schiff auf ein Riff, und in der nun ausbrechenden Panik konnten nur zwei Rettungsboote sicher zu Wasser gelassen werden. Von den 372 Menschen an Bord überlebten nur 37 das Desaster. Viele der Ertrunkenen wurden von der Strömung auf die See hinausgezogen; weit über hundert Leichen spülten die Wellen in die Buchten der Inseln. Auf dem Kirchhof des Weilers Old Town auf St. Mary's wurden die Opfer in einem großen Gemeinschaftsgrab beigesetzt.

Im Jahre 1869 wurden die Scillonians auf ein Schiff aufmerksam, das auf einem gefahrvollen Kurs durch den Archipel schlingerte. Das Rettungsboot fuhr aus, und als die Männer die **„Sophie"** betraten, kam ihnen lediglich ein Hund entgegen. Die Crew war verschwunden. Das Segelschiff wurde nach St. Mary's geschleppt, wo der Gouverneur des Archipels, *Algernon Dorrien Smith*, mit der Kohlenladung sein Gewächshaus heizte und aus dem Holz Zäune anlegen ließ. Monate später löste sich das Rätsel. Die Mannschaft hatte nach einem Mastbruch das Schiff verlassen und war von einem Frachter übernommen worden. Der Besitzer klagte gegen *Smith* auf Schadensersatz und bekam Recht. Der Hund galt als Mannschaftsmitglied, somit war das Schiff nicht verlassen, und die Scillonians hätten die „Sophie" nicht in Besitz nehmen dürfen.

In der Nacht vom 25. auf den 26. Oktober 1899 verlor der deutsche Reisfrachter **„Erik Rickmers"** in dichtem Nebel die Orientierung und holte sich am Scilly Rock ein großes Leck. Die Mannschaft konnte von den Seenotrettern aus Bryher an Land geholt werden. Nur Stunden später wurde der gleiche Felsen dem französischen Schiff „Paramé" zum Verhängnis, und wieder liefen die Männer von Bryher mit dem Boot aus und sorgten dafür, dass niemand zu Schaden kam.

An einem Freitag dem 13. im Jahre 1907 sorgte die **„Thomas W. Lawson",** mit ihren sieben Masten das größte je gebaute Segelschiff, für die erste Ölpest weltweit. Der stählerne Segler lief auf Grund, 90.000 Liter Rohöl liefen aus und verseuchten die Küste der Scilly's.

Die Zahl der Schiffe, die an den Klippen der Scilly's ins Verderben gingen, ist Legion; dies illustrieren vor allem die folgenden Beispiele. Am 14. August 1909 lief die **„Plympton"** im dichten Nebel auf den Lethegus Rock, die Mannschaft konnte von dem in St. Agnes stationierten Rettungsboot sicher an Land gebracht werden. Während die Bewohner von St. Agnes den Frachter ausräumten, warf plötzlich eine große Welle das Schiff um; zwei Scillonians saßen im Innern der „Plympton" in der Falle und ertranken. Elf Jahre später krachte der deutsche Frachter **„Hathor"** auf den gleichen Felsen und sank auf die „Plympton" herab. Ineinander verkeilt liegen beide Schiffe noch heute auf dem Grund des Meeres.

Am 12. Mai 1915, mitten im Ersten Weltkrieg, traf früh am Morgen das deutsche **Unterseeboot „U 29"** auf die „Indian City". Der Kommandant ließ die Besatzung des Frachters in die Boote gehen, torpedierte dann das Schiff, nahm die Rettungsboote an den Haken und schleppte sie nach St. Mary's. Kurze Zeit später kam in Sichtweite der Scilly's die „Headlands" vorbei, wieder musste die Besatzung in die Boote gehen, bevor der Frachter versenkt wurde. Am Abend dann dampfte einige Seemeilen vor den Inseln die „Andalusian" vor die Torpedorohre, und wieder schleppte die „U 29" die Rettungsboote dieser Crew in Sicherheit, nachdem sie ihr grausiges Werk vollendet hatte.

1926 ging die italienische **„Isabo"** vor dem Scilly Rock mit sechs Seeleuten unter. Gerettet wurde u. a. der Schiffskoch. 29 Jahre später sank der Frachter **„Mando"** vor dem Archipel, und das gleiche Rettungsboot wie fast drei Jahrzehnte zuvor rettete den Koch ein zweites Mal.

Das Schiff mit der höchsten Tonnage, das bisher an den Scilly's gestrandet ist, löste das bisher größte ökologische Desaster der Region aus. Am 18. März 1967 beschloss der Kapitän des unter liberianischer Flagge laufenden Tankers **„Torrey Canyon",** ein paar Stunden Zeit einzusparen und zwischen Land's End und den Scilly's durchzufahren, anstatt die weniger gefährliche Route westlich des Archipels zu nehmen. Bei bester Sicht übersah die Crew das Feuerschiff von Sevenstones und lief mit voller Kraft auf den Pollard Rock. 119.000 Tonnen Rohöl flossen aus und trieben auf die Küste von Cornwall zu, wo Tausende von Seevögeln verendeten. Navy und Airforce schossen das Wrack und den Ölteppich in Brand, eine Aktion, bei der der damalige Premierminister *Harold Wilson* von St. Mary's aus zusah.

Viele alte Wracks mit wertvoller Ladung sind in den letzten fünf Jahrzehnten rund um die Isles of Scilly entdeckt worden. 1971 fanden Taucher nach langer Suche den holländischen Ostindiensegler **„Hollandia",** der Silber geladen hatte und am 13. Juli 1743 auf seiner Jungfernfahrt an den Scilly's scheiterte. 1973 ortete man die 1686 untergegangene **„Princess Maria",** 1991 die nach Schätzungen mit Gold im Wert von 11 Mio. £ beladene **„Princess Adriana",** die 1744 vor den Inseln sank. 1974 fand man auch das Wrack der holländischen **„Zeelilie",** die aus Südostasien kam und u. a. mit chinesischem Porzellan beladen war, von dem Taucher einige Stücke bergen konnten.

sie nur zwei Jahreszeiten kennen: Frühling und Sommer!

Rechnet man all die Steinsplitter zusammen, die mal mehr, mal weniger aus dem Wasser ragen, so hat der Archipel über **140 Inseln und Eilande,** aber nur fünf sind bewohnt.

St. Mary's, mit 10 km² der größte dieser atlantischen Brocken, zählt knapp 1670 Einwohner und stellt mit dem Dorf Hugh Town die Archipelkapitale. Nicht halb so groß ist **Tresco,** auf dem rund 180 Einwohner leben. Tresco ist in Privatbesitz und für 99 Jahre von der Duchy of Cornwall gepachtet; dieses Herzogtum gehört zum Besitz von *Prince Charles.*

Die restlichen drei Eilande der Inselgruppe, **St. Martin's, St. Agnes** und **Bryher** steuern weitere 320 Personen zur Gesamtinselstatistik bei. Mit gut 2000 Einwohnern kann man nicht behaupten, dass der Archipel übervölkert wäre.

Geschichte

Glaubt man den antiken Geografen, so reicht die Historie der Scilly-Inseln bis weit in die Frühgeschichte zurück. *Strabon* nannte sie um die Zeitenwende die Casseritiden und behauptete, dass die Phönizier bereits seit den Zeiten des Trojanischen Kriegs Handel mit den Insulanern trieben. Vor allem soll das mediterrane Kaufmannsvolk das in jenen Tagen wertvolle Zinn von diesen Inseln bezogen haben, was sie folglich sorgsam geheimhielten. Wie Strabon äußerten sich auch die römischen Historiker *Diodorus Siculus* und *Plinius.* Die wenigen

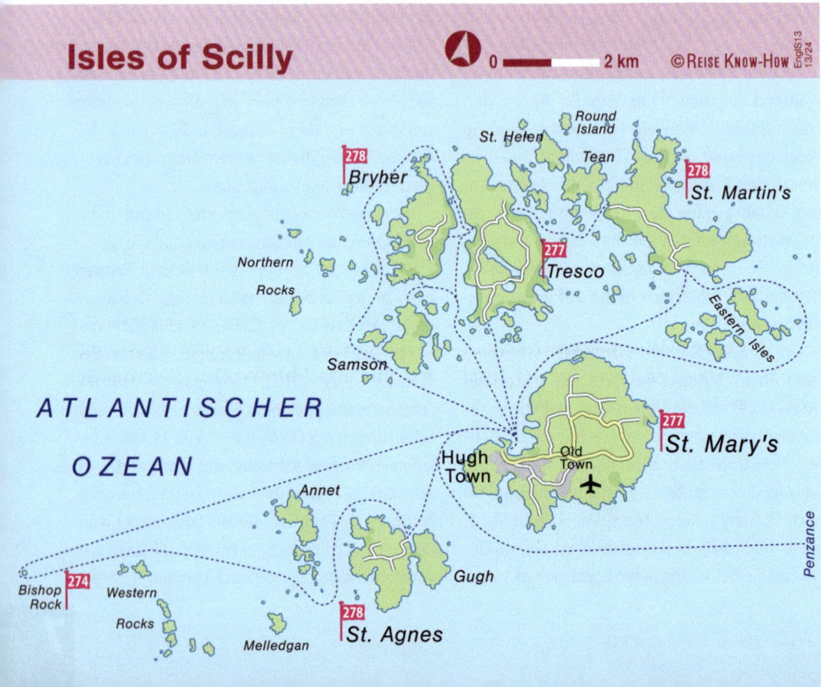

archäologischen Funde erhärten diese antiken Spekulationen jedoch nicht.

Auch mit dem sagenhaften Reich Lyoness und König *Artus* – der ja im Südwesten Englands seine Tafelrunde pflegte – werden die Inseln in Verbindung gebracht. Danach soll noch zurzeit des edlen Herrschers zwischen den Scilly's und der kornischen Küste festes Land gelegen haben – eben besagtes Lyoness –, das durch eine oder mehrere Jahrtausendfluten dann weggespült wurde; die Inselchen wären demnach Gipfel der Berge von Lyoness. Das könnte jedoch möglich sein, denn Sturmfluten von apokalyptischen Ausmaßen haben die britische Südwestküste im Verlauf der letzten 2000 Jahre mehrfach heimgesucht. Auch fanden sich viele Siedlungsreste teils recht weit unter der Wasseroberfläche.

Wirtschaft

Berühmt in England sind die Isles of Scilly für ihre **Blumen.** Aufgrund des subtropischen Klimas beginnen ab November die Narzissen zu blühen, und bis zum Mai hin werden eine ganze Reihe unterschiedlicher Zierblumen angepflanzt, geschnitten, dann zum Festland verschifft und auf Märkten in ganz Großbritannien angeboten.

Wie die Chronik berichtet, hatte im Jahr 1867 ein gewisser *William Trevellick* von der Rocky Hill Farm auf der Insel Tresco in einer großen Hutschachtel Tulpen und Narzissen zu einem Großhändler des Covent-Garden-Marktes nach London gesandt. Mit großer Freude registrierte William Tage später die Überweisung von sieben Schilling Sixpence und die dringende Aufforderung, mehr Blumen zu schicken. So entwickelte sich innerhalb weniger Jahre eine prosperierende Blumenzucht auf sämtlichen Inseln, und zum ersten Mal in der Geschichte der Scilly's kamen die Bewohner zu bescheidenem Wohlstand. In den 30er Jahren des 20. Jh. wurden über 1200 Tonnen Blumen auf das Festland verschifft. Heutzutage ist es nur noch ein Drittel dieser Menge, damit hat die Blumenzucht am Gesamteinkommen einen Anteil von 15 %.

Außer Blumenzucht sind heute Fischerei und Landwirtschaft – hier hauptsächlich Kartoffelanbau –, vor allem aber der **Tourismus** die Verdienstquellen der gut 2000 Insulaner. Aufgrund des milden subtropischen Klimas reicht die Gästesaison von Anfang März bis Ende Oktober. Die weitaus meisten Besucher kommen nur für einen Tag, dies sind im Sprachgebrauch der Insulaner die *Trippers.* Nur gut 2000 Gäste können auf einmal übernachten; wer dies tut, ist ein *Visitor.* Ein paar Leute vom Festland haben Häuschen auf den Scilly-Inseln gekauft und lassen es sich unter den Sonnenstrahlen als die *Residents* gutgehen. Schließen wir die Namensgebung damit ab, dass die auf den Inseln geborenen und aufgewachsenen Leute die *Locals* sind und dass die Mitglieder von etwa 20 alteingesessenen Familien als die *Scillonians* die Spitze der Pyramide bilden.

In früheren Tagen waren der **Schmuggel** und das **Shipwrecking** Verdienstquellen. Entweder hatten Sturm oder Nebel einen Frachter auf eine Sandbank oder ein Riff auflaufen lassen, oder es lockten Strandräuber des nachts mit falsch gesetzten Lichtern Schiffe ins Verderben, ermordeten die Besatzungen und verhökerten die Fracht.

Dabei waren und sind die **Gewässer** rund um die Scilly-Inseln ohnehin **die gefährlichsten** weit und breit. Es ist keine Übertreibung, wenn die *Scillonians,* darauf angesprochen, erwidern: „Jeder Fels auf Scilly hat ein Schiffswrack".

Bis in ins 20. Jh. hinein fügten die Bewohner des Archipels bei ihren Gebeten auch immer den folgenden Anhang hinzu: „Oh Herr, wir bitten um Schutz für die Seefahrt, sollte es Dir aber gefallen, ein Schiff stranden zu lassen, so geleite es zum Nutzen von uns armen Leuten zu unseren Inseln!" Wie die Geschichte zeigt, ließ der Herr sich nicht lumpen, er geleitete regelmäßig und unermüdlich.

Leuchtfeuer auf Bishop Rock

Die Zahl der Katastrophen veranlasste die staatlichen Autoritäten schon früh zum **Bau von Sicherheitseinrichtungen.** Nachdem im Jahre 1619 der erste kornische Leuchtturm am Lizard Point in Betrieb genommen wurde, kam im Jahre 1680 auf dem höchsten Punkt von St. Agnes ein weiterer Signalturm hinzu. In einer Höhe von 41,50 m glomm an der Spitze in einem Eisenkorb ein Kohlenfeuer und sandte seinen roten Schimmer in die schwarze Nacht.

Zwei Jahrhunderte sollte es noch dauern, bis auf dem Bishop Rock, der westlichsten Klippe der Scilly-Inseln, ein Leuchtturm erbaut werden konnte, der den von Nordamerika herannahenden Schiffen sicher den Eingang in den Englischen Kanal wies. Die Arbeiten gestalteten sich schwierig, da der flache Felsen bei hoher Flut unter Wasser ist. 1849 begannen die **ersten Arbeiten** an einem eisernen Turm, der in seinem unteren Teil durchbrochen war, damit die See weitgehend ungehindert dort durchspülen konnte und die Gewalt der anbrandenden Wellen somit gemildert wurde. Doch am 5. Februar 1850 ließ ein Sturm das halbfertige Bauwerk auf Nimmerwiedersehen verschwinden. Nun zog man bis zu einer Höhe von 13,50 m eine massive steinerne Konstruktion vor, mauerte ab dort die Wände noch immer zu einer Dicke von 1,50 m aus und, selbst an der Spitze, in einer Höhe von 35 m über Hochwasser, sind sie noch 60 cm stark. Am 1. September 1858, vor Beginn der stürmischen und nebligen Jahreszeit, wurde der Leuchtturm in Anwesenheit von *Prinz Albert, Königin Viktorias* Ehemann, eingeweiht.

Wie gewaltig die **Wellenberge** sein können, die an das Bishop Rock Lighthouse branden, bewies ein Fischernetz, das sich einmal in 21 m Höhe um den Turm gewickelt fand, eine andere Monsterwoge riss einige Jahre später das unterhalb des Leuchtfeuers befindliche Nebelhorn herunter. 1882 wurde der Turm auf eine Höhe von 52 m aufgestockt, Bishop Rock ist damit der höchste Leuchtturm der Britischen Inseln. 1925, in einer furchtbaren Sturmnacht, brandete eine Jahrhundertwelle an den Leuchtturm, die noch in dieser Höhe die Kraft hatte, die Glaslinsen zu zerstören und das Licht zu löschen. Seit 1975 ist das Bishop Rock Lighthouse mit einer Hubschrauberplattform versehen.

Der Leuchtturm markiert auch den Anfangs- oder Endpunkt bei der Jagd nach dem sogenannten **Blauen Band,** der Auszeichnung für die schnellste Atlantiküberquerung. Das Pendant zum

Bishop Rock ist das Ambrose Lighthouse vor dem Hafen von New York. Dazwischen liegen 3106 Seemeilen, die das italienische Hochgeschwindigkeitsboot „Destriero" im Sommer 1992 in 58 Stunden, 34 Minuten und 4 Sekunden zurücklegte. Das 36,60 m lange Boot erreicht eine Höchstgeschwindigkeit von 60 Knoten (111 km/h) und durchpflügte mit einer Durchschnittsgeschwindigkeit von 53 Knoten (98 km/h) den Atlantik. Es war der schwerreiche *Aga Khan,* der für diesen Rekord die stolze Summe von 40 Mio. £ aus dem Fenster geworfen hat.

Im selben Sommer wurden **Pakete mit Kokain** im Wert von 220.000 £ an den Strand von St. Martin gespült; niemand wusste, woher das Zeug kam.

Flora und Fauna

Um die Natur auf und um die Inseln herum vor den verderblichen Einflüssen des Massentourismus zu schützen, bleibt die Bettenkapazität auf 2000 begrenzt; die Einwohner der Scilly-Inseln sind sich darin einig mit *Prinz William,* der als *Duke of Cornwall* Eigentümer der Inseln ist. Mit einem Blaublüter als Zugpferd haben die Scillonians durchgesetzt, dass die Inseln als sogenannte *Area of Outstanding Natural Beauty (AONB),* die Küste als *Heritage Coast* und die Gewässer drumherum als *Marine Park* ausgewiesen sind und damit unter **Naturschutz** stehen. Die Verwaltung der *Duchy of Cornwall* hat auf Anregung von König *Charles III.* das gesamte öffentliche Land des Archipels dem Schutz des 1985 gegründeten *Isles of Scilly Environmental Trust* zuerst einmal für die Zeitdauer von 99 Jahren übergeben. Die Verwaltung dieses Trusts liegt in den Händen von elf Treuhändern und einem Vorsitzenden, sie alle sind *Scillonians.*

Von den rund 140 unbewohnten kleinen und größeren Inseln sind nur elf ganzjährig **für die Besucher geöffnet,** acht weitere bleiben in der Brutzeit vom 15. April bis zum 20. August geschlossen; alle anderen Eilande sind Refugien für Seevögel und Robben.

Besucher, die länger als nur einen Tag auf den Inseln bleiben, wollen entweder wandern oder **Vögel beobachten.** Im Herbst kommen die Zugvögel, die in dem milden Klima der Inseln überwintern. 60 Arten brüten auf den Eilanden, 26 Spezies besuchen die Inseln im Sommer, 111 Vogelarten überwintern regelmäßig, davon kommen 35 Spezies von Jahr zu Jahr in immer kleineren Populationen und sind zunehmend vom Aussterben bedroht.

Ohne ein starkes Fernglas sollte man nicht auf die Scilly-Inseln fahren; beobachten lassen sich die majestätischen Kormorane *(Cormorant),* die lustig aussehenden Papageientaucher *(Puffin),* Austernfischer *(Oystercatcher),* Tordalk *(Razorbill),* der bunt schillernde Eisvogel *(Kingfisher),* die Eiderente *(Eiderduck),* Trottellumme *(Guillemot)* und Sturmschwalbe *(Storm Petrel),* die unermüdlich ihren englischen Namen *Kittiwake, Kittiwake* krächzende Dreizehenmöwe, die an Land recht unbeholfenen und daher treffend benannten Basstölpel *(Northern Gannet),* die aus großer Höhe in spektakulären Sturzflügen ins Meer schießen. Der mächtigste Vogel in den Kolonien der Scilly's ist die Große Seemöwe *(Great black-backed gull),* die eine Spannweite von mehr als 1,50 Meter erreichen kann. Wohlgelitten ist sie bei

959es vis

den Vogelbeobachtern nicht gerade, denn sie bringt auch die beliebten putzigen Papageitaucher ums Leben, greift sich allerdings auch Ratten, Mäuse und Kaninchen.

Vor den Inseln sieht man gar nicht so selten den für Menschen ungefährlichen **Riesenhai** *(Basking Shark)*, dessen mächtige Rückenflosse drohend aus dem Wasser ragt, wenn das Monsterviech seine langsamen Runden dreht. Der bis zu 10 m lang werdende Hai ernährt sich aber von Plankton und Garnelen. Delfine und Tümmler kommen häufiger ins Blickfeld des Feldstechers. Robben sonnen sich gerne auf den Steinen und Felsen und sind ob ihres putzigen Verhaltens beliebt bei Jung und Alt.

Bis 1981 gab es übrigens keine **Igel** auf den Scilly's, nun sind sie recht zahlreich anzutreffen; niemand weiß, wie die stachligen Gesellen auf die Inseln gekommen sind.

Die **subtropische Pflanzenvielfalt** des Archipels zeigt sich am schönsten im **Abbey Garden** auf der Insel Tresco. Hier gedeihen in üppiger Pracht Zitronen, Bananen, neuseeländische Harthölzer, burmesisches Geißblatt, indische Fächerfarne, südamerikanische Lilien, mexikanische und afrikanische Palmen. 1991 wuchs eine Yucca innerhalb von 14 Tagen auf eine Höhe von 3,60 m, was einen Eintrag im Guinness Buch der Rekorde brachte. Im Garten befindet sich das **Valhalla Museum,** eine überdachte Halle, in der Galionsfiguren und Kanonen von über 70 gesunkenen Schiffen ausgestellt sind (Adresse und Öffnungszeiten siehe unter „Tresco").

Größte Attraktion auf den Scilly-Inseln sind die von Mai bis Oktober zweimal wöchentlich (gutes Wetter vo-

Südländische Pracht: Abbey Garden

rausgesetzt) stattfindenden **Regatten,** die sogenannten *Gig Races.* In betagten, teilweise über 100 Jahre alten Ruderbooten kämpfen die jungen Frauen der Insel jeden Mittwoch, die Männer jeweils Freitags um den Sieg. Im 19. Jh. wurden solche Boote bei der Seenotrettung eingesetzt und brachten die Lotsen an Bord der Schiffe.

St. Mary's

St. Mary's kann man, selbst bei ausgedehnten Pausen, gut an einem Tag umwandern. In **Hugh Town,** der Inselhauptstadt, sollte man sich das oberhalb des Hafens gelegene, achteckige und sternförmige **Star Castle** ansehen, das 1993 seinen 400. Geburtstag feierte. 1593, nach dem Sieg der Engländer über die Armada errichtet, sollte es spanische und französische Angreifer abschrecken. Heute ist hier das beste Hotel der Insel untergebracht (siehe unten). Von dort oben hat man einen guten Ausblick über den Naturhafen von St. Mary's und kann weit über das Meer bis hin zu den Nachbarinseln schauen. Sonnenuntergangsliebhaber finden hier den besten Kamerastandort für das Abendrotfoto.

In der Church Street macht ein kleines **Museum** mit der Geschichte des Archipels und den dramatischen Schiffsuntergängen bekannt.

■ **Isles of Scilly Museum,** TR21 0JT, Tel. 01720-422337, www.iosmuseum.org, derzeit ist das Museum geschlossen, aktuelle Infos bitte der Homepage entnehmen.

Will man nicht die ganze Insel wandernd umrunden, so sollte man wenigstens die südlich von Hugh Town ins Meer reichende **Penninis-Halbinsel** entlangspazieren. Man wird mit einer Reihe prachtvoller Felsformationen belohnt, die so illustre Namen wie *Monk's Cowl* (Mönchskutte), *Tooth Rock* (Zahnfelsen), *Kettle and Pans* (Kessel und Pfannen), *Pulpit Rock* (Kanzelfelsen) tragen. Eine kleine Höhle hat ein begabter Witzbold *Izzicumpucca* getauft. Am Penninis Head sorgt ein Leuchtturm für Sicherheit.

Tresco

Die Hauptattraktion von Tresco ist der schon erwähnte **Abbey Garden** mit dem **Valhalla Museum.** Schöne Sandstrände verlocken im südlichen Teil der Insel dazu, in die Fluten zu springen.

■ **Abbey Garden und Valhalla Museum,** Tresco, TR24 0QQ, Tel. 01720-422849, www.tresco.co.uk/enjoying/abbey-garden, Erwachsene 18 £, Kinder (5–15 J.) 5 £, Familien 40 £, Eintritt frei für Besucher, die auf Tresco übernachten.

Vom Inselweiler **New Grimsby** an der Westküste – hier ist in einer kleinen Wallmauer unübersehbar der Anker des oben erwähnten Seglers „Sophie" eingemauert – führt ein Pfad nordwärts zu **Cromwell's Castle.** Der knapp 20 m hohe runde Wehrturm sollte ab 1651 Schutz vor holländischen Angriffen bieten.

Nahebei ragt **King Charles' Castle** in den blauen Himmel. Die 1554 in Betrieb genommene Verteidigungsanlage war kein Schmuckstück. Der Platz für das Fort war so schlecht gewählt, dass die Kanonen nicht in alle Richtungen freies Schussfeld hatten.

Ebenfalls im Norden von Tresco findet man die **Piper's Hole,** eine 80 m tief in den Felsen reichende Höhle, die in früheren Jahren Lager einer Schmugglerbande war und zuvor – viel romantischer – einer Meerjungfrau als Wohnung diente.

St. Martin's

St. Martin's ist bekannt für seine langen feinen Sandstrände. Im Osten der Insel ragt ein rotweißes lichtloses Daymark, eine Tagesmarkierung, auf, die 1683 (und nicht 1637, wie die Inschrift besagt) als Sicherheit für die Schifffahrt errichtet wurde.

St. Agnes

St. Agnes ist nur bei Flut von ihrem Annex **Gugh** getrennt, bei Ebbe kann man über den harten Sand die wenigen Schritte hinüberlaufen, um beispielsweise den **Old Man of Gugh,** eine bronzezeitliche Steinsetzung, zu bewundern. Am **Kittern Hill,** am nordwestlichen Zipfel von Gugh, finden sich eine Reihe von Hügelgräbern, darunter auch das 1900 ausgegrabene **Obadiah's Barrow,** ein megalithisches Sitzgrab.

Der **Big Pool** von St. Agnes, im Norden der Insel gelegen, ist einer der bevorzugten Anlaufpunkte der Hobby-Ornithologen, hier überwintern viele Wasservögel.

Im Südwesten darf man den **Beady Pool** genannten Strand nicht auslassen, denn hier lohnt die Schatzsuche. Auf dem Meeresboden liegt ein Segler aus dem 17. Jahrhundert der Glasperlen geladen hatte; auch heute noch spülen Wellen die aus holländischer Manufaktur stammenden Perlen immer wieder an den Strand.

Bryher

Auf Bryher, nur von ca. 50 Einwohnern besiedelt, lockt der **Great Pool** die Vogelfreunde, und ganz im Norden lohnen

lange Blicke auf die mächtigen Felsen, an die donnernd die Wellen des Atlantiks branden und wo die Gischt hochspritzt.

Praktische Tipps

Tourist Information

- **Tourist Information Centre,** Porthcressa Bank, St. Mary's, TR21 0LW, Tel. 01720-620600.
- **www.visitislesofscilly.com**

Unterkunft

- **Star Castle Hotel**⑤, St. Mary's, TR21 0JA, Tel. 01720-422317, www.star-castle.co.uk. Hotel in der 1593 erbauten Festung der Inselkapitale Hugh Town, gutes Restaurant in der ehemaligen Offiziersmesse.
- **Tregarthen's Hotel**⑤, St. Mary's, TR21 0PP, Tel. 01720-422540, www.tregarthens.com. 100 m vom Kai entfernt, alteingesessenes Hotel, gegründet 1848 von *Captain Tregarthen.*
- **New Inn**⑤, Tresco, New Grimsby Quay, TR24 0QQ, Tel. 01720-423006, www.tresco.co.uk/staying/the-new-inn. Freundliches Haus mit 14 komfortablen Zimmern.
- **Hell Bay Hotel**⑤, Bryher, TR23 0PR, Tel. 01720-422947, www.hellbay.co.uk. Nettes Hotel auf der kleinsten der bewohnten Scilly-Inseln.
- **Bed & Breakfast:** *Crebinick House*③, St. Mary's, Church Street, TR21 0JT, Tel. 01720-422968, www.crebinick.co.uk, sechs Zimmer *en suite; Polreath Guest House*④, St. Marten's, Higher Town, TR25 0QL, Tel. 01720-422046, www.polreath.com, Haus mit Wintergarten, Seeblick und Garten; *Penhallow*③, Pilots Retreat, St Mary's, TR21 0PB, Tel. 01720-423740, www.scillypenhallow.com, fünf helle Räume in einem Bruchsteinhaus, nahe von Hugh Town.
- **Camping:** *Garrison Campsite,* St. Mary's, Tower Cottage, The Garrison, TR21 0LS, Tel. 01720-422670, www.garrisonholidaysscilly.co.uk. 10-minütiger Fußweg vom Hafen zu *The Garrison,* wer keine Camping-ausrüstung dabei hat, kann auch aufgebaute Zelte *(Readi-Tents)* mieten.

Essen und Trinken

- **On the Quay**②, Hugh Town, St. Mary's, TR21 0HU, Tel. 01720-423525, www.onthequay.com, innovative britische Küche direkt am Fähranleger.
- **Mermaid Inn**②-③, *Top Flat Bank House,* St. Mary's, Hugh Town, TR21 0HY, Tel. 01720-422701, www.mermaidscilly.co.uk, liegt direkt am Hafen von Hugh Town, gute Ausblicke auf das Treiben an den Kai-Anlagen, gutes Speiseangebot.
- **The Ruin Beach Café**③, Old Grimsby, TR24 0PU, Tel. 01720-424849, www.tresco.co.uk/eating/ruin-cafe, mediterrane Küche und schöne Terrasse am Strand im Nordosten von Tresco.
- **Turk's Head**②, St. Agnes, TR22 0PL, Tel. 01720-422434, www.turksheadscilly.co.uk, der südwestlichste Pub Englands hat neben der urigen Atmosphäre auch eine kleine Speisekarte.

Einkaufen

- **The IOS Store,** 5 Hugh Street, St. Mary's, TR21 0LL, www.theisosstore.co.uk, Modegeschäft, das berühmt ist für seine *IOS*-Marke, die auf Pullis, Shirts und Accessoires abgebildet ist.
- **Phoenix Craft Studios,** *Porthmellon Business Park,* St. Mary's, TR21 0JY, www.facebook.com/phoenixcraftstudios, hier verkauft eine Cooperative von lokalen Künstlern ihre Waren. Viele davon sind von den satten Farben der Isles of Scilly inspiriert.

◁ Old Town Beach auf St. Mary's

Aktivitäten

Schnorcheln mit Robben: *Seal Snorkelling Adventures,* Higher Town Quay, St Martin's, TR25 0QL, Tel. 07340-055748, www.sealsnorkellingadventures.com, 65 £ inkl. Ausrüstung. Ein Erlebnis, das man sein Leben lang nicht vergisst: Bei den dreistündigen Touren erlebt man die Kegelrobben, die vor der Küste der Scilly Islands leben, aus nächster Nähe. Eine Regel des Robben-Schnorchelns besagt: Niemals nähert man sich den Tieren selbst, sondern wartet bis sich die Robben von sich aus nähern. Und das tun die neugierigen Tiere, die vor den Sandbänken der Eastern Isles leben, sehr gerne. Mal knabbern sie einem vorsichtig an den Schwimmflossen, die man trägt, mal schwimmen sie in nächster Nähe vorbei und schauen einem direkt in die Augen. Ungefähr eine Stunde lang darf man in ihre Wasserwelt eintauchen und die bis zu drei Meter langen Tiere aus nächster Nähe beobachten, bevor es wieder zurück an Land geht.

- **Bootsfahrten:** *Scilly Sea Safaris,* Old Town, St. Mary's, TR21 0NH, Tel. 07884-365375, www.scillyseasafaris.co.uk.
- **Dinghy/Surfbretter:** *Sailing Centre,* Porthmellon, St. Mary's, TR21 0NE, Tel. 01720-422060, www.sailingscilly.com.

Verbindung

- Tägliche **Schiffsverbindung** mit der Fähre *Scillonian III* **von St. Mary's** nach Penzance, Buchungen unter www.islesofscilly-travel.co.uk.
- Während der Saison mit dem *Skybus*-Flugzeug ab **Land's End, Newquay, Exeter** (www.islesofscilly-travel.co.uk).
- **Bootsverkehr:** Zwischen den Inseln verkehren mehrmals täglich Boote der *St. Mary's Boatmen's Association,* Tel. 01720-423999, www.scillyboating.co.uk; Hin- und Rückfahrten zu allen Inseln Erwachsene 13 £, Kinder 6,50 £.

St. Ives

– Das kornische Malerparadies

Ganz ohne Zweifel ist St. Ives das **touristische und kulturelle Zentrum Cornwalls.** Der Besucher ist gut beraten, im Ort sein Standquartier aufzuschlagen und von hier das *West Country* zu erkunden. Das hübsche Hafenstädtchen hat neben malerischen engen Gassen und kleinen alten Fischerhäuschen eine Fülle an Restaurants und kleinen Läden und vor allem mehrere wunderschöne **Sandstrände** zu bieten. **Porthgwidden Beach** am äußersten Ende der Halbinsel, wird von netten Strandhäuschen auf zwei Etagen gesäumt. **Bamaluz Beach,** unterhalb des Museums, ist der kleinste, und etwas weiter am Hafen reduziert sich der Strand bei Flut auf einen kleinen Streifen. Die beiden längsten Strände sind **Porthminster Beach** im Südosten und **Porthmeor Beach** auf der Nordseite der Halbinsel, der vor allem bei Surfern beliebt ist. Die **Wasserqualität** ist hervorragend und sowohl Porthminster als auch Porthmeor haben im Sommer eine Strandwache.

St. Ives ist zwischen 9 und 16 Uhr für den **Autoverkehr gesperrt,** lediglich Einheimische dürfen in diesen Zeiten ihre Fahrzeuge bewegen. Hinweisschilder lotsen die Autofahrer zu großen Parkplätzen.

Wer sich diesen Stress ersparen und außerdem **eine der malerischsten Bahnstrecken Cornwalls** erleben möchte, parkt im 11 km entfernten St. Erth am *Park and Ride* Parkplatz (TR27 6JW, Mo

–Fr 4,10 £, Sa/So 2,90 £). Von hier aus fährt jede halbe Stunde ein **Zug** nach St. Ives. Tageskarte Erwachsene 4 £, Kinder (5–15 J.) 2 £, Familien 10 £.

Seit mehr als einem Jahrhundert gilt St. Ives als **Künstlerkolonie.** Das vom Golfstrom verwöhnte Städtchen bietet ein unvergleichliches Licht – die beste Voraussetzung für malerisches Schaffen.

Die Bilder, Zeichnungen und Skulpturen der Künstler von St. Ives sind in der **Tate St. Ives** zu besichtigen. Dieses sehr ansprechende Ausstellungsgebäude wurde von den beiden Architekten *Eldred Evans* und *David Shalev* entworfen und beeindruckt durch die große, kreisrunde Eingangshalle, die an den Gasometer erinnert, der ehemals an dieser Stelle auf-

ragte. Das farbige Glasfenster in dieser Rotunde schuf der Künstler *Patrick Heron,* dem *Ben Nicholson* 1958 sein Atelier übergab. Es befindet sich in der Back Road West und ist eines der 13 Porthmeor-Ateliers. Hier malte auch der aus Thüringen stammende *Walter Weschke* (1926–2005), der sich nach seiner Kriegsgefangenschaft in den 1950er Jahren hier angesiedelt hatte.

König *Charles III.,* der vor seiner Krönung nicht nur der Prinz von Wales, sondern auch der Herzog von Cornwall und damit Herr über die Duchy of Cornwall war, war damals voll des Lobes über den Entwurf des Museums. Seine Königliche Hoheit hat ja mehrfach die kalte Architektur der Postmoderne ins Visier genommen und sich in dem Band „Die Zukunft unserer Städte" mit seinen dezidierten Vorstellungen auch an die Öffentlichkeit gewandt. So war es nur natürlich, dass *Charles* das neue Ausstellungsgebäude, eine Dependance der Londoner *Tate Gallery,* auch einweihte.

Das weiße Gebäude überragt den Porthmeor Beach, und Schwimmer wie Museumsbesucher freuen sich gleichermaßen: Vom Strand hat man einen schönen Blick auf das gut in das Stadtensemble eingesetzte, optisch sehr ansprechende Museum, und von innen schaut der Malerfreund auf den langen Sand-

Blick auf den kleinen Hafen von St. Ives

950es ar

strand hinunter, an dem schäumend die Brandung des Atlantiks ausläuft.

■ **Tate St. Ives,** Porthmeor Beach, TR26 1TG, Tel. 01736-796226, www.tate.org.uk/stives, März–Okt. 10–17.20, Nov.–Feb. Di–So 10–16.20 Uhr, Erwachsene 10,50 £, ermäßigt 9,50 £, Kinder (bis 18 Jahre) Eintritt frei.

In der Nähe des Porthmeor Beach findet sich an der Backroad West in einer kleinen ehemaligen Kirche die **St. Ives Society of Artists Gallery.** Hier kann man die Bilder der aktuell im Ort tätigen Künstler besichtigen und auch kaufen.

■ **St. Ives Society of Artists Gallery,** Norway Square, TR26 1NA, Tel. 01736-795582, www.stisa.co.uk, Mo–Sa 10–17 Uhr.

Einer der schönsten Plätze in St. Ives aber ist im Garten des **Ateliers der Bildhauerin Barbara Hepworth,** die zusammen mit *Henry Moore* zu den ganz großen Bildhauern des 20. Jh. gehört. Zwischen hohen Palmen, blühenden Blumen und auf einem grünen, samtenen Grasteppich stehen 22 Skulpturen. In einem kleinen Gewächshaus kann man sich auf einigen Sesseln ausruhen, auch im Garten stehen natürlich Bänke, und so ist hier die Möglichkeit gegeben, sich in Gedanken versunken an diesem angenehmen Ort in seine Tagträume zu vertiefen und „den Geist eine Fahrt ins Blaue machen zu lassen". Ungehindert schweift der Blick dann in das Atelier, und hier hat es den Anschein, als würde die bedeutende Bildhauerin jeden Moment wieder an die Arbeit zurückkehren. Halbfertige Skulpturen stehen auf Arbeitstischen, Hunderte von Werkzeugen liegen herum, staubige Kittel hängen an Haken. 1975 kam *Barbara Hepworth* bei einem Brand in ihrem Atelier 72-jährig ums Leben.

■ **Barbara Hepworth Museum and Sculpture Garden,** Barnoon Hill, TR26 1AD, Tel. 01736-796 226, www.tate.org.uk/visit/tate-st-ives/barbara-hepworth-museum-and-sculpture-garden, April–Okt. 10–17.20 Uhr, Erwachsene 7 £, erm. 6 £, Kinder bis 18 J. Eintritt frei.

In der **St. Ives Parish Church** sollte man sich die **Skulptur „Madonna mit Kind"** ansehen, die *Barbara Hepworth* 1954 nach dem Verlust ihres Sohnes *Paul* fertigstellte, der als Pilot der *Royal Air Force* ums Leben gekommen war.

Ein Museum alten Stils ist das **St. Ives Museum.** Diese gänzlich von Ehrenamtlichen betriebene Einrichtung hat etwas von einer Mischung aus Antiquitätenladen und Kuriositätenkabinet. Man sieht auf zwei Etagen, z.B. in einem Regal ohne irgendwelche Erklärungen alte Schreibmaschinen, anderswo landwirtschaftliches Gerät vergangener Zeiten oder Stellwände mit Zeitungsartikeln und Fotos von Überflutungen und Bränden in St. Ives. Im Untergeschoss werden verschiedene Filme über St. Ives gezeigt. Allein schon wegen der vielen historischen Fotografien, die überall im Museum hängen, mal mit Erklärung, mal ohne, lohnt der Besuch. Um Kinder bei Laune zu halten, kann man an der Kasse Aufgabenblätter kaufen, die allerdings nur auf Englisch erhältlich sind.

■ **St. Ives Museum,** Wheal Dream, TR26 1PR, Tel. 01736-796005, Montag vor Ostern bis Ende Oktober Mo–Fr 10.30-16.30, Sa 10.30–15.30 Uhr, Erwachsene 5 £, Kinder unter 16 Jahren Eintritt frei.

951es ar

Praktische Tipps

Tourist Information

■ **Library** (Bibliothek), Gabriel Street, TR26 2LS, Tel. 01736-796297, www.stives-cornwall.co.uk.

Unterkunft

22 **Primrose House**⑤, Primrose Valley, TR26 2ED, Tel. 01736-794939, www.primroseonline.co.uk, Boutique-Hotel direkt am herrlichen Porthminster Beach.

21 **St. Ives Harbour Hotel & Spa**⑤, The Terrace, TR26 2BN, Tel. 01736-795221, www.harbourhotels.co.uk/st-ives. Oberhalb von Porthminster Beach mit Sauna und Swimmingpool drinnen und draußen, in einem kleinen Park gelegen.

16 **Pedn-Olva**④-⑤, West Porthminster Beach, TR26 2EA, Tel. 01736-796222, www.pednolva.co.uk. Weite Ausblicke über den Porthminster Beach, den Hafen und die St. Ives Bay.

15 **Harbour View House**④, Fernlea Terrace, TR26 2BH, Tel. 01736-806130, www.harbourviewonline.co.uk, 9 Zimmer mit Blick auf den Hafen.

■ **Bed and Breakfast:** 7 *Sloop Inn*④, Black Lane, TR26 1LP, Tel. 01736-796584, www.sloop-inn.co.uk. Der älteste Pub von St. Ives (s.u.), 14 Zimmer *en suite,* davon drei Familienzimmer; 3 *Tregony*②-③, 1 Clodgy View, TR26 1JG, Tel. 01736-791851, www.tregony.com. Fünf Zimmer *en suite,* davon zwei Familienzimmer; 19 *No 4 St. Ives*③-④, 4 Talland Road, TR26 2DF, Tel. 01736-794910, www.no4stives.com, 8 moderne, schön eingerichtete Zimmer, teilweise mit Meerblick; 17 *27 The Terrace*⑤, 27 The Terrace, TR26 2BP, Tel. 01736-797450, www.27theterrace.co.uk, Meerblick, vier Zimmer und zwei Apartments, große Frühstücksauswahl, Terrasse mit kleinem Garten, zentral gelegen; 2 *Atlantic Heights*③, 11 Ocean View Terrace, TR26 1RQ, Tel. 07706-662042, www.atlanticheights.net, guter Ausblick über Porthmeor Beach, moderne, individuell eingerichtete Zimmer; 18 *The Olive Branch*③, 6 Porthminster Terrace, TR26 2DQ, Tel. 01736-795363, www.theolivebranchstives.co.uk, freundliches Haus mit fünf gemütlichen Zimmern im oberen Teil der Stadt, nicht weit vom Zentrum.

14 **Jugendherberge:** *Cohort Hostel*①, The Stennack, TR26 1FF, Tel. 01736-791664, www.stayatcohort.co.uk, hippes Hostel mit moderner Einrichtung und sehr guter Ausstattung, so haben alle

Zimmer USB-Aufladesteckdosen, mit sechs bis acht Betten pro Zimmer, es gibt auch drei kleine Privatzimmer.

■ **Camping:** 1 *Polmanter Touring Park*, Halsetown, TR26 3LX, Tel. 01736-795640, www.polmanter.com; von der B 3311 bei Halsetown ausgeschildert, hervorragend ausgestatteter Platz; 20 *St. Ives Bay Holiday Park*, Upton Towans, Hayle, TR27 5BH, Tel. 0330-0537000, www.awayresorts.co.uk/parks/cornwall/st-ives-bay, nicht nur Plätze für eigene Zelte, sondern auch schon aufgebaute Zelte, Wohnwagen oder kleine Hütten kann man hier mieten. Es gibt ein Schwimmbad.

Essen und Trinken

5 **Source Kitchen**②, 6 The Digey, TR26 1HR, Tel. 01736-799487, www.sourcekitchen.co.uk, von TV-Koch *Rick Stein* hochgelobtes Bistro, in dem mit den besten Zutaten Cornwalls gekocht wird.

6 **The Loft Restaurant & Terrace**②, Norway Lane, TR26 1LZ, Tel. 01736-794204, www.theloftrestaurantandterrace.co.uk, moderne britische Küche. Man kann (auch bei Regen) auf der sehr schönen Dachterrasse mit Blick über den Hafen speisen.

9 **The Seafood Café**②, 45 Fore Street, TR26 1HE, Tel. 01736-794004, www.seafoodcafe.co.uk, gute und reichhaltige Auswahl an leckeren Meeresfrüchten und frisch gefangenen Fischen, gehört zu den besten Restaurants von St. Ives.

4 **Porthmeor Beach Café**②, am Porthmeor Beach, TR26 1JZ, Tel. 01736-793366, www.porthmeor-beach.co.uk, internationale Küche, bester Platz, den Sonnenuntergang – dann aber vorbuchen – bei einem Glas Wein und einer Mahlzeit zu genießen. Auch ein Imbiss mit *Fish'n'Chips* gehört dazu.

Einfache Lokale entlang der Hafenfront und der Fore Street

7 **The Sloop Inn**①-②, Back Lane, TR26 1LP, Tel. 01736-796584, www.sloop-inn.co.uk, älteste Taverne von St. Ives, um das Jahr 1312 erbaut, eine der betagtesten Kneipen Cornwalls, direkt am Hafen gelegen, *Bitter* und *Lager* in guter Atmosphäre, eine reichhaltige Palette an Gerichten, wechselnde Ausstellungen mit Bildern lokaler Künstler, *B&B* (s.o.).

11 **Union Inn**①-②, Fore Street, TR26 1AB, Tel. 01736-796486, www.unioninn-stives.co.uk, gemütlicher Pub mit alten Fotos aus der Historie von St. Ives, mit für Pubs typischem Speisenangebot.

12 **Castle Inn**①-②, Fore Street, TR26 1AB, Tel. 017 36-796833, zehn Schritte vom *Union Inn* entfernt, Bechern und Speisen in gemütlichem Ambiente.

Einkaufen

8 **Whistlefish,** 56–58 Fore Street, TR26 1HE, www.whistlefish.com, schöne Kunstdrucke und Grußkarten mit Motiven aus Cornwall.

10 **The Common Wanderer,** 30 Fore Street, TR26 1HE, www.commonwanderer.co.uk, Wanderkleidung, die für das kornische Wetter geeignet ist, sowie jegliches Zubehör, das man auf einer Wanderung brauchen könnte.

13 **The Painted Bird,** 3 Fore Street, TR26 1AB, www.thepaintedbird.co.uk, der Laden führt ein schönes Sortiment an u.a. Wohnaccessoires, Körperpflegeprodukten, Halstüchern, Schokolade und Schreibwaren.

Verbindung

■ **Bahnhof:** am Porthminster Beach, TR26 2BP.

■ **Busbahnhof:** The Malakoff, TR26 2BH, nahe dem Bahnhof.

◁ The Sloop Inn

Zinnschürfer in Cornwall

Die Zinnminen stellten für viele Jahrhunderte das ökonomische Rückgrat Cornwalls dar, und vor allen Dingen rund um Land's End finden sich viele Stollen, in denen einst unter entsetzlichen Arbeitsbedingungen die Kumpel das Metall aus dem Boden holten.

Schon die antiken Geografen – *Strabon, Diodorus Siculus* und *Plinius* – berichteten, dass sich die Phönizier von Belerion, wie dieser Teil Englands in jenen Tagen hieß, ihr Zinn besorgten, das von der Insel Ictis, dem heutigen St. Michael's Mount, verschifft wurde. Und so findet der Besucher zwischen Penzance und St. Ives, bis hoch nach Newquay, die **Ruinen der ehemaligen Förderanlagen;** teils stehen die alten Maschinenhäuser mit ihren abbröckelnden hohen Schornsteinen, den *Jinjies*, direkt an der Küste. Oft wurden Stollen unter dem Meer in den Berg getrieben.

Um die Mitte des 19. Jahrhunderts schufteten über 50.000 Tinner, Zinnschürfer, in den arsengeschwängerten Stollen und schafften zwei Drittel der Weltförderung aus dem kornischen Gestein. Mit 700 Bergwerken hatte Cornwall die höchste Minendichte der Welt.

Die Minen waren nach einem raffinierten **Ausbeutungssystem** organisiert. Formal war jeder Zinnschürfer selbstständig. Er förderte auf eigene Kosten und auf eigenes Risiko. Doch befand sich der *Tinner* faktisch in absoluter Abhängigkeit von der Minengesellschaft. Wollte jemand zu fördern beginnen, musste er zuvor seine Werkzeuge bei der Firma erwerben – auf Kredit und im Geschäft der Gesellschaft zu überhöhten Preisen. Dieser Kredit wurde mit dem Erlös aus dem Verkauf des geförderten Erzes zurückgezahlt. Doch kaufte die Minengesellschaft das Erz nur einmal im Jahr auf. War der Kredit nunmehr abgezahlt, musste für die laufenden Ausgaben des kommenden Jahres wieder Kredit aufgenommen werden.

Der Kumpel und seine Familie lebten in ständiger Finanzschuld und konnten nichts ersparen. Konnte der Ernährer wegen Krankheit oder aus anderen Grund nicht fördern, war die Existenz der Familie bedroht.

Da jeder Kumpel auf eigene Rechnung schuftete – je ertragreicher die Abbaustelle und je mehr der einzelne also förderte, desto mehr verdiente er –, konnte natürlich auch **keine Solidarität** unter den Männern entstehen. In den Kohlegruben auf dem Kontinent gab es zur damaligen Zeit das **Gedingesystem** Hier arbeitete eine Gruppe von Bergleuten zusammen an ihrem Ertrag, und die gemeinschaftliche Arbeit schweißte auch außerhalb der Grube nicht nur die Kumpel, sondern auch die Familien zusammen. *Emile Zola* hat das im Roman „Germinal" geschildert.

Um die Wende zum 20. Jahrhundert konnten in Malaysia, Australien und einigen afrikanischen Ländern Zinn und Kupfer billiger abgebaut werden als im Südwesten Englands, und die kornischen *Wheals* schlossen eine nach der anderen ihre Tore.

Küstenwanderungen in Cornwall

Wie schon für das Dartmoor werden hier **fünf Wanderungen** beschrieben, von denen wieder zwei kürzere Touren für Familien mit Kindern gedacht sind (Nr. 4 und 5). Alle Strecken führen entlang der Steilküste, sind jedoch völlig ungefährlich. Da das Gelände recht steinig ist, benötigt man unbedingt festes Schuhwerk. Neben den *Stiles,* Treppchen, überquert man bei den Cornwall-Wanderungen *Cattle Grids;* quergelegte steinerne, hölzerne oder stählerne Balken mit Zwischenräumen, die es dem Vieh unmöglich machen, die Wiese zu verlassen.

Küstenwanderungen in Cornwall bieten herrliche Ausblicke, wie hier bei Lamorna Cove

adobe.stock ©Harry Green

Wanderung 1: Lizard Point, Kynance Cove und das Fischerörtchen Cadgwith

- **Länge:** 13 km, Rundwanderung
- **Dauer:** ca. 4½–5 Stunden
- **Karten:** *Ordnance-Survey*-Karten Landranger 203 (Land's End, 1:50.000) oder 204 (Truro & Falmouth, 1: 50.000) und *Pathfinder 1372 SW 61/71* (Lizard Point, 1:25.000)

Diese Wanderung sollte man nicht unternehmen, wenn es in den vorausgegangenen Tagen ordentlich geregnet hat. Teile des Geländes können dann sehr matschig sein und den Wanderspaß nachhaltig beeinträchtigen.

Zwischen Falmouth und Penzance ragt die Lizard-Halbinsel rund 20 km weit nach Süden in den Englischen Kanal hinein. An der Spitze der Peninsula sorgt am Lizard Point, dem südlichsten Punkt Großbritanniens, seit dem Jahr 1619 ein Leuchtturm für Sicherheit – hier kann man den Wagen parken.

Vom Parkplatz (jahreszeitlich variierende Parkgebühr, frei für *National Trust*-Mitglieder, im Ort kostenlos) hält man sich halb rechts, kommt ein Stückchen unterhalb zu einem Café und biegt hier rechts gen Westen in den Küstenpfad ein. Nach wenigen Minuten Fußweg ist **Pistol Meadow** erreicht, diese Küstenregion gehört zu den Besitzungen des *National Trust.* Schaut man von hier zurück, so hat man einen sehr guten Blick auf den Leuchtturm mit dem Lizard Point; im hellen Sonnenlicht schimmern und glänzen überdies die Klippen der Küste.

Im brandenden Meer liegen einige kleine Felsensplitter, die so seltsame Namen wie *Man of War, Shag Rock* oder *Barges Rock* haben. Eine ganze Reihe von Schiffen ist in den vergangenen Jahrhunderten hier auf Grund gelaufen. Die größte Katastrophe ereignete sich im November 1720, als die „Royal Anne" im Sturm auf den *Shag Rock* auflief und kenterte; 207 Menschen ertranken, sie wurden auf *Pistol Meadow* beerdigt.

50 Jahre später strandete ein kanadischer Segler ebenfalls am *Shag Rock*, doch die Mannschaft hatte mehr Glück und konnte sich retten. Wie die Überlieferung berichtet, trieb ein Matrose an Land, der sich an ein Rumfass geklammert hatte, ein anderer hielt sich an einem lebenden Schwein fest. Als alle die rettende Küste erreicht hatten, gesellte sich auch die Schiffskatze wieder dazu, die unter Verlust ihres halben Schwanzes ebenfalls mit dem Leben davongekommen war. Die Crew marschierte zum nächsten Örtchen, kehrte schnurstracks in die Kneipe ein, und zusammen mit den Dörflern wurde das lebensrettende, neun Gallonen Rum fassende Fass auf den glücklichen Ausgang der Katastrophe geleert. Das als Rettungsfloß dienende Schwein ging in die Hände des

Wirtes über, der dafür der Mannschaft die Fahrt nach Falmouth bezahlte; auch die Katze blieb als neues glücksbringendes Maskottchen der Taverne treu, wo sie sich noch viele Jahre eines langen Lebens erfreute. Solcherart sind die Geschichten, die man sich hier erzählt.

Angenehm spaziert man hoch über dem Meer, sehr häufig auf weich federndem Torfuntergrund, am Klippenrand entlang, blickt auf eine eindrucksvolle Felsenlandschaft im türkisblauen Meer, dann auf den Pentreath-Strand, und schneller als erhofft schon sieht man vor sich **Kynance Cove,** eine traumhaft schöne Bucht. Man passiert den Parkplatz (gebührenpflichtig) für Kynance Cove, der, wie auch die Bucht, im Besitz des *National Trust* ist. Steil geht es nun auf Stufen hinunter ans Wasser. Ein **Café** bietet von Mai bis September Erfrischungen an.

Kynance Cove ist ca. 300 m breit und von 60 m hohen Klippen eingerahmt, die vor dem kalten nördlichen Wind schützen. Exakt ausgerichtet nach Süden, ist die Bucht – wie es im Info-Heftchen des *National Trust* heißt – eine Sonnenfalle. **Seltene Flechten, Moose und Riedgräser,** beispielsweise Storchschnabel und Rebendolde, wachsen in der Bucht und auf den steilen Klippen; im grasigen Hinterland haben Ökologen neun vom Aussterben bedrohte Spinnenarten gezählt; hier vergnügt sich auch eine Waldlaus, die sonst nur im warmen Spanien vorkommt. Selbst das in der Gegend wachsende Heidekraut ist eine selten vorkommende Art; *Erica vagans* färbt im Spätsommer die Natur in den Farben lila, pink und weiß ein.

Im 19. Jahrhundert war Kynance Cove ein beliebtes Ausflugsziel für die viktorianischen *Excursionists,* die sich um eine intensivere Naturerfahrung bemühten. 1846 kam *Prinz Albert, Königin Viktorias* Ehemann, mit den Kindern von der königlichen Yacht an Land, um Kynance Cove zu besichtigen; der lokale Volksmund spottet bis heute, dass Seine Hoheit seekrank war. Zwei Jahre später besuchte auch Hofdichter *Tennyson* die Bucht und begann flugs reimende Sentenzen zu produzieren. Die Viktorianer haben auch den Felssplittern im Meer ihre Namen gegeben – was um alles in der Welt mögen sie sich bei *Asparagus Island* gedacht haben? An der Namensgebung der vielen miteinander verbundenen Höhlen im Westen der Bucht waren sie ebenfalls beteiligt. Da gibt es *The Ladies Bathing Pool, The Drawing Room, The Devil's Letterbox* und schließlich *The Devil's Bellows.*

Es geht nun weiter vorbei an dem kleinen Café. Ein **Hinweisschild** zeigt die Richtung an: „Return path to car park avoiding steps". Man spaziert auf einem breiten Schotterweg leicht ansteigend hinauf. Kurz bevor der Parkplatz für Kynance Cove in Sicht kommt, geht es an einer Abzweigung nach links in einen steinigen Pfad. Nach einigen Metern Weg sieht man rechter Hand in der Ferne den Parkplatz liegen. Hier wandert man nun oberhalb des Tals durch eine Heidelandschaft, wo die eben erwähnte seltene *Erica vagans* in der Sonne leuchtet. Irgendwann verliert sich der Pfad im Heidekraut; in Richtung Nordosten erkennt man in der Ferne eine mäßig befahrene Straße und eine Reihe von drei Häusern, dies ist das nächste Etappenziel. Besonders nach schweren Regenfällen können auf diesem Teilstück etliche schlammige Passagen die Wanderung recht unerquicklich gestalten.

An der Straße vor den Häusern geht es nach links Richtung Norden; am Ende der Häuserreihe führt gegenüber einer Tankstelle ein Pfad rechts ab. Ein **Hinweispfeil** mit der Aufschrift „Public Bridle Way“ erhöht die Orientierungssicherheit. Dieser Pfad wird rasch sehr schmal, ist an manchen Stellen von Bäumen und Büschen zugewachsen, auch hier kann es nach Regenfällen auf einem Stück von 200 m sumpfige Stellen geben.

Der Weg lässt den Wanderer dann auf eine Heidekrautebene hinaus, und man sieht in der Ferne den Kirchturm der St. Grade's Church, mit vollständigem Namen St. Grada of the Holy Cross. Man überquert die kleine Wiese, gelangt auf einen weiteren Pfad, der schließlich auf einer Straße endet. Hier nun rechts ab. Nach wenigen Minuten Fußweg erreicht man eine kleine Kreuzung, an der es geradeaus weitergeht. 300 m weiter lässt linker Hand ein Gatter den Wanderer zur kleinen normannischen **St. Grade's Church,** die meist unverschlossen ist.

Nach der Besichtigung des alten Gotteshauses geht es zurück zum Sträßlein, und man folgt weiter der ursprünglichen Route. Rechts der Straße passiert man nach einiger Zeit **Gwavas Farm** und folgt unermüdlich weiter dem wechselnden Straßenverlauf, bis man an eine T-Kreuzung gelangt. Hier geht es rechts ab, und einige Meter weiter an der folgenden Kreuzung geht man geradeaus weiter. In diese Richtung weist ein Straßenschild mit der Aufschrift *Cadgwith.* Schnell ist linker Hand ein großer Parkplatz erreicht. Nun folge man nicht mehr der Straße, sondern nehme vom Parkplatz den kleinen *Public Footpath,* der annähernd parallel zur Straße verläuft, und schon nach wenigen Minuten ist man, vorbei an reetgedeckten Häuschen, am Hafen und damit im Ortszentrum von **Cadgwith.** Hier sind die Fischerboote auf den kurzen Kieselstrand gezogen, die Männer sitzen in einer langen Reihe auf einer Bank in der Sonne, und im Pub kann man sich mit einer *Cornish Pasty* stärken.

Wer in der Taverne nicht einkehren möchte, biegt dort, wo der Weg vom Parkplatz auf den Hafen mündet, rechts ab, spaziert durch das Dorf, und schon nach wenigen Metern weist in einer Rechtskurve über einem Papierkorb ein kleiner Hinweispfeil mit der Aufschrift „Coast Path“ geradeaus hoch. Man kommt an einer Straße heraus, und es geht links durch ein Tor weiter durch das Anwesen **Hillside;** in den Büschen versteckt weist wieder ein Pfeil mit der Aufschrift „Coast Path, Devil's Frying Pan“ die Richtung. Ist man aus dem Garten von Hillside heraus, so geht es sofort links ab; vorbei an einem steinernen Cottage, trifft man nach wenigen Metern auf das Zeichen des *National Trust,* und hier ist **The Devil's Frying Pan** erreicht, eine tief unten liegende kleine Bucht mit einem Felsentor, durch das die Wellen hereinlaufen.

Nun befindet man sich wieder auf dem Küstenpfad, der rechts und links von hohen Gräsern gesäumt ist, und die weitere Orientierung ist einfach. Man hat schöne Ausblicke aufs Meer und die Steilküste. An manchen Stellen ist der Pfad mannshoch mit Farnen und Gräsern aller Art bewachsen, dazwischen leuchten gelb die Butterblumen. Immer wieder blickt man in kleine Buchten, von denen die grasbewachsenen Klippen steil hochsteigen. Man passiert ein kleines Kirchlein, das der davorliegenden

Bucht den Namen **Church Cove** gegeben hat, dieses Areal ist wieder im Besitz des *National Trust.* Einige Minuten später kommt man an einigen kleinen, zu mietenden Feriencottages vorbei, die recht einsam am Meer liegen.

Nächster Anlaufpunkt ist eine **Wachstation** der *Royal National Lifeboat Institution (RNLI*), das britische Gegenstück zur deutschen *DLRG.* Vom *Look Out* führt ein Fahrstuhl nach unten in die Bucht; dort liegt in einem Bootshaus ein Seenotrettungskreuzer, der über eine Rampe schnell zu Wasser gelassen werden kann. Das 14,50 m lange Boot hat sechs Mann Besatzung, erreicht eine Höchstgeschwindigkeit von 18 Knoten (33 km/h) und hat einen Aktionsradius von 120 nautischen Meilen (222 km).

Hier biegt der Weg nun nach Westen ab, und der **Leuchtturm von Lizard** kommt bald wieder in Sicht. Noch gilt es eine weite Bucht, die Housel Bay, zu umrunden, man kann sich dann im Housel Hotel stärken und erreicht schließlich wieder den Ausgangspunkt dieser Wanderung. Der Leuchtturm ist momentan geschlossen, soll aber in der Zukunft wieder für Besucher geöffnet werden. Aktuelle Informationen dazu findet man auf der Website.

■ **Lizard Lighthouse Heritage Centre,** TR12 7NT, www.thelizardlighthouse.co.uk.

Wanderung 2: Von Zennor auf dem Tinner's Way

■ **Länge:** 14 km, Kurzversion 11 km, Rundwanderung
■ **Dauer:** ca. 4½–5 Stunden
■ **Karten:** *Ordnance-Survey*-Karten Landranger 203 (Land's End, 1:50.000) und *Pathfinder 1364, SW 33/34* (St. Ives & Penzance, 1:25.000)

Ausgangspunkt dieser sehr schönen, aber auch anstrengenden Wanderung ist das Örtchen **Zennor,** das einige Kilometer südwestlich von St. Ives an der Küste liegt. Dort gibt es den Dorfpub *Tinner's Arms*② (TR26 3BY, Tel. 01736-796927, www.tinnersarms.com) mit Parkplatz.

Alternative: Anstelle der Rundwanderung kann man auch eine sehr attraktive Streckenwanderung machen, die von Zennor nach St. Ives führt. Man nimmt hinter dem Pub den Weg zum Zennor Head (s. Routenbeschreibung am Ende dieser Wanderung) und marschiert dann die Küste in nordöstlicher Richtung entlang; St. Ives ist nach ungefähr 11 km erreicht; mit einem der dreimal täglich verkehrenden Busse von St. Ives in Richtung Land's End (Nr. 16A, der letzte fährt um 14.20 Uhr, So kein Service) geht es zurück nach Zennor.

1916, mitten im Ersten Weltkrieg, zog **D.H. Lawrence** zusammen mit seiner Frau *Frieda von Richthofen* nach Zennor und schrieb hier an seinen Romanen „Women in Love" und „The Rainbow". Die ersten Wochen lebten beide im Pub

Tinner's Arms, dann konnten sie ein kleines Farmhaus mieten. *Frieda* war Deutsche, und so verdächtigten die Bewohner von Zennor die beiden der Spionage. Wenn *Frieda* ein deutsches Lied sang, während sie im Garten die Wäsche aufhängte, so wurde dies als Zeichen an die vor der Küste operierenden kaiserlichen U-Boote interpretiert. Im Roman „Kangeroo" hat *Lawrence* die Anschuldigungen, Denunziationen und Hausdurchsuchungen beschrieben.

Die Wanderroute folgt weitgehend dem **Tinner's Way,** dem Weg, auf dem jahrtausendelang Zinn transportiert wurde. Bis zurück in die Bronzezeit zurück kann man diesen Pfad datieren.

Vom Parkplatz geht es zum kleinen Gotteshaus von Zennor, das im 14. Jh. errichtet wurde; dort, am westlichen En-

de des Kirchhofes, gelangt man durch einen Mauerdurchbruch auf eine kleine Wiese. Rechts ist ein Gatter, das man überklettern muss, und dann geht es links ab eine Mauer entlang. Man kreuzt schnell hintereinander zwei Steinmauern, hier leider noch ohne die Hilfe von *Stiles,* und gelangt dann, geradeaus gehend, an ein steinernes *Cattle Grid*. Hier ist erstmals ein Weg erahnbar.

Für den ersten Teil der Wanderung verläuft die Strecke generell in nordöstlicher Richtung. Auch wenn kein Pfad erkennbar ist, hält man immer auf das nächste **Farmhaus** zu. Auf diese Art und Weise passiert man die Tremedda-Farm, die Tregerthen-, Wicca-, Boscubben-, Trendrine-, Trevessa-, Treverga-, Trevalgan und Trowan-Farm. Alle sind sie mehr oder weniger in Sichtweite, und selbst wenn es querfeldein geht, ist die Orientierung nicht weiter schwierig, denn ab der zweiten passierten Farm markieren schwarze Hinweispfeile den Wegeverlauf. Da die Route aber über Wiesen und Weiden verläuft, muss man schon einmal an einer Kuhherde oder an einigen Pferden vorbei.

Kurz darauf passiert man ein weiteres *Cattle Grid*. Schaut man nach rechts, so erkennt man in ca. 300 m Entfernung die Landstraße nach St. Ives, welche die ganze Zeit mehr oder weniger parallel zur Route verläuft.

Man erreicht die Gebäude und Scheunen des ersten Bauernhofes, dies ist die **Tremedda-Farm,** die man links liegenlässt. Ab hier geht es wieder weitgehend querfeldein, doch ist die Orientierung einfach, da man sehr klar einer Telefonleitung folgen kann, die auf die nächste Farm zuläuft. Ab und an meint man, einen Weg oder Pfad erkennen zu können. Auf alle Fälle kreuzt man eine Anzahl von *Cattle Grids*. Man passiert ein Cottage, dann ein zweites und drittes, die man alle linker Hand liegenlässt, und befindet sich nun auf einem schmalen, von Hecken und Bäumen bewachsenen Weg. Es geht noch immer der Telefonleitung nach; doch wird ab hier die Orientierung einfacher, einige *Cattle Grids* und *Stiles* sind mit schwarzweißen Pfosten gekennzeichnet. Hohes Farnkraut und manchmal knorrige alte Bäume säumen den Pfad, dann wieder geht es über mehrere Wiesen der Telefonleitung nach, bis die **Wicca-Farm** auftaucht. Dort gelangt man durch ein Gatter auf den Hof und geht nach rechts weiter den Weg entlang.

Schon sieht man einen weiteren Bauernhof, die **Boscubben-Farm,** hinter der man den Feldweg nach links nimmt.

Wer nicht die ganze Wanderung absolvieren möchte, der folge nun diesem Pfad bis zur Küste und biege dann nach links auf den *Coastal Path* ab.

Wer jedoch die gesamte Strecke laufen möchte, geht nach ca. 50 m rechts ab und erreicht einen Stein-*Stile*. Auf einer Wiese marschiere man weiter in der ursprünglichen Richtung gen Nordosten. Schnell ist die **Trendrine-Farm** erreicht, deren Gebäude man rechts liegenlässt. Hier findet man weißschwarze Pfosten

adobe.stock ©SalBel

Landschaft bei Zennor Head

an den *Stiles* und *Cattles Grids* und gelbe Hinweispfeile. Man kreuzt diagonal eine Wiese, der Weg ist nun markiert; nochmals diagonal geht es über eine weitere Weide, dann läuft man auf einen großen Farmkomplex zu. Schwarzweiße Pflöcke oder braune Pfosten mit gelben Pfeilen markieren die Route.

Bei der **Trevessa-Farm** geht es links in die asphaltierte Straße und sofort wieder rechts ab, der Ausschilderung „Public Footpath" nach durch Gatter und über *Stiles*. Über eine Wiese, der Telefonleitung folgend, spaziere man in Richtung auf ein einzelnes kleines Haus zu. Hier gelangt man auf ein asphaltiertes Sträßlein, das nach rechts auf die nächste Farm zustrebt. Nach ca. 200 m biege man links ab und laufe direkt auf die **1** **Trevalgan-Farm** zu, die auch einen Campingplatz unterhält. Über den Hof gelangt man an den Rand einer Wiese. Hier beginnt auch der hauseigene *Farm Trail*, der **nicht** mit der im Weiteren beschriebenen Strecke identisch ist. Über einen Übertritt kommt man auf eine Weide und wendet sich sofort nach rechts, bald ist ein weiterer Bauernhof erkennbar. Hier finden sich auch wieder einige Hinweismarkierungen. Über ei-

nen weiteren Übertritt verläuft die Strecke geradeaus über eine kleine Wiese, dann diagonal über eine große Weide auf die **Trowan-Farm** zu. Es geht über den Farmhof und den schwarzweißen Markierungen nach weiter über eine Wiese. Auf mehreren Übertritten überquert man die Zäune einer Anzahl Weiden. Kurz vor einem weiteren Bauernhof kreuzen Traktorenspuren die Wiese. Hier biegt man links ab und kämpft sich querfeldein im Zickzack durch Heckenöffnungen bis zum Küstenpfad. Das Meer ist erreicht! Es geht nach links der **Küste** folgend in südwestlicher Richtung.

Die Orientierung bereitet nun keinerlei Probleme mehr, dafür wird der Weg von Minute zu Minute anstrengender. Reichlich entschädigt wird man dadurch, dass man an einem der schönsten Küstenabschnitte Cornwalls entlangwandert. Schaut man die Uferlinie entlang, so sieht man, wie sich ein Landvorsprung nach dem nächsten ins Meer erstreckt.

Zu Anfang ist der Pfad von Gräsern gesäumt, mal geht es Felsstufen hinauf, mal hinunter. Am zweiten ins Meer ragenden Vorgebirge passiert man das Zeichen mit dem Eichenblatt und erfährt so, dass der *National Trust* im Besitz von **Pen Enys Point** ist. Ein Stückchen weiter überquert man auf einem vom *Trust* angelegten Plankenweg eine sehr sumpfige Stelle, einige Minuten Fußweg weiter trifft man auf eine Markierung des *Trevalgan Farm Trail,* und rechts unterhalb davon ragt ein Felsen, geformt wie ein Ausguck, hoch über dem Meer in den Himmel. Dort gibt es einen sehr schönen Rastplatz mit guter Aussicht.

Auf dem Weg dorthin passiert man einen Pfahl mit der Mitteilung eines Alltagsphilosophen: „Spare a few minutes to climb down onto the rock formation below and sit and watch the waves, and meditate for a while. It's my favourite view ... But perhaps I am biased!“ Nein, man kann den anonymen Zeilenschreiber beruhigen, er ist nicht voreingenommen, der Platz ist wirklich wunderschön und der Ausblick unvergleichlich. Rund 100 m sitzt man hier über der tief unten brandenden See.

An dieser Stelle wurde im Jahr 1941 die „Bessemer City“ auf die Klippen geworfen, die Mannschaft konnte gerettet werden. Sehr zur Freude der Bewohner in den umliegenden Gehöften und Dörfern hatte der Frachter Hunderttausende von Lebensmittelkonserven geladen, die nun von den Felsen und Klippen aufgesammelt werden konnten. Von weit her kamen die Leute angefahren, um sich in dem harten Kriegsjahr mit kostenlosem Proviant einzudecken. Da sich im Wasser natürlich die Beschriftung abgelöst hatte, wusste man nie, ob man beispielsweise eine Dose mit Erbsen oder eine mit Bohnen öffnete; die Speisezettel in vielen Familien waren für lange Zeit dem Zufall unterworfen.

Von dem Ausguck sind es nun noch 6 km, bis Zennor wieder erreicht ist.

Auf einer von Heidekraut übersäten Wiese trifft man auf eine Pyramide; dies ist das **Trevega Cliff,** das 91 m hoch aus dem Meer steigt. Ein Stück weiter von links ein Weg auf den Küstenpfad; wer anfangs die kürzere Route genommen hat, ist hier an die See gekommen.

Der Pfad fällt nun bald bis fast auf Meereshöhe ab, dann geht es wieder steil nach oben; überall liegen große runde Steine, schwere Findlinge, herum, über die man teilweise kletternd seinen Weg sucht. Zwar ist dies anstrengend, doch das Erlebnis der rauen urwüchsigen Natur entschädigt reichlich für die Strapazen. Einige Minuten später dann ergibt sich wieder ein lieblicheres Bild, denn nun spaziert man an der Abbruchkante der Felsen entlang und hört, wie das Meer gegen die Klippen donnert.

Doch schon kurze Zeit später geht es wieder auf- und abwärts zwischen großen runden Steinbrocken. Nun ist eine mächtige Gesteinsformation erreicht, doch nein, dies ist noch nicht Zennor Head. Es geht noch einige Meter weiter, bis man auf eine ähnliche Felsanhäufung trifft, wo eine Metallplakette mitteilt: „Zennor Head. Given to the *National Trust December 1953*". Der Pfad knickt nach links ab, mündet recht schnell in eine schmale asphaltierte Straße, und die kommt – Gipfel der Glückseligkeit – an der Rückseite des Pubs *Tinner's Arms* an.

Wanderung 3: Lamorna Cove & die Merry Maidens

- **Länge:** 14 km, Kurzversion 8 km, Rundwanderung
- **Dauer:** ca. 4½–5 Stunden
- **Karten:** Ordnance-Survey-Karten *Landranger 203 (Land's End, 1:50.000)* und *Pathfinder 1368, SW 32/42 (St. Ives & Penzance, 1:25.000)*

Etwas südlich von Penzance schmiegt sich rund um eine Bucht der nur wenige Häuser zählende Weiler **Lamorna.** Direkt am Ufer von Lamorna Cove kann man den Wagen parken. Von dort spaziere man nach rechts vorbei am *Lamorna Cove Café* und kommt so auf den Küstenpfad, dem Richtung Westen gefolgt wird. Der Weg windet sich oberhalb des Meeres an der Abbruchkante der Klippen entlang, wie üblich ist die Aussicht prachtvoll. Sehr steinig ist der Pfad, häufig unterbrochen durch monumentale Felsbrocken, die man überklettern muss. An Lamorna Point halte man linker Hand Ausschau nach einem schon recht verwitterten keltischen Kreuz; die Inschrift ist gerade noch lesbar: „Emma, March 13 1873". Fünf Jahre vor diesem Datum war die „Garonne of Bordeaux" an dieser Stelle im Sturm auf die Klippen geworfen worden, alle 16 Passagiere, darunter die junge Emma, ertranken.

Der Weg wird nun besser, man steigt weiter auf Treppenstufen hoch, umgeht eine große Felsformation, und bald kommt der **Leuchtturm von Tater Du** in Sicht. An diesigen oder nebligen Tagen zerreißt es einem hier das Trommelfell, denn Tater Du ist gleichzeitig ein gigantisches Nebelhorn. Der Leuchtturm bleibt links liegen, es geht durch ein grünes Gatter und an einigen Cottages entlang. Nachdem ein weiteres grünes Gatter passiert wurde, gabelt sich der Weg; der breite Pfad läuft rechts ins Landesinnere, man folge jedoch dem schmalen entlang der Küste.

Prachtvoll ist der Ausblick, den man vom **Boscawen Point** in westlicher und auch in östlicher Richtung hat. Ab dort verläuft der Pfad abwärts, bis die **St. Loy's Cove** erreicht ist.

Hier ist Vorsicht geboten, denn nun schreitet man auf riesigen, übereinandergeschichteten runden Steinen voran. Auch sollte man darauf achten, dass alles fest verpackt ist, denn wenn hier etwas zu Boden fällt, ist es in den Steinspalten unwiederbringlich verschwunden. Bei der Orientierung hilft an dieser Stelle mittlerweile ein gelber Pfeil. Um auf dem richtigen Weg zu bleiben, halte man sich jedoch so nah wie möglich am Abhang und spitze die Ohren. Nach ca. 150 m hört man unter den großen runden Steinkugeln einen **Bach** rauschen; hier begibt man sich zum Abhang, wo man einen schmalen Pfad findet, der am Bach in den Wald führt. Diese Stelle ist nicht ganz einfach zu finden, man lasse sich nicht entmutigen. Ein zusätzlicher Orientierungspunkt ist ca. 40 m vor dem Bach ein Gatter am Waldhang.

Hat man den Pfad dann gefunden, so führt nach wenigen Metern eine Brücke über das Rinnsal, und einige Schritte weiter weist ein Pfeil nach rechts in den Wald. Weiter geht es steil auf Treppenstufen bergauf. Oben angekommen, hilft ein *Stile* weiter, der Küstenpfad führt links ab, man gehe jedoch nach rechts weiter hoch in den Wald. Nach einigen Schritten zeigt ein Pfeil nach rechts, man kreuze das Bächlein erneut und gehe dann, einem weiteren Hinweis folgend, nach links weiter. Rechts und links ist der Pfad dicht bewachsen von Fuchsien, Farnen, Rhododendren, der Bach fließt links. Nachdem ein Gatter passiert wurde, führt der Weg in einen Wald. Ist die **Straße** erreicht, geht es rechts ab.

Bald trifft man linker Hand auf ein altes keltisches Steinkreuz, und wenige hundert Meter weiter stößt man rechts auf die Reste des eisenzeitlichen megalithischen **Kammergrabes von Tregiffian,** das aus dem 3. Jh. v. Chr. stammt.

Wieder einige hundert Meter weiter weist ein Hinweispfeil rechts auf ein Feld, und dort stehen die **Merry Maidens,** die fröhlichen Jungfrauen. Der Legende nach entstand dieser eisenzeitliche Steinring, als eine Reihe von Mädchen die Sonntagsruhe durch ihren Tanz störte; also wurden sie zu Stein verwandelt. Von dem Steinkreis geht es zur linken Ecke der Wiese und dort mittels eines Zaunübertritts über ein Gatter. Der Pfad führt über eine weitere Wiese auf ein Haus zu, und über einen weiteren Zaunübertritt erreichen wir wieder die Straße. Rechts verläuft ein schmales asphaltiertes Sträßchen, das mit einem Schild als Sackgasse gekennzeichnet ist und in das ein Hinweispfeil mit der Aufschrift „Menwinnion Country House“ zeigt. Man folge dem Sträßchen, und am Menwinnion

führt ein *Public Bridle Way* in den Wald. Es geht abwärts, und unten angekommen, mündet der schöne Weg wieder auf die Straße. Hier rechts ab nach Lamorna.

Wer nur die **Kurzversion** dieser Tour machen will, läuft jetzt wenige Minuten geradeaus weiter bis zum Parkplatz an der Bucht.

Kurz vor dem **Pub** 1 *Lamorna Wink*① (TR19 6XH, Tel. 01736-731566, www.lamornawinkpub.com) geht es links ein Sträßlein hinunter, das am *Post Office Cottage* vorbeiführt. Wenige Meter weiter kreuzt man einen Bach, passiert die **Old Mill** und folgt weiter der Straße. Ca. 100 m hinter der Mühle weist ein Pfeil mit dem Hinweis „Public Footpath" nach rechts.

Der ansteigende Weg ist von hohen Gräsern und Farnen bestanden. Oben angekommen, hat man einen schönen Blick auf Lamorna Cove. Ein steinerner Übertritt lässt den Wanderer auf eine Wiese, und es geht diagonal auf ein Haus zu. Ein gelber Hinweispfeil gibt die Sicherheit, auf dem richtigen Weg zu sein. Das Farmhaus bleibt links liegen, während man über den Hof geht. Man erreicht nun ein Gatter mit einem weiteren steinernen Übertritt und findet im Gebüsch verborgen einen weiteren gelben Hinweispfeil. Entlang einer Hecke geht es über eine Wiese, wieder über einen Übertritt und dann geradeaus auf ein Gatter zu. Dahinter schließt sich erneut eine Weide an, die in Richtung auf eine

Farm überquert wird. Auf der ein oder anderen Weide können Kühe grasen. Ein Zaunübertritt führt aus dem grasigen Areal heraus, ein Pfeil weist nach links. Wenige Schritte weiter geht es seitwärts an einem Gatter erneut auf eine Weide, hier wieder der Hinweis *Public Footpath,* der in Richtung auf ein weiteres Farmgebäude zeigt.

Dieser Teil der Wanderung besteht aus einer dauernden Überquerung von Wiesen und Weiden.

Entlang der Hecke geht es auf einen Übertritt zu, der den Wanderer zu einem sumpfigen Abschnitt bringt. Hält man sich hier rechts, so kann man auf ausgelegten Steinen die sehr feuchten Stellen problemlos überwinden.

Man erreicht ein Farmgebäude, ein Pfeil weist nach links; nach ca. 30 m zeigt ein Orientierungsschild nach rechts, und auf vielen Übertritten geht es zwischen einigen Farmgebäuden hindurch. Man gelangt auf ein Feld, wo ein *Standing Stone,* eine megalithische Steinsetzung, aufragt, verlässt das Feld sofort wieder über einen Stile, rund 100 m weiter passiert man über einen erneuten Übertritt ein Gatter und befindet sich nun wieder einmal auf einer Wiese, in deren Mitte ein weiterer *Standing Stone* an ganz frühe Zeiten erinnert. Wie meistens verläuft der Pfad entlang der Hecke; rechts erblickt man das Meer und die Mount's Bay; zum Küstenpfad ist es nun nicht mehr weit.

Steinerne Übertritte leiten auf die nächste Weide, die ebenfalls von einer Steinsetzung geschmückt wird, man peilt einen weiteren Übertritt an und kommt wieder auf eine Wiese. Hier beachte man den folgenden Übertritt nicht, sondern überquert dieses grasige Areal diagonal in Richtung auf das Meer, übersteigt auf einem Leiterchen die Hecke und kreuzt die kommende Weide in Richtung auf ein Haus. An einem Übertritt erkennt man einen Pfeil, der nach rechts weist. Über ein Gatter ist nun ein Weg erreicht, den es rechts ab geht. Man befindet sich nun auf dem **Küstenpfad,** wenngleich dies auf Anhieb nicht erkennbar ist, da man doch ein ganzes Stück vom Wasser entfernt ist.

Wer das Örtchen **Mousehole** im Zuge dieser Wanderung erkunden möchte, wende sich hier nach links.

Ab jetzt folgt man in südlicher Richtung dem Küstenverlauf.

Der hier breite Weg ist rechts und links von Hecken eingefasst, ein Stückchen weiter verhindern hohe Bäume für kurze Zeit den Blick auf die See. Man passiert eine **ehemalige Beobachtungsstation** der Küstenwache, und hier säumen hüfthohe Gräser den Pfad. Schnell marschiert man nun am grasbewachsenen Klippenrand entlang und hat aus einer Höhe von 60 m gute Ausblicke auf die von Möwen umschwärmten Fischerboote. Auf Stufen geht es dann abwärts, über einen Bach, danach steigt der Pfad wieder an. Nach weiteren Minuten Fußweg ist ein kleines Wäldchen erreicht. Dieser Wald ist das **Kemyel Crease Nature Reserve** und wird vom *CTNC,* vom *Cornish Trust for Nature Conservation* gehegt und gepflegt. Wieder einmal geht es dann steil bergauf, ein gelber Pfeil weist den Weg, und schneller, als man erwartet hat, ist **Lamorna Cove** erreicht.

Wanderung 4: Rund um Land's End

- **Länge:** 8,5 km, Rundwanderung
- **Dauer:** 3–4 Stunden
- **Karten:** *Ordnance-Survey*-Karten Landranger 203 (Land's End, 1:50.000) und *Pathfinder 1368, SW 32/42* (St. Ives & Penzance, 1:25.000)

Diese außerordentlich schöne Wanderung führt vorbei an Land's End, dem westlichsten Zipfel Großbritanniens, wo einige der schönsten Klippenformationen und eine grandiose Steilküste zu bewundern sind. Die Strecke ist auch für Kinder geeignet.

Wenig nördlich von Trevescan liegt der kleine Weiler **Sennen** (Ausschilderung „Sennen" und dann „Sennen Cove" folgen); man lässt den Parkplatz von Sennen Cove rechts liegen und fährt einige hundert Meter weiter zu den Stellplätzen von **Sennen Harbour.** An dem Toilettenhäuschen weist ein Schild in Richtung Süden: „Coast Path." Auf einigen Betonstufen geht es bergauf, oben auf dem Klippenplateau des Mayon Rock, an einem kleinen **Beobachtungstürmchen,** hat man schöne Ausblicke über den Strand von Sennen Cove und über das türkisblaue, tief unten brandende Meer. Dieser Klippenabschnitt bis kurz vor Land's End wird vom *National Trust* umsorgt und gehört mit zu den schönsten von ganz England. Tief unten im Meer ragt die **Irish Lady** aus den Fluten, ein großer Steinblock, der fragil auf einer Felsspitze sitzt. Kurz vor Land's End dann passiert man eine weitere Steinklippe im Meer, die den skurrilen Namen **Dr. Syntax's Head** trägt, und nahebei sieht man die weißen Gebäude von **Land's End.**

„The romance of Land's End has all but vanished under commercial pressure", beklagt ein englischer Reiseführer zu Recht. Vor wenigen Jahren wurde das Gelände zum Kauf angeboten; der *National Trust,* dem das umliegende Küstenareal gehört, bot mit, rief dann zu einer nationalen Spendenaktion auf, doch alles nützte nichts, Land's End fiel in die Hände von Finanzspekulanten und wurde weitestgehend kommerzialisiert.

Um so mehr freut man sich, auf dem Areal von Land's End angekommen zu sein, ohne ein saftiges Eintrittsgeld bezahlt zu haben – und das völlig legal, denn das am Auto-Kiosk teuer erstandene Ticket berechtigt u.a. für die Multimedia Show „The Last Labyrinth". Die Natur an Land's End dagegen ist kostenlos. So kann man z.B. von einer Hängebrücke in die Nistplätze der **Seevögel** an einer Steilklippe hineinschauen. Nahebei bieten Mitglieder der *RSPB* – das ist die *Royal Society for the Protection of Birds* – Besuchern mit ihren starken Teleskopen einen Blick auf die unermüdlich ihren Namen *Kittiwake, Kittiwake* rufende Dreizehenmöwe. Man erkennt den rasant fliegenden Tordalk *(Razorbill),* die Sturmschwalbe *(Storm Petrel)* und der große Sturmtaucher *(Great Shearwater)* segeln durch die Lüfte.

Auf der Terrasse des dortigen Restaurants kann man in Ruhe etwas trinken oder Snacks zum Lunch essen.

In der Ferne, in Richtung Amerika, erkennt man die **Longship-Klippen** mit dem gleichnamigen Leuchtturm, der den Schiffen den sicheren Weg in den Englischen Kanal weist. Nahebei strandete 1967 der Öltanker „Torrey Canyon“. Das Schiff lief auf Grund, brach auseinander, Tausende von Tonnen an Rohöl flossen aus und vernichteten die Flora und Fauna dieses Küstenstreifens.

Nun geht es weiter entlang dem Küstenpfad, und man erreicht nach einigen Minuten Fußweg das weiße **Greeb Cottage;** hier grasen Schafe, Ziegen und Rindviecher, die von den Kindern sicher gern gestreichelt werden. Ein Hinweisschild mit der Aufschrift „Coastal Path“ weist die Richtung, die auch ohne Wegepfeil leicht zu erkennen wäre.

Im Wasser halten der Felsensplitter **Armed Knight** und der Bogen **Enys Dodnan** stoisch dem Ansturm der Wellen stand, prachtvoll ist die Küstenlinie mit dem tief unten brandenden Meer.

An der Felsenklippe **Carn Cheer** hat der Hobbyfotograf den besten Standort für ein Sonnenuntergangsfoto: im Vor-

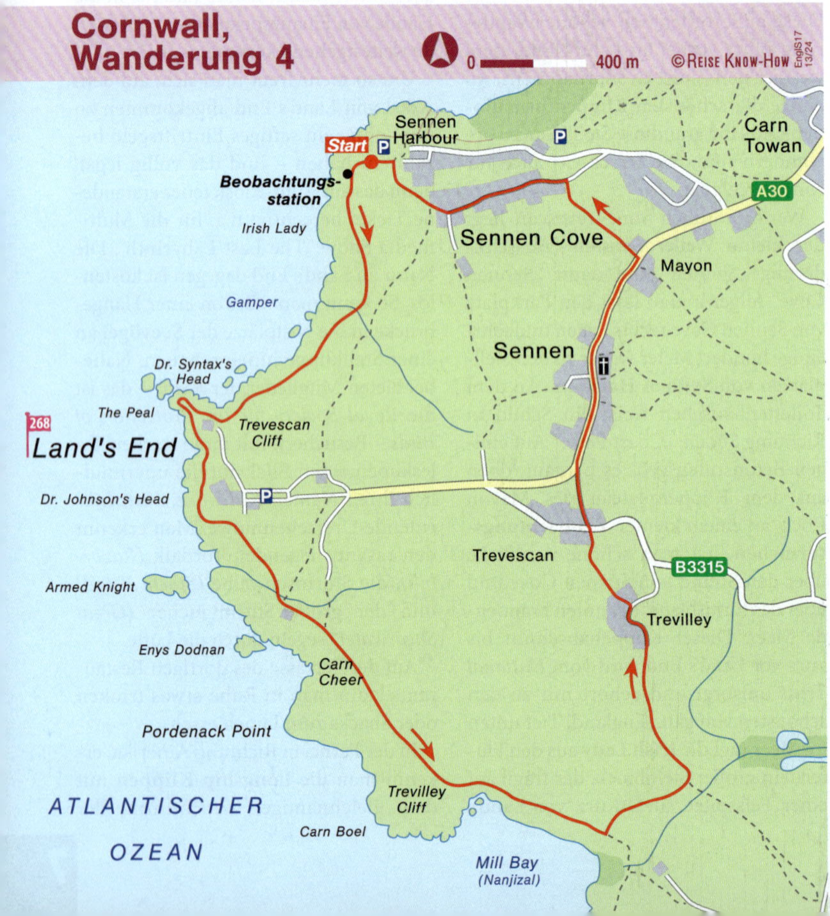

dergrund steht der Torbogen Enys Dodnan, dann kommt die Klippe Armed Knight, und in der Ferne folgt Longships mit dem Leuchtturm, alles übergossen vom roten Licht des Sonnenuntergangs.

Vorbei am **Trevilley Cliff** erreicht man die weite **Mill Bay,** und hier führt der Pfad in rund 40 m Höhe direkt am Klippenrand entlang. Unten in der Bucht liegen mächtige Steinbrocken, gegen die die brandende Flut donnert, die dann in Gischtwolken übergeht.

Geradeaus sieht man auf einem Hügel ein weißes Haus. Während man dessen Besitzer um die unvergleichliche Aussicht beneidet, läuft man leicht an einer wichtigen Abzweigung vorbei und hat alsbald Probleme mit der Orientierung. Also: Am Ende von Mill's Bay führen Treppenstufen nach unten, und dann

Wegweiser bei Land's End

überquert man auf einer kleinen Brücke ein in die See fließendes Bächlein. Hier ist man bereits falsch und zu weit gegangen. Dort, wo die Treppenstufen nach unten geleiten, führt linker Hand ein kaum sichtbarer, bis in Hüfthöhe von Gräsern überwachsener Pfad sehr steil die Hügelschulter hinauf. Nach ca. 750 m endet der Pfad an einem steinernen *Stile*, der auf ein Feld leitet, und vor sich sieht man in der Ferne den Kirchturm von Sennen – die weitere Richtung ist damit klar, und ergibt keine Orientierungsschwierigkeiten. Man überquert die Wiese und hält auf die gegenüberliegende linke Ecke zu, wo eine Lücke in der Steinmauer auf die nächste Weide führt. Hier spaziert man auf die Hecke zu und gelangt an ein Gatter. Nachdem dieses passiert ist, läuft man halb links wieder auf eine Hecke zu und folgt dieser. Nach einigen Metern kommt wieder der Kirchturm von Sennen in Sicht, der zwischenzeitlich einmal aus dem Blickfeld verschwunden war. Es geht durch einen Farmhof, kurze Zeit später durch einen weiteren Bauernhof, und dann gelangt man an eine dritte Farm. Deren Hof betritt man mittels eines steinernen Übertritts lässt das Farmgebäude links liegen und passiert auf Treppenstufen ein Gatter.

Es geht geradeaus weiter am Wiesenrand entlang, rechts verläuft eine Mauer. Der Pfad führt vorbei an einem verwitterten mittelalterlichen **Steinkreuz,** über einen steinernen Übertritt und nun auf ein **kleines Cottage** zu. Dort angekommen, geht man durch den Garten des kleinen Häuschens steht auf der Straße und spaziert geradeaus weiter, dem **Hinweisschild** mit der Aufschrift „Sennen" folgend. Die Richtung ist ohnehin klar, erkennt man nun zum Greifen nahe den Kirchturm des Örtchens. Vorbei am Pub *Wrecker's Inn,* und dem *The First And Last Inn* von 1643, erreicht man die **Kirche von Sennen,** deren erste Gründung auf das Jahr 520 zurückgeht. Schließlich erreicht man rechter Hand ein kleines Lebensmittelgeschäft, gegenüber geht ein Pfad nach links ab (ausgeschildert „Public Footpath Sennen Cove"), der zurück nach **Sennen Harbour** führt.

Wanderung 5: Porthcurno und Porthgwarra, das Minack Theatre und St. Levan's Church

- **Länge:** 6,5 km, Rundwanderung
- **Dauer:** 2½–3 Stunden
- **Karten:** Ordnance-Survey-Karten *Landranger 203 (Land's End, 1:50.000)* und *Pathfinder 1368, SW 32/42 (St. Ives & Penzance, 1:25.000)*

Der Weiler **Porthcurno** liegt ca. 3 km südöstlich von Land's End; hier kann am großen Strand-Parkplatz das Auto abgestellt werden. Von den Stellflächen aus führt ein Fußweg zum Strand (gegenüber von dem kleinen Café, Hinweispfeil „Public Footpath to Porthcurno Beach"), der sich nach einigen Metern gabelt, links geht es ans Meer, nach rechts weist ein Schild mit der Aufschrift „Minack Theatre" den Weg. Der Pfad steigt bald steil nach oben an, und während man keuchend bergan wandert, kann man mit einem Blick zurück den von Felsen eingefassten, geschwungenen weißen Sandstrand von Porthcurno im türkisblauen Meer sehen. Oben auf der Klippe angekommen, darf man auf einen Besuch im **Minack Theatre** nicht verzichten (→ Exkurs S. 266).

Gegenüber vom Haupteingang des **Freilufttheaters,** auf der anderen Seite des Parkplatzes, leitet ein *Kissing Gate*, ein Sicherheitsschwingtor, wieder auf den Wanderpfad. Dieser schlängelt sich erst nach unten, dann aber rasch wieder steil aufwärts. Nach einigen ausgreifenden Schritten erreicht man eine Kreuzung, und hier geht es links ab. Oben angekommen, ist die im Besitz des National Trust befindliche Landspitze **Rospletha Cliff** erreicht; der alte kornische Name lautet *Pedn-mên-an-mere.* Unnötig zu sagen, dass die Aussicht wieder einmal traumhaft schön ist. Rund 80 m hoch steht man hier über dem Meer.

Treppenstufen führen von der Klippe hinunter zu einem kleinen geschützten Sandstrand, der den Namen **Porth Chapel** führt. Auf einer hölzernen Brücke überquert man einen in das Meer plätschernden Bach, und ab hier geht es steil aufwärts. An einer Kreuzung nimmt man die links hochgehenden Treppenstufen, ein gelber Pfeil dient der Orientierungssicherheit. Oben auf der Klippe **Carn Barges** hat man prachtvolle Ausblicke. Schaut man ins Landesinnere, so erkennt man den Kirchturm von St. Levan.

Der Pfad folgt für einige hundert Meter hoch über dem Meer der Küstenlinie und führt dann nach unten zum Weiler **Porthgwarra.** Am 14. März 1905 wurde die „Khayber" im Sturm auf die Klippen von Porthgwarra geworfen. Von den 26 Besatzungsmitgliedern konnten sich nur drei Matrosen retten; die anderen fanden auf dem Kirchhof der St. Levan's Church ihre ewige Ruhe.

Eine Telefonzelle markiert das Zentrum von Porthgwarra, und hier weist ein Schild mit der Aufschrift „Coastal Footpath" den weiteren Weg. Treppenstufen führen nach oben, und dort geht es vorbei am **Hella Point.** Zwei große *Daymarks*, Landmarkierungen, warnen die Schiffe auf dem Meer. Wenn es diesig ist oder Nebel aufzieht, dann hört man das kräftige Nebelhorn der 1,5 km vor der Küste im Meer verankerten Runnel-Stone-Boje.

Der Weg gabelt sich nun; ist man mit Kindern unterwegs, so nimmt man die rechte Abzweigung, ansonsten spaziert man weiter entlang der Klippe und passiert dabei **Gwennap Head.** Ein Stückchen weiter kommt man an einem tiefen Loch vorbei, dessen Gefährlichkeit man zuerst gar nicht erkennt; hier geht es 50 m tief in die See. Zwischen diesem Kamin rechts und dem Abgrund links verläuft fester Fels, und so passiert man diese Stelle. Schnell ist nun eine **Beobachtungsstation** von *Her Majesty's Coast Guard* erreicht (hier treffen die beiden Pfade zusammen), von wo man im Norden die weißen Häuser von Land's End erkennt.

Weiter folgt man dem Weg um eine kleine, steinige Bucht, und dann geht es steil bergauf. Nach einigen Minuten erreicht man einen Durchbruch in einer Mauer; weit in der Ferne grüßt der Glockenturm der Kirche von Sennen, der auch bei Wanderung 4 ein Wegweiser ist. Hinter der Mauer gabelt sich der Weg; geradeaus geht der Küstenpfad weiter nach Land's End und Sennen, man biege jedoch rechts ab. Wenige Schritte nur und ein Felsen kommt in den Blick, dessen oberer Teil einem Adlerkopf ähnlich sieht. Der Weg strebt fort von der Küste und hinein ins Landesinnere, auf ein graues Haus in der Ferne zu. An einer weiteren Gabelung hält man sich an die rechte Abzweigung und trifft bald auf einen breiten Weg, den es rechts ab geht. Linker Hand sieht man in einiger Entfernung eine Cottage-Ruine. Durch ein Gatter schreitend, spaziert man an dem grauen Haus vorbei, das schon aus der Entfernung der Orientierungspunkt war. Einen Steinwurf weiter ist die Farm **Arden Sawah** erreicht, hier biege man links in einen Betonweg ab, der zur Asphaltstraße führt.

An der Straße richte man sich nach rechts und sieht ein Schild mit der Aufschrift „To Porthgwarra Beach". Vorbei an den Farmgebäuden, geht es auf Porthgwarra zu. Nach ca. 200 m weist in einer Rechtskurve ein Pfeil „Public Foopath" nach links; hier sieht man, was passiert, wenn ein Wanderweg einige Jahre nicht mehr benutzt wird: Der Pfad ist nur noch zu erahnen, hohe Dornenbüsche machen ein Durchkommen unmöglich.

100 m weiter die Straße hinunter ist das Wort *Slow* auf den Asphalt gepinselt, und man folge hier dem nach links weisenden Pfeil mit der Aufschrift „Public Footpath". Über einen Mauerübertritt gelangt man auf eine Wiese und spaziert entlang der Hecke, die man rechts von sich lässt. Auf der nächsten Weide lässt man die Hecke nun linker Hand liegen. In der Ferne zeigt der Kirchturm von **St. Levan** die Richtung. Über etliche Wiesen und Weiden, die man auf Übertritten erreicht und auch wieder verlässt, sowie durch Gatter passiert, gelangt man zu dem kleinen Gotteshaus mit dem Kirchhof.

962es vc ©Matthew Jessop

Auf dem Rückweg passiert man ein *Cattle Grid*, und ein Pfeil weist geradeaus. Es geht über ein Feld, ein Zaunübertritt hilft über ein Hindernis, und man hält auf einige Häuser in der Ferne zu. Mitten auf der Wiese steht ein keltisches **Steinkreuz.** Man verlässt sie durch ein *Kissing Gate.*

Es geht durch eine Häuseransammlung und dann rechts die asphaltierte Straße hinunter. Am Parkplatz des *Marina Lodge Hotels* kommt man heraus und schreitet die Straße nach links hinunter. Schon ist man am Strand-Parkplatz von Porthcurno wieder angekommen.

Bucht bei Porthgwarra

Bodmin Moor | 321
Boscastle | 320
Bude | 324
Camelford | 320
Morwenstow | 325
Newquay | 312
Padstow | 315
Pencarrow House and Gardens | 317
Tintagel | 318

707es fk

8

Nördliches Cornwall

» Die Nordküste ist ein Paradies für Surfer, während Wanderlustige im Bodmin Moor auf ihre Kosten kommen.

‹ Steinformation im Bodmin Moor

Nördliches Cornwall

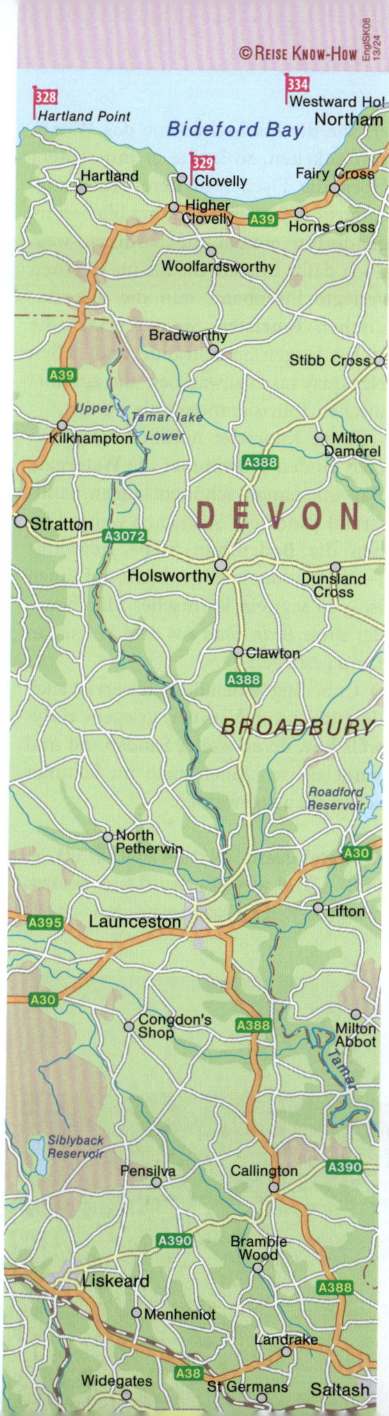

NÖRDLICHES CORNWALL

Hohe Klippen, brandende Fluten, Gischtwolken und Surferdörfer. Dazu die vermeintliche Burg von König Artus, das vermutliche Camelot und ein verschwiegenes Moor – das nördliche Cornwall ist eine Welt für sich.

NICHT VERPASSEN!

- **Padstow,** atmosphärenreicher Fischerort mit gastronomischen Höhepunkten und berühmter Kirche | 315
- **Boscastle,** Fischerdörfchen mit einem Hexereimuseum | 320
- **Bodmin Moor,** karge Landschaft und Hintergrund für den Daphne DuMaurier-Roman „Jamaica Inn" | 321

Diese Tipps erkennt man an der gelben Markierung.

Newquay

– Das Seebad für Surfer

Newquay ist das **größte Seebad Cornwalls** und bietet eine Vielzahl von Restaurants sowie ein paar Museen, einige Freizeitparks und verschiedene Amüsierbetriebe. Außerdem gibt es in der Nähe **Trerice Manor,** ein schönes Herrenhaus mit Garten aus dem 16. Jahrhundert.

Newquay ist beliebt bei **Surfern,** die hier beste Bedingungen vorfinden. Am Fistral Beach wurden schon die *World Surfing Championships* ausgetragen.

Der kleine Hafen zeigt, dass Newquay einmal ein verschlafenes Fischernest war. Hier steht die **Huer's Hut** („Hütte/Haus des Huer", abgeleitet von *Hue,* was soviel wie „zetern", „Geschrei veranstalten", „Getöse machen" bedeutet). Der Huer war in den vergangenen Jahrhunderten während der **Sardinenfänge** der wichtigste Mann des Ortes. Er hockte Tag und Nacht oberhalb des Meeres und beobachtete die Wasseroberfläche. Sah er, wie die Fischschwärme das Wasser verdunkelten, so lenkte er mit seinem Horn die Fischer in deren Richtung. Aufgrund der Überfischung blieben irgendwann einmal die Sardinen weg, doch dafür brachte die bis ins Örtchen verlegte Eisenbahn nun die viktorianischen **Touristen.** Sie entdeckten die vielen langen Sandstrände und ließen Newquay rasch anwachsen und zur kornischen Touristenmetropole werden.

Einige Kilometer nördlich von Newquay finden Schwimmer die **Watergate Bay** mit einem schönen langen Sandstrand. Noch ein Stückchen weiter lohnen die **Bedruthan Steps,** gewaltige Felsformationen, einen Blick; auf ihnen ist – so sagt ein kornisches Märchen – der Riese *Bedruthan* aus dem Wasser an Land gestiegen.

Unbedingt einen Besuch wert ist auch die südlich von Newquay gelegene **Holywell Bay,** deren weiter Sandstrand und vorgelagerte Dünen auch im Sommer selten allzu voll werden.

■ **Pirate's Quest,** St Michaels Road, TR7 1RA, Tel. 01637-873379, www.piratesquest.co.uk, hier kann man in die Welt der Piraten eintauchen – es gibt

965es vc ©Matthew Jessop

auch „echte" Piraten, die einen durch das Cornwall des 18. Jh. führen, Mitte Feb.–Ende Okt. 10–16 Uhr. Karten gibt es immer nur für eine bestimmte Einlasszeit und man sollte diese deshalb unbedingt vorbestellen. Erwachsene 11,50 £, Kinder (3–15 J.) 7,95 £.

Newquay Zoo, Trenance Park, TR7 2LZ, Tel. 01637-873342, www.newquayzoo.org.uk, Apr.–Ende Okt. tägl. 10–17, Ende Okt.–März 10–16.30 Uhr (letzter Einlass jeweils 30 Minuten vor Ende), Erwachsene 16,35 £, ermäßigt 13,90 £, Kinder (3–15 J.) 12,30 £, Familien 51,45 £, günstiger bei Online-Buchung. Zoo in einem tropischen Garten mit Tropenhaus.

Blue Reef Aquarium, Towan Promenade, TR7 1DU, Tel. 01637-878134, www.bluereefaquarium.co.uk, Apr.–Okt. tgl. 10–17, Nov.–März tgl. 10– 16 Uhr, Erwachsene 13,75 £, ermäßigt 12,75 £, Kinder (3–12 Jahre) 10,75, Familien 47 £. Haie, Kraken, ein Unterwassertunnel u.v.m.

■ **Trerice Manor,** Kestle Mill, TR8 4PG, Tel. 01637-875404, www.nationaltrust.org.uk/visit/cornwall/trerice, März–Okt. tgl. 10.30–16.30, Nov./Dez. Sa/So 11–16.30 Uhr, Jan./Feb. geschlossen, Erwachsene 13 £, Kinder 6,50 £, Familien 19,50–32,50 £, *National Trust*-Mitglieder frei. Ein original elisabethanisches Herrenhaus mit großer Halle, draußen kann man die moderne Version eines traditionellen Knotengartens bewundern.

Praktische Tipps

Tourist Information

■ **Municipal Offices,** Marcus Hill, TR7 1BD, Tel. 01637-838516, www.visitnewquay.org.

☒ Newquay und Fistral Beach

Unterkunft

7 **Harbour Hotel**④-⑤, North Quay Hill, TR7 1HF, Tel. 01637-873040, www.harbourhotel.co.uk. Hotel in historischem Kornspeicher etwas oberhalb vom Hafen, alle Zimmer mit Aussicht und Balkon.

1 **The Headland Cornwall**⑤ Fistral Beach, TR7 1EW, Tel. 01637-872211, www.headlandhotel.co.uk. An drei Seiten vom Meer umgeben, am Fistral Beach gelegen, Haus aus der viktorianischen Ära.

3 **Esplanade Hotel**③, Esplanade Road, TR7 1PS, Tel. 01637-873333, www.esplanadehotelnewquay.co.uk. Oberhalb des Fistral Beach.

■ **Bed and Breakfast:** 12 *Gecko's Rest*③, 77 Mount Wise, TR7 2BP, Tel. 01637-876781, www.geckosrest.co.uk, freundliches Haus mit fünf Zimmern etwas oberhalb des Stadtzentrums, das man in wenigen Minuten zu Fuß erreicht; 9 *Cliff House* ③, 61 Fore Street, TR7 1HA, Tel. 01637-876869, www.cliffhousenewquay.com, wie der Name schon andeutet, nah am Meer mit schönem Ausblick.

5 **Jugendherberge:** *Newquay International Backpackers Hostel*①, 69 Tower Road, TR7 1LX, Tel. 01637-879366, www.backpackers.co.uk.

■ **Camping:** 13 *Hendra Holiday Park,* TR8 4NY, Tel. 01637-875778, www.hendra-holidays.com. Von der A 30 auf die A 392, Newquay ist ausgeschildert. Bei Quintreel Downs über den Kreisverkehr, nach 750 m linker Hand, hervorragender Platz mit allen Einrichtungen und Schwimmbad; 14 *Newquay Holiday Park,* TR8 4HS, Tel. 0344-3356796. Von Bodmin auf der A 30 hinter der niedrigen Brücke nach rechts Richtung *RAF*/St. Mawgan, dann auf der A 3059 Richtung Newquay, Platz nach dem *Treloy Golf Club,* Freibad und andere Unterhaltungsmöglichkeiten vorhanden.

Essen und Trinken

4 **Lewinnick Lodge**②, Pentre Headland, TR7 1QD, Tel. 01637-878117, www.lewinnicklodge.co.uk, das Restaurant liegt hoch über den Klippen des

Newquay

Pentire Headland, und man speist mit herrlichem Blick auf das Meer. **Zimmer**④ werden hier auch vermietet.

2 The Fish House Fistral②, Headland Road, TR7 1EW, Tel. 01637-872085, www.thefishhousefistral.com, hervorragende Gerichte mit Fisch und Seefrüchten, aber auch vegane Speisen.

6 The Red Lion②, North Quay Hill, TR7 1HE, Tel. 01637-872195, www.pubanddining.co.uk/red-lion-newquay, oberhalb des Hafens gelegen, Pub mit guter Aussicht auf die Kaianlagen und die Stadtstrände, Speiseangebot: vor allem Burger, Steaks und *Fish'n'Chips*.

8 The Fort Inn②, 63 Fore Street, Newquay, Cornwall TR7 1HA, Tel. 01637-875700, www.fortinnnewquay.co.uk, ebenfalls oberhalb der Stadtstrände gelegen, hervorragende Ausblicke vom geschützten Biergarten aus, reiche Palette an Pub-Gerichten.

11 The Central②, Central Square, TR7 1EU, Tel. 01637-873810, www.thecentralnewquay.co.uk, Pub mit Biergarten am Beginn der verkehrsberuhigten Fußgängerzone, man kann hier auch gut essen.

Einkaufen

10 Saltrock, 56 Fore Street, TR7 1LW, www.saltrock.com, das kornische Surfer-Label, 1988 gegründet, ist für seine hochwertige Outdoor-Mode bekannt und beliebt.

15 Roo's Beach, Alexandra Road, Porth, TR7 3NB, www.roosbeach.co.uk, dieser Laden gegenüber dem Strand von Porth verkauft „nettes Zeug für tolle Leute", wozu unter anderem Mode, Haushaltswaren und Geschenkideen gehören. Im dazugehörigen *Coffee Hut* gibt es Kaffee und Kuchen *to go.*

Aktivitäten

Es gibt etliche **Surfschulen** in Newquay. Empfehlenswert sind:

- **Wavehunters,** Watergate Bay, TR8 4AA, Tel. 01637-860840, www.wavehunters.co.uk, Sessions für Anfänger 45 £ für 2 Std., auch Stand-Up-Paddeln.
- **English Surf School,** Towan Promenade, Towan Beach, TR7 1DU, Tel. 01637-879571, www.englishsurfschool.com, 2 Std. Surfunterricht 45 £.

Verbindung

- **Züge** von Plymouth, Falmouth, Penzance, St. Ives.
- **Busnetz** des *National Express.*
- **Bahnhof:** abseits der Cliff Road, östlich vom Zentrum, TR7 1SE.
- **Busbahnhof:** Manor Road, nahe beim Zentrum, TR7 1JF.
- In Newquay gibt es einen **kleinen internationalen Flughafen** (NQY), www.cornwallairportnewquay.com, mit entsprechender Infrastruktur wie z.B. Autovermietungen. Newquay wird im Sommer von *Eurowings* ab Düsseldorf direkt angeflogen, www.eurowings.com.

Padstow

– Auf ins Seafood Restaurant

Weit über die Grenzen des kleinen Ortes bekannt ist das **Seafood Restaurant**④-⑤ des Starkochs *Rick Stein* am kleinen Hafen von Padstow (Riverside, PL28 8BY). Die stolzen Preise liegen zwischen 25 £ *(Fish'n'Chips)* und 62 £ (großer Hummer), für Hauptgerichte ist dies ein teurer Spaß, doch sollte man sich das lukullische Vergnügen durchaus einmal gönnen. Hinzu kommt noch, dass die Weinkarte Dimensionen hat, wie man es nur selten findet. *Rick Stein* hat sage und schreibe sechs Lokale in Padstow (und weitere in ganz Südengland): *St Petroc's Bistro*③-④ (New Street, PL28 8EA) spezialisiert auf Steaks, in *Rick Stein's Café*② (Middle Street, PL28 8AP) kann man auch frühstücken oder zum Kaffee und Kuchen einkehren, es gibt zwei Bars und die preiswerteste Variante im *Stein*-Imperium ist der Schnellimbiss *Stein's Fish and Chips*①-②(South Quay, PL28 8BL), wo man drinnen sitzen oder sich seinen Fisch mit Pommes mitnehmen kann. Das typische, aus Kabeljau *(cod)* und Pommes bestehende britische *Fast Food*-Gericht kostet dann allerdings auch hier stolze 17 £. Die Speisekarten aller Restaurants findet man auf der Website www.rickstein.com. Vorbuchen kann man in allen Lokalen, bis auf *Steins* Pommesbude, unter Tel. 01841-532700 oder online (www.rickstein.com/book-a-table).

Das *Rick-Stein-Imperium* ist aber längst nicht mehr der einzige Grund, weshalb es Feinschmecker nach Padstow zieht. So findet sich hier auch das mit einem *Michelin*-Stern ausgezeichnete **Restaurant** *Paul Ainsworth at No. 6,* sowie zwei weitere Lokale des gleichen Chefs, der ebenso wie *Stein,* oft im britischen Fernsehen zu sehen ist (www.paul-ainsworth.co.uk).

Da die engen Straßen des Städtchens den motorisierten Massenansturm nicht verkraften können, gibt es einige hundert Meter außerhalb des Zentrums einige ausgeschilderte Parkplätze. Vorbei an dem alten schmalen Hafen, in dem bei Ebbe die Fischerboote auf dem Schlick sitzen, geht es dann ins atmosphärereiche Örtchen. Bei Niedrigwasser erkennt man sehr deutlich die **Sandbank** vor der Hafeneinfahrt und die schmale ausgebaggerte Rinne, die den Zugang aufrechterhält. Glaubt man der kornischen **Legende,** so hielt eine Meerjungfrau die Hafeneinfahrt frei, bis sie eines Tages von einem jungen Mann angeschossen wurde; tödlich verletzt verfluchte sie den Ort, alsbald versandete der Hafen, und mit der wirtschaftlichen Vorrangstellung war es ein für allemal vorbei.

Am inneren Hafen sorgt ein **Schleusentor,** ein *Tidal Gate,* dafür, dass bei Ebbe das Wasser nicht abfließen kann, und so dümpeln die Bötchen und Yachten anmutig im Wasser und liegen nicht platt im schwarzen Schlick.

Hier finden sich der **Pub** *Old Custom House*② (South Quay, PL28 8BL, Tel. 01841-532359, www.oldcustomhousepadstow.co.uk) mit angeschlossenem Restaurant in einem schönen alten Gemäuer, die **Taverne** *Shipwright's Inn*② (North Quay, PL28 8AF, Tel. 01841-532451, www.shipwrightspadstow.co.uk) mit Biergarten und das *Cherry Trees Coffee House* (West Quay/The Strand PL28 8AQ, Tel. 01841-532934, www.cherrytreescornwall.co.uk), gut zum Frühstücken, für ein kleines Mittagessen und hervorragend für den Nachmittagstee und Kuchen.

Spaziert man durch die Straßen dieses typischen kornischen Fischerdorfes, so

pd 9966es

kommt man auch durch die Lanatwell Street und vorbei am uralten **Fischerpub** *The London Inn*①-② (Lanadwell Street, PL28 8AN, Tel. 01841-531129, www.londoninnpadstow.co.uk).

Wie in einer Puppenstube kommt man sich vor, wenn man zwischen Market Place und Mill Square auf dem winzigen Platz vor dem **Pub** *The Old Ship*② (Mill Square, PL28 8AE, Tel. 01841-532357, www.oldshiphotel-padstow.co.uk) sitzt und, umgeben von alten Häuschen, einen Imbiss zu sich nimmt.

Am nördlichen Ortsrand von Padstow liegt das noble Herrenhaus **Prideaux Place,** das 1592 von *Sir Nicholas Prideaux* gebaut wurde und noch heute im Besitz der *Prideaux-Brune*-Familie ist. *Rosamunde Pilcher*-Fans werden das Haus aus etlichen ZDF-Verfilmungen wiedererkennen. Es diente als Kulisse für „Verliebt, verlobt, verwirrt", „Das Gespenst von Cassley" und zwölf weitere Filme. Von Ostern bis zum Herbst können sich Besucher auf deutschsprachigen Touren über die Geschichte des Hauses und die Familie *Prideaux* informieren, wobei auch die Verbindung zu *Rosamunde Pilcher* nicht zu kurz kommt (→ Exkurs S. 318). Oft lässt sich der Schlossherr, *Peter Prideaux-Brune,* bei den Touren sehen, der übrigens selbst gern kleine Rollen bei den Filmen übernimmt. Bislang war er als Rechtsmediziner, als Gin-Verkoster und als Chauffeur zu sehen.

■ **Prideaux Place,** Tregirls Lane, PL28 8RP, Tel. 01841-532411, www.prideauxplace.co.uk, Ostern–Sept. Haus So–Do 13.30–16 Uhr, Grundstück tgl. 10.30–17 Uhr, Eintritt Haus Erwachsene 15 £, Kinder (12–16 J.) 5 £, nur Gärten Erwachsene 5 £, Kinder 2 £, deutschsprachige Touren sind im Preis inbegriffen, müssen aber vorgebucht werden.

Pencarrow House and Gardens

Schon die 1,5 km lange Zufahrt zu dem **Herrenhaus Pencarrow** am Rande des Bodmin Moor ist grandios: unzählige Rhododendren, Kamelien und bunte Hortensien blühen im Frühsommer auf und tauchen den 20 Hektar großen Landschaftspark in ein spektakuläres Farbenmeer. Das heutige Haus wurde 1771 fertiggestellt, geht aber auf eine ältere Anlage zurück, die bereits seit 500 Jahren im Besitz der Familie *Molesworth-St. Aubyn* ist, die noch immer hier wohnt. Im Haus selbst können elf Räume besichtigt werden, die auch als Kulisse für viele *Rosamunde-Pilcher*-Filme dienten. Unter anderem wurden hier „Englischer Wein", „Klippen der Liebe" und „Eine Frage der Ehre" gedreht.

Auch der große **Park** mit seinen verschlungenen Pfaden und plätschernden Bächen ist unbedingt einen Besuch wert.

■ **Pencarrow House and Gardens,** Washaway (bei Wadebridge), Bodmin, PL30 3AG, www.pencarrow.co.uk, April–Sept. So–Fr 11.45–15 Uhr, Gärten März bis Okt. tgl. 10–17 Uhr, Eintritt Haus und Gärten Erwachsene 14,75 £, Kinder (5–16 Jahre) 5 £, Eintritt nur zu den Gärten Erwachsene 8 £, Kinder Eintritt frei.

◁ Prideaux Place

Rosamunde Pilcher

Fragt man Briten, was sie von *Rosamunde Pilcher* halten, bekommt man oftmals nur ein überraschtes „Rosamunde wer?" zur Antwort. Die Autorin, die weltweit über 60 Millionen Bücher verkaufte und damit zu einer der **erfolgreichsten Schriftstellerinnen der Gegenwart** gehört, ist in ihrem Heimatland nur wenig bekannt. Die Verfilmungen ihrer Bücher aber locken schon seit langem Tausende von deutschsprachigen Fans nach Cornwall, die die malerischen Drehorte der ZDF-Adaptionen ihrer Bücher mit eigenen Augen sehen möchten.

Rosamunde Pilcher wurde 1924 in Lelant, in der Nähe von St. Ives geboren, aber zog nach ihrer Heirat 1946 nach Longforgan in Schottland, wo sie bis zu ihrem Tod 2019 lebte. Sie begann schon mit sieben Jahren zu schreiben und veröffentlichte Liebes- und Kurzgeschichten in Frauenmagazinen. Ihr großer Durchbruch kam jedoch erst mit ihrem Roman „ Die Muschelsucher", den sie mit 63 Jahren schrieb. Für ihre Fans sind die folgenden Ziele in Cornwall ein Muss:

- **Prideaux Place** (S. 317): Ein Highlight für alle *Pilcher*-Anhänger – in dem weinberankten Herrenhaus wurden 14 ihrer Bücher verfilmt.
- **Pencarrow House and Gardens** (S. 317): Auch dieses einsam gelegene Herrenhaus am Rande des Bodmin Moores diente immer wieder als Kulisse für Verfilmungen.
- **St. Michael's Mount** (S. 260): Die romantisch gelegene Felseninsel ist in den Dramen „Die Muschelsucher" und „Heimkehr" zu sehen.
- **St. Ives** (S. 280): Das malerische Fischerdorf, in dem *Pilcher* Kindheit und Jugend verbrachte, kommt in ihren Romanen immer wieder als fiktives Städtchen Porthkerries vor. In den Verfilmungen „Lichterspiele", „Stürmische Begegnungen" und „Wolken am Horizont" ist es zu sehen.

Tintagel

– König Artus' Burg

Einige Kilometer Fahrt weiter gen Norden führen in das Land von **König Artus** und nach Tintagel. Das eher unattraktive Straßendorf lebt vom Mythos des edlen Keltenherrschers. Autoren wie *Wilkie Collins, Charles Dickens, Alfred Lord Tennyson, Algernon Charles Swinborne, T. S. Eliot* und *William Morris* pilgerten nach Tintagel und reimten Sentenzen auf den mythischen Herrscher.

Daphne du Maurier schrieb: „Artus ist für Cornwall, was Theseus für Griechenland ist. Sein Mythos ist überall."

Grund für den Massenansturm ist eine **Burgruine** auf zwei Klippen hoch über dem Wasser, die seit 2019 durch eine Fußgängerbrücke mit dem Festland verbunden ist; hier soll *Artus* gezeugt worden und unter Anleitung des begnadeten Zauberers *Merlin* aufgewachsen sein. Die Besucher kümmert wenig, dass die spektakulär gelegene Burg etwa 700 Jahre nach König *Artus* gebaut wurde und davor auf dem Felsen eine keltische Klostersiedlung den Mönchen Sicherheit bot – Esoteriker lassen sich von archäologischen Fakten wenig beeinflussen.

Am Fuß des Burgberges soll – so die kornische Überlieferung – *Merlin* seine Heimstatt gehabt haben. Eine Höhle, **Merlin's Cave,** jedenfalls wird mit dem großen Magier in Verbindung gebracht. Seine Wohnung hätte dem Zauberer aber wenig Freude bereitet – die Grotte ist ein Tunnel mit Verbindung zum Meer. Bei Flut zwängen sich die Wassermassen hinein und überfluten alles.

Nahe bei Tintagel, unter dem Erdwall von Bossiney Mound, soll **Artus' runder Tisch** vergraben sein, um den sich die Tafelrunde einst zwanglos gruppierte. Jedes Jahr zur Mittsommernacht, so behaupten die Bewohner, steigt er aus der Erde empor und erleuchtet mit seinen Strahlen für kurze Zeit die dunkle Nacht. Dann versinkt er wieder im Boden. Wenn das Ende der Welt jedoch kommt, wird er aufsteigen zum Himmel, und alle Heiligen werden um ihn herum sitzen. Tatsächlich wollen die Bewohner von Bossiney Mound alljährlich zur Mittsommernacht ein unerklärliches Licht, ein Glühen, an einem Fenster ihrer Kirche sehen. Darauf angesprochen sagte ein „Zeuge" dieses Naturereignisses: „Wir wissen, dass wir etwas gesehen haben. Ich glaube immer, es hat etwas mit der Legende zu tun. Warum sonst zur Nacht? Warum so nah am Hügel?"

Natürlich spiegelt sich die Verbindung zu der Legende auch im Namen vieler Dienstleistungen wider. So gibt es einen *Merlin Gift Shop*, den Pub *King Arthur's Arms* und ein *Avalon Guest House.*

Verpassen sollte man allerdings nicht das über 600 Jahre alte **Tintagel Old Post Office.** Das unter der Last seines Schieferdaches ächzende mittelalterliche Bauernhaus hatte in viktorianischer Zeit auch eine Lizenz als Postamt, daher der Name. Neben Postutensilien aus dem

Die Legende der Burg Tintagel

Auf Burg Tintagel hatte *Gorlois,* der Herzog von Cornwall, seine schöne Frau *Igraine* vor den Nachstellungen des liebestollen Königs *Utherpendragon* in Sicherheit gebracht. Und das kam folgendermaßen: Nach dem Sieg des *Utherpendragon* über die Angelsachsen lud der König all seine Vasallen zu einem großen Fest ein. Als er die schöne *Igraine* erblickte, war es um ihn geschehen; seine Diener mussten nur noch für *Igraine* da sein, er ließ ihr die Platten mit den schmackhaftesten Speisen und Krüge mit den besten Weinen reichen, sprach nur mit ihr und heftete seine Augen mit Liebe auf ihren anmutigen Körper. Der mittelalterliche Artus-Erzähler *Malory* fackelt nicht lange und bringt die Sache auf den Punkt: „Dem König gefiel die Dame sehr, und er wollte das Lager mit ihr teilen." Daraus wurde jedoch nichts, der Herzog und seine Gattin verließen das Gelage, und *Gorlois* brachte *Igraine* in die Sicherheit von Tintagel. *Utherpendragon,* der über den unerlaubten Weggang der beiden erzürnt und in seiner Ehre gekränkt war, überzog Cornwall mit Krieg. *Gorlois* hatte sich, um seine Gattin nicht zu gefährden, im 10 km entfernten Castle Dameliock verschanzt. Im König pochten die Hormone recht mächtig. „Sag mir, wie ich mein Verlangen stillen kann", bittet er seinen Freund *Ulfin,* „sonst tötet mich die Leidenschaft, die mich überfiel." *Ulfin* weiß Rat und schickt den liebestollen König zu *Merlin,* der ihm mit einem Zaubertrank die Gestalt von *Gorlois* gibt und demzufolge kühn prophezeien kann: „Noch in dieser Nacht werdet Ihr in der Burg Tintagel bei Igraine liegen." So geschah es, und neun Monate später wurde *Artus* auf Tintagel geboren.

19. Jh. und Möbeln, die bis ins 16. Jh. zurückreichen, hat das Haus auch noch einen netten Garten.

■ **Tintagel Castle,** Castle Rd, PL34 0HE, www.english-heritage.org.uk/visit/places/tintagel-castle, April–Okt. tgl. 10–18, Nov./März Mi–So 10–16, Dez.–Feb. Sa/So 10–16 Uhr, Eintrittspreise variieren je nach Saison und Wochentag, Erwachsene 19,50 £, ermäßigt 17,20 £, Kinder (5–17 J.) 11,80 £, Familien 31,30–50,80 £, günstiger bei Online-Vorausbuchung, *English Heritage*-Mitglieder frei.

■ **Tintagel Old Post Office,** Fore Street, PL34 0DB, Tel. 01840-770024, www.nationaltrust.org.uk/visit/cornwall/tintagel-old-post-office, April–Sept. tgl. 10.30–17.30, März/Okt. tgl. 11–16 Uhr, Erwachsene 7 £, Kinder 3,50 £, Familien 10,50–17,50 £, *National Trust*-Mitglieder Eintritt frei.

Boscastle

– Kleiner geht's nimmer

Folgt man der Bossiney Road (B 3263) entlang der Küste in nordöstliche Richtung, so erreicht man das **Hafenörtchen** Boscastle mit seinem 1584 angelegten Hafen, in dessen Nähe ein murmelnder Bach ins Meer fließt. Es war früher berüchtigt als Schmugglerhochburg und ist heute im Besitz des *National Trust.*

Das **Museum of Witchcraft and Magic** hat die nach eigenen Angaben größte Sammlung von Objekten rund um Hexerei, Magie und Hexenglauben.

■ **Museum of Witchcraft and Magic,** The Harbour, PL35 0HD, Tel. 01840-250111, www.museumofwitchcraftandmagic.co.uk, April–Okt. tgl. 10–16.30 Uhr, Erwachsene 7 £, Kinder (6–17 J.) 5 £.

Am Ortseingang lockt der **Pub** *Napoleon Inn*② (High Street, PL35 0BD, Tel. 01840-250204, www.napoleoninn.co.uk), der in einem schönen alten Gemäuer aus dem 16. Jh. untergebracht ist. Am Fluss sollte man im *Riverside Restaurant*② (The Bridge, PL35 0HE, Tel. 01840-250216, www.riversideboscastle.co.uk, auch vegetarische, vegane und glutenfreie Gerichte) oder im **Café** *The Good Stuff*①-② (The Harbour, PL35 0HD, Tel. 07894-069006, www.thegoodstuffcafe.co.uk) einkehren. Auch sehr empfehlenswert ist das **Restaurant** *Rocket Store*②-③, das den Tagesfang vom eigenen Boot sowie Fleischgerichte vom eigenen Bauernhof auftischt (Boscastle Harbour, PL35 0HD, Tel. 01840-250310, www.therocketstore.co.uk).

Camelford

– Das Camelot von König Artus?

Wahrscheinlich stammt der Name des kleinen Dorfes von einer nahegelegenen Furt im Fluss Camel. Vielhundertjährige Spekulationen siedeln hier aufgrund der Namensähnlichkeit König *Artus*' Burg Camelot mit der Tafelrunde an. Hinzu kommt, dass nicht sehr weit entfernt Slaughter Bridge liegt, wo *Artus* seine letzte Schlacht schlug. Dennoch beruht die Gleichsetzung von Camelot und Camelford auf einem Lesefehler des im 16. Jh. lebenden Topografen *Carew.* Nicht weit entfernt von Slaughter Bridge liegt ein großer Granitstein mit der kaum noch lesbaren lateinischen Aufschrift „Hier liegt Latinus, der Sohn des Magarus, begraben". *Carew* entzifferte die letzten, schwer erkennbaren Buchstaben als *ATYR* und interpretierte sie mit großem Wunschdenken und unter Auslassung des Sinngehalts der Inschrift als eine veränderte Schreibweise von *Artus*. Also stand für ihn fest, dass *Artus* hier seine Spuren hinterlassen hatte.

Im Bodmin Moor

– Auf dem Weg zum Jamaica Inn und zum Schwert Excalibur

MEIN TIPP: Bekannt ist das Bodmin Moor vor allem durch den 1936 erschienenen **Roman „Gasthaus Jamaika"** (Originaltitel: „Jamaica Inn") von *Daphne du Maurier*, der mehrmals verfilmt wurde, zuerst 1939 von *Alfred Hitchcock* (deutscher Titel u.a.: „Riff Piraten – Die Taverne von Jamaika") und in einem von der *BBC* 2014 in Großbritannien ausgestrahlten Fernsehmehrteiler. Die Gaststätte, die dem Roman den Titel gab, existiert wirklich und ist mittlerweile natürlich eine Touristenattraktion. *Mary*, die Protagonistin des Romans, erlebt die Landschaft folgendermaßen: „Die Moorstriche waren noch wilder, als sie gedacht hatte. Wie eine ungeheure Wüste wogten sie von Osten nach Westen, mit Radspuren da und dort an der Oberfläche, und große Hügel unterbrachen die Horizontlinie. Wo sie endeten, wurde ihr nicht klar. Nur einmal, weit im Westen, als sie die höchste Felszacke hinter dem Haus erklommen hatte, erblickte sie als einen Silberschimmer die See. Es war eine schweigsame, verlassene Gegend, aber gewaltig und von Menschenhand unberührt. Auf den hohen Felsblöcken standen aneinandergelehnt die Steinplat-

☐ Farbenfrohes Schild am „Jamaica Inn"

968es vc ©Matthew Jessop

ten als seltsame Formen und Gestalten, wuchtige Schildwachen, die da aufragten, seit die Hand des Schöpfers sie einst geschaffen hatte. Einige sahen aus wie riesige Möbel, ungeheure Stühle und schiefe Tische. Manchmal lag von den kleinen, zerbröckelnden Steinen einer auf dem Gipfel eines Hügels, der selbst schon ein Gigant war, dessen ruhende Gestalt die Heide und das derbe, buschige Gras überdunkelte. Große, lange Steine standen weit zurückgelehnt und schienen wunderlich zu schwanken, als überließen sie sich dem Wind. Und da gab es flache Altäre, deren glatte und glänzende Flächen gen Himmel schauten, auf Opfer wartend, die niemals kamen. Wilde Schafe lebten auf diesen Felsklippen, und auch Raben waren da und Bussarde; die Hügel waren die Heimstatt aller einsamen Dinge. Schwarze Kühe weideten unten im Moorland; behutsam schritten sie auf dem festen Grund. Ihr angeborenes Wissen hielt sie von dem verführerischen Grasboden zurück, der in Wahrheit kein Boden war, sondern morastiger, lispelnder Sumpf."

Hier besucht *Mary* nach dem Tod ihrer Mutter die Tante, die mit dem brutalen Wirt des Gasthofs *Jamaica Inn* verheiratet ist. Dunkle Gestalten gehen in der mitten im Moor gelegenen Spelunke aus und ein, des Nachts werden im Schutze der Dunkelheit Fässer und Kisten angeliefert. Der Wirt des *Jamaica Inn* ist der Anführer einer Shipwrecker-Bande, die mit falsch gesetzten Lichtzeichen Schiffe auf die Klippen der Küste lockt, die Mannschaft umbringt und die Fracht stiehlt. Nach einem flachen Spannungs-

968es vc ©Adam Gibbard

bogen nähert sich die Geschichte dem *Happy End.*

Historisch richtig ist die Tatsache, dass Pubs Anlaufstellen für Schmuggler und Strandräuber waren. Nirgendwo ließ sich geschmuggelter Alkohol sicherer unter die Leute bringen als in einer Taverne, und welches normale Haus hatte schon so große Keller zur Lagerung der Fässer. Es gab Dörfer an der Südküste, wo die gesamte Bevölkerung eine einzige Schmugglerbande war, und oft hieß es, dass die Frauen die Fenster mit Gin wuschen, in solchem Überfluss war der Sprit auf dem Schwarzmarkt.

Folgt man der gut ausgebauten A 30 mitten durch das Bodmin Moor, so kommt man beim Weiler Bolventor am besagten **Jamaica Inn**①-② (Bolventor, PL15 7TS, Tel. 01566-86250, www.jamaicainn.co.uk) vorbei. Das entlegene und heute unter Denkmalschutz stehende Gasthaus wurde Mitte des 18. Jahrhunderts erbaut und diente auch als Halt für Postkutschen. Warum es *Jamaica Inn* genannt wurde, ist nicht eindeutig zu beantworten: Einer Annahme zufolge heißt es so, weil Schmuggler hier den aus Jamaika importierten Rum lagerten. Ebenso kann der Name daher kommen, dass die *Trewlaney*-Familie, denen viel Land in der Gegend gehörte, im 18. Jahrhundert zwei Gouverneure in Jamaika stellten. 1930 übernachtete *Daphne du Maurier* in dem Gasthof und wurde zu ihrem gleichnamigen Roman inspiriert. Der *Jamaica Inn,* in dem man auch essen und übernachten kann, vermarktet seine Geschichte und literarische Bedeutung geschäftstüchtig: Im Pub gibt es einen *Daphne du Maurier Memory Room* mit Memorabilia, die mit der Schriftstellerin zu tun haben, und zudem ist dem Pub das kleine **Schmugglermuseum** angeschlossen.

■ **Smugglers' Museum** im **Jamaica Inn,** Bolventor, PL15 7TS, tägl. 8–21 Uhr, Erwachsene 3,95 £, ermäßigt und Kinder 2,95 £, Familien 7,95/9,95 £.

Vom Pub zweigt ein Sträßlein ab, das den Artus-Fan zum **Dozmary Pool** bringt, in dessen Tiefe **Excalibur,** das Schwert des großen Tafelrunden-Königs, ruhen soll.

Nicht weit entfernt vom See liegt **Slaughter's Bridge,** Schauplatz der Schlacht von Camlan, dem letzten Gemetzel von *König Artus.* Der **Legende** zufolge wurde hier der große Herrscher von seinem Sohn (laut einer anderen Version von seinem Neffen), dem Verräter *Mordred,* tödlich verwundet, doch *Artus* schaffte es noch, den Bösewicht mit einem letzten machtvollen Streich von Excalibur ins Jenseits zu befördern.

Im Bodmin Moor lässt es sich auch herrlich wandern. Gute **Wanderwege** findet man auf www.iwalkcornwall.co.uk/walks/near/bodmin_moor. Auch das *Bodmin Visitor Information Centre* (Shire Hall, Mount Folly Square, PL31 2DQ, Tel. 01208-76616) bietet Informationen, hier kann man zudem verschiedene kleine Wanderkarten und -beschreibungen erwerben.

Im Bodmin Moor

Bude

Erstaunt registriert man zuallererst, wie wenig touristisch Bude auf den Besucher wirkt, und das, obwohl das kleine Städtchen schon seit den Zeiten *Königin Victorias* ein kornisches Seebad ist. Lange Sandstrände, von den Gebäuden des Ortes durch einen hügeligen Dünengürtel getrennt, versprechen hervorragende **Surfer- und Schwimmerfreuden.**

Trotzdem ist Bude etwas ruhiger und verschlafener als andere Küstenorte der Region. In der im 19. Jahrhundert gebauten kleinen Burg befindet sich heute eine kleine Kunstgalerie und ein **Ortsmuseum,** das über die Geschichte von Bude und der Region informiert

■ **The Castle Bude – Heritage Centre and Gallery,** The Wharf, EX23 8LG, Tel. 01288-357300, www.thecastlebude.org.uk, tägl. 10–16 Uhr, Eintritt frei (Spenden willkommen).

Praktische Tipps

Tourist Information

■ **Bude Visitor Centre,** The Crescent, EX23 8LE, Tel. 01288-354240, www.visitbude.info.

Unterkunft

■ **Kerenza Hotel**④, Flexbury Avenue, EX23 8RE, Tel. 01288-580929, www.kerenzacornwall.co.uk, familiengeführtes Hotel mit Bar und **Restaurant**③, wenige Gehminuten vom Ortszentrum und Strand.

■ **Atlantic House Hotel**③, Summerleaze Crescent, EX23 8HJ, Tel. 01288-352451, www.atlantichousehotel.com. Oberhalb des gleichnamigen Hausstrandes von Bude, das Hotel beherbergt außerdem ein gutes **Restaurant**③.

■ **The Beach at Bude**④, Summerleaze Crescent, EX23 8HJ, Tel. 01288-389800, www.thebeachatbude.co.uk, moderne, geschmackvoll gestaltete Zimmer in einem viktorianischen Haus in unmittelbarer Nähe zum Strand, **Restaurant**③ mit großer Terrasse und Meerblick.

969es vc ©Matthew Jessop

■ **Bed & Breakfast:** *Sunrise Guest House*②, 6 Burn View, EX23 8BY, Tel. 01288-353214, ruhige Lage, fünf Min. vom Strand; *Surf Haven Guest House*②, 31 Downs View, Bude EX23 8RG, Tel. 01288-352820, www.surfhaven.co.uk, modern und frisch eingerichtete Zimmer, nur für Gäste ab 16 Jahren.

■ **Camping:** *Wooda Farm Holiday Park*①, Poughill, EX23 9HJ, Tel. 01288-352069, www.wooda.co.uk, etwa 2,5 km nordöstlich von Bude, auf der Poughill Road aus dem Ort herausfahren, dann links der Beschilderung folgen.

Essen und Trinken

■ **The Temple**②, 10 Granville Terrace, EX23 8JZ, Tel. 01288-354739, www.templecornwall.com, kleines freundliches Restaurant, in dem mit frischen Zutaten aus der Region gekocht wird.

■ **Life's a Beach**②-③, am Summerleaze Beach, EX23 8HN, Tel. 01288-355222, www.lifesabeach.info, Strandcafé und Bistro mit guter Fischküche.

Morwenstow

Nur einen Steinwurf von der Grenze zu Devon entfernt, ist Morwenstow – einige Kilometer hinter Bude von der A 39 ausgeschildert – Cornwalls nördlichster Kirchsprengel und ein Weiler am Ende der Welt. Eine Kirche, **St. John the Baptist and St. Morwenna** aus normannischer Zeit, ein ehemaliges **Pfarrhaus,** die *Rectory Farm Tea Rooms*①-② (EX23 9SR, Tel. 01288-331251, www.rectorytearooms.co.uk), der aus dem 12. Jahrhundert datierende **Pub** *Bush Inn*①-② (EX23 9SR, Tel. 01288-331242, www.thebushinnmorwenstow.com), eine kleine Farm – das ist es!

Bekannt ist der Ort in erster Linie wegen des Pfarrers **Robert Stephen Hawker:** Er lebte von 1834 bis 1874 in Morwenstow, hielt hier nicht nur die Gottesdienste ab, sondern rettete, suchte und begrub Schiffbrüchige. Im Kirchhof sind unzählige ertrunkene Matrosen begraben, u.a. jene des schottischen Segelschiffes *Caledonia,* das 1842 bei Morwenstow Schiffbruch erlitt. Zu ihrem Gedenken steht die weiße Gallionsfigur des Schiffes, die eine Frau mit Schwert und Schild in schottischer Männertracht darstellt, seit mehreren Generationen im Kirchhof. 2004 wurde die Holzfigur wegen Verrottungsschäden restauriert, im Kirchhof ist jetzt eine identische Nachbildung, das Original befindet sich in der Kirche. *Hawker* war ein Exzentriker, schrieb Gedichte und beschäftigte sich mit Cornwalls Geschichte. Das Pfarrhaus, *The Old Vicarage,* baute er selbst. Die Kamine imitieren Kirchtürme. *Hawkers* Pfarrhaus ist in Privatbesitz und nur von außen zu besichtigen.

Hawker zog sich zum Schreiben oft in eine Hütte am Meer zurück, die er aus Treibholz gebaut hatte. **„Hawker's Hut"** steht noch und gehört dem *National Trust.* Man kann hier die an der Kirche beginnende und ausgeschilderte **Rundwanderung** *(Coast Path)* zur Hütte und zurück unternehmen. Bis zur Hütte läuft man 15 Minuten, wenn man den ganzen Rundweg macht, ist man anderthalb Stunden unterwegs. Auf www.nationaltrust.org.uk kann man eine Beschreibung mit Karte als PDF-Dokument herunterladen: Geben Sie den Suchbefehl „Morwenstow walk" ein.

☒ Northcott Beach bei Bude

Bristol | 360

Burnham-on-Sea | 359

Clovelly | 329

Combe Martin | 338

Dunster | 344

Exmoor-Nationalpark | 340

Exmoor-Nationalpark ,
Auf dem Weg zum | 334

Exmoor-Nationalpark –
Glastonbury | 344

Glastonbury | 345

Hartland Point | 328

Ilfracombe | 334

Lundy Island | 337

Lynton/Lynmouth | 339

Mendips | 355

Monksilver | 345

Nether Stowey | 345

Porlock Weir | 344

Selworthy | 344

Street | 345

Wells | 349

Weston-super-mare | 356

Westward Ho! | 334

970es ENPA

9

Hartland Point – Bristol

» Tolle Hügel- und Waldlandschaften, weiße Sandstrände, attraktive historische Städte und die Kulturmetropole Bristol.

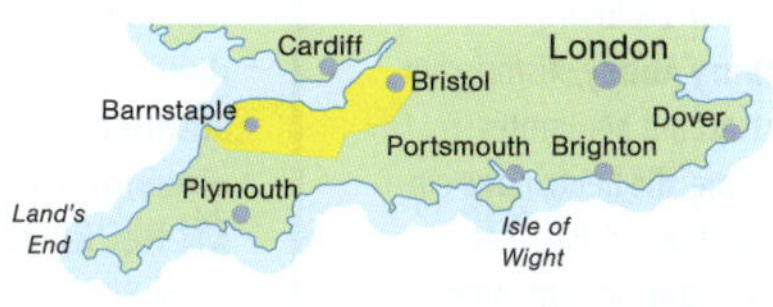

‹ Im Puppenstubendorf Selworthy am Rand des Exmoor Nationalparks

HARTLAND POINT – BRISTOL

Wer sich Bristol aus dieser Richtung nähert, sollte den Exmoor-Nationalpark auf keinen Fall links liegen lassen. Wer es lauter mag, sollte zur rechten Zeit in Glastonbury vorbeischauen und das berühmte Festival besuchen. Über die „Käseecke" Großbritanniens – hierher kommt der Cheddar – führt der Weg nach Bristol, in eine faszinierende Stadt mit faszinierender Geschichte.

NICHT VERPASSEN!

- **Lynton/Lynmouth,** Fahrt mit der Standseilbahn | 339
- **Exmoor-Nationalpark,** Wandern und Natur pur | 340
- **Glastonbury Abbey,** historischer Wallfahrtsort mit berühmter Klosteranlage, die heutzutage ein Zentrum für Esoterik ist | 346
- **Wells Cathedral,** prachtvoller Sakralbau aus dem 12. Jh. | 349
- **Cheddar Gorge,** Herkunftsort von Englands berühmtestem Käse sowie spektakuläre Klamm und Tropfsteinhöle | 355

Diese Tipps erkennt man an der gelben Markierung.

Hartland Point

– Bei Seeleuten gefürchtet

Von der A 39, die von Bude nach Clovelly verläuft, zweigt eine unklassifizierte Straße ab, die über den Weiler Hartland zum stürmischen Hartland Point führt. Für die Benutzung des einfachen hiesigen Parkplatzes (EX39 6DU) muss man eine Parkgebühr zahlen. Schon auf der Karte sieht die kantige Ecke bedrohlich aus, und Hartland Point wurde – obwohl mit einem Leuchtturm gesichert – schon so manchem Schiff, das in den Kanal von Bristol einlief, zum Verhängnis. Der Spruch der Gegend lautet treffend: „From Padstow Point to Lundy Light, This is a watery grave by day and night."

1982 war es der **Frachter „Joanna"**, der hier bei haushohen Wellen in Seenot geriet und auf die Felsen des Kaps geschmettert wurde. Heute ist nur noch ein kleiner Teil des rostigen Rumpfes unterhalb des weißen Leuchtturms zu sehen. Die unermüdlichen Wellen haben das stählerne Wrack inzwischen buchstäblich in Stücke geschlagen und die einzelnen Teile mit ins Meer gezogen.

Bei klarem Wetter sieht man in der Ferne die vom *National Trust* gehegte Vogelinsel **Lundy Island** im Kanal von Bristol liegen. Hobby-Ornithologen können von Bideford oder Ilfracombe mit dem Motorschiff *Oldenburg* auf das Eiland gelangen (→ Kap. Lundy Island) sowie mit dem Hubschrauber von Hartland Point aus (→ S. 338).

Enge Gasse in Clovelly

Clovelly

– Devons „Touristenfalle“

Wer in Clovelly ankommt, wird zuerst auf einen der riesigen dortigen Parkplätze gelotst, und steht schließlich vor einem gigantischen *Ticket Office*. Hat man hier die Kasse passiert (Eintritt 8,75 £, Kinder (7–16 Jahre) 5,10 £, Familien 23,60 £, www.clovelly.co.uk), muss man vorbei an Vitrinen und Gondeln, in denen Andenken und Kitsch in großer Menge gestapelt sind. Dann geht es in einen Raum mit Kino-Ausmaßen, wo ein Videofilm über das Örtchen informiert, und danach beginnt man mit dem Abstieg auf der Straße hinunter zum Meer. Fußfaule oder ältere Besucher und Gehandicapte können einen *Landrover-Service* in Anspruch nehmen. Clovelly, ein Dorf mit etwa 400 Einwohnern, wird geführt wie ein Großunternehmen – eine Art *Disneyland* im Kleinen.

Eintritt in das Örtchen muss man übrigens deshalb zahlen, weil sich Clovelly in **Privatbesitz** befindet und die gesamte Infrastruktur nicht vom Staat getragen wird.

120 m Höhenunterschied sind zu bewältigen, bis man nach 800 m auf Meereshöhe und damit am Hafen angekommen ist. Die steil nach unten führende **Dorfstraße** ist im Sommer gesäumt von blumengeschmückten Cottages. Unten dann blickt man auf einen kleinen natürlichen **Hafen,** halb geschützt von einer Mole, auf Fischerboote, die im Wasser dümpeln oder die auf den Kiesstrand gezogen sind.

adobe.stock ©R. Erler

Geschichte

Das Dörflein Clovelly ist schon alt und wurde bereits im „Domesday Book" erwähnt; in jenen Tagen besaß es 146 Hektar Land, 54 Rindviecher, 15 Schweine, 100 Schafe und 18 Ziegen. Angeblich geht der Name auf die Römer zurück, die eine Siedlung hier Clausa Vallis, das verschlossene Tal, genannt haben sollen; doch es ist mehr als zweifelhaft, ob Kaiser *Cäsars* Nachfolger tatsächlich vor Ort waren. Wahrscheinlicher ist allerdings, dass die Angelsachsen dem Weiler den Namen Cleave Leigh, Klippenort, gaben, aus dem dann Clovelly wurde.

In der Regierungszeit von *Elisabeth I.* wurde die Hafenmole erbaut; 2000 £, so heißt es in den Annalen, hat das gute Stück gekostet.

Im Oktober 1821 kam es zu einer großen Katastrophe; 60 Fischerboote aus Clovelly legten ihre Netze im Bristol-Kanal aus, als ein Wetterumschwung innerhalb von Minuten mächtige Wellenberge auftürmte. 40 Boote wurden auf die Felsen der steinigen Küste geschmettert, und 35 Männer ertranken. Im gleichen Monat des Jahres 1838 kamen bei ähnlichen Wetterbedingungen 21 Fischer ums Leben, und 14 Boote sanken oder strandeten an den Klippen.

0 2 km
© Reise Know-How
EnglSK09b 13/24
Anschlusskarte S. 331
Mouth of the Severn
Cardiff
St Fagans
Wenvoe
Penarth
Barry
Sully
Avonmouth
Portishead
Easton-in-Gordano
Redcliff Bay
Walton Bay
Clevedon
368 Clifton Suspension Bridge
360 Bristol
Ashton
St. Mary's Grove
Backwell
Kingston Seymour
Bristol International Airport
Yatton
Winford
Wrington
Congresbury
Chew Valley Lake
356 Weston-super-Mare
AVON
358 The Helicopter Museum
Banwell
Blagdon
Blagdon Lake
Hutton
Shipham
Compton Martin
West Harptree
Axe
Axbridge
355 The Mendips/ Cheddar Gorge/ Pavey's Lookout
Cheddar
Berrow
Brent Knoll
Chewton Mendip
359 Burnham-on-Sea
Wookey Hole Caves
Rodney Stoke
Highbridge
Wedmore
349 Wells
Wells Cathedral
Fast Huntspill
Brue
SOMERSET
Stogursey
Purito
345 Nether Stowey
Cannington
Cossington
Glastonbury Tor
345 Glastonbury
Glastonbury Abbey
158
Pilton
Quantock Hills
Coleridge Cottage
Bridgwater
Crowcombe
Chalice Well Garden
Ashcott
345 Street
Westonzoyland
Baltonsborough
North Petherton
Parrett
Othery
West Lydford
Bishop's Lydeard
Vale of Tanton Dean
West Monkton
Huish Episcopi
Somerton
Norton Fitzwarren
Langport
Long Sutton
Milverton
Taunton
Creech St Michael
Curry River
Stoke St Mary
Trull
Ilchester
Isle Abbotts
Wellington
Martock
Rockwell Green
Pintminster
Yeovil
SOMERSET
South Petherton
182 Montacute House
Black Down Hills
Ilminster
Barwick
Hemyock
Churchinford
Merriott
West Coker
Combe St Nicholas
DEVON
Chard
Crewkerne
Sutton Bingham Resr.
Dunkeswell
Upottery
M5
A369
A370
A38
A368
A371
B3139
A39
A372
A358
A361
A303
A37
A3088
A30

Im Winter 1864 kam der Pastor *Robert Stephen Hawker* (→ Kapitel 8, „Morwenstow") während eines schlimmen Sturmes ins Dörflein geeilt und bat die Männer von Clovelly um Hilfe für den in Seenot geratenen Segler *Margaret Quail.* Den Fischern jedoch erschien die Lage zu gefährlich, und niemand folgte dem Pfarrer von Morwenstow. Inzwischen hatte die Crew der *Margaret Quail* das Schiff aufgegeben und sich in die Boote gerettet. Prompt verloren die Männer von Clovelly ihre Angst vor Wind und Wellen, sprangen in die Boote, übernahmen den Segler und brachten ihn sicher in den Hafen. Dann forderten sie vom Eigner 3000 £ für die Rettung. Der zahlte aber nicht und konnte bei der Seegerichtsverhandlung nachweisen, dass – einen solchen Fall gab es schon einmal auf den Isles of Scilly – der Hund noch an Bord war, als die Fischer von Clovelly den Frachter enterten – ein „Mannschaftsmitglied" war also an Bord geblieben – somit konnte man nicht behaupten, dass die *Margaret Quail* vollständig von der Crew verlassen worden sei.

Seit 1870 hat die RNLI *(Royal National Lifeboat Institution)* einen **Seenotdienst** in Clovelly stationiert, und seit diesen Tagen sind über 300 Menschenleben von den mutigen Männern gerettet worden. Heute sorgt ein 21 m langes Boot der sogenannten „Dover-Klasse" für Sicherheit im Bristol-Kanal.

Natürlich waren die Bewohner von Clovelly auch im **Freihandel** – wie man verharmlosend den Schmuggel nannte – aktiv. In der Blütezeit des *Free Trade,* von Mitte des 18. bis in die ersten Jahre des 19. Jh., sollen laut Schätzungen 16 Mio. Liter Alkohol und 6 Mio. Pfund Tee abgabenfrei umgeschlagen worden sein. Dann zeigten die Patrouillen der Zöllner, im Schmuggler-Jargon treffend *Revenue Cutter* genannt, langsam ihre Wirkung. Für Clovelly war das Zollboot *Shark,* stationiert im wenige Kilometer entfernten Barnstaple, zuständig. Am 10. März 1805 segelte ein Lugger namens *Dart* auf Clovelly zu und wurde von der *Shark* kurz vor dem Ziel aufgebracht. Die Beute war beträchtlich, denn der Segler war voll mit Brandy, Rum, Genever, portugiesischem Rotwein, Tabak, Pfeffer und Spielkarten.

1884 erbte **Christine Hamlyn** das Dörflein und sorgte 50 Jahre lang, bis 1934, für Aufschwung. Sie ließ viele Häuser renovieren, an deren Fassaden kenntlich gemacht durch die Initialen *C. H.* und das Jahr, sie ließ Abwasserdrainagen einrichten, Wasserleitungen legen, Küstenpfade des Hobby-Kliffs säubern und Abertausende von Bäumen pflanzen. Jeder, der einen modernen Bed-&-Breakfast-Bungalow an den Hügel setzen oder Eiscreme-Verkaufsstände auf der katzenkopfgepflasterten Dorfstraße aufstellen wollte, zog sich ihre unversöhnliche Feindschaft zu. Sie war es auch, die Clovelly in einen *Trust* einbrachte, und damit langfristig das touristische Konzept in ökonomische Sicherheit einmünden ließ. War sie sich doch bewusst, dass jeder Mensch ein Heim braucht, denn ihr Wahlspruch lautete: „Go east, go west, home's the best!"

Der Maler *Rex Whistler,* der schon mit seinem ausgemalten Raum in Mottisfont Abbey Erwähnung fand, arbeitete im Örtchen und schuf das Design für das **Clovelly-Porzellan,** das im Souvenirzentrum des Örtchens verkauft wird.

Praktische Tipps

Tourist Information

- **Clovelly Visitor Center,** EX39 5TA, Tel. 01237-431781, www.clovelly.co.uk.

Unterkunft

- **New Inn Hotel**②, High Street, EX39 5TQ, Tel. 01237-431303, www.thenewinnclovelly.co.uk, 8 Zimmer teils mit Seeblick.

Günstiger sind die einfachen Zimmer des gegenüberliegenden **Hamlyn's Hostel**①, die über das *New Inn Hotel* gebucht werden können.

- **East Dyke Farmhouse**④, Higher Clovelly, EX39 5RU, Tel. 01237-431216, www.bedbreakfastclovelly.co.uk, B&B in einem Bauernhof mit drei freundlich eingerichteten Zimmern. Das Haus liegt im oberen Teil des Dorfes, kurz vor dem Dorfeingang.

Verbindung

- **Busverbindung:** Linie 319 ab Bude oder ab Barnstaple.

▷ Blick auf Ilfracombe mit „Madonnas BH", dem auffällig gestalteten Theater der Stadt

Auf dem Weg zum Exmoor-Nationalpark

Westward Ho!

Von Clovelly geht es entlang der A 39 auf das Städtchen Bideford zu, dessen Seebad Westward Ho! heißt und das tatsächlich nach dem Roman von *Charles Kingsley* getauft wurde (und nicht etwa umgekehrt). *Westward Ho!* war der Ruf all jener, die mit ihren Schiffen in die Neue Welt aufbrachen.

Nach dem Ort **Barnstaple** geht es weiter entlang der B 3230 gen Norden an die Küste nach **Ilfracombe** mit Ausflugsmöglichkeit auf die Insel **Lundy Island.**

Sonnenanbeter und Wassersportbegeisterte sollten auch einen Ausflug an einen der attraktiven **Sandstrände südlich von Ilfracombe** (s.u.) unternehmen, die dank ihres guten Wellenganges besonders bei **Surfern** beliebt sind: **Saunton Sands, Croyde** und **Woolacombe** wurden 2023 zum *World Surfing Reserve* erklärt, einem Titel, mit dem sich nur elf andere Regionen in der Welt schmücken können, die besonders gut für das Surfen geeignet sind.

Ilfracombe

Ilfracombe ist schon seit dem viktorianischen Zeitalter **eines der beliebtesten Seebäder** an der Küste von Norddevon und ist heute vor allem für drei Dinge bekannt: seinen schönen **Hafen,** an dem man bei Möwengeschrei zuschauen kann, wie die Fischer ihren Fang von ihren Booten entladen und dabei den zweitgrößten Tidenhub der Welt (bis zu 9,60 m) beobachten; seine **Felstunnel,** die zu mehreren versteckten Stränden führen; sowie die umstrittene **Statue Verity** des Künstlers *Damien Hirst.*

Außerdem ist der Ort in den Sommermonaten **Ausgangspunkt für Bootsfahrten** auf die einsam-romantische Insel Lundy Island (s. dort).

Der Hafen ist eingerahmt von hohen Felsen und geschützt durch die Landspitze Lantern Hill, auf der die Kapelle **St. Nicholas** aus dem Jahr 1321 steht, die gleichzeitig auch als Leuchtturm dient. Von ihrem Eingang aus hat man einen schönen Blick über den Hafen und das Meer.

■ **St. Nicholas Chapel,** The Pier, EX34 9EQ, Ostern bis Okt. tägl. 10–16, Mai–Sept. bis 18 Uhr, Eintritt frei.

Unterhalb der Kapelle steht die 25 m hohe **Statue** einer schwangeren Frau mit einem Schwert, deren rechte Hälfte aufgeschnitten ist, so dass man ihr Gehirn und den Fötus sieht. Sie ist das Werk des Künstlers *Damien Hirst,* der zuerst für seinen in Formaldehyd eingelegten Hai bekannt wurde, und spaltet seit Jahren die Gemüter der Einheimischen. Laut Aussage des Künstlers soll die Skulptur eine Allegorie für Wahrheit und Gerechtigkeit sein.

Hinter dem Theater, das wegen seiner auffälligen Form auch als „Madonnas BH" bekannt ist, liegt das **Ilfracombe Museum,** ein Sammelsurium an kuriosen Funden von ausgestopften Seevögeln bis zu viktorianischen Bügelbrettern.

■ **Ilfracombe Museum,** Wilder Road, EX34 8AF, Tel. 01271-863541, www.ilfracombemuseum.co.uk, Mo–Sa 10–17, So 11–15 Uhr, Erwachsene 5 £, Kinder unter 16 J. Eintritt frei.

Etwa einen Kilometer westlich vom Hafen findet sich der Eingang zu den **Tunnels Beaches.** Hier gruben von 1923 bis 1825 eine Gruppe von walisischen Grubenarbeitern mehrere Tunnel durch die

Felsen, um einen Zugang zu den dahinterliegenden Buchten und einem Gezeitenpool zu schaffen. Vier dieser Tunnel sind noch heute geöffnet.

■ **Tunnels Beaches,** Bath Place, EX34 8AN, www.tunnelsbeaches.co.uk, Apr., Sept. und Okt. tägl. 10–17, Mai bis August 10–18 Uhr, Nov.–März geschlossen, Erwachsene 3,50 £, ermäßigt 3,25 £, Kinder (3–15 Jahre) 2,75 £, Familien 12 £–14 £.

Praktische Tipps

Tourist Information

■ **Landmark Theatre,** The Seafront, EX34 9BZ, Tel. 01271-863001, www.visitilfracombe.co.uk.

Unterkunft

■ **Epchris Guesthouse,** Torrs Park, EX34 8AZ, Tel. 01271-862751, www.epchrisguesthouse.co.uk, geräumige Zimmer in einer viktorianischen Villa oberhalb der Stadt, großer Pool im Garten und eine schöne Terrasse, auf der man im Sommer frühstücken kann. Fünf Minuten Fußweg zu den Tunnels Beaches.

■ **Norbury House**③-④, Torrs Park, EX34 8AZ, Tel. 01271-8638888, www.norburyhouse.co.uk, 8 Zimmer teils mit Meerblick in einem viktorianischen Haus auf einem Hügel über der Stadt. Den Hafen erreicht man zu Fuß in zehn Minuten.

■ **The Devonian**②, Torrs Park, EX34 8AZ, Tel. 01271-593656, www.thedevonianguesthouse.co.uk, gleich um die Ecke vom *Norbury House* liegt dieses geschmackvoll eingerichtete B&B mit eigener Bar, Sauna, Fitnessraum sowie einem schönen Garten und einer Terrasse mit Blick auf den angrenzenden Wald.

■ **The Rocky Cove B&B**③, 2 St. James Place, EX34 9BH, Tel. 07785-987009, www.therockycove.com, 4 große Zimmer nur 5 Minuten vom Hafen entfernt. Bei den freundlichen Inhabern *Nic* und *Jonah* fühlt man sich gut aufgehoben.

■ **Jugendherberge:** *Ocean Backpackers*①, 29 St. James Place, EX34 9BJ, Tel. 01271-867835, www.oceanbackpackers.co.uk, besonders bei Surfern beliebtes Hostel.

■ **Camping:** *Little Meadow,* Watermouth, EX34 9SJ, Tel. 01271-866862, www.littlemeadow.co.uk, 5 km östlich von Ilfracombe an der A 399 gelegen. Von hier hat man herrliche Blicke über die See. Busse nach Ilfracombe und Combe Martin halten direkt am Campingplatz.

Essen und Trinken

■ **Antidote**③, 20 St. James Place, EX34 9BJ, Tel. 01271-865339, www.theantidoteilfracombe.co.uk, nur Do–Sa, moderne britische Küche auf hohem Niveau, vom *Guide Michelin* gelobt.

■ **Seventy One**③, 71 Fore Street, EX34 9ED, Tel. 0127-863632, www.seventyone.biz, hier wird mit Produkten aus der Region gekocht, wozu hier in unmittelbarer Nähe zum Meer natürlich auch viele Fischgerichte zählen. So und Mo Ruhetag.

■ **The Terrace Tapas and Wine Bar**②, 62 Fore Street, EX34 9ED, Tel. 01271-863482, www.terracetapas.co.uk, Mi–Sa 18–21.30 Uhr hier kann man entspannt essen und guten Wein trinken. Um auf der schönen Terrasse zu essen, reserviert man am besten.

■ **St. James Tearoom**①, 10 St. James Place, EX34 9BH, Tel. 01271-863215, Do–Sa 10.30–17 Uhr, Café in einem hübschen kleinen Haus mit blumenüberwucherter Terrasse. Serviert werden *Cream Tea, Scones* und *Sandwiches.*

Aktivitäten

Ilfracombe Sea Safari, The Quay, EX34 9EQ, Tel. 07827-679189, www.ilfracombeseasafari.co.uk verschiedene Bootstouren zu den Seehundbänken in der Nähe von Ilfracombe ab 24,50 £ pro Person. Ein Erlebnis ist auch die vierstündige *Lundy Experience-Tour,* bei der die Insel umrundet wird, man die Kegelrobben-Kolonie besucht und mit etwas Glück auch Delfine zu sehen bekommt (Erwachsene ab 78,50 £).

Verbindungen

- **Busse:** Busse halten am St. James Place Gardens, EX34 9AR. Verbindungen nach **Barnstaple** (wo sich der nächste Bahnhof befindet), **Woolacombe, Taunton** und **Exeter.**
- **Fähren:** Von April bis Oktober verkehren Fähren nach **Lundy Island** und **Porthcawl** in Wales.

Lundy Island

Die Insel Lundy Island liegt im Eingang des Bristolkanals und ist 4,5 km lang und 1 km breit. Bereits in der Jungsteinzeit war sie besiedelt. Heute leben weniger als 30 Menschen auf Lundy Island, und die Insel zieht vor allem **Liebhaber der Abgeschiedenheit** und **Vogelfreunde** an. Der Name „Lund-ey" kommt aus dem Altnordischen und bedeutet soviel wie „Insel der Papageitaucher". Noch heute sind die seltenen Vögel hier von Mai bis August zu beobachten, genauso wie Sturmtaucher, Tordalken, Trottellummen und Eissturmvögel.

Mit der *MS Oldenburg* (das Schiff wurde in Bremen gebaut und war 24 Jahre lang auf der Strecke Harlesiel – Wangerooge unterwegs) kann man von Bideford oder Ilfracombe aus **Tagesausflüge** auf die Insel machen, oder auch mehrere Nächte in einem der 23 Ferienunterkünfte übernachten – vom winzigen Häuschen mit Platz für nur eine Person bis zur Unterkunft im Leuchtturm. Für Verpflegung sorgt ein kleiner Inselladen sowie der einzige Pub der Insel, the *Marisco Tavern* (auch Restaurant②, Lundy EX39 2EY, Tel. 01237-431831), der übrigens das einzige Gebäude auf Lundy Island ist, das rund um die Uhr Elektrizität hat. Überall sonst wird von Mitter-

☐ Hafensteg und Leuchtturm auf Lundy Island

adobe.stock ©dianamower

nacht bis sechs Uhr morgens der Strom abgestellt. Informationsstellen, an denen man Fährtickets und Unterkünfte buchen kann, finden sich in Ilfracombe und Bideford.

- **Lundy Booking Office,** The Pier, Ilfracombe, EX34 9EQ, Tel. 01271-863636.
- **Lundy Shore Office,** The Quay, Bideford, EX39 2EY, Tel. 01237-470074.

Praktische Tipps

Unterkunft

- **Ferienwohnungen:** die Häuser sind in der Hauptsaison meist schon viele Monate vorher ausgebucht. Es lohnt sich also, so früh wie möglich zu buchen.
- **Lundy Accommodation,** www.landmarktrust.org.uk/lundyisland, Tel. 01628-825925.
- **Camping:** *Lundy Campsite,* Campingplatz der aus einem dem Wind und Wetter ausgesetzten Feld mit Waschanlage besteht, neben der *Marisco Tavern.* Unbedingt vorbuchen, da auch dieser schnell belegt ist; *Lundy Campsite,* www.landmarktrust.org.uk/lundyisland, Tel. 01628-825925.

Verbindung

- **Fähre:** Die *MS Oldenburg* verkehrt von April bis Oktober mehrmals wöchentlich von Ilfracombe und Bideford aus. Tagesausflüge Erwachsene 50 £, ermäßigt 45 £, Kinder (4–15 Jahre) 26 £, Familien 115 £. Die Fahrt dauert rund 2 Stunden. Tickets können am *Lundy Booking Office* bzw. *Lundy Shore Office* (s.o.) reserviert werden. Den Fahrplan findet man auf www.landmarktrust.org.uk/lundyisland. Etwas schneller geht es mit der *Lundy Shuttle.* Sie legt im Sommer mehrmals wöchentlich um 8 Uhr morgens in Ilfracombe ab und kehrt um 18 Uhr wieder zurück, *Lundy Shuttle, Ilfracombe Sea Safari,* The Quay, EX34 9EQ, Tel. 07827-679189, www.ilfracombeseasafari.co.uk.
- **Hubschrauber:** Von November bis März kommt man nur mit dem Hubschrauber von Hartland Point nach Lundy Island. Die Flugzeit beträgt sieben Minuten. Hin- und Rückflug Erwachsene 164 £, Kinder 91 £. *Helicopter to Lundy,* www.landmarktrust.org.uk/lundyisland.

Combe Martin

Von Ilfracombe ist das **hübsche Dörfchen** Combe Martin mit seinem geschützten Sandstrand schnell erreicht. Hier gibt es **Pack o'Cards** (EX34 0ET, www.packocards.co.uk), den anerkanntermaßen kuriosesten **Pub** Englands zu bestaunen. Name wie Aussehen gehen angeblich auf ein Kartenspiel bzw. -haus zurück. Grund für den ungewöhnlichen *Pub Folly* war – so heißt es in der Überlieferung, die man im Schankraum nachlesen kann – ein stattlicher Gewinn, den ein gewisser *George Ley* Mitte des 18. Jahrhunderts beim Kartenspiel gemacht hatte. Von dem Geld ließ er das Gebäude errichten und gab ihm die Form eines Kartenhauses mit vier Stockwerken, 13 Türen im Untergeschoss und 52 Fenstern, für jede Karte eins.

⊡ Glen Lyn Gorge

Lynton/Lynmouth

Weiter die Küste entlang in östlicher Richtung ist der Doppelort Lynton/Lynmouth erreicht. Während Lynton oben auf der steilen Klippe liegt, gruppieren sich die wenigen Häuser von Lynmouth unten am Hafen, dort, wo der Fluss Lyn ins Meer sprudelt. Eine alte **Standseilbahn,** die steil nach oben führt, verbindet beide Orte. Eine Fahrt sollte man sich nicht entgehen lassen (Hin/zurück Erwachsene 3,50 £, Kinder 4–13 J. 2,20 £).

Eine große dunkle **Klamm** führt von Lynton nach Lynmouth herunter. Durch die Schlucht gurgelt und schäumt ein Bach, der Wasserfälle hinunterstürzt und wild über Kaskaden sprudelt. So recht zum Naturgeschmack der Viktorianer wurde diese **Glen Lyn Gorge** – die auch auf den Beinamen *English Switzerland* hört – 1854 der Öffentlichkeit zugänglich gemacht; 1952 nahm nach monatelangen heftigen Regenfällen die Gewalt des Baches derart zu, dass er alles in der Klamm überflutete, Geröll und Schlammmassen mit sich ins Tal riss und Lynmouth fast dem Boden gleichmachte; über 30 Menschen kamen bei der Naturkatastrophe ums Leben. Erst zehn Jahre später konnte die Schlucht wieder für die Öffentlichkeit zugänglich gemacht werden.

Wer sich über das Exmoor informieren möchte, kann dies im **Exmoor National Park Visitor Centre** (EX35 6EQ) in Lynmouth am Hafen tun. Hier werden geführte Radtouren und Wanderungen durch das unter Naturschutz stehende Waldgebiet angeboten.

adobe.stock ©tom

Essen und Trinken

- Gemütlich sitzt man im Pub **The Village Inn①** (EX35 6EH) sowie im **Rising Sun①** (EX35 6EG), das – unschwer an dem niedrigen, alten Gemäuer abzulesen – aus dem 14. Jh. datiert; in dieser Taverne hat *R. D. Blackmore* weite Teile seines Räuberromans „Lorna Doone" geschrieben.
- Speisen kann man in den beiden oben genannten Lokalen sowie im **Bistro The Old Bank②**, Church Steps, EX35 6HY, Tel. 01598-751487, www.theoldbanklynton.co.uk.

Exmoor-Nationalpark

Von Lynton/Lynmouth nun geht es über Simonsbath von der Küste fort und hinein in den Exmoor-Nationalpark, in dessen geografischem Zentrum das Dörfchen **Exford** mit seinen reetgedeckten Häusern heimelige Atmosphäre verbreitet. Sehr schön trinkt man hier am Ufer des Flusses Exe den Morgenkaffee,

den nachmittäglichen *Cream Tea* oder das abendliche Bier im Garten des alten efeubewachsenen *Exmoor White Horse Inn* (TA24 7PY, Tel. 01643-831229, www.exmoor-whitehorse.co.uk). Exford eignet sich gut als Standort, wenn man den Nationalpark auf **Wanderungen** erkunden möchte. Annähernd 1000 km an Wanderwegen stehen zur Verfügung.

Das Exmoor ist eigentlich weniger eine Sumpf- und Moorregion als vielmehr ein ausgedehntes **Waldgebiet.** Die Bezeichnung *Forest* bezeichnete ursprünglich den königlichen Forst, der ausschließlich dem Herrscher zur Jagd vorbehalten war, was im Exmoor seit den Zeiten *Wilhelm des Eroberers* über Jahrhunderte hinweg der Fall war.

243 **Vogelarten** haben die Ornithologen im Exmoor gezählt, über einhundert davon nisten auch im Nationalpark. Viele sind vom Aussterben bedroht, und daher stehen etliche Arten unter Schutz, so etwa die Schleiereule *(Barn Owl),* der farbenprächtige Eisvogel *(Kingfisher),* der Merlin *(Merlin),* ein Zwergfalke, der Wanderfalke *(Peregrine Falcon)* und der Sperber *(Sparrowhawk).* Darüber hinaus ziehen Bussarde *(Buzzard)* ihre Kreise, der Turmfalke *(Kestrel)* schießt durch die Lüfte, hochmütig stakst der Brachvogel *(Curlew)* durchs Gelände, und krächzend machen die schwarzen Raben *(Raven)* auf sich aufmerksam.

Die Biologen der *Exmoor Natural History Society* haben über 900 verschiedene Baumarten, Blumen und Gräser gezählt, die Liste reicht von der quendelblättrigen Kreuzblume *(Polygala serpyllifolia, Heath Milkwort)* über verschiedene Schafgarben *(Yarrow)* und Eiben *(Yew)* bis hin zum Sumpf-Teichfaden *(Zannichellia palustris, Horned Pondweed).*

Wie auch im Dartmoor grasen genügsame und gegen kalte Winter und stürmische Winde abgehärtete, **halbwilde Ponys** im Nationalpark, und rund 50.000 **Schafe** halten die Grasnarbe kurz. Vor allem aber ist das Exmoor für sein **Rotwild** bekannt, von dem nach Schätzungen der Förster ca. 800 Tiere scheu die Wälder durchstreifen; der Besucher kann sie auf einer der Wildlife-Safaris (s.u.) zu sehen bekommen.

972es ENPA

☐ Wanderer überqueren die Tarr Steps im Exmoor-Nationalpark

Das Exmoor war im 17. Jahrhundert Versteck und Wirkungskreis einer berüchtigten Räuberbande, der nach dem gleichnamigen Tal beim Weiler Oare benannten *Doone Gang*.

Etwas nördlich von Exford hat man vom 519 m hohen **Dunkery Beacon** (Parkplatz TA24 7AT) bei klarem Wetter fantastische Ausblicke über die Region.

Einige Kilometer von Exford Richtung Süden entlang der A 3223 kommt man zu einem Parkplatz (TA22 9PU), von dem aus nach wenigen Minuten Fußweg durch einen Wald eine *Clapper Bridge* erreicht ist, die 55 m lange Steinplattenbrücke **Tarr Steps,** die über den flachen Fluss Barle führt. Die Brücke ist alt, aber niemand weiß genau wie alt; als halbwegs gesichert gilt, dass die Überspannung mindestens aus der Bronzezeit datiert, doch kann sie auch noch wesentlich weiter in der Frühzeit zurückreichen. Mehr als einmal hat die Flut die bis zu 10 t schweren Steinplatten und die mächtigen Basissteine weggespült, immer wieder aber ist in den Jahrtausenden die Brücke erneuert worden, und zwar genau im bronzezeitlichen Design. Man kann auch auf einer kleinen Straße direkt bis zu der Brücke fahren, wenn man kurz vor dem Parkplatz auf der A 3223 rechts abbiegt – gleich nach dem *Tarr Farm Inn* (Postleitzahl TA22 9QA benutzen, dann weiter den Hügel hinunter), in dem man gemütlich einkehren kann. Es ist aber auf keinen Fall zu empfehlen, auf der Straße, die durch den Fluss hindurch führt, auf die andere Seite hinüberzufahren!

Von den Tarr Steps geht es zum Weiler **Winsford,** der von mehreren kleinen Bächen durchzogen wird, die munter plätschernd und murmelnd das Gemüt beruhigen. Hinzu kommen eine ganze Reihe reetgedeckter Cottages, ein Marktkreuz aus früheren Tagen und der alte und gemütliche *Royal Oak Inn* (TA24 7JE), ein **Pub** mit Strohdach.

973es redstagsafari.co.uk

Praktische Tipps

Tourist Information

■ **Dulverton National Park Centre,** TA22 9EX, 7–9 Fore Street, Dulverton, Tel. 01398-323841.
■ **Dunster National Park Centre,** TA24 6SE, Dunster Steep, Tel. 01643-821835.
■ **Lynmouth National Park Centre,** *Lyndale Car Park*, Tel. 01598-752509.
■ **www.exmoor-nationalpark.gov.uk**

Unterkunft

Eine stets aktuelle **Liste von Unterkunftsmöglichkeiten, Events und Attraktionen** findet man unter www.visit-exmoor.co.uk. Hier folgen einige Empfehlungen:

■ **Tarr Farm Inn**⑤, Dulverton, Exmoor, TA22 9PY, Tel. 01643-851507, www.tarrfarm.co.uk, neun gemütliche Zimmer in einem alten Bauernhaus direkt am Fluss bei den Tarr Steps. Es gibt auch ein **Restaurant**③ im Haus.
■ **The Royal Oak**⑤, Winsford, TA24 7JE, Tel. 01643-851455, www.royaloakexmoor.co.uk, zehn gemütliche Zimmer, teils mit Himmelbett.
■ **Exmoor White Horse Inn**③, Exford, TA24 7PY, Tel. 01643-831229, www.exmoor-whitehorse.co.uk, gemütliches Haus aus dem 16. Jh. mit 28 eleganten Zimmern, einem **Restaurant**② und einem Pub.
■ **Myrtle Cottage**②, High Street, Porlock, TA24 8PU, Tel. 01643-862946, www.myrtleporlock.co.uk, drei Zimmer in einem über 400 Jahre alten Reetdachhaus.

☐ Auf einer Safari durch den Nationalpark trifft man auch auf Rotwild

■ **Camping:** *Westermill Farm Camping*①, Exford, Minehead TA24 7NJ, Tel. 01643-831238, www.westermill.com. Campingplatz in wunderschöner Umgebung auf einem Bauernhof, gute Sanitäranlagen, Trinkwasser aus eigener Quelle und ein kleiner Bauernladen auf dem Gelände. Man kann hier auch kleine Ferienhäuser mieten.

Aktivitäten

Wer das Rotwild, die Exmoor-Ponys und seltene Vogelarten aus größtmöglicher Nähe erleben will, kann dies bei einer **Safari durch den Nationalpark** tun, bei der man per *Jeep* oder *Land Rover* in Ecken des Park gelangt, die sonst nur schwer zugänglich sind. Anbieter sind:

■ **Exmoor Wildlife Safaris,** Tel. 07977-571494, www.exmoorwildlifesafaris.co.uk, die dreistündigen Safaris starten zweimal täglich von Dunster, Dulverton und Exford aus, Erwachsene 50 £, Kinder unter 17 Jahren 35 £.
■ **Red Stag Safari,** Tel. 01643-841831 (am besten abends zwischen 19 und 21.30 Uhr anrufen), www.redstagsafaris.co.uk, vierstündige Touren zweimal täglich. Teilnehmer können aus Wheddon Cross, Minehead, Dunster, Porlock, Exford oder Dulverton abgeholt werden. Tickets ca. 75 £ pro Person.

Verbindung

■ Der Exmoor-Nationalpark lässt sich natürlich auch auf Schusters Rappen erobern oder autofrei mit öffentlichen Verkehrsmitteln. Auf **www.exmoor-nationalpark.gov.uk** sind alle öffentlichen Verkehrsmittel aufgelistet, ebenso die schönsten Wanderwege. Zudem kann man auf dieser Seite eine kostenlose *App* mit Wanderrouten, Hintergrundinfos und virtuellen Postkarten herunterladen.

Vom Exmoor-Nationalpark nach Glastonbury

Porlock Weir

Von hier geht es nun wieder nach Norden auf die Küste zu, durch das Dorf Porlock hindurch und zum **Hafenweiler** Porlock Weir, einem winzigen Hafen, mit **weißen reetgedeckten Cottages.** Das Hafenbecken ist mit einem Wehr, einem *Tidal Gate,* gesichert, sodass bei Ebbe die Boote nicht im Schlick liegen. Über die Jahrhunderte trieben die Bewohner des Küstenörtleins schwunghaften Handel mit dem auf der anderen Seite des Bristol-Kanals gelegenen Wales. Das *Ship Inn*② (TA24 8QD, Tel. 01643-862507, www.shipinnporlock.co.uk) versorgt Hungrige mit traditionellem Essen.

Spaziert man von hier gen Westen, so kommt man nach ca. 2 km (nicht mit dem Auto befahrbar) nach **Culbone,** zu Englands kleinster Kirche. Die **St Beuno's Church** ist ungefähr 10 m lang, vielleicht 3,50 m breit und hat einen winzigen Kirchturm.

Selworthy

Zwischen den Dörfern Porlock und Minehead liegt die kleine Siedlung Selworthy, für viele der **schönste Weiler Englands.** Rund um einen grünen Dorfanger, der von Bäumen, Sträuchern und Hecken umgeben ist, stehen ein Dutzend gelbgestrichene, reetgedeckte Cottages, alle in gleicher Bauweise mit einem mächtigen Kamin. Bei schönem Wetter kann man auf der Wiese picknicken und hat ein idyllisches Bild vor Augen. Wer keine Verpflegung mitgenommen hat, der halte sich an den Besitzer vom Periwinkle-Häuschen, der in seinem Postkarten-Cottage eine Tee- und Kaffeestube eingerichtet hat und bei Sonnenschein in seinem Garten serviert (www.periwinkletearooms.co.uk).

1828 ließ *Sir Thomas Acland* die kleine Siedlung für die pensionierten Arbeiter seines Landgutes errichten; heutzutage ist sie im Besitz des *National Trust.*

Dunster

Weiter geht es gen Osten vorbei an Minehead zum Örtchen Dunster, das viel Flair und Gemütlichkeit ausstrahlt. Hoch über dem Ort wacht die **Burg** der seit dem 14. Jh. ansässigen *Luttrel*-Familie, und ausgedehnte Parkanlagen ziehen sich rund um den bewaldeten Hügel.

■ **Dunster Castle,** TA24 6SL, Tel. 01643-821314, www.nationaltrust.org.uk/visit/somerset/dunster-castle-and-watermill, April–Okt. tgl. 10–16, Nov.–März Sa/So 10–15 Uhr, Erwachsene 17 £, Kinder 8,50 £, Familien 25,50–42,50 £, *National Trust*-Mitglieder Eintritt frei.

Zweite architektonische Attraktion von Dunster ist das schiefergedeckte Marktkreuz, **Yarn Market,** dessen Name an die Tuchindustrie erinnert, die dem Örtchen Wohlstand gebracht hatte.

In Dunster kann man sich in einem **Exmoor Visitor Centre** (TA24 6SE) umfassend über die Wald- und Moorregion informieren.

Monksilver

Von Dunster geht es entlang der A 39 und dann über die B 3188 zum Weiler Monksilver. Hier befindet sich der gemütliche **Pub** *Notley Arms*② (TA4 4JB, www.notleyarmsinn.co.uk), weit über die Grenzen der Gemeinde hinaus bekannt für seine preisgünstigen Gerichte zur Mittagszeit, die man bei schönem Wetter im Biergarten genießen kann.

Nether Stowey und Street

Auf dem Weg nach Osten in Richtung Glastonbury, wo man den Legenden um König *Artus* und seine Tafelrunde nachspüren kann, sollten **Literaturinteressierte** eine Strecke bevorzugen, die über **Nether Stowey** führt. Hier, nun schon außerhalb des Exmoor-Nationalparks, verbrachte der romantische Dichter *Coleridge* zusammen mit seiner Frau *Sarah* und dem kleinen Sohn zwischen 1796 und 1798 die drei glücklichsten Jahre. **Coleridge Cottage** gehört heute dem *National Trust.*

■ **Coleridge Cottage,** TA5 1NQ, Tel. 01278-732 662, www.nationaltrust.org.uk/visit/somerset/coleridge-cottage, April–Okt. Mi–So 11–17 Uhr, Erwachsene 8 £, Kinder 4 £, Familien 12–20 £, *National Trust*-Mitglieder Eintritt frei.

Auf dem Weg nach Glastonbury sollten einkaufsfreudige Urlauber im Dörfchen **Street** eine Pause für einen Einkaufsbummel einlegen; hier kann man im *Clarks Village* (BA16 0BB, www.clarksvillage.co.uk) *Outlet Shopping* machen, also direkt ab Fabrik kaufen und auf viele Artikel bis zu 75 % Rabatt erhalten.

Glastonbury

– Reichhaltige Auswahl an Esoterischem

Die Kleinstadt Glastonbury (34.400 Einwohner), am Fuße des Hügels Glastonbury Tor, ist vor allem für das seit 1970 alljährlich am letzten Juniwochenende stattfindende **Glastonbury Festival of Contemporary and Performing Arts** berühmt. Dabei handelt es sich um das größte Open-Air-Musik-Festival der Welt. Es findet 10 km außerhalb der Stadt auf der *Worthy Farm* zwischen den Dörfern **Pilton** und **Pylle** statt. Die Karten kosten über 335 £ und sind normalerweise Minuten nach dem Verkaufsbeginn im Internet Ende Oktober ausverkauft.

Ansonsten ist Glastonbury so etwas wie ein **Zentrum esoterischer Kultur:** Die Läden in der Haupteinkaufsstraße heißen z.B. *Man, Myth & Magic, Star Child, Speaking Tree Bookshop, The Goddess & The Green Man* oder *Yin Yang.* In kaum einer anderen Kleinstadt wird man so viele Geschäfte mit *New-Age*-Artikeln auf so engem Raum finden.

Der Grund dafür, dass diese Subkultur in Glastonbury so dominant ist, liegt an zwei **Legenden,** die dem Sagenkreis um *König Artus* (englisch: *Arthur*) zuzurechnen sind. Die erste Legende, wonach Glastonbury die Insel *Avalon* ist, auf der *Artus* von Verletzungen nach einer Schlacht geheilt wurde, entstand am Ende des 12. Jahrhunderts, als Mönche der nach einem Brand gerade wieder neu aufgebauten Abtei von Glastonbury behaupteten, dass sie auf ein Grab gestoßen seien, in dem die Knochen eines Mannes und einer Frau gelegen hätten. Darüber lag ein Bleikreuz, auf dem in Latein stand: „Hier liegt der berühmte König Artus auf der Insel Avalon begraben." Bei der Frau habe es sich um *Artus'* Frau *Guinevere* gehandelt und Glastonbury sei die sagenumwobene Insel Avalon, weil es von Sumpfland umgeben ist. Der zweiten Legende zufolge befindet oder befand sich hier auch der **heilige Gral,** jenes Gefäß, aus dem die Jünger und *Jesus* beim letzten Abendmahl getrunken haben sollen, und in dem in manchen Versionen auch das Blut *Jesu* bei der Kreuzigung aufgefangen worden war. Ein gewisser *Johannes von Glastonbury* griff im Jahre 1350 in einer Chronik der Abtei die Geschichte auf, nach der *Josef von Arimathäa,* der *Jesu* in der für ihn vorgesehenen Grabkammer bestattet hatte, von einer Erscheinung *Jesu* den Gral bekam und damit nach Britannien ging. *Johannes* berichtet, er sei nach Glastonbury gekommen und habe die Abtei gegründet. *Josef* soll auf dem weithin sichtbaren Hügel Glastonbury Tor seinen Wanderstock in den Boden gesteckt haben als er sich ausruhte, und daraus wurde ein Dornenbusch. Glastonbury wurde bis zum Ende des Mittelalters dank dieser Geschichte ein Wallfahrtsort, bis die Reformation dem ein Ende setzte.

Von der etwa 700 gegründeten Abtei **Glastonbury Abbey** sind nur noch Ruinen übrig, da sie nach der Reformation unter *Heinrich VIII.* 1539 aufgelöst wurde. Auf dem Gelände befindet sich ein **Museum,** in dem auch ein Modell der Abtei ist, wie sie 1539 aussah. Es gibt zudem eine Vielzahl von Aktivitäten, um Kinder bei Laune zu halten, und einen ausgedehnten Garten. Von März bis Oktober laufen Fremdenführer in mittelal-

974es vs

terlichen Kostümen herum und beantworten dem interessierten Besucher Fragen zur Abtei und zum Leben im Mittelalter oder bieten Führungen an. Die Stelle, an der das angebliche Grab von König *Artus* und Königin *Guinevere* einmal gewesen sein soll, ist markiert und der Dornenbusch auf dem Klostergelände soll von jenem Dornenbusch stammen, der aus *Josefs* Wanderstab wuchs.

■ **Glastonbury Abbey,** Magdalene Street, BA6 9EL, www.glastonburyabbey.com, tgl. 10–17 Uhr, Ewachsene 11 £, ermäßigt, 9,90 £, Kinder (unter 16 J.) 6,60 £.

Nur wenige Schritte von der Abtei entfernt ist der kleine Marktplatz, in dessen Zentrum das 1846 errichtete achtkantige **Marktkreuz** steht. Hier findet jeden Dienstag ein Markt statt. Sehenswert ist das Gebäude des *George Hotels* am Anfang der High Street, das im 15. Jahrhundert zur Beherbergung von Besuchern der Abtei gebaut wurde.

In der High Street findet man das **Tribunal,** ein mittelalterliches Kaufmannshaus, das später ein Gericht beherbergte und in dem sich heute neben der Touristeninformation das **Lake Village Museum** befindet, wo Funde aus einem fünf Kilometer westlich von hier gelegenem Dorf aus der Eisenzeit ausgestellt werden. Dieses Dorf wurde Ende des 19. Jh. entdeckt und ausgegraben.

■ **Lake Village Museum,** 9 High Street, BA6 9DP, www.english-heritage.org.uk/visit/places/glastonbury-tribunal, das Museum ist derzeit geschlossen, Wiedereröffnung evtl. Sommer 2024, s. Website.

☒ Liegt versteckt im Grünen: Glastonbury Abbey

Im **Somerset Rural Life Museum** wird das bäuerliche Leben in Somerset im 19. Jh. thematisiert. Das Hauptgebäude, eine alte mittelalterliche Scheune, gehörte zur Abtei von Glastonbury. Es gibt außerdem Ausstellungen und ein Café.

■ **Somerset Rural Life Museum,** Abbey Farm, Chilkwell Street, BA6 8DB, Tel. 01458-831197, www.swheritage.org.uk/somerset-rural-life-museum, Ostern–Ende Okt. Di–So und feiertags 10–17, Nov.–Ostern Di–Sa u. feiertags 10–17 Uhr, Erwachsene 8,50 £, ermäßigt 6,95 £, Kinder (5–17 J.) 4 £, Familien 13/20 £.

Der kegelförmige Hügel **Glastonbury Tor** mag zwar nur 158 m hoch sein, aber in der sonst so flachen Landschaft der Somerset Levels ragt er unübersehbar heraus, wie eine Insel in einem Meer aus grün. Auf dem Gipfel steht der Turm der St. Michael's-Kirche, die im 14. Jh. gebaut und im Zuge der Reformation zerstört wurde. Hier wurde 1593 der letzte Abt der Glastonbury Abbey gehängt und gevierteilt, nachdem er sich geweigert hatte, dem Befehl von *Heinrich VIII.* zu gehorchen und sein Kloster aufzulösen. Um das Tor ranken sich etliche Legenden. So soll der Hügel früher den Namen *Ynys yr Afalon* (Insel von Avalon) getragen haben und den Eingang zum Reich der Feen verbergen. Esoteriker glauben, dass sich auf dem Gipfel wichtige Erdenergien kreuzen. Wie auch immer – der kleine Anstieg lohnt sich auf jeden Fall, denn bei schönem Wetter hat man einen wunderbaren Blick über die Grafschaften Somerset, Wiltshire und Dorset.

■ **Glastonbury Tor,** www.nationaltrust.org.uk/visit/somerset/glastonbury-tor, zu jeder Zeit kostenlos zugängig.

Chalice Well Garden

Nicht weit von hier, am Fuß des Hügels Glastonbury Tor, liegt ein **schöner Garten mit einer Quelle,** aus der stark eisenhaltiges Wasser sprudelt. Hier liegt laut Legende der **Heilige Gral** versteckt. Dem Wasser werden Heilkräfte zugesprochen, und so kann man im zugehörigen Souvenirladen auch allerlei Behälter kaufen, um eine Flasche des rötlichen Wassers mit nach Hause zu nehmen. Von den höheren Terassen des Gartens eröffnen sich schöne Blicke auf Glastonbury Tor.

■ **Chalice Well Garden,** 85–89 Chilkwell Street, BA6 8DD, www.chalicewell.org.uk, April–Okt. tgl. 10–17.30, Nov.–März tgl. 10–16.30 Uhr, Erw. 5 £, erm. 3,80 £, Kinder (5–17 J.) 2,50 £.

975es ar

Praktische Tipps

Tourist Information

■ **Glastonbury Information Centre,** 1 Magdalene Street, BA6 9EW, Tel. 01458-333144, www.glastonburyinformationcentre.co.uk.

Unterkunft

■ **George and Pilgrims Hotel**③, 1 High Street, BA6 9DP, Tel. 01458-831146, www.georgeandpilgrims.com, Unterkunft in einem historischen Gebäude, das im Kern aus dem 15. Jh. stammt – traditionell eingerichtete Räume und eine Bar mit offenem Kamin.

Gypsy Caravan Breaks②, *Bartlett's Farm,* Hayes Road, Compton Dundon, TA11 6PF, Tel. 01458-274944, www.gypsycaravanbreaks.co.uk. Zwei traditionelle Schindelwagen und zwei Vintage-Wohnwagen auf einem Bauernhof, ca. 15 Minuten mit dem Auto von Glastonbury entfernt, jeweils für zwei Personen. Kochen kann man über der Feuerstelle oder an Regentagen im Wohnwagen. Kinder oder zusätzliche Gäste müssen gegen einen Aufpreis in einem selbst mitgebrachten Zelt oder in den Wohnwagen übernachten, kleinere Kinder können mit den Eltern im Wagen übernachten. Sanitäranlagen gibt es jeweils in einem extra ausgestatteten Holzhäuschen. Ein Pub mit Laden und Speiseangebot *(The Castlebrook Inn)* ist etwa 25 Minuten Fußmarsch entfernt. Würstchen, Speck und Eier aus eigener Produktion kann man zudem nach Vorbestellung auf dem Hof kaufen.

■ **Bed & Breakfast:** *Melrose*②, 17 Bere Lane, BA6 8BH, Tel. 01458-834706, www.melrose-bandb.co.uk, drei Zimmer mit Blick über den Garten; *The Covenstead Glastonbury*③, *Naish House,* Magdalene Street, BA6 9EJ, Tel. 01458-830278, www.coven

◁ Die Quelle in Chalice Well Garden

stead.co.uk, nah an der Abtei gelegen, opulent und leicht museal eingerichtet mit allerlei Fundstücken; *Little Orchard*②, 2 Ashwell Lane, BA6 8BG, Tel. 07855-139802, www.littleorchardglastonbury.co.uk, freundliches Bed & Breakfast am Fuße des Glastonbury Tor gelegen, auch veganes oder glutenfreies Frühstück.

Essen und Trinken

■ **The King Arthur**①, 31–33 Benedict Street, BA6 9NB, Tel. 01458-830338, www.thekingarthurglastonbury.com, Pub mit regelmäßiger Livemusik, das Einrichtungskonzept hat die Legende von König *Artus* zum Thema – es gibt sogar eine runde Tafel.

■ **Gigi's**②, 2 Magdalene Street, BA6 9EH, Tel. 01458-834612, www.facebook.com/gigisglastonbury, authentische italienische Küche.

■ **Becket's Inn**①, High Street, BA6 9DS, Tel. 01458-832928, www.becketspubglastonbury.co.uk, alter gemütlicher Pub.

■ **Tin Pot Pasty Co**①, 6 Magdalene Street, BA6 9EH, Tel. 07789-000804, riesige Auswahl an *Cornish Pasties,* den lecker gefüllten Teigtaschen.

■ **Elaichi Tandoori**②, 62 High Street, BA6 9DY, Tel. 01458-832601, www.elaichaitandoori.co.uk, indische und bengalische Gerichte.

■ **Abbey Tearooms**①, 16 Magdalene Street, BA6 9EH, Tel. 01458-832852, www.abbeytearooms.co.uk, nettes kleines Lokal, in dem es Kaffee und Kuchen, aber auch herzhafte Mittagsgerichte gibt.

■ **Rainbow's End**①, 17A High Street, BA6 9DP, Tel. 01458-833896, www.rainbowsendglastonbury.com, das älteste vegetarische Restaurant am Ort, gemütliche überdachte Terrasse, hat auch eine gute vegane Auswahl.

Verbindung

■ Lokale **Busse** nach Wells und Bristol.

■ **Busstation:** Magdalene Street

Wells – Englands kleinste Domstadt

Die wohl wichtigste Sehenswürdigkeit der Stadt ist die beeindruckende, ganz im gotischen Stil gehaltene Kathedrale **Wells Cathedral.** Eine erste Kirche stand hier 705, aber 1088 wurde sie neu erbaut und 1244 wurde sie zur Kathedrale der neuen Diözese von Bath und Wells. Berühmt gemacht haben die Kathedrale von Wells die wunderbaren Vierungsbogen, die *inverted arches.*

Der zentrale Turm, dessen Dach nach altem Brauch Bleiplatten bedeckten, war den Erbauern zu schwer geraten und drohte die stützenden Vierungspfeiler auseinanderzudrücken. Also setzten die Baumeister um das Jahr 1338 im nördlichen, westlichen und südlichen Teil der Vierung zwischen den Pfeilern Spitzbogen ein, denen – so der optische Eindruck – ein zweiter umgekehrter Spitzbogen aufgesetzt wurde, dessen beide Ausläufer dann oberhalb des Triforiums die Vierungspfeiler verstärkten und abstützten. Noch nie zuvor hatte es einen solch harmonischen und unter statischen Gesichtspunkten tragenden Bogen gegeben, und doch weiß man nicht, wer der geniale Baumeister war, der ihn erfand.

Als der Turm der Kathedrale von Salisbury die Vierungspfeiler zu zerbrechen drohte, übernahmen die dortigen Baumeister die Bogen von Wells, die maßgeblich Anteil daran hatten, dass der Turmhelm noch heute in den Himmel ragt. Allerdings sind die Scherenbogen von Salisbury nicht annähernd so harmonisch geraten wie die von Wells.

1386 und 1424 entstanden die beiden **Türme der Westfassade,** von denen manchmal behauptet wird, dass ihnen die Spitzen fehlen. Dies stimmt jedoch nicht, denn hätten die Baumeister sie mit einem Helm gekrönt, dann wären sie höher als der zentrale Vierungsturm geworden und die Proportionen der Kathedrale wären damit völlig aus dem Lot gekommen.

Prachtvoll und einmalig ist der Blick vom Anfang des großen grünen *Cathedral Close* auf die **Westfassade** der Kathedrale. Keiner der großen Dome Englands hat eine solch reiche Figurenvielfalt zu bieten wie das Gotteshaus von Wells.

Betritt man nun das Innere, wird schon der erste Blick direkt eingefangen von dem westlichen Scherenbogen, in dessen oberem Teil das große **Kruzifix** aufragt. Kurz vor Erreichen der Vierung findet sich zwischen den linken Säulen die **Grabkapelle** für Bischof *Bubwith,* der eine beträchtliche Summe für den Bau des nördlichen Westturms stiftete, und auf der rechten Seite die **Votivkapelle** für den Schatzmeister *Hugh Sugar,* auf dessen Initiative das große Kreuz zurückging.

Im südlichen Querschiff sind eine ganze Anzahl von Bischöfe und Adlige bestattet; vor allem sehenswert sind hier die Werke der Steinmetze. Die Kathedrale von Wells ist berühmt für ihre **feingearbeiteten Kapitelle,** hier, im südlichen Querschiff werden sie noch unter dem Thema „Die Obstdiebe" um eine humoristische Note bereichert: Zwei Männer plündern einen Weinberg oder einen Obsthof, doch dabei werden sie beobachtet. „He Bauer, aufgewacht, jemand stiehlt dein Obst", scheint der Beobachter zu sagen, der die Nachricht überbringt; der Bauer macht sich auf die Jagd, fängt auch einen Dieb und zieht

711es fk

Das Zentrum von Wells mit der Kathedrale im Hintergrund

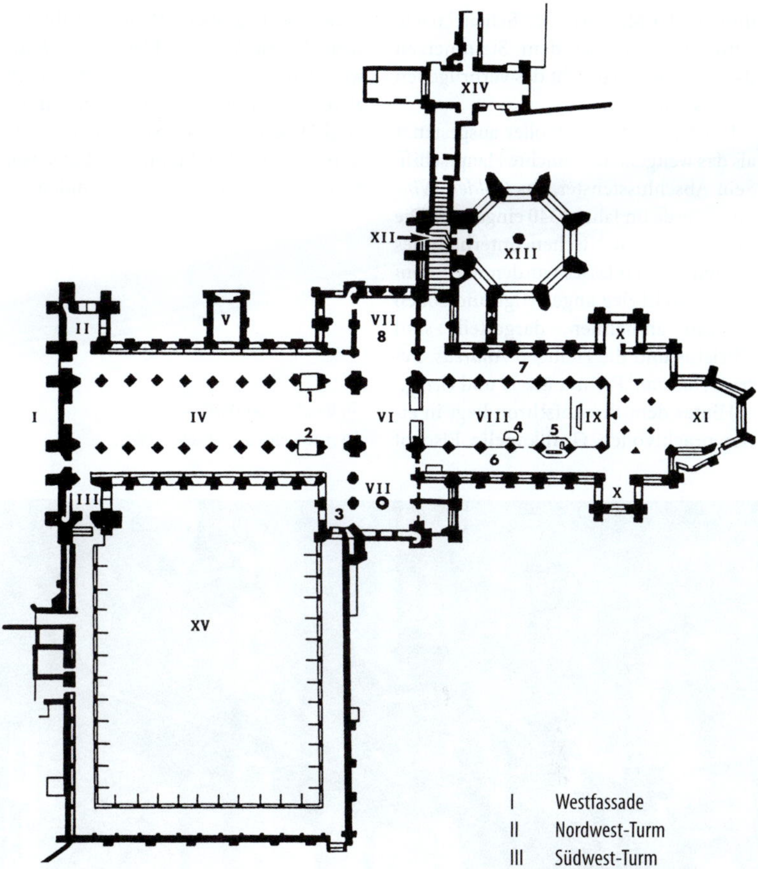

Kathedrale Wells

1	Kapelle für Bischof Bubwith
2	Kapelle für Hugh Sugar und Kanzel
3	„Die Obstdiebe“
4	Bischofsthron
5	Denkmal für Bischof Beckington
6	Denkmal für Bischof Harewell
7	Denkmal für Bischof R. v. Shrewsbury
8	Astronomische Uhr

I	Westfassade
II	Nordwest-Turm
III	Südwest-Turm
IV	Langhaus
V	Nordportal
VI	Vierung mit Scherenbogen
VII	Westliche Querschiffe
VIII	Chor
IX	Altarraum
X	Östliche Querschiffe
XI	Marienkapelle
XII	Treppe zum Kapitelhaus
XIII	Kapitelhaus
XIV	Chain Gate
XV	Kreuzgang

ihm mit der Mistforke den Scheitel nach. Unnachahmlich ist dem Steinmetzen das verdatterte Gesicht des verprügelten Diebes gelungen.

Der **Chor** ist prachtvoller ausgestattet als das weitgehend schlichte Hauptschiff. Sein Abschlussfenster, das *Golden Window*, wurde im Jahre 1340 eingesetzt. Die Figuren in den Nischen unterhalb des bunten Lichteinlasses wurden nach dem Ersten Weltkrieg angefertigt und sollen Frieden anmahnen; dargestellt sind Christus und die Heiligen *Andreas, Petrus, Dunstan, Patrick, David* und *Georg.*

Hinter dem Bischofsthron liegt in einer prachtvollen **Grabkapelle** Bischof *Beckinton* begraben. Nahebei ruht Bischof *Harewell,* der Gelder für den Südwestturm hinterlassen hat; seinen Schrein zieren in Anspielung auf seinen Namen zwei Hasen. Nur ein paar Schritte entfernt hat der Kirchenmann *Ralph von Shrewsbury* die letzte Ruhe gefunden.

Vicar's Close in Wells – die erste Reihenhausanlage der Welt

Im nördlichen Querschiff ist die berühmte, um 1390 gebaute **astronomische Uhr** allererster Besuchermagnet. Alle 15 Minuten öffnet sich oberhalb der Ziffernblätter ein Törchen, und vier Ritterfiguren „reiten" im Kreis herum; nach jedem Rundgang wird ein Ritter niedergestreckt – liegen sie allesamt platt im Turnierhof, ist eine Stunde um.

Das äußere Zifferblatt hat eine 24-Stunden-Einteilung, dort zeigt der große Stern die Stunde an; ein kleinerer Stern im inneren Kreis teilt dem Betrachter die Minuten mit.

Vom nördlichen Querschiff flutet wie eine Woge die **Treppe von Wells,** ebenso berühmt wie die Scherenbogen, aus dem achteckigen Kapitelsaal nach unten ins Kirchenschiff; die Decke des Kapitelhauses wird, wie auch in der Kathedrale von Salisbury, von einem Bündelpfeiler getragen.

712es fk

■ **Wells Cathedral,** BA5 2US, www.wellscathedral.org.uk, April–Sep. 7–19, Okt.–März 7–18 Uhr, fast tägl. kostenlose Führungen, Eintritt frei, aber die folgenden Spendenbeträge zur Deckung der Unterhaltungskosten werden nahegelegt: Erwachsene 8 £, Kinder (11–18 J.) 7 £, Familien 20 £.

Weiteres Sehenswertes

Einen Steinwurf nördlich der Kathedrale, unter dem Chain Gate hindurch, findet sich **Vicar's Close,** die erste Reihenhausanlage der Welt. Bischof Ralph von Shrewsbury, von dem schon mehrfach die Rede war, plante diese Straße im Jahre 1348. 42 Häuschen, jedes mit einem mächtigen Kamin, stehen sich gegenüber; in handtuchgroßen Vorgärten blühen bunt die Blumen. Seit jeher wohnen hier die Lehrer der Domschule, die – 909 gegründet – zu den ältesten der Welt zählt. Es ist nichts Ungewöhnliches, die Schüler im Talar über die Domfreiheit toben zu sehen, die dadurch doch sehr an Leben gewinnt.

Südlich der Kathedrale schließt sich hinter einem Burggraben und den schützenden Mauern der **Bischofspalast** an, dessen ältester Teil, die Great Hall, um 1230 begonnen wurde. *Ralph von Shrewsbury* ließ dann 110 Jahre später Graben und Mauern errichten. Am linken Eingangstorturm befindet sich eine kleine Glocke; dort klingeln die Schwäne des Burggrabens wenn sie Hunger haben und gefüttert werden wollen. Schwäne unterlagen dem besonderen Schutz der Monarchen, und jeder frei auf dem Wasser geborene Vogel gehörte dem König.

Neben Ausstellungen gibt es hier **Gärten,** wo auch die Quellen entspringen, die Wells ihren Namen gegeben haben.

■ **Bishop's Palace,** Market Place, BA5 2PD, Tel. 01749-988111, www.bishopspalace.org.uk, Apr.–Okt. tgl. 9.30–17.30, Nov.–März 10–16 Uhr, Erwachsene 16 £, ermäßigt 12,50 £, Kinder (5–17 J.) 8 £. Führungen (im Preis inbegriffen) täglich um 11 und 14 Uhr (Palast) sowie 12 und 15 Uhr (Gärten).

Praktische Tipps

Tourist Information

■ **Wells Tourist Information Centre,** Town Hall, Market Place, BA5 2RB, Tel. 01749-673091, www.wellssomerset.com.

Unterkunft

■ **Swan Hotel**④, Sadler Street, BA5 2RX, Tel. 01749-836300, www.swanhotelwells.co.uk, schickes Hotel in historischem Haus aus dem 15. Jh., direkt im Zentrum gegenüber der Kathedrale.

■ **The City Arms**③, 69 High Street, BA5 2AG, Tel. 01749-677768, drei Zimmer über einem urigen Pub aus dem Jahr 1549, mitten im Stadtzentrum.

■ **Bed and Breakfast:** *Islington House*③, Silver Street, BA5 1US, Tel. 01749-673445, www.islingtonhouse-wells.co.uk. Zentral gelegen neben dem Bischofspalast; *No. 23 Bed and Breakfast*③, 23 Glastonbury Road, BA5 1TW, Tel. 01749-677648, www.bedandbreakfastinwells.co.uk, kleines viktorianisches Haus etwa 10 Min. zu Fuß vom Zentrum; *Beryl*③-④, Hawkers Lane, BA5 3JP, Tel. 01749-678738, www.beryl-wells.co.uk. Herrenhaus aus dem 19. Jh. in den Mendip Mountains, mit viktorianischen Garten und Pool, 1½ km vom Stadtzentrum.

Essen und Trinken

■ **Root Wells**②-③, 12 Sadler Street, BA5 2SE, Tel. 0749-672887, www.rootwells.co.uk, „Mehr Gemüse, weniger Fleisch" ist die Devise dieses Restaurants, das vom *Guide Michelin* empfohlen wird. Man bestellt 2–3 kleine Gerichte zum Teilen, die mit den besten Zutaten aus der Region zubereitet sind.

■ **The Courtyard Restaurant**②, 9 Heritage Court, Sadler Srteet, BA5 2RR, Tel. 01749-677772, www.thecourtyardrestaurantwells.co.uk, freundliches familiengeführtes Restaurant, geöffnet Do–So, abends nur Do–Sa.

■ **The Greek Taverna,** 20 Union Street, BA5 2PU, Tel. 01749-939533, www.sungreektaverna.co.uk, gemütliche, freundliche Taverna in einer Seitenstraße der Main Street.

■ **The Crown at Wells**②, Market Place, BA5 2RP, Tel. 01749-673457, www.crownatwells.co.uk, Pub aus dem 15. Jh., mit angeschlossenem Restaurant und 15 Gästezimmern.

The Good Earth①, Priory Road, BA5 1SY, Tel. 01749-678600, www.thegoodearthwells.co.uk, vegetarisches Tagesrestaurant zu dem auch ein Bio- und ein Einrichtungsladen gehören, täglich zwei wechselnde Hauptgerichte mit mindestens einer veganen Option, daneben Salate, Pizza, Quiche, Backkartoffeln und Suppen.

Verbindung

■ **Busstation:** Cuthbert Street, Ecke Princes Road, BA5 2DT, Verbindungen nach Bath, Bristol, Taunton, Cheddar.

▷ Landschaft der Mendips, nahe Cheddar Gorge

Die Mendips

– Spektakuläre Höhlen und Schluchten

Wells liegt am südlichen Rande der aus Kalkstein bestehenden **Hügellandschaft** der Mendips oder Mendip Hills, die südlich von Bath und Bristol, im Westen von Weston-super-mare und im Osten von der Kleinstadt Frome eingegrenzt werden. Weite Teile dieser Landschaft sind seit 1972 als *AONB (Area of Natural Beauty)* klassifiziert, wodurch sie den gleichen Schutz wie ein **Naturpark** genießen. Die Gegend ist gespickt mit malerischen Dörfer und Fachwerkhäusern, so zum Beispiel **Chewton Mendip** nördlich von Wells der A 39 entlang oder **Compton Martin** im Norden über die Old Bristol Road B 3134.

Typisch für die Mendips sind zahlreiche **Höhlen** und **Schluchten.** Über die A 371 gelangt man zum Dorf **Wookey Hole,** wo mehrere Höhlen erschlossen sind, sowie zur Schlucht **Cheddar Gorge,** wo man weitere Höhlen besichtigen kann.

Die **Wookey Hole Caves** richten sich vor allem an Familien mit Kindern und bieten mehr als Höhlenführungen: So gibt es z.B. die *Lost World 4D Experience,* ein Spiegellabyrinth, die Monstermühle oder Zirkus-Shows.

Wooky Hole Caves, Wooky Hole, BA5 1BB, Tel. 01749-672243, www.wookey.co.uk, tgl. April–Okt. tgl. 10–16.30 (Sa/So und während der Schulferien bis 17.30), Nov.–März nur Sa/So 10 –16.30 Uhr, Erwachsene 22,45 £, Senioren 21,45 £, Kinder (3–15 Jahre) 17,95 £.

Über die A 371 gelangt man zum Ort **Cheddar,** der dem berühmten englischen Käse seinen Namen gab. Der Käse wird längst weltweit produziert, und die lokale *Cheddar Gorge Cheese Company* ist mittlerweile der einzige Produzent, der den Käse weiterhin vor Ort herstellt

976es vs

und in den Cheddar-Höhlen reifen lässt. Im Laden kann man die verschiedenen Käse-Kreationen probieren oder auch an einer 90-minütigen *Cheese Experience Tour* teilnehmen, bei der man viel über die Geschichte des Käses und seiner Herstellung erfährt und natürlich auch ein paar Kostproben versuchen darf.

■ **Cheddar Gorge Cheese Company,** The Cliffs, Cheddar, BS27 3QA, Tel. 01934-742810, www.cheddargorgecheese.com, Laden tgl. 10–17 Uhr, *Cheese Experience Tours* Mo, Mi und Fr um 11 Uhr, Tickets kosten 25 £ pro Person.

Vielbesuchte Attraktionen im Orte sind die beiden Tropfsteinhöhlen der **Cheddar Gorge** (Schlucht von Cheddar), die 1877 entdeckt wurden. **Gough's Cave** reicht fast einen Kilometer weit in den Berg hinein, am Ende tritt der Besucher in die hohe Halle St. Paul's. An verschiedenen Stationen erklärt eine Tonbandstimme die Attraktionen. **Cox's Cave,** die zweite Höhle, ist ein wenig kleiner, aber genauso attraktiv.

Ein rund 10.000 Jahre altes Skelett und weitere steinzeitliche Funde sind in einem kleinen Museum ausgestellt. Angehende Speläologen können im Zuge des *Adventure Caving* gegen ein erhöhtes Eintrittsgeld zusammen mit einem Höhlenforscher die nicht für die Öffentlichkeit zugänglichen Teile von Gough's Cave erkunden.

■ **Cheddar Gorge and Caves,** Cheddar, BS27 3QF, Tel. 01934-742343, www.cheddargorge.co.uk, tgl. 10–17, im Sommer Sa/So bis 18 Uhr, Erwachsene 22,95 £ (Ende Juli–Anfang Sep. 25,95 £), Kinder (5–15 Jahre) 17,20 £/19,45 £.

Einen prachtvollen Ausblick hat man hoch oben vom **Pavey's Lookout** über die rund 130 m tief eingeschnittene Klamm, zuvor jedoch gilt es zuerst, über die Jakobsleiter genannte Treppe rund 350 Stufen zu bezwingen.

Weston-super-Mare – Ein traditioneller Urlaubsort für Briten

Weston-super-Mare ist ein traditionelles **Seebad** mit etwa 82.000 Einwohnern. Der ungewöhnliche Name setzt sich übrigens aus dem angelsächsischen Ortsnamen Weston (= West Town) und den mittelalterlichen lateinischen Wörtern für „über dem Meer" zusammen. Zwar ist die Zahl der Besucher wegen der billigen Pauschalurlaube in Südeuropa seit den 1970er Jahren zurückgegangen, aber Weston ist nach wie vor ein bei britischen Inlandstouristen beliebtes Ziel. Die Besucher kommen größtenteils aus den West Midlands (Großraum Birmingham). Zwei Gruppen von typischen Feriengästen dominieren in Weston: Urlauber über 60 Jahre und Familien mit Kindern. Weston bietet kilometerweite weiße Strände und die üblichen Amüsiermöglichkeiten, die zu einem englischen Seebad gehören.

Stürmische See bei Weston-super-Mare

adobe.stock ©Charlotte

Sehenswertes

Die Hauptattraktion des Ortes ist der **Grand Pier,** ein für britische Seebäder typischer breiter Steg, der an Stelzen ins Meer hineinragt und auf dem sich Restaurants, Karusselle und Jahrmarktattraktionen befinden. Der Grand Pier wurde 1904 eröffnet. Zweimal brach hier ein Feuer aus und fügte dem Bauwerk großen Schaden zu: 1930, als das Theater abbrannte und 2008, als der Pier komplett neu gebaut werden musste. Seit 2010 ist der neue *Grand Pier* in Betrieb.

Vor allem mit **Kindern** kommt man hier auf seine Kosten: So gibt es neben einem Spielplatz eine 250 m große Go-Kart Bahn, ein 4D-Kino (in dem sich während des 3D-Filmes die Sitze bewegen und einem Wind und Wasser um die Ohren gepustet wird), eine Geisterbahn, ein Spiegellabyrinth, die Karusselle *Robocaster, Sidewinder* und *Freefall* sowie *Arcade-*Spiele. Kulinarisch sollte man sich auf *Fish'n'Chips,* Pommes, Burger, Eis und *Doughnuts* einstellen sowie Getränke in der „Piratenkneipe" *Captain Jack's.*

The Grand Pier, Marine Parade, BS23 1AL, Tel. 01934-620238, www.grandpier.co.uk, täglich ab 10 Uhr, in den Wintermonaten ab 11 Uhr. Schließzeiten variabel, Eintritt 1 £. Karusselle bezahlt man mit Pfandmarken *(credits),* die bei kleinerer Anzahl 1 £ pro *credit* kosten, man bekommt an manchen Tagen auch für 11,50 £–25 £. Tages-Armbänder, die zur Benutzung bestimmter Attraktionen berechtigen. Verschiedene Aktionstickets nur online.

Der **Weston Beach** ist ideal für Spaziergänge an oder um sich mit einer Tüte *Fish'n'Chips* den Sonnenuntergang anzusehen. Eine Institution ist hier am Strand von Weston das **Eselreiten,** das die Familie *Mager* seit dem Jahre 1886 für Kinder zwischen 1 und 12 Jahren anbietet. Von Ostern bis Oktober findet man bei gutem Wetter die Esel hier täglich am Strand. Der Ritt dauert etwa 5 Minuten.

Weston-super-Mare's Famous Donkey Rides, *R.G. Mager & Sons,* BS23 1AT, Tel. 01934-813769, www.westondonkeys.co.uk, 2 £.

Das **Weston Museum** thematisiert die Lokal- und Regionalgeschichte und wirft einen historischen Blick auf die englischen Seebäder sowie die hier typische Tier- und Planzenwelt. Es gibt einige kindgerechte Aktivitäten.

■ **Weston Museum,** Burlington Street, BS23 1PR, Tel. 01934-621028, www.westonmuseum.org, Di–Sa 10–16 Uhr, Eintritt frei.

Etwa 4 km von der Seepromande entfernt gelegen und gut ausgeschildert befindet sich das **Helicopter Museum,** an dem man gratis parken kann. Es handelt sich um das nach eigenen Angaben größte Hubschraubermuseum der Welt.

■ **The Helicopter Museum,** Locking Moor Road, BS24 8PP, Tel. 01934-635227, www.helimuseum.com, Mi–So 10–16.30 Uhr, Erwachsene 13 £, ermäßigt 11 £, Kinder (4–15 J.) 6 £, Familien 30–32 £.

Praktische Tipps

Tourist Information

■ **www.visit-westonsupermare.com**

Unterkunft

■ **Royal Hotel**③, South Parade, BS23 1JP, Tel. 01934-423100, www.royalhotelweston.com, eines der ältesten Hotels im Ort, an der Strandpromenade.
■ **Beachlands Hotel**④, Uphill Road North, BS23 4NG, Tel. 01934-621401, www.beachlandshotel.com, mit Swimmingpool und Sauna.
■ **The Beaches Hotel**③, 36 Beach Road, BS23 1BG, Tel. 01934-629529, www.beacheshotel.co.uk, freundliches Hotel an der Strandpromenade, vegetarisches Frühstück auf Anfrage.
■ **Bed and Breakfast:** *All Seasons B&B*②-③, 13 Victoria Park, BS23 2HZ, Tel. 01934-412978, www.allseasonsbandb.com, fünf Zimmer in einer von Linden gesäumten Straße, 400 m vom Strand entfernt; *Oakover Guest House*②-③, 25 Clevedon Road, BS23 1DA, Tel. 01934-620125, www.oakover.co.uk, sechs Zimmer in einer Villa aus dem Jahr 1890 direkt hinter der Strandpromenade, veganes oder glutenfreies Frühstück auf Anfrage.

Essen und Trinken

■ **The Blitz Tearoom**①, 22 Waterloo Street, BS23 1LN, Tel. 01934-709475, www.theblitztearoom.co.uk, dass es hier britische Hausmannskost gibt, ist nebensächlich, man wird eher aus Neugierde und mit gemischten Gefühlen hingehen, denn dieses kleine Lokal soll die Atmosphäre in Großbritannien im Zweiten Weltkrieg wiedergeben, als, so die Mythologisierung, alle zusammen gehalten und gemeinsam viel bewirkt haben. Das deutsche Wort „Blitz" steht im Englischen für die Luftangriffe der deutschen Luftwaffe in den 1940er Jahren. Der Laden ist voll mit Memorabilien aus dieser Zeit, es wird entsprechende Musik gespielt und es gibt immer wieder Gerichte, die aus dieser Zeit stammen. Wer als Deutscher in Großbritannien einen Kulturschock sucht, wird ihn hier finden. So und Mo geschlossen.
■ **Panache Fine Indian Restaurant**①, 71 Orchard Street, BS23 1RL, Tel. 1934-635540, www.facebook.com/panacheindian. Wie so oft ist dies eigentlich ein bangladeschisches Restaurant. Populär, preiswert und empfehlenswert, gut für Vegetarier.
■ **Papa's Fish and Chips**①, 20 Waterloo Street, BS23 1LN, Tel. 01934-626565, www.papasukltd.com. Preisgekrönte *Fish'n'Chips* in Weston, zum Mitnehmen oder dort essen.

Verbindung

■ **Bahnhof:** Station Approach, BS23 1XY.
■ **Bussbahnhof:** Locking Road, BS23 3DP.

Burnham-on-Sea

– Ein Folly in weiß-rot

Wenige Minuten Autofahrt führen zum kleinen **Seebad** Burnham, das am Mündungstrichter des Flusses Parrett liegt. Wenig ließe sich über das *Seaside Resort* sagen, wäre da nicht wieder einmal ein Folly, nämlich ein aus dem 19. Jahrhundert stammender, modern anmutender schneeweißer **Leuchtturm** auf hohen Füßen und mit einem kräftigen roten Farbstrich versehen, der den Strand von Burnham ziert.

Leuchttürme, ihr Bau und die Instandhaltung unterliegen in England dem *Trinity House*/London und seinen verschiedenen Dependancen. Der Service ist seit Jahrhunderten kostenlos – er wird aus Steuergeldern finanziert.

Der Erbauer von Burnhams Leuchtturm war ein Privatmann, welcher vorbeifahrenden Schiffen den Sicherheitsservice gegen eine Gebühr liefern wollte. Prinzipiell eine gute Idee, nur zahlte niemand, die Schiffe rauschten einfach so vorbei ...

714es fk

☒ Der Leuchtturm in Burnham-on-Sea

Bristol

– die pulsierende Ökometropole

Die Einwohner von Bristol vergleichen ihre angenehme, rund 467.000 Einwohner zählende Stadt gerne mit der italienischen Metropole Rom, denn wie auch diese ist sie auf sieben Hügeln erbaut. Dass dem so sei, behauptete jedenfalls *Johanna Schopenhauer,* die in den ersten Jahren des 19. Jh. nach Bristol kam und im Nobelvorort Clifton (s.u.) Quartier bezog. Vom **Rom des Nordens** reden zu hören, wird aber sicher jeden *Bristolian* erfreuen.

Geschichte

Schon immer produzierten die **Werften** von Bristol Schiffe und sorgten für Arbeit und Einkommen, richtigen Aufschwung aber brachten der Sklavenhandel und die Zuckertransporte, die Bewohner der Stadt kamen zu Wohlstand. Im 19. Jh. wurde der Schiffsbau nochmals intensiviert, Tabakwarenhersteller und die chemische Industrie gründeten ihre Firmensitze, und im 20. Jahrhundert avancierte Bristol zum Sitz der britischen **Flugzeugindustrie.** Vor allem aus diesem Grund bombardierte die deutsche Luftwaffe im Zweiten Weltkrieg die Stadt und legte sie weitgehend in Schutt und Asche.

Schon zurzeit der Angelsachsen fand geschäftiger Betrieb im Hafen statt, und im Jahr 1373 erhob *Eduard II.* Bristol in den Grafschaftsstatus. Das änderte sich erst 601 Jahre später, 1974 nämlich, als das neue County Avon eingerichtet wurde, dessen Kapitale Bristol nun ist.

1497, fünf Jahre nach *Kolumbus,* stach **John Cabot** von Bristol aus in die See und machte sich auf nach Nordamerika, wo er Neufundland „entdeckte". Am Hafen ehrt eine Statue den Seebären.

☒ Floating Harbour in Bristol

977es ar

Sehenswertes

Erste Attraktion ist natürlich – wie es sich für eine Hafenstadt gehört – der **Floating Harbour,** der sich parallel zum Fluss Avon durch ganz Bristol zieht. An dessen Ufer liegen auch gleich zwei weitere Highlights der Stadt: das 2011 feierlich eröffnete **MShed – The People's Museum an der Princes Wharf** und – drei Minuten mit der historischen Eisenbahn weiter, das Dampfschiff **SS Great Britain** an der Wapping Wharf. Im *MShed* wird auf anschauliche, interaktive und humorvolle Art und Weise die nicht ganz einfache Geschichte der Stadt Bristol und vor allem ihrer Bewohner erzählt – bis hin zu Werken zeitgenössischer Künstler der Stadt. Es berichten Zeitdokumente und Zeitzeugen – Geschichte zum Anfassen.

■ **MShed,** Princes Wharf, Wapping Road, BS1 4RN, www.bristolmuseums.org.uk/m-shed, Di–So 10–17 Uhr, Eintritt frei.

Der Steamer *Great Britain* ist das erste vollständig aus Stahl erbaute und mit einer Schiffsschraube versehene Dampfschiff, das 1843 vom Stapel lief. Konstrukteur war der kongeniale *Isambard Kingdom Brunel* (1806–1859), der eine technische Herausforderung nach der nächsten löste. 1886 wurde die *Great Bri-*

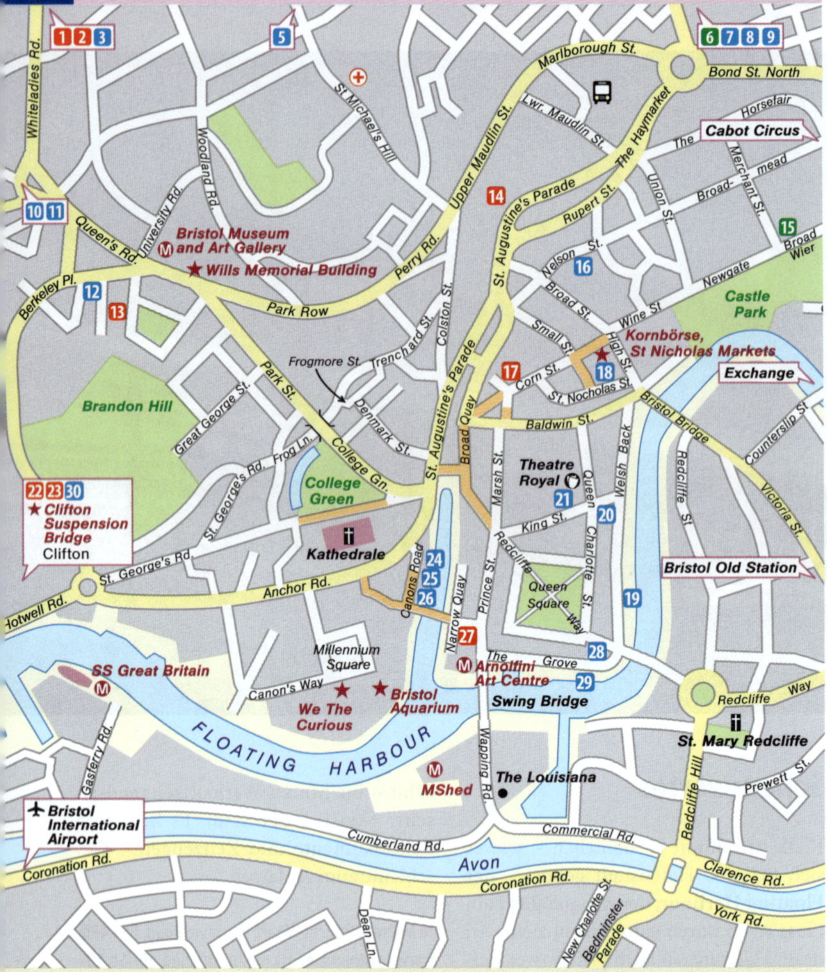

Übernachtung
- 1 Best Western Henbury Lodge Hotel
- 2 B&B Number 38
- 13 B&B 3 Berkeley Square
- 14 Hotel du Vin Bristol
- 17 Bristol Backpackers Hostel
- 22 B&B 9 Prince's Buildings
- 23 The Clifton
- 27 Bristol Youth Hostel

Essen und Trinken
- 3 Bravas
- 5 The Kensington Arms
- 7 The Gallimaufry, Café Kino
- 8 Poco
- 9 The Canteen
- 10 Bristol Lido
- 11 The Primrose Cafe
- 12 The Coconut Tree
- 16 The Lanes
- 18 The Crown
- 19 Adelina Yard
- 20 The Old Duke
- 21 The Famous Royal Navy Volunteer, Renato's Taverna dell' Artista
- 24 No 1 Harbourside
- 25 BsB
- 26 ZaZa Bazaar
- 28 The Hole in the Wall
- 29 Riverstation
- 30 Brunel's Buttery

Einkaufen
- 6 That Thing
- 15 Prior Superstore

tain durch einen Sturm vor den Falklandinseln so sehr beschädigt, dass sie dort die nächsten 47 Jahre nur noch als schwimmende Lagerhalle benutzt wurde. 1937 war das Schiff selbst dafür nicht mehr geeignet, so dass es in seichtes Wasser in einer Bucht bei Port William geschleppt wurde. Dort wäre sie mittlerweile wohl gänzlich verrostet, wenn sie nicht 1969 in den Heimathafen am anderen Ende der Welt geschleppt worden wäre. 127 Jahre nach ihrer Jungfernfahrt kehrte die *SS Great Britain* zu dem Dock zurück, von wo sie erstmals in See stach. Heute ist das Schiff als Museum vollständig restauriert. Auch die **Bristol Old Station,** der mächtige alte, im neogotischen Stil gehaltene Bahnhof der Stadt, geht auf *Brunels* Entwürfe zurück.

Fährbötchen bringen an verschiedenen Stellen die Spaziergänger an das jeweils andere Ufer des langen Hafens. Sommertags, an Wochenenden und Feiertagen, führen **Oldtimer-Nostalgiker** auf dem Hafengelände ihre alten, sorgfältig restaurierten Dampfwalzen vor, ein alter Kran, ebenfalls mittels Dampfkraft bewegt, zieht Lasten hoch, auf einem Schienenstrang von einigen hundert Metern schnauft und zischt eine putzige kleine Lok mit einigen Güterwagen daher und stößt mächtige schwarze Rauchwolken in die Luft – die Kinder stehen dabei und machen große Augen. MEIN TIPP: Alljährlich Ende Juli findet hier auch das **Bristol Harbour Festival** statt, bei dem etliche Großsegler vor Anker gehen und es rund um den Hafen Konzerte, Vorführungen und jede Menge Street Food-Stände gibt (www.bristol harbourfestival.co.uk).

Die Swing Bridge führt auf die gleichnamige Straße; linker Hand findet man in einem restaurierten Speichergebäude das **Arnolfini Arts Centre,** das die zeitgenössische Kunst würdigt.

■ **Arnolfini Arts Centre,** 16 Narrow Quay, BS1 4QA, Di–So 11–18 Uhr, Eintritt frei, Wechselausstellungen 12–15 £, www.arnolfini.org.uk.

Gegenüber, einen Steinwurf und eine Brücke weit über den Kanal entfernt, liegt mit der Canons Road die Bristoler **Kneipenmeile** am Wasser. Hier findet man In-Restaurants und Pubs, freitags und samstags gibt es einen Flohmarkt, und nicht nur wenn die Sonne scheint, brummt es. Hinter der Canons Road auf dem Areal, das Harbourside genannt wird, bieten der **Millennium Square** Platz für Events, das **Blue Reef Aquarium** oder das nahegelegene Wissenschaftsmuseum mit 3D-Planetarium **We The Curious** Spaß für die ganze Familie.

Bristol Aquarium, Anchor Road, BS1 5TT, Tel. 0179-298929, www.bristolaquarium.co.uk, tgl. 10–18 Uhr, Erwachsene 19,75 £, ermäßigt 17,50 £, Kinder (3–12 Jahre) 12,35 £, Familien 62 £.

We The Curious, Anchor Road, BS1 5DB, www.wethecurious.org, wegen einem Brand derzeit geschlossen, mehr Infos auf der Website.

Dort, wo die Prince Street auf einen Kreisverkehr trifft, geht es rechts ab in die King's Street. Ein Teil der Gebäude, ehemalige Armenhäuser, datieren aus dem 17. Jh. Ein Jahrhundert jünger nur ist das **Theatre Royal** von 1766, das älteste durchgängig bespielte Theater Englands. Im ganzen Land bekannt ist das *Bristol Old Vic*, das Ensemble, das hier auf der Bühne steht.

Ein paar Minuten Fußweg in Richtung Norden führen zur Corn Street, an deren

Banksy, der bekannteste Unbekannte des Kunstbetriebs

Von *Stefan Blank* und *Anna Regeniter*

Street-Art und **Graffitis** begegnet man in Bristol fast auf Schritt und Tritt. Es gibt kiloweise Literatur zum Thema, es gibt Ausstellungen und aus Bristol stammt (wahrscheinlich) der „bekannteste Unbekannte des Kunstgewerbes", wie *Sonntag Aktuell* 2010 schrieb: *Banksy. Banksy,* schon 2008 enttarnte die *Mail on Sunday* seinen Namen, wurde 1974 in der Nähe von Bristol geboren. Mit 14 Jahren nahm er die Spraydose in die Hand und schuf in den folgenden Jahren gesellschaftskritische Graffitis, die mit lockerer Hand aus Pop-Art und Popkultur zitieren. Klassiker sind die sich innig küssenden uniformierten Polizisten oder der vermummte Demonstrant, der im Stile eines Molotowcocktails einen Blumenstrauß wirft. *Die Zeit* lobte: „Wie kein anderer versteht er sich darauf, die ödesten Städte in lustvolle Ausstellungsräume zu verwandeln."

978es ar

Banksy wurde weltweit erfolgreich, besprühte Tiere, gestaltete ein Plattencover, und hängte heimlich still und leise eigene Werke in den Louvre in Paris. Der Schauspieler *Brad Pitt* kaufte ein Stück von *Banksy* gestalteter Mauer, bei Auktionen kosteten seine Werke ab 100.000 Euro aufwärts. „Ich fasse es nicht, dass ihr Idioten den Scheiß tatsächlich kauft", soll *Banksy* zum Hype um seine Person gesagt haben. Was seinem Ruhm keinen Abbruch tat. Wer Werke von *Banksy* in Bristol finden will, der macht sich mit offenen Augen auf die Suche. In Buchläden oder dem *MShed* gibt es einige Titel zu seinen Werken, in manchen sind die Straßennamen genannt, wo seine Graffiti zu finden sind – z.B. in *Steve Wright's* „Banksy's Bristol: Home Sweet Home" von 2007.

Im **Floating Harbour** von Bristol hat *Banksy* seine Spuren hinterlassen: An der dem Wasser zugewandten Seite der schwimmenden Konzerthalle *Thekla* ist auf Wasserhöhe ein trefflicher Sensenmann zu sehen. An den Albion Docks findet sich „The Girl with the Pierced Eardrum", eine Kopie von *Johannes Vermeers* „Mädchen mit Perlenohrring", nur dass der Ohrring bei *Banksy* aus einem gelben Sicherheitsalarm besteht (s. Foto links).

979es db

Ende sich die Weizenbörse befindet. Viel wichtiger allerdings für den Besucher sind die **Markthallen des St. Nicholas Market,** der 1743 eröffnet wurde. Heute findet hier ein erweiterter Markt statt. Stärken kann man sich in den Markthallen (www.bristol.gov.uk/st-nicholas-markets) im gemütlichen **Pub** *The Crown.*

Vom treffend *The Centre* genannten großen Kreisverkehr der befahrenen Colston Avenue verläuft die Straße College Garden, deren Verlängerung Park Street heißt. Hier reihen sich viele Restaurants aneinander.

Nur einen Steinwurf südlich befindet sich **Bristol Cathedral,** deren Ursprünge auf das Jahr 1140 zurückgehen und die mit dem Bau der Türme erst 1888 vollständig fertiggestellt war.

■ **Bristol Cathedral,** Mo–Fr 8–17, Sa/So 8–15 Uhr, www.bristol-cathedral.co.uk, Eintritt frei.

Die zweite bedeutende Kirche Bristols, **St. Mary Redcliffe,** findet sich im Südwesten der Stadt, wo der Floating Harbour einen großen Bogen schlägt. Die zwischen dem 13. und dem 15. Jh. entstandene Kirche beeindruckte *Elisabeth I.* so sehr, dass die Königin bei ihrem Besuch 1574 das Gotteshaus als die „frömmste, anmutigste und berühmteste Pfarrkirche Englands" bezeichnete. Mit ihrem 100 m hohen, spitzen Turmhelm

⌃ Am Millenium Square

nimmt St. Mary's in der Tat Kathedralenausmaße ein. Hofkomponist *Georg Friedrich Händel* gab hier einige seiner im ganzen Land berühmten wie beliebten Orgelkonzerte, ein Kirchenfenster mit Darstellungen aus dem Messias-Oratorium im nördlichen Teil würdigt *Händels* musikalische Verdienste.

■ **St. Mary Redcliffe,** 12 Colston Parade, BS1 6RA, Tel. 01172-310060, www.stmaryredcliffe.co.uk, Mo–Sa 8–17, So 12–16.30 Uhr, Eintritt frei, Spenden erwünscht.

Besonders an Regentagen lohnt sich ein Abstecher zum **Bristol Museum and Art Gallery** an der städtischen Universität. In dem etwas altmodischen, aber sehr charmanten Museum findet sich ein Sammelsurium von Exponaten - von Gemälden über Ausstellungen zur Regionalgeschichte bis hin zu einer naturkundlichen Abteilung mit ausgestopften Tieren und Dinosaurierknochen. Die Wechselausstellungen von zeitgenössischen Künstlern, wie dem Fotografen *Martin Parr* oder dem Künstler *Damien Hirst* sind oft sehr sehenswert.

■ **Bristol Museum and Art Gallery,** Queen's Road, BS8 1RI, Tel. 0179-223571, www.bristolmuseums.org.uk/bristol-museum-and-art-gallery, Di–So 10–17 Uhr, Eintritt frei.

Gleich neben dem Museum befindet sich das **Wills Memorial Building,** eines der letzten großen neugotischen Gebäude, die zu Beginn des 20. Jahrhunderts in England gebaut wurden. In dem 65 m hohen Turm ist heute die Rechts- und Naturwissenschaftliche Fakultät der *University of Bristol* untergebracht. Jeden Samstag um 11 und 13 Uhr findet eine Führung statt.

■ **Wills Memorial Building,** Queens Road, BS8 1QE, www.bristol.ac.uk/university/visit/tower-tours, Erwachsene 5 £, Kinder 3 £.

◁ Bristol Museum and Art Gallery und Wills Memorial Building

Der Bristol-Sound

Von *Stefan Blank, Simone Schrempf* und *Anna Regeniter*

Es muss nicht immer London sein, wenn es um Impulse in der **zeitgenössischen Musikszene** des Königreichs geht. So regiert in Brighton *Norman Quentin Cook* aka *Fatboy Slim,* und Bristol steht dem mit einer eigenständigen Musikszene in nichts nach. Dutzende Pubs bringen beinahe allabendlich dutzende Bands auf die Bühnen und etliche Juwelen sind darunter. Nicht nur, dass die *Rolling Stones* 1996 in der *Colston Hall* spielten. Nein, oft entsteht etwas Neues. Etwas, das aus Bristol heraus in die Welt zieht. Schon mit ihrer ersten offiziellen Single, „Daydreaming", schrieb die bristoler Band *Massive Attack* im November 1990 Musikgeschichte, und im Februar 1991 folgte das erste Album „Blue Lines", das bis heute als Meilenstein gilt. Zu hören und zu erleben ist eine noch nicht dagewesene Mischung aus HipHop, Dance, Reggae und Soul, die vom düsteren Leben in der Großstadt erzählt. Geboren war eine neue Musikrichtung: der **„TripHop",** der *Bristol-Sound*. *Massive Attack* war in der Folgezeit ungemein erfolgreich. Nach längerer „Ruhezeit" zeigte die Band Anfang 2010 mit „Heligoland", dass das Leben in der Großstadt ziemlich finster sein kann.

1992 erschienen **Portishead** – benannt nach einem Hafenvorort von Bristol. Über ihr Album „Dummy" von 1994 schrieb der „Melody Maker" vom „erstklassigsten, coolsten Ding, das seit Jahren in diesem Land aufgetaucht ist". Die Band aber pflegte trotz des Erfolges ihr Image als Pop-Sonderlinge aus der Provinz.

Auch wenn die 1990er Jahre für Bristol musikalisch das Goldene Zeitalter waren, braucht sich die dortige Musikszene auch heute nicht zu verstecken: Bristol ist noch immer eine der musikalischsten Städte des Vereinigten Königreichs. Die Szene lebt von ihrem engen Netzwerk aus Musikern, DJs und Künstlern aller Couleur. **Chai Wallahs** z.B. ist ein Kollektiv, das ein preisgekröntes mobiles Party- und Konzert-Zelt betreibt. Dieses Zelt tourt mit eigenem Band- und DJ-Programm über die wichtigsten Festivals des Königreichs und gibt so musikalischen Neuentdeckungen die Möglichkeit, von großem Publikum gesehen zu werden. Die **Diplomats of Sound** sind eine Booking- und Management-Firma, die das Ziel hat, eine Alternative zum gängigen, mainstream-orientierten Musikmarkt anzubieten. Damit eröffnen sie nicht nur Bands aus ihrer Heimatstadt die Möglichkeit, groß aufzutreten, sondern holen auch unbekannte Acts nach Bristol und schaffen kreativen Austausch.

So ist es auch kein Zufall, dass eine der originellsten britischen Bands der letzten Jahre, die Postpunk-Band **IDLES,** aus Bristol stammt. 2019 gewannen sie den Preis des Musikmagazins *Kerrang!* für den besten britischen Newcomer, und 2020 wurden sie sogar vom renommierten Musikmagazin *NME* für den Preis der besten Band der Welt nominiert.

Andere Acts aus Bristol, die sich in letzter Zeit einen Namen gemacht haben, sind das Elektro-Duo **Giant Swan** und die Techno-Punk-Band **Scalping.**

Wer sich selbst auf Entdeckungsreise machen will, kann bei den allabendlichen Konzerten in **Venues** wie dem *Exchange* und *The Louisiana* die besten neuen Bands der Stadt ausfindig machen.

■ **Exchange,** 72–73 Old Market, BS2 0EJ, www.exchangebristol.com.
■ **The Louisiana,** Wapping Road, BS1 6UA, www.thelouisiana.net.

Auf keinen Fall sollte man einen Besuch der mautpflichtigen (1 £) **Clifton Suspension Bridge** versäumen, die in schwindelerregender Höhe im Vorort Clifton den Fluss **Avon** überspannt. Am späten Abend ergibt sich ein besonders farbenprächtiges Bild, wenn die vielen hundert bunten Lämpchen die Hängebrücke farbig illuminieren. Schaut man von der nordwestlichen Ecke in die Tiefe, so erkennt man oft Einhandkletterer, die die vollständig senkrechte Wand des Felsens zu bezwingen suchen – ein Blick, dem nur Schwindelfreie Vergnügen abgewinnen können (www.cliftonbridge.org.uk).

Clifden Suspension Bridge

Praktische Tipps

Tourist Information

- **www.visitbristol.co.uk**

Unterkunft

1 **Best Western Henbury Lodge Hotel**④, Station Road, BS10 7QQ, Tel. 0117-9502615, www.bw-henburylodgehotel.co.uk. Schickes Landhotel in den nordwestlichen Außenbezirken der Stadt. Zimmer 21 hat eine urige Balkendecke.

23 **The Clifton**③, St. Paul's Road, BS8 1LX, Clifton, Tel. 0117-9736882, www.cliftonhotels.com, gut gelegenes, komfortables Hotel, etwa 10 Minuten zu Fuß ins Zentrum.

14 **Hotel du Vin Bristol**④, Narrow Mead, BS1 2NU, Tel. 0117-4032979, www.hotelduvin.com/HotelduVin/BristolCentre, zentral gelegen mit gro-

981es vb ©Gary Newman

ßen, stilvoll eingerichteten Zimmern in einem ehemaligen Zuckerlagerhaus.

■ **Bed and Breakfast:** 13 *3 Berkeley Square*②, BS8 1HL, Tel. 0791-238841, www.3berkeleysquare.co.uk, bezahlbarer Luxus im idyllischen Viertel Brandon Hill, nur Mo–Do; 2 *Number 38*⑤, 38 Upper Belgrave Rd., BS8 2XN, Tel. 0117-9466905, www.number38clifton.com, 12 luxuriöse Zimmer in einem Haus aus dem 18. Jh. mit Blick über die Stadt; 22 *9 Prince's Buildings*④, Clifton, BS8 4LB, Tel. 0117-9734615, www.9princesbuildings.co.uk, nettes Gästehaus an der berühmten Hängebrücke.

■ **Jugendherbergen**①: 27 *Bristol Youth Hostel*, 14 Narrow Quay, BS1 4QA, Tel. 0345-3719726, www.yha.org.uk/hostel/yha-bristol; 17 *Bristol Backpackers Hostel*, 17 St. Stephen Street, BS1 1EQ, Tel. 0117-9257900, www.bristolbackpackers.co.uk; beide Hostels befinden sich in der Altstadt.

Essen und Trinken

19 **Adelina Yard**④, Queen Quay, Welsh Back, BS1 4SL, Tel. 0117-9256682, www.adelinayard.com, kleines *Fine-Dining*-Restaurant, das dank seiner hervorragenden Gerichte weit über die Stadtgrenzen hinaus bekannt ist.

12 **The Coconut Tree**②, 2 Byron Place, BS8 1JT, Tel. 0117-9293120, www.thecoconut-tree.com/bristol-clifton-triangle, aromatische Gerichte aus Sri Lanka.

28 **The Hole in the Wall**②, 2 Three Queens' Lane, BS1 4QZ, Tel. 0117-9265967, www.theholeinthewallbristol.co.uk, Gastropub mit Biergarten von dem man auf den Floating Harbour blickt.

21 **The Famous Royal Navy Volunteer**②, King Street, BS1 4EF, www.navyvolunteer.co.uk, eine Bar, in der man von Mi bis Sa günstige Tapas-ähnliche Gerichte bestellen kann, sonntags wird ein typisch englischer *Roast* (Braten) aufgetischt, alternativ auch vegan.

3 **Bravas**②, 7 Cotham Hill, BS6 6LD, Tel. 0117-329 6887, www.bravas.co.uk, spanisches Tapas-Lokal mit täglich wechselndem Menü, man kann an der Bar oder an einem Tisch sitzen, So und Mo geschlossen.

21 **Renato's Taverna dell'Artista**②, King Street, BS1 4DZ, Tel. 0117-9297712, www.renatosbristol.wordpress.com, bei Künstlern beliebtes italienisches Lokal beim *Old Vic Theatre*, die Wände sind mit alten Plakaten und Autogrammen von Schauspielern bedeckt, seit mehr als 40 Jahren eine Institution in Bristol.

7 **The Gallimaufry**②, 26–28 The Promenade, BS7 8AL, Tel. 0117-9427319, www.thegallimaufry.co.uk, ehemalige Konzerthalle, jetzt tagsüber eine Bar mit preiswerten Speisen, abends ein Restaurant mit hohen gastronomischen Ansprüchen. Lokale Bands treten hier nach wie vor auf.

8 **Poco**②, 45 Jamaica Street, BS2 8JP, Tel. 0117-9232233, www.pocotapasbar.com; Tapas-Bar, in der zumeist mit lokalen Zutaten gekocht wird.

9 **The Canteen**②, 80 Stokes Croft, BS1 3QY, Tel. 0117-9232017, www.canteenbristol.co.uk, die *Canteen* ist typisch für Bristol: alternativ, hip und etwas schräg. Es gibt nur vegetarische Speisen aus Bio-Produkten, draußen an der Wand ist das *Banksy*-Graffiti „Mild, Mild West".

7 **Café Kino**①-②, 108 Stokes Croft, BS1 3RU, Tel. 0117-9249200, www.cafekino.coop, veganes Lokal das von *Currys* über Burger und *Milk-Shakes* ein reichhaltiges Angebot hat, wird als Kooperative betrieben und gehört zum Teil den Mitarbeitern.

11 **The Primrose Cafe**①, 1 Boyce's Avenue, BS8 4AA, Tel. 0117-9466577, www.primrosecafe.co.uk, dieses Café im Vorort Clifton hat eine schöne Dachterrasse. Neben Kuchen gibt es auch gute Mittagsgerichte. Brunch wird an Wochenenden bis 15 Uhr serviert.

29 **Riverstation**②-③, The Grove, BS1 4RB, Tel. 0117-9144434, www.riverstation.co.uk, Restaurant am Flussufer mit Glaswand, moderne europäische Küche.

18 **The Crown**①, St. Nicholas Market, BS1 1JH, Tel. 07824-103988, www.facebook.com/thecrownbarbristol, Kneipe in den Markthallen von Bristol,

immer voll mit Markthändlern und Käufern, Zugang von der Corn Street aus, das Speiseangebot besteht aus Hamburgern, Fish'n'Chips und Steaks.

30 **Brunel's Buttery**①, Wapping Wharf, BS1 6UD, beliebte Imbissbude mit Garten direkt am Hafen gelegen.

5 **The Kensington Arms**②-③, Stanley Road, BS6 6NP, Tel. 0117-9446444, www.thekensington arms.co.uk, viktorianische Eckkneipe mit antiken Möbeln im wohlhabenden Stadtteil Redland. Mi bis Sa werden gehobene Gerichte mit französischem Einschlag angeboten, So gibt es einen üppigen britischen Sonntagsbraten.

16 **The Lanes,** 22 Nelson Street, BS1 2LE, Tel. 0117-3251979, www.thelanesbristol.com, Bowlingbahn, Pub mit Live-Events, Karaoke, Biergarten im Innenhof sowie Restaurant.

20 **The Old Duke,** King Street, BS1 4ER, Tel. 0117-4019661, www.theoldduke.com, Pub, Live Jazz jeden Abend und sonntags 12–15 Uhr.

MEIN TIPP: 10 Ein hervorragendes Restaurant mit mediterraner Küche findet sich im **Bristol Lido,** Oakfield Place, Clifton, BS8 2BJ, Tel. 0117-3323970, www.lidobristol.com, einem sehr schön gestaltetem viktorianischen Freibad mit gutem Spa. Für diejenigen, die eine Schwimm-Session mit einem Restaurantbesuch kombinieren möchten, gibt es Kombi-Tickets.

■ Entlang der Promenade an der Harbourside liegen etliche **Pubs** und **Restaurants** nebeneinander

– vom trendigen *Buffet-Restaurant* 26 *ZaZa Bazaar* bis zum eher klassischen Pub 25 *BsB* oder zum ein wenig alternativ anmutenden 24 *No 1 Harbourside.*

Einkaufen

Das Haupteinkaufsviertel Bristols erstreckt sich vom **Cabot Circus** bis hin zur **Union Street.** Alternativer geht es in den Straßen **Stokes Croft** und **Gloucester Road** im Norden der Stadt zu, wo sich zwischen Graffiti-geschmückten Gebäuden ein unabhängiger Laden an den anderen reiht. Auch im attraktiven Viertel **Clifton Village** wird man auf der Suche nach kleinen inhabergeführten Läden fündig.

982es bl

15 **Prior Superstore,** *Quakers Friars Cabot Circus,* 23 Philadelphia Street, BS1 3BZ, www.priorshop.uk, dieses unabhängige Kaufhaus rühmt sich damit, nur nachhaltig hergestellte Waren von lokalen Kunsthandwerkern und Designern zu verkaufen, und zwar auf Non-Profit-Basis.

Nicholas Markets/The Corn Exchange, Corn Street, BS1 1JQ, www.bristol.gov.uk/st-nicholas-markets, in der viktorianischen Getreidebörse verkaufen von Mo bis Sa über 60 Händler ihre Waren. Fr und Sa gibt es dazu draußen Stände mit Kunsthandwerk und zweimal im Monat einen Bauernmarkt.

6 **That Thing,** 45–47 Stokes Croft, BS1 3QP, www.thatthing.co, Kleidung und Schmuck zu erschwinglichen Preisen von Designern aus der Region, außerdem ein großes Sortiment an Wohnungs-Dekor und Geschenkideen.

Verbindungen

Bahnhof: Bristol Temple Meads, Temple Mead Road, BS1 6QF, östlich vom Zentrum.

Busbahnhof: Marlborough Street, BS1 3NU, nördlich vom Zentrum.

[<] Restaurant im Bristol Lido

Avebury | 403
Bath | 374
Broadstairs | 444
Canterbury | 430
Castle Combe | 401
Chartwell | 421
Deal | 442
Guildford | 412
Hever Castle | 416
Highclere Castle | 412
Lacock | 400
Leeds Castle | 428
Longleat | 394
Margate | 446
Polesden Lacy | 413
Sandwich | 439
Sevenoaks | 425
Sheffield Park Garden | 414
Stonehenge | 403
Stourhead | 396
Walmer | 442
Whitstable | 450
Wilton House | 411
Wiltshire | 402

983es ar

10 Bath – Canterbury

» Der rätselhafte Steinkreis von Stonehenge ist nur eine von vielen historischen Sehenswürdigkeiten auf dieser Strecke.

< Canterbury – das Flüsschen Stour im Ortskern

BATH – CANTERBURY

Von der schönsten Stadt Großbritanniens, so wird Bath gepriesen, zur umtriebigen Universitätsstadt Canterbury – im Inneren Südenglands liegen historische Villen, prächtige Landsitze, beeindruckende Parklandschaften und Stonehenge, der bekannteste Steinkreis Europas.

NICHT VERPASSEN!

- **Römisches Bad, Bath,** Eintauchen in das römische Britannien | 383
- **Stourhead,** der Inbegriff des englischen Gartens | 396
- **Stonehenge,** erstaunliches Monuments aus vorgeschichtlicher Zeit | 403
- **Knole,** Herrenhaus, das seit dem 17. Jh. im Besitz der Sackvilles war und nun vom *National Trust* verwaltet wird | 426
- **Canterbury Cathedral,** eine der bekanntesten und ältesten Kirchen Englands | 431

Diese Tipps erkennt man an der gelben Markierung.

Bath

– eine der schönsten Städte Großbritanniens

Bath, im Tal des Flusses **Avon** und am südlichen Ende der Hügelkette der **Cotswolds** gelegen, gehört zu den schönsten Orten Großbritanniens und ist zusammen mit Salisbury die herausragende Stadtattraktion im Süden Englands, ein einmaliges und vollständiges georgianisches Architekturensemble. In der Stadt gibt es mehrere **Heißwasserquellen,** deren Wassertemperatur zwischen 42,8 °C und 47,2 °C liegt und die seit jeher Menschen anzogen. Das heute aus den Quellen kommende Wasser fiel Jahrtausende vorher als Regenwasser in den benachbarten Mendip Hills und sank in eine Tiefe von 2700 bis 4300 m, wo es auf 64°–96 °C aufgeheizt wurde und durch den Druck wieder aufstieg.

[>] Straße in der Innenstadt von Bath

956es ar

Geschichte

Die Heißwasserquellen im Stadtgebiet galten in urgeschichtlichen Zeiten wohl als **Heiligtum der lokalen Göttin Sulis.** Als die Römer im Jahr 43 n. Chr. weite Teile der Insel eroberten, identifizierten sie *Sulis* als die römische Göttin *Minerva* (die sie wiederum der griechischen Göttin *Athene* gleichgesetzt hatten). Sie gründeten die Stadt **Aquae Sulis,** in deren Zentrum ein Minervatempel und ein daran angeschlossenes öffentliches **Bad** standen. Dieses Bad mit den Überresten der Tempelanlage ist heute die wohl bedeutenste Sehenswürdigkeit Baths und neben dem Hadrianswall im Norden das **wichtigste Zeugnis des römischen Britanniens.** Aquae Sulis war auch jenseits Britanniens bekannt und damals wie heute warfen die Besucher Münzen in die Becken, wohl in der Hoffnung, dass es ihnen Glück bringen möge. Zudem war es aber auch üblich, **Fluchtafeln** – in dünne Bleitafeln eingeritzte Texte – in die Becken zu werfen, in denen man die Göttin bat, einen lästigen oder verhassten Mitmenschen zu Schaden kommen zu lassen. Einige, meist auf Latein beschriebene Exemplare, sind heute noch im römischen Bad zu sehen.

Als die römischen Legionen im 5. Jh. abzogen und die Insel ihrem Schicksal überließen, unterblieb bald die Instandhaltung des Bades und es verschlammte. Ein etwa hundert Jahre danach entstandenes angelsächsiches Gedicht in der Sammlung *Book of Essex* scheint die

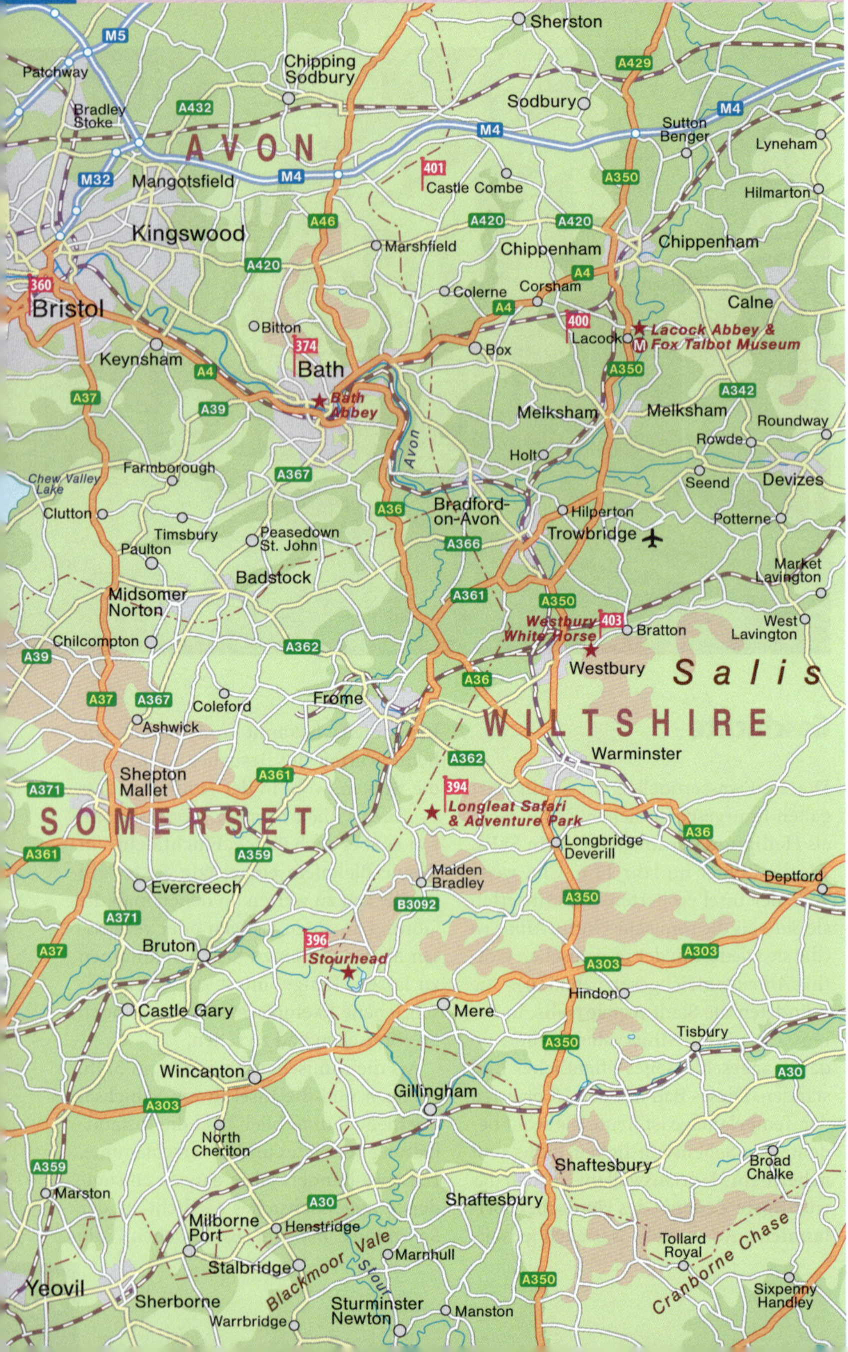

Sherston
Chipping Sodbury
Patchway
Bradley Stoke
Sodbury
Sutton Benger
Lyneham
AVON
Mangotsfield
Castle Combe
Hilmarton
Kingswood
Marshfield
Chippenham
Chippenham
Colerne
Corsham
Calne
Bristol
Bitton
Lacock
Lacock Abbey & Fox Talbot Museum
Keynsham
Box
Bath
Bath Abbey
Melksham
Melksham
Roundway
Rowde
Holt
Avon
Chew Valley Lake
Farmborough
Seend
Devizes
Clutton
Bradford-on-Avon
Hilperton
Potterne
Timsbury
Peasedown St. John
Trowbridge
Paulton
Market Lavington
Badstock
Midsomer Norton
Westbury White Horse
Bratton
West Lavington
Chilcompton
Westbury
Salis
Coleford
Frome
Ashwick
WILTSHIRE
Warminster
Shepton Mallet
Longleat Safari & Adventure Park
SOMERSET
Longbridge Deverill
Maiden Bradley
Deptford
Evercreech
Bruton
Stourhead
Hindon
Castle Gary
Mere
Tisbury
Wincanton
Gillingham
North Cheriton
Shaftesbury
Broad Chalke
Marston
Shaftesbury
Milborne Port
Henstridge
Blackmoor Vale
Stour
Tollard Royal
Cranborne Chase
Marnhull
Stalbridge
Yeovil
Sherborne
Sturminster Newton
Manston
Sixpenny Handley
Warrbridge
M5
M4
M32
A432
A429
A350
A46
A420
A4
A37
A39
A367
A36
A366
A361
A362
A342
A371
A359
B3092
A303
A30
360
374
400
401
403
394
396

Swindon
Wootton Bassett
Ashbury
Wroughton
Chiseldon
402 Hackpen Hill Horse
M4
Lambourn
A338
Eat Ilsley
BERKSHIRE
A346
Aldbourne
Great Shefford
403 Cherhill Horse
402 Marlborough White Horse
Ramsbury
Chilton
Chieveley
Wickham
407 Avebury Stone Circle
A4
Avebury
A34
Marlborough
Hungerford
A361
Kintbury
Newbury
A345
WILTSHIRE
East Woodhay
Burghclere
Highclere
412 Highclere Castle
Woodborough
Pewsey
Burbage
403 Pewsey Horse
A342
Upavon
Upper Chute
Vernham Dean
Hurstbourne Tarrant
A343
Ludgershall
Anschlusskarte S. 378
bury Plain
Netheravon
St Mary Bourne
North Tidworth
Andover
Whitchurch
A360
Shrewton
Larkhill
Durrington
A303
Amport
Countess
403 Stonehenge
Amesbury
Wherwell
Avon
Wonston
Over Wallop
Test
A30
Stockbridge
151 Old Sarum
Winterslow
HAMPSHIRE
Wilton
144 Salisbury
A357
411 Wilton House
West Tytherley
137 Mottisfont Abbey
Winchester
Compton Chamberlayne
Coombe Bissett
Mottisfont
Pitt
Alderbury
A36
Hursley
A354
Sherfield English
135 Romsey
M3
Colden Common
Downtown
Redlynch
North Baddesley
Martin
West Wellow
Broadlands House
Chandler's Ford
Itchen
Eastleigh
Damerham
M27
M271
130 Southampton
Fordingbridge

BERKSHIRE
HAMPSHIRE
WEST
SOUTH DOWNS
SOUTH
Reading
Goring
Henley-on-Thames
Sonning Common
Purley on Thames
Twyford
Eling Hermitage
Binfield
Bucklebury
Thatcham
Burghfield Common
Wokingham
Bracknell
Sunninghill
Kennet
Arborfield Garrison
Mortimer
Stratfield Mortimer
Crowthorne
Sandhurst
Camberley
Tadley
Baughurst
Kingsclere
Frimley
Sherbone St John
Hook
Farnborough
Basingstoke
Old Basing
Aldershot
Oakley
Overton
Farleigh Wallop
Farnham
Elstead
Golden Pot
Lasham
Preston Candover
Alton
Witley
Medstead
Bordon
Headley
Hindhead
Four Marks
Grayshott
New Alresford
Greatham
Haslemere
Liphook
Fernhurst
Liss
Cheriton
West Meon
Langrish
Petersfield
Easebourne
Midhurst
South Harting
Bishop's Waltham
Shirrell Heath
Horndean
West Marden
West Dean
East Dean
Southampton
Cowplain
Waterlooville
Wickham
Havant
130
Anschlusskarte S. 377
A4074
A329
A340
A321
A4
A4155
M4
A322
A33
A30
A339
A331
A324
M3
A287
A31
A325
A3
A32
A272
A286
A3(M)

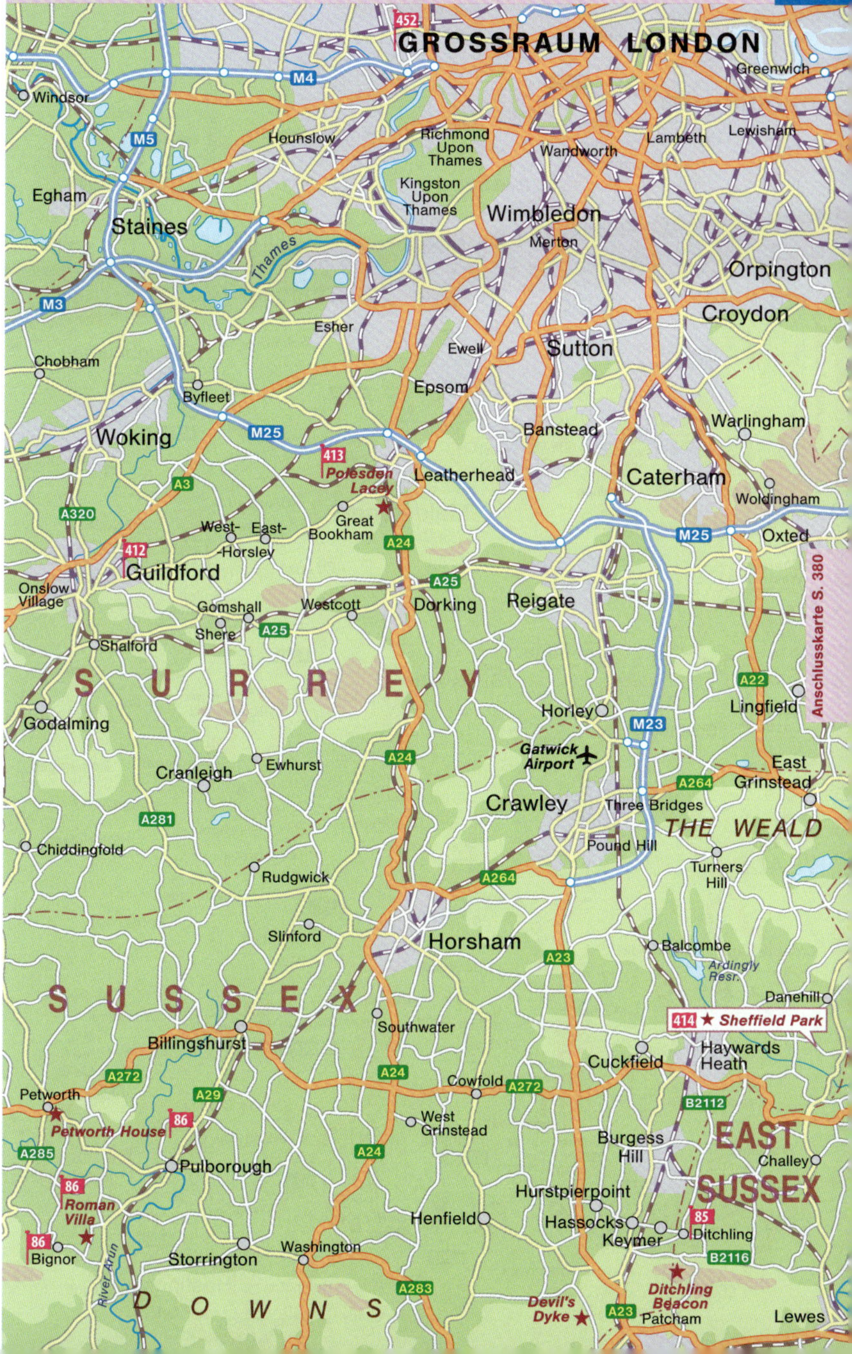

GROSSRAUM LONDON
452
Greenwich
Windsor
M4
M5
Hounslow
Richmond Upon Thames
Wandworth
Lambeth
Lewisham
Egham
Kingston Upon Thames
Wimbledon
Merton
Staines
Thames
Orpington
M3
Croydon
Esher
Ewell
Sutton
Chobham
Epsom
Byfleet
Banstead
Warlingham
Woking
M25
413
Polesden Lacey
Leatherhead
Caterham
Woldingham
A3
A320
Great Bookham
West- East- -Horsley
A24
M25
Oxted
412
Guildford
Onslow Village
A25
Gomshall
Westcott
Dorking
Reigate
Shere
A25
Shalford
Anschlusskarte S. 380
S U R R E Y
A22
Godalming
Horley
Lingfield
M23
Gatwick Airport
Cranleigh
Ewhurst
A24
East Grinstead
A264
Crawley
Three Bridges
A281
THE WEALD
Chiddingfold
Pound Hill
Turners Hill
Rudgwick
A264
Slinford
Horsham
Balcombe
A23
Ardingly Resr.
S U S S E X
Danehill
414 ★ Sheffield Park
Southwater
Billingshurst
Haywards Heath
Cuckfield
A24
A272
Cowfold
A272
Petworth
A29
B2112
Petworth House
86
West Grinstead
Burgess Hill
EAST SUSSEX
A285
A24
Challey
Pulborough
86
Hurstpierpoint
Roman Villa
Hassocks
Henfield
Keymer
85
Ditchling
86
Bignor
Storrington
Washington
B2116
River Arun
A283
Ditchling Beacon
D O W N S
Devil's Dyke
A23
Patcham
Lewes

Anschlusskarte S. 379
LONDON
South Ockendon
Purfleet
Grays
Chadwell St. Mary
Tilbury
East Tilbury
THAMES
Cliffe
Grain
Wallend
Sheerness
Queenborough
Northfleet
Dartford
Swanscombe
Gravesend
Hoo
Medway
Darenth
Higham
Rochester
Gillingham
Chatham
Rainham
Iwade
New Ash Green
Wigmore
Walderslade
Sittingbourne
West Kingsdown
N O R T H D O W N S
Snodland
Medway
Bredgar
Kemsing
West Malling
East Malling
Wichling
Sevenoaks
Green Malling
Maidstone
Bearsted
Leeds
Harrietsham
Knole House
Leeds Castle
Lenham
Chartwell, Westerham
Loose
Coxheath
Sutton Valence
Bough Beech Resr.
K
Tonbridge
Paddock Wood
Headcorn
Pluckley
Marden
Staplehurst
Hever Castle
Southborough
Pembury
Horsmonden
Sissinghurst Castle
Bethersden
Royal Tunbridge Wells
Goudhurst
Biddenden
Sissinghurst
High Halden
THE WEALD
Lamberhurst
Cranbrook
Bewl Water
Benenden
Tenterden
Wadhurst
Hawkhurst
Crowborough
Rotherfield
Ticehurst
E A S T
Hurst Green
The Stocks
Wittersham
Mayfield
Bodiam
Bodiam Castle
Rother Levels
Five Ashes
Burwash
Noriam
Four Oaks
Bateman's
Hadlow Down
Hearthfield
Cripp's Cornes
Sugar Loaf
Brightling
Broad Oak
Rye
Rushlake Green
Dallington
Framfield
Winchelsea
Horam
Battle
Halland
S U S S E X
Battle Abbey
Westfield
Baldslow
Herstmonceux
Lower Dicker
Ninfield
Hollington
Hastings
Fairlight
Hailsham
Sidley
St. Leonards
Ore
A13
A1089
A282
A2
M25
A228
M2
A229
A249
M26
M20
A25
A26
A21
B2244
A268
B2096
A22
A265
A259
425
426
421
428
416
427
47
48
50
37
42
46
43

Minster
Leysdown-on-Sea
Isle of Sheppey
The Swale
450
Whitstable
Herne Bay
446
Joss Bay
Margate
Westgate on Sea
A28
444
Broadstairs
A299
Sarre
Minster
Ramsgate
A291
A28
A299
Stour
A258
Viking Bay
Faversham
A2
Blean
Sturry
Sandwich Flats
M2
Dunkirk
A2
430
Canterbury Cathedral
A257
Ash
439
Sandwich
Eastling
Sheldwich
Canterbury
Wingham
Hacklinge
430
Chilham
Bridge
A2
Aylesham
Eastry
442
Deal
A256
442
Walmer
Challock
Waltham
Barham
Eythorne
Walmer Castle
A28
Charing
K E N T
Kingsdown
Wye
Whitfield
St Margaret's at Cliffe
Kennington
Brook
Eltham
Temple Well
A2
South Forehead
Smeeth
Lyminge
Hawkinge
26
Dover
Ashford
Sellindge
A20
M20
Viking Bay
Saltwood
East Wear Bay
Eurotunnel
Aldington
A2070
Port Lympne
Folkestone
Sandgate
33
Hythe
Hamstreet
35
Romney Marsh
A259
Schmalspurbahn
34
Dymchurch
Appledore
St Mary in the Marsh
St Mary's Bay
35
Brookland
New Romney
Littlestone-on-Sea
Old Romney
A259
Romney Sands
Welland Marsh
Greatstone-on-Sea
Lydd
Camber
East Wear Bay
Dungeness
STRAIT OF DOVER

Ruinen von Aquae Sulis zu beschreiben: „Die Dächer sind zerfallen", heißt es dort, „die Türme gestürzt. Der Frost im Mörtel hat das Tor aufgebrochen, zerrüttet, verwittert und abgetragen von Sturm, vom Alter zerfressen." Auch die Bäder werden erwähnt: „Steinerne Bauwerke standen, der breite Strom verströmte seine Wärme, eine Mauer umschloss alles in ihrer strahlenden Brust, wo die Bäder waren, heiß in ihrem Inneren, eine große Annehmlichkeit."

Nichtsdestotrotz blieb die Stadt bewohnt. Ein Kloster entstand im 7. Jahrhundert an der Stelle, wo seit dem 15. Jahrhundert die noch heute erhaltene **Bath Abbey** beheimatet ist, und *Badum,* wie die Angelsachsen die Stadt nannten, entwickelte sich zu einem **Zentrum des Wollhandels.** Auch die heißen Quellen gerieten nicht in Vergessenheit und wurden immer wieder in mittelalterlichen und frühneuzeitlichen Quellen erwähnt.

Zu neuer Blüte gelangte Bath aber im 18. Jahrhundert, als es nach einem **Besuch der Königin Anne** 1702–1703 zu einem **Kurort der britischen Oberschicht** wurde und vor allem dank der Architekten *John Woods* (Vater und Sohn) seinen bis heute bestehenden architektonischen Charakter erhielt. Wichtige Bauwerke und Straßenzüge, wie der Circus, der Royal Crescent und die Pultney Bridge, entstanden im 18. Jahrhundert. Aber auch die **römische Vergangenheit** der Stadt kam wieder ans Licht: 1727 stießen Bauarbeiter beim Graben eines Abwasserkanals auf den Kopf einer Statue der Göttin *Sulis/Minerva,* der heute im römischen Bad zu sehen ist. Das römische Bad wurde erst in den 1870er Jahren wiederentdeckt. Übrigens ist die Zeit der Entdeckungen keineswegs vorbei: Im März 2012 fanden Archäologen 140 Meter vom Bad entfernt 30.000 römische Silbermünzen.

Wie auch in früheren Zeiten lebt Bath heute vor allem von seinen **Besuchern,** die in großer Zahl herkommen. Für viele Touristen aus Übersee zählt der Ort neben London, Oxford, York und Edinburgh zum Pflichtprogramm eines Besuches auf der Insel. 1988 wurde die komplette Stadt Bath – einmalig in Großbritannien – als **Weltkulturerbe** eingestuft. Mit dem römischen Bad, dem mittelalterlichen Kloster im Stadtzentrum und seiner georgianischen Architektur aus dem 18. Jahrhundert reflektiert Bath wie keine andere Stadt die Geschichte der Insel.

Stadtrundgang

Bath ist eine der belebtesten und quirligsten Städte Englands, mit viel Charme und einer **unvergleichlichen Atmosphäre** in den Straßen. Pflastermaler und Straßenmusikanten sorgen für zusätzliches Flair, interessante Geschäfte locken Antiquitätenkäufer, Teestuben, Cafés und Pubs, die an Sommertagen Tische und Stühle herausgestellt haben, sind voll mit Besuchern. Seit 1947 kommen jährlich Ende Mai/Anfang Juni für drei Wochen bekannte Musiker aus aller Welt zum **Bath International Music Festival** ins Städtchen, und Hunderttausende strömen in die Klassik-, Jazz- und Weltmusik-Konzerte (www.bathfestivals.org.uk).

Man kann nicht oft genug sagen, dass Bath eine der schönsten Städte überhaupt ist und dass beim sommerlichen

985es ar

Flanieren durch die kleinen Gassen, vorbei an den alten, gut renovierten Häusern und mit den Klängen der Straßenmusikanten in den Ohren jede trübe Stimmung verfliegt. An die Erkundung dieser sympathischen Stadt sollte man mit viel Zeit herangehen.

Allererste Attraktion ist natürlich das **Römische Bad,** durch das man mit interessanten und informativen Hinweistafeln und *Audioguides* geleitet wird. Die handyähnlichen *Audioguides,* die es auch mit deutschen Texten gibt, sind im Eintrittspreis inbegriffen. Man kann mittels Eingabe von Nummern Erklärungen zu den Ausstellungsstücken auswählen und je nach Interessenlage mehr oder weniger zu einem Thema hören.

Zunächst gelangt man zu **Terrassen** auf der Höhe der Straßen, von denen man auf das Hauptbecken des Bades hinuntersehen kann. Diese Terrassen entstanden, wie auch die dort zu sehenden Statuen römischer Kaiser und Statthalter Britanniens, im späten 19. Jahrhundert. Von hier steigt man die Treppe hinunter und taucht in das Leben in der römischen Stadt Aquae Sulis ein.

Mittelpunkt des Badekomplexes ist das eindrucksvolle große, nicht überdachte **Becken,** in dem dampfend und grünlich das Wasser steht und von dessen Kolonnaden man einen Blick auf den Himmel und den Turm der Abbey Church hat.

☐ Das Römische Bad ist immer gut besucht

Oft befinden sich hier Museumsmitarbeiter in römischer Kleidung, die sich gern mit den Besuchern über das Bad und den Tempelkomplex unterhalten. Am Ende eines Besuches des römischen Bades kann man aus einem Spender von dem heißen Quellwasser trinken. Seit dem 17. Jahrhundert heißt es, es habe nicht nur Heilwirkung in dem mineralienhaltigen Wasser zu schwimmen, sondern dieses auch zu trinken. (Einer immer wiederkehrenden Beschreibung des Geschmacks zufolge erinnert es an faule Eier.) Eine weitere Gelegenheit dazu bietet sich im *Pump Room* (siehe unten), während man in den *Thermae Bath Spa* heute in dem Quellwasser schwimmen kann (siehe unten).

■ **Roman Baths,** Abbey Church Yard, BA1 1LZ, Tel. 01225-477785, www.romanbaths.co.uk, Mitte Juli–August tgl. 9–22, April–Mitte Juli und Okt. tgl. 9–18, Nov.–März Mo–Fr 10–18, Sa/So 9–18 Uhr, die Eintrittspreise variieren und sind an Wochentagen günstiger, Erwachsene zahlen zwischen 19,50 £ und 27 £, Kinder (6–18 J.) 12 £–19,50 £ und Familien mit 2 Erwachsenen und bis zu 4 Kindern 51 £–76 £.

Neben dem Bad war und ist in einem denkmalgeschützten Gebäude des späten 18. Jahrhunderts der **Pump Room** (Stall Street, BA1 1LZ) gesellschaftlicher Mittelpunkt der Stadt. Unter den Klängen des hauseigenen Pianisten oder des Streichtrios sitzt man elegant und stilecht beim Morgenkaffee wie beim nachmittäglichen *Cream Tea*. Im *Pump Room* befindet sich auch ein mit Fischen verzierter Brunnen, aus dem heißes Quellwasser sprudelt.

Mein Tipp: Wer nun auch selber einmal in dem heißen Quellwasser schwimmen möchte, gelangt in wenigen Minuten zum **Thermae Bath Spa** in der Hot Spa Street, wo man gut einen halben Tag verbringen kann (weitere Infos s.u.).

Gegenüber dem Römischen Bad befindet sich **Bath Abbey** (12 Kingston Buildings, BA1 1LT), deren Westfassade im schönsten Glanz auf den Abbey Church Yard vor dem Pump Room scheint. 1499 ließ Bischof *Oliver King* – wie es heißt aufgrund eines Traums – den Bau der Abteikirche beginnen, aber schon um 1540 war erst einmal Schluss; mit der Reformation von *Heinrich VIII.* und der damit verbundenen Auflösung der Klöster wurden die Arbeiten an dem Gotteshaus eingestellt. So verfiel die geheiligte Stelle und wurde als Steinbruch genutzt. Erst zu Anfang des 17. Jh. begannen erste Renovierungsarbeiten, die mit der Arbeit von *George Gilbert Scott*

987es ar

▷ Baths einmaliger „Circus"

ein Jahrhundert später ihr Ende fanden. *Scott* war es auch, der das fantastische Fächergewölbe – die Hauptsehenswürdigkeit – im gesamten Hauptschiff einziehen ließ. Mehrere hundert Grabdenkmäler ehren bedeutende Persönlichkeiten. Außen erinnert die Westfassade an den Traum von Bischof *King* und zeigt Engel, die die Himmelsleiter auf- und absteigen, so wie es in der Bibel bei der Geschichte von *Josephs* Traum heißt.

Bath Abbey, Abbey Church Yard, BA1 1LZ, Tel. 01225-4777, Mo 12–17, Di–Sa 10–17, So 13.15–14.15 und 16.30–18.15 Uhr, Erwachsene 6,50 £, Studenten 5,50 £, Kinder (5–15 J.) 3,50 £, Turmführungen Mo–Sa (Zeiten am Eingang erfragen) Erwachsene 15 £, Studenten 12,50 £, Kinder 7,50 £.

Einen Steinwurf westlich, am Sawclose, befindet sich das **Theatre Royal,** in dem im Jahre 1805 erstmals ein Stück auf die Bühne kam.

Folgt man der Straße Sawclose weiter gen Norden, so gelangt man in die Verlängerung **Gay Street.** Der Architekt *John Wood* und sein Sohn entwarfen die Häuser rechts und links der Straße.

Man passiert linker Hand den quadratischen, grünen und mit Bäumen bestandenen **Queen Square.** Seine Ausgestaltung und der Bau der Häuser ringsum waren *John Wood* (Senior) erster großer Auftrag, an dem er in den Jahren von 1729 bis 1736 arbeitete.

Folgt man der Gay Street weiter gen Norden, so gelangt man zum **Circus,** einem kreisrunden Platz, von dem drei Straßen abgehen und dessen Häuser jeweils im Halbrund gebaut sind. Der Circus ist ein Meisterstück georgianischer Architektur und der kreative Höhepunkt im Leben des älteren *John Wood*, den angeblich das Colosseum in Rom zu der Anlage inspirierte. Kurz nach der Grundsteinlegung starb der kongeniale

Architekt, sein Sohn führte nun das väterliche Erbe fort und beendete die Arbeiten. Der berühmte Afrikaforscher *David Livingstone* wohnte in Haus Nr. 13, und der Maler *Thomas Gainsborough* lebte 16 Jahre lang im Haus Nr. 17, wo er reiche Badegäste malte.

Am Circus geht es links ab in die Brock Street hinein, und diese führt nun auf den architektonischen Höhepunkt

Übernachtung
- 3 Queensberry Hotel
- 4 Grosvenor Villa
- 6 B&B Marlborough House, Bath Caravan Park
- 13 Haringtons
- 14a Stowford Manor Farm
- 16 Bath Youth Hostel
- 19 Bath Backpackers Hostel
- 20 Abbey Hotel
- 24 Grays Boutique B&B

Essen und Trinken
- 1 The Bath Priory
- 2 The Circus Restaurant
- 3 The Olive Tree
- 5 Clayton's Kitchen
- 8 The Scallop Shell
- 9 Corkage
- 10 The Garrick's Head
- 11 Society Café
- 12 Raphael's
- 14 Sam Wellers
- 15 Coeur de Lion
- 17 Sotto Sotto
- 18 Yak Yeti Yak
- 20 Tagine Zhor
- 23 The Oak Restaurant
- 25 Menu Gordon Jones

Einkaufen
- 7 Chanii B
- 21 Bath Aqua Glass
- 22 Topping & Co

von Bath zu, auf den **Royal Crescent.** 1767 ließ der jüngere *John Wood* mit den Arbeiten beginnen, sieben Jahre später war das Meisterwerk fertig und ist seitdem Vorbild geworden für unzählige Crescents, Places und Squares in ganz England. 30 Häuser enthält der 180 m lange steinerne Halbmond, über hundert ionische Säulen schmücken seine Front.

Der schon erwähnte frühe Englandbesucher *Friedrich Karl Grimm* sah den Crescent kurz nach der Fertigstellung: „Jedes Haus hat drei Stockwerke, und an der Vorderwand ruhen auf dem Stockgeschoss sieben um einen Balkon halb heraussteheende Säulen, die die folgenden unterstützen. Die Häuser sind mit Blei gedeckt, und es versteht sich, dass sie alle genau gleiche Höhe, um die ein anderer Balkon herumläuft, haben. In dem Innern dieser Häuser, die noch zurzeit nicht alle bewohnt sind, ist die größte Regelmäßigkeit und jeder Teil zum Gebrauch aufs Bequemste eingerichtet. Die Zimmer zur Wirtschaft, als Küche, Gewölbe, Vorratskammer, sind frisch geräumlich und helle, und die Wohnzimmer hoch, helle und in einer Folge. Die Kamine sind mit allerhand Arten von Marmor, doch meistens weiß und grauem, ausgesetzt. Die Handhaben an den Geländern der Treppen sind aus Mahagoniholz, und das Untere ist weiß überfirnist. Aus den Fenstern hat man die vortrefflichste Aussicht über den tiefen Grund, in dem die Altstadt liegt, auf die Gärten und Wiesen, die zur Rechten über der Stadt hinauflaufen, auf die Landstraße nach Bristol und die gegenüberliegenden Berge. Ich besinne mich nicht leicht, eine schönere Gegend, die etwas rau, und doch nicht übertrieben wild, aussieht, jemals erblickt zu haben."

In dem prachtvollen palladianischen Flankenhaus Royal Crescent Nr. 1 hat seit 1968 der **Bath Preservation Trust** sein Domizil, und hier kann man eine originalgetreue Einrichtung vom Ende des 18. Jh. besichtigen und sich ein Bild davon machen, wie die gutbetuchten Besitzer des Crescent lebten und wohnten.

■ **No. 1 Royal Crescent,** BA1 2LR, www.no1royalcrescent.org.uk, Di–So 10–17.30 Uhr, Eintritt Erwachsene 15 £, ermäßigt 13,50 £, Kinder unter 18 J. Eintritt frei, Kombitickets für das *Hershel Museum of Astronomy* (s.u.) Erw. 22 £, ermäßigt 20 £.

Schräg gegenüber, auf der anderen Straßenseite, beginnt unter hohen schattenspendenden Bäumen der **Gravel Walk;** geht man nach einigen Metern an der ersten Abzweigung links ab, spaziert man an den Gärten und den rückwärtigen Fassaden der Häuserzeilen vom Circus entlang. Hier ist auch der **georgianische Garten** zu finden, der öffentlich zugänglich ist und eine typische Gartenanlage aus dem Jahr 1760 darstellt.

Am Ende von Gravel Walk, der im 17. und 18. Jh. ein beliebter Weg der Sänftenbesitzer war, geht es links ab in Queen's Parade Place. Nach wenigen Metern ist wieder die Gay Street erreicht. Man biege hier wieder links ab und sofort in die nächste Straße, die George Street, rechts hinein. Nach wenigen Metern Fußweg spaziere man rechts in die Milsom Street. Schon seit den georgianischen Tagen ist dies die Haupteinkaufsstraße von Bath.

Auf der linken Straßenseite befindet sich **Shires Yard,** ein ehemaliger großer Mietstall aus dem Jahr 1714, der sehr schön zu einer Passage mit vielen Geschäften, Cafés und Bistros umgebaut

worden ist. Geht man durch den Komplex, kommt man am anderen Ende an der Broad Street heraus.

Dieser folgt man nach rechts und biegt dann links in die Bridge Street ab. So steht man bald auf der **Pulteney Bridge,** weltweit einer der drei Brücken, die rechts und links mit Geschäften bebaut sind.

Folgt man der Grand Parade ein Stückchen flussabwärts, kommt man zu den **Parade Gardens;** von der geruhsamen Gartenanlage hat man einen prachtvollen Blick auf den Avon mit seinem Wehr und der pittoresken Brücke, die 1770 nach Entwürfen von *Robert Adam* erbaut wurde. Hier in der grünen Lunge von Bath findet der Stadtrundgang sein Ende.

■ **Parade Gardens,** Grand Parade, BA2 4DF, Sommer 10–19, Winter 10–16.30 Uhr, Eintritt 2 £, ermäßigt und Kinder ab 5 J. 1 £.

Etwa drei Kilometer außerhalb vom Stadtzentrum in südöstlicher Richtung erstreckt sich in einem schönen Landschaftsgarten die prachtvolle weiße **Villa Prior Park** von *Ralph Allen,* der sich um die Geschicke der Stadt verdient gemacht hat; *John Wood d.Ä.* errichtete dem Förderer von Bath das herrschaftliche Anwesen; heute ist hier ein Internat

untergebracht, der Landschaftspark ist aber für die Öffentlichkeit zugänglich und wird vom *National Trust* verwaltet. Von Prior Park hat man einen schönen Blick auf Bath.

Prior Park Landscape Garden, Ralph Allen Drive, BA2 5AH, www.nationaltrust.org.uk/visit/bath-bristol/prior-park-landscape-garden, Feb.–Okt. tgl. 10–17, Nov.–Jan. nur Sa/So 10–16 Uhr, Erwachsene 10 £, Kinder 5 £, Familien 15–25 £.

Royal Crescent

Das moderne Heilbad und weitere Museen

Thermae Bath Spa, Hot Bath Street, BA1 1SJ, www.thermaebathspa.com. Das *New Royal Bath* wird von den warmen Quellen gespeist, die schon bei den Römern so beliebt waren. Das moderne *New Royal Bath* (nur für Besucher ab 16 J.) bietet auf mehreren Etagen neben einer *Wellness Suite* mit römisch und georgianisch inspiriertem Dampfbad, Infrarot-Sauna, Eiskammer und Entspannungsraum, das große *Minerva*-Bad mit Säulen und kurvigen Beckenrändern sowie auf dem Dach den *Open-air Rooftop Pool,* wo man in dem oft dampfenden, 33,5 °C warmen Wasser einen atemberaubenden Blick auf Bath hat. Öffnungszeiten: 9–21.30 Uhr (letzter Einlass 19 Uhr), Preise Mo–Fr 2 Std. 40 £, Sa/So 45 £, jede weitere Std. je 10 £, Handtücher, Bademäntel und Badeschlappen inkl.

Victoria Art Gallery, Bridge Street, BA2 4AT, www.victoriagal.org.uk, das städtische Kunstmuseum mit einer Ausstellung von Bildern aus dem 18. Jh. bis hin zu Werken zeitgenössischer Künstler sowie regelmäßigen Sonderausstellungen (Di–So 10.30–17 Uhr, Erwachsene 7 £, ermäßigt 6,50 £, Kinder (8–18 J.) 2,50 £.

Fashion Museum and Assembly Rooms, Bennett Street, BA1 2QH, www.museumofcostume.co.uk, das Modemuseum ist bis ca. 2025 geschlossen, da es in das Stadtzentrum umzieht, mehr Infos auf der Website.

Herschel Museum of Astronomy, 19 New King Street, BA1 2BL, www.herschelmuseum.org.uk, Haus von *William Herschel*, im 18. Jh. musikalischer Direktor von Bath, Teleskopbauer und Astronom, der zusammen mit seiner Schwester *Caroline* 1781 den Planeten Uranus entdeckte, originalgetreue Einrichtung mit *Herschels* Teleskopen (tgl. 10–17 Uhr, Sa/So zwischen 13 und 14 Uhr geschlossen, Eintritt Erwachsene 12 £, ermäßigt 10,50 £, Kinder unter 18 Jahren Eintritt frei, Kombiticket mit *No. 1 Royal Crescent* Erwachsene 22 £, ermäßigt 20 £).

■ **The Museum of East Asian Art,** 12 Bennett Street, BA1 2QJ, www.meaa.org.uk, Ausstellungsgebäude für ostasiatische Kunst, Porzellan, Jade- und Steinschnitzereien etc., eine audio-visuelle Vorführung (auch in Deutsch) stellt fernöstliche Kunst vor (Mi–Fr 11–17, Sa 10.30–17 Uhr, Erwachsene 5 £, Senioren 4 £, Studenten 2,50 £, Kinder unter 18 J. Eintritt frei).

■ **Museum of Bath at Work,** *Bath Industrial Heritage Centre,* Julian Road, BA1 2RH, www.bath-at-work.org.uk, Geschichte von 2000 Jahren Arbeit in der Stadt Bath. Die Mitglieder der Familie *Bowler* stellten über die Jahrhunderte die Ingenieure, Klempner, Gasmänner, Feinmechaniker und Glockenhänger der Stadt, waren darüber hinaus im Alkoholgeschäft tätig und produzierten Bier, Apfelmost, Orangenchampagner und Sherry (April–Okt. tgl. 10.30–17 Uhr, Dez./Jan. geschl., sonst nur Wochenende, Erwachsene 10 £, ermäßigt 9 £, Kinder 5 £, Familien 20 £).

■ **The Holburne Museum,** Great Pulteney Street, BA2 4DB, www.holburne.org. In einem eleganten georgianischen Stadthaus ist eine Kunsthandwerk-Ausstellung untergebracht, Silber, Porzellan, Glas, Möbel, Keramik, Stoffe (Mo–Sa 10–17, So 11–17 Uhr, Erwachsene 11 £, ermäßigt 5,50 £, Kinder bis 18 J. Eintritt frei).

■ **Museum of Bath Architecture,** *The Paragon,* BA1 5NA, www.museumofbatharchitecture.org.uk, Zeichenentwürfe und Dokumentationen über den Bau der georgianischen Häuserzeilen in Bath, alles über die Stadtarchitektur (wegen Renovierungsarbeiten bis voraussichtlich Sommer 2024 geschlossen, mehr Infos auf der Website).

■ **American Museum in Britain,** Claverton Down, BA2 7BD, www.americanmuseum.org, sehenswertes Museum zur Kulturgeschichte der Vereinigten Staaten, untergebracht in dem prachtvollen Claverton Manor, umgeben von einem großen, ruhigen Garten; in dem Haus hielt *Winston Churchill* 1897 seine erste politische Rede (Mitte März–Dez. Di–So 10–17 Uhr, Erwachsene 15,50 £, Kinder (5–17 J.) 9 £, Familien 39,50 £).

■ **Sally Lunn's Historic Eating House & Museum,** North Parade Passage, BA1 1NX, www.sallylunns.co.uk, Restaurant mit Küchenmuseum in einem Haus aus dem Jahre 1622, bei den römischen Bädern gelegen, hier buk *Sally Lunn* vor 200 Jahren ihre legendären Brötchen (Museum tgl. 11–16 Uhr, Eintritt frei).

■ **Beckford's Tower & Museum,** Lansdown, BA1 9BH, www.beckfordstower.org.uk, auf dem Gipfel des Lansdown Hill steht der Wohnturm des Schriftstellers und Kunstsammlers *William Beckford* (1760–1844) mit Ausstellungsstücken über sein Leben (wegen Renovierungsarbeiten derzeit geschlossen, mehr Infos auf der Website).

■ **The Jane Austen Centre and Regency Tea Room,** 40 Gay Street, BA1 2NT, www.janeausten.co.uk, hier wird auf kleinem Raum die Stadt Bath vorgestellt, wie sie die Schriftstellerin *Jane Austen* Ende des 18./Anfang des 19. Jh. beschrieben hat. Originalexponate gibt es nicht zu sehen, dafür kann man aber anschließend im *Tea Room* wie zu *Austens* Zeit speisen (So–Fr 10–17, Sa 10–17.30 Uhr, Erwachsene 14,75 £, ermäßigt 12,25–13,25 £, Kinder (6–16 Jahre) 7,20 £, Familien 36,50 £).

■ **Mary Shelley's House of Frankenstein,** 37 Gay Street, BA1 2NT, www.houseoffrankenstein.com. Museum und Gruselkabinett, das dem Leben der Schriftstellerin *Mary Shelley* und ihrem berühmten Monster gewidmet ist (So–Fr 11–17, Sa 10–18.30 Uhr, Erwachsene 15,50 £, ermäßigt 12,80 £, Kinder (5–15 J.) 12,50 £, Familien 38,30–53 £).

☒ Thermae Bath Spa

Praktische Tipps

Tourist Information

- **www.visitbath.co.uk**

Unterkunft

13 Haringtons④-⑤, 8 Queen Street, Tel. 01225-461 728, www.haringtonshotel.co.uk, zentral gelegenes Hotel, das auch Apartments vermietet.

3 The Queensberry Hotel④-⑤, 4–7 Russell Street, BA1 2QF, Tel. 01225-447928, www.thequeensberry.co.uk, große Zimmer in einem georgianischen Stadthaus, zentrumsnah. Zum Hotel gehört das mit einem *Michelin*-Stern ausgezeichnete **Restaurant** *The Olive Tree* (s.u.).

20 Abbey Hotel④-⑤, North Parade, BA1 1LF, Tel. 01225-461603, www.abbeyhotelbath.co.uk, Hotel in einem georgianischen Haus im Zentrum der Stadt direkt am Fluss, individuell eingerichtete Zimmer.

- **Bed and Breakfast:** 6 *Marlborough House*③-④, 1 Marlborough Lane, BA1 2NQ, Tel. 01225-318 175, www.marlborough-house.net, vegetarisches B&B in Laufweite zur Stadtmitte, das auch bei Nichtvegetariern sehr beliebt ist, freundlicher und persönlicher Service, stilvoll eingerichtete Räume; 4 *Grosvenor Villa*④, Grosvenor Bridge Road, BA1 6BB, Tel. 01225-330092, www.grosvenorvillabath.co.uk, drei große Zimmer in einer beeindruckenden Villa 1,7 km vom Stadtzentrum; 24 *Grays Boutique B&B*③, 9 Upper Oldfield Park, BA2 3JX, Tel. 01225-403020, www.graysbath.co.uk, 12 Zimmer in einer ruhigen Wohngegend, von der aus man das Stadtzentrum in etwas 15 Minuten zu Fuß erreicht.

988es thermaebathspa.com

■**Jugendherbergen:** 16 *Bath Youth Hostel*①, Bathwick Hill, BA2 6LA, Tel. 0345-3719303, www.yha.org.uk/hostel/yha-bath, YHA-Herberge, auch Privatzimmer; 19 *Bath Backpackers Hostel*①, 13 Pierrepont Street, BA1 1LA, Tel. 07462-791235.

■**Camping:** 6 *Bath Caravan Park,* Brassmill Lane, BA1 3JT, Tel. 01225-424301, www.bathcaravanpark.com, für Wohnwagen und Wohnmobile, an der A 46 ca. 3 km nördlich von Bath gegenüber von Newbridge Park; 14a *Stowford Manor Farm,* Trowbridge, BA14 9LH, Tel. 01225-752253, www.stowfordmanorfarm.co.uk, ca. 20 Minuten mit dem Auto von Bath entfernt –nimmt man von Bath die A 36 in südliche Richtung und biegt dann gegen Osten auf die A 366 ab. Plätze für Zelte, Wohnwägen und Wohnmobile an einem idyllisch gelegenen Bauernhaus aus dem 13. Jh.

Essen und Trinken

5 **Clayton's Kitchen**②-③, 15A George Street, BA1 2EN, Tel. 01225-724386, www.claytonskitchen.com, trendiges und informelles Restaurant, in dem der preisgekrönte Koch frische und unkomplizierte Gerichte kreiert. Man kann auch Küchenutensilien und Zutaten kaufen.

20 **Tagine Zhor**②, 1 North Parade Road, BA1 1LF, Tel. 01225-466437, www.taginezhor.co.uk, hervorragendes marokkanisches Restaurant mit gemütlicher Einrichtung und kleinem Laden im Untergeschoss. Gut für Vegetarier und Veganer.

1 **The Bath Priory**⑤, Weston Road, BA1 2XT, Tel. 01225-331922, www.thebathpriory.co.uk, moderne europäische Küche in Country-House-Atmosphäre zentrumsnah. Gute vegetarische Auswahl.

3 **The Olive Tree**⑤, *Queensberry Hotel,* 4–7 Russell Street, BA1 2QF, Tel. 01225-447928, www.olivetreebath.co.uk, Baths einziges Restaurant, das mit einem *Michelin*-Stern ausgezeichnet ist. Moderne britische Küche vom Feinsten.

14 **Sam Wellers**②, 13–14 Ecke Upper Borough Walls (Ecke Union Street), BA1 1RH, Tel. 01225-474910, Pub, datiert aus dem 18. Jh., benannt nach einer Figur in *Charles Dickens* „Pickwick Papers".

9 **Corkage**②, 5 Chapel Row, BA1 1HN, Tel. 01225-423417, www.corkagebath.com, gemütliches Bistro mit guter Weinkarte.

12 **Raphael's**③, Upper Borough Walls, BA1 1RN, Tel. 01225-480042, www.raphaelrestaurant.co.uk, Bar/Restaurant mit französisch inspirierter Küche.

18 **Yak Yeti Yak**②, 12 Pierrepont Street, BA1 1LA, Tel. 01225-442299, www.yakyetiyak.co.uk, nepalesisches Restaurant, man kann an normalen Tischen oder traditionell auf Sitzkissen essen.

25 **Menu Gordon Jones**④, 2 Wellsway, BA2 3AQ, Tel. 01225-480871, www.menugordonjones.co.uk, kleines Lokal, angeboten wird moderne britische Küche, zubereitet vom Chefkoch und Namensgeber des Restaurants *Gordon Jones.* Es gibt keine Karte, man bucht ein mehrgängiges Überraschungsmenü. So/Mo/Di geschlossen.

15 **Coeur de Lion**②, Northumberland Place, BA1 5AR, Tel. 01225-463568, www.facebook.com/coeurdelionbath, eine Passage zwischen High Street und Union Street, ein schöner und sehr gemütlicher Pub mit alten Bleiglasfenstern und dem üblichen Speiseangebot von *Fish'n'Chips,* Hamburgern, *Ploughman's Lunch* und Ofenkartoffeln mit Füllung.

17 **Sotto Sotto**②, 10 North Parade, BA2 4AL, Tel. 01225-330236, www.sottosotto.co.uk, Restaurant in einem historischen Keller, mehrmals als „Best Italian Restaurant in Bath" bei den *Bath Good Food Awards* ausgezeichnet.

10 **The Garrick's Head**②, 7–8 St Johns Place, BA1 1ET, Tel. 01225-318368, www.garrickshead pub.com, benannt nach dem berühmten Schauspieler *David Garrick*, der hervorragend Charaktere von *Shakespeare* darstellte. Der Pub ist abends voll mit Besuchern vom daneben gelegenen *Theatre Royal,* moderne britische Küche.

2 **The Circus Restaurant**②, 34 Brock Street, BA1 2LN, Tel. 01225-466020, www.thecircusrestaurant.co.uk, Lokal in einem georgianischen Stadthaus unweit des Circus. Frische, innovative Küche, hauptsächlich aus regionalen Zutaten.

23 **Oak Restaurant**②, 2 N Parade, BA1 1NX, Tel. 01225-446059, www.oakrestaurant.co.uk, gehobene vegetarische Küche, es wird nur mit Bio-Produkten gekocht, die teils aus dem eigenen Garten am Rande von Bath stammen.

8 **The Scallop Shell**②, 22 Monmouth St, BA1 2AY, Tel. 01225-420928, www.thescallopshell.co.uk, mehrfach preisgekröntes *Fish'n'Chips*-Restaurant mit großer Auswahl.

■ Rund um den **Kingsmead Square** haben sich einige alternative **Bars, Restaurants** und **Cafés** etabliert. Vertreten sind etliche Nationen, von Mexiko bis Thailand, zusammengehalten durch das 11 **Society Café**①, Kingsmead Square, BA1 2AB, Tel. 01225-442433, www.society-cafe.com, in der Mitte mit fair gehandeltem Kaffee und Kuchen.

Einkaufen

21 **Bath Aqua Glass,** 15 Abbey Churchyard, BA1 1NA, www.bathaquaglass.com, die attraktiven Glaswaren, die hier zu kaufen sind, werden von einem kleinen Künstler-Team im Glasbläserei-Studio in der nahen Walcot Street angefertigt.

7 **Chanii B,** 9 Milsom Street, BA1 1BZ, www.chaniibshoes.com, luxuriöse Damenschuhe aus Bath von der britischen Designerin *Chantal Pilon.*

22 **Topping & Co.,** York Street, BA1 1NG, www.toppingbooks.co.uk, familiengeführter Buchladen. Über drei Stockwerke verteilt findet man hier eine große Auswahl an Büchern aller Genres.

Verbindung

■ **Intercity-Netz**

■ **Regionale Züge** von Bristol und Exeter.

■ **Bahnhof:** am südlichen Ende der Manvers Street, BA1 1SU.

■ **Busbahnhof:** Railway Street, abseits der Manvers Street, BA1 1SS.

954es ar

▷ Einkaufstraße im Ortskern von Bath

Longleat

– Großbritanniens schönstes Stately Home

Bath eignet sich als Basis für einen Tagesausflug zum Longleat House, dem Sitz des *Marquis von Bath*. Longleat House wurde 1946 von *Henry Thynne*, dem sechsten Marquis, für Besucher geöffnet, um so zum Unterhalt der teuren Residenz beizutragen. Kein anderer Herrensitz war zu dieser Zeit für die Öffentlichkeit zugänglich. 1966 erweiterte der Marquis die lukrative Vermarktung seines Anwesens sogar noch und eröffnete den ersten Safaripark Großbritanniens, in dem Löwen, Giraffen, Affen und Zebras vom eigenen Auto oder dem Safaribus zu sehen sind.

Heute bewohnen *Ceawlin Thynn*, der achte Marquis von Bath, zusammen mit seiner Frau *Emma* und ihren zwei Kindern Longleat House. Ihre Hochzeit im Jahr 2013 war ein kleiner Skandal: Sein Vater *Alexander*, der exzentrische siebte Marquis, hatte in Longleat mehrere erotische, von der *Kama Sutra* inspirierte Wandbilder gemalt. Nachdem *Ceawlin* einige von ihnen entfernen ließ, boykottierte sein Vater die Vermählung. Auch *Ceawlins* Mutter war bei seinem großen Tag nicht anwesend: Nach rassistischen Bemerkungen über die Braut, deren Vater aus Nigeria stammte, wurde ihr der Besuch der Hochzeit untersagt. Schon lange vor *Meghan Markle* musste die *Marquise of Longleat* die Erfahrung machen, dass Menschen „of Colour" es im britischen Adel nicht unbedingt leicht haben.

Das im Stil der italienischen Renaissance gebaute Longleat House blickt auf eine fast fünfhundertjährige Geschichte zurück und so ist noch wesentlich mehr zu sehen: Wandbehänge aus dem 16. Jahrhundert, eine imposante Gemäldesammlung, zu der auch das vermutlich letzte zu seinen Lebzeiten angefertigte

[>] Longleat House

adobe.stock ©Pitamaha

Portrait *Heinrichs VIII.* gehört, und die größte private Bibliothek des Landes. Daneben gibt es viel historisches Mobiliar und verschiedenste Kuriositäten, wie etwa eine blutbefleckte Weste, die König *Karl I.* trug, als er 1649 geköpft wurde.

Neben dem **Safari Park** bietet der Herrensitz auch den **Adventure Park,** zu dem unter anderem das größte Heckenlabyrinth der Welt gehört, eine Fledermaushöhle, eine Abenteuerburg für Kinder, König Arthurs Spiegellabyrinth, die Pinguininsel und natürlich eine audiovisuelle Präsentation zur Familiengeschichte der *Thynn(e)s*. In den britischen Schulferien ist es empfehlenswert, das Haus bei geringerem Publikumsverkehr morgens zu besichtigen und den Safari-Park am Nachmittag.

Longleat Safari & Adventure Park, Warminster, BA12 7NW, www.longleat.co.uk, Juli/Aug. tägl. 10–18, sonst je nach Jahreszeit 10–17 oder 16 Uhr, Ende Feb. bis Mitte März und Okt. bis Anfang Dez. nur Do–So geöffnet, Januar geschlossen. Einstündige Hausführungen kosten 5 £ extra und finden in der Hauptsaison 10–17, sonst 11–16 Uhr statt. Eintritt Erw. 39,95 £, Kinder (3–15 J.) 29,95 £.

Stourhead

– Ein Garten wie ein Paradies

Wohl kein Garten in England reicht an die Prachtentfaltung und Schönheit des Landschaftsparks von Stourhead heran, der ohnehin schon zum **Inbegriff des Englischen Gartens** geworden ist. Stourhead atmet eine elegante Natürlichkeit, sodass man Mühe hat, die ordnende Hand des Gärtners im Gesamtensemble wahrzunehmen.

Urvater dieser unnachahmlich ansprechenden Umgebung war der Bankier *Henry Hoare d. Ä.*, der 1717 das Grundstück kaufte und sich darauf ab 1721 von dem Architekten *Colen Campbell* einen im damals so beliebten palladianischen Stil gehaltenen Landsitz erbauen ließ. Nach dem Tode des Vaters 1725 vollendete *Henry Hoare II.*, aufgrund seines erlesenen Geschmacks auch *Henry der Prächtige* genannt, das Haus und legte die Kunstsammlung an.

Ab 1741 dann machte er sich an die Ausgestaltung des 36 Hektar umfassenden **Parks.**

Henry ließ das Flüsschen Stour aufstauen und überflutete damit ein kleines Tal; die wichtigste Voraussetzung, ein **künstlicher See,** war damit geschaffen. Der Uferverlauf wurde bewusst „kurvig" angelegt, sodass kleine Buchten und Landzungen entstanden, von denen immer wieder neue Eindrücke gewonnen werden können. Geschickt arrangierte Baumgruppen und Haine leiten das Auge in die richtige Richtung, verbergen, wo nötig, oder sind so licht gesetzt, dass ein Gebäude hindurchschimmert – auf diese Weise steigert sich die Spannung!

In jenen Tagen kam in England der Begriff des *picturesque* auf (der etwa mit dem deutschen Wort „malerisch" zu übersetzen ist), um eine ganz bestimmte landschaftliche Szenerie adäquat zu be-

adobe.stock ©Ivan

⊡ Park Stourhead

schreiben; dessen Elemente waren *roughness* und *irregularity*. So gedachte man, Natur am ehesten „schaffen“ zu können und sie als gestaltete Wirklichkeit so natürlich wie möglich erleben zu lassen, wenn die ordnende Hand des Gärtners hinter der scheinbar echten Fassade nicht mehr spürbar war.

Auf einem 3,5 km langen Weg umwandert man den künstlichen See und hat alle paar Schritte immer wieder aufs Neue überraschende **Aussichten.** Da schmiegt sich ein gotisches Cottage ans malerische Ufer, da spaziert der Besucher durch eine Grotte, durch die das Wasser des Flusses Stour plätschert, und der Blick umschmeichelt die Figur der schlafenden Ariadne; ein Höhlenteil weiter verteilt der Flussgott Gerechtigkeit an die Nymphen, die seinen Strom bewohnen. Weiter passiert der staunende Besucher am Ufer des spiegelnden Sees den Tempel der Flora, dessen Figuren *Marc Aurel* und *Alexander den Großen* darstellen. Man spaziert vorbei an einem Obelisken (der Stein, der die Wolken ritzt) und an einem sich in den Himmel reckenden mittelalterlichen Markt-

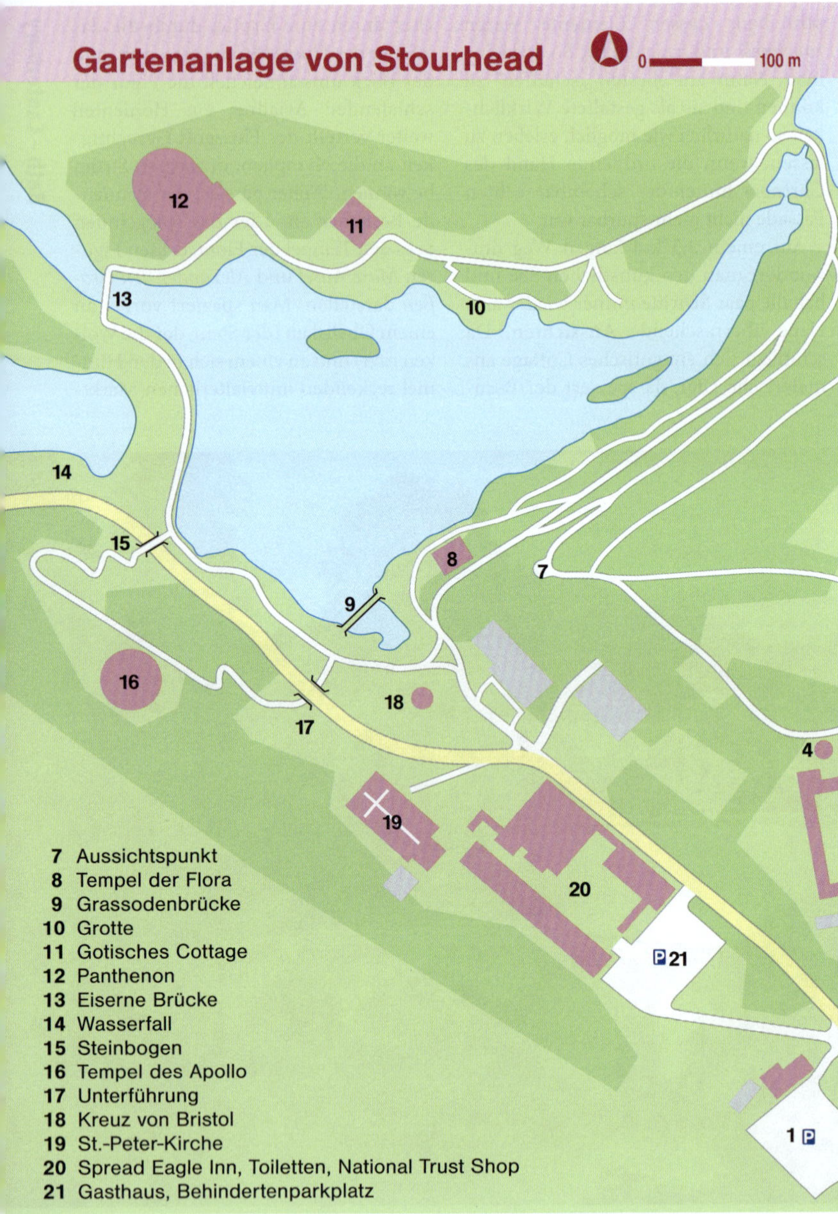
Gartenanlage von Stourhead
0 100 m
12
11
13
10
14
15
8
7
9
16
18
17
4
19
20
P 21
1 P
7 Aussichtspunkt
8 Tempel der Flora
9 Grassodenbrücke
10 Grotte
11 Gotisches Cottage
12 Panthenon
13 Eiserne Brücke
14 Wasserfall
15 Steinbogen
16 Tempel des Apollo
17 Unterführung
18 Kreuz von Bristol
19 St.-Peter-Kirche
20 Spread Eagle Inn, Toiletten, National Trust Shop
21 Gasthaus, Behindertenparkplatz

kreuz, überquert auf einer anmutig geschwungenen Steinbrücke, eine Kopie von *Palladios* Brücke in Vicenza, das Wasser und sieht oben auf dem Hügel den Tempel des Apollo weit über die Landschaft grüßen. Der runde Säulentempel wurde einem in Baalbek ausgegrabenen Heiligtum nachempfunden; die Statuen, die einst die Nischen schmückten, schauen heute vom Stourhead House auf die Besucher herab. Dann, noch während man weit entfernt ist, schimmert es hell durch die Bäume, und sobald der Blick ungestört über die Wasserfläche streifen kann, trifft er auf das weiße, sich im Wasser spiegelnde und „ganz auf Fernwirkung berechnete Tempelgebäude mit dem sechssäuligen Portikus und der monumentalen Flachkuppel." In diesem Pantheon findet man *Herkules, Diana,* die Göttin der Jagd, *Flora,* Göttin des Gartenbaus, und *Isis,* die als Muttersymbol und Verkörperung des fruchtbaren Niltals gilt.

Unternimmt man dann einen Rundgang durch Stourhead House, so wird die **Bibliothek** überraschen, sicherlich eine der schönsten im ganzen Land; die Regale sind in die Wände eingelassen, durch die hohen Fenster flutet Licht herein, das von der weißen gewölbten Kassettendecke reflektiert wird, und in den Deckenbogen der Stirnseiten finden sich idyllisierende Malereien. Das Mobiliar stammt von *Chippendale* selbst.

■ **Stourhead,** BA12 6QF, Tel. 01747-841152, www.nationaltrust.org.uk/visit/wiltshire/stourhead, Haus Mitte März–Okt. tgl. 11–16, Dez. 11–15 Uhr, Nov./Jan./Feb. geschlossen. Garten März–Okt. tgl. 9–16.30, Nov.–Feb. 9–15 Uhr, Erwachsene 20 £, Kinder 10 £, Familien 30–50 £, Parken 4,50 £, *National Trust*-Mitglieder Eintritt und Parken frei.

Lacock

– Geburtsort der Fotografie

Rund 18 km westlich von Bath liegt an der A 350 Lacock. Dieses **malerische Dorf,** dessen Häuser zumeist aus dem 18. oder früheren Jahrhunderten stammen, diente als Kulisse für zahlreiche Fernsehfilme der *BBC,* aber auch für die *Harry-Potter*-Filme „Der Stein der Weisen" und „Der Halbblutprinz" sowie den Fantasy-Film „Der Abenteuerer – Der Fluch des Midas". Wenngleich ein solches Ambiente schon ausreichen würde, um das Örtchen aufzusuchen, so kommen die Besucher doch aus einem anderen Grund. Alle Hobbyfotografen, und das ist im Urlaub ja fast jeder, wollen den Ort sehen, an dem *Henry Fox-Talbot* (1800–1877) 35-jährig und annähernd zeitgleich mit dem Franzosen *Daguerre* die Fotografie erfunden hat. Von *Daguerre,* der den flüchtigen Augenblick auf einer Metallplatte festhielt, unterschied sich das Verfahren von *Fox-Talbot* dadurch, dass er von einem Glasnegativ ein beliebig oft zu kopierendes Positiv auf Papier herstellen konnte. Damit war die moderne Fotografie eingeführt!

Der *National Trust* hat in der Scheune des Anwesens von *Henry Fox-Talbot* das sehenswerte **Fox Talbot Museum** eingerichtet, in dem man etwas über das Leben und die Arbeit dieses Mannes erfähr. Gezeigt werden beispielsweise die ersten Fotografien, die es überhaupt gab, welche unter anderem sein Privatleben zeigen, und es werden auch alte Kameras ausgestellt.

Einen Steinwurf entfernt befindet sich **Lacock Abbey,** der Stammsitz der *Talbots.* Gegründet im 13. Jahrhundert, fiel das Kloster im Jahre 1539 der Zwangsreformation von *HeinrichVIII.* zum Opfer und wurde zu einem Herrenhaus. Im 18. Jahrhundert ließ *John Ivory Talbot* sein Herrenhaus im neugotischen Stil renovieren und gab dem Klostergebäude seine heutige Erscheinung. Berühmt ist der mittlere der drei Erker in der Südfassade: Er ist auf dem 1835 entstandenen ersten Foto aller Zeiten festgehalten. Die letzte Besitzerin des Anwesens, *Mathilda Talbot,* stiftete nicht nur die Abbey, sondern fast das ganze Dorf dem *National Trust.* Lacock Abbey diente im Film „Harry Potter und der Stein der Weisen" in einigen Szenen als Kulisse für die Zaubererschule *Hogwarts.*

www.fotolia.de ©Jenifoto

Lacock Abbey und **Fox Talbot Museum,** Lacock, SN15 2LG, Tel. 01249-730459, www.nationaltrust.org.uk/visit/wiltshire/lacock, Haus März–Okt. tgl. 10.30–17 Uhr (letzter Einlass 15.45 Uhr), Gärten März–Okt. tgl. 10–17, Nov.–Feb. tgl. 10–16 Uhr, Erwachsene 20 £, Kinder 10 £, Familien 30–50 £, *National Trust*-Mitglieder Eintritt frei.

Castle Combe – Englands Postkartendorf

Eine halbe Stunde Autofahrt von Bath nach Nordosten bringen den Besucher in Englands Puppenstuben- und Postkartendorf Castle Combe. Die knapp 350 Einwohner leben ausnahmslos vom Besucherstrom und vom malerischen Image und halten demzufolge ihren Weiler proper und ordentlich. Eingebettet in ein kleines Tal, rundherum bestanden mit hohen grünen Bäumen und durchzogen von einem Bach, zeigt sich das Dorf bezaubernd. Von der Burg, die martialisch im Namen mitschwingt, ist außer einigen bröckelnden Ruinen nicht mehr viel zu sehen; ohnehin ist es den Anwohnern lieber, der Gast erlebt die Wohnzimmeratmosphäre der eigenen Teestube oder kauft erlesenen Schnickschnack in *antique shops* (www.castle-combe.com).

In Castle Combe

Die weißen Pferde von Wiltshire

Der Riese von Cerne Abbas (siehe dort) und der lange Mann von Wilmington (siehe dort), diese beiden rätselhaften Erdzeichnungen, deren Umrisse meist freigelegte Kalkschichten sind, wurden in diesem Buch ja schon erwähnt; nun gilt es, einige der weißen Pferde von Wiltshire zu entdecken, die alle vergleichsweise neu sind und zwischen 1778 und 1999 entstanden.

Das erste findet man bei der sympathischen Marktstadt **Marlborough;** die Erdzeichnung wurde angeblich 1804 von einem Schüler geschnitten und dürfte – wie alle anderen Wiltshire-Pferde auch – auf den weißen Zossen von Uffington *(Uffington White Horse)* in der Grafschaft Oxforshire zurückgehen, der von den Archäologen auf ein Alter von 2600 Jahren geschätzt wird. Dieses als **Marlborough White Horse** oder *Preshute Horse* bekannte, 19 m lange und 14 m breite Pferdebild ist nur schwer zu finden. Am besten fährt oder geht man zum **Preshute House** in der Preshute Lane (SN8 4HQ) und geht zu Fuß auf dem als *Treacle Bolly* bekannten Fußweg in die Richtung der Landstraße A 345, vorbei am Tennisplatz auf der rechten Seite. Nach etwa 200 Metern erblickt man rechts das Pferdebild.

Rund 15 Kilometer nördlich von Marlborough strahlt das **Ross von Hackpen Hill** vom grünen Hügel, das ebenfalls im 19. Jh. in den Kreidestein geritzt wurde. Um von Marlborough hierher zu gelangen, muss man der Free Avenue Richtung Broad Hinton folgen und sich dabei nach 2,8 km links halten. Nach 9,6 km gelangt man zum *Hackpen Hill Carpark* (SN4 9NR). Die Benutzung

adobe.stock ©Rob

ist kostenlos. Von hier kann man zu Fuß zum Pferd laufen. Zwischen Calne und Avebury kann man bereits von der Straße A 4 aus das **Ross von Cherhill** von weitem erkennen.

Zwischen Trowbridge und Warminster findet der Besucher die nächste Erdzeichnung; das 1778 entstandene **Ross von Westbury** ist das älteste der „Weißen Pferde von Wiltshire". Man findet es am Westbury Hill, unter der eisenzeitlichen Wallburg Bratton Camp, nordöstlich von Westbury und nahe der Dörfer Bratton und Edington. Das Land gehört *English Heritage,* ein Eintritt oder Parkgebühren werden aber nicht erhoben (BA13 3EP).

Südlich von Marlborough, am Pewsey Hill und sichtbar von der Landstraße von Pewsey ins Dorf Everleigh, befindet sich das **Ross von Pewsey,** das von den Bewohnern des Ortes im Jahre 1937 anlässlich der Krönung von *Georg VI.* modelliert wurde.

☒ Marlborough White Horse

Stonehenge und Avebury

– Geheimnisvolle Steinkreise

Stonehenge

Stonehenge, der **bekannteste Steinkreis Europas,** ca. 15 km nördlich von Salisbury, wird jährlich von weit über einer Million Besuchern angefahren, und während der Hauptreisezeit im Hochsommer kann es in der Umgebung auch schon einmal zu Staus kommen.

Die Ausgrabungen rund um die Steinblöcke und die Altersbestimmungen der Funde nach der C-14-Methode haben ergeben, dass Stonehenge während verschiedener Perioden errichtet und erweitert wurde; man spricht daher von den Phasen I, II, III a, III b, III c und IV.

Stonehenge I entstand während des Neolithikums (Jungsteinzeit) um etwa 2800 v. Chr. und war von einer kreisrunden Erdaufschüttung umgeben. Den Zugang zu diesem Rondell flankierten zwei senkrecht aufragende Steinblöcke, vor diesen stand der **Fersenstein** *(Heel Stone)* der – befand man sich im Zentrum der Anlage – den exakten Punkt des Sonnenaufgangs zur Tag- und Nachtgleiche im März und September markierte. An der Innenseite des Erdwalls reihten sich 56 ca. 1 m tiefe Gruben aneinander, die sogenannten **Aubrey-Löcher** (nach ihrem Entdecker *John Aubrey* benannt), deren Zweck unbekannt ist. Sicher weiß man nur, dass sie nicht der Aufnahme von Pfosten oder Blöcken dienten; bei

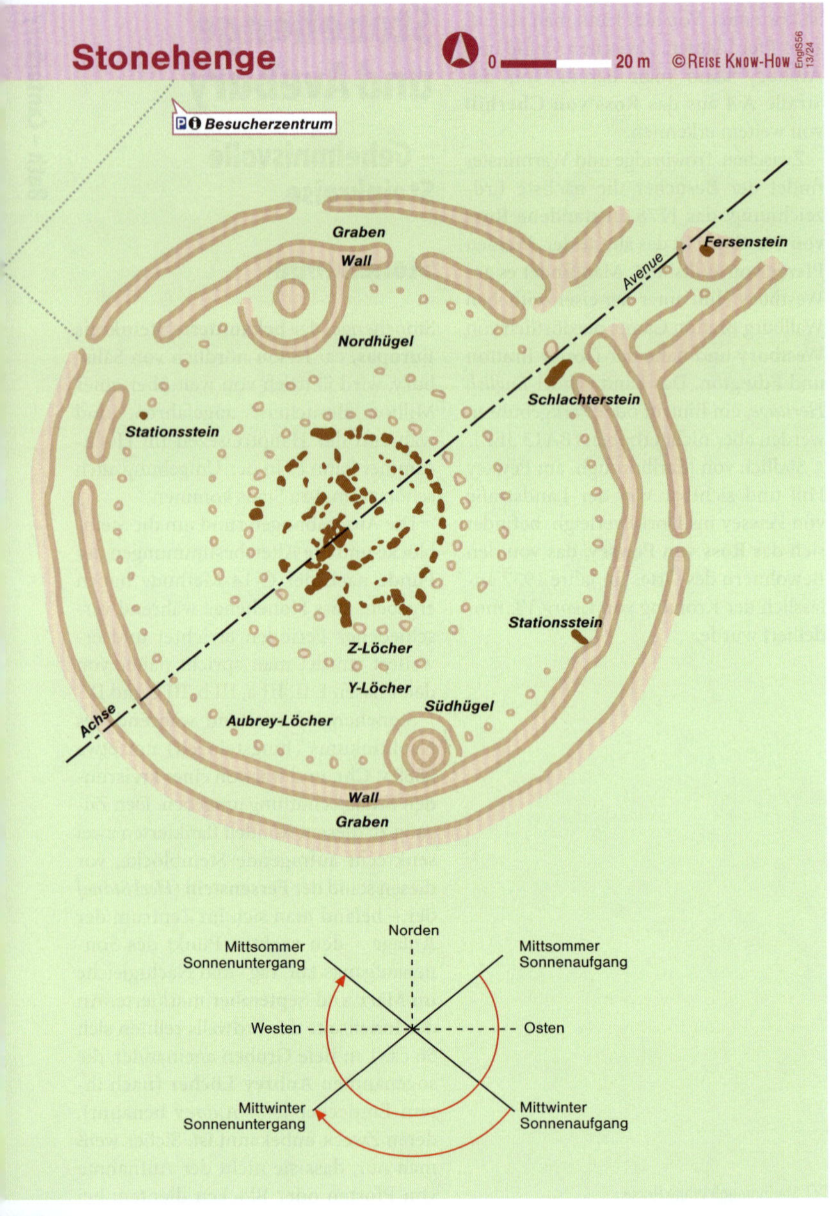
Stonehenge
0 20 m
©Reise Know-How
EnglS56 13/24
Besucherzentrum
Graben
Wall
Fersenstein
Avenue
Nordhügel
Schlachterstein
Stationsstein
Stationsstein
Z-Löcher
Y-Löcher
Südhügel
Achse
Aubrey-Löcher
Wall
Graben
Norden
Mittsommer Sonnenuntergang
Mittsommer Sonnenaufgang
Westen
Osten
Mittwinter Sonnenuntergang
Mittwinter Sonnenaufgang

ihren Untersuchungen fanden die Archäologen menschliche Knochenreste, wahrscheinlich wurden also Bestattungen in den Gruben vorgenommen. Die vier sogenannten Stationssteine (*Station Stones*, einer liegt, einer steht noch, und zwei sind verschwunden) an der Innenseite des Walls bezeichneten wohl einmal die Himmelsrichtungen.

700 Jahre später begannen die Stämme der Glockenbecherkultur (so benannt, weil man als Grabbeigaben Tonbecher in Glockenform gefunden hat) mit der Erweiterung der Anlage (Stonehenge II). Parallel zum Erdwall hoben die frühen Arbeiter einen Graben in der Richtung des Sonnenaufgangs aus, die **Avenue,** die Prozessionsallee, und stellten im Zentrum des Rondells zwei kreisförmig angeordnete Reihen von senkrecht stehenden **Blausteinen** auf. Diese Felsen wurden von den Preseli-Bergen in Südwest-Wales herangeschafft, die 225 km entfernt liegen. Der zentrale Doppelkreis wurde aus unbekannten Gründen nicht fertiggestellt.

Zwischen Beginn und Ende der Frühbronzezeit, also um 2000 v. Chr. bis 1550 v. Chr., datieren die Phasen III a bis III c. In hufeisenförmiger Anordnung entstanden nun in der Mitte der kreisrunden Umwallung eine Anzahl von **Trilithen** (griech. drei Steine, zwei senkrecht stehende Monolithe, denen ein dritter aufliegt). Mit rund 50 Tonnen Gewicht sind dies die größten und schwersten Blöcke, die in Stonehenge verbaut wurden; sehr wahrscheinlich stammen sie aus der 30 km nördlich gelegenen Gegend von Avebury und wurden auf Schlitten nach Stonehenge gebracht. Rund um diese hufeisenförmige Trilith-Anordnung errichteten die frühen Baumeister einen geschlossenen Kreis, der ebenfalls aus Trilithen bestand.

Um 1100 v. Chr. **verlängerte** man die **Prozessionsallee** bis zum Ufer des Avon (Stonehenge IV). Eine weitere Bautätigkeit fand danach nicht mehr statt. Stonehenge war also mindestens für 1700 Jahre, von 2800 v. Chr. bis 1100 v. Chr., in Gebrauch.

Obwohl die Archäologen recht genau über die Entstehungsgeschichte von Stonehenge Bescheid wissen, kennen sie den genauen **Zweck der Anlage** nicht und sind bis heute auf Spekulationen angewiesen. Stonehenge war sehr wahrscheinlich ein Tempel, obwohl man nicht weiß, welche Gottheit verehrt wurde und welche kultischen Rituale im Innern des Steinkreises stattfanden.

Möglicherweise diente das sakrale Areal der Sonnenanbetung, da man exakt den Sonnenaufgang und -untergang zum Mittsommer sowie Sonnenaufgang und -untergang zum Mittwinter bestimmen konnte; auch Mondauf und -untergang sowie eine Mondfinsternis konnten mit Hilfe der Anlage errechnet werden.

Fälschlicherweise wird oft angenommen, dass in Stonehenge Druiden, keltische Priester, ihre rituellen Handlungen ausübten. *John Aubrey*, der als erster im 17. Jh. die Anlage beschrieben hat, äußerte diese Vermutung, die seitdem immer wieder durch die Köpfe der Besucher spukt. Wie jedoch schon *Julius Cäsar* überliefert hat, praktizierten Druiden ihre Kulte auf Waldlichtungen und nicht in steinernen Tempeln. Zurzeit des Chronisten *Cäsar* war Stonehenge zudem seit über 1000 Jahren verlassen, somit nicht mehr in Gebrauch und dürfte längst eine Ruine gewesen sein.

Vom Besucherzentrum, das etwas Ähnlichkeit mit einer Flughafenhalle hat, fahren **Shuttlebusse** alle paar Minuten **zum Steinkreis.** Auf halbem Weg kann man in einem Wäldchen aussteigen und das letzte Stück über Felder zu Fuß gehen. Den Steinkreis selber können die Besucher aber nicht betreten, was zumindest den Vorteil hat, dass man Stonehenge problemlos menschenleer ablichten kann. Viermal im Jahr, zur Sommer- und Wintersonnenwende sowie zur Tagundnachtgleiche im Frühling und Herbst ist es allerdings möglich (sogar ohne Eintrittsgeld), den Steinkreis zu betreten, da zu diesen Zeiten moderne Druiden und Anhänger des Neopaganismus (Neuheidentum) ihre jahreszeitlichen Rituale abhalten. Die Anlage ist frühmorgens bzw. im Sommer sogar am Vorabend geöffnet, sodass man rechtzeitig zum Sonnenaufgang vor Ort sein kann. Am späten Vormittag oder Mittag ist dann meist wieder für normale Besucher geöffnet.

Im **Besucherzentrum** sind neben 250 Ausstellungsstücken (u.a. die aus dem 14. Jahrhundert stammende älteste bekannteste Zeichnung der Steine) Wandtafeln zur Geschichte Stonehenges zu sehen. Die *Audio-Guides*, die man extra dazu buchen kann, enthalten auch deutschsprachige Kommentare. Die Höhepunkte der Dauerausstellung sind wohl der lebensecht rekonstruierte Körper eines Mannes, der vor 5500 Jahren in der Nähe von Stonehenge begraben wurde, sowie eine **360°-Projektion,** in der

man mitten in Stonehenge stehend eine Zeitreise durch die Jahreszeiten und Jahrtausende machen kann.

■ **Stonehenge,** SP3 4DX, Tel. 0870-3331181, www.english-heritage.org.uk, April–Sept. tgl. 9.30–19, Okt. tgl. 9.30–18.30, Nov.–März tgl. 9.30–17 Uhr, Eintrittspreise variieren je nach Saison und Wochentag, Erwachsene 30 £, ermäßigt 27,20 £, Kinder (5–17 J.) 18,10 £, Familien 48,10–78,10 £, günstiger bei Online-Vorausbuchung, *English Heritage*- und *National Trust*-Mitglieder Eintritt frei. *Audio Guides* 2 £. Man kann auch ein *Stone Circle Experience* buchen, bei dem man vor oder nach der normalen Öffnungszeit 60 Minuten direkt an die Steine herankommt (Erw. 59 £, Kinder 35 £).

Eine **Vorbuchung im Internet** ist dringend anzuraten, da es nur ein sehr begrenztes Kontingent an Eintrittskarten vor Ort gibt. Tipp: Wenn man auf der Homepage von *English Heritage* im Menü oben neben dem *Union Jack* auf „English" klickt, bekommt man eine Reihe von alternativen Sprachen zur Auswahl, darunter auch Deutsch.

Außerdem kann man sowohl für Android als auch iOS kostenlos eine **Stonehenge Audio-Tour** herunterladen, die auch auf Deutsch erhältlich ist.

Anfahrt

■ **Ab Salisbury** von der Busstation in der Endless Street und vom Bahnhof verkehrt ein Bus nach Stonehenge sowie zu anderen Sehenswürdigkeiten. Man kann reine Fahrkarten oder auch solche, die den Eintrittspreis nach Stonehenge einschließen, kaufen: Erwachsene 18,50 £, 39 £, Kinder (5–15 J.) 12,50 £/26 £, Familien 49,50 £/118 £. Zeiten und Buchungsmöglichkeit (auf Deutsch): www.thestonehengetour.info/de.

adobe.stock ©MindestensM

◁ Stonehenge

Avebury

Avebury, der **größte Steinkreis Europas,** liegt 30 km nördlich von Stonehenge bzw. 10 km westlich von Marlborough und durchschneidet das gleichnamige winzige Dorf. Rund um die schweren Monolithe grasen Schafe, und die Farmer gehen ihrer Beschäftigung nach. Anders als in Stonehenge kommt man direkt an die Monumente heran und darf sie berühren – sogar kostenlos.

Neolithische Baukunst

Wie nun wurde Stonehenge gebaut? Exakte Aussagen dazu können mangels Überlieferungen nicht getroffen werden. Nach heutigem Kenntnisstand könnten unsere Vorfahren etwa folgendermaßen vorgegangen sein. Der Boden für die Gräben und die Löcher für die Gerüstpfosten oder Steinsetzungen wurde mit Hacken aus Rotwildgeweih aufgekratzt und mit den Schulterblättern von Rindern in Bastkörbe geschaufelt.

Die rund **80 Blausteine aus Wales** hatten zusammengenommen etwa ein Gewicht von 100 Tonnen. In den Preseli Mountains von Südwest-Wales liegen solche Wackermänner überall herum, sodass keine Steinbrucharbeiten nötig waren. Auf Schlitten, die über runde Stämme gezogen wurden, brachte man die Steine in den Naturhafen von Milford Haven und verfrachtete sie dort auf Flöße, war doch der Transport zu Wasser wesentlich einfacher als über Land – gutes Wetter und keinen Seegang vorausgesetzt. Dann ging es entweder mit Ruderkraft oder möglicherweise schon mit Segeln die Südküste von Wales entlang. Auf der Höhe des heutigen Bristol, dort, wo der Avon mündet, wurden die Steine auf Boote umgeladen, da die Flöße auf dem seichten und schmalen Strom zu unhandlich waren. Über drei miteinander vertäute Einbäume kam ein gemeinsames Deck aus Stämmen, auf das man den Stein legte. Die Boote wurden dann entweder getreidelt oder gestakst. Kurz vor Stonehenge ging es wieder mit Schlitten bis zur Baustelle.

1954 ließ man in einem Experiment vier Schuljungen einen eine Tonne schweren Betonblock auf drei Kanus den Avon gegen die Strömung vorwärtsstaken; es ging zwar langsam voran, machte aber keine sonderliche Mühe. Ebenso war es bei dem Transport über Land; 14 Knaben zogen einen Block auf Schlitten und Rollen problemlos einen leicht ansteigenden Hügelhang hoch.

Schwieriger gestaltete sich der Transport der zwischen 25 und 50 Tonnen schweren **Sandsteinmonolithe,** die über eine Strecke von 30 km herangeschafft werden mussten. Jeder der riesigen Findlinge lag auf einem mächtigen Schlitten, der über eine Rollenbahn gezogen wurde. Hatte der Schlitten eine solche Rolle passiert, waren sechs Männer notwendig, um einen solch runden Stamm von hinten wieder nach vorne zu bringen. In der Ebene benötigten die frühen Ingenieure 50 Personen, um einen 25 Tonnen schweren Block fortzubewegen. Am Redhorn Hill, einige Kilometer nördlich von Stonehenge, geht es jedoch steil bergauf, und dort waren weit über 1000 Männer erforderlich, um einen der Steine hochzubekommen.

Nur über Hebelbewegungen wurden die Steine aufgerichtet. Man grub ein Loch, brachte den Wackermann auf Rollen heran, setzte einen langen Stamm unter sein Ende und hebelte ihn in die Grube. Mit weiteren Hebelbewegungen – wobei man den Hebel auf langsam erhöhten Lagen von Stämmen aufsetzte – brachte man den Stein annähernd in die Senkrechte und zog ihn zum Schluss mit Seilen in die aufrechte Position; dann wurde das Loch mit Steinen und Sand geschlossen.

Die Decksteine, also der obere Abschluss eines Trilithen, kamen wohl über ein Gerüst nach oben. Unsere frühen Bauarbeiter legten rund um die beiden Ständersteine kreuzweise Lagen von Vierkanthölzern hoch, die mit Planken bedeckt waren, auf denen der Abschlussstein ruhte. Oben dann angekommen, wurde die Oberschwelle mittels Hebelkraft auf die beiden Ständersteine gelegt; Zapfen in den stehenden Steinen und Löcher in der Oberschwelle sorgten dafür, dass alle Monolithe zusammenhielten.

Die mächtigen **Sarsen Stones,** Sandsteinblöcke von bis zu 50 Tonnen Gewicht, bilden einen Steinkreis von ca. 300 m Durchmesser, in dessen Mitte zwei **kleinere Kreise** mit einem Radius von 100 m liegen. Der große Ring enthielt ursprünglich einmal 98 Steine. Umgeben ist die gesamte Anlage von einem hohen **Erdwall** und einem Graben.

Richtung Süden führt eine sogenannte **Avenue,** eine Prozessionsallee, die von Steinsetzungen gesäumt ist, auf den Overton Hill, wo noch einige Reste ein **ehemaliges Heiligtum** erkennen lassen. Welche Riten hier zelebriert wurden, wissen die Archäologen nicht. Ebenfalls südlich ragt weithin sichtbar der **Silbury Hill** auf, der mit seinen 40 m als größter künstlicher Hügel in Europa gilt, der in der Vorgeschichte aufgeschüttet wurde. Seine Höhe und sein Volumen entsprechen etwa dem der ägyptischen Pyramiden. Auch hier liegt der Zweck im Dunkel der Geschichte; nach Bohrungen weiß man nun, dass der Hügel aus der gleichen Zeit datiert wie der Steinkreis. Die **Entstehungszeit** datieren die Archäologen auf den Zeitraum zwischen 2000 und 2500 v. Chr., Erbauer waren ebenfalls die schon aus Stonehenge bekannten Glockenbecherleute. Der Hügel ist nicht direkt zugänglich, aber kann gut vom kostenlosen Parkplatz an der A 4 gesehen werden.

Nahebei befindet sich das fast 100 m lange Ganggrab **West Kennet Long Barrow,** die größte Kammergrabanlage Großbritanniens. Hier fanden Archäologen Keramik und Menschenknochen.

Zwei Kilometer nordwestlich von Avebury ragt der **Windmill Hill** auf; hier haben die Erbauer der Grabstätte in drei von Erdwällen und Gräben geschützten Ringen ab 3500 v. Chr. gelebt. Nach dem Hügel ist die frühe Phase des britischen Neolithikums als „Windmill-Zeit" benannt worden.

Nicht versäumen sollte man einen Besuch des **Weilers Avebury;** beim genauen Hinsehen erkennt man den ein oder anderen Monolithen, der im Hausbau Verwendung fand. Vom **Pub** *Red Lion,* der sich damit rühmt, die weltweit einzige Kneipe innerhalb eines Steinkreises zu sein, hat man bei schönem Wetter vom Biergarten aus Ausblicke auf die gewaltigen, 4500 Jahre alten Monolithe.

Das Land mit dem Steinkreis gehörte dem Archäologen *Alexander Keiller,* der dank des seit dem 17. Jahrhundert im *British Empire* florierenden Marmeladengroßhandels seiner schottischen Familie sich ganz seinen Interessen widmen konnte. Er erstand das Herrenhaus *Avebury Manor,* erforschte den Steinkreis und richtete in den Ställen seines Anwesens ein Museum ein. In den 1940er Jahren verkaufte er sein Land einschließlich des Steinkreises preisgünstig dem *National Trust.* Im **Alexander Keiller Museum** wird heute in der **Barn Gallery,** einer ehemaligen Scheune aus dem 17. Jahrhundert, durch interaktive Displays und viele Aktivitäten für Kinder die Archäologie Avesburys erklärt. In der **Stables Gallery** in einem ehemaligen Stall sind zahlreiche Fundstücke aus der Umgebung ausgestellt.

■ **Alexander Keiller Museum,** High Street, SN8 1RF, Tel. 0370-3331181, www.english-heritage.org.uk/visit/places/alexander-keiller-museum-avebury, tgl. 10–17 Uhr (Öffnungszeiten können im Winter verkürzt sein), Erwachsene 5 £, Kinder 2,50 £, Familien 7,50–12,50 £. Mitglieder von *National Trust* und *English Heritage* Eintritt frei.

adobe.stock ©valeryegorov

Auch das nach wie vor bewohnte **Avebury Manor** und dessen Garten können teilweise besichtigt werden. 2011 wurde das Haus von Historikern und Designern in der vierteiligen *BBC*-Serie „The Manor Reborn" (die man als DVD, neben einer Buchfassung zur Serie, erstehen kann) restauriert. Dank dieser gemeinsamen Anstrengung der *BBC* und des *National Trust* spiegeln heute verschiedene Räume die Charaktere der dort in fünf Jahrhunderten lebenden Familien und Persönlichkeiten wieder und geben auch einen Einblick in ihre jeweilige Zeit.

■ **Avebury Manor and Garden,** High Street, SN8 1RF, Tel. 01672-539250, www.nationaltrust.org.uk/avebury, Steinkreis tgl. von Sonnenaufgang bis -untergang. Haus April–Okt. tgl. 11–17, Nov.–März 11–16 Uhr, Erwachsene 13 £, Kinder 6,50 £, Familien 19,50–32,50 £, *National Trust*-Mitglieder Eintritt frei.

⊡ Der Steinkreis in Avebury

Praktische Tipps

Essen und Trinken

■ **The Red Lion**②, High Street, SN8 1RF, Tel. 01672-539266, www.chefandbrewer.com/pubs/wiltshire/red-lion. In dem reetgedeckten Pub gibt es typisch britische Speisen wie *Fish'n'Chips* oder Steak und Pommes.

Unterkunft

■ **Avebury Life**③, 5 Trusloe Cottage, SN8 1QZ, Tel. 01672-539644, www.aveburylife.com, etwas esoterisch angehauchtes, sehr freundliches B&B nur zehn Minuten vom Steinkreis entfernt.

■ **Dorwyn Manor**③, Swindon Road, SN8 1RH, Tel. 01672-539098, www.dorwynmanor.co.uk, liebevoll geführtes B&B, kurz außerhalb des Ortes.

Anfahrt

■ Mit **öffentlichen Bussen** ab dem Marktstädtchen Marlborough.

■ Mit dem **Auto** von Marlborough über die A 4361. Der Parkplatz (SN8 1RD), der nur einen kurzen Fußweg vom Steinkreis entfernt ist, ist für Mitglieder des *National Trust* und von *English Heritage* kostenlos solange man seinen Mitgliedsausweis am Parkautomaten scannt. Nicht-Mitglieder zahlen 7 £ oder 4 £, wenn man nach 15 Uhr ankommt). Alternativ kann man neben *The Red Lion* (s.o.) parken. Die Gebühr (2 £) bekommt man zurück, wenn man dort etwas bestellt.

Wilton House

– Schmuckkästchen mit Brücke

Kurz vor den Toren von Salisbury findet der Besucher das kleine Dorf Wilton, an dessen Ende das **hochherrschaftliche Anwesen** *Wilton House* seit 450 Jahren im Besitz derer von *Pembroke* ist.

In der **Eingangshalle** von *Wilton House* steht auf einem Tisch eine sehr ansprechende und sympathisch anzusehende **Statue von William Shakespeare;** der Dichter hat den Ellbogen auf einen Stapel seiner Bücher gelegt, die Faust stützt das Kinn, die Beine sind übereinandergeschlagen, lässig trägt der Meister den Mantel über der Schulter und blickt gedankenversunken in die Ferne. Der Bildhauer *William Kent*, der auch die Möbel im *Single* und *Double Cube Room* entwarf, hat die Statue für den 9. *Architect Earl* gearbeitet. Der Preis im Jahre 1743: die gewaltige Summe von 100 Pfund und 18 Schillingen.

Zwei Räume ragen besonders aus der ohnehin schon prachtvollen Inneneinrichtung heraus. Der **Single Cube Room** von *Inigo Jones* mit den Ausmaßen 30 x 30 x 30 Fuß, also 9 m hoch, 9 m breit, 9 m tief, eine perfekte Proportion, enthält Bilder von *van Dyck* und *Lely*, die Familienangehörige zeigen, die Deckenmalerei gibt den unglücklichen Flug von *Ikarus* und *Daedalus* wieder. Das Mobiliar wurde in den Werkstätten von *Chippendale* hergestellt.

Höhepunkt der Prunkentfaltung ist jedoch der **Double Cube Room** in den Maßen 60 x 30 x 30 Fuß, also 18 m lang, 9 m breit und 9 m hoch. In früheren Tagen nutzten die *Pembrokes* den Raum als Esszimmer, danach als Ballsaal. Während des Zweiten Weltkriegs war in *Wilton House* ein militärisches Hauptquartier untergebracht, und der *Double Cube* diente als Operationsraum; dort wurde die Invasion in der Normandie geplant.

Die Decke ist fantastisch bemalt, alle Bilder, die im „Doppelkubus" hängen, stammen von *van Dyck* und wurden extra für diesen Raum in Auftrag gegeben Die Stirnseite schmückt ein Riesengemälde in den Maßen 5,10 x 3,30 m, das den *4. Earl von Pembroke* im Kreise seiner Familie zeigt; *van Dyck* hat nie ein größeres Bild gemalt.

Weitere Gemälde in den anderen Räumen stammen von alten Meistern wie *Rubens, Tizian, Breughel, Reynolds, Lely, Tintoretto* und *Rembrandt*.

Wer sich ein kindliches Gemüt bewahrt hat, den wird sicher, zusammen mit Kindern, die **Teddybärsammlung Wareham Bears** von *Wilton House* erfreuen. Für die Kinder gibt es zudem einen Abenteuerspielplatz.

■ **Wilton House and Garden,** Wilton, SP2 0BJ, Tel. 01722-746700, www.wiltonhouse.co.uk, Mitte Mai–Ende August So–Do 11.30–15.30 Uhr, Erw. 18,50 £, ermäßigt 16 £, Kinder (5–15 Jahre) 9,50 £, Familien 45 £.

Highclere Castle

– Wo Downtown Abbey gedreht wurde

Ca. 20 km nordöstlich von Andover und auf halber Strecke entlang der A 343 nach Newbury liegt der **Weiler** Highclere mit dem gleichnamigen **Schloss.** Fans der britischen Fernsehserie *Downtown Abbey,* in der es um eine fiktive Adelsfamilie Anfang des 20. Jh. geht, dürften das Anwesen schnell erkennen, denn Highclere Castle diente ihr als Kulisse. Das Schloss wurde Mitte des 19. Jh. von dem Architekten *Sir Charles Barry* entworfen, der auch die Houses of Parliament in London gebaut hatte. Parlamentsgebäude wie Burg gleichen sich ziemlich, beide sind von *Barrys* Lieblingsstil geprägt, der Neogotik. Trotzdem wäre das alles noch nicht so interessant, hätte nicht **George Herbert,** der *5. Earl of Carnarvon* (1866–1923), zusammen mit *Howard Carter* in Ägypten das Grab des Tut-anch-Amun im Tal der Könige bei Luxor entdeckt, einen der sensationellsten Funde in der Archäologie.

In Highclere sind viele Beigaben aus dem **Grab des Tut-anch-Amun** ausgestellt, die Lord *Carnarvon* für sein hohes finanzielles Engagement während der Ausgrabungen überlassen wurden.

Highclere Castle and Gardens, Newbury, RG20 9RN, Tel. 01635-253210, www.highclerecastle.co.uk, geöffnet an ca. 60–70 Tagen pro Jahr, vor allem im Sommer (siehe Homepage), Erw. 22,50 £, ermäßigt 21 £, Kinder (4–16 Jahre) 14 £, Familien 63 £.

Guildford

– Wo Lewis Carroll begraben ist

Guildford, am Rande Londons, ist ein wohlhabendes kleines Städtchen, Verwaltungskapitale der Grafschaft Surrey und Sitz einer Universität, deren Studenten das Straßenbild prägen.

Guildford eignet sich sehr als **Standquartier,** wenn man für zwei oder drei Tage die Metropole **London** erkunden möchte; hier sind die Unterkunftspreise deutlich günstiger als in der Hauptstadt. London ist von Guildford aus im 30-Minuten-Takt schnell mit dem Zug zu erreichen, der in Waterloo Station einläuft.

Die atmosphärereichste Straße von Guildford ist die leicht ansteigende **High Street,** die von alten Gebäuden gesäumt ist, in denen Geschäfte des gehobenen Einzelhandels auf die Kunden warten. Hier findet sich die Guildhall, deren mächtige Uhr weit auf die Straße hervorragt. Schon *Charles Dickens* lobte in einem seiner Romane „die ungewöhnlich attraktive High Street" – und das ist die katzenkopfgepflasterte Straße in der Tat.

Im Jahre 1861 suchte **Lewis Carroll** ein Haus für seine sechs unverheirateten Schwestern und mietete *The Chestnut* in der Quarry Street an. Während der Semesterferien kam er regelmäßig von Oxford – wo er als Mathematikprofessor arbeitete – zu den Schwestern und schrieb im Haus viele seiner Geschichten von *Alice in Wonderland.* Am 14. Januar 1898 starb er und wurde auf dem Mount-Friedhof von Guildford zur letzten Ruhe gebettet. Das **Heimatmuseum** in der Quarry Street zeigt Ausstellungsstücke zu *Lewis Carroll*, dessen richtiger Name übrigens *Charles Lutwin Dodgson* war.

Praktische Tipps

Tourist Information

- 155 High Street, GU1 3AJ, Tel. 01483-444333, www.visitsurrey.com/guildford.

Unterkunft/Essen und Trinken

- **The Angel Hotel**④, 91 High Street, GU1 3DP, Tel. 01483-564555, www.angelpostinghouse.com, ehemalige Postkutschenstation mit Gasthof und Pub.
- **Asperion Hotel**③, 73 Farnham Road, GU2 7PF, Tel. 01483-579299, www.asperionhotels.com, große, moderne Zimmer, 300 m vom Bahnhof entfernt.
- **The Star Inn**①, Quarry Street, off High Street, GU1 3TY, www.starinnguildford.co.uk, alter Pub in einem Fachwerkhaus, übliches Pub-Speiseangebot von Burgern, *Fish'n'Chips* und Steak.
- **Theion**②, Centenary Hall, Chapel Street, GU1 3UH, Tel. 01483-579786, www.theion.co.uk, griechisches Restaurant mit schönem Ambiente.
- **The Three Pigeons**①, 169 High Street, GU1 3AJ, www.greatpubs.co.uk/three-pigeons-guildford, schöner, alter Pub mit zur Straße hinausragendem Giebel.
- **V Café**①, *The Guildford Institute,* Ward Street, GU1 4LH, Tel. 01483-562142, www.guildford-institute.org.uk. Vegetarisches Restaurant in einem Kulturzentrum, nur Di–Fr 9–15 Uhr.
- **Rumwong**②, 18–20 London Road, GU1 2AF, Tel. 01483-536092, www.rumwong.co.uk. Gutes thailändisches Restaurant, der Besitzer betreibt auch den Thai-Supermarkt gleich nebenan. Montags geschlossen.

Verbindung

- **Bahnhof:** Station Approach, GU1 4UT, westlich vom Zentrum.
- **Busbahnhof:** Commercial Road, GU1 4YP, nahe am Bahnhof.

Polesden Lacy

Einige Kilometer östlich von Guildford sollte man einen Besuch des herrschaftlichen **Anwesen** *Polesden Lacy* nicht auslassen. In den 1920ern ging hier die Prominenz aus und ein, und die Empfänge, die *Lady Greville* gab, gehörten zu den feinsten – kamen doch die Spitzen der Gesellschaft und der König selbst. *Queen Mum,* die Mutter von *Queen Elizabeth II.*, verbrachte hier ihre Flitterwochen.

Im 18. Jh. war das Anwesen im Besitz des Dichters und Politikers *Richard Brinsley Sheridan* (1751–1816): „ein Ort der Gesundheit und des Glücks, wo wir zirpten wie die Vögel, sprangen wie die Rehe und fett wurden wie die Ferkel."

1947 fiel das Haus mit Kunstschätzen an den *National Trust.* Wochentags wird man zwischen 11 und 12.30 Uhr durch das Haus geführt, zu allen anderen Zeiten kann man allein herumlaufen.

- **Polesden Lacey,** Great Bookham, Surrey, RH5 6BD, Tel. 01372-452048, www.nationaltrust.org.uk/visit/surrey/polesden-lacey, Haus März–Okt. tgl. 11–15.30, Dez. tgl. 11–15, Nov./Jan./Feb. Sa/So 11–15 Uhr, Erwachsene 15 £, Kinder 7,50 £, Familien 22,50–37,50 £, *National Trust*-Mitglieder Eintritt frei.

Anfahrt

■ Mit dem **Bus** Richtung Epsom vom Bahnhof in Guildford, dann in Great Bookham aussteigen, etwa 2,5 km zu Fuß. Wenn man mit öffentlichen Verkehrsmitteln anreist gibt es einen 1 £-Restaurantgutschein. Parken 5 £, *National Trust*-Mitglieder mit Autoaufkleber frei.

Sheffield Park Garden

Ungefähr 14 km nördlich von Lewes, an der A 275, dürfen **Gartenfreunde** Sheffield Park auf gar keinen Fall auslassen. Im Frühherbst, wenn die Blätter sich färben, ist Sheffield Park besonders schön anzusehen.

So, wie sich das Gartenareal heute präsentiert, geht der Park auf *Arthur G. Soames*, den *3. Earl of Sheffield*, zurück, der von 1909 bis zu seinem Tod 1934 stetig um seinen Park besorgt war. Angelegt wurde er aber im 18. Jahrhundert.

Vier miteinander über Wasserfälle verbundene, auf unterschiedlichen Niveaus liegende **Seen** sind die Attraktion des Gartens. Von ihren Ufern aus ergeben sich überraschende Blicke auf Baumgruppen, Buschwerk, Hecken sowie auf das am höchsten Punkt liegende *Sheffield House* (nicht zu besichtigen).

■ **Sheffield Park and Garden,** Uckfield, East Sussex, TN22 3QX, Tel. 01825-790231, www.nationaltrust.org.uk/visit/sussex/sheffield-park-and-garden, März–Okt. tgl. 10–17, Nov.–Feb. tgl. 10–16 Uhr, Erwachsene 15 £, Kinder 7,50 £, Familien 22,50–37,50 £, *National Trust*-Mitglieder Eintritt frei.

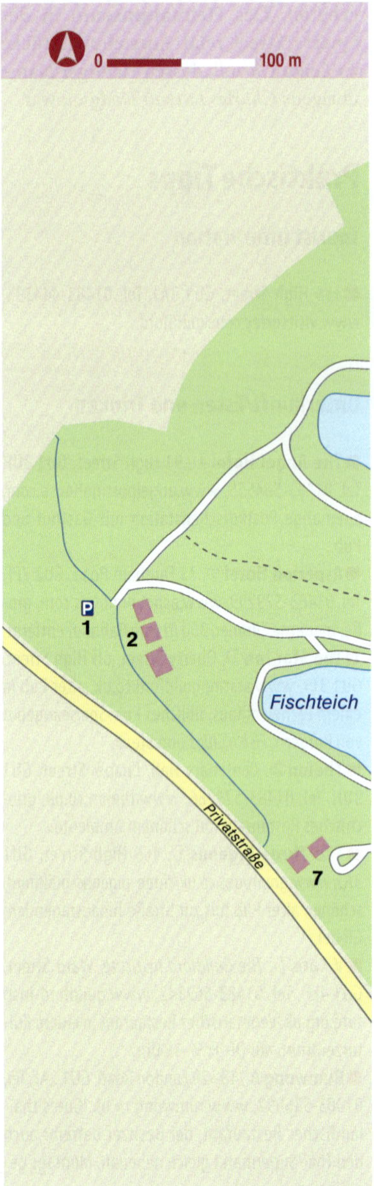

Sheffield Park Garden
©Reise Know-How
EnglS23 13/24
1 Parkplatz
2 Eingang
3 Sommerhäuschen
4 Top Bridge und Wasserfall
5 Lower Bridge und Wasserfall
6 Cascade Bridge
7 Arbeitsbereich
Jubiläumsweg
Himalayaweg
Grasweg
Kieselsteinstraße
Palmenallee
Krönungsweg
Südl. Gartenweg
Ten Foot Pond
Großer Baumweg
Königinnenweg
Middle Lake
Kirchweg
Pond
Küchenstraße
Koniferenweg
Cricket-Feld
Way
Flussgarten
Woman's
Lichtung der Sieben Schwestern

Hever Castle

– Wo Anne Boleyn zu Hause war

Von East-Grinstead geht es einige Kilometer nach Nordosten zum ansehnlichen **Tudor-Schloss** Hever Castle, das auf das Engste mit dem frauenmordenden Wüstling *Heinrich VIII.* in Verbindung steht, der Unglück und Leid über die hier lebende Familie brachte.

Im Jahre 1489 wurde *Geoffrey Bullen,* Vorfahre von **Anne Boleyn,** *Lord Mayor,* also Bürgermeister von London. Diese Position brachte ihm Wohlstand und Ansehen, und so kaufte er das nahe bei London gelegene Schlösschen. Hier wurde *Anne* 1507 geboren.

Zwei Jahre später bestieg *Henry Tudor* als *Heinrich VIII.* den Thron von England (s. Exkurs S. 418). Nachdem *Heinrichs* erste Frau, *Katharina von Aragon,* dem König keinen männlichen Erben gebar, ließ er die Ehe mit ihr annullieren und heiratete die schon schwangere *Anne Boleyn.* Am 1. Juni 1533 wurde sie zur Königin gekrönt, am 7. September gebar sie ein Mädchen, die spätere *Elisabeth I.* – *Heinrich* tobte! Ein Jahr später hatte *Anne* eine Fehlgeburt, ein weiteres Baby starb kurz nach der Geburt, danach hatte Anne wieder eine Fehlgeburt.

Heinrich suchte mittlerweile erneut nach einer Frau und ließ *Anne* am 2. Mai 1536 unter der Anklage des Hochverrats und des Ehebruchs verhaften. Siebzehn Tage später starb sie im Londoner Tower unter dem Schwert des Henkers. An ihrem Hinrichtungstag wurde die neue Eheurkunde von *Heinrich* mit *Jane Seymour* unterzeichnet.

Zwei Jahre nach *Annes* Hinrichtung starb ihr Vater. *Heinrich* riss das Schlösschen an sich und gab es als Scheidungsdomizil *Anna von Kleve,* seiner vierten Frau.

In den folgenden Jahrhunderten wechselte Hever Castle mehrfach den Besitzer, 1903 dann erwarb der steinreiche **William Waldorf Astor** das baufällige Anwesen. Die Dynastie derer von *Waldorf Astor* ging auf einen Metzgerjungen namens *Johann Jakob Astor* zurück, der von dem kleinen Dörfchen Walldorf bei Heidelberg 1783 nach Amerika ausgewandert war. Dort baute er rasch einen schwunghaften Pelzhandel auf, und als sich das Jahrhundert dem Ende zuneigte, gehörten ihm bereits ein Dutzend Handelsschiffe, die Pelze nach Fernost lieferten und von dort mit Waren aller Art zurückkamen. Als *Johann Jakob* 1848 starb, war er der reichste Mann Amerikas.

[>] Hever Castle

990es vken

Johanns Urenkel **William** hatte eine romantische Vorliebe für Europa und war als Botschafter von 1882 bis 1885 in Italien. 1890 erklärte er, dass Amerika ein Land sei, in dem kein Gentleman leben könne, und folgerichtig nahm er die Kleinigkeit von 100 Mio. US$ und übersiedelte nach England, wo er 1903 Hever Castle kaufte. Als er 1919 starb, hatte *William* das Schlösschen nach seinen romantischen Vorstellungen restaurieren lassen. Sein Sohn *John Jacob* übernahm den hochherrschaftlichen Besitz. *John* war verheiratet mit der Amerikanerin *Nancy Langhorne,* die als erste Frau in das Unterhaus einzog und unter dem Namen *Lady Astor* eine erbitterte Gegenspielerin von *Winston Churchill* wurde (→ Exkurs S. 422).

Nachdem *William Waldorf Astor* das Schlösschen gekauft hatte, ging es erst einmal ans Renovieren und Modernisieren; *William* wünschte sich das Ambiente der Tudorzeit, verbunden mit allen Annehmlichkeiten des 20. Jh. Erst einmal stellte er fest, dass Hever Castle zu klein für seine Bedürfnisse war. Also ließ er hinter dem Schloss ein **Tudor Village** nachbauen, dessen Cottages zusammen weit über 100 Räume haben. *William*

Leben und Regierungszeit von Heinrich VIII.

1509, im Alter von 18 Jahren, bestieg *Heinrich* kurz nach dem Tod seines Vaters den Thron. Kurz zuvor hatte er die sechs Jahre ältere **Katharina von Aragon,** die Tochter des spanischen Königs, geheiratet; wenngleich diese Eheschließung natürlich ein politischer Schachzug war, so heißt es doch, dass *Heinrich* seine Gemahlin aufrichtig liebte. Kaum gekrönt, setzte der junge König ein deutliches Zeichen seiner Macht: Er ließ die beiden im Volk wie beim Adel ungeliebten **Finanzkommissare seines Vaters** vor Gericht stellen. Obwohl sich zeigte, dass beide völlig schuldlos an den hohen Ausgaben von *Heinrichs* Vorgänger waren, verurteilte das Gericht sie auf Druck des Königs als Hochverräter zum Tode. Diese Maßnahme fand in der Bevölkerung breite Zustimmung, man hoffte auf neue, bessere Zeiten.

So blutrünstig, wie die Historie den Herrscher zeichnet, nahmen ihn seine Zeitgenossen nicht wahr; *Heinrich* war zuallererst der Prototyp eines **Renaissance-Fürsten,** dem in bester machiavellistischer Manier die Staatsräson über alles ging! *Pasqualino,* ein venezianischer Diplomat, beschrieb ihn kurz nach seiner Thronbesteigung als den bestaussehenden Fürsten, den er je zu Gesicht bekommen habe. Er sei ein Gebildeter, spräche Französisch, Englisch, Latein und ein wenig Italienisch, spiele gut auf der Laute und dem Virginal, könne vom Blatt singen. Er sei ein guter Tennisspieler und Bogenschütze. Zudem sehr fromm, höre drei Messen an Jagdtagen und manchmal fünf, wenn er zu Hause bliebe. Äußerst friedliebend sei er, ansprechbar und gnädig.

Das sollte sich rasch ändern! Im Gegensatz zu seinem Vater, der bis ins Detail die Regierungsgeschäfte mitentschieden hatte, war *Heinrich* der alltägliche Kleinkram zuwider. Er genoss es, als Herrscher dazustehen und damit vor allem Macht zu demonstrieren. Da während der Tudor-Ära jedoch eine Vielzahl von autonomen Institutionen am Hofe agierte, verlangte dies eine zentrale **Entscheidungs- und Integrationsfigur.** Wenn der König diese Aufgabe nicht wahrnahm, so bedurfte er eines Vertrauten, der für ihn dieses Amt ausfüllte.

Eine solche Zentralfigur konnte nur der *Lord Chancellor*, der Lordkanzler, der oberste Minister des Königs sein. Während der ersten Regierungsjahre saß **Kardinal Wolsey** auf diesem wichtigen Amt. Wolsey, aus armen Verhältnissen stammend, war von brennendem Ehrgeiz und Machtbesessenheit ergriffen. Doch er galt als ungeheuer fleißiger Arbeiter und ideenreicher politischer Lenker. *Heinrich* vertraute ihm fast blind, und *Wolsey* stand loyal zu seinem Monarchen. Innerhalb weniger Jahre hatte der Lordkanzler alle einflussreichen Persönlichkeiten am Hof entmachtet, eine ganze Reihe weiterer Ämter übernommen und einen immensen Besitz zusammengerafft. *Wolsey* ließ sich Hampton Court errichten, den größten Palast der Tudor-Zeit, und residierte dort wie ein zweiter König.

Ein Mann mit einem derlei exzentrischen Charakter konnte jedoch über die Jahre keine auf Kontinuität ausgerichtete Politik betreiben. Wie erwähnt, beruhte das Regierungssystem der Tudors auf einer Vielzahl von weitgehend autonom agierenden Gremien; erfolgreiche politische Entscheidungen kamen nur dann zustande, wenn es gelang, diese Einrichtungen zu einer Zusammenarbeit zu bewegen. *Wolsey* wurde jedoch ausnahmslos abgelehnt, durchgängig alle opponierten gegen den mächtigen Lordkanzler. 1529 setzte *Heinrich* ihn ab und entschloss sich, den Kardinal als Hochverräter anzuklagen. *Wolsey* starb auf dem Weg zu seinem Prozess und entging so der Schmach, auf dem Schafott hingerichtet zu werden. Seine Ablösung hatte noch einen weiteren Grund: Es war ihm nicht gelungen, die Scheidung zwischen *Heinrich* und *Katharina von Aragon* beim Papst in Rom durchzusetzen.

Heinrich benötigte, um das Haus Tudor ungefährdet auf dem Thron halten zu können, unbedingt einen männlichen Nachkommen. Zwar war Katharina während der Ehejahre fast ununterbrochen schwanger gewesen, doch hatte sie nur ein Kind zur Welt gebracht: *Maria,* die spätere *Bloody Mary*. *Heinrich* setzte die Tochter als Thronerbin ein, hielt jedoch die **Nachfolgefrage** für nicht zufriedenstellend gelöst; der Thronanspruch weiblicher Nachkommen war nicht gesichert und konnte dann sehr leicht torpediert werden, wenn deren Ehe mit einem ausländischen Fürsten eingegangen worden war.

Als *Katharina* aufgrund ihres Alters keine Kinder mehr bekommen konnte, wollte *Heinrich* die Ehe mit der kränkelnden und bigott-frommen Frau auflösen lassen. Zudem hatte sich Heinrich unsterblich in die junge Adlige **Anne Boleyn** verliebt. Mit Duldung der Königin hatte *Heinrich* schon immer Beziehungen zu anderen Frauen unterhalten, so auch mit der älteren Schwester von *Anne Boleyn*. Auch besaß er bereits einen Sohn, jedoch einen unehelichen. Den erhob er zwar zum *Duke of Richmond*, eine Thronanwartschaft war jedoch von vornherein ausgeschlossen. Die Anerkennung eines unehelichen Kindes war noch problematischer als die von weiblichen Nachkommen.

Heinrich und *Wolsey* reichten einen **Antrag auf Annullierung der Ehe** beim Papst in Rom ein. Normalerweise machte die päpstliche Kurie – vor allem bei einer so hochrangigen Persönlichkeit – keine Schwierigkeiten. *Heinrich* galt als frommer Katholik und hatte von Rom den Ehrentitel *Fidei Defensor*, Verteidiger des Glaubens, bekommen. Der König und sein Lordkanzler waren sicher, dass die Formsache nach wenigen Monaten positiv entschieden sein würde – doch beide hatten die Machtverhältnisse im Europa des 16. Jh. sträflich außer acht gelassen. **Papst Clemens VII.** konnte nicht uneingeschränkt entscheiden, denn nach der Eroberung Roms durch die Truppen des Habsburger Kaisers *Karl V.* im Jahre 1527 war der Heilige Vater praktisch ein Gefangener, abhängig von *Karls* Gnaden. Und *Karl* war der Neffe von *Katharina* und dachte nicht daran, seine Tante einer ungewissen Zukunft auszusetzen.

Gegen Ende 1532 war *Anne* schwanger, *Heinrich* musste nun schleunigst handeln, zumal die Hofastronomen einen Jungen prophezeiten. Im Januar 1533 heiratete *Heinrich Anne Boleyn*, im März passierte das Gesetz, das ausländischen Institutionen Eingriffein englische Rechtsfälle verbot, das Parlament, im Mai annullierte eine Kommission unter dem Vorsitz des Erzbischofes von Canterbury die Ehe mit *Katharina*, im Juni krönte man **Anne zur Königin,** und am 7. September 1533 wurde *Elisabeth* (die spätere *Elisabeth I.*) geboren. *Heinrich* war seinem Ziel, einen männlichen Thronfolger zu bekommen, also kein Stück näher gerückt.

Der päpstliche Stuhl konnte eine solche Demütigung nicht hinnehmen, *Clemens* erklärte die Ehe für nichtig und *Elisabeth* als unehelich.

Heinrich tobte und machte einem Rundumschlag: Die Abgaben an Rom wurden sofort eingestellt, dem Papst entzog er das Recht, bei Bischofswahl und -weihe zu entscheiden, die kirchliche Verwaltung kam unter königliche Order, und sich selbst ernannte er zum *Supreme Head of the Church of England*, zum **Oberhaupt der katholischen Kirche** in England. Proteste in der Bevölkerung gegen diese Maßnahmen gab es kaum.

Nachdem *Anne Boleyn* eine Totgeburt gehabt hatte und der König nicht mehr auf einen männlichen Nachfolger von ihr hoffte, ließ er **Anne den Prozess** machen. 22 Peers sprachen sie ohne Beweise des Ehebruchs mit fünf Männern und damit des Hochverrats schuldig, und im Mai 1536 wurde sie hingerichtet.

Am Tag der Exekution ehelichte *Heinrich* **Jane Seymour,** die 1537 nun den lange ersehnten Sohn *Eduard* gebar (der kränkelnde und schwache Knabe sollte nur sechs Jahre regieren). *Jane* starb bei der Geburt.

1540 heiratete *Heinrich* **Anna von Kleve,** die Schwester des Herzogs von Kleve, ohne seine Braut je gesehen zu haben. Der Hofmaler *Hans Holbein* hatte zuvor ein Gemälde von der Dame angefertigt. *Heinrich* war entsetzt, als er seine zukünftige Ehefrau sah. „Mein Gott, eine flandrische Stute", soll er ausgerufen haben. Gegen Zahlung einer beträchtlichen Summe an *Anna* holte man ihre Zustimmung zur Annullierung der Ehe ein.

Kurze Zeit später gab **Catherine Howard** dem Schlächter das Ja-Wort, was sie zwei Jahre später bitter bereuen sollte, denn auch sie ließ ihr Leben als angebliche Ehebrecherin auf dem Schafott.

Ab 1543 pflegte dann **Catherine Parr,** die sechste Ehefrau des Königs, den kränkelnden *Heinrich* bis zu seinem Tod im Jahre 1547.

legte Wert darauf, dass sein „Dorf" so natürlich wie möglich aussah und dass jedes Cottage ein individuelles Aussehen bekam, sodass man glauben konnte, dass dies ein über Jahre gewachsenes Gemeinwesen war. Und in der Tat, das Tudor Village ist gut gelungen, nicht ein Haus gleicht dem anderen. 800 Arbeiter bauten drei Jahre am Dorf, während 748 weitere Handwerker das Schlösschen renovierten und den Garten anlegten. Ein Rundgang durch Hever Castle offenbart dem Besucher deshalb höfisches Leben aus der Zeit von *Heinrich VIII.*

Nach der Besichtigung sollte man einen Spaziergang durch den **italienischen Garten** bis zur Loggia am See nicht auslassen, und sich am **Heckenlabyrinth** erfreuen.

■ **Hever Castle and Gardens,** Near Edenbridge, TN8 7NG, Tel. 01732-865224, www.hevercastle.co.uk, Gärten April–Okt. tgl. 10.30–18, sonst 10.30–16.30 Uhr, Burg April–Okt. tgl. 12–17, sonst 12–15.30 Uhr, Burg/Gärten bei Online-Buchung Erwachsene 20,80 £, ermäßigt 18,25 £, Kinder (5–17 Jahre) 11,80 £, Familien 55 £.

[>] Chartwell, vom Garten aus gesehen

174es se

Winston Churchill in Chartwell

Von 1924 bis zu seinem Tod 1965 lebte *Winston Churchill* zusammen mit seiner Frau *Clementine* („Clemmie") auf Chartwell beim Örtchen **Westerham,** ca. 10 km westlich von Sevenoaks. Hier schrieb er die meisten seiner 48 Bücher, hier malte er, entwarf seine Reden, bewirtete Besucher, vor allem aber schöpfte er hier seine Kraft, über Jahrzehnte ununterbrochen Machtpolitik zu betreiben. Chartwell ist ein wichtiger Schlüssel zum Verständnis dieses Mannes.

Zum ersten Mal sah *Churchill* das Haus 1921, als es mit 324 Hektar Land zum Verkauf stand. Weniger das Anwesen, als vielmehr die **Aussicht** faszinierten ihn sofort. Von Chartwell schweift der Blick über die sanft geschwungenen grünen Hügel der Wealds of Kent, wie diese anmutige Landschaft genannt wird. Auch *Clemmie* war begeistert – vom Ausblick wohlgemerkt, nicht vom Haus, das sie *irredeemably ugly* fand. *Churchill* hat mehrfach betont, dass er Chartwell nur wegen der Aussicht gekauft hatte. Neben dem ansprechenden Blick mögen ihn vielleicht die historischen Reminiszenzen eingenommen haben, denn es heißt, dass *Heinrich VIII.* hier nächtigte, wenn er auf Hever Castle

Winston Leonard Spencer Churchill – ein Politikerleben

Winston Churchill erblickte am 30. November 1874 in der Damengarderobe von Blenheim Palace als erster Sohn von *Jenny* und *Randolph Churchill* das Licht der Welt. Der Ort war angemessen, denn im Palast von Blenheim residierten seit Jahrhunderten die Herzöge von Marlborough, zu deren Verwandtschaft *Winston* zählte.

Die Mütter der feinen Gesellschaft nährten ihre Kinder natürlich nicht selbst, dies war die Aufgabe einer Amme. So trat *Mrs. Elizabeth Anne Everest* in das Leben von *Winston* und sorgte mütterlich für ihren Ziehsohn.

Mit sieben Jahren kam *Winston* in ein Internat. Seine **Schulzeit** war eine reine Katastrophe. Er gehörte zu den schlechtesten Schülern und wehrte sich vehement gegen den stupiden Unterricht. Die Lehrer verprügelten ihn, und auch seine Altersgenossen brachten ihm wenig Sympathie entgegen.

Zweimal fiel *Winston* durch die Aufnahmeprüfung der Militärakademie Sandhurst, erst beim dritten Anlauf schaffte er die Hürde (eher knapp) und trat als **Kadett** in die Kavallerie ein, und dieses Leben sagte Winston zu.

1895 kam *Winston Churchill* zu seinem **ersten militärischen Einsatz,** ging als Beobachter zur spanischen Armee nach Kuba und berichtete als Sonderkorrespondent für den *Daily Graphic.* Nach England zurückgekehrt, wurde *Winston* nach Indien versetzt. Hier nahm er als **Kriegsberichterstatter** des *Daily Telegraph* und der indischen Zeitung *Pioneer* an den Kämpfen gegen die Afghanen teil und trat durch mutige Aktionen hervor. Im März 1898 erschienen seine gesammelten Artikel als Buch unter dem Titel „The Story of the Malakand Field Force"; am Ende des Jahres waren 8500 Exemplare verkauft, und *Winston* hatte innerhalb weniger Monate 382 £ verdient – das war mehr als sein Leutnantsgehalt für vier Jahre. Der junge Kavallerist stellte erstaunt fest, dass er vom Schreiben leben konnte. Im Laufe seines Lebens sollte er noch weitere 47 Bücher schreiben.

In jenen Tagen versuchte *Herbert Kitchener,* den **Sudan** nach dem Mahdi-Aufstand wieder dem Britischen Empire einzuverleiben. *Winston* kam als Kriegsberichterstatter in das Nil-Land, und hier nahm er 1898 an der letzten großen englischen Kavallerie-Attacke teil. Über den Feldzug schrieb *Winston* das zweibändige, fast tausend Seiten dicke Werk „The River War", das in dem angesehenen Verlag *Macmillan* herauskam und trotz des abschreckenden Volumens sogleich ein Bestseller wurde.

Der Autor war nun bekannt genug, dass er sich seiner eigentlichen Ambition widmen konnte:

Sir Winston Churchill auf einer Briefmarke

adobe.stock ©Alexandr Blinov

Winston wollte in die Politik, und die Konservativen stellten ihm einen Wahlkreis zur Verfügung. Doch trotz aller Anstrengungen gewann er keinen Parlamentssitz. So ging er statt dessen als Kriegsberichterstatter der *Morning Post* nach **Südafrika,** wo die Briten gegen die Buren kämpften. So bekannt und als Journalist geschätzt war er nun, dass die Zeitung dem 25-Jährigen die Reisespesen sowie 250 £ monatlich zahlte – nach heutiger Kaufkraft ca. 4000 Euro.

In Südafrika geriet *Winston* in die Gefangenschaft der Buren, konnte aber fliehen und galt in Großbritannien fortan als **Held.** Sein Buch „From London to Ladysmith via Pretoria" verkaufte sich bestens und machte ihn noch bekannter. So war es nicht verwunderlich, dass der junge Held bei der kommenden Wahl einen **Parlamentssitz** erringen konnte. Anfang des Jahres 1901 wurde *Winston* im Unterhaus vereidigt. Danach „nahm Churchill seinen Sitz auf einer der hinteren Bänke ein, rückte sich den Zylinder in die Stirn, beugte sich in der Haltung des erfahrenen Parlamentariers lässig vor, steckte die Hände in die Taschen und beobachtete aufmerksam die Vorgänge in diesem Raum, der für die folgenden 63 Jahre die Arena seines politischen Wirkens sein sollte." Er war 26 Jahre alt.

Churchill machte sich sogleich an den weiteren Ausbau seiner Politikerlaufbahn, und viele empfanden seinen **starken, ungebremsten Ehrgeiz** als abstoßend. Nach Ansicht eines Zeitgenossen war er „frech, rechthaberisch, egozentrisch, interessiert sich nur für sich selbst und seine Karriere und scheut sich nicht, auf jede nur mögliche Weise voranzukommen." 1904 verließ *Churchill* die Konservativen und trat der Liberalen Partei bei. Ein Jahr später bekam er ein **erstes Regierungsamt** und avancierte zum Unterstaatssekretär für die Kolonien. Im April des Jahres 1908 avancierte *Churchill* zum **Handelsminister** und zog damit im Alter von 33 Jahren in das Kabinett ein.

1910 stieg *Churchill* in der Regierungshierarchie auf und wurde mit 35 Jahren zum **Innenminister** ernannt. Es galt als sicher, dass er in bald zum Premierminister berufen würde.

Im September 1911 – bei der britischen Kriegsflotte fehlte ein starker Mann an der Spitze – avancierte *Churchill* zum Ersten Lord der Admiralität, zum **Marineminister.** Es war seine Aufgabe, dafür zu sorgen, dass Großbritannien die Überlegenheit zur See behielt. *Churchill* erkannte die Zeichen der Zeit, modernisierte die englische Flotte, indem er z.B. alle Schiffe von Kohle- auf Ölfeuerung umstellen ließ. In die verkrusteten Strukturen des Offizierskorps brachte er neuen Schwung und scheute sich nicht, seine Admiräle derbe anzufahren. Als er beschuldigt wurde, gegen die Traditionen der königlichen Flotte zu handeln, erwiderte er: „Und was sind diese Traditionen? Ich werde es Ihnen mit drei Worten sagen. Rum, Sodomie und die Knute. Guten Morgen, Gentlemen!"

Am 4. August 1914 trat Großbritannien in den Krieg ein. Die Front erstarrte bald im Grabenkrieg; auf *Churchills* Initiative gingen die Entwicklungen der ersten Panzer zurück, die als einzige in der Lage waren, den Frontenkrieg aufzulösen. Doch konnte die britische Rüstungsindustrie nicht genügend Tanks zum Einsatz bringen.

Um die deutsche Westfront nachhaltig zu schwächen, entwickelte Churchill einen Plan für einen Zweifrontenkrieg. Das Kabinett billigte zwar *Churchills* Strategie, überließ ihm aber nicht die Durchführung. Uneinsichtige und wenig entschlossene Admiräle verpatzten die Aktion, 40.000 Briten kamen ums Leben – das Scheitern des Plans jedoch wurde *Churchill* angelastet, er musste seinen Hut nehmen und zurücktreten. Auf eigenen Wunsch kommandierte man ihn **in die Gräben Flanderns** ab – sein Fall war tief: Vom Ersten Seelord und potentiellen Premierministerkandidaten zum kleinen Offizier! Noch vor Kriegsende jedoch schied er aus der Armee aus und nahm seinen Unterhaussitz als einfacher Abgeordneter wieder ein.

Nach Kriegsende wurden Neuwahlen ausgeschrieben, und *Churchill* siegte in seinem Wahlkreis mit überwältigender Mehrheit; man musste ihm einen einflussreichen Kabinettsposten anbieten: Er avancierte zum **Kriegs- und Luftfahrtsminister.** Ende 1920 bat *Churchill* den Premierminister um einen anderen Kabinettsposten – er wurde **Kolonialminister.**

In der Parlamentswahl vom 15. November 1922 verlor *Churchill,* zur Freude seiner vielen Feinde, sein Unterhausmandat. Für eine kurze Zeitspanne war er kaum politisch tätig. Er widmete sich der **Schriftstellerei** und begann eine fünfbändige Geschichte des Ersten Weltkriegs.

1924 erhielt *Churchill* das Amt des **Schatzkanzlers** und war wieder mit einer gewichtigen Stimme im Kabinett vertreten. Ein hochrangiger Konservativer nannte ihn einmal den „lustigsten Steuereinnehmer seit Robin Hood."

Churchill war ein brillanter Rhetoriker, besaß Humor, Schlagfertigkeit und eine **vernichtende Boshaftigkeit.** Eine Parlamentsabgeordnete beschimpfte *Churchill* auf einer Abendgesellschaft und schloss ihre Tirade mit den Worten: „Mr. Churchill, außerdem sind Sie ja völlig betrunken." „Und Sie, Madame", gab *Churchill* zurück, „sind hässlich. Aber ich werde morgen wieder nüchtern sein." *Lady Astor*, eine der wenigen Frauen im Unterhaus, war eine seiner schärfsten Kritikerinnen. Bei einem offiziellen Abendessen fauchte sie ihn an: „Winston, wenn ich Ihre Frau wäre, würde ich Ihnen Gift in die Suppe tun." *Churchill* antwortete: „Nancy, wenn ich Ihr Mann wäre, würde ich sie essen." Den amerikanischen Außenminister *John Foster Dulles* nannte *Churchill* einmal den „einzigen Elefanten, der seinen eigenen Porzellanladen mitbringt."

Ende der 1920er Jahre kam es zwischen dem Premierminister und *Churchill* zu tiefgreifenden Differenzen in der Indienfrage. *Churchill* bekämpfte vehement die Unabhängigkeitsbestrebungen in Indien. 1931 kam es zum Bruch mit seiner Partei, und Churchill reichte seinen Rücktritt vom Amt des Schatzkanzlers ein. Er schien **politisch am Ende.** Ein Jahr später besuchte eine englische Delegation die Sowjetunion, und *Stalin* fragte *Lady Astor* nach ihm. „Churchill?", antwortete sie fragend, als müsste sie sich erst an den Namen erinnern, „der ist erledigt!"

Die folgenden neun Jahre bekämpfte Churchill die Politik seiner eigenen Partei, war er der einzige, der unermüdlich vor dem Größenwahn *Hitlers* warnte, wurde aber nicht ernst genommen. Mit glänzenden Analysen und ätzenden Attacken ging er gegen die *Appeasement* (Beschwichtigungs-)Politik *Chamberlains* vor.

1940 hatten die Deutschen die englische und die französische Armee vernichtend geschlagen und in Dünkirchen zusammengetrieben. *Hitler* bereitete die Invasion Großbritanniens vor, und nichts und niemand schien ihn aufhalten zu können. In dieser Situation ernannte *Georg VI.* den 66-jährigen *Winston Churchill* zum **Premierminister.**

Nach Kriegsende wählten die Engländer überraschend die Labour Party, und *Clement Attlee* wurde Premierminister. Noch während der Potsdamer Konferenz trat *Churchill* zurück. Den Frieden zu managen, das trauten die Briten ihm nicht zu. 1951 kehrte er in die Downing Street zurück, 81-jährig gab er aus Altersgründen das Amt auf, blieb aber als Abgeordneter im Unterhaus. 1953 erhielt *Churchill* den **Nobelpreis für Literatur.**

Am 24. Januar 1965 starb *Churchill* im Alter von 90 Jahren in London.

um die Gunst von *Anne Boleyn* buhlte. Wichtiger aber war, dass Chartwell nur 37 km von Westminster, von den „Korridoren der Macht", entfernt lag.

Churchill war von seinem Heim begeistert, nirgendwo fühlte er sich wohler. Steht man einige Meter entfernt im Garten, so steigt von einem Plateau ein ziegelroter Bau mit vielen Ecken, Kanten und Kaminen in die Höhe, dessen Farbe angenehm mit dem Grün des Rasens und dem Blau des Himmels kontrastiert. Verständlich der Satz von *Churchill:* „Ein Tag ohne Chartwell ist ein vergeudeter Tag".

Im Alter von 41 Jahren, mitten in einer tiefen Depression, begann *Churchill* auf Anregung von Freunden mit dem Malen und stellte bald fest, dass er sich vor einer Staffelei physisch wie psychisch außerordentlich schnell erholen konnte. Andere Künstler gaben ihm Hinweise, leiteten ihn an oder stellten ihm für einige Zeit ihre Bilder zur Verfügung, damit er sie kopieren und dabei lernen konnte. *Churchill* verließ das Haus bald nicht mehr ohne seine Pinsel und Farben. 1947 hatte er einen großen Erfolg; unter dem Pseudonym *David Winter* schickte er drei Bilder an die *Royal Academy;* alle drei wurden akzeptiert. Kurz danach nahm man ihn als *Honorary Academician Extraordinary* in die *Royal Academy* auf, und wie alle anderen Akademie-Maler stellte er bei den jährlichen *Summer Exhibitions* einige seiner Werke aus. 1959 ehrte ihn die *Royal Academy* mit einer Einzelausstellung.

Über 500 **Bilder von Churchill** sind erhalten, davon befinden sich 125 in Chartwell. Versäumen Sie also nicht, nach der Besichtigung des Hauses einen Blick in *Churchills* **Atelier** zu werfen.

- **Chartwell,** Mapleton Road, Westerham, TN16 1PS, Tel. 01732-868381, www.nationaltrust.org.uk/visit/kent/chartwell, Haus März–Okt. 11–15.40 Uhr, Gärten März–Okt. tgl. 10–17, Nov.–Feb. tgl. 10–16 Uhr, Erwachsene 20 £, Kinder 10 £, Familien 30–50 £, für Mitglieder des *National Trust* Eintritt frei.

Sevenoaks

– eine wohlhabende Pendlerstadt

Einige Kilometer östlich von Chartwell liegt das wohlhabende **Landstädtchen** Sevenoaks. Viele der gut 26.000 Einwohner sind hochqualifiziert und pendeln zu ihren Arbeitsstätten in Südostengland. Die Hauspreise sind entsprechend hoch. Der eigentliche Grund eines Besuchs ist jedoch eines der großen **Herrenhäuser** in der Umgebung – **Knole House.**

Praktische Tipps

Tourist Information

- **www.visitsevenoaks.co.uk**

Unterkunft

- **Donnington Manor Hotel**③, London Road, Dunton Green, TN13 2TD, Tel. 01732-462681, www.donningtonmanorhotel.co.uk, modernes Hotel am nordwestlichen Rand der Stadt. Das zugehörige **Restaurant**③ ist in einem 600 Jahre alten Landhaus untergebracht.

■ **Sevenoaks Centre Hideaway**③, 3 McCullogh Mews, TN13 1XE, Tel. 07506-996798, www.doggiecentralsevenoaks.co.uk, zwei Doppelzimmer mitten im Ortszentrum.

■ **Camping:** *Oldbury Hill Camping and Caravanning Club*①, Styants Bottom, Seal, TN15 0ET, www.nationaltrust.org.uk/holidays/kent-surrey-sussex/oldbury-hill-campsite. Campingplatz im Styants Wood gegenüber den Überresten einer Wallburg aus der Eisenzeit.

Essen und Trinken

■ **Côte Brasserie**②, 22 London Road, TN13 1AJ, Tel. 01732-463362, www.cote.co.uk/restaurant/sevenoaks, klassische französische Gerichte, günstiges Tagesmenü *(Prix Fixe)* nur Mo–Fr 12–19 Uhr.

■ **Hattusa**②, 115 London Road, TN13 1BH, Tel. 0173-463752, www.hattusa.co.uk, beliebtes türkisches Restaurant, auch mit gutem vegetarischem Angebot.

■ **Branded**③, 63–65 High Street, TN13 1JY, Tel. 01732-453626, elegantes Steakhouse, auch mehrere vegane Optionen.

■ **The Restoration**①-②, Bank Street, TN13 1UW, Tel. 01732-452192, www.therestoration.pub, Gastropub in Gebäude aus dem 17. Jahrhundert, unweit des unten beschriebenen *Knole House,* mit zwei offenen Kaminen.

Knole House

Knoles frühe Geschichte liegt im Dunkeln, doch nimmt man an, dass bereits Ende des 12. Jh. ein erstes Haus auf diesem Grund stand.

Fünf Erzbischöfe residierten in Knole, da fiel das Auge von *Heinrich VIII.* auf das Herrenhaus, und er zwang den Kirchenmann *Thomas Cranmere,* das Anwesen an ihn abzutreten. Auf die gleiche Art und Weise hatte sich *Heinrich* bereits den Palast Hampton Court seines Lordkanzlers *Thomas Wolsey* einverleibt. *Heinrich* investierte immerhin große Summen in den weiteren Ausbau, ohne je lange in Knole verbracht zu haben.

In den folgenden Jahren wechselte der Palast in rascher Folge mehrfach den Besitzer. Seit dem 17. Jh. leben ununterbrochen die *Sackvilles* auf Schloss Knole, und in jeder neuen Generation wurde angebaut, modifiziert und renoviert – Knole wuchs und wurde immer größer. Es heißt, dass dem Haus eine astronomische Zählweise zugrunde liegt; danach gibt es sieben Innenhöfe, die für die sieben Tage der Woche stehen, 52 Treppen, für jede Woche des Jahres eine, und 365 Räume, einen für jeden Tag.

Seit 1946 ist das Anwesen im Besitz des *National Trust,* doch selbstverständlich haben die *Sackvilles* ihr Wohnrecht behalten.

■ **Knole House,** Sevenoaks, TN15 1HU, Tel. 01732-462100, www.nationaltrust.org.uk/visit/kent/knole, Mitte Feb.–Dez. tgl. 11–16 Uhr, Erwachsene 16 £, Kinder 8 £, Familien 24–40 £, *National Trust*-Mitglieder Eintritt frei.

⊡ Sissinghurst House und Gärten

Sissinghurst Castle

Über die A 21 und die A 262 kommt man von Sevenoaks zu **Sissinghurst Castle,** einem weiteren Herrenhaus im Besitz des *National Trust* mit seinem bekannten Garten.

Ursprünglich stand hier ein mittelalterliches Anwesen, das über die Jahre verändert und ausgebaut wurde, dann aber mehr und mehr verfiel. Ab dem 18. Jahrhundert wurden die noch bestehenden Gebäudeteile als Militärgefängnis und später als Armenhaus eingesetzt. Schließlich wurde das Land hauptsächlich als landwirtschaftlicher Betrieb genutzt. Als **Vita Sackville-West,** eine bekannte Schriftstellerin und schillernde Persönlichkeit aus dem englischen Adel, und ihr Mann, der Diplomat und Autor *Harold Nicolson,* das Anwesen 1930 kauften, war es in einem ruinösen Zustand.

Beide verbrachten die nächsten Jahre damit, **einen der heute berühmtesten englischen Gärten** anzulegen. *Harold* war für die Struktur und die architektonische Grundlage zuständig, *Vita* übernahm die Planung, Bepflanzung und Ausgestaltung, stark von den bekannten Gartendesignern *Gertrude Jekyll* und *Edwin Lutyens* beeinflusst. Sie kreierten sogenannte **Gartenräume,** die jeweils einen ganz eigenen Charakter aufweisen. Schon 1938 hatte auch die Öffentlichkeit das erste Mal Zugang. Nach *Vitas* Tod 1962 wurde Sissinghurst schließlich 1967 an den *National Trust* übergeben.

adobe.stock ©Joachim

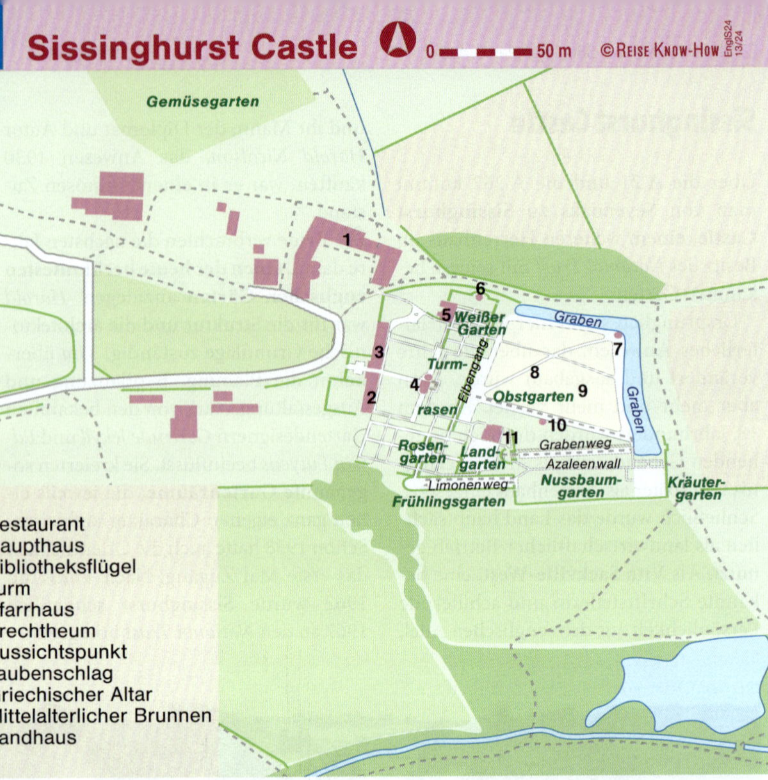

Heute ist der Garten einer der am meisten besuchten auf der Insel und für Gartenfreunde ein Muss.

■ **Sissinghurst Castle,** Biddenden Road, near Cranbrook, TN17 2AB, Tel. 01580-710700, www.nationaltrust.org.uk/visit/kent/sissinghurst-castle-garden, April–Okt. tgl. 11–17.30, Nov.–März tgl. 11–16 Uhr, Erwachsene 13 £, Kinder 6,50 £, Familien 19,50–32,50 £, Parken 4 £ für Nicht-Mitglieder, *National Trust*-Mitglieder kostenlos.

▷ Leeds Castle

Leeds Castle

– Eine Burg wie im Traum

Fährt man von Sevenoaks gen Osten, gelangt man in das Städtchen Maidstone, in dessen Umgebung Schloss Leeds zu finden ist.

Schon zu angelsächsischen Zeiten soll diese Region im Besitz der jeweiligen Königshäuser gewesen sein. Nach der normannischen Invasion ging die Gegend an *Robert de Crèvecoeur* über, der mit dem Bau eines Donjon begann. Rund 150 Jahre später gelangte dieser

Bergfried in den Besitz von **Eduard I.,** der weitere Ausbauten vornehmen ließ und gerne mit seiner geliebten *Eleonore von Kastilien* vor Ort weilte.

Schloss Leeds blieb auch in den folgenden Jahrhunderten im Besitz der Krone. **Heinrich VIII.** ließ den ganzen Komplex wieder einmal umfangreich erneuern, baute an und besuchte Leeds oft und gerne mit seiner *Katharina von Aragon. Heinrich* war es auch, der Leeds in die Hände seines getreuen Höflings *Sir Anthony St. Leger* gab, sodass es ab nun für die nächsten Jahrhunderte nicht mehr königliche Residenz war.

Zu Anfang des 20. Jahrhunderts interessierte sich der amerikanische Zeitungsmagnat **Randolph Hearst** für Leeds Castle. „Will Schloss in England kaufen", kabelte der Exzentriker an seinen Agenten vor Ort, „ausfindig machen, was zurzeit im Angebot ist." Der Bericht, der nach der Besichtigung durch den Makler an *Hearst* abging, war nicht günstig. „Ganz einmalig als Antiquität, erfordert aber große Ausgaben, um es bewohnbar zu machen; nirgends ein Bad, einzige Beleuchtung Lampen; Bedienstetenräume unten im Kerker." *Hearst* nahm Abstand.

Es war dann die angloamerikanische **Lady Baille,** die 1926 die Burg kaufte und all ihr Sinnen und Trachten daransetzte, Leeds in eines der schönsten Häuser Englands umzuwandeln. Ihr ist nicht nur die umfangreiche Restaurierung und Modernisierung zu verdanken, sie brachte das Anwesen auch in eine Stiftung ein, die nun für den Erhalt des Schlosses sorgt. Seit einiger Zeit finden finden Konferenzen und Tagungen auf Leeds Castle statt, und für die Besucher der Region ist die Burg zu einer großen Touristenattraktion geworden.

Leeds Castle, ME17 1PB, Tel. 01622-765400, www.leeds-castle.com, April–Sept. Park 10–18 (letzter Einlass 16.30), Burg 10.30–17.30, Okt.–März Park 10–17 (letzter Einlass 15), Burg 10.30–15.30 Uhr, Erwachsene 35 £, Kinder (3–15 J.) 25 £, günstiger bei Online-Buchung.

Canterbury – Die Stadt des Erzbischofs

Canterbury gehört mit zu den schönsten Städten Südenglands, in der die **Studenten** der Universität Kent und der Christ Church Universität neben den vielen Besuchern das Straßenbild prägen.

Auf dem Weg nach Canterbury sollte man einen Besuch im kleinen, 10 km vor der Stadt gelegenen Örtchen **Chilham** nicht auslassen. Rund um einen Marktplatz gruppieren sich einige alte, liebliche Fachwerkgemäuer, Cottages stehen am Rand eines Dorfsträßchens, und ein Eingang führt auf Chilham Castle zu. An sommerlichen Tagen sitzt man gut vor dem *White Horse Pub* (www.thewhitehorsechilham.uk) und schaut auf das Ambiente des Marktplatzes.

Geschichte

Auf den Fundamenten einer eisenzeitlichen Siedlung begannen die **Römer** kurz nach ihrer Eroberung Britanniens mit dem Bau der Stadt *Durovernum Canticorum*, die im 5. Jh. von den Angelsachsen in Cantwaraburg umgetauft wurde. Um die Wende vom 5. zum 6. Jh. kam der **Missionar Augustinus** ins Land, ließ laut den Kirchenannalen mit dem Bau eines Gotteshauses beginnen und wurde der erste Erzbischof von Canterbury.

adobe.stock ©hardyuno

Nach der normannischen Invasion 1066 machte sich Bischof *Lafranc* daran, die Kathedrale zu planen. Nach der Ermordung des Erzbischofs *Thomas Becket* am 29. Dezember 1170 durch einen Trupp Höflinge von *Heinrich II. Kurzmantel* avancierte Canterbury zum **Wallfahrtsort,** der so beliebt wurde, dass 200 Jahre später der königliche Zollaufseher *Geoffrey Chaucer* seine „Canterbury Tales“ mit großem Erfolg veröffentlichte. In Versen wird von einigen Pilgern berichtet, die sich die Reise dadurch verkürzen, dass ein jeder von ihnen eine Geschichte zu erzählen hat. Aufgrund der frühen christlichen Bedeutung der Stadt wurde nach der Trennung von Rom der **Erzbischof von Canterbury** zum höchsten Geistlichen der anglikanischen Staatskirche.

Im 16. und 17. Jh. strömten die in Frankreich verfolgten **Hugenotten** in das Sicherheit bietende England, wo sich auch eine ganze Reihe von ihnen als Weber in Canterbury niederließ und mit ihrem Handwerk der Stadt einen wirtschaftlichen Aufschwung verlieh.

Die Kathedrale

Beherrschend im Stadtbild der angenehmen Metropole ist die Kathedrale mit ihrem Vierungsturm und den beiden Westfronttürmen, die der normannische Bischof *Lafranc* zwischen 1070 und 1077 auf den Fundamenten einer angelsächsischen Kirche errichten ließ.

Nach der Ermordung *Beckets* verlängerte der Baumeister *William the Englishman* den Chor, um dem Schrein des Heiligen einen angemessenen Platz einzuräumen. Um die Wende vom 14. zum 15. Jh. wurde das Kirchenschiff im gotischen Perpendicular-Stil umgestaltet, rund 50 Jahre später kamen die Querschiffe und danach der 80 m hohe Vierungsturm hinzu.

Betritt man die Kathedrale, so endet der Blick in das Langhaus am **steinernen Lettner,** der Chorschranke, in deren Nischen sechs Statuen frühe englische Herrscher darstellen. Unter der Vierung hat man einen guten Blick in den **Bell Harry Tower** mit dem prachtvollen Fächergewölbe. Im nordwestlichen Querschiff, dem sogenannten **Martyrium,** fand *Becket* den Tod.

An das Martyrium schließt sich die **Marienkapelle** an, die ebenso wie die Vierung mit einem schönen Fächergewölbe geschmückt ist. Über die Pilgerstufen gelangt man vorbei am Altar in die **Dreifaltigkeitskapelle,** wo die Wallfahrer am Schrein von *Becket* beteten. Am Nordgang der Kapelle zeigt ein Glasfenster *Thomas Becket*, der – angetan mit einem grünen Messgewand und mit erhobenem rechtem Zeigefinger – recht mürrisch in die Runde blickt.

Nahebei findet sich die letzte **Ruhestätte von Heinrich IV.,** der hier zusammen mit seiner Frau *Johanna von Navarra* bestattet ist; es ist das einzige Herrscherpaar, das in Canterbury Cathedral zur Ruhe gebettet wurde. Vorbei an der Corona stößt man auf das **Grabmal des Schwarzen Prinzen** (1330–1376), Sohn von *Eduard III.* und Vater *Richards II.* Die Bronzefigur zeigt den Prinzen in Kampfmontur. Auf seine schwarze Rüstung geht der Beiname zurück, der erstmals im 16. Jh. aufkam. Der Schwarze Prinz kämpfte seit seinem 16. Lebens-

☒ Die Kathedrale in der Altstadt von Canterbury

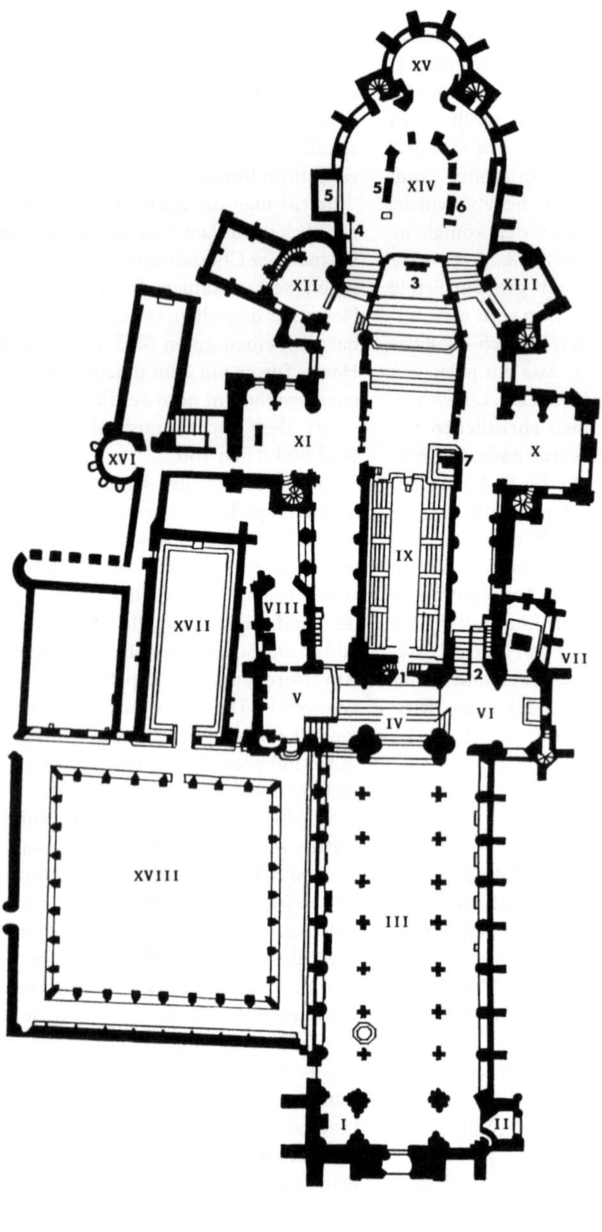
XV
XIV
5
5
6
4
3
XII
XIII
XVI
XI
7
X
IX
XVII
VIII
VII
1
2
V
VI
IV
XVIII
III
I
II

jahr für Vater *Eduard* im Hundertjährigen Krieg; König wurde er nicht mehr, da er ein Jahr vor seinem Vater starb und die Krone an seinen Sohn *Richard* fiel.

Ein Stückchen weiter passiert man die **Anselmkapelle,** benannt nach Bischof *Anselm,* der als Nachfolger des Kirchenmannes *Lafranc* die Arbeiten am Bau der Kathedrale fortsetzen ließ. Dann geht es vorbei am **Thronsessel des Erzbischofs** in den Chor, dessen Gestühl von dem Architekten *George Gilbert Scott* entworfen wurde. Vom südwestlichen Querschiff führen Stufen hinunter zur Krypta.

Kathedrale Canterbury

- I Nordwest-Turm
- II Südwest-Turm, Haupteingang
- III Langhaus
- IV Vierung, Bell Harry Tower
- V Nordwestliches Querschiff, Martyrium
- VI Südwestliches Querschiff
- VII Michaelskapelle
- VIII Marienkapelle
- IX Chor
- X Südöstliches Querschiff
- XI Nördöstliches Querschiff
- XII Andreaskapelle
- XIII Anselmkapelle
- XIV Dreifaltigkkeitskapelle
- XV Corona
- XVI Wasserturm
- XVII Kapitelhaus
- XVIII Kreuzgang

- 1 Chorschranke
- 2 Stufen zur Krypta
- 3 Altar
- 4 Becket-Fenster
- 5 Grab und Votivkapelle von Heinrich IV.
- 6 Grabmal des Schwarzen Prinzen
- 7 Thronsessel des Erzbischofs

■ **Canterbury Cathedral,** CT1 2EH, Tel. 01227-762862, www.canterbury-cathedral.org, Mo–Sa 9–17 Uhr, So 12.30–17 Uhr, letzter Einlass eine Stunde vor Schließung, Erwachsene 14 £, Kinder unter 18 J. Eintritt frei. Führungen Mo–Sa 10.30, 12 und 14, So 13 Uhr, 5 £ (es gibt weitere Führungen durch die Gärten und die Bibliothek, s. Homepage).

Weiteres Sehenswertes

An die Domfreiheit schließt sich die **King's School** an, die älteste Schule Englands, die angeblich von Mönchen im Jahre 598 ins Leben gerufen wurde.

Der 1564 in Canterbury geborene **Christopher Marlowe** – „der bedeutendste Dramatiker vor Shakespeare" – gehörte zu ihren Schülern. *Marlowe* war es, der als erster den *Doktor Faust* für die Bühne bearbeitete und die Blankverse in die englische Literatur einführte. Von *Shakespeare* und seinen Zeitgenossen wurde er ob seiner literarischen Qualitäten bewundert. In den letzten Jahren seines kurzen Lebens ermittelten die Autoritäten allerdings mehrfach wegen Totschlags, Landfriedensbruchs, Gotteslästerung, Atheismus und Homosexualität gegen ihn. Im Alter von 29 Jahren wurde er bei einer Wirtshausschlägerei erstochen. Mit dem **Marlowe Theatre** hat die Stadt ihrem Dichter im Jahr 2011 ein modernes Denkmal gesetzt: Hier werden Theaterstücke sowie Musicals aufgeführt, und Comedians geben sich die Ehre (www.marlowetheatre.com).

Im Nordwesten der Stadt ließ das **Westgate** ehemals die Pilger in die von einer Stadtmauer gesäumte Metropole ein. Ende des 14. Jh. errichtete es der kongeniale Baumeister *Henry Yevele*, der anschließend der Kathedrale ein neues Langhaus erbaute. Mit einem Fallgitter und einer Zugbrücke, mit den mächtigen Türmen und den Pechnasen besaß es alle Qualitäten, einem Angriff standzuhalten. Heute ist es das größte erhaltene mittelalterliche Stadttor Englands. Von hier aus hat man einen unvergleichlichen Ausblick auf die Stadt.

■ **Westgate Towers,** 1 Pound Lane, CT1 2BZ, Tel. 01227-458629, www.onepoundlane.co.uk/westgate-towers, So–Fr 12–15.45 Uhr, Erwachsene 4 £, ermäßigt 3 £, Kinder (5–15 Jahre) 2 £, Familien10 £.

Neben dem Tor ragt die **Guildhall** empor. Auf der St. Peter's Street, die später in die High Street übergeht, geht es nun durch das schön anzusehende Zentrum von Canterbury. Dort, wo der schmale River Stour überquert wird, findet man die **Weaver's Houses,** alte Fachwerkhäuser, in denen die aus Frankreich geflüchteten Hugenotten an ihren Webstühlen Tuch herstellten. Hier erkennt man einen **Ducking Stool,** auf dem man in früheren Tagen zänkische Weiber in den Fluss tauchte. Gegenüber den Weberhäusern steht die Pilgerherberge **Pilgrim's Hospital of St. Thomas Eastbridge,** die 1190 gebaut wurde. Das Gewölbe, in dem früher die Pilger schliefen, sowie zwei Kapellen aus dem 14. Jh. sind zu besichtigen.

■ **Pilgrim's Hospital of St. Thomas Eastbridge,** 25 High Street, CT1 2BD, www.eastbridgehospital.org.uk, März–Mai 10–16, Juni–Sept. 10–17, Okt.–Dez. 10–15 Uhr, Jan./Feb. geschlossen, Erwachsene 4,50 £, Kinder Eintritt frei.

adobe.stock ©HildaWeges

Biegt man hier rechts in die Stour Street ab, so gelangt man zu den **Franciscan Gardens** und der **Greyfriars Chapel.** Hier stand früher ein Kloster, das von jenen ersten Franziskaner-Mönchen Englands gegründet wurde, die noch zu Lebzeiten von *Franz von Assisi* nach Canterbury kamen. Heute ist nur noch die Kapelle aus dem Jahr 1267 zu besichtigen sowie die schöne Parkanlage direkt am Fluss Stour.

■ **Franciscan Gardens,** 72 Stour Street, CT1 2NQ, www.franciscangardens.org.uk, Ostern–Sept. tgl. 10.30–16 Uhr, Erwachsene 5 £, Kinder unter 18 Jahren Eintritt frei.

Von der High Street geht es links in die Butchery Lane hinein; dort haben die Archäologen ein **römisches Stadthaus** ausgegraben, die Funde und der Mosaikfußboden können in einem Museum besichtigt werden.

■ **Canterbury Roman Museum,** CT1 2JR, Tel. 01227-785575, www.canterburymuseums.co.uk, tägl. 10–17 Uhr, Erwachsene 10,50 £, ermäßigt 8 £, Kinder (5–15 J.) 5,35 £.

☒ Im historischen Zentrum von Canterbury

Nahebei befindet sich die Gasse **Mercery Lane,** beidseitig bestanden mit Fachwerkhäusern, deren Giebel so weit hervorkragen, dass sie sich fast berühren. Am Ende tritt man durch das prachtvolle **Christ Church Gate,** über dessen Torbogen ein Bronzerelief des deutschen Bildhauers *Klaus Ringwald* angebracht ist, auf die Domfreiheit.

Das **Beaney House of Art and Knowledge** beherbergt in seinem historischen Gebäude nicht nur die Tourist Information, sondern bietet auch Raum für zeitgenössische Kunst und Workshops.

■ **The Beany House of Art and Knowledge,** 18 High Street, CT1 2RA, Tel. 01227-862162, www.canterburymuseums.co.uk, Di–Sa 10–17, So 11–16 Uhr, Eintritt frei, Sonderausstellungen kostenpflichtig.

Praktische Tipps

Tourist Information

■ **The Beany House of Art and Knowledge,** 18 High Street, CT1 2RA, Tel. 01227-862162, www.canterbury.co.uk.

Unterkunft

19 **Ebury Hotel and Apartments**④, 65–67 New Dover Road, CT1 3DX, Tel. 01227-768433, www.hotelscanterbury.co.uk/eburyhotel, luxuriöses Hotel mit einem ummauerten Garten, Schwimmbad und Whirlpool, kostenlose Parkmöglichkeit.

13 **Cathedral Lodge**③-④, The Precincts, CT1 2EH, Tel. 01227-865350, www.canterburycathedrallodge.org, direkt an der Kathedrale gelegen. Die meisten der 35 Zimmer haben einen schönen Blick auf die Kirche. Der Eintrittspreis für die Kathedrale ist im Übernachtungspreis eingeschlossen.

Canterbury

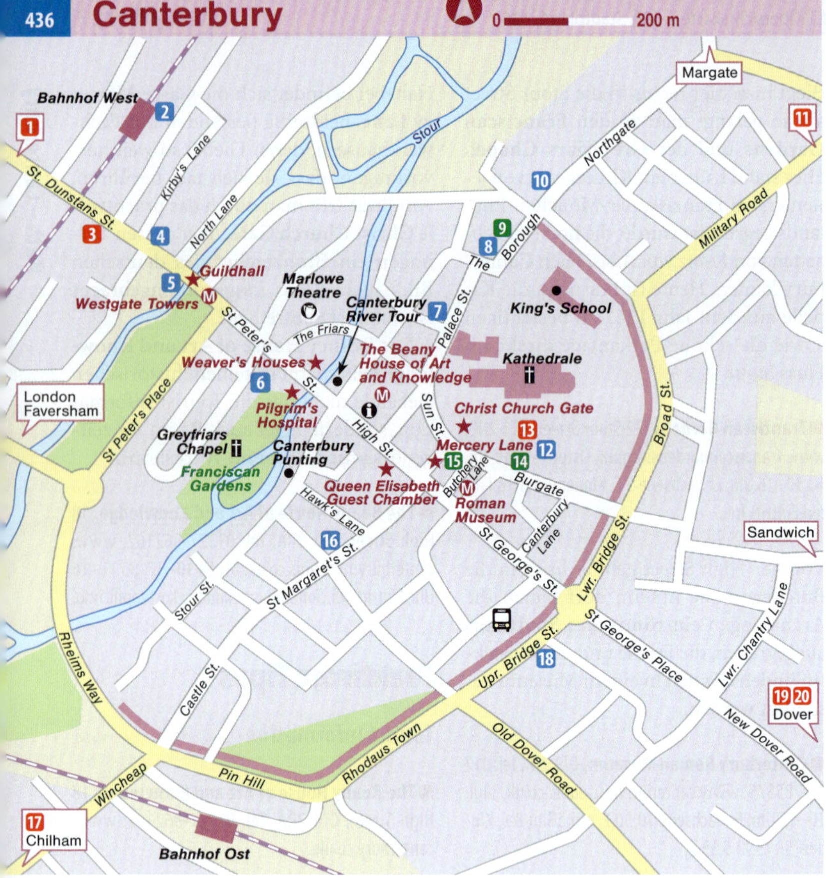

3 House of Agnes③, 71 St. Dunstans Street, CT2 8BN, Tel. 01227-472185, www.houseofagnes.co.uk, am Westgate gelegene Herberge aus dem 14. Jh. mit großem Garten.

■ **Bed and Breakfast:** 1 *Yorke Lodge*③, 50 London Road, CT2 8LF, Tel. 01227-451243, www.yorkelodge.com; 1 *Canterbury Lodge*②, 63 London Road, CT2 8JZ, Tel. 01227-768767, www.canterburylodge.uk; 17 *Clare Ellen Guest House*②, 9 Victoria Road, CT1 3SG, Tel. 01227-760205, www.clareellenguesthouse.co.uk.

■ **Jugendherbergen:** 20 *Canterbury YHA*, 54 New Dover Road, CT1 3DT, Tel. 0345-3719010, www.yha.uk/hostel/ yha-canterbury.

■ **Camping:** 11 *The Camping and Caravanning Club*①, Bekesbourne Lane, CT3 4AB, Tel. 01227-463216, www.campingandcaravanningclub.co.uk, von Canterbury entlang der Littlebourne Road, das ist die A 257 nach Sandwich, hinter dem *St. Martin's Hospital* rechts abbiegen.

Übernachtung
1 B&B Yorke Lodge, B&B Canterbury Lodge
3 House of Agnes
11 The Camping and Caravanning Club
13 Cathedral Lodge
17 B&B Clare Ellen Guest House
19 Ebury Hotel and Apartments
20 Canterbury YHA

Essen und Trinken
2 The Goods Shed
4 A La Turka
5 Café des Amis
6 Black Griffin, Marlowe's Restaurant
7 The Bell & Crown
8 Posillipo Ristorante Italiano
10 Tamago
12 The Veg Box Café
16 Alberry's
18 The Corner House

Einkaufen
9 Madame Oiseau
14 Wrapped
15 Canterbury Pottery

Essen und Trinken

2 **The Goods Shed**③, Station Road West, CT2 8AN, Tel. 01227-459153, www.thegoodsshed.co.uk, Lokal am Bahnhof nahe dem *Farmers' Market,* der hier Mo–Sa stattfindet. Innovative britische Küche, Mo geschlossen.

8 **Posillipo Ristorante Italiano**②, 16 The Borough, CT1 2DR, Tel. 01227-761471, www.posillipo.squarespace.com, italienisches Restaurant mit handgebautem neapolitanischen Pizzaofen.

5 **Café des Amis**②, 95 St. Dunstans Street, CT2 8AA, Tel. 01227-464390, www.cafedez.com, mexikanisches Restaurant mit schönem Ambiente neben dem Westgate mit Blick auf den Fluss.

6 **Black Griffin**①, 40 St. Peter's Street, CT1 2BG, Tel. 01227-455255, Gastropub am Westgate.

6 **Marlowe's Restaurant**②, St. Peter's Street, CT1 2BE, Tel. 01227-462194, www.marlowesrestaurant.co.uk, Burger (auch vegan), Steaks und mehrere gute Fischgerichte.

7 **The Bell & Crown**①, 10–11 Palace Street, CT1 2DZ, Tel. 01227-784639, gemütlicher alter Pub aus dem Jahr 1862, mit Speisenangebot.

16 **Alberry's**②, 38 St. Margaret's Street, CT1 2TY, Tel. 01227-452378, www.alberrys.co.uk, Weinbar in der auch Käse- und Aufschnittplatten zum Teilen serviert werden.

18 **The Corner House**③, 1 Dover Street, CT1 3HD, Tel. 01227-780793, www.cornerhouserestaurants.co.uk, schönes Ambiente, gehobene Küche mit lokalen Zutaten – unbedingt einen Abstecher an den südöstlichen Rand der Altstadt wert!

4 **A La Turka**②, 15 St. Dunstan's Street, CT2 8AF, Tel. 01227-639102, www.ala-turka.co.uk, kleines gemütliches türkisches Lokal.

10 **Tamago**②, 64 Northgate, CT1 1BB, Tel. 01227-634537, www.tamago.restaurant, japanisches Restaurant, auch vegetarisch-vegane Auswahl.

12 **The Veg Box Cafe**②, 17b Burgate, Tel. 01227-456654, www.thevegboxcafe.co.uk, vegetarisches und veganes Lokal, das nur Biozutaten aus der Umgebung verwendet. Essen zum Mitnehmen (in biologisch abbaubarer Verpackung) ist 10 % günstiger.

Einkaufen

15 **Caterbury Pottery,** 38A Burgate, CT1 2HW, www.canterburypottery.com, die Töpferwerkstatt von Ehepaar *Richard* und *Jan Chapman* liegt direkt gegenüber dem Eingang zur Kathedrale. Hier verkaufen sie ihre handgefertigte Keramik, die von Tel-

Mord im Dom

Thomas Becket (1118–1170) war der Sohn eines wohlhabenden normannischen Tuchhändlers und wuchs in London und Paris auf. In Auxerre und Bologna studierte er Theologie und kanonisches Recht. 1155 wurde er **Lordkanzler** von *Heinrich II. Kurzmantel* (reg. 1154–1189); bis heute sind sich die Historiker dahingehend einig, dass *Becket* die beherrschende Figur bei Hofe war und mit großer Umsicht, Intelligenz und hervorragendem diplomatischem Geschick die Interessen Englands wahrte. Im Laufe der Jahre verband gar eine persönliche Freundschaft den Herrscher und seinen Lordkanzler.

Als *Thomas Becket* 1162 zum **Erzbischof von Canterbury** geweiht wurde, nahm er die Kirchengeschäfte mit gleicher Inbrunst wahr und verweigerte sich *Heinrichs* „Constitutions of Clarendon", in denen die Macht der Kirche unter die Oberhoheit des Staates und des Souveräns gestellt werden sollte. *Heinrich* ließ *Beckets* Besitztümer konfiszieren, und der Erzbischof **floh nach Frankreich.**

Zwei Jahre später stellte er sich unter den Schutz des Papstes, der ihn erneut in sein Amt einsetzte. 1170 erfolgte eine **Versöhnung** zwischen *Heinrich* und *Becket*, die jedoch nicht lange anhielt. *Becket* war bereit, die Interessen der Kirche unter allen Umständen zu wahren, und so kam es bald zu **neuen Zusammenstößen** zwischen ihm und dem Monarchen. Der rief eines Tages, umgeben von seinen Höflingen und Rittern, zornentbrannt aus: „Who will rid me of this low-born priest?"

Die Historiker sind sich einig, dass *Heinrich* die Frage rein rhetorisch stellte und nicht ernsthaft die Absicht hatte, **dem hohen Kirchenmann ans Leben** zu gehen. Doch vier Schurken aus seiner Ritterschar, *Richard Brito, Hugh de Moreville, Reginald Fitzurse* und *William de Tracy,* wollten sich beim König einschmeicheln und machten sich nach Canterbury auf. Der Vespergottesdienst war in vollem Gange, als die vier am Dienstag, den 29. Dezember 1170, in die Kathedrale einbrachen und im Halbdunkel des Gotteshauses nach dem Erzbischof brüllten, zwischendurch Verwünschungen und gröbste gotteslästerliche Flüche ausstoßend. Im nordwestlichen Querschiff trat *Thomas Becket* den Unruhestiftern entgegen, hieß sie schweigen und verwies sie der Kirche. Als die vier keine Anstalten machten zu gehen, streckte *Becket Reginald Fitzurse* mit einem Faustschlag zu Boden, *William de Tracy* schrie: „Strike, strike!" und verletzte den Kirchenvater mit seinem Schwert am Kopf; dann führte *Richard Brito* den tödlichen Hieb.

Drei Jahre später wurde der Märtyrer von Papst *Alexander III.* **heiliggesprochen.** 1174 leistete *Heinrich* Abbitte und wurde an *Beckets* Schrein von den Mönchen der Kathedrale ausgepeitscht.

Von 1170 bis 1220 stand der Schrein mit den Gebeinen des Heiligen in der Krypta, dann war die Chorverlängerung fertig, und *Beckets* Gebeine wurden in die **Dreifaltigkeitskapelle** gebracht. Dort ließ *Heinrich VIII.*, ein weiterer König, der sich an dem Kirchenvater verging, während der Reformation 1538 den Schrein zerstören.

Heute bezeichnet ein Stein mit der Inschrift „Thomas" die Stelle, an der *Becket* tödlich verletzt zu Boden sank.

lern und Tassen bis hin zu Kerzenständern und Vasen reicht.

9 Madame Oiseau, 8 The Borough, CT1 2DR, www.madame-oiseau.com, köstliche und hübsch verpackte Schokoladenkreationen von der französischen Chocolatière *Sandrine May*.

14 Wrapped, 22 Burgate, CT1 2HG, www.wrapped.shop, gutes Sortiment an Geschenkideen von Kunstdrucken und schönen Schreibwaren bis hin zu ausgefallenem Heimdekor.

Aktivitäten

- **Bootsfahrten:** *Canterbury River Tour,* King's Bridge, St. Peter's Street, CT1 2AT, Tel. 07790-534 744, www.canterburyrivertours.co.uk, Erw. 15 £, ermäßigt 12 £, Kinder (5–17 Jahre) 8 £, Familienticket 44 £, März–Okt. tägl. 10–17 Uhr, Juli/ Aug. am Wochenende Abendtouren um 19 Uhr. 40-minütige Fahrten auf dem Flüsschen Stour mit gut informierten Reiseleitern; *Canterbury Punting,* Water Lane, CT1 2NQ, Tel. 07786-332666, www.canterburypunting.co.uk, März–Okt. tägl.10–17 Uhr, die Preise variieren je nach Saison und Tageszeit, Erwachsene 17,50–25 £, ermäßigt 16,50 20 £, Jugendliche (13–17 J.) 12,50–15 £, 45-minütige Fahrten im Stechkahn. Es gibt auch romantische Touren für Paare und Geister-Touren im Dunkeln, siehe Homepage.

Verbindung

- **Bahnhöfe:** Canterbury East, Station Road East, CT1 2RB, südlich vom Zentrum; Canterbury West, Station Road West, CT2 8AN, nordwestlich vom Zentrum.
- **Busbahnhof:** St. George's Lane, CT1 2TA.

Sandwich

– Früher reich und bedeutend

Die ehemalige reiche Handels- und Hafenmetropole Sandwich – **Gründungsstadt der Cinque Ports** (→ Exkurs S. 441) – präsentiert sich dem heutigen Besucher als verschlafenes kleines, nichtsdestotrotz sympathisches Städtchen. Der Hafen ist seit Jahrhunderten versandet. Am Quay genannten Abschnitt gingen in früheren Tagen die Segler ab, die die Soldaten nach Frankreich in den Hundertjährigen Krieg (1338–1453) brachten, hier wurden aber auch Luxusgüter, wie Öl, Wein, Leder, Tuche, Wolle und Honig, umgeschlagen. Heutzutage liegen hier an einem Flussarm des Stour Segelyachten vor Anker.

Wie auch schon in Canterbury, haben sich im 16. Jh. in Sandwich eine ganze Reihe von aus Frankreich geflohenen **hugenottischen Webern** niedergelassen und wesentlich am prosperierenden Aufschwung des Örtchens teilgehabt.

Weitgehend erhalten sind die mittelalterlichen Befestigungsanlagen, darunter auch das **Barbican Gate,** eines der Stadttore am Quay. In der Strand Street, der Durchgangsstraße des Örtchens, findet sich das alte, von 1400 datierende Fachwerkhaus **The King's Lodging** mit seinen vorkragenden Giebeln. *Heinrich VIII.* logierte hier 1532 und 1539, und *Elisabeth I.* war 1572 am Ort.

Die **Guildhall** am Cattle Market wurde in der Regierungszeit *Elisabeths* erbaut; hier ist die *Tourist Information* untergebracht. Wer genau hinsieht, wird das Wappen der Cinque Ports erkennen: drei Löwen und drei Schiffshecks.

In der *Guildhall* gibt es ein kleines **Stadtmuseum.**

- **The Guildhall Museum,** Cattle Market, CT13 9AH, Tel. 01304-617197, www.sandwichguildhallmuseum.co.uk, Mi–So 10–16 Uhr, Eintritt frei.

Golf-Fans werden zu schätzen wissen, dass in der ausgedehnten Dünenlandschaft einige hervorragende **Golfplätze** liegen; überdies ist Sandwich im Zwei-Jahres-Rhythmus Ausrichter der Britischen Golfmeisterschaft.

Praktische Tipps

Tourist Information

- **Guildhall,** Cattle Market, CT13 9AH, Tel. 01304-617197, www.visitsandwich.co.uk.

Unterkunft

- **The Bell Hotel**④, The Quay, CT13 9EN, Tel. 01304-613388, www.bellhotelsandwich.co.uk, 37 modern eingerichtete Zimmer in einer edwardianischen Villa am Fluss. Es gibt hier auch ein gutes **Restaurant**③.
- **Bed & Breakfast:** *St. Peters Bed and Breakfast* ②-③, 36 St. Peters Street, CT13 9BS, Tel. 07966-185099, www.saintpetersbandb.co.uk, nettes Gästehaus in der Stadtmitte.
- **Camping:** *Sandwich Leisure Park*①, Woodnessborough Road, CT13 0AA, Tel. 01304-612681, www.sandwichleisurepark.co.uk.

Essen und Trinken

- **George & Dragon**②, 24 Fisher Street, CT13 9EJ, Tel. 01304-614194, www.georgeanddragonsandwich.com, uraltes Gasthaus, Slogan *Serving Ales and Fine Food since 1446.* Eher gehobenes Speiseangebot.
- **Crispin Inn**②, High Street, CT13 9EA, Tel. 01304-621943, www.thecrispin-sandwich.co.uk, Gastropub in mittelalterlichem Haus, es gibt typische Pubgerichte und zum Mittagessen, wie es sich in dem namensgebendem Ort so gehört, auch mehrere Sandwich-Optionen.
- **Papa's Fish and Chips**①, The Quay, CT13 9EN, Tel. 01304-614387, Fischrestaurant, in dem man nicht nur den traditionellen britischen Imbissklassiker bekommt.
- **The Market Inn**①-②, 7 Cattle Market, CT13 9AE, Tel. 01304-448410, www.marketinnsandwich.co.uk, gutes pub-typisches Speiseangebot.
- **The Haven Café**①, 20a King Street, CT13 9BT, Tel. 01304 613981, preiswertes Lokal mit einfachen Gerichten.
- **Luigi's**②, 3 The Quay, CT13 9EN, Tel. 01304-615 297, www.luigisrestaurant.org, traditionelle, aber auch moderne italienische Küche mit zumeist regionalen Zutaten.
- **Tan Bueno**②, 10 New Street, CT13 9AB, Tel. 0130-448560, www.tan-bueno.co.uk, gemütliche Tapas-Bar.
- **Quayside Bar & Restauran**①, Ramsgate Road, CT13 9QR, Tel. 07495-283483, www.quaysidebar.com, einfache Gerichte wie Burger, Pommes und Suppen mit schönem Blick auf den Fluss Stour.

Verbindung

- Lokale **Busse** von Dover und Canterbury, **Bushaltestelle** vor der Guildhall.

Cinque Ports – die mächtigen Hafenstädte

Eduard der Bekenner (reg. 1042–1066), wie der Name schon sagt, ein äußerst frommer Monarch, förderte den **Zusammenschluss der Städte** Sandwich, Dover, Hastings, Romney und Rye, zu denen später noch Hythe und Winchelsea hinzukamen. Diese Hafenorte mussten für den König 57 vollständig ausgerüstete Schiffe zur Verfügung halten. Britannien hatte also schon in frühester Zeit zwei Flotten: eine zur Verteidigung und eine zum Angriff.

Diese Urform der heutigen *Royal Navy* genoss dafür natürlich **beachtliche Privilegien,** sowohl in rechtlicher wie auch in steuerlicher Hinsicht. Auch hatten die Einwohner der Städte politische Rechte und konnten Abgeordnete in das Parlament entsenden. Die Orte selbst erfreuten sich großer Beliebtheit bei den Herrschern, was zu weiteren großzügigen Geschenken Anlass gab. Regiert wurden die Städte von einem **Lord Warden,** der dem König unterstellt war, offiziell auf Walmer Castle residierte und darüber hinaus der *Constable* der Burg von Dover war.

Ihren größten Einfluss hatten die Cinque-Ports-Städte während des Hundertjährigen Kriegs (1338–1453). In den Tagen der *Tudor-* und *Stuart-*Herrscher dann ging es mit der Bedeutung rapide abwärts, und offiziell wurde der **Status 1835 abgeschafft.** Man wäre jedoch nicht in Großbritannien, wenn auch das Amt des *Lord Warden* damit untergegangen wäre; dem ist natürlich nicht so, der vorletzte *Lord Warden* war die *Queen Mum* (1978–2002), der letzte war Admiral *Michael Boyce* (2004–2022). Seit 2022 ist der Posten allerdings vakant.

adobe.stock ©steve

⊻ Walmer Castle: Amstsitz des obersten Wächters der Cinque Ports

Deal/Walmer

Die beiden **Badeörtchen** Deal und Walmer sind schon seit langer Zeit miteinander verschmolzen, und seit 1930 gehört Walmer offiziell zu Deal. Sieht man von dem breiten **Kieselstrand,** an dem, so heißt es, *Julius Cäsar* mit seinen Truppen gelandet ist, und den beiden Befestigungsanlagen ab, so haben die Örtchen nicht viel zu bieten. Nicht zu unterschätzen ist jedoch, dass wenigstens in diesem Seebädchen so gut wie **keine Rummelplatzatmosphäre** zu finden ist.

Dort, wo der Strand nicht den Badegästen dient, haben die Fischer ihre Boote auf die Kiesel gezogen und werkeln hier auch vor sich hin.

Vor Deal und Walmer erstrecken sich die bei den Seeleuten berüchtigten **Treibsandbänke,** auf denen über die Jahrhunderte Tausende von Schiffen gestrandet sind und viele Matrosen den nassen Tod fanden.

Deal Castle und **Walmer Castle** sind zwei schöne Befestigungsanlagen, deren Grundrisse auf der Tudor-Rose basieren: In der Mitte erhebt sich ein mächtiger Bergfried, der von sechs halbkreisförmigen Bastionen umschlossen ist. Den Rundungen lag der Gedanke zugrunde, dass hier Kanonenkugeln beim Auftreffen „abrutschen" und so weniger Schaden anrichten würden. *Heinrich VIII.* ließ im Rahmen seines weitgespannten Küstensicherungsprogramms diese beiden Artilleriefestungen erbauen. Im Fall der Fälle hätten sich beide Stellungen gegenseitig verteidigen können, sie liegen in Sicht- und Schussweite. Doch ist es nie zu einem Angriff gekommen.

Walmer Castle war der offizielle Amtssitz des **Lord Warden of the Cinque Ports,** ein Amt, das auch einmal *Winston Churchill* innehatte. Der Herzog von Wellington, ebenfalls *Lord Warden*, war einer der wenigen, der tatsächlich in der Burg auch wohnte. Hier ist er 1852 auch gestorben. Schön ist auch der **Garten,** der in dem ehemaligen Graben angelegt wurde.

■ **Deal Castle,** Marine Rd, Walmer, CT14 7BA, Tel. 0370-3331181, www.english-heritage.org.uk, April–Okt. tgl. 10–17, März Mi–So 10–16 Uhr, sonst nur Sa/So 10–16 Uhr, Eintrittspreise variieren je nach Saison und Wochentag, Erwachsene 10,40 £, ermäßigt 9,50 £, Kinder (5–17 J.) 5,90 £, Familien 16,30–26,70 £, günstiger bei Online-Vorausbuchung, *English Heritage*-Mitglieder Eintritt frei.

■ **Walmer Castle and Gardens,** Kingsdown Road, Deal, CT14 7LJ, Tel. 01304-364288, www.english-heritage.org.uk, April–Okt. tgl. 10–17, Mitte Feb.–März Mi–So 10–16, sonst nur Sa/So 10–16 Uhr, Eintrittspreise variieren je nach Saison und Wochentag, Erwachsene 17,20 £, ermäßigt 15 £,

www.fotolia.de © ian woolcock

Kinder (5–17 J.) 10,40 £, Familien 27,60–44,80 £, günstiger bei Online-Vorausbuchung, *English Heritage*-Mitglieder Eintritt frei. Kostenlose Parkmöglichkeit gegenüber dem Eingang der Burg.

Praktische Tipps

Tourist Information

■ **Town Hall,** High Street, CT14 6BB, Tel. 01304-361999, www.deal.gov.uk.

Unterkunft/Essen und Trinken

■ **Royal Hotel**③-④, Beach Street, Deal, CT14 6JD, Tel. 01304-375555, www.theroyalhotel.com, einige Zimmer mit Seeblick.

■ **Dunkerleys Restaurant & Hotel**④, 19 Beach Street, CT14 7AH, Tel. 01304-375016, www.dunkerleys.co.uk, vier Räume mit Blick auf den Pier und das Meer. Das zugehörige **Restaurant**②-③ hat sich auf Fisch spezialisiert, serviert aber auch Lamm- und Rindgerichte sowie vegane Optionen.

■ **King's Head**②, 9 Beach Street, CT14 7AH, Tel. 01304-368194, www.kingsheaddeal.co.uk, Pub aus dem Jahre 1564, nette, gemütliche, alte Kneipe, davor, auf einem kleinen Platz, kann man sommertags draußen sitzen und auf das Meer, den Strand und den Pier schauen, gute *Bar Meals*.

■ **The Three Compasses**①, 129 Beach Street, CT14 6JS, Tel. 01304-374661, www.threecompassesdeal.co.uk, Gastropub, von hier hat man einen schönen Blick auf die See.

■ **The Bohemian**②, 47 Beach Street, CT14 6HY, Tel. 01304-361939, www.thebohemian.co.uk, gemütlicher Pub mit schönem Biergarten im Erdgeschoss und Restaurant in der 1. Etage, wo Gerichte aus regionalen Zutaten aufgetischt werden.

Verbindung

■ **Busse** von/nach Dover.

Der Kiesstrand von Walmer

Broadstairs

Das gemütliche kleine **Seebad** mit seiner sichelförmigen, sandigen Bucht ist besonders für seine Verbindung zu *Charles Dickens* berühmt. Der Schriftsteller verbrachte über zwanzig Jahre lang fast jeden Sommer in Broadstairs und schrieb hier seinen Roman „David Copperfield". **Bleak House,** das er von 1837 bis 1859 jeweils in den Sommermonaten mietete, ragt noch heute steil auf den Klippen über der Viking Bay in den Himmel.

Ein kleines **Museum** an der Strandpromenade lässt die enge Verbindung des Autors zum Ort lebendig werden. Zu sehen sind seine persönlichen Gegenstände sowie Möbel aus seiner Zeit.

In der dritten Juniwoche findet jedes Jahr außerdem das **Dickens Festival** statt, bei dem kostümierte Schauspieler in der Stadt umhergehen und eine Aufführung von „David Copperfield" stattfindet (www.broadstairsdickensfestival.co.uk).

■ **Dickens House Museum,** 2 Victoria Parade, CT10 1QS, www.thanet.gov.uk/info-pages/dickens-house-museum, aktuelle Öffnungszeiten sind auf der Homepage ersichtlich, Eintritt 4 £, ermäßigt 3 £, Kinder 2 £, Familien 10 £.

Neben der **Viking Bay,** die direkt an das Ortszentrum anschließt, finden sich sechs weitere schöne Sandstrände in unmittelbarer Nähe zu Broadstairs. Gut zum Schwimmen und meist weniger voll als Viking Bay ist die 1,5 km nördlich gelegene, von weißen Kreideklippen eingerahmte **Joss Bay** mit schönem Sandstrand, öffentlichen Toiletten und einem Café.

Praktische Tipps

Tourist Information

■ **Tourist Information Kiosk,** The Parade, CT10 1LZ, tgl. 10–16 Uhr, www.visitbroadstairs.co.uk.

Unterkunft

■ **The Bay Tree Hotel**④, 12 Eastern Esplanade, CT10 1DR, Tel. 01843-862502, www.baytreebroadstairs.co.uk. Das viktorianische Hotel direkt am Meer bietet zehn großzügige, geschmackvoll eingerichtete Zimmer, von denen acht Meerblick haben. Zum Hotel gehört auch ein gutes **Restaurant** sowie eine Terrasse, von der man auf das Meer blickt.

■ **The Yarrow Hotel**③, Ramsgate Road, CT10 1PN, Tel. 01843-460100, www.yarrowhotel.co.uk. Komfortables Hotel mit Restaurant, Wellnesscenter und kostenlosen Parkplätzen kurz außerhalb des Ortes. Bis zum Strand sind es etwa 600 m.

■ **Lazy Days B&B**③, 43 King Edward Road, CT10 1PH, Tel. 07958-913412, wwww.lazydaysbb.net. Die freundlichen Besitzer *Jo* und *Adam Carty* vermieten drei große Zimmer etwa zehn Gehminuten vom Ortskern entfernt. Im Preis inbegriffen ist ein üppiges englisches Frühstück.

Essen und Trinken

■ **Twenty Seven Harbour Street Restaurant & Bar**②, 27 Harbour Street, CT10 1EU, Tel. 01843-865126, www.twentysevenharbourstreet.co.uk, das Restaurant mit Meerblick serviert kleine Tapas-ähnliche Gerichte. Besonders empfehlenswert sind die Gerichte mit lokal gefangenem Fisch und Meeresfrüchten.

[>] Der schöne Sandstrand von Broadstairs in der Viking Bay

■ **Jetty Broadstairs**③, The Harbour, CT10 1JU, Tel. 01843-86725, www.jettybroadstairs.co.uk, hübsches Bistro direkt am Meer mit schönem Blick auf das Wasser. Auf der Speisekarte stehen vor allem Fisch und Meeresfrüchte, aber auch Fleischesser und Veganer gehen nicht leer aus. Nur Di–So.

■ **Albarino**②, 29 Albion Street, CT10 1LX, www.albarinorestaurant.co.uk. Eine kleine und gemütliche Tapas-Bar mit gutem spanischem Essen. Montags Ruhetag.

■ **The Chapel**①, 44–46 Albion Street, CT10 1NE, www.chapelbroadstairs.com. In einer früheren Kapelle findet sich heute eine gemütliche Kombination aus *Secondhand*-Buchladen und Bar, in der *Craft Beers* und eine große Auswahl an *Cider* sowie kleine Gerichte serviert werden. An vielen Abenden gibt es Live-Musik oder Lesungen.

Aktivitäten

■ Die geschützte, sanft abfallende Viking Bay ist gut für **Wassersport** geeignet. Wer Surfen ausprobieren möchte, kann Unterrichtsstunden an der *Kent Surf School* buchen. Zweistündige Anfängerkurse kosten 45 £ für Erwachsene und 25 £ für Kinder ab 8 Jahren. Außerdem stehen *Paddle Boards*, Kayaks und Neoprenanzüge zum Ausleihen zur Verfügung. *Kent Surf School*, Viking Bay, CT10 1EU, Tel. 01843-600330, www.kentsurfschool.co.uk.

Verbindung

■ **Bahnhof**: Ecke Lloyd Road/High Street, CT10 1HZ. Züge nach London, Margate und Ramsgate.

■ **Busse:** Busse halten an der Pierremont Hall in der High Street, CT10 1 JX. Der *Thanet Loop*-Bus fährt alle 8 Min. nach Margate und Ramsgate, und zweimal pro Stunde fährt ein Bus nach Canterbury.

992es tdc

Margate

Der **Himmel über Margate zähle zu den schönsten in ganz Europa,** behauptete der englische Landschaftsmaler *J.M.W. Turner* einmal, der selbst in der Stadt zur Schule ging und auch als Erwachsener viele Jahre dort lebte. Das Seebad und die umliegenden Landschaften dienten ihm als Motiv für mehr als 100 Gemälde.

In den 1980er Jahren jedoch ging es stark herab mit dem einstmals so beliebten Seebad: Wer genug Geld hatte, flog lieber an die Küsten Südeuropas, und die Häuser und Attraktionen der Stadt verfielen zusehends. Doch seit der Eröffnung der Kunstgalerie **Turner Contemporary** im Jahr 2011 hat sich das Image der Stadt gewandelt. Junge Kreative, die vor den teuren Mieten in London flohen, zogen hierhin, und heute gilt die **Old Town** mit ihren vielen Vintage-Läden und inhabergeführten Cafés als **einer der angesagtesten Orte an der Südküste Englands.** Die *Turner Contemporary* wurde an der Stelle gebaut, wo sich früher das Gästehaus einer Frau namens *Sophia Booth* befand. *Turner* übernachtete hier, wann auch immer er die Stadt besuchte, und wurde nach dem Tod von *Booths* Ehemann zu ihrem Geliebten. Von 1827 bis 1847 lebten sie hier zusammen und *Turner* nahm den Hausnamen seiner Geliebten an. Die *Turner Contemporary* gilt heute als eine der führenden Kunstgalerien Englands. Werke von *Turner* selber sind hier leider nicht zu sehen, dafür aber hervorragende Wechselausstellungen von zeitgenössischen Künstlern, wie zum Beispiel *Tracey Emin,* die

993es tdc

ebenfalls selbst in der Stadt aufgewachsen ist. Auch wem wenig an Kunst liegt, ist ein Besuch der *Turner Contemporary* zu empfehlen: vom Fenster der *Sunley Gallery* öffnen sich schöne Blicke über die Bucht.

■ **Turner Contemporary,** Rendezvous, CT9 1HG, www.turnercontemporary.org, Mi–So 10–17 Uhr, Eintritt frei.

Der weite **Sandstrand,** genauso wie der Gezeiten-Pool in der **Walpole Bay,** der als **größter Salzwasser-Pool Großbritanniens** gilt, ziehen bei schönem Wetter viele Sonnenanbeter an.

◁ Sonniger Tag in der Altstadt von Margate

■ **Walpole Bay Tidal Pool,** Fifth Avenue, CT9 2JN, rund um die Uhr geöffnet, Eintritt frei.

Der Vergnügungspark **Dreamland** wurde 1920 gebaut und 2015 nach langen Renovierungsarbeiten wiedereröffnet. Die Retro-Fahrgeschäfte und herrlich kitschigen Attraktionen, wie z.B. die Rollschuh-Disco, machen nicht nur Kindern Spaß.

■ **Dreamland Margate,** 49–51 Marine Terrace, CT9 1XJ, www.dreamland.co.uk, tgl. meist 11–18 Uhr (Öffnungszeiten variieren, s. Homepage), Eintritt kostenlos, Fahrgeschäfte zwischen 2 £ und 4 £.

MEIN TIPP: Etwa zehn Gehminuten östlich des Ortskernes findet sich eine der eigenartigsten Sehenswürdigkeiten

Südenglands. 1835 fand man hier ein **Tunnelsystem,** dessen Wände von oben bis unten mit **Mosaiken aus Muscheln** geschmückt sind. 4,6 Millionen Muscheln sollen es insgesamt sein. Hatte die Höhle früher als heidnischer Tempel oder gar als Treffpunkt eines Geheimbundes gedient? Man weiß es bis heute nicht.

■ **Shell Grotto,** Grotto Hill, CT9 2BU, www.shellgrotto.co.uk, April–Okt. tgl. 10–17 Uhr, Nov.–März Do–So 11–16 Uhr, Erwachsene 4,50 £, ermäßigt 4 £, Kinder (4–16 J.) 2 £, Familien 10 £.

Praktische Tipps

Tourist Information

■ **Droit House** (neben der *Turner Contemporary*), Stone Pier, CT9 1JD, Tel. 01843-577577, www.visitthanet.co.uk.

Unterkunft

3 **Fort Road Hotel**④, 18 Fort Road, CT9 1HF, Tel. 01843-661317, www.fortroadhotel.com, 14 geschmackvoll eingerichtete Zimmer, teils mit Meerblick, 100 m vom Strand entfernt. Gutes angeschlossenes **Restaurant**③.

11 **Cliftonville Townhouse**③, 40 Gordon Road, CT9 2DN, Tel. 01843-228164, www.cliftonvilletownhouse.com, drei große Zimmer im ruhigen Vorort Cliftonville, von wo aus man das Stadtzentrum zu Fuß in zehn Minuten erreicht. Kostenlose Parkplätze.

10 **Sherwood Hotel**④, 8 Ethelbert Crescent, CT9 2AY, Tel. 01843-223853, www.sherwoodhotelmargate.co.uk, 8 Zimmer am Meer im Vorort Cliftonville.

12 **The Albion Rooms**⑤, 31 Eastern Esplanade, CT9 2HL, Tel. 01843-264041, www.thealbionsrooms.live, eine Besonderheit für Fans englischer Popmusik: Das üppig-dekadent eingerichtete Hotel direkt am Meer gehört der Band *The Libertines,* die jedes der sieben Zimmer mitgestaltet haben. Im hoteleigenen Pub *The Wasteland* werden Cocktails ausgeschenkt, die von den Bandmitgliedern kreiert wurden.

Essen und Trinken

1 **Harbour Arms**①, Stone Pier, Unit 9, CT9 1AP, www.facebook.com/harbourarms.margate, kleiner Pub in einer ehemaligen Fischerhütte mit Blick auf den Hafen.

5 **The Old Kent Market**①, 8 Fort Hill, CT9 1HD, www.oldkentmarket.com, in dem früheren Kino finden sich neben vielen Vintage-Läden auch einige Cafés und Restaurants wie das *BB's Café and Bar,* das in einem roten Doppeldecker untergebracht ist, sowie die *Burrito Box,* in der leckeres mexikanisches *Street Food* serviert wird.

6 **Bottega Caruso**②, 2–4 Broad Street, CT9 1EW, Tel. 01843-297142, www.bottegacaruso.com, Chefköchin *Simona Di Dio* serviert köstliche Spezialitäten aus ihrer Heimat Kampanien. Das Restaurant ist bei den Einheimischen äußerst beliebt, also unbedingt im Voraus buchen.

9 **Buoy and Oyster**③, 44 High Street, CT9 1DS, Tel. 01853-446631, www.buoyandoyster.com, stilvolles Fisch- und Seefrüchte-Restaurant mit Blick auf das Meer.

8 **Fez,** 40 High Street, CT9 1DS, freundliche, exzentrisch dekorierte Bar. An vielen Abenden gibt es Live-Musik.

2 **Sargasso**②-③, Stone Pier, CT9 1AP, Tel. 01843-229270, www.sargasso.bar, kleine Weinbar am Hafen. Auf der Speisekarte stehen Gerichte wie Muscheln mit Weißwein, Knoblauchbutter und Koriander oder kantabrische Sardellen.

Botany Bay bei Margate

MEIN TIPP: Läuft man entlang der Küste Richtung Osten (bei Ebbe am Strand, bei Flut über den gut ausgezeichneten Küstenpfad), erreicht man nach etwa 45 Minuten die **Botany Bay,** eine schöne, von hohen weißen Klippen eingerahmte Bucht mit Sandstrand. Wer sich nach der Wanderung stärken will, kann das im nahegelegenen **Restaurant** ② bzw. **Bar** des **Botany Bay Hotels,** CT10 3LG, Tel. 01843-868641, www.botanybayhotel.co.uk, tun.

Einkaufen

7 **Aarven,** 34 King Street, CT9 1DA, www.aarven.com, farbenfroher *Fair Trade*-Laden mit Wohnaccessoires und Schmuck aus Afrika und Indien.

4 **Albion Stores,** 27 Fort Road, CT9 1HF, www.albionstores.co.uk, trendige Mode und Schmuck von jungen europäischen Designern.

Aktivitäten

- **Fahrradverleih:** *Margate Bikes & Hire,* 87a Canterbury Road, CT9 5AX, Tel. 07756-041452, www.margatebikesandhire.co.uk, 5 £ pro Stunde, 20 £ für Stunden, Räder können auch zum Hotel bzw. B&B gebracht werden, Karten für Radtouren entlang der Küste werden zur Verfügung gestellt.

Verbindung

- **Bahnhof:** Station Approach, CT9 5AD, stündlich Züge nach London, Dover und Canterbury.
- **Busse:** Busse halten in der Cecil Street, CT9 1BA. Verbindungen in die benachbarten Küstenorte und nach Canterbury.

994es tdc

Whitstable

Das **hübsche Fischerdorf** mit seinen pastellfarbenen Läden und bunten Strandhäuschen gehört zu den **attraktivsten Zielen** an der Küste von Kent. Schon seit dem 1. Jahrhundert, als die Römer die Austernbänke in der flachen See vor Whitstable entdeckten, ist der Ort berühmt für seine **Muscheln,** die noch immer in etlichen Lokalen verkauft und beim alljährlichen *Oyster Festival* Mitte September gefeiert werden (www.whitstablerockoysterfestival.co.uk).

Viele Sehenswürdigkeiten hat Whitstable nicht vorzuweisen, aber der geschäftige **Hafen** und **Kiesstrand** laden zum Verweilen ein. Vom Ortskern führen viele kleine **Gassen** zum Meer, die mitunter ungewöhnliche Namen tragen. So führt z.B. die enge Squeeze Gut Alley („Bauch-Einzieh-Passage") von der Straße Middle Wall zur Island Wall.

1830 eröffnete man hier mit der *Whitstable-Canterbury Railway* die erste Güter- und Personenverkehrsbahn der Welt. Ein kleines **Museum** informiert über die frühen Dampflokomotiven, den Austernfang und die Geschichte des Ortes.

- **Whitstable Museum,** 5a Oxford Street, CT5 1DB, www.whitstablemuseum.org, Juli/Aug. Mi–Sa 10.30–16.30 Uhr, sonst nur Do–Sa, Erwachsene 3 £, ermäßigt 2 £, Kinder Eintritt frei.

⊡ Ferienhäuschen am Strand von Whitstable

Praktische Tipps

Tourist Information

- **www.whitstable.co.uk**

Unterkunft

- **Marine Hotel**④, 32–33 Marine Parade, CT5 2BE, Tel. 01227-272672, www.marinewhitstable.co.uk, 40 geschmackvoll dekorierte Zimmer, viele mit Seeblick und Balkon.
- **Hotel Continental**④, 29 Beach Walk, CT5 2BP, Tel. 01227-280280, www.hotelcontinental.co.uk, direkt am Strand gelegen, viele der ansprechend dekorierten Zimmer haben Meerblick. Zum Hotel gehört auch ein gutes Bistro, kostenlose Parkplätze.
- **Fishermen's Huts**③, 29 Beach Walk, CT5 2BP, Tel. 01227-280280, www.whitstablefishermanshuts.com, hier kann man in den zweistöckigen Häuschen übernachten, die vor 150 Jahren als Speicher für die Fischer gebaut wurden. Alle Häuschen sind mit Dusche und Fernseher ausgestattet (Vermietung durch das Hotel *Continental,* s.o.).

Essen und Trinken

- **The Old Neptune**①, Marine Terrace, CT5 1EJ, Tel. 01227-272262, www.thepubonthebeach.co.uk, *The Neppy,* wie die Einheimischen diesen charaktervollen Pub nennen, liegt direkt am Strand südwestlich der Innenstadt. Die Terrasse eignet sich perfekt, um den Sonnenuntergang zu beobachten.
- **Birdies**③, 41 Harbour Street, CT5 1AH, Tel. 01227-265337, www.birdiesrestaurant.co.uk. In dem gemütlichen französischen Bistro wird vor allem mit lokalen Produkten gekocht, und das bedeutet in Whitstable natürlich viele Fischgerichte und Seefrüchte. Gute Weinkarte.
- **Wheelers Oyster Bar**②, 8 High Street, CT5 1BQ, Tel. 01227-273311, www.wheelersoysterbar.

adobe.stock ©Brian Scantlebury

com, in dem winzigen Restaurant werden bereits seit 1856 Austern und andere Meeresfrüchte aufgetischt. Unbedingt vorbuchen! Mittwochs geschlossen.

■ **Samphire**②, 4 High Street, CT5 1BQ, Tel. 01227-770075, www.samphirewhitstable.co.uk, Bistro mit tollem Ambiente und Zutaten aus der Region. Vor Ort gefangener Fisch, aber auch Fleischgerichte sowie vegane Speisen.

■ **Harbour Street Tapas**②, 48 Harbour Street, CT5 1AQ, Tel. 01227-273373, www.harbourstreettapas.com. Gute Tapas gleich um die Ecke vom Hafen.

■ **JoJo's Mezze**②, 2 Herne Bay Road, Tankerton, CT5 2LQ, Tel. 01227-274591, www.jojosrestaurant.co.uk. In *Jojo's* kann man in entspannter Atmosphäre mediterrane Gerichte genießen. Das Bistro liegt etwa 1 km östlich entlang der Küste vom Ortskern von Whitstable entfernt, so dass man den Besuch hier mit einer kleinen Wanderung entlang der Küste kombinieren kann.

Verbindung

■ **Bahnhof:** Railway Avenue, CT5 1QS, südöstlich des Ortszentrums. Regionale **Züge** von London, Canterbury und Margate.

■ **Busse:** Haltestelle in der Harbour Street, CT5 1AB, tagsüber verkehren Busse mehrmals stündlich nach Canterbury.

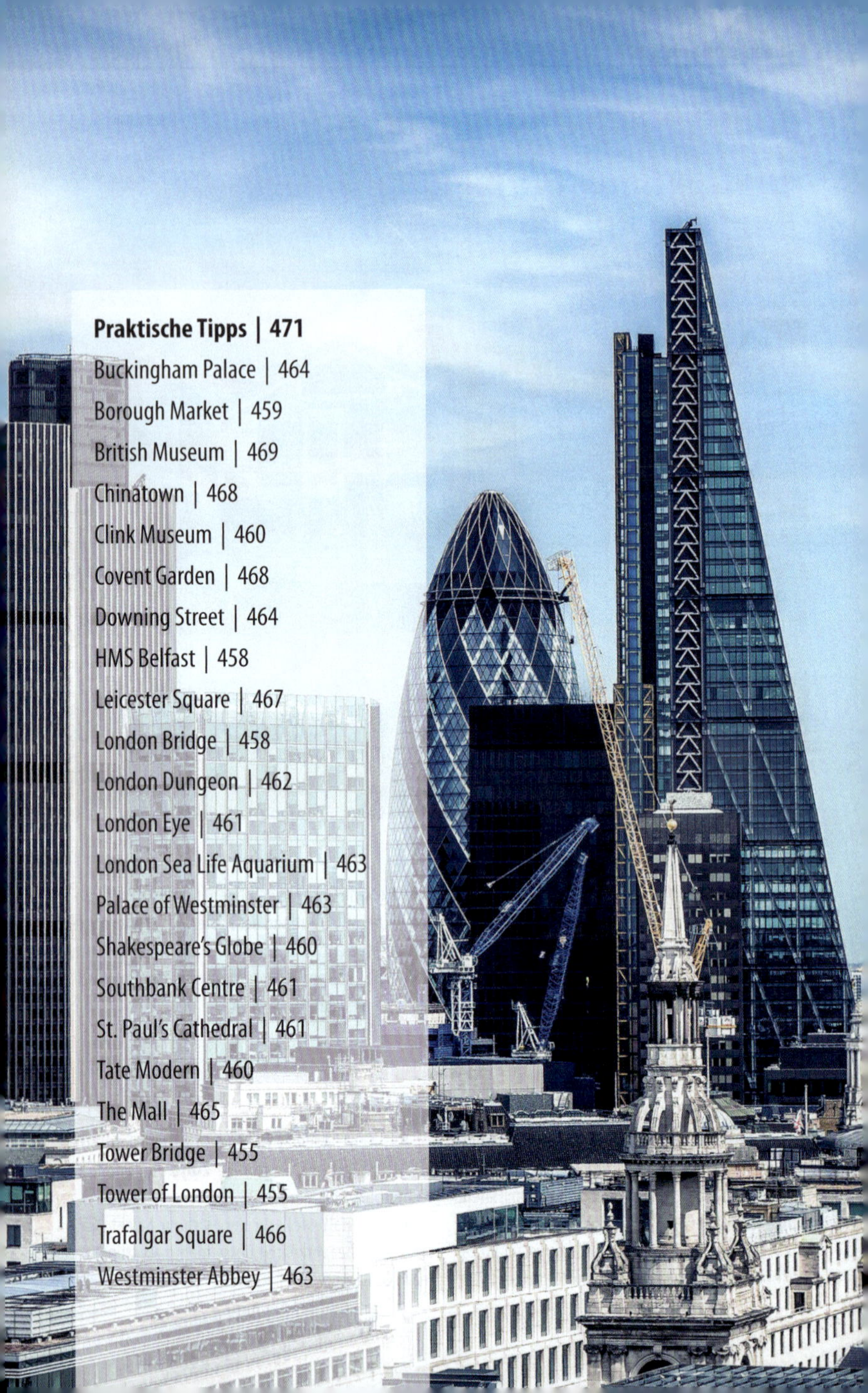

Praktische Tipps | 471
Buckingham Palace | 464
Borough Market | 459
British Museum | 469
Chinatown | 468
Clink Museum | 460
Covent Garden | 468
Downing Street | 464
HMS Belfast | 458
Leicester Square | 467
London Bridge | 458
London Dungeon | 462
London Eye | 461
London Sea Life Aquarium | 463
Palace of Westminster | 463
Shakespeare's Globe | 460
Southbank Centre | 461
St. Paul's Cathedral | 461
Tate Modern | 460
The Mall | 465
Tower Bridge | 455
Tower of London | 455
Trafalgar Square | 466
Westminster Abbey | 463

11 London

»Die britische Hauptstadt hat für jeden etwas zu bieten: weltführende Museen, in denen man Tage verbringen könnte, atemberaubende Bauwerke, die jeder schon mal gesehen hat, Restaurants mit Spezialitäten aus aller Herren Länder und vieles mehr.

< Blick auf den Londoner Finanzdistrikt

LONDON

London ist mit fast 9 Millionen Einwohnern die größte Stadt Europas und die am meisten besuchte Stadt der Welt. Sie ist eine wichtige Kultur- und Finanzmetropole.

Wer einen Kurzbesuch in London plant und die **Highlights der Stadt** zu Fuß erkunden möchte, kann dies auf den folgenden **zwei Spaziergängen** tun, die an vielen der wichtigsten Museen und anderen historischen und interessanten Bauten vorbeiführen.

Der **erste Spaziergang,** der dem Themse-Ufer vom Tower of London bis zu den Houses of Parliament folgt, kann mit dem Wasserbus (→ Praktische Tipps) beliebig abgekürzt werden.

NICHT VERPASSEN!

- **Tower Bridge,** eines der Wahrzeichen Londons | 458
- **Borough Market,** ein kulinarisches Erlebnis | 459
- **Palace of Westminster,** das Parlament der Briten | 463
- **National Gallery,** ein weltbekanntes Kunstmuseum | 466
- **China Town,** das Reich der Mitte in London erleben | 468
- **British Museum,** eines der ältesten und bedeutendsten kulturgeschichtlichen Museen der Welt | 469

Diese Tipps erkennt man an der gelben Markierung.

997es ar

Spaziergang 1

Entlang der Themse: Vom Tower of London vorbei an der Tate Modern bis zum London Eye und Big Ben

Tower of London und Tower Bridge

Der Spaziergang startet am **Tower of London,** der **berühmten Burg** am Nordufer der Themse, die 1066 nach der Eroberung Englands durch die Normannen erbaut wurde. Bis ins Mittelalter diente der Tower als königliche Residenz, dann von 1100 bis 1952 als Kerker und Hinrichtungsstätte. Zu sehen sind hier u.a. die **Kronjuwelen,** die bei bestimmten Anlässen noch immer in Gebrauch sind. Gezeigt wird auch die **königliche Waffensammlung,** und man erfährt mehr über die exotischen Tiere, die hier gehalten wurden: u.a. Löwen, Tiger, Elefanten und ein Eisbär, der in der Themse fischte.

Nach wie vor präsent sind die **Raben,** die der Legende nach für die Sicherheit Englands unerlässlich sind, denn „verlassen sie den Tower, so wird der weiße Turm und mit ihm England verfallen".

☐ Die majestätische Tower Bridge

London Zentrum

Essen und Trinken
1 London Review Cake Shop
2 Museum Tavern
3 Le Bistro Savoir Faire
4 Bloomsbury Street Kitchen
7 26 Grains
9 Food House
10 Viet Food
12 Café in the Crypt

Einkaufen
5 The Conran Shop
6 Foyles
8 Dr. Martens
11 Hamleys
13 Fortnum & Mason

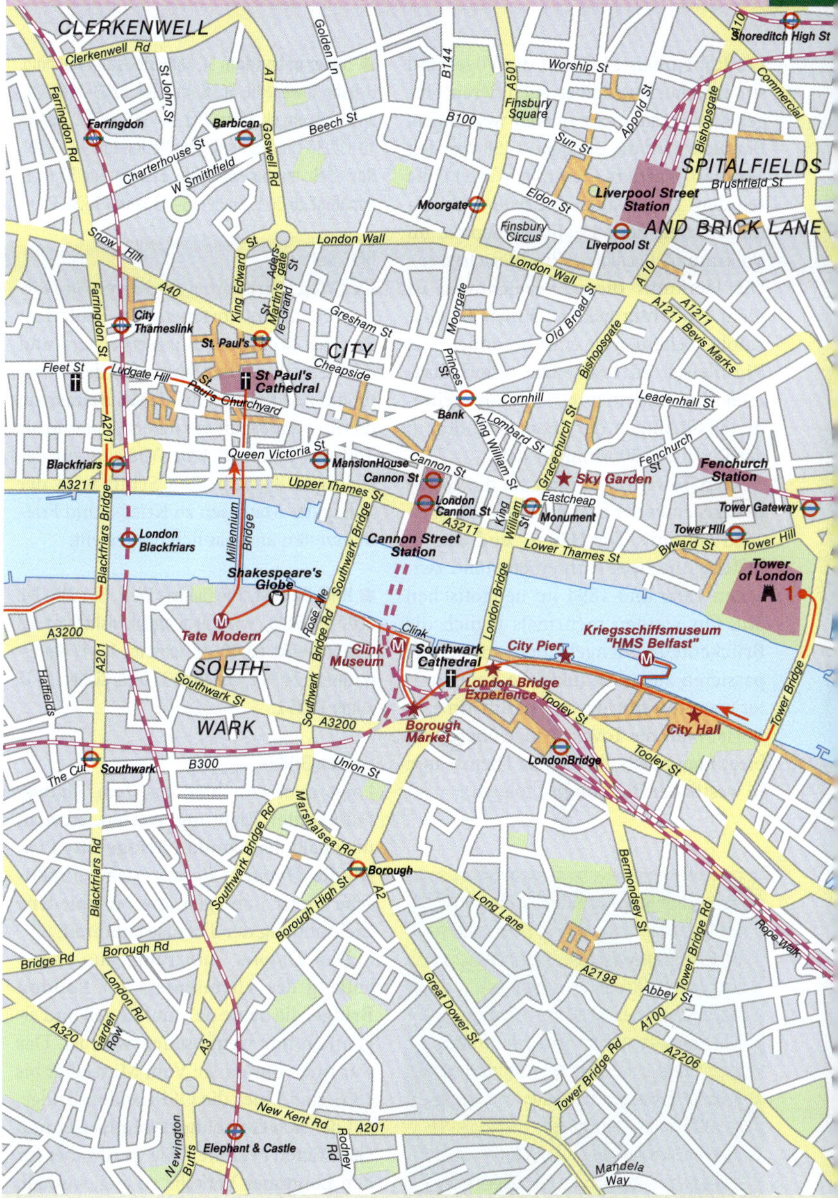

1 Start Spaziergang 1 = Tower of London
2 Start Spaziergang 2 = Buckingham Palace

U-Bahn Station

Ein Rabenmeister füttert die Vögel und stutzt sicherheitshalber auch deren Flügel, so dass sie nicht zu weit wegfliegen. Bewacht wird die Burg seit 1458 von den **Yeoman Warders** (Yeoman Wärter), die seit dem 19. Jh. auch Touristen herumführen. Seit dem 17. Jh. heißen sie im Volksmund *Beefeater* (Rindfleischesser). Die Herkunft dieser Bezeichnung ist nicht eindeutig geklärt. Einer Theorie zufolge bekamen sie einst besonders viel Rindfleisch zu essen. Die unterhaltsamen (im Eintrittspreis mit inbegriffenen) Führungen der *Yeomen* finden in der Regel alle 30 Minuten statt.

Vom Tower blickt man auf die **Tower Bridge,** eines der bekanntesten Wahrzeichen Londons. Die **Hänge- und Klappbrücke** mit zwei Türmen entstand zwischen 1886 und 1894 im neugotischen Stil. Oft werden mehrmals täglich die Brückenteile hochgeklappt, um Schiffe passieren zu lassen (aktuelle Zeiten unter www.towerbridge.org.uk/lift-times).

Hat man die Tower Bridge überquert, biegt man rechts ab, um der Themse nun in westlicher Richtung zu folgen.

Vorbuchungen und Kombi-Tickets
Die Attraktionen *London Eye, London Dungeon, Shrek's Adventure, London Sea Life Aquarium, London Bridge Experience* sowie das Wachsfigurenkabinett *Madame Tussauds* gehören dem Unterhaltungskonzern *Merlin Entertainment,* der extrem hohe Eintrittspreise verlangt. Etwas günstiger kann man sich diese Attraktionen anschauen, wenn man Tickets im Internet vorbucht und Gebrauch von den Kombi-Tickets macht, die auf den individuellen Websites erhältlich sind.

■ **Tower of London,** St. Katherine's and Wapping, U-Bahn Tower Hill, EC3N 4AB, Tel. 0203-1666000, www.hrp.org.uk, März–Okt. Di–Sa 9–17.30, So/Mo 10–17.30 (in den engl. Schulferien tgl. 9–17.30), Nov.–Feb. nur bis 16.30 Uhr, Erwachsene 33,60 £, ermäßigt 26,80 £, Kinder (5–15 Jahre) 16,80 £.

HMS Belfast

Der Weg führt vorbei an der von *Sir Norman Foster* entworfenen **City Hall,** dem Sitz des Londoner Bürgermeisters und der Verwaltung der Stadt, und dann weiter auf das Kriegsschiff **HMS Belfast** zu, das hier dauerhaft verankert liegt und als Teil des *Imperial War Museum* zu besichtigen ist. Auf dem Schiff wird der Alltag der Matrosen zu Kriegs- und Friedenszeiten anschaulich dargestellt.

■ **HMS Belfast,** The Queen's Walk, SE1 2JH, Tel. 0207-9406300, www.iwm.org.uk/visits/hms-belfast, April–Okt. tgl. 10–18, sonst tgl. 10–17 Uhr, Erwachsene 24,50 £, ermäßigt 22,05 £, Kinder (5–15 Jahre) 12,25 £.

London Bridge

Folgt man von hier aus dem *Thames Path* weiter Richtung Westen, erreicht man bald den **London Bridge City Pier,** wo die *Thames Clippers* (siehe „Praktische Tipps") anlegen, die verschiedene Ziele entlang der Themse anfahren.

Der *Thames Path* führt nun weiter entlang des Themseufers zur **London Bridge,** die heute nur funktionell und eigentlich nur wenig sehenswert ist. Das war nicht immer so: Vom Mittelalter bis 1831 stand hier die Old London Bridge, auf der sich Geschäfte, Wohnhäuser und Gaststätten befanden. Sie wurde aber für den Londoner Verkehr zu eng, weshalb sie abgerissen und durch die New London Bridge ersetzt wurde. Diese tat 140

996es ar

Jahre ihren Dienst, sank aber allmählich ab, weshalb sie abgebaut und versteigert wurde. Der amerikanische Geschäftsmann *Robert McCulloch* kaufte sie 1967, und heute steht sie im Ort Lake Havasu City in Arizona. Ersetzt wurde sie durch die heutige London Bridge.

Die Gewölbe, in denen sich die **London Bridge Experience** befindet, gehen noch auf die Brücke von 1831 zurück. Bei dieser Attraktion handelt es sich um ein historisches **Gruselkabinett,** in dem man von einem Schauspieler durch düstere Kapitel der Londoner Geschichte geführt wird, mit Fokus auf die London Bridge. So begegnet man unter anderem dem *Keeper of the Heads* (Aufbewahrer der Köpfe) – er präparierte die Häupter von Hingerichteten, die an Spießen an der einstigen Old London Bridge ausgestellt wurden.

Hinter der London Bridge führt der *Thames Path* kurz vom Fluss weg, und man folgt dem Sträßchen Monague Close bis zur Southwark Cathedral.

■ **London Bridge Experience,** 2–4 Tooley Street, SE1 2SY, Tel. 0207-4036333, www.thelondonbridgeexperience.com, Mo–Fr 12–18, Sa/So 11–18 Uhr, Erwachsene 28,95 £, Kinder (5–15 J.) 23,50 £, Familien 69,99 £.

Borough Market

An der Kathedrale kann man nach links abbiegen, um über den Borough Market zu streifen, den ältesten und **größten Lebensmittelmarkt Londons.** Der Markt hat sich auf hochwertige und exotische Lebensmittel aus der ganzen Welt spe-

London Bridge und Blick auf den Financial District von London

zialisiert, und wem nun nach einer kleinen Pause aus ist, der kann sich an einem der zahlreichen Imbissstände einen Snack holen und diesen dann bei gutem Wetter am Themse-Ufer oder im Garten der Southwark Cathedral verzehren.

■ **Borough Market,** SE1 1TL, www.boroughmarket.org.uk, Tel. 0207-4071002, Di–Fr 10–17, Sa 9–17, So 9–16 Uhr.

Clink Museum

Der *Thames Path* verläuft rechts durch die Cathedral Street weiter, die zur *Golden Hind* führt, dem Flaggschiff des Weltumseglers *Sir Francis Drake.* Kurz davor geht das enge Sträßchen Clink Street links ab. Dieser folgt man vorbei an den Ruinen des Winchester Palace, einem früheren Bischofspalast, der 1814 durch ein Feuer zerstört wurde, und weiter zum **Clink Museum.** Das Gebäude war einst *Clink Prison,* ein **Gefängnis** im ehemaligen Rotlicht- und Vergnügungsviertel Londons, das im Jahr 1144 erbaut wurde und bis 1780 als Verwahrungsanstalt für Verbrecher und Schuldner diente. Im heutigen Museum ist eine der Originalmauern zu sehen und Szenennachstellungen mit Figuren in Originalgröße (oft mit einem gewissen Schauereffekt). Info-Tafeln und archäologische Fundstücke bringen einem die Geschichte dieses ehemaligen Gefängnisses näher.

■ **Clink Museum,** 1 Clink Street, SE1 9DG, Tel. 0207-4030900, www.clink.co.uk, tgl. 10–18 Uhr, Erw. 8 £, Kinder und ermäßigt 6 £, Familien 23 £.

Shakespeare's Globe

Am Ende der Clink Street biegt man rechts ab, um zurück zum Themse-Ufer zu gelangen. Bald erreicht man eine Unterführung, die unter der Southwark Bridge hindurchführt. Von hier aus folgt man dem Ufer-Weg bis zu **Shakespeare's Globe.** Hier stand von 1599 bis 1613 das ursprüngliche **Theater,** in dem *William Shakespeare* viele seiner Stücke aufführte. Nachdem es einem Brand zum Opfer gefallen war, wurde es 1614 neu gebaut, dann aber 1642 unter der vergnügungsfeindlichen, puritanischen Regierung *Oliver Cromwells* für immer geschlossen. Als sich der amerikanische Schauspieler *Sam Wannamaker* 1949 auf die Suche nach dem *Globe* machte und keine Überreste fand, machte er es sich zur Lebensaufgabe, *Shakespeares* Theater neu zu errichten. 1987 begannen die Bauarbeiten. Soweit es möglich war, wurde das Theater im Originalstil erbaut. Die Bühne des *Globe* ist nicht überdacht, und auch viele Zuschauer sind den Elementen ausgesetzt, wie es bereits zu *Shakespeares* Zeiten der Fall war. Neben Theateraufführungen gibt es Ausstellungen und Führungen.

■ **Shakespeare's Globe,** 21 New Globe Walk, SE1 9DT, Tel. 0207-9021400, www.shakespearesglobe.com, Führungen Erwachsene 25 £, Kinder unter 16 Jahren 18 £.

Tate Modern

Vom *Shakespeare's Globe* sieht man bereits das imposante rote Backsteingebäude der **Tate Modern**, einem der weltweit **größten Museen für moderne und zeitgenössische Kunst.** Die *Tate Modern* ist in einem ehemaligen Kraftwerk untergebracht, dessen riesige Turbinenhalle heute als Eingangshalle dient. Die Ausstellungsräume erstrecken sich über zwei Gebäude – das *Natalie Bell Building,* dem eigentlichen Kraftwerk, bis zum *Blavat-*

nik Building, einem zehnstöckigen Anbau, in dessen neunter Etage ein Restaurant untergebracht ist, von dem sich herrliche Blicke über die Themse und zur St. Paul's Cathedral eröffnen. Die Sammlung der *Tate Modern* erstreckt sich von der klassischen Moderne bis zur Gegenwart mit Schwerpunkten auf avantgardistischer Kunst, wie etwa der von *Joseph Beuys* sowie der amerikanischen Gegenwartskunst von u.a. *Mark Rothko* oder *Jackson Pollock.*

■ **Tate Modern,** Bank Side, SE1 9TG, Tel. 0207-8878888, www.tate.org.uk, tgl. 10–18 Uhr, Eintritt frei.

St. Paul's Cathedral

Von der *Tate Modern* führt die Fußgängerbrücke **Millennium Bridge** direkt auf die **St. Paul's Cathedral** zu. Der kurze Abstecher auf das Nordufer der Themse ist es wert, um **einen der schönsten Sakralbauten Englands** aus der Nähe zu betrachten. Die Kathedrale des Bischofs von London wurde vom kongenialen Architekten *Christopher Wren* entworfen und nach dem großen Brand von London ab dem Jahr 1675 im Stil des klassizistischen Barock unter seiner Aufsicht erbaut. Jeden Samstag inspizierte *Wren* den Fortgang der Arbeiten, und nach 35 Jahren, an seinem 78. Geburtstag, fügte sein Sohn den Schlussstein in die grandiose Kuppel ein.

Kurz bevor der Besucher das südliche Querschiff erreicht, führt eine Treppe zur Kuppel der **Golden Gallery** und dann weiter zur äußeren Steingalerie, von der man einen weiten Blick über die City of London hat. Versäumen sollte man auch nicht einen Blick in die **Krypta,** in der der Seeheld *Admiral Nelson* begraben liegt, der 1805 in der Schlacht von Trafalgar ums Leben kam.

■ **St. Paul's Cathedral,** EC4M 8Ad, Tel. 0207-246 8350, www.stpauls.co.uk, Mo–Sa 8.30–16.30, Mi 10–16.30 Uhr, Erw. 23 £, Kinder (6–17 J.) 10 £, Familien 33–56 £, günstiger bei Online-Buchung.

Southbank Centre

Der Spaziergang verläuft nun weiter am Nordufer der Themse unter der Bahn hindurch und über die Autobrücke von Blackfriars. Kurz nach der nächsten Brücke, der Waterloo Bridge, erreicht man das **Southbank Centre.** Der **größte Kultur- und Kunstkomplex Europas** besteht aus drei Konzerthallen sowie der *Hayward Gallery,* in der meist interessante Wechselausstellungen moderner Kunst gezeigt werden. Das 1968 erbaute Gebäude ist ein bekanntes Beispiel des Architekturstils des Brutalismus (von franz. *brut:* Beton), dessen Blütezeit von den 1950ern in die 1970er Jahre reichte, heute aber die Meinungen sehr spaltet.

Freitags und an Wochenenden findet auf dem **Southbank Centre Square** ein *Food Market* statt.

■ **Southbank Centre,** Belvedere Road, SE1 8XX, Tel. 0203-8799555, www.southbankcentre.co.uk, *Hayward Gallery* Mi–Fr 10–18, Sa 10–20, So 10–18 Uhr, Erw. 18 £, junge Leute unter 30 J. 8 £, Kinder 7 £.

London Eye

Der Spaziergang führt von hier aus weiter Richtung Westen. Hinter der Hungerford Bridge erreicht man bald das **London Eye.** Das 135 m hohe **Riesenrad** steht hier seit dem Jahr 2000, als es zur Feier der Jahrtausendwende aufgestellt wurde. Ursprünglich sollte es nur für fünf Jahre dort bleiben, jedoch er-

999es ar

wies es sich als ein solcher Publikumsmagnet, dass es nun dauerhaft am Themseufer steht. Längst gilt es als die am meisten besuchte kostenpflichtige Besucherattraktion Großbritanniens. Die Fahrt in den geschlossenen Kabinen, in denen bis zu 25 Personen unterkommen, dauert 30 Minuten, und bei gutem Wetter kann man bis zu 40 km weit sehen.

■ **London Eye,** Riverside Building, County Hall, Tel. 0207-9678021, www.londoneye.com, Mo–Do 11–18, Fr–So 10–20.30 Uhr, Tickets ab 25,50 £.

Eines der Wahrzeichen von London: London Eye

London Dungeon und Shrek's Adventure

Ein paar Schritte weiter vom *London Eye* gelangt man zum **London Dungeon** (Londoner Kerker), einem **Gruselkabinett**, das das düstere Kapitel der Londoner Geschichte mit viel schwarzem Humor thematisiert.

Im dazugehörigen **Shrek's Adventure** soll man in die Welt der *Shrek*-Filme eintauchen. Es richtet sich vor allem an Kinder zwischen 6 und 12 Jahren.

■ **London Dungeon,** The Queen's Walk, SE1 7PB, Tel. 0333-3212001, www.thedungeons.com, im Sommer tgl. 10–18, Nov.–März meist nur 11–16 Uhr, Tickets ab 29,50 £ bei Online-Buchung.

■ **Shrek's Adventure,** The Queen's Walk, SE1 7PB, Tel. 0333-3212001, www.shreksadventure.com, Mo–Fr 10–15 Uhr, Sa/So 10–16 Uhr. Tickets ab 24 £ bei Online-Vorausbuchung.

London Sea Life Aquarium

Im **London Sea Life Aquarium,** gleich neben dem *London Dungeon* kann man Tausende von Fischarten, viele andere Lebewesen der Ozeane, aber auch Pinguine, aus nächster Nähe betrachten. Unter anderem gibt es einen *Shark Walk* (Haispaziergang), bei dem sieben verschiedene Gattungen dieses Raubtieres zu sehen sind.

■ **London Sea Life Aquarium,** Riverside Building, County Hall, Tel. 0207-9678025, www.visitsealife.com, Hochsaison tgl. 10–18, sonst 10–17 Uhr, Tickets ab 24,50 £ bei Online-Vorausbuchung.

Palace of Westminster

Kurz hinter dem Aquarium erreicht man die **Westminster Bridge,** die man nun überquert. Es geht vorbei am ikonischen *Big Ben,* dann biegt man links in den Parliament Square ein, um den Besuchereingang des Palastes von Westminster zu erreichen.

Der neugotische **Palace of Westminster** beherbergt beide Kammern des britischen Parlaments und ist daher auch als die **Houses of Parliament** bekannt. Palast heißt der Prachtbau wohl deshalb, weil an dieser Stelle zwischen dem 11. und 16. Jahrhundert der königliche Palast stand, bis er 1512 einem Brand zum Opfer fiel. Im neuen Gebäude traf sich dann nur noch das Parlament, das schon seit dem 13. Jahrhundert im Palast getagt hatte. 1843 richtete ein weiterer Brand noch mehr Schaden als im Jahr 1512 an, und das Gebäude, das man heute sieht, wurde weitgehend zwischen 1840 und 1860 erbaut.

Es haben jedoch einige Teile des ursprünglichen mittelalterlichen Gebäudes überlebt, wie etwa die **Westminster Hall,** die man besichtigen kann. In der *Westminster Hall* wurden im Mittelalter Krönungsbankette abgehalten, und bis ins 19. Jh. diente sie auch als Gericht. 1606 wurde hier z.B. der katholische Attentäter *Guy Fawkes* verurteilt, dessen Scheitern jedes Jahr in der *Bonfire Night* am 5. November gefeiert wird. Sehenswert ist die offene hölzerne Dachstuhlkonstruktion in der Halle, die um das Jahr 1400 gebaut wurde.

Die grünen Lederbänke des **House of Commons** sind spätestens seit den dramatischen *Brexit*-Debatten im Londoner Unterhaus auch im Ausland bekannt. Sowohl das *House of Commons,* als auch das **House of Lords** und der Rest des Palastes können samstags bei einer Führung besichtigt werden, im August, wenn die Parlamentarier Urlaub haben, auch wochentags.

Der Uhrenturm, der vielen als **Big Ben** bekannt ist, gehört zu den Londoner Wahrzeichen mit dem größten Wiedererkennungseffekt. Er entstand während des Neubaus im 19. Jh. und hieß zunächst einfach Clock Tower. *Big Ben* ist der Name der größten der drei Glocken des Turms. 2012 wurde er anlässlich des Diamantenen Thronjubiläums Königin *Elizabeth II.* in *Elizabeth Tower* umbenannt.

■ **Palace of Westminster (Houses of Parliament),** SW1A 0AA, Tel. 0207-2193000, www.parliament.uk/visiting, Erw. 25 £, Kinder 8 £.

Westminster Abbey

Gleich gegenüber des *Palace of Westminster* liegt die **Westminster Abbey,** die wohl **berühmteste Kirche Großbritanniens.** Ursprünglich war sie, wie der Name schon andeutet, eine Klosterkirche, aber nachdem die Kirche Englands sich im 16. Jahrhundert von Rom abspaltete, löste *Heinrich VIII.* das dazugehörige Benediktinerkloster auf. Seit dem Jahr 1066 wurden mit wenigen Ausnahmen alle englischen, bzw. später britischen Monarchen, in dieser Kirche gekrönt, und bis ins 18. Jahrhundert hinein wurden die meisten von ihnen hier auch begraben. Insgesamt 17 Könige und Königinnen haben hier ihre letzte Ruhe gefunden, unter ihnen *Elisabeth I.* und ihre Schwester *Maria I. (Bloody Mary).* Auch die Grabstätten zahlreicher Schriftsteller, Musiker und Maler wie *Charles Dickens, Georg Friedrich Händel* und *William Turner* befinden sich in der Abtei. Aber auch die Krönungen der britischen *Royals* und die wichtigsten Hochzeiten wurden in dieser Kirche abgehalten – so wurde hier *Queen Elizabeth* 1953 gekrönt, genauso wie 70 Jahre später ihr Sohn König *Charles III.*, und 2011 heiratete ihr Enkel Prinz *William Kate Middleton* in Westminster Abbey.

■ **Westminster Abbey,** 20 Deans Yard, SW1P 3PA, Tel. 0207-2225152, www.westminster-abbey.org, Mo–Fr 9.30–15.30, Sa 9–15 Uhr, Erwachsene 29 £, ermäßigt 26 £, Kinder 13 £.

Downing Street

Wer Lust hat, kann von hier aus einen kurzen Abstecher zur **Downing Street,** dem **Sitz der britischen Premierminister,** machen. Dafür läuft man vom Parliament Square etwa 300 m entlang der Parliament Street Richtung Norden. Die Downing Street ist zwar durch ein stählernes Gittertor verschlossen, man kann aber trotzdem einen Blick auf die Straße und das berühmte Haus Nummer 10 erhaschen. 1732 überließ König *Georg II.* das Gebäude dem ersten Premierminister, *Robert Walpole.* Der gab in Auftrag, drei Häuser zu verbinden, und das Haus Nr. 10 hat deshalb heute über 100 Räume. Seit Beginn des 20. Jahrhunderts steht die Adresse symbolisch für die britische Regierung. Hier befinden sich das Büro des Premierministers oder der Premierministerin, und auch die Räume, die für Kabinettssitzungen und offizielle Empfänge benutzt werden.

Zum Startpunkt des zweiten Spaziergangs

Um vom Parliament Square zum **Buckingham Palace,** dem Startpunkt des zweiten Spaziergangs zu kommen, läuft man die Great George Street Richtung Westen, welche die Westminster Bridge mit dem St. James's Park verbindet. Wenn man den Park auf der rechten Seite erreicht hat, läuft man geradeaus entlang des *Birdcage Walks,* der zum Buckingham Palace führt.

Spaziergang 2

Von Buckingham Palace vorbei an Trafalgar Square und Covent Garden bis zum British Museum

Buckingham Palace

Der zweite Spaziergang startet am **Buckingham Palace,** dem **Londoner Sitz der britischen Monarchen,** der von Juli bis September besichtigt werden kann. Der Palast wurde 1705 für den Herzog von Buckingham als dessen Wohnsitz erbaut und hieß zunächst *Buckingham House.* 58 Jahre später kaufte König *Georg III.* dieses Stadthaus für seine Frau *Charlotte.* Vergrößert wurde das Gebäude im 19.

☒ „Trooping the Colour" in der Mall

und 20. Jahrhundert. Erst als 1837 Königin *Victoria,* deren 25 Meter hohe Statue sich gegenüber dem Palast befindet, den Thron bestieg, wurde der Buckingham Palast der Londoner Wohnsitz der britischen Monarchen.

Wenn über dem Palast der *Union Jack,* die Flagge des Vereinigten Königreichs, weht, ist der König nicht zu Hause, während bei seiner Anwesenheit die rot-gold-blaue Standard-Flagge gehisst ist. Den August verbringt König *Charles III.* auf Schloss *Balmoral* in Schottland, und die 19 Paradezimmer, die **State Rooms,** können dann besichtigt werden. Auch für die Öffentlichkeit geöffnet sind die Königliche Galerie, **King's Gallery,** in der in wechselnden thematischen Ausstellungen Exponate aus der sehr umfassenden königlichen Kunstsammlung zu sehen sind, sowie die Königlichen Stallungen, **Royal Mews,** wo man die Kutschen der *Windsor*-Familie bewundern kann.

Von April bis Oktober täglich, ansonsten an jedem zweiten Tag, findet um 11 Uhr die Zeremonie des Wachwechsels, **Changing of the Guards,** statt, bei der die in rot gekleideten und eine hohe Bärenfellmütze tragenden Wachmänner abgelöst werden. Das Spektakel dauert 40 Minuten und der Andrang ist groß, weshalb man spätestens um 10.30 Uhr da sein sollte, um einen guten Aussichtsplatz zu bekommen. Bei schlechtem Wetter kann die Zeremonie auch kurzfristig abgesagt werden. Aktuelle Informationen dazu findet man unter www.changing-guard.com.

■ **Buckingham Palace,** SW1A 1AA, Tel. 0303-1237300, www.rct.uk, Mitte Juli–August tgl. 9.30–19.30, letzter Einlass 17.15, Sept. 9.30–18.30, letzter Einlass 16.15 Uhr, Di und Mi sind die Prunksäle nicht zugänglich, Erwachsene 35 £, junge Leute (18–25 J.) 22,50 £, Kinder (5–17 J.) 17,50 £.

The Mall

Vom Palast aus führt der Spaziergang entlang der **Prachtstraße** The Mall, die oft als Route für zeremonielle Anlässe benutzt wird. Sie ist gesäumt vom **St.**

1000es ar

James's Park, einem der schönsten der Londoner Parkanlagen, der für seine recht zahmen Pelikane berühmt ist. Diese nehmen schon mal neben überraschten Touristen auf einer Bank Platz.

Am Nordostende der Mall findet sich das **Institute of Contemporary Arts,** eine bedeutende Kunstgalerie, die vor allem Werke zeitgenössischer britischer Künstler zeigt.

Von hier aus geht es weiter durch den Triumphbogen **Admirality Arch,** der 1910 errichtet wurde. Der zentrale Bogen ist für den Verkehr gesperrt und wird nur für Staatsakte geöffnet.

■ **Institute of Contemporary Arts,** The Mall, St. James's, SW1Y 5AH, Tel. 0207-9303647, www.ica.art, Di–Do 16–23, Fr–So 12–23 Uhr, Eintritt frei.

Trafalgar Square

Wenige Meter weiter öffnet sich dem Besucher der **Trafalgar Square,** der als **Herzstück Londons** gilt. Auf den Brunnenrändern ruhen sich meist Touristen aus, kühlen an warmen Tagen ihre heißgelaufenen Füße im Wasser und haben den Kopf in den Nacken gelegt, um die **Statue von Lord Nelson** hoch oben auf der Säule zu betrachten. Nach den Plänen von *John Nash,* und unter der Bauaufsicht von *Charles Barry* entstand zwischen 1830 und 1850 zum Gedenken an *Admiral Horatio Nelson,* der 1805 in der Schlacht von Trafalgar den Briten die Vorherrschaft zur See erkämpft hatte (und selbst dabei den Tod fand), Londons größter innenstädtischer Platz. Seitdem hält *Admiral Nelson* in Napoleon-Pose von der 56 m hohen Säule Ausschau nach feindlichen Schiffen. Rund um das Monument stehen vier große Löwenstatuen und rechts vor der Säule zwei Brunnen.

Im Nordosten des Square ragt die von *James Gibb* 1722–1726 erbaute Kirche **St. Martin-in-the-Fields** auf. In der Krypta befindet sich das große, gemütliche *Café in the Crypt.*

Die Nordseite des Platzes beherrscht die mächtige **National Gallery.** 1824 gegründet, ist sie eines der **bekanntesten Kunstmuseen der Welt** mit über 2300 wichtigen Gemälden vom Mittelalter bis zum Ende des 19. Jahrhunderts. Wie in vielen anderen Londoner Museen, könnte man hier mehrere Tage verbringen. Am besten wählt man eine Epoche aus auf die man sich beim Besuch konzentrieren möchte.

[>] Trafalgar Square und National Gallery

An der Ostseite der *National Gallery* befindet sich der Eingang zur **National Portrait Gallery.** Tausenden von berühmten Briten kann man hier in die Augen blicken; nicht nur den Herrschern aller Epochen, sondern auch den Konterfeis von Künstlern, Literaten, Politikern und Abenteurern.

- **St. Martin-in-the-Fields,** WC2N 4JJ, Tel. 0207-7661100; **12** *Café in the Crypt,* Tel. 0207-7661158, www.stmartin-in-the-fields.org/visit/cafe-in-the-crypt, Mo und Do 10–19, Mi 10–17, Fr–Sa 10–19.30, So 11–17 Uhr.
- **National Gallery,** Trafalgar Square, WC2N 5DN, Tel. 0207-7472885, www.nationalgallery.org.uk, Sa–Do 10–18, Fr 10–21 Uhr, Eintritt frei.
- **National Portrait Gallery,** St. Martin's Place, WC2H 0HE, Tel. 0207-3060055, www.npg.org.uk, So–Do 10.30–18, Fr/Sa 10.30–21 Uhr, Eintritt frei.

Leicester Square

Unser Spaziergang führt nun die Charing Cross Road hoch bis zur U-Bahn-Station Leicester Square. Die **Charing Cross Road** ist berühmt für ihre Buchhandlungen und Antiquariate. Ein besonders großes Sortiment hat der riesige Buchladen *Foyles* am nördlichen Ende der Straße.

Von der U-Bahn-Station sind es nur einige Schritte zum **Leicester Square,** dem **Zentrum der britischen Filmwelt.** Hier befinden sich mehrere große Kinos, in denen zahlreiche Premieren stattfanden, wie zum Beispiel die der *Harry Potter*-Filme. In das Pflaster rund um den Platz sind die Handabdrücke von Filmstars eingelassen.

Hinter dem Schoko- und Fanshop *M&M World* geht es nun rechts ab in die

Wardour Street, der man zum chinesischen Torbogen folgt, der den Beginn der berühmten Londoner Chinatown markiert. Hier geht es rechts in die Lisle Street (später: Little Newport Street) ab, der man durch das Herz des asiatischen Viertels zurück bis zur Charing Cross Road folgt.

Chinatown

In der **Chinatown** fühlt man sich wie nach China versetzt: Die Straßenschilder sind zweisprachig auf Englisch und Chinesisch gehalten, in den Straßen hängen Girlanden mit roten Lampions und aus den zahlreichen Restaurants weht der Duft exotischer Speisen. Neben den vielen Restaurants finden sich hier auch etliche Souvenirläden, in denen man Mitbringsel wie winkende Katzen, die in China als Glücksbringer gelten, und traditionelle chinesische Kleidung kaufen kann.

Wer sich von den leckeren Düften verführen lässt, findet etliche **Restaurants,** in denen **asiatische Gerichte** aufgetischt werden. Die Preise sind oft überraschend günstig, die Qualität allerdings nicht immer die beste. Meist gilt: je mehr chinesische Gäste in einem Restaurant speisen, desto besser ist das Essen. Für eine Lunch-Pause sind die folgenden Lokale zu empfehlen:

10 **Viet Food**②, 34–36 Wardour Street, W1D 6QT, Tel. 0207-4944555, www.vietnamfood.co.uk, vietnamesisches Restaurant mit schönem Ambiente, man bekommt gutes *Pho* und Suppen sowie Tapas-ähnliche Gerichte, die man gut kombinieren kann.

9 **Food House**②, 46 Gerrard Street, W1D 5QH, Tel. 0207-2872818, www.realbejingfoodhouse.com, authentische chinesische Gerichte aus Sichuan, wie z.B. rote Chili-Öl-Nudeln mit Schweinefleisch.

Covent Garden

Hat man wieder die Charing Cross Road erreicht, überquert man diese und läuft sie einige hundert Meter rechts herunter, um dann links in das Sträßchen St. Martins Court abzubiegen. Man überquert die St Martin's Lane und läuft dann geradeaus die New Row entlang, bis man an der nächsten Kreuzung die Garrick Street überquert und geradeaus auf der King Street direkt auf die alten Markthallen von **Covent Garden** zuhält. Bis 1974 fand auf diesem Areal ein großer Obst- und Gemüsemarkt statt. Heute gilt Covent Garden als eine der größten Attraktionen Londons, ein **urbanes Freizeitgebiet** sondergleichen: Straßenmusikanten sorgen für die rechte Tonkulisse, Gaukler bringen Kinder wie Erwachsene zum Lachen, Feuerschlucker, Zauberer und Akrobaten halten die Zuschauer in Atem. Überall wird gegessen, gelacht, getrunken und applaudiert.

Einen zusätzlichen Anreiz für den Besucher bietet das **London Transport Museum** an der Ostseite des Platzes. Es erzählt die Geschichte des öffentlichen Nahverkehrs in London.

Am nordwestlichen Ende der Markthallen folgt man nun der James Street bis zur U-Bahn-Station Covent Garden. Hier geht es geradeaus weiter über die Straße Long Acre und dann entlang der Neal Street. Am *Crown and Anchor Pub* geht man weiter geradeaus und biegt dann an der nächsten Kreuzung am *Birkenstock*-Geschäft links ab in die Short's Gardens, um dann sofort wieder rechts durch einen engen Durchgang **Neal's Yard** zu erreichen, einen großen Innenhof mit buntbemalten Häusern, in dem sich mehrere Cafés und Restaurants mit Sitzgelegenheiten im Freien finden. Hier

1003es ar

lohnt sich bei schönem Wetter eine Pause, z.B. im schönen Café *26 Grains.*

■ **Covent Garden Piazza,** WC2H 7AR, Tel. 0207-4205856, geöffnet 13–20 Uhr.

■ **London Transport Museum,** WC2E 7BB, www.ltmuseum.co.uk, tgl. 10–18 Uhr, Erw. 24 £, Kinder unter 17 J. Eintritt frei.

7 **26 Grains,** 1 Neal's Yard, WC2H 9DP, www.26grains.com, tgl. 9–16 Uhr.

Der Innenhof Neal's Yard

British Museum

Anschließend verlässt man Neal's Yard wieder über den gleichen Eingang durch den man gekommen ist, und folgt dann der Straße Short's Gardens nach links bis man die Drury Lane erreicht. An einer großen Kreuzung überquert man die Straße High Holborn und geht weiter geradeaus in nördlicher Richtung entlang der Museum Street. Am Ende dieser Straße überquert man erst die New Oxford Street, dann den Bloomsbury Way, um der Museum Street weiter bis zum British Museum zu folgen.

Das 1759 gegründete **British Museum** ist eines der **bedeutendsten kulturgeschichtlichen Museen der Welt** und beherbergt eine Sammlung von 8 Mio. Exponaten, von denen die ältesten 12.000 Jahre alt sind. Schon beim Eintritt ist man überwältigt von der riesigen Glaskuppel über dem Innenhof, der als größter öffentlicher überdachter Platz in Europa gilt. Auf jeden Fall sollte man sich am Infostand mit einem kostenlosen Plan eindecken und sich auf ein oder zwei Sammlungen konzentrieren. Zu den beeindruckendsten Abteilungen gehört sicherlich die **ägyptische Sammlung** mit ihren 140 Mumien, von denen aus Platzmangel nur die wichtigsten ausgestellt sind. Ein weiteres Highlight sind die **Parthenon Marbles** (auch als *Elgin Marbles* bekannt), atemberaubende Marmorstatuen und Fragmente, die ca. 440 v. Chr. von dem Bildhauer *Phidias* in Griechenland angefertigt wurden. Lord *Elgin* ließ sie zu Beginn des 19. Jh. aus der Akropolis in Athen entfernen und nach Großbritannien bringen, was damals eine große Welle der Empörung auslöste, die bis heute andauert.

■ **Bristish Museum,** Great Russell Street, WC1B 3DG, Tel. 0207-3238299, www.britishmuseum.org, tgl. 10–17, Fr 10–20 Uhr, Eintritt frei.

Nahe dem British Museum finden sich die folgenden empfehlenswerten **Lokale,** in denen man sich nach dem langen Spaziergang stärken kann:

1 London Review Cake Shop①, 14 Bury Place, WC1A 2JL, www.londonreviewbookshop.co.uk, Di–Sa 12–16 Uhr. Zum Buchladen *London Review* gehört dieses nette Café, in dem man im Sommer auf einem ruhigen Hinterhof fernab vom Trubel Kaffee und Kuchen bekommt, aber auch kleine Mittagsgerichte wie *Quiche* und Salat oder Linsen-Dahl mit *Chapatis.*

2 Museum Tavern②,49 Great Russell Street, WC1B 3BA, Tel. 0207-2428987, www.greeneking.co.uk, in diesem historischen Pub trank schon *Karl Marx* gern. Heute werden hier typische Pub-Speisen wie Burger und Pommes sowie *Fish'n'Chips* aufgetischt.

1004es ar

Der Innenhof des British Museums

3 Le Bistro Savoir Faire②-③, 42 New Oxford Road, WC1A 1EP, Tel. 0207-4360707, www.savoir.co.uk, rustikales und charmantes französisches Bistro, in dem man sehr gut und relativ günstig speisen kann.

4 Bloomsbury Street Kitchen③, 9–13 Bloomsbury Street, WC1B 3QD, Tel. 0207-6662044, www.thekitchensrestaurants.co.uk, in dem mit mediterranen Pflanzen dekorierten Restaurant gibt es Tapas-ähnliche kleine Gerichte aus dem Mittelmeerraum und Japan – eine Kombination, die überraschend gut zusammenpasst.

Praktische Tipps

Tourist Information

Der Tourismusverband **Visit London** (www.visitlondon.com) hat Kioske in London, z.B. an den großen Bahnhöfen wie King's Cross, St. Pancras, Victoria und Paddington.

Tolle Ausblicke im Sky Garden

MEIN TIPP: Wer atemberaubende **Panorama-Blicke** über London genießen möchte, ohne viel dafür zu bezahlen, sollte unbedingt Karten für den *Sky Garden* vorbestellen. Der Garten erstreckt sich über die 36. und 38. Stockwerke des Hochhauses 20 Fenchurch Street, und der Zugang ist kostenlos, solange man Karten im Internet vorbestellt hat. Karten für die nächsten zwei Wochen werden jeweils montags freigestellt (die Uhrzeiten variieren).

■ **Sky Garden,** 1 Sky Garden Walk, EC3M 8AF, Tel. 0333-7720020, www.skygarden.london, Mo–Fr 10–18 Uhr, Sa/So 11–21 Uhr.

100Ses ar

Anreise mit dem Auto

Von der Fahrt mit dem Auto in die Innenstadt von London ist dringend **abzuraten,** da eine **Mautgebühr** *(Congestion Charge)* von 15 £ fällig wird und es meist extrem schwierig ist, einen Parkplatz zu finden. Besser ist es, das Auto an einem der **Bahnhöfe** außerhalb der Stadt zu lassen und dann mit öffentlichen Verkehrsmitteln weiterzufahren.

Wer aus dem Südosten über die Autobahn M 20 anreist, kann zum Beispiel am Bahnhof von North Greenwich parken (*NCP Car Park,* 5 Millenium Way, SE10 0PH). Von Mo bis Sa kostet das Parken hier 12,50 £ pro Tag, sonntags 7,50 £. Von hier aus erreicht man mit der U-Bahnlinie *Jubilee Line* in 13 Minuten den Bahnhof Waterloo am Südufer der Themse.

2023 wurde die Umweltzone **Ultra Low Emission Zone (ULEZ)** von der Innenstadt auf den gesamten Großraum London ausgeweitet. Fahrzeuge mit hohem Schadschoffaustoß müssen nun eine Gebühr von 12,50 £ pro Tag zahlen, um die *ULEZ Zone* befahren zu können. Dazu gehören Benzin-Modelle, die vor dem Jahr 2007 zugelassen wurden, sowie Diesel-Fahrzeuge, die vor 2015 registriert wurden.

Achtung: Da die automatische Kameraüberwachung nur britische Kennzeichen registrieren kann, müssen **ausländische Fahrzeuge** unbedingt **vor der Fahrt angemeldet** werden, auch wenn sie die Abgasnormen erfüllen. Die Registrierung erfolgt über die Website von *Transport for London:*

- **www.tfl.gov.uk/modes/driving/compliance-registration/before-you-start**

Die Bearbeitung der Registrierung kann bis zu zehn Tage in Anspruch nehmen. Sie sollte also rechtzeitig vorgenommen werden.

Eine zweite Umweltzone in London ist die **LEZ (Low Emission Zone),** die sich über den gleichen Bereich wie die *ULEZ* erstreckt. Die *LEZ* gilt nur für dieselbetriebene Wohnmobile ab 2,5 Tonnen, Vans und große Transporter. Sie alle müssen vor dem Befahren der *LEZ* registriert werden.

Mehr Informationen zu beiden Umweltzonen findet man auf den Seiten des *ADAC* und von *Transport for London:*

- **www.adac.de/verkehr/recht/verkehrsvorschriften-ausland/niedrigemissionszone**
- **www.tfl.gov.uk/modes/driving**

Öffentliche Verkehrsmittel

Am schnellsten kommt man in London meist mit der **U-Bahn** *(Tube)* zum Ziel oder, wer es nicht allzu weit hat, auch mit den berühmten roten **Doppeldeckerbussen.** Manche Ziele, die außerhalb des Stadtzentrums liegen, erreicht man leichter mit der **London Overground,** der städtischen Regionalbahn.

Für alle öffentlichen Verkehrsmittel zahlt man entweder mit der **Oyster Card** oder kontaktlosem Bezahlen mit der **Kredit- oder Debitkarte** bzw. **Apple** oder **Google Pay.** In der U-Bahn muss man dabei auch beim Verlassen der Station das Zahlungsmittel auf den Kartenleser halten *(Tap On – Tap Off),* während man dies bei Bussen nur beim Einsteigen tätigt. Wer sich doch lieber eine *Oyster Card* zulegen möchte, bekommt diese an allen U-Bahnstationen, Bahnhöfen und in etlichen Läden, die als *Oyster Ticket Shop* ausgewiesen sind.

Ein besonderes Erlebnis ist die Fahrt mit dem **Wasserbus** *Uber Boat by Thames Clippers,* der von Putney im Westen Londons bis Woolwich im Osten der Stadt verkehrt. Auch für den Wasserbus zahlt man mit der *Oyster Card* (eine einfache Fahrt z.B. vom *London Eye* bis zum Tower of London kostet 8,60 £).

- **www.thamesclippers.com**

Unterkunft

Die Auswahl an Unterkünften in London ist überwältigend groß. 2021 standen mehr als 100.000 Hotelbetten zur Verfügung, die meisten von ihnen auf einem hohen Preisniveau. Wer nach **günstigen Angeboten** sucht, wird auf den einschlägigen Websites wie z.B. www.booking.com fündig.

Bezahlbar und doch **gut gelegen,** sowie sauber und bequem sind beispielsweise das Hotel der deutschen Kette *Motel One* am Tower Hill, die Unterkünfte der Hotelkette *The Z Hotel* oder das Hotel *The Pilgrm* am Bahnhof Paddington. Auch die Hotels der britischen Budget-Kette *Premier Inn* mit Unterkünften u.a. in der Nähe des *London Eye* und im Stadtteil Kensington sind durchaus empfehlenswert.

- **www.motel-one.com**
- **www.thezhotels.com**
- **www.thepilgrm.com**
- **www.premierinn.com**

Einkaufen

Jeder kennt sie, die weltberühmten Londoner **Einkaufsstraßen Oxford Street** und **Carnaby Street,** die großen Kaufhäuser *Harrods* und *Liberty* sowie die Märkte an der **Portobello Road** und in **Camden.** Bei einem Kurzbesuch in London hat man die Qual der Wahl, welche Shops oder Märkte man sich auf keinen Fall entgehen lassen sollte.

Hier nur eine Mini-Auswahl an empfehlenswerten Läden, in denen man für England typische Produkte findet:

5 The Conran Shop, 55 Marylebone High Street, W1U 5HS, www.conranshop.co.uk, hier findet man Einrichtungsgegenstände im unverkennbaren Stil des 2020 verstorbenen Designers *Sir Terence Conran.*

6 Foyles, 107 Charing Cross Road, WC2H 0DT, www.foyles.co.uk, der Buchladen brüstet sich damit, ganze 6,4 km an Buchregalen mit über 200.000 Titeln zum Verkauf zu bieten. Nach dem Kauf kann man sich im lichtdurchfluteten Café im vierten Stock stärken.

11 Hamleys, 188–196 Regent Street, W1B 5BT, www.hamleys.com, hier schlagen Kinderherzen höher: der Spielzeugladen erstreckt sich über sieben Stockwerke und bietet alles an, was es an Spielen, Teddys und Scootern nur geben könnte.

13 Fortnum & Mason, 181 Piccadilly, W1A 1ER, www.fortnumandmason.com, schon seit 1707 werden hier Delikatessen und andere Luxusartikel verkauft. *Queen Elizabeth II.* besorgte hier alljährlich ihre Weihnachtseinkäufe und die Geschenk-Körbe, die mit den besten Tees, Marmeladen und Champagner gefüllt sind, sie kosten bis zu 1000 Pfund.

8 Dr. Martens, 17–19 Neal Street, WC2H 9PU, Covent Garden, www.drmartens.com, die Schuhe und Stiefel von *Dr. Martens* sind für die Briten so etwa wie die *Birkenstocks* für die Deutschen: bequem, von hoher Qualität und zeitlos lässig.

Anreise | 476
Autofahren | 482
Barrierefreies Reisen | 485
Camping | 486
Einkaufen | 486
Ein- und Ausreisebestimmungen | 487
Elektrizität | 489
Essen und Trinken | 489
Feiertage, Feste und Events | 497
Fotografieren | 498
Geld | 499
Gesundheit und Hygiene | 501
Mit Haustier unterwegs | 502
Information | 502
Mit Kindern unterwegs | 503
Klima und Reisezeit | 504
Kommunikation unterwegs | 504
LGBT+ | 506
Maße und Gewichte | 507
Notfälle | 507
Öffnungszeiten | 508
Orientierung und Landkarten | 508
Post | 509
Rauchen | 509
Reisegepäck und Ausrüstung | 510
Sicherheit | 510
Sport und Aktivitäten | 510
Sprache | 515
Unterkunft | 515
Verhaltenstipps | 520
Verkehrsmittel | 521
Zeit | 523

12
Praktische Reisetipps A–Z

[<] Im Dimbola Museum Café in Freshwater auf der Isle of Wight

Anreise

→ Autofahren, S. 482

Mit der Fähre

Die weitaus meisten Südengland-Besucher werden mit dem eigenen Auto anreisen. **Die kürzesten Fährverbindungen** gehen von Calais und Dünkirchen (Dunkerque) nach Dover oder von Cherbourg nach Poole und Portsmouth.

Der **Tarifdschungel** auf den unterschiedlichen Linien ist dicht, und das Studium der Broschüren unterschiedlicher Fährfirmen artet zu einer Geduldsprobe aus. Es ist daher ratsam, sich für Preisinformationen und Buchungen an ein Spezialreisebüro wie *Richtig Schiffen* zu wenden (s.u.) oder die Websites der Fährlinien zu studieren. Man kann auch auf einer der Überblickswebseiten wie z.B. **www.directferries.de** oder **www.aferry.de** buchen, die einem den billigsten Tarif für eine Verbindung heraussuchen. Für die Fahrpreise gilt generell: Wer früh bucht, zahlt am wenigsten.

- **Richtig Schiffen:**
www.richtig-schiffen.de
- **P & O Ferries:**
Calais – Dover
www.poferries.de
- **DFDS:**
Calais – Dover
Dunkerque (engl. Dunkirk) – Dover
Dieppe – Newhaven
www.dfds.com
- **Brittany Ferries:**
Caen – Portsmouth
Cherbourg – Portsmouth
Cherbourg – Poole
St. Malo – Portsmouth
Le Havre – Portsmouth
Roscoff – Plymouth und Portsmouth
www.brittanyferries.de
- **Condor Ferries:**
St. Malo und Cherbourg – Poole
www.condorferries.fr/de

Durch den Kanaltunnel

Bei diesem **Bahntunnel** handelt es sich um **drei Röhren,** die durch den wasserundurchlässigen Kreidefelsen gebohrt wurden: zwei Schienentunnel und ein kleinerer Wartungstunnel in der Mitte.

Mit dem eigenen Fahrzeug

Täglich verkehren rund um die Uhr **Pendelzüge** *(Le Shuttle)* von *Eurotunnel* zwischen Calais und Folkestone. In Spitzenzeiten fahren sie im 15-Minuten-Takt, und selbst bei schwachem Verkehrsaufkommen sind stündliche Abfahrten garantiert. Jeder Zug transportiert 180 Pkw bzw. 120 Pkw und zwölf Busse. Die **Ticketpreise** hängen davon ab, wieviel Zeit man in England verbringen will und wie flexibel man sein möchte. Am günstigsten sind die Tickets für Kurzreisen von fünf Tagen oder weniger. Bei **Standard Tickets** darf man beliebig lange in England bleiben, aber man ist an eine bestimmte Abfahrtszeit gebunden. Diese Tickets kosten ab 120 Euro für eine Hin- und Rückfahrt. **Refundable Tickets,** deren Kosten bei nicht angetretener Reise zurückerstattet werden, sind teurer und kosten ab 152 Euro. Das meiste Geld zahlt man für **Flexi-Plus-Tickets,** die einem die Freiheit geben, jeden beliebigen Zug am gebuchten Tag zu nehmen. Sie kosten derzeit 323 Euro. Die Reise unter dem Kanal dauert nur **35 Minuten** von Bahnhof zu Bahnhof und **knapp eine Stunde** von Autobahnausfahrt zu Autobahnauffahrt. Zum Einsatz kommen für den Pendelverkehr eigens konstruierte

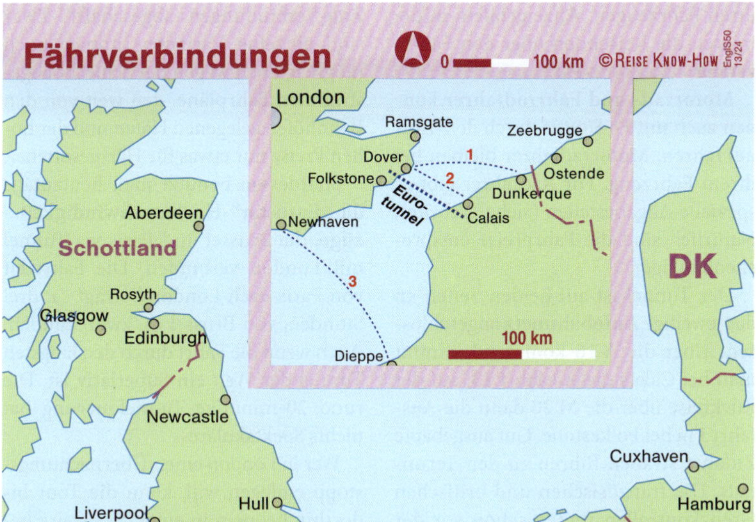

Strecken und Reedereien zwischen Südengland und dem Kontinent.

1/2/3 DFDS, www.dfds.de
2 P & O Ferries, www.poferries.de
4/5/6/7/8/10 Brittany Ferries, www.brittanyferries.de
9 Condor Ferries, www.condorferries.fr/de

Doppeldeckerzüge (die *Waggons* für Busse und andere Fahrzeuge über 1,85 m sind einstöckig). Die Passagiere bleiben während der kurzen Fahrt bei ihren Fahrzeugen. Anzeigetafeln informieren die Reisenden über den Fahrtverlauf.

Motorrad- und Fahrradfahrer können auch mit *Le Shuttle* durch den Tunnel fahren. Motorradfahrer bleiben bei ihrem Fahrzeug. Für Radfahrer gibt es spezielle Abgabestellen (siehe Website). Natürlich sind die Fahrpreise entsprechend billiger.

Der Tunnel ist auf beiden Seiten an das jeweilige **Autobahnnetz** angeschlossen. Über die A 16 kommend, nimmt man bei Calais die Ausfahrt 13, auf der Rückreise über die M 20 dann die Ausfahrt 11a bei Folkestone. Gut ausgebaute Zufahrtsstraßen führen zu den Terminals. Die französischen und britischen Grenzkontrollen finden schon vor der Abfahrt statt: Man hat also nach der Ankunft auf der anderen Kanalseite sofort freie Fahrt.

■ **Buchung** und **Preisinformationen** im Internet unter **www.eurotunnel.com.**

[>] St. Pancras Station in London

Mit der Bahn

Seit Inbetriebnahme des **Ärmelkanaltunnels** wurden fast alle Zug-Schiff-Zug-Verbindungen abgeschafft. Zwar sind einzelne Varianten immer noch möglich, doch wegen der schlecht abgestimmten Fahrpläne, den weit von den Bahnhöfen gelegenen Häfen und der hohen Preise nur etwas für Hartgesottene.

Stattdessen benutzt man heutzutage die **„Eurostar"-Hochgeschwindigkeitszüge,** die Brüssel und Paris via Tunnel mit London verbinden. Die Fahrtzeit von Paris nach London beträgt ca. drei Stunden, von Brüssel ca. zwei Stunden. Auch wenn die Fahrt durch den längsten Tunnel der Welt ein Superlativ ist: Die rund 20-minütige Tunnelquerung hat nichts Spektakuläres.

Wer in London einen Übernachtungsstopp einlegen will, kann die Tour bis dorthin bequem in einer Tagesreise bewältigen. So geht es zunächst im *ICE* nach Köln, von dort weiter per *Thalys* oder *ICE* nach Brüssel und schließlich mit dem *Eurostar* an die Themse. Aus dem südlichen Deutschland sowie aus der Schweiz bietet sich die Fahrt mit dem *TGV* über Paris an. Der **Ankunftsbahnhof London St. Pancras** ist für sich schon eine Sehenswürdigkeit: sehr aufwendig renoviert wurde er 2007, und er wird mit Recht als einer der schönsten Bahnhöfe der Welt bezeichnet.

Fahrtzeitbeispiele bis London: ab Zürich, Frankfurt oder Hannover rund 9 Stunden, ab Köln rund 6 Stunden – gerechnet von Stadt zu Stadt.

Von London zu allen größeren Orten an der südenglischen Küste oder im Binnenland gibt es direkte und schnelle Züge meist jede halbe Stunde ab Victoria

adobe.stock ©Tupungato

oder Waterlooo Station. Von St. Pancras zu diesen Bahnhöfen braucht man etwa eine halbe Stunde und nimmt dazu am Besten die U-Bahn.

Es gibt viele **Spar-Angebote** für preiswertes und flexibles Reisen vor Ort (→ Kap. Verkehrsmittel, Bahn). Diese Angebote sind nur auf dem Kontinent und nicht in Großbritannien erhältlich!

Für die Fahrpreise gilt generell: Wer früh bucht, zahlt am wenigsten. So ist mit etwas Glück die Fahrt von Köln oder Freiburg nach London und zurück schon für 160 Euro zu haben – inklusive aller Kosten.

Einen vollständigen **Überblick** über alle Sonderangebote zu geben, ist kaum möglich, zumal die beteiligten Bahngesellschaften ständig wechselnde Sonderangebote auf den Markt bringen. Selbst die Fahrkartenverkäufer auf den Bahnhöfen kennen meist nur einen Teil der möglichen Varianten. Auch sind viele der speziellen *BritRail*-Angebote dort nicht erhältlich. Es empfiehlt sich deshalb, die Beratung durch ein spezielles Bahn-Reisebüro in Anspruch zu nehmen, wie zum Beispiel:

- **www.kopfbahnhof.info**

Wer selbst buchen will, bekommt die Fahrkarten für den *Eurostar* auf:

- **www.eurostar.com**

Mini-Flug-Know-how

Check-In

Nicht vergessen: Ohne einen gültigen **Reisepass** oder **Personalausweis** für EU-Staatsbürger und Schweizer kommt man nicht an Bord. **Kinder** benötigen einen eigenen Reisepass.

Das (Hand-)Gepäck

Man darf pro Person in der Regel ein Handgepäck- und zusätzlich ein Gepäckstück einchecken. Aufgepasst: Informieren Sie sich vor Ihrem Flug bei Ihrer Airline über die konkreten Bestimmungen, da diese mitunter stark voneinander abweichen. Beim Packen des Handgepäcks sollte man darauf achten, dass **Flüssigkeiten** jeder Art nur in geringen Mengen bis zu jeweils 100 ml mit ins Flugzeug dürfen. Diese Substanzen muss man separat in einem durchsichtigen Plastikbeutel (z.B. Gefrierbeutel) transportieren, den man beim Durchleuchten in eine der bereitstehenden Schalen auf das Fließband legen sollte. Auch elektronische Geräte müssen in diese Schale gelegt werden, ebenso Gürtel mit einer Schnalle aus Metall.

Aus Sicherheitsgründen dürfen **scharfe Gegenstände** wie Messer, Nagelfeilen oder Scheren nicht im Handgepäck untergebracht werden. Diese Gegenstände sollte man unbedingt zu Hause lassen oder im aufzugebenden Gepäck verstauen, sonst werden sie bei der Sicherheitskontrolle einfach weggeworfen. Darüber hinaus gilt, dass leicht entzündliche Gase in Sprühdosen (Schuhspray, Campinggas, Feuerzeugfüllung) und Feuerwerkskörper etc. nicht im Koffer oder dem Handgepäck transportiert werden dürfen.

Für die **Raucher** unter uns: Ins Handgepäck und auch in den Koffer dürfen bei innereuropäischen Flügen weder Feuerzeug noch Streichhölzer, man darf aber ein Feuerzeug oder eine Streichholzpackung pro Person am Körper mitführen.

Ein kleiner Tipp: Um Stress und Ärger zu vermeiden, packen Sie neben den wichtigsten Dingen auch Utensilien ins **Handgepäck,** die Sie am ersten Tag in Ihrem Urlaub gebrauchen könnten. Wenn es an den Strand geht, packen Sie zum Beispiel direkt die Badeklamotten ein. Falls das Gepäck Verspätung hat oder verloren geht, können sie trotzdem schon den ersten Tag genießen und müssen nicht direkt Einkaufen gehen.

CO_2-Fußabdruck

Grundsätzlich gilt beim Thema **Umweltschutz:** Vermeiden ist besser als Kompensieren. Auch längere Strecken lassen sich oft per Bahn, Bus oder Schiff zurücklegen, die allesamt eine bessere Klimabilanz haben als das Flugzeug. Wer nicht aufs Reisen mit dem Flugzeug verzichten will oder kann, hat die Möglichkeit zusätzlich Geld für Klimaschutzprojekte auszugeben. Dabei ist jedoch darauf zu achten, in welche Projekte genau das Geld geht oder auch wie viel bei der jeweiligen Organisation für die Verwaltung stecken bleibt. Bisher als gut bewertete Organisationen sind u.a. atmosfair.de, myclimate.org sowie goclimate.com.

Mit dem Flugzeug

Wer mit dem Flugzeug anreist, wird viele Billigangebote nach **London** finden, aber auch zu den Flughäfen von Bristol, Southampton und Newquay gibt es Direktflüge von Deutschland und Österreich und der Schweiz aus (s.u.). Die meisten Linienmaschinen zur britischen Hauptstadt landen im westlich vom Zentrum gelegenen **Heathrow,** einige gehen südlich von London in Gatwick nieder, die Billiganbieter landen vorwiegend im nördlich gelegenen Stansted oder nordwestlich in Luton. Kleinere Maschinen fliegen den City Airport in den Docklands an.

Von Heathrow verkehrt die *Piccadilly Line* der Londoner U-Bahn während der Hautverkehrszeiten im Minutentakt und benötigt ca. 45 Min. bis ins Zentrum. Die schnellste Verbindung bis ins Zentrum bietet der *Heathrow Express,* der alle 15 Min. fährt und bis Paddington Station nur 15 Min. Fahrzeit benötigt. Von Paddington Station aus erreicht der Besucher mit der U-Bahn ein weiteres Ziel.

Von Gatwick aus verlässt der *Gatwick Express* tagsüber alle 15 Min. den Flughafen und hält in Victoria Station. Von **Stansted** aus gibt es Verbindungen in den Osten, Westen oder ins Zentrum Londons. Vom **Flughafen Luton** aus verkehrt ein Shuttle-Bus zum Bahnhof, und von dort geht es mit dem Zug nach London hinein.

Wer den **Westen Südenglands** erkunden möchte, kann mit *EasyJet* von Berlin direkt nach **Bristol** fliegen, in den Wintermonaten auch von Innsbruck, Salzburg und Basel aus, mit *EasyJet* von Genf nach **Southampton** (nur in den Wintermonaten), mit *Eurowings* von Düsseldorf und Berlin sowie mit *Edelweiss* von Zürich aus nach **Newquay** (letzteres nur in den Sommermonaten).

- **EasyJet,** www.easyjet.com
- **Edelweiss,** www.flyedelweiss.com
- **Eurowings,** www.eurowings.com

Flugpreise

Ein Economy-Ticket von Deutschland, Österreich und der Schweiz hin und zurück nach London bekommt man je nach Jahreszeit und Aufenthaltsdauer ab **etwa 120 Euro** (einschl. aller Steuern, Gebühren und Entgelte). Am teuersten ist es in der Hauptsaison im Sommerhalbjahr, besonders in den Sommerferien können die Preise über 300 Euro betragen.

Kinder unter zwei Jahren fliegen ohne Sitzplatzanspruch für etwa 10 % des Erwachsenenpreises, ansonsten werden für ältere Kinder die Preise je nach Airline um 25–50 % ermäßigt. Ab dem 12. Lebensjahr gilt dann überall der Erwachsenentarif.

Buchung

Man kann bei den Fluggesellschaften direkt buchen oder eine der Vergleichswebseiten im Internet benutzen, die sowohl Linienfluggesellschaften als auch „Billigflieger" vergleichen. Dabei sollte man wissen, dass die günstigsten Flüge keineswegs immer online im Internet buchbar sind. Häufig haben spezialisierte Reisebüros wie *Jet-Travel* und der *Globetrotter Travel Service* auf Anfrage preiswertere Angebote.

- **www.britishairways.com**
- **www.lufthansa.com**
- **www.swiss.com**
- **Websites für Flugsuche und Preisvergleiche:** www.opodo.de, www.opodo.at, www.opodo.ch, www.fluege.de, www.swoodoo.com, www.skyscanner. de, skyscanner.ch oder www.skyscanner.at.

Billigfluglinien

Preiswerter geht es mit etwas Glück nur, wenn man bei einer Billigairline **sehr früh online bucht.** Es werden keine Tickets ausgestellt, sondern man bekommt nur eine Buchungsnummer per E-Mail. Zur Bezahlung wird in der Regel eine Kreditkarte verlangt.

Verpflegung wird oft extra berechnet, und man muss Aufschläge für aufgegebenes Gepäck bezahlen.

Für die Region Südengland sind die folgenden Fluggesellschaften interessant:

- **www.brusselsairlines.com**
- **www.flyedelweiss.com**
- **www.easyjet.com**
- **www.eurowings.com**
- **www.ryanair.com**
- **www.wizzair.com**

Last-Minute

Man kann auch nach Last-Minute-Flügen Ausschau halten, die von einigen Fluglinien mit Ermäßigung **ab etwa 14 Tage vor Abflug** angeboten werden, wenn noch Plätze zu füllen sind. Last-Minute-Flüge lassen sich z.B. buchen bei:

- **L'Tur,** www.ltur.com, Tel. für Deutschland, Österreich und die Schweiz: Tel. 0761-55755901.
- **Lastminute.com,** www.lastminute.de, Tel. 089-207001508.
- **5 vor Flug,** www.5vorflug.de, (D-)Tel. 089-7104 54109.
- **Restplatzbörse,** www.restplatzboerse.at, (A-) Tel. 01-580850, (D-)Tel. 0991-29679653.

Mit dem Bus

Auch die vielleicht nicht sehr bequeme, dafür aber günstige Anreise mit dem Bus sei hier erwähnt. So verbindet etwa das Unternehmen *Flixbus* viele europäische Großstädte miteinander; für das Reisegebiet Dover und London zahlt man für die Strecke Frankfurt a.M. – London hin und zurück zwischen 100 und 180 Euro.

- **Flixbus:** Tickets im Internet (www.flixbus.de), per *App (Android, iOS, Windows Phone),* telefonisch (0049-30-300137300) oder direkt beim Fahrer

Autofahren

→ Anreise, S. 476
→ Verkehrsmittel, S. 521

Sieht man einmal vom Linksverkehr ab, so sind im Wesentlichen die gleichen Verkehrszeichen und -regeln wie bei uns auch gültig. Es gelten die folgenden **Höchstgeschwindigkeiten:**

Ortschaften	30 mph	(48 km/h)
Landstraßen	60 mph	(96 km/h)
Autobahnen	70 mph	(112 km/h)

Die **Alkoholgrenze** liegt bei 0,8 ‰, und die Benutzung von **Mobiltelefonen** am Steuer ist strikt verboten.

Gestrichelte Doppellinien und das Schild **„Give Way“** bedeuten, dass man Vorfahrt gewähren muss.

Kreisverkehre *(roundabout)* ersetzen in Großbritannien große wie kleine Kreuzungen und lassen den Verkehr wesentlich schneller fließen als die hiesigen Stop-and-go-Kreuzungen mit Ampelanlagen. Die Autos im *roundabout* haben Vorfahrt und fahren im Uhrzeigersinn.

In Südengland gibt es wenig Autobahnen, wie sie in z.B. Deutschland bekannt sind. Der meiste Verkehr führt über **Landstraßen,** die kurvenreich und schmal sind. Hohe Hecken säumen die Straßen, deren Ausläufer in 5 m Höhe dann über der Fahrbahn aufeinander zuwachsen, sodass man das Gefühl hat, sich in einem Tunnel fortzubewegen.

Auf den unübersichtlichen, schmalen und recht kurvenreichen Sträßchen empfiehlt sich dringend eine **defensive Fahrweise.** Ein einsamer Radfahrer nahe an der Hecke oder auch ein Fußgänger sind durch rasende Automobilisten hochgradig gefährdet. Südengland ist keine Gegend für Rennfahrer!

Viele unklassifizierte Straßen sind sogar nur einspurig und bieten dafür alle Paar Meter Ausbuchtungen, sogenannte **Passing Places,** an, in denen man den Gegenverkehr vorbeilassen kann.

Die **Tankstellendichte** in Englands Süden ist hervorragend, und die *Petrol Stations* führen die bei uns bekannten Kraftstoffarten. Bleifreies Benzin heißt *unleaded petrol* und kostet etwa 1,55 £, *Diesel* ca. 1,63 £. Großbritannien ist eines der wenigen Länder, in dem *Diesel* mehr kostet als Benzin. Am günstigsten tankt man bei den großen Supermärkten wie *Tesco* oder *Morrisons.* England ist gut mit **Ladestationen für E-Autos** versorgt. Die *ADAC Drive App* gibt Auskunft, wo diese sich befinden und wie viele Ladepunkte zur Verfügung stehen.

In den Ortschaften finden sich in der Regel große **Parkplätze** nahe dem Zentrum. Hier gilt *Pay and Display:* aus einem Ticketautomaten zieht man je nach gewünschter Parkdauer mit Kleingeld, Debit- oder Kreditkarte einen Zettel, der die Rückkehrzeit anzeigt und legt diesen dann auf das Armaturenbrett. Alternativ kann man auch oft mit einer **Parking App** wie *RingGo, JustPark* oder *PayByPhone* zahlen. Es lohnt sich, diese bereits vor der Reise auf das Smartphone zu laden, da gerade auf ländlicheren Parkplätzen die Internetverbindung sehr langsam sein kann. Ohne auf eine dieser Arten bezahlt zu haben, sollten Sie Ihren Wagen nicht auf gebührenpflichtigen Parkplätzen oder an Straßenrändern abstellen. Da ausländische **Parksünder** ihre Strafmandate nicht bezahlen, werden ihre Autos zumeist mit einer *clamp,* einer Radkralle, versehen, die am Wegfahren hindert, oder abgeschleppt. Ziert eine solche *clamp* Ihren Wagen, so haben Sie zuerst die Strafe zu bezahlen (Adresse auf dem Bußbescheid), gehen dann zu ihrem Wagen zurück und warten, bis das *clamp removal unit* kommt und die Kralle abmontiert. Unter Umständen müssen Sie bis zu fünf Stunden ausharren, bis die Einheit erscheint und den Wagen freigibt.

Vor und hinter Fußgängerüberwegen zeigen **weiße Zickzacklinien** die absoluten Parkverbotsbereiche an, und an den Bordsteinrändern weisen eine **gelbe Linie** auf das Parkverbot und **zwei gelbe Linien** auf das absolute Halteverbot hin.

Kleine Vokabelliste rund ums Auto

Verkehrs- und Straßenhinweise

bend	Kurve
car park	Parkplatz
cattle/sheep	Kühe/Schafe
concealed exit	unübersichtliche Ausfahrt
fallen rocks	Steinschlag
ferry terminal	Fähranleger
heavy lorries	schwere Lastwagen
keep left	links halten
keep right	rechts halten
level crossing	Bahnübergang
loose chippings	Rollsplit
no entry	keine Einfahrt
no through road	keine Durchfahrt
reduce speed now	jetzt Fahrt verlangsamen
road blocked	Straße gesperrt
road works	Straßenbauarbeiten
slippery	Schleudergefahr
slow	langsam
speed limit	Geschwindigkeits-begrenzung
traffic lights	Ampelanlage
uneven surface	unebene Fahrbahnoberfläche

Rund ums Auto

Abblendlicht	dipped lights
abschleppen	to tow
Abschleppseil	tow rope
Abschleppwagen	recovery vehicle
Anhänger	trailor
Anlasser	starter
Auspuff	exhaust (pipe)
Batterie	battery
Benzin	patrol
Benzinpumpe	fuel pump
bleifrei	unleaded
Bremsen	brakes
Bremslicht	brake light
Dichtung	gasket
Ersatzeile	spare parts
Gas geben	to accelerate
Gaspedal	accelerator
Getriebe	gear box
Handbremse	hand brake
Kanister	can
Karosserie	body work
Keilriemen	fan belt
Krankenwagen	ambulance
Kühler	radiator
Kupplung	clutch
Lenkung	steering
Lichtmaschine	generator
Motor	engine
Öl	oil
Ölstand/-wechsel	oil level/change
Panne	breakdown
Radarfalle	speed control
Rad	wheel
Reifen	tyre
Reifendruck	tyre pressure
Reifenpanne	puncture
Reifenventil	tyre valve
Reparatur	repair
Rückleuchte	rear light
Schaltung	gears
Scheinwerfer	headlight
Standlicht	parking light
Tank	tank
Tankstelle	petrol station
Unfall	accident
Vergaser	carburetor
Wagenheber	jack
Werkstatt	garage
Zündkerze	sparking plug
Zylinder	cylinder

Autopanne/ -unfall

Bei einem **Unfall** sollten Sie immer und unbedingt die Polizei rufen; die zentrale **Notfallrufnummer** für Polizei, Krankenwagen und Feuerwehr ist **999.** Bei **nicht lebensbedrohlichen Situationen** gilt die *Non emergency* (kein Notfall) **Polizeirufnummer 101.**

Bei einer **Autopanne** wenden Sie sich an einen der beiden nationalen Automobilclubs oder die *Environmental Transport Association:*

- **Royal Automobile Club (RAC),** Tel. 0333-2000999, www.rac.co.uk.
- **Automobile Association (AA),** Tel. 0333-046046, www.theaa.com.
- **Environmental Transport Association (ETA),** Tel. 0333-0001234, www.eta.co.uk.

Hilfe ist z.B. für *ADACPlus*-Mitglieder oder *ÖAMTC*-Mitglieder teilweise kostenlos. Man kann sich auch direkt an seinen Automobilclub wenden. Hier die drei größten für Deutschland, Österreich und die Schweiz:

- **ADAC,** (D-)Tel. 089-222222, www.adac.de
- **ÖAMTC,** (A-)Tel. 01-2512000, www.oeamtc.at
- **TCS,** (CH-)Tel. 0041-588272220, www.tcs.ch

Barrierefreies Reisen

Menschen mit besonderen Bedürfnissen können sich in England **gut aufgehoben** fühlen. Die meisten Sehenswürdigkeiten und der öffentliche Verkehr sind gut auf Rollstuhlfahrer und Menschen mit Hör- und Sehschäden eingestellt. So müssen alle öffentlichen Verkehrsmittel für Rollstuhlfahrer zugänglich sein: Busse und Straßenbahnen haben eine Senkfunktion, um das Ein- und Aussteigen zu erleichtern, und wenn dies bei Zügen nicht möglich ist, werden Rampen zur Verfügung gestellt.

Über die *App* **Passenger Assistance** oder die **Rufnummer 0800-0223720** kann man an Bahnhöfen kostenlos Hilfe anfordern, ob beim Ein- oder Aussteigen, beim Tragen von Gepäck oder bei der Orientierung für Sehbehinderte.

Unter den Links **„Accessibility“** oder **„Access“** findet man außerdem auf den Websites jeder Touristenattraktion Hinweise, in wie weit sie für Menschen mit Behinderung geeignet sind.

Für **Sehbehinderte** gibt es an allen Fußgängerüberwegen Tastpflaster und piepsende Ampeln. Leider werden weder in allen Regionalzügen noch in allen Bussen die Stationen angesagt, jedoch kann man sich zumindest in Bussen auf die Hilfe der meist sehr freundlichen Fahrer verlassen.

Weitere Informationen zu barrierefreien Hotels, der Zugänglichkeit von individuellen Sehenswürdigkeiten sowie der Eignung für autistische Menschen findet man auf der Website **Tourism for All.** Auch auf der Website des Tourismusverbandes *Visit England* findet man ausführliche Informationen für Menschen mit besonderen Bedürfnissen.

- **Tourism for All,** www.tourismforall.co.uk
- **Visit England,** www.visitengland.com/travel-info-and-advice/accessible-england

Camping

Camping ist auch in Großbritannien sehr beliebt, davon zeugen die unglaublich zahlreichen **Caravan Sites,** deren zumeist fest installierte, nicht mobile, in vielen tiefgestaffelten Reihen stehende Wohnwagen als billiges Landhaus oder Ferienwohnung dienen. Es gibt aber auch eine ganze Reihe anheimelnder **Camping Sites.** Folgende Internetseiten stellen eine große Zahl an Plätzen vor:

- **www.ukparks.com**
- **www.pitchup.com**

Die Website **HipCamp** führt vor allem naturbelassene Zeltplätze auf.

- **www.hipcamp.com/en-GB**

Auch das **Glamping** *(glamorous camping)* – Campen mit Luxusfaktor – ist beliebt. Hier übernachtet man nicht im schnöden Zelt, sondern in Jurten, Tipis, alten Holzwohnwagen oder kleinen Hütten, die mit viel Individualität eingerichtet sind. Komfortable Dusch- und Bademöglichkeiten sowie andere Annehmlichkeiten sind dabei natürlich ein Muss.

- **www.glamping-uk.co.uk**

Champing

MEIN TIPP: Camping in uralten Kirchengemäuern? Das kann man im Vereinigten Königreich von März bis Oktober, wenn 25 historische **Kirchen zum Campen** offen stehen *(Camping in Churches = Champing).* Bucht man eine Kirche, hat man von 18 bis 10 Uhr am nächsten Morgen alleinigen Zugang, darf auf der Orgel spielen (wenn diese vorhanden ist) und eine Predigt von der Kanzel halten. Auch der Genuss von Wein ist ausdrücklich erlaubt! Im Preis inbegriffen sind Campingbetten, Laternen und Teekocher. Die Kirchen haben jeweils eine Toilette, aber meist kein warmes Wasser oder Heizung. Die Buchung erfolgt über den *Church Conservation Trust,* eine Vereinigung, die sich um den Erhalt alter Kirchen kümmert.

- **www.champing.co.uk,** Tel. 0207-8410 436, von Montag bis Donnerstag kostet eine Übernachtung für Erwachsene 49 £ (Kinder 25 £), freitags bis sonntags 59 £ (30 £).

Einkaufen

→ Essen und Trinken, S. 489

Die Inflationsrate liegt in Großbritannien derzeit auf einem hohen Niveau, so dass das Einkaufen in England eine **recht teure Angelegenheit** ist. Trotzdem findet man besonders in den vielen Museumsläden und inhabergeführten Geschäften schöne Mitbringsel, welche die relativ hohen Preise rechtfertigen.

Rigide **Ladenschlusszeiten** kennen die flexiblen Briten nicht, während der Saison sind in den Badeorten die Ge-

955es ar

schäfte manchmal bis 21 Uhr geöffnet; die normalen Öffnungszeiten liegen in den Innenstädten zwischen 9 und 17.30 Uhr. Einkaufszentren und Supermärkte sowie kleinere Lebensmittelläden haben montags bis samstags von 8 bis 21 oder 22 Uhr geöffnet, manchmal sogar rund um die Uhr. **Sonntags** dürfen Geschäfte für sechs Stunden ihre Waren verkaufen. Supermärkte sowie Einkaufszentren sind zwischen 10 und 16 oder 11 und 17 Uhr geöffnet. Manche Geschäfte öffnen schon früher, man muss dann warten, bis die Kassen öffnen, da nur nur sechs Stunden lang verkauft werden darf.

Alkoholische Getränke kann man nicht in jedem Geschäft kaufen, sondern nur in den *Off-Licence*-Läden. Auch diese Geschäfte sind bis in den späten Abend hinein geöffnet. Supermärkte haben eine *Off-Licence*-Abteilung.

Vintage-Laden in Bath

Ein- und Ausreisebestimmungen

→ Mit Haustier unterwegs, S. 502

Dokumente

Besucher aus EU-Ländern und der Schweiz benötigen für die Einreise nach Großbritannien einen gültigen **Reisepass.**

Voraussichtlich ab Ende 2024 wird es zudem nötig sein, vor der Einreise eine **Electronic Travel Authorisation (ETA)** zu beantragen. Die *ETA* soll um die 10 £ kosten und zwei Jahre gültig sein. Mehr Infos werden zeitnah auf der Website www.gov.uk veröffentlicht.

Jedes **Kind** benötigt einen eigenen Reisepass. Reisen Minderjährige nicht in Begleitung beider Elternteile, kann man nach einer Einverständniserklärung des anderen Sorgeberechtigten gefragt werden, als Schutzmaßnahme gegen eine mögliche Kindesentführung. Weitere Infos z.B. unter www.auswaertiges-amt.de.

In Deutschland, Österreich oder der Schweiz lebende Staatsbürger anderer Länder sollten sich bei der *UK Border Agency* (www.gov.uk/visas-immigration) nach der Notwendigkeit eines **Visums** erkundigen, denn diese stellt das gegebenenfalls notwendige Visum aus.

Zollbestimmungen

Seit dem *Brexit* gelten die folgenden **Ein- und Ausfuhrbeschränkungen** zwischen Großbritannien, den EU-Ländern und der Schweiz.

Freimengen für die Einfuhr nach Großbritannien

- **Alkohol** (für Personen über 17 Jahre): 4 l Spirituosen (über 22 Vol.-%) oder 9 l Spirituosen (unter 22 Vol.-%), und 18 l nicht schäumender Wein, und 42 l Bier oder eine anteilige Zusammensetzung dieser Waren.
- **Tabakwaren** (für Personen über 17 Jahre): 200 Zigaretten oder 100 Zigarillos oder 50 Zigarren oder 250 g Tabak oder 200 Tabaksticks für elektronische Tabakgeräte, oder eine Zusammenstellung dieser Waren.
- **Anderes:** Man darf weitere Waren für den persönlichen Gebrauch bis zu einem Wert von 390 £ zollfrei einführen.

Freimengen für die Einfuhr nach Deutschland und Österreich

- **Alkohol** (für Personen über 17 Jahre): 1 l Spirituosen (über 22 Vol.-%) oder 2 l Spirituosen (unter 22 Vol.-%), und 4 l nicht schäumender Wein, und 16 l Bier oder eine anteilige Zusammensetzung dieser Waren.
- **Tabakwaren** (für Personen über 17 Jahre): 200 Zigaretten oder 100 Zigarillos oder 50 Zigarren oder 250 g Tabak, 250 Tabaksticks mit Aluminiumhülle oder 200 Tabaksticks ohne Aluminiumhülle, 250 g Wasserpfeifen-Watte, oder eine Zusammenstellung dieser Waren.
- **Anderes:** 10 l Kraftstoff im Benzinkanister; für Flug- und Seereisende Einfuhr von weiteren Waren bis zu einem Wert von 430 Euro, über Land Reisende 300 Euro, alle Reisenden unter 15 Jahren 175 Euro.

Achtung: Es dürfen keine Fleisch- und Milchprodukte, Pflanzen oder Samen aus Großbritannien in die EU eingeführt werden. Ausgenommen davon sind Schokolade und andere Süßwaren, die Milch enthalten. Auch die Ausfuhr von Honig ist problemlos möglich, solange die Menge nicht über 2 kg liegt.

Freimengen für die Einfuhr in die Schweiz

- **Alkohol** (für Personen über 17 Jahre): 1 l Spirituosen (über 18 Vol.-%) oder 5 l Spirituosen (unter 18 Vol.-%).
- **Tabakwaren** (für Personen über 17 Jahre): 250 Zigaretten oder Zigarillos oder 250 g von anderen Tabakwaren.
- **Anderes:** 25 l Kraftstoff im Benzinkanister; übersteigt der Gesamtwert der mitgeführten Waren (inkl. dem Wert von Lebensmitteln) 300 Franken, muss Mehrwertsteuer bezahlt werden.

Nähere Informationen

- **Deutschland:** www.zoll.de
- **Österreich:** www.bmf.gv.at
- **Schweiz:** www.ezv.admin.ch
- **Großbritannien:** www.gov.uk/bringing-goods-into-uk-personal-use/arriving-in-Great-Britain

Elektrizität

Auch in England gibt es 230 Volt Wechselstrom wie hierzulande - doch damit ist das Ende der Gemeinsamkeiten erreicht. Wollen Sie Ihren Haarfön nutzen, so hilft nur ein dreipoliger **Zwischenstecker,** den es in fast jedem englischen Haushaltswarengeschäft zu kaufen gibt; dort erstehen Sie einen *plug,* in den der *continental plug* hineinpasst. Vorsichtshalber sollten Sie jedoch den Zwischenstecker schon zu Hause besorgt haben, entweder im Elektrogeschäft, am Flughafen oder beim *ADAC.*

Für Herren, die sich trocken rasieren, gilt dies alles nicht. Im Bad befindet sich der uns bekannte Stecker mit der Aufschrift *shavers only* - nur für Rasierer. Den Fön treibt dieser Stecker trotzdem nicht, eine Sicherung *(fuse)* lässt nur die wenigen Ampere durch, die der Rasierapparat benötigt. Das Mobiltelefon kann man aber über diese Steckdose aufladen.

Ist der Stecker in der Dose, aber nichts tut sich, so untersuchen Sie die **Steckdose** *(socket);* sie werden einen kleinen Kipphebel finden, den man umlegen muss. Funktionieren also Fernseher oder Teekessel nicht, werfen Sie erst einen Blick auf die Steckdose. Bleibt es im Hotelzimmer dunkel, so ist sicher die Glühbirne hinüber - ordern Sie an der Rezeption eine neue *bulb.*

Essen und Trinken

→ Kleine Sprachhilfe, S. 577

Die Mahlzeiten

Den miserablen Ruf, den das englische Essen hat, werden die Briten sicher nie los. Urlauber seien deshalb vorab informiert, dass sie auf einer Süd-England-Rundfahrt durchaus gastronomische Highlights erleben können.

Doch beginnen wir erst einmal mit dem außerordentlich sättigenden, aber auch den Cholesterinspiegel in ungeahnte Höhen treibenden **Frühstück.** Es geht los mit *cereals* (*Cornflakes* oder Müsli), hartgesottene können auch *porridge* (Haferbrei) ordern. Hat man sich reichlich bedient, wird man nach den Wünschen bezüglich des *cooked breakfast* gefragt und ordert etwa *bacon and scrambled eggs with sausages and baked beans,* also gebratenen Schinken und Rühreier, Würstchen und (gebackene) Bohnen in Tomatensauce. Außerdem wird Toast mit Butter und Marmelade gereicht. Häufig gibt es eine gegrillte Tomate zum *cooked breakfast,* oder auch gebratene Champignons *(mushrooms).* Statt Rührei kann man auch Spiegeleier *(fried eggs)* bestellen. Als Getränk empfiehlt sich Tee; was Kaffee betrifft, kann die Qualität eventuell unterschiedlich ausfallen.

Über die Mittagszeit, zum **Lunch,** trifft man sich gerne in den Pubs und Inns und greift dort zum *Pub Grub* bzw. *Bar Meal.* Fast alle Tavernen auf dem Land haben eine weite Palette an Snacks im Angebot. Es muss ja nicht immer ein Sandwich sein, man kann ja auch einmal einen **ploughman's** oder **fisherman's lunch** probieren. Ersterer besteht aus einer oder mehreren Sorten Käse, Brot mit Butter, *pickles* oder *relish* (süßsauer eingemachte „Gemüse-Marmelade“) und etwas Salat. Manchmal gibt es *pork pie* (Schweinefleisch im Teigmantel) dazu. Beim *fisherman's lunch* gibt es statt Käse eine Räuchermakrele auf dem Teller.

Salate mit Schinken oder Fleischbeilage sind ebenfalls beliebt und weit verbreitet, gleiches gilt für **Currys** – indische Hühner-, Lamm- und Schweinefleisch- oder Gemüsegerichte mit Reis oder Fladenbrot. Auch eine *soup of the day* (Tagessuppe) – oft Tomaten-, Hühner-, oder Gemüsesuppe – ist meistens im Angebot und wird normalerweise mit Brot und Butter serviert.

Zwei Arten von **Pies** sind heißbegehrt: *steak and kidney pie,* Rindfleisch- und Nierengulasch in Teighülle, sowie *shepherd's pie,* Hackfleisch mit überbackenem Kartoffelpüree. Fragen Sie den Wirt, was er sonst noch im Angebot hat; häufig hängt aber drinnen oder draußen eine große schwarze Wandtafel, auf der alle Gerichte verzeichnet sind.

Am späteren Nachmittag schlägt dann die Stunde der *tea rooms.* Hier, in einer gemütlichen Wohnzimmeratmosphäre, nimmt der Brite gern seinen **Cream Tea** ein, und haben Kontinentaleuropäer erst einmal damit Bekanntschaft gemacht, so werden sie die Sitte bald nicht mehr missen wollen. Ein *Cream-Tea*-Gedeck beinhaltet eine Kanne Tee, frische, warme und leicht süßliche *scones* (weiches Gebäck, beispielsweise mit Rosinen), *clotted cream,* dicke Buttersahne, und *jam,* Marmelade.

Ist der Hunger größer, kann man das Abendessen gleich ausfallen lassen und zum kompletten **Afternoon Tea** einkeh-

956es ar

ren, den viele Hotels oder Cafés anbieten. Hier gibt es nicht nur Kuchen und *scones* in Hülle und Fülle, sondern auch eine Auswahl an Sandwiches, so z.B. die berühmten Gurkenbrote *(cucumber sandwiches)* dazu. Meist wird all dies stilvoll auf einer edlen Étagère serviert.

Ein abendliches **Dinner** ist dann der gastronomische Hochgenuss und rundet den Tag des Gourmets ab. Leider sind Restaurantbesuche teurer als bei uns, dennoch dürfen Sie sich das eine oder andere gute Restaurant nicht entgehen lassen.

Entlang der Küste finden sich immer wieder gute **Seafood Restaurants,** doch sollten Sie auch die ganz spezifisch britische Küche nicht aus den Augen verlieren; so etwa Lamm in Minzsoße oder *Roastbeef* und *Yorkshire Pudding.* Sie werden erstaunt sein, wie schmackhaft die englische Küche ist.

Restaurants der gehobenen Kategorie erwarten eine **angemessene Kleidung;** dazu gehört z.B. bei Herren ein Sakko mit Krawatte und bei Damen ein Kleid.

Für **Vegetarier** und **Veganer** ist in Südengland sehr gut gesorgt, so ist z.B. Brighton eine regelrechte Vegetarier-Metropole. Auch auf dem Land bieten so gut wie alle Restaurants mehrere gute vegetarische Optionen an, genauso wie die allermeisten Hotels und B&Bs. Veganer haben es außerhalb der großen Städte wie London, Brighton und Bristol etwas schwerer. Generell empfiehlt es sich für Veganer, aber auch für Besucher, die glutenfreie Speisen *(vegan food; gluten-free food)* suchen, freundlich nachzufragen, ob das jeweilige Restaurant etwas anbieten kann. Wenn man genau erklärt was man essen kann und was nicht, lässt sich oft ein Gericht abwandeln oder man bekommt etwas, das nicht auf der Speisekarte steht. Eine gute Hilfe bei der Suche bietet die Website www.happycow.net.

◁ Cream Tea mit Scones, Clotted Cream und Jam in einem kleinen Café in Cornwall

Restaurants, Gastropubs und Imbisse

Es gibt ein reichhaltiges Angebot an guten Restaurants und preiswerten Schnellimbissen. Der traditionelle britische Schnellimbiss, in England **Chippy** genannt, bietet primär *Fish and Chips,* also panierten Fisch mit Pommes frites. Der Fisch ist meistens Kabeljau *(cod),* gelegentlich gibt es auch andere Fischarten zur Auswahl, z.B. Wittling *(whiting).* Die Pommes Frites sind dicker und weicher als andernorts in Europa. Meist werden die Pommes auf Papier geschaufelt, der Fisch kommt oben drauf und dann wird, wenn man das nicht ablehnt, großzügig Salz und Malzessig *(vinegar)* darüber verteilt. Oft kann man sich in den Imbissen nicht hinsetzten.

Das gilt insbesondere für die sogenannten **Takeaways,** wo ein Gericht zubereitet wird, das man telefonisch, online oder an der Theke bestellt hat. Es gibt, grob gesagt, drei Arten von *Takeaways,* wenn man die Pommesbuden nicht mitzählt: indische (deren Betreiber oder Gerichte aber auch aus Pakistan oder Bangladesh kommen können), chinesische und Pizza-Lieferdienste.

In den letzten Jahren sind mehr und mehr **Pubs** dazu übergegangen, Essen anzubieten (→ Pubs). Solche, die qualitative hochwertige Küche anbieten, werden als **Gastropubs** bezeichnet. Diese haben oft einen separaten, als Restaurant bezeichneten Raum. Manchmal gibt es ein preiswerteres *bar meal* in den Kneipenräumen und teurere Speisen im Restaurant. In Pubs bekommt man gewöhnlich *Fish and Chips*, Steaks, Fleisch-, Geflügel- und Fischgerichte mit Pommes sowie Hamburger diverser Art mit verschiedenstem Belag. Das Essen in einem Pub bestellt man an der Bar und bezahlt auch sofort. Oft muss man sich die Nummer, die auf dem Tisch steht, merken und bei der Bestellung angeben.

Neben Pubs bieten **indische** und **chinesische Restaurants** häufig preiswerte Gerichte. Indische Restaurants – es gilt übrigens wie bei den indischen *Takeaways*, dass die Betreiber, das Personal oder die Rezepte trotz der Bezeichnung „indisch" auch aus Pakistan oder Bangladesh stammen können – sind sehr verbreitet, ähnlich wie in Deutschland italienische Pizzerien. In den Städten gibt es natürlich auch viele andere Restaurants mit Spezialitäten aus aller Welt.

Aber auch Restaurants mit mehr oder weniger einheimischer Küche – oft französisch oder mediterran inspiriert – findet man überall. Die moderne britische Küche ist innovativ wie nie zuvor und und britische Starköche wie *Jamie Oliver, Rick Stein, Heston Blumenthal, Gordon Ramsay* oder *Delia Smith* sind international bekannt. Gute Restaurants verschiedenster Preislage boomen trotz der schwierigen wirtschaftlichen Lage. Vorbei sind die Zeiten, in denen die britischen Inseln eine kulinarische Wüste waren.

In den meisten Restaurants ist es üblich zu warten, bis man an einen Tisch gebracht wird. **Trinkgeld** (*tip* oder *gratuity*) ist dann üblich, wenn man bedient wurde. Wenn die Bedienung *(service)* im Preis inbegriffen ist, kann man bei Zufriedenheit 5–10 % geben, wenn das nicht der Fall ist („service not included"), sollte man 10–15 % dalassen. Bezahlt wird normalerweise pro Tisch, wenn verschiedene Personen an einem Tisch getrennt zahlen wollen, müssen sie selbst ausrechnen, welchen Anteil des Gesamtbetrages sie übernehmen. Wenn man bar zahlt und das Geld passend hat, lässt man den Rechnungsbetrag zusammen mit dem Trinkgeld auf dem Tablett, auf dem die Rechnung gebracht wurde. Oder man wartet, bis das Wechselgeld gebracht wird und lässt das Trinkgeld auf dem Tablett liegen. Wenn man mit

Preisklassen der Restaurants in diesem Buch

① bis 10 £
② 11–20 £
③ 21–30 £
④ 31–40 £
⑤ ab 41 £

Diese Preiskategorien beziehen sich auf **Hauptgerichte am Abend.**

⊡ Frische Muscheln sind ein typisch kornisches Gericht

723es fk

Kleine Vokabelliste für Restaurants

Hauptgerichte

leg of lamb with mint sauce	Lammkeule in Minzsoße
roast rib of beef	geröstete Rippe vom Rind
gammon steak	Schinkensteak
grilled sirloin steak	Rumpsteak
fried fillet of plaice with tartare sauce	Schollenfilet mit Remouladensoße
grilled salmon	gegrillter Lachs
lamb cutlets	Lammkoteletts
pork	Schweinefleisch
mussels	Muscheln
prawns	Garnelen
trout	Forelle

Beilagen

brussels sprouts	Rosenkohl
mushrooms	Champignons
mashed potatoes	Kartoffelpüree
baked potatoes	Folienkartoffel
vegetables	Gemüse
peas	grüne Erbsen
cabbage	Kohl
cauliflower	Blumenkohl
leeks	Lauch

Desserts

lemon meringue pie	Zitronenbaisertorte
hot apple pie	warmer Apfelkuchen
fruit salad	Obstsalat

Getränke

tea	Tee
coffee	Kaffee
mineral water	Mineralwasser
ale, beer	Bier

Zubereitungsarten

smoked	geräuchert
poached	gekocht
deep fried	frittiert

Britische Pub-Besonderheiten

Viele **Namen von Pubs** gehen auf die biblische Geschichte oder auf christliche Zeichen zurück; so etwa *The Cross, The Mitre* (Die Mitra), *Adam and Eve* oder *The Angel Inn*. Bezeichnungen wie *Four Bells* oder *Bell Inn* erinnern an die Kirchenglocken oder geben gleich die Anzahl der Glocken der heimischen Kirche an. Ist ein Gotteshaus St. Peter geweiht, so heißt der Pub nahebei mit Sicherheit *Cross Key*, das nämlich sind die beiden Schlüssel, mit denen *Petrus* entweder die Hölle oder den Himmel aufschließt.

The Lamb and the Flag ist weit verbreitet, dies war das heraldische Zeichen der Templer-Ritter; *The Star* bezeichnet den Stern, der die drei Weisen nach Bethlehem führte, und *The Anchor* ist nicht nur ein nautisches Symbol, sondern auch ein Zeichen der Hoffnung; viele Pubs heißen denn auch zur Verstärkung *Hope and Anchor*. The *Cock Inn* hat seinen Namen nicht vom Hühnerhof, sondern erinnert an *Simon Petrus:* Noch ehe der Hahn dreimal gekräht hat, wirst Du mich verraten haben! Unvergessen auch die Taverne, die *Ye Olde Trip to Jerusalem* hieß.

Viele Pub-Namen gehen auf uralte heraldische Zeichen zurück. Am bekanntesten ist *Red Lion*, von jeher das Wappentier der schottischen Könige, das mit dem schottischen *Jakob VI.*, der in England 1603 König *Jakob I.* wurde, in den Süden der Insel kam. Auch *Unicorn*, das Einhorn, geht auf die schottischen Herrscher zurück. Der *Greyhound* war das heraldische Zeichen der *Tudors* und die *Hannoveraner* führten *The White Horse* in ihrem Wappen.

Manchmal findet der durstige Zecher in England auch recht **seltsame Pub-Namen** vor und kann sich gar nicht vorstellen, was damit wohl gemeint sein soll. Welchen Sinn macht beispielsweise *The Goat and Compasses?* Hier war ein Atheist am Werke, der den betulichen Puritanerspruch *God encompasses you* recht pfiffig verballhornt hat. Heißt eine Taverne *Bag o'Nails*, ist man durchaus richtig vor Ort, der Name geht auf eine Verfremdung vom *Bacchanal* des römischen Weingottes zurück. Beim *Pig and Whistle* bläst keineswegs ein Schwein die Pfeife, sondern hier wird *a pail of health*, ein Eimer voll Gesundheit, verballhornt. Bei *Elephant and Castle* geht es gleich zweimal um die Ecke. Der gleichnamige Londoner Stadtteil geht auf Königin *Eleonore von Kastilien*, die *Infanta of Castile*, zu-

321es fk

rück, was die verballhornungsfreudigen Londoner zu *Elephant and Castle* mutieren ließen. Ein Elefant mit einem Burgturm auf dem Rücken ist aber auch ein altes heraldisches Zeichen. Heißt ein Pub so, dann gehört er jedoch mit großer Wahrscheinlichkeit zur Cutlers Brauerei, die nämlich führt diese Insignien in ihrem Wappen.

Biere werden in Pubs in **Half Pints** und **Pints** ausgeschenkt, was ungefähr unserem Viertelliter bzw. einem halben Liter entspricht. Ganz selten findet man noch einen **Yard of Ale,** eine ca. einen Meter lange Glasröhre, die ungefähr drei Pints enthält. Wie man hört, ist das lange Ding bei Trinkwettbewerben noch sehr beliebt.

Der Wirt bestellt sein Bier bei der Brauerei in **Casks,** in Fässern. Noch heute gelten die **Cask-Maße,** die auf dem sogenannten Neunersystem beruhen:

- **1 Pin** = 4,5 Gallonen (20,5 l)
- **1 Firkin** = 9 Gallonen (41 l)
- **1 Kilderkin** = 18 Gallonen (81,8 l)
- **1 Barrel** = 36 Gallonen (163,7 l)
- **1 Hogshead** = 54 Gallonen (245,5 l

Das *Butt,* das 108 Gallonen (491 l) fasste, ist nicht mehr im Gebrauch.

⊲ Typisch britischer Pub

Kreditkarte bezahlt, besteht die Möglichkeit, einen Trinkgeldbetrag einzugeben. Besser ist es, diesen in bar auf dem Tisch zu lassen, damit es garantiert den Kellnern zugute kommt.

Restaurantketten

Viele Restaurants in Großbritannien gehören Ketten an. Oft merkt man das nicht, bis man in der nächsten Stadt plötzlich einen Klon des Restaurants vom Vortag findet. Hier werden im folgenden einige empfehlenswerte Restaurantketten vorgestellt, auf die man immer wieder stoßen wird und die deshalb nicht in den entsprechenden Ortskapiteln aufgeführt werden.

- **ASK Italian**② (www.askitalian.co.uk). 120 Restaurants gehören dieser Kette an, die italienische Gerichte anbietet.
- **Bella Italia**② (www.bellaitalia.co.uk) bietet Pizzen und Pastagerichte und hat derzeit knapp 90 Filialen.
- **Café Rouge**② (www.caferouge.com) wurde 1989 gegründet und ist eine französisch inspirierte Kette mit rund 30 Lokalen. Die Speisekarte bietet eine große Auswahl an auch im Ausland bekannten französischen Gerichten.
- **Frankie and Benny's**② (www.frankieandbennys.com), italo-amerikanisch inspirierte Restaurantkette im 1950er-Jahre-Stil, man bekommt u.a. Pizzas und Burger. Die in den Lokalen präsentierte Gründungsgeschichte derzufolge das erste Restaurant in den 1920er Jahren von sizilianischen Einwanderern in New York gegründet wurde, ist fiktiv, die (britische) Kette entstand 1995 und das erste Restaurant war im englischen Leicester.
- **Gourmet Burger Kitchen**② (www.gbk.co.uk), eine auf hochwertige *Burger* spezialisierte Restaurantkette. Die Kreationen mit neuseeländischem

Bezug sind so zu erklären, dass die Gründer aus Neuseeland stammen.

■ **Nando's**② (www.nandos.co.uk) ist eine südafrikanische Kette, die in der mosambikanischen Emigrantengemeinde in Johannesburg entstand und sich auf portugisisch-mosambikanische Hähnchengerichte spezialisiert. Man bestellt und bezahlt an der Theke, die Gerichte werden dann an den Tisch gebracht. 280 Filialen in Großbritannien.

■ **Pizza Express**② (www.pizzaexpress.com) wurde 1965 gegründet, hat über 300 Dependancen im ganzen Land und bietet Pizzen und Pastagerichte.

■ **Wagamama**② (www.wagamama.com) bezeichnet sich als japanisch inspiriertes, pan-asiatisches Nudelrestaurant. Man wird an großen langen Tischen plaziert, an denen Essstäbchen schon bereit liegen. 165-mal in Großbritannien vertreten.

■ **Yo!-Sushi**②-③ (https://yosushi.com), Sushi bietet diese weltweit vertretene britische Kette.

■ **Zizzi**② (www.zizzi.co.uk) ist eine weitere, auf Pizza, Pasta und Risotto spezialisierte Restaurantkette über 130 Filialen. Sie bietet eine gute Auswahl an vegetarischen und veganen Gerichten, u.a. eine vegane *Magherita* (*Classic* oder die dünnere *Rustica*), für die man drei weitere Beläge auswählen kann. Alle Pizzen werden im Steinofen zubereitet.

Pubs

Das **Verhalten** in britischen Pubs unterscheidet sich grundlegend von dem in deutschen Kneipen. In den Tavernen und *Inns* wird man **nicht am Tisch bedient,** sondern holt sich die Getränke an der Bar ab. Man ordert nicht einfach „ein Bier", sondern gibt die Menge und die Sorte an: „Half a pint of Bitter" (ca. 0,25 l) oder „A pint of Lager" (ca. 0,5 l), dann schließt man mit einem markigen „Please". Man zahlt sofort und gibt **kein Trinkgeld.** Hat man eine Lieblingssorte, die im Pub ausgeschenkt wird, so bestellt man etwa „A pint of Bass" oder „Half a pint of Yorkshire Bitter".

Gutes **Bier** reift erst im Keller des Pubs, denn die Brauereien liefern exzellente Gebräue noch im **Gärzustand** aus, welche je nach Art des Fasses, Kellertemperatur und Lagerdauer ihren vollen Geschmack entfalten. Dieses Bier wird in seinem Aroma leider von den gasbetriebenen Steigleitungen geschmacklich beeinträchtigt, sodass die Zahl der Handpumpen in einem Pub viel über die Bierqualität des Ortes aussagt. Man sollte das Bier aus diesen **Handpumpen** vorziehen.

Der Pub gilt den Engländern (wie den anderen Bewohnern der britischen Inseln) als ein wichtiger Bestandteil ihrer Kultur, doch es gab in den letzten Jahrzehnten ein regelrechtes **„Pub-Sterben".** 2023 gingen im Durchschnitt jeden Tag zwei Pubs in England Pleite.

Allerdings werden zunehmend kleine „local pubs" durch Großkneipen, die **Ketten** angehören, abgelöst. Manche Ketten lassen ihren Pubs viele individuelle Gestaltungsmöglichkeiten, sodass man nicht bemerkt, dass das Pub einer Kette angehört, andere haben ein gemeinsames Markenimage. Die Häuser der „All Bar One"-Kette richten sich z.B. an junge Leute und alle Pubs der Kette heißen auch „All Bar One", während die Pubs der *Weatherspoon's*-Kette eigene Namen haben, der Kettenname aber deutlich zu sehen ist und die Speise- und Getränkeauswahl hier fast identisch ist.

Da die meisten Pubs im Besitz weniger Großbrauereien sind, versuchten diese in den 1960er und -70er Jahren billig gebrautes Instant Bier in die Bars zu bringen. Die Wirte, keineswegs selbstständige Unternehmer, sondern Pächter, konnten sich nicht dagegen wehren, und schnell wurden die Pubs mit den sogenannten Keg-Bieren, pasteurisierten und künstlich mit Kohlensäure versehenen Bieren, versorgt.

Nur die **Free Houses,** Pubs also, die keiner Brauerei gehörten, wehrten sich dagegen, und riefen mit der *Consumer's Association* 1975 die *CAMRA* ins Leben, die *Campaign for Real Ale.* Der Erfolg war überwältigend; wie ein Mann standen die britischen Pub-Besucher hinter den Verbraucherschützern, und die Brauereien produzierten wieder *Real Ale,* das heute eines der beliebtesten Biere in Großbritannien ist.

Den unerfahrenen Pub-Besucher werden sicher die **Schilder an den Türen** irritieren, die aus einer Zeit stammen, als das Standesbewusstsein in England noch hoch war. Heute haben sie zwar keine Bedeutung mehr, doch sollte man wissen, was es damit einst auf sich hatte:

- **Public Bar,** für die untersten gesellschaftlichen Schichten, rustikale Einrichtung, harte Stühle, Sägespäne auf dem Boden.
- **Saloon Bar,** für den Bürger, gemütlicher eingerichtet und etwas teurer.
- **Lounge Bar,** für den gutbetuchten Bürger oder den einfachen Landadligen, elegante Ausstattung.
- **Private Bar,** für distinguierte Aristokraten oder alleinreisende Damen.

Zwar wurden die früher sehr strengen **Sperrstunden** der Pubs längst aufgehoben. Trotzdem schließen die meisten Pubs auch am Wochenende gegen 23 Uhr, mit Ausnahme von Kneipen in beliebten Ausgehvierteln, die auch schon mal bis ein Uhr nachts geöffnet bleiben.

Feiertage, Feste und Events

→ Zu jeder Zeit, S. 18

Offizielle Feiertage

- **New Year's Day** (Neujahr)
- **Good Friday/Easter** (Karfreitag/Ostern)
- **May Day/Labour Day** (der erste Montag im Mai, Tag der Arbeit)
- **Christmas Day und Boxing Day** (1. und 2. Weihnachtsfeiertag)

Zusätzlich dazu gibt es zwei sogenannte **Bank Holidays,** freie Tage, die die Gewerkschaften in früheren Jahren einmal erkämpft haben. *Spring Bank Holiday* ist der letzte Montag im Mai und *Summer Bank Holiday* der letzte Montag im August. Traditionell sind die Briten dann auf Achse; Hotels und Pensionen sind oft ausgebucht, die Restaurants voll.

Feste

Vor allem im Sommer gibt es in den vielen Orten und Städten Süd-Englands eine ganze Reihe von Festivals, Straßenfesten, jahrmarktsähnlichen Veranstaltungen und anderen Kulturveranstaltungen.

Auch **Wohltätigkeitsbasare** sind während der Saison an der Tagesordnung. Solche Charity-Veranstaltungen werden beispielsweise für die *RNLI (die Royal National Lifeboat Institution)* abgehalten, die die gesamte Küste mit ihren Seenotrettungskreuzern überwacht, für die Vogelschutzfreunde der *RSPB (Royal Society for the Protection of Birds),* für die Tierschutzgesellschaft *RSPCA (die Royal*

Society for the Prevention of Cruelty to Animals) oder für die Kinderschutzorganisation *NSPCC (National Society for the Prevention of Cruelty to Children* (nicht nur Zyniker weisen darauf hin, dass die Vogelschutz- und Tierschutzgesellschaft sich mit dem werbewirksamen Vorsatz *Royal* schmücken dürfen, nicht jedoch der Kinderschutzbund); aber auch lokale Themen stehen auf einem solchen Wohltätigkeitsprogramm, so wie beispielsweise die Rettung des Kirchturms von Salisbury.

Fotografieren

→ Zu jeder Zeit, S. 18

Tipps für beste Fotospots

Südengland bietet eine Unmenge an schönen Motiven für Fotografen. Wer auf der Suche nach besonders **attraktiven Zielen** ist, dem seien aber die folgenden Orte empfohlen:

■ **Durdle Door** (→ S. 174): Das dramatische Felstor in der Grafschaft Dorset gehört zu einem der am häufigsten fotografierten Motiven an der Südküste Englands. Die beste Zeit für das Fotografieren ist die zweite Jahreshälfte von Sept. bis März, wenn die Sonne über dem Meer untergeht und den Fels kurz davor in ein warmes Licht taucht. Während die meisten Besucher das Tor von den Treppen, die zum Strand herunterführen knipsen, lohnt sich der steile Anstieg auf die westlich von Durdle Door gelegene Klippe von Bat Head.

■ **Coastguard Cottages vor der Kulisse der Seven Sisters** (→ S. 56): Die alten Häuser vor der dramatischen Kulisse der weißen Kreidefelsen gehören zu den beliebtesten Motiven Südostenglands. Empfehlenswert ist es, vor der Ankunft den Tidenkalender zu prüfen und möglichst bei Flut zu knipsen, um das Meer im Hintergrund zu haben. Die beste Sicht auf die Cottages hat man vom Küstenweg zwischen Seaford und Cuckmere Haven aus.

■ **Leuchtturm von Beachy Head** (→ S. 56): Der weißrot gestreifte Leuchtturm unter den hohen Klippen des Beachy Head, den man in ca. 15 Minuten mit dem Bus oder Auto von Eastbourne aus erreicht, wirkt sehr pittoresk. Man sieht ihn vom Küstenpfad gegenüber des *Beachy Head*-Pubs aus, oder von einem Trampelpfad aus, der vom „Z Bends Car Park" 300 m weiter an der Beachy Head Road Richtung Südwesten abgeht.

In Cadgwith, Cornwell

957es ar

■ **Hafen von St. Ives** (S. 280): Das fast schon mediterrane Licht in St. Ives zieht schon seit Jahrzehnten Künstler in seinen Bann. Aber auch auf Fotografien sehen die weißgetünchten Häuser und bunten Boote vor der bei schönem Wetter türkisgefärbten See sehr attraktiv aus. Eine etwas erhöhte Sicht des Hafens hat man von dem Fußweg, der vom Bahnhof von St. Ives zur Straße The Terrace hochführt.

■ **Castle Combe** (S. 401): Castle Combe mit seinen honigfarbenen Häuschen gilt als eines der hübschesten Dörfer Englands. Besonders schön ist der Blick vom Süden kommend auf die Brücke über das Flüsschen By Brooke an der Kreuzung der Straßen The St und Water Lane, etwa 50 m nördlich von den öffentlichen Toiletten.

Weitere Topspots

■ **Strandhütten:** Die bunten Häuschen, die man an vielen Küstenorten Englands findet, sind nicht nur sehr kamerafreundlich, sondern auch *very British indeed.* Ganz besonders schön sind die Strandhütten von Bournemouth (S. 154), Hastings (S. 43), Seaford (S. 57) und Torquay (S. 204).

■ **Margate Dreamland** (S. 446): Die Retro-Fahrgeschäfte und herrlich kitschigen Attraktionen wie die Rollschuh-Disco im Vergnügungspark *Dreamland* sind der perfekte Hintergrund für tolle *Shots.*

■ **Brighton** (S. 72): Brighton ist ein Paradies für Fotografen: Von den bunten Läden der North Laines über den Palace Pier bis hin zum exotischen Pavilion findet sich hier ein Motiv neben dem anderen. Auch nicht vergessen sollte man die altmodischen Kinderkarusselle an der Strandpromenade.

■ **Bristol** (S. 360): Auch in Bristol gibt es Straßen, in denen die Häuser in allen Farben des Regenbogens gestrichen sind. Mit ein bisschen Glück parkt dann auch noch gerade ein Oldtimer davor. Zu den schönsten Straßen gehören die Ambrose Lane, Cliftonwood Crescent und Church Lane. Am besten besucht man sie wochentags, wenn weniger Autos in den Straßen parken.

Geld

Die Währung des Vereinigten Königreichs ist das **Britische Pfund,** auch als **Sterling** bezeichnet (Englisch: *Pound,* abgekürzt £). Das Pfund hat 100 *Pence,* und es gibt eine ganze Anzahl von Münzen in gleichem Wert, aber unterschiedlicher Größe oder Form. *Pence* wird nicht ausgesprochen, sondern kurz als „p“ (pi) bezeichnet. Alle Münzen und Scheine tragen das Bild des Monarchen. Während für die vorhersehbare Zukunft Scheine und Münzen mit dem Abbild von Königin *Elizabeth II.* weiterhin im Umlauf sein werden, wird ab 2024 zum ersten Mal Geld mit der Silhouette von König *Charles III.* gedruckt.

Der **Geldautomat** ist der preiswerteste Ort zur Bargeldbeschaffung. Sowohl mit der **Bankkarte** als auch mit der Kreditkarte muss man dazu die jeweilige PIN eingeben.

Ob und wie hoch die **Kosten für die Barabhebung** sind, ist abhängig von der kartenausstellenden Bank und von der Bank, zu der der Geldautomat gehört. Teurer kommt es auf jeden Fall, wenn man sich beim Abheben oder Bezahlen auf das Angebot einlässt, dass der Betrag gleich in Euro oder Franken abgebucht wird. Lehnen Sie dankend ab, Sie kom-

Wechselkurse
Stand: März 2024

■ 1 Euro = 0,85 £; 1 £ = 1,17 Euro
■ 1 SFr = 0,89 £; 1 £ = 1,12 SFr

Hinweis zu Bankkartensystemen
Wer mit seiner normalen Bankkarte (statt einer Kreditkarte) im Ausland zahlt, nutzte dafür bisher meist den *Maestro-* oder *VPAY*-Standard (zu erkennen am entsprechenden Zeichen auf der Karte). Diese von den Kreditkartenfirmen *Mastercard* und *Visa* angebotenen **Systeme laufen aus** und werden durch die **neuen Standards** *Mastercard debit* und *Visa debit* ersetzt. Bankkunden erfahren das in der Regel dadurch, dass sie eine entsprechende neue Karte ausgestellt bekommen. Ob die neuen Karten dann schon überall funktionieren, lässt sich zurzeit noch nicht sagen. Im Zweifel erkundigen Sie sich vor der Reise bei Ihrer Bank.

men immer billiger weg, wenn das Geld von Ihrer Bank umgetauscht wird.

Für das bargeldlose Zahlen per **Kreditkarte** werden meist ca. 1–2 % für den Auslandseinsatz berechnet. Bei manchen Banken ist die Abhebung von Bargeld mit der Kreditkarte kostenlos und somit die günstigste Variante. Überhaupt ist das Zahlen per Kreditkarte viel verbreiteter als in Deutschland, zuweilen ist es sogar obligatorisch. In Supermärkten, an Tankstellen, in Geschäften aller Art, in Bussen, in Hotels und vielen Bed & Breakfast-Pensionen wird fast ausnahmslos mit Geldkarten bezahlt. Für Summen bis zu 100 Pfund kann man die kontaktlose Bezahlung nutzen, für größere Summen gibt man seine PIN-Nummer ein. Auch in Pubs und im öffentlichen Verkehr zahlt man in England mittlerweile fast aussschließlich kontaktlos.

Bei Verlust oder Diebstahl der Geldkarte sollte man diese umgehend sperren lassen! Für deutsche Karten gibt es die **einheitliche Sperrnummer 0049-116116.** Diese Nummern funktionieren nicht für Kreditkarten von *American Express* (0049-69-97972000) und *Diners Club* (0049-69900150-135 oder -136). Auch nehmen nicht alle Banken bei dieser zentralen Nummer teil, u.A. die *Targobank* und die *Postbank*. Für österreichische und Schweizer Banken gibt es keine zentrale Sperrnummer, bitte informieren Sie sich bei Ihrer Bank.

→ Notfälle, S. 507

Geldnot

Wer sich dringend eine größere Summe ins Ausland überweisen lassen muss wegen eines Unfalles oder Ähnlichem, kann sich über **Western Union** Geld nach Großbritannien schicken lassen. Für den Transfer muss man die Person, die das Geld schicken soll, vorab benachrichtigen. Diese kann es bei www.westernunion.de online über ihr Bankkonto versenden oder sie muss bei einer *Western Union* Vertretung (in Deutschland u.a. bei der *Postbank*) ein entsprechendes Formular ausfüllen und den Code der Transaktion telefonisch oder anderweitig übermitteln. Mit dem Code und dem Reisepass geht man zu einer beliebigen Vertretung von *Western Union* in Großbritannien (www.westernunion.com/de „Standorte finden"), wo das Geld nach Ausfüllen eines Formulares kurzfristig ausgezahlt wird. Der Absender muss je nach Höhe des Betrages eine geringe Gebühr bezahlen. Die größten Kosten fallen aber durch den ungünstigen Wechselkurs an, der meist sehr viel schlechter ist als bei normalen Banken.

Eintrittspreise für Sehenswürdigkeiten

England ist kein billiges Reiseland. Vor allem die Eintrittspreise für Sehenswürdigkeiten sind oft **sehr hoch.** Bei Attraktionen, die im Besitz des *National Trust* oder von *English Heritage* sind, kann man viel Geld sparen, wenn man dort eine Jahresmitgliedschaft beantragt oder einen speziellen Pass für ausländische Besucher kauft (→ Exkurs S. 60).

Gesundheit und Hygiene

Auch nach dem Brexit hat man mit der **Europäischen Krankenversicherungskarte (EKVK)** weiterhin Zugang zu medizinischer Versorgung. Diese befindet sich stets auf der Rückseite der regulären Versichertenkarte. Im Krankheitsfall besteht ein Anspruch auf ambulante oder stationäre Behandlung bei jedem zugelassen **Arzt** und in staatlichen **Krankenhäusern** *(National Health Service, NHS).*

Jedoch fallen **Rezeptgebühren** von 9,65 £ pro Medikament an.

Da **zahnärztliche Behandlungen** in Großbritannien selbst bezahlt werden müssen, werden Touristen beim Zahnarzt ebenfalls zur Kasse gebeten.

Eine **private Auslandskrankenversicherung** ist trotzdem dringend ratsam, weil sie in der Regel einen Rücktransport und ggf. auch Behandlungen außerhalb des Nationalen Gesundheitsdienstes finanziert. Bei Abschluss der Versicherung – die es mit bis zu einem Jahr Gültigkeit gibt – sollte ein **Vollschutz ohne Summenbeschränkung** bestehen, im Falle einer schweren Krankheit oder eines Unfalls sollte auch der **Rücktransport** übernommen werden. Diese Zusatzversicherung bietet sich auch über einen Automobilclub an, insbesondere wenn man bereits Mitglied ist, mit dem Vorteil billiger Rückholleistungen (Helikopter, Flugzeug) in extremen Notfällen. Wichtig ist auch, dass im Krankheitsfall der **Versicherungsschutz über die vorher festgelegte Zeit hinaus automatisch verlängert wird,** wenn die Rückreise nicht möglich ist.

Zur **Erstattung der Kosten** benötigt man ausführliche **Quittungen** (mit Datum, Namen, Bericht über Art und Umfang der Behandlung, Kosten der Behandlung und Medikamente).

Eine **Arztpraxis** erkennt man an dem Schild *surgery,* einen **Zahnarzt** an der Aufschrift *dentist.* **Apotheken** heißen *chemist* oder *pharmacy* und sind häufig in Drogerien integriert. *Boots,* landesweit die größte Drogerie- und Apothekenkette, hat in vielen Orten eine Filiale. Rezepte von Ärzten nennt man in Großbritannien *prescription.* Apotheken führen in etwa das gleiche Sortiment an Medikamenten wie in Deutschland.

Der landesweit gültige **Notruf** für Krankenwagen, Feuerwehr und Polizei ist **999,** es funktioniert aber auch die in der EU übliche Nummer **112.** Für nicht lebensbedrohliche Erkrankungen kann man auch die Nummer **111** wählen, bei der man Auskunft zu gesundheitlichen Problemen erhält und gegebenenfalls an einen Notarzt weitergeleitet wird.

Mit Haustier unterwegs

Auch nach dem Brexit kann man weiterhin seine Hunde oder Katzen mit nach Großbritannien bringen, solange sie einen gültigen **EU-Heimtierausweis** besitzen. Damit der Tierarzt diesen Ausweis ausstellen kann, muss das **Tier gechippt und gegen Tollwut geimpft sein.** Eine Erstimpfung muss mindestens 21 Tage vor der Reise erfolgt sein. Außerdem muss dokumentiert sein, dass das Tier 1–5 Tage (24–120 Std.) vor der Einreise nach Großbritannien eine Bandwurmbehandlung erhielt. Die Rückfahrt nach Deutschland, Österreich und in die Schweiz ist mit dem EU-Heimtierausweis ebenfalls weiterhin problemlos möglich.

Am einfachsten ist die **Anreise** mit Haustieren durch den Eurotunnel, da die Vierbeiner mit den Besitzern im Auto bleiben dürfen. Bei Fährfahrten müssen Haustiere meist allein in einem Zwinger auf dem Autodeck bleiben. Manche Fährgesellschaften machen allerdings Ausnahmen, wenn man eine Kabine gebucht hat. Es ist auch möglich, mit Haustieren per Flugzeug nach England zu reisen, allerdings ist davon eher abzuraten, da dies für die meisten Tiere mit großem Stress verbunden ist. Sie müssen die Reise in einem klimatisierten Frachtraum verbringen. Billigfluglinien bieten meistens keinen Tiertransport an. Weitere Informationen über Einfuhrbestimmungen von Haustieren erhalten Sie auf der Homepage der britischen Regierung:

- **www.gov.uk/bring-pet-to-great-britain**

In Großbritannien besteht keine generelle **Leinenpflicht** für Hunde.

Information

Zentrale Anlaufstelle für **deutschsprachige Infos** über Großbritannien ist:

- **Visit Britain,** Alexanderplatz 1, 10178 Berlin, www.visitbritain.com.

Leider haben in den letzten Jahren viele kleinere *Tourist Information Centres* geschlossen, und Auskünfte sind nur noch online erhältlich. In größeren Orten findet man aber oft weiterhin Informationsstellen, in denen man Prospekte, Broschüren, Bücher, Landkarten etc. erhält. Hier bucht man auch B&B-Unterkünfte oder Hotelzimmer für Sie.

In **London** unterhält der dortige Tourismusverband *Visit London* (www.visitlondon.com) mehrere Kioske, z.B. an den großen Bahnhöfen wie King's Cross, St. Pancras, Victoria und Paddington.

Die **Adressen der Touristeninformationen** werden in den „Praktischen Informationen“ der jeweiligen Ortskapitel diese Buches aufgeführt.

Informationen aus dem Internet

- **Cornwall:** www.visitcornwall.com
- **Devon:** www.visitdevon.co.uk
- **Dorset:** www.visit-dorset.com
- **Hampshire:** www.visit-hampshire.co.uk
- **Isles of Scilly:** www.visitislesofscilly.com
- **Isle of Wight:** www.visitisleofwight.co.uk
- **Kent:** www.visitkent.co.uk
- **London:** www.visitlondon.com, www.tfl.gov.uk/travel-information/visiting-london

- **Somerset:** www.visitsomerset.co.uk
- **South East England:** www.visitsoutheastengland.com
- **Surrey:** www.visitsurrey.com
- **Wiltshire:** www.visitwiltshire.co.uk

Mit Kindern unterwegs

→ Hinweise zur Benutzung, S. 11

Die Briten sind ein **kinderfreundliches Volk,** und egal wo man sein Quartier aufschlägt, es wird stets etwas für die Kleinen geboten.

Englands Südküste ist ein ideales Ferienparadies für Familien. Was gibt es für die Kleinen Schöneres, als mit Förmchen und Schäufelchen am **Strand** zu spielen. Leider besteht ein großer Teil der südöstlichen Küste aus Kieselstränden; auf der Isle of Wight und westlich von Bornemouth gibt es Sandstrände.

In den Seebädern wird viel für die Kleinen getan; da fahren Mini-Eisenbahnen an der Promenade entlang, Vergnügungsparks säumen die Küste, deren Besuche für die gestressten Eltern zur reinen Erholung werden; in den Landhäusern findet man Abenteuerspielplätze, und selbst die Pubs haben nicht selten eigene Spielplätze. Auf den Promenaden und Piers der großen Seebäder finden **Punch and Judy Shows** statt, die englische Version des deutschen Kasperletheaters.

Beliebt ist das **Brass Rubbing;** in vielen englischen Kathedralen hält man den Nachwuchs dadurch still, dass man ihn mit Stift und Papier alte Grabdenkmäler abpausen lässt.

Audiovisuelle **Multimediashows** mit Krach- und Donnereffekten, Blitzen, sprechenden Hexen, rauschenden Meereswellen usw. sind überall zu finden, etwa auf der Burgruine in Hastings, in Plymouth, Land's End und gar in den Tropfsteinhöhlen von Cheddar.

Die zahlreichen Sandstrände in der Region sind für Kinder ideal

1010es visitisleofwhight.co.uk

Sind die Eltern wanderbegeistert, so nehmen sie auch den Nachwuchs mit auf die Tour. Von den zehn in diesem Band beschriebenen **Wanderungen** sind vier für Eltern mit Kindern gedacht. Diese längeren Spaziergänge halten auch Kinder problemlos durch. Besonders interessant für Kinder dürften die Spaziergänge in der Lydford Gorge im Dartmoor sowie entlang Land's End in Cornwall sein. Oder machen Sie mit Ihren Kleinen eine Fahrt in der **Minischmalspurbahn** von Romney über Hythe bis an die Spitze der Dungerness-Halbinsel und zurück, oder zockeln Sie von Torquay bis nach Kingswear.

Auch **Tierparks** und **Aquarien** finden sich in Hülle und Fülle. Die Attraktionen werden in den Ortskapiteln ausführlich vorgestellt. Leider sind **Eintrittspreise** zu Sehenswürdigkeiten stets hoch. Oft gibt es aber eine Familienermäßigung.

Klima und Reisezeit

→ Reisegepäck und Ausrüstung, S. 510

Das Wetter in Süd-England ist geprägt vom **atlantischen Klima;** das heißt nur mäßig warme Sommer und milde Winter mit über das Jahr hin verteilten gleichmäßigen Niederschlägen. Vor allem während der Sommermonate sind die auftretenden Schauer häufig nur von kurzer Dauer.

Der **Golfstrom** sorgt im Westen dafür, dass die Temperaturen nicht tief fallen. Diesem Wetter angemessen ist die liebliche sattgrüne Landschaft Südenglands.

Auf der **Isle of Wight** und den **Isles of Scilly** – wo beinahe subtropisches Klima herrscht – liegen die Temperaturen um rund 4 °C höher, die Sonnenscheindauer ist länger als auf dem Festland, und es regnet bedeutend weniger.

Die beste **Reisezeit** reicht von **Anfang Mai bis Anfang Juli.** In dieser Zeit steht alles in schönster Blüte und Unterkünfte und Gastronomie sind noch nicht überfüllt, auch die Niederschlagsmengen halten sich meist in erträglichen Grenzen.

Ende Juli dann beginnen die sechs Wochen langen Sommerferien. Weil die Südküste zu den beliebtesten Urlaubsgebieten der Briten gehört, ist in der Zeit mit vielen Touristen zu rechnen. Im Juli und August kommen auch Kontinentaleuropäer in die Region. Da kann es passieren, dass Hotels und B&Bs ausgebucht sind, die Restaurants voll und manche Orte überlaufen. Selbst romantische Dörfer geraten in Gefahr, kurzzeitig – meist vom späten Vormittag bis rund 17 Uhr – ihren beschaulichen Charakter zu verlieren. Im **September** ist es dann wieder schön ruhig, und auch die Temperaturen sind noch durchschnittlich so hoch wie im Juni. England im Herbst ist ebenfalls sehr schön.

Kommunikation unterwegs

Telefonieren

Auch nach dem *Brexit* verlangen die meisten heimischen Netzwerkbetreiber weiterhin keine *Roaming*-Gebühren

Klima

Sonne und Regen

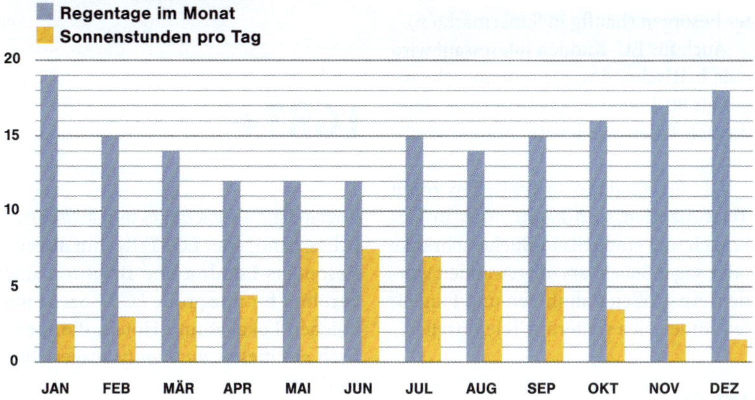

Temperaturen

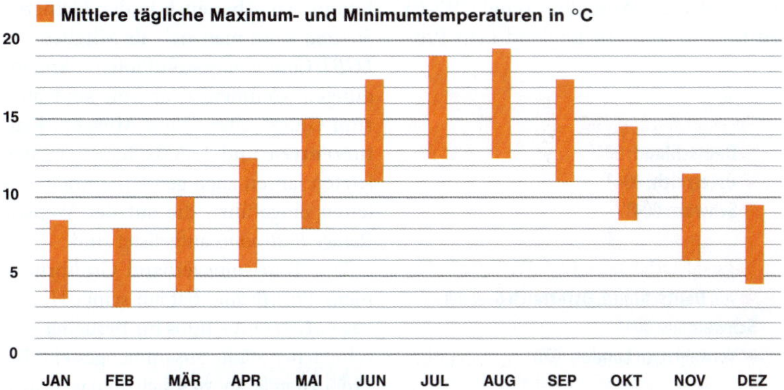

beim Gebrauch des Mobiltelefons in England (Stand Anfang 2024). Dies könnte sich jedoch in Zukunft ändern, weshalb man diese Angaben auf jeden Fall vor Reisebeginn bei dem eigenen Anbieter überprüfen sollte.

Schweizer müssen weiterhin Roaminggebühren zwischen 0,45 SFr *(Swisscom)* und 1,20 SFr *(Sunrise)* bezahlen. Beachten Sie auch, dass es kostenpflichtig ist, angerufen zu werden. Die Nutzung des Internets ist teuer, weshalb man sich als

Kunde eines Schweizer Anbieters auf WLAN beschränken sollte. Falls Ihr Mobiltelefon SIM-lock-frei ist (keine Sperrung anderer Provider vorhanden) können Sie Geld sparen, indem Sie sich eine SIM-Karte bei einem britischen Anbieter besorgen (häufig in Supermärkten).

Auch für EU-Kunden interessant wird eine **britische SIM,** wenn man sich länger als 90 Tage in England aufhält, denn danach fallen wieder Roaming-Gebühren an.

Die für England so typischen **roten Telefonzellen** sind kaum noch in Gebrauch und sind teils in Bücherschränke oder sogar Snackbars umgewandelt worden. An großen Bahnhöfen und Flughäfen finden sich weiterhin Telefonzellen.

WLAN

Einen WLAN-Anschluss (engl.: *Wi-fi*) zu finden, sollte in England kein Problem sein, außer man befindet sich in sehr abgelegenen Gegenden im Südwesten des Landes. Praktisch alle Hotels, Restaurants und Cafés bieten **kostenlosen Zugang,** genauso wie die meisten öffentlichen Verkehrsmittel.

Vorwahl von England

- **Deutschland:** 0049
- **Österreich:** 0043
- **Schweiz:** 0041

Vorwahl nach England

- von **Deutschland, Österreich** oder der **Schweiz** aus: 0044
- Vorwahl nach **London:** 020

Wichtige Telefonnummern

- **Nationale Auskunft:** 192
- **Nationale Vermittlung:** 100
- **Internationale Vermittlung:** 155
- **Notruf** für Polizei, Krankenwagen und Feuerwehr: 112 oder 999

LGBT+

England gilt als tolerantes und fortschrittliches Land, was *LGBT*-Rechte angeht. Besonders **London** und **Brighton** sind berühmt für ihre große *LGBT*-Szene mit etlichen Lokalen und Hotels, die spezifisch auf diese *Community* ausgerichtet sind.

In **London** konzentriert sich die Szene auf Soho, in **Brighton** auf das Viertel Kemptown. Aber auch in den kleineren Städten kann man sich als Mitglied der *LGBT-Community* wohlfühlen – Anfeindungen kommen zwar vor, sind aber zum Glück selten. Viele **Museen, Kulturzentren** und **Lokale** haben in den letzten Jahren auch genderneutrale Toiletten eingeführt, die auf der Website *Refuge Restrooms* aufgelistet sind.

Der Tourismusverband Großbritanniens *Visit Britain* hat auf seiner Homepage *LGBTQIA+* Infos für Besucher verschiedener Städte zusammengestellt. Bei Problemen kann man sich an das *Switchboard LGBT+* wenden.

- **Refuge Restrooms,** www.refugerestrooms.org
- **LGBTQIA+-Cityguides,** www.visitbritain.com/en/things-to-do/lgbtqia-britain
- **Swithboard LGBT+,** Tel. 0800-0119100, www.switchboard.lgbt

Maße und Gewichte

Das metrische und dezimale System ist in Großbritannien längst vorgeschrieben. Allerdings denken viele Menschen immer noch in den alten Maßeinheiten und die Straßenschilder geben immer noch Meilen statt km an. Im Infokasten zeigen wir einen Überblick.

Notfälle

Wird der **Reisepass** in Großbritannien **gestohlen,** muss man diesen Diebstahl bei der örtlichen Polizei melden. Darüber hinaus sollte man sich an die nächste **diplomatische Auslandsvertretung** seines Landes wenden, damit man einen Ersatz-Reiseausweis zur Rückkehr ausgestellt bekommt (ohne Pass kommt man nicht an Bord eines Flugzeuges!).

Auch in **dringenden Notfällen,** z.B. medizinischer oder rechtlicher Art, Vermisstensuche, Hilfe bei Todesfällen o.Ä. sind die Auslandsvertretungen bemüht vermittelnd zu helfen.

- **Deutschland:** *Honorary Consul Bristol: c/o DACB,* Portwall Place, BS1 9HS, Tel. 07823-668147; *Honorary Consul Canterbury:* 9 Western Esplanade, Herne Bay, CT6 8RL, Tel. 07812-457367; *Honorary Consul Plymouth:* 6 Lanveoc Way, PL21 0FW, Tel. 075-82228976; *Honorary Consul Southampton:* Totton & Eling Tennis Centre, Aikman Lane, Totton, Hampshire, SO40 8FT, Tel. 023-81550065; *German Embassy London:* 23 Belgrave Square, SW1X 8PZ, Tel. 07824-1300, www.uk.diplo.de/uk-de.
- **Österreich:** *Austrian Embassy,* 18 Belgrave Mews, London, Tel. 020-73443250, www.bmeia.gv.at/london.html.

Längenmaße

1 Inch	2,54 cm
1 Foot	30,48 cm
1 Yard	91,44 cm
1 Mile	1,609 km

Hohlmaße

1 Fluid Ounce	0,0284 l
1 Pint	0,5683 l
1 Quart	1,136 l
1 Gallon	4,5459 l
1 Barrel	163,656 l

Gewichte

1 Ounce	28,35 g
1 Pound	453,59 g
1 Stone	6,35 kg
1 Quarter	12,7 kg
1 Hundredweight	50,8 kg

Konfektionsgrößen (D–GB)

Damen		Herren	
36	10	46	36
38	12	48	38
40	14	50	40
42	16	52	42
44	18	56	46
48	22	58	48
50	24	60	50

Schuhe

36	3/3,5	41	7/7,5
37	4/4,5	42	7,5/8
38	5/5,5	43	8,5/9
39	5,5/6	44	9/9,5
40	6,5/7	45	9,5/10

■ **Schweiz:** *Swiss Embassy,* 16–18 Montagu Place, London, Tel. 020-76166000, www.eda.admin.ch/london.

Die landesweit gültigen **Notrufe** für Krankenwagen, Feuerwehr und Polizei sind **999** und **112.**

Öffnungszeiten

Großbritannien hat ein **flexibles Ladenschlussgesetz,** und so sind Läden und Geschäfte meist 9–17.30 Uhr geöffnet. Längere Öffnungszeiten bis in die Abendstunden hinein oder bei Supermärkten und kleinen Eckläden *(corner shops)* auch bis zu 24 Stunden, sind keine Seltenheit. Sonntags dürfen größere Läden sechs Stunden lang 10–18 Uhr ihre Waren verkaufen, also 10–16 Uhr, 11–17 Uhr oder 12–18 Uhr. **Banken** öffnen ihre Schalter meist zwischen 9 und 17 Uhr, und die **Postämter** stellen ihren Service meist 9–17.30 Uhr zur Verfügung. Die Öffnungszeiten für beide können aber stark variieren - kleinere Filialen haben häufig eingeschränkte Zeiten, bei größeren sind sie oft länger.

Orientierung und Landkarten

Wenn man mit dem Auto unterwegs ist, sollte man sich vor Ort einen Straßenatlas kaufen, und/oder vor der Reise das Kartenmaterial des Navigationsgeräts aktualisieren. Sehr bewährt hat sich der *Michelin Motoring Atlas Great Britain and Ireland* im Maßstab 1:300.000; 1 cm auf der Karte entspricht hierbei 3 km in der Realität. Auch der *Great Britain Super Scale Road Atlas* mit Postleitzahlen für das Navigationsgerät oder der *AA Big Easy Read Britain,* beide mit noch größerer Auflösung, sind zu empfehlen. In allen findet sich auch viele Innenstadtpläne. Zu empfehlen sind die **Landranger-Karten** des britischen Landesvermessungsamtes *(Ordnance Survey),* die ausführliche touristische Hinweise geben und Großbritannien mit 204 Blättern im Maßstab 1:50.000 abdecken. Für die **Gesamtübersicht** empfiehlt sich eine **Straßenkarte** von Großbritannien, so z.B. die Karte von *Michelin* „Großbritannien und Irland: Nationalkarte" im Maßstab 1:1.000.000, oder die Landkarten „Großbritannien, Nordirland" (Maßstab 1:750.000) und „Südengland, Wales" (Maßstab 1:400.000) vom Reise Know-How Verlag aus der Reihe *world mapping project.*

Vor Ort sind die *Ordnance-Survey*-Karten erhältlich, welche im Maßstab 1:25.000 Großbritannien kartografisch erfassen und besonders für **Wanderungen** unabdingbar sind. In den Ortskapiteln zu besonders attraktiven Wandergebieten werden die geeigneten Karten stets benannt.

→ Sport und Aktivitäten, Wandern, S. 511

[>] Britischer Briefkasten, originell dekoriert

Post

Immer öfter sind **Postfilialen** in Lebensmittelläden oder in Filialen der Zeitschriften- und Schreibwarenkette *WH Smith* untergebracht, ansonsten sind die Postämter der *Royal Mail* nicht zu verfehlen, Öffnungszeiten siehe oben.

Für den **Standardbrief** oder die **Postkarte** an die lieben Daheimgebliebenen zahlt man 2,20 £ Porto.

Rauchen

In Großbritannien gilt ein **allgemeines Rauchverbot** in allen öffentlichen Gebäuden. Dies gilt auch für Hotels sowie die Bahnsteige von Bahnhöfen. Auch in Autos darf nicht geraucht werden, wenn Minderjährige mitfahren. Ebenso ist in Pubs, Bars und Restaurants das Rauchen verboten. Viele Lokale haben jedoch einen Außenbereich für Raucher.

958es ar

Reisegepäck und Ausrüstung

→ Elektrizität, S. 489
→ Gesundheit und Hygiene, S. 501
→ Klima und Reisezeit, S. 504
→ Orientierung und Landkarten, S. 508

Regenfeste Kleidung und vor Feuchtigkeit schützendes, **rutschfestes Schuhwerk** gehören auf alle Fälle ins Reisegepäck. Ein Schirm leistet weniger gute Dienste, da die Windböen dafür sorgen, dass man dann unterhalb des Kopfes nass wird. Ideal ist eine dreiviertellange Jacke aus *Goretex* oder *Sympatex* mit Kapuze. Für kurze Spaziergänge zu landschaftlichen Höhepunkten abseits befestigter Wege eignen sich leichte Wanderschuhe mit dicker, rutschfester Sohle. Ein dicker Pullover wärmt an kalten Sommertagen.

Aber auch **Eleganteres** sollte man für den Urlaub einpacken; vornehme Restaurants haben oft einen Dresscode, der Turnschuhe, T-Shirts und Jeans verbietet.

Selbst wenn Sie kein Hobby-Ornithologe sind, nehmen Sie trotzdem ein **Fernglas** mit. An den Küsten kann man schon zum Vogelliebhaber werden, wenn man dort auf lustig aussehende Papageientaucher *(puffin)* trifft.

Wenn Sie **wandern** wollen – und das ist in Südengland sehr empfehlenswert – benötigen Sie selbstverständlich ein paar gute Wanderschuhe, eventuell ein **GPS-Gerät** oder eine dementsprechende *App* auf dem Smartphone, einen **Kompass,** ein kleines **Erste-Hilfe-Set** und eine **Trinkflasche.** Als nützlich erweist sich auch immer ein kleiner **Rucksack,** um alle nötigen Tagesutensilien beisammen zu haben.

Sicherheit

→ Notfälle, S. 507

Großbritannien ist ein **relativ sicheres Reiseland,** und gerade in ländlichen Gebieten geht es recht ruhig zu.

Wie überall sollte man in Ballungszentren wie London und großen Touristenorten größere Vorsicht walten lassen und nicht sein gesamtes Gepäck im Auto zur Schau stellen. Sowohl Kofferraumabdeckung als auch Handschuhfachklappe sollte man auflassen, damit potenzielle Diebe kein Interesse bekommen. Auch das Radio oder Navigationsgerät gehört – wenn von der technischen Seite her möglich – ausgebaut.

Sport und Aktivitäten

Fahrrad fahren

Das **Radwegenetz** in England ist in den letzten Jahren immer besser ausgebaut worden, und es gibt mittlerweile etliche sowohl landschaftlich als auch historisch sehr lohnende **Langstreckentouren.** Epfehlenswert ist z.B. der 2020 eröffnete *King Alfred's Way,* der über 350 km von Winchester aus in Richtung Salisbury, Stonehenge und Avebury führt, um schließlich wieder in Winchester zu enden. Landschaftlich ebenfalls sehr schön ist der *West Country Way,* der wahlweise von Bristol oder Bath aus bis nach Bude in Cornwall führt. Weitere Routen werden auf den Websites der Radfahrver-

adobe.stock ©Thomas Marchhart

bände *CyclingUK* (www.cyclinguk.org) und *Sustrans* (www.sustrans.org.uk) aufgeführt.

- **King Alfred's Way,** www.cyclinguk.org/king-alfreds-way
- **West Country Way,** www.sustrans.org.uk/find-other-routes/west-country-way-bristol-to-bude

Wandern

Die ideale Fortbewegung in der Landschaft von Englands Süden ist das Wandern. In diesem Band sind **elf Wandertouren** beschrieben, davon fünf im **Dartmoor**, fünf entlang der Küste in **Cornwall** und eine an der **Kreidefelsküste bei Beachy Head.** Fünf Wanderungen sind auch für Familien mit Kindern geeignet. Grundsätzlich sollten Sie nur mit Wanderschuhen starten (dies vor allem bei den rauen Klippenwanderungen in Cornwall) sowie Kompass/GPS-*App* und Erste-Hilfe-Set dabeihaben. Außerdem ist es ratsam, nie ohne Wasser und ein wenig Proviant loszulegen. Die Verhältnisse in einem Hoch-

Beschilderung des Camel Trails für Radfahrer, Wanderer und Reiter im Norden Cornwalls

Kleine Vokabelliste rund ums Fahrrad

Achse	spindle
Felge	rim
Felgenbremse	caliper brake
Gangschaltung	gear shift
Kettenblatt	chain ring
Kettenwerfer	changer
Kurbelkeil	crank wedge
Lenker	handlebar
Nabe	hub
Reifen	tyre
Sattel	saddle
Schlauch	inner tube
Schutzblech	mudguard
Tretlager	bottom bracket bearing
Tretkurbel	crank

1012es vd

moor oder an der Küste können leicht unterschätzt werden, und oft sind die Wanderrouten nicht klar **ausgeschildert.** Wollen Sie über die in diesem Band gemachten Wandervorschläge hinaus die Gegend erkunden, so benötigen Sie die detailreichen *Ordnance-Survey*-**Karten** im Maßstab 1:25.000. Gut sind auch die **Wanderführer** von *Ordnance Survey,* die sogenannten *Pathfinder;* für den Süden Englands sind im Programm „Dartmoor Walks", „Cornwall Walks", „Exmoor and Quantock Walks".

In Süd-England gibt es eine Reihe von **Fernwanderstrecken,** die sich der passionierte Wanderfreund nicht entgehen lassen. So kann man entlang des *King Charles III. England Coast Path* fast die ganze Küste Englands erwandern – die letzten Abschnitte sollen in den kommenden Jahren fertiggestellt werden (www.nationaltrail.co.uk). Sehr empfehlenswert ist als Teilstrecke der ca. 140 km lange *South Downs Way,* der in Eastbourne beginnt (oder endet) und schon nach wenigen Kilometern mit dem Felsabsturz Beachy Head und der Kreideklippenformation Seven Sisters tolle Landschaftsszenerien bietet.

Zwischen Bournemouth und Weymouth darf man den *Dorset Coast Path* nicht versäumen, der mit der fantastischen Kimmeridge Bay, der sanft geschwungenen Lulworth Cove und dem Durdle Door, dem riesigen steinernen Torbogen im Meer, ebenfalls an landschaftlichen Höhepunkten nicht arm ist.

Durch das Exmoor führt der 130 km lange Rundwanderweg *Tarka Trail,* der seinen Namen von dem in England vielgelesenen und berühmten Kinderbuch „Tarka, the Otter" hat; dieser 1927 erstmals erschienene Band von *Henry Williamson (This classic tale of an otter's life and death in Devon is as true as a man's account of a wild animal can possibly be)* hat unzählige Auflagen erlebt und beschreibt auf schöne Weise das Exmoor und die Landschaft von Nord-Devon.

In Lynmouth, dort, wo das Exmoor am Meer endet, beginnt der *Somerset and North Devon Coast Path.*

Die **Tourist Information Centres** entlang der Strecke und in der Umgebung halten exaktes Kartenmaterial und Unterkunftsvorschläge bereit.

Hier eine Adresse, wo man **ökologisch verträgliche Wanderferien** buchen kann und so von einem naturerfahrenen *Guide* durch die schönsten Stellen Südenglands geführt wird. Hier kann auch Info-Material bestellt werden:

- **Connect with Nature** von *Martin Hunt, North Trefula Farm,* Redruth, Cornwall, TR16 5ET, Tel. 01209-820847, www.adventureline.co.uk.

→ Camping, S. 486

Golf

Vor allem Golfer kommen in Süd-England auf ihre Kosten, denn ein dichtes Netz von 9- und 18-Loch Plätzen überzieht den Süden von Kent bis Cornwall. In Großbritannien ist Golf keineswegs ein so elitäres Vergnügen wie hierzulande, und die *Green Fees* starten bei 50 £.

Tennis

Wer sein Tennis-Racket auch im Urlaub nicht aus der Hand legen will, findet in den großen Seebädern wie Eastbourne, Brighton, Bournemouth, Torquay, Newquay und Weymouth viele Anlagen.

Reiten

Wer Glück auf dem Rücken der Pferde erfährt, sollte im **New Forest,** einer schönen Wald- und Heideregion, reiten. Eine von Lesern empfohlene Reitanlage ist:

- **Burley-Villa School Of Riding,** Bashley Common Road, New Milton, Tel. 01425-610278, www.burleyvilla.co.uk.

Schwimmen

Die **Wassertemperaturen** an der südenglischen Küste entsprechen im Sommer mit 18 °C in etwa denen an der deutschen Ostseeküste.

Die **Strände** der großen Seebäder wie Brighton, Eastbourne oder Bournemouth und die größeren Strände Cornwalls werden in den Sommermonaten von Rettungsschwimmern bewacht. Diese Strandabschnitte sind durch gelbrote Flaggen gekennzeichnet. **Achtung:** Wenn rote Flaggen gehisst sind, deutet dies auf gefährliche Strömungen hin, und man sollte dann auf das Schwimmen im Meer verzichten.

< Wanderer im Dartmoor

Wassersport

Wer gerne surft oder es einmal ausprobieren möchte, findet an der **Nordküste von Cornwall** und **Devon** ideale Bedingungen zum Wellenreiten. Zu den bei **Surfern** beliebtesten **Stränden** gehören der Fistral Beach und der Tolcarne Beach bei Newquay, die Sennen Cove in Cornwall sowie die Strände von Woolacombe und Croyde in Devon.

Wenn das Wetter nicht mitspielt und die See zu flach ist, kann man **Coasteering** ausprobieren, bei dem man Klippen an der Küste erklimmt, von hoch oben ins Wasser springt und dann schwimmt, um an einer anderen Stelle wieder hochzuklettern. Auch das **Stand-Up-Paddling (SUP)** ist dann eine Option.

- **Fistral Beach Surf School,** Newquay, TR7 1HY, Tel. 01637-850737, www.fistralbeachsurfschool.co.uk.
- **Coastline Sports,** Moor Lane, Croyde, EX33 1PA, Tel. 07568-371957, www.coastlinesports.uk.

Tauchen lernt man beispielsweise im *Cornish Diving Centre* an der Südküste Cornwalls.

- **Cornish Diving Centre,** Bar Road, Falmouth, TR11 4BN, Tel. 01326-311265, www.cornishdiving.co.uk.

Surfer am Tolcarne Beach, Newquay

adobe.stock ©mrallen

Sprache

→ Kleine Sprachhilfe, S. 577

In den meisten Situationen wird man in England als Tourist mit stockendem Schulenglisch gut zurechtkommen, und die Einheimischen helfen gern weiter, wenn einem das ein oder andere Wort nicht einfällt. Der **südenglische Akzent** ist für Menschen aus dem deutschsprachigen Raum gut zu verstehen, wenn auch die Bewohner der im Westen gelegenen Grafschaften die Gewohnheit haben, das „r" stark zu rollen, was sich dann etwas anders anhört als das Standard English, das man in der Schule gelernt hat.

Sprachunterricht in England

Die Seebäder Eastbourne, Brighton und Bournemouth haben eine Reihe von hervorragenden **Sprachschulen;** wenn Sie also Ihr Englisch verbessern wollen oder Spezialkurse für Wirtschaftsenglisch oder technisches Englisch benötigen, werden Sie an Englands Südküste fündig. Es bleibt während des Unterrichts auch Zeit für Ausflüge und Badefreuden. Außer in den genannten Städten gibt es noch eine Fülle von kleineren Sprachschulen entlang der Südküste.

- **Bournemouth School of English,** 12 St. Stephen's Road, Bournemouth, BH2 6JJ, Tel. 01202-294938, www.bournemouthschoolofenglish.co.uk.
- **Bayswater College,** St Peters Quarter, BH1 2AD, Tel. 01202-836731, www.bayswater.ac/destination/bournemouth.
- **King's School of English,** 58 Braidley Road, Bournemouth, Tel. 01202-293535, BH2 6LD, www.kingseducation.com.
- **Language Studies International,** 55–61 Portland Road, BN3 5DQ, Brighton, Tel. 01273-722060, www.lsi.edu.
- **St. Giles College,** 1–3 Marlborough Place, BN1 1UB, Brighton, Tel. 01273-682747 oder 13 Silverdale Road, Eastbourne, BN20 7AJ, Tel. 01323-729167, www.stgiles-international.com.

In Deutschland gibt das **British Council** Auskünfte über Sprachschulen an der Südküste:

- **British Council,** Alexanderplatz 1, 10178 Berlin, Tel. 030-22026990, www.britishcouncil.de.

Buchtipp

- *Doris Werner-Ulrich:* **Englisch – Wort für Wort,** Kauderwelsch-Reihe, Reise Know-How Verlag (begleitendes Tonmaterial: Aussprache-Trainer auf Audio-CD oder als mp3-download ist ebenfalls erhältlich)

Unterkunft

→ Camping

Die Urlaubs- und Ferienregion in Englands Süden verfügt über eine reichhaltige Palette an Unterkunftsmöglichkeiten, die jedoch in der **Hauptsaison** Juli und August ausgebucht sein können. Buchen Sie in dieser Zeit besser einige Tage telefonisch oder online im Voraus, sei es über ein Buchungsportal oder indem Sie sich direkt an eine Bed-&-Breakfast-Pension oder ein Hotel wenden.

Die im Reiseteil aufgeführten Unterkünfte sind **nach Preiskategorien** gestaffelt, symbolisiert durch Ziffern von eins bis fünf (→ Infokasten unten rechts). Diese Angaben gelten stets für ein **Doppelzimmer in der Hauptsaison.** Sie sind also nur Richtwerte, da die Zimmer in der Vorsaison billiger sind. An Wochenenden sind Zimmer in touristischen Hochburgen wiederum teurer als in der Woche, in vielen Städten aber sind die Zimmer am Freitag und Samstag preiswerter.

Durch **Vorbuchen** im Internet, aber auch, wenn man kurzfristig auf einer der einschlägigen Websites (www.laterooms.com, www.lastminute.com) Restzimmer bucht, kann man deutlich bessere Preise für ein Zimmer bekommen.

Die **Zimmerkategorien** sind normalerweise *Double Room* (Doppelzimmer mit Doppelbett), *Twin Room* (Zweibettzimmer mit zwei Einzelbetten) und *Family Room* (Familienzimmer mit Doppelbett und einem oder mehreren Einzelbetten, manchmal auch einem zweiten Doppelbett). Bei den Doppelzimmern findet man dann noch häufig eine Unterteilung in *Standard, King Size* oder *Super King Size,* was sich auf die zunehmende Größe bzw. Breite des Doppelbettes bezieht (von etwa 1,35 bis 1,80 m).

Überblick Buchungsportale

Als Ergänzung zu den sorgfältig zusammengetragenen Unterkunftsempfehlungen in diesem Buch können Buchungsportale wie **Booking.com, hrs.de, Agoda.com** oder **AirBnB.de** dazu genutzt werden, aktuelle Preise und die Bewertungen anderer Reisender einzusehen sowie Unterkünfte direkt zu buchen.

Die Plattformen arbeiten mit Unterkünften aller Art zusammen und machen diese für Reisende **leicht auffindbar.** Bewertungen, Fotos und Filtermöglichkeiten nach zahlreichen Details helfen bei der Auswahl. Auch der Kontakt zwischen Vermietenden und Unterkunftssuchenden sowie die Bezahlung können über die Plattformen abgewickelt werden.

Eine gewisse **Vorsicht** ist bei der Benutzung dennoch geboten. Wann immer möglich, sollten die Angaben mit zusätzlichen Quellen überprüft werden. Sind die Bewertungen wirklich auf allen Plattformen und Suchmaschinen so gut? Sind sie so zahlreich, dass ein Missbrauch unwahrscheinlich ist? Weshalb genau fanden die Bewertenden die Unterkunft gut und stimmt das mit meinen Interessen überein? Häufig hilft die jeweils eigene Internetseite der Unterkunft, *Google Street View* oder ein Anruf, um genauere Informationen zu bekommen.

Wem einzelne Aspekte besonders wichtig sind, der sollte auf jeden Fall genau **prüfen** – z.B. ob der versprochene „geschlossene Parkplatz" wirklich so beschaffen ist, dass man das vollgepackte Auto dort stehenlassen möchte. Auch der angepriesene „Bestpreis" und die durch die Plattformen suggerierte knappe Verfügbarkeit lösen sich bei einem Anruf vielleicht in Luft auf, weil die Vermietenden einen eigenen günstigen Preis bieten, um sich die teure Vermittlungsprovision an die Plattform zu sparen.

Während die Plattformen also eine praktische Hilfe bei der Reiseplanung sein können, empfiehlt sich doch häufig ein kritischer zweiter Blick!

325es fk

Dabei nimmt allerdings normalerweise auch der Zimmerpreis entsprechend zu.

Bed & Breakfast

Die klassische englische Unterkunftsart ist das Bed & Breakfast in einem Privathaushalt. Während der Saison werden verfügbare Zimmer freigemacht und für Logiergäste hergerichtet. Wer ein neues Haus baut, plant gleich einige Gästezimmer etwas abseits von den Familienräumen mit ein.

In den niedlichen, handtuchgroßen Vorgärten weist ein großes **Schild** den Besucher auf eine solche Familienunterkunft hin: B&B *(Bed and Breakfast)*, weiterhin **Vacancies,** wenn noch Zimmer frei sind, bzw. **No Vacancies,** wenn dies

Preiskategorien der Unterkünfte in diesem Buch

① bis 69 £
② 70–99 £
③ 99–129 £
④ 129–159 £
⑤ über 159 £

Die Preisangaben für die Unterkunftstipps gelten, sofern nicht anders aufgeführt, stets für ein **Doppelzimmer** mit WC/Duschbad inkl. Frühstück für eine Übernachtung in der Hochsaison. Preisnachlässe, Ferienangebote u.Ä. sind reichlich gegeben, unterliegen jedoch erheblichen Schwankungen.

Die hochgestellten Ziffern, mit denen die Quartiere versehen wurden, beziehen sich nicht auf die Hotelkategorie oder die Qualität der Unterkunft, sondern auf die fünf **Preisklassen,** wie wir sie für den schnellen Überblick von günstig über mittel bis hochpreisig eingeteilt haben.

Traditionelles Aushängeschild eines Hotels

adobe.stock ©lenscap50

nicht der Fall ist. Angepriesen wird auch die Ausstattung. Also etwa: *Tea-Making Facilities* heißt, dass ein Wasserkocher sowie Teebeutel und Tassen bereitstehen. *Flatscreen TV* verspricht einen Flachbildschirm-Fernseher im Zimmer. *En suite* bedeutet, dass ein Bad oder Duschbad direkt an das Zimmer angeschlossen ist, *private bathroom* weist darauf hin, dass es ein Bad gibt, das zwar ausschließlich zu dem gebuchten Zimmer gehört, aber meist über den Flur des Hauses zu erreichen ist.

Immer mehr B&Bs stellen sich auf einen **Luxusmarkt** ein und schmücken sich dann oft mit dem Zusatz „Boutique" oder „Luxury". Es gibt dann oft eine bessere Ausstattung oder besonders eingerichtete Zimmer. Hier können die Preise auch etwas höher liegen.

Guest Houses und Private Hotels

Guest Houses oder *Private Hotels* bezeichnen größere Bed-&-Breakfast-Unterkünfte, vergleichbar mit deutschen Pensionen, bieten manchmal besseren Standard als die kleinen B&B, sind aber einige Pfund teurer als diese.

Die Briten, denen man ja nachsagt, dass ihr *Home* ihr *Castle* ist, lieben

⌃ Viktorianische Fassade des Luxushotels Grand Brighton in Brighton

prachtvolle Namen für ihr Heim, und das zeigt sich auch in den Bezeichnungen für B&B und *Guest Houses.* Da werden Unterkünfte mit wohlklingenden Namen wie *Orchard House, Bay View Private Hotel, Blue Lagoon Lodge House, Dolphin & Anchor Guest House* oder *White Cliff Lodge* angeboten.

Hotels

Hotels in Großbritanien folgen dem internationalen Sterne-Standard und beginnen preislich bei etwa 75 £ für das Doppelzimmer.

Hervorragend, allerdings auch kostspielig, sind auch die **Country House Hotels,** kleinere Häuser mit 15–20 Zimmern und mit einem sehr individuellen Service sowie herzallerliebst eingerichteten Zimmern im Landhausstil. Eine kleine Bar und ein kleines Restaurant runden die Angebotspalette ab. *Country Houses* sind ideal zum Beispiel für frisch Verliebte, die die Einsamkeit suchen, die etwa in rauer windiger Landschaft ausgedehnte Spaziergänge machen und sich beim exzellenten abendlichen Dinner lange in die Augen sehen möchten.

Ferienhäuser

Ferienhäuser *(holiday homes)* bieten sich für Familien mit kleinen Kindern an, ähnliches gilt für Ferien auf der Farm. Interessant sind in diesem Zusammenhang die Häuser des *Landmark Trust* und des *National Trust;* beide Organisationen restaurieren alte Cottages, Mühlen, Farmhäuser und vermieten sie als Ferienwohnungen. Urlaub im historischen Ambiente! Auskünfte und Kataloge sind erhältlich bei:

- **National Trust,** *Holiday Booking Office,* PO Box 536, Melksham, Witshire SN12 8SX, England, Tel. 0044-344-8002070, www.nationaltrust.org.uk/holidays.
- **Landmark Trust,** Shottesbrooke, Maidenham, Berkshire SL6 3SW, England, Tel. 0044-1628-825 925, www.landmarktrust.org.uk.
- Außerdem kann man über zahlreiche **Websites im Internet** Ferienhäuser buchen.

Jugendherbergen/Hostels

Die *Youth Hostels Association England and Wales (YHA)* verwaltet über 130 Herbergen, die nicht nur jungen Leuten eine **preiswerte Unterkunft** bietet. Gerade auch bei älteren Wanderbegeisterten und Familien sind die *YHA*-Herbergen, die oft landschaftlich sehr schön gelegen sind, äußerst beliebt, und so ist es ratsam, selbst in der Vorsaison vorab zu buchen. Einen internationalen Jugendherbergsausweis braucht man dafür nicht. Allerdings gewährt einem der Ausweis aus dem Heimatland 10 % Rabatt für Aufenthalte in britischen *YHA*-Herbergen. Zu vielen *YHA*-Herbergen gehören auch ein Bistro und eine Bar, viele vermieten neben Unterkünften im Schlafsaal auch günstige Privatzimmer. Anders als unabhängige Jugendherbergen, deren Niveau unterschiedlich ausfallen kann, sind die *YHA*-Herbergen fast ausnahmslos von sehr guter Qualität und oft eine gute Alternative zu *Budget*-Hotels.

- **Youth Hostel Association,** Tel. 01629-592700, www.yha.org.uk.

Es gibt außerdem viele **unabhängige Hostels,** von denen die innerstädtischen meist auf ein jüngeres Publikum ausgerichtet sind, die ländlich gelegenen besonders auf Wanderer.

- **Independent Hostel Guide,** Tel. 01629-580427, www.independenthostels.co.uk.

Verhaltenstipps

→ Autofahren, S. 482
→ Essen und Trinken, S. 489
→ Sicherheit, S. 510
→ Kap. Land und Leute, Bevölkerung, S. 554

In England ist es üblich, sich gleich mit **Vornamen** vorzustellen. Der Gebrauch des Nachnamens klingt für Briten meist sehr förmlich und steif.

Auf **Höflichkeit** wird auf der Insel nach wie vor viel Wert gelegt. An Fragen sollte man immer ein „Please" anhängen und das anschließende „Thank you" nicht vergessen. Wenn man jemanden aus Versehen anrempelt (oder auch angerempelt wird) sagt man „Sorry".

Viele Geschäfte und Lokale bevorzugen das **Bezahlen mit Geldkarten.** In **Bussen** muss man meist entweder mit der Geldkarte zahlen oder das passende Kleingeld dabeihaben.

In **Pubs** wird am Tresen bestellt und sofort nach der Bestellung bezahlt. Wenn man mit englischen Freunden unterwegs ist, bestellt man „Rounds": Man lädt also abwechselnd die ganze Runde zum Bier ein.

Hübsche kleine Geschäftstraße in Whitstable

1008es vcb

Die Briten sind berühmt für ihr geduldiges **Schlange stehen,** Vordrängeln z.B. beim Einsteigen in den Zug oder Bus wird als sehr unhöflich und unkultiviert betrachtet.

Auf **Rolltreppen** hält man sich rechts, damit Eilige links überholen können.

Verkehrsmittel

→ Sport und Aktivitäten/Fahrrad fahren/ Wandern/Reiten, ab S. 510

Bahn

Wer Großbritannien mit der Bahn erkunden möchte, dem seien die **BritRail-Pass-Angebote** zu empfehlen, die je nach Karte zum unbegrenzten Reisen in Großbritannien (nicht Nordirland), England (ohne Schottland und Wales), den Südwesten Englands oder den Großraum London berechtigen.

Mit den *BritRail-Tickets* spart man meist nicht nur viel Geld, sondern ist auch viel flexibler: Normalerweise muss man in England Zugtickets viele Wochen im Voraus buchen, um an günstige Karten zu kommen, und ist dann an einen bestimmten Zug zu einer bestimmten Uhrzeit gebunden. Mit dem **BritRail-Pass** hingegen kann man in jeden beliebigen Zug steigen. So einen Pass kann man sich individuell nach den eigenen Bedürfnissen zusammenstellen: Der **Konsekutiv-Pass** kann an aufeinanderfolgenden Tagen (2 Tage bis 1 Monat) genutzt werden, beim **Flexi-Pass** müssen die Tage nicht aufeinander folgen. Die Pässe sind im Internet und von außerhalb Großbritanniens über www.visitbritainshop.com und www.britrail.com zu beziehen.

Nutzt man die Bahn nur einmalig oder nur für kurze Strecken, sollte man die Tickets so früh wie möglich buchen. Tickets, die man erst am Reisetag kauft, können bis zu zehnmal so teuer sein als die, die man ein paar Wochen im Voraus gebucht hat.

Rund um die Gegend von London ist das **Bahnnetz** besonders dicht, da jeden Morgen Abertausende von Pendlern *(commuters)* aus dem *commuter belt* rund um Britanniens Kapitale ihren Arbeitsplatz per Zug erreichen müssen. Je weiter man allerdings nach Westen kommt, umso grobmaschiger wird das Bahnnetz, aber alle wichtigen touristischen Orte sind mit der Bahn problemlos erreichbar.

Bahnreisen sind teurer als Busreisen, und ebenfalls sehr unerquicklich ist es, dass im Gegensatz zu unseren **Bahnhöfen** die britischen manchmal recht weit außerhalb der Ortszentren liegen.

Fahrzeiten, Routenplaner sowie **Ticketpreise** findet man auf der Seite von *National Rail.* Hier kann man auch Fahrkarten vorbuchen. Auf der Website von *Trainline* findet man manchmal ermäßigte Fahrkarten.

- **www.nationalrail.com**
- **www.trainline.com**

Busse

Die Alternative zur Bahn sind die Busse des **National Express** (www.nationalexpress.com). Von London aus wird das gesamte Land von den komfortablen weißen Reisebussen befahren. Während

adobe.stock ©Andriy Blokhin

der Saison werden die größeren Seebäder gar mehrfach am Tag bedient. Wie bei der Bahn ist auch hier der **Tarifdschungel** der Sonder-, Wochenend-, Regional-, Kinder-, Jugend- und Seniorenpreise sehr dicht. Busse sind wesentlich billiger sind als die Bahn.

National Express hat in den letzten Jahren zunehmend Konkurrenz von **Megabus** bekommen, die zu niedrigen Preisen zumindest die größeren Städte anfahren. Vorbuchen im Internet ist erforderlich (www.uk.megabus.com).

→ **Anreise, S. 476**
→ **Verhaltenstipps, S. 520**

Leihwagen

→ **Autofahren, S. 482**

Leihwagen haben den Vorteil, dass sie das Steuer für den **Linksverkehr** auf der richtigen Seite haben und daher auch deutsche Autofahrer, an Rechtsverkehr gewöhnt, ohne allzu große Irritationen vom Fleck kommen. Vor allem, wenn zwei Leute unterwegs sind, lohnt sich ein Leihwagen, der auch die größte Flexibilität bietet. Ein Kleinwagen kostet inklusive freier Kilometer, Vollkaskoversicherung, Reifen- und Windschutzscheibenschutz mit einem Eigenanteil für 15 Tage zwischen 200 und 300 £. Zu berücksichtigen sind überdies noch die Spritkosten.

Buchen kann man bei den Anbietern (Vorbuchen ist oft günstiger) oder auf einer Vergleichsseite im Internet, z.B:

- **www.carrentals.co.uk**
- **www.rentalcars.com**
- **www.travelsupermarket.com**

[^] National Express-Bus unterwegs in London

[>] Londoner Taxen

Taxi

In größeren Städten und an den Flughäfen gibt es Taxistände – hier warten die berühmten **schwarzen Taxen** auf Kundschaft. Diese können auch per Handzeichen angehalten werden, was bei privaten Taxis nicht möglich ist.

Private Mini-Cabs sind meist deutlich billiger als die schwarzen Taxen, müssen aber vorgebucht werden. Wer auf der Suche nach einem günstigen lokalen Anbieter ist, wird in jedem Pub die Telefonnummnern von empfehlenswerten Anbietern bekommen.

Die meisten Taxen und Mini-Cabs sind mit einem elektronischen **Taxameter** ausgestattet, der den endgültigen Preis anzeigt.

Es gibt **Zuschläge** für Fahrten zwischen 20 und 6 Uhr und an wichtigen Feiertagen.

Trinkgeld sollte etwa 10 % des Fahrpreises betragen.

Am **günstigsten** sind die Fahrten des Taxi-Vermittlungsdienstes **Uber.** *Uber* bietet seine Dienste in den großen Metropolen wie z.B. London, Brighton und Bristol an.

- **www.uber.com**

Zeit

Es gilt nicht die hierzulande bekannte Mitteleuropäische Zeit (MEZ), sondern die *GMT,* die **Greenwich Mean Time,** die eine Stunde hinter der unsrigen herhinkt. Auch Großbritannien hat **Sommerzeit,** sodass die Stunde Unterschied auch im Sommer bleibt.

Übrigens ist die 24-Stunden-Einteilung im Vereinigten Königreich unüblich; zwischen Mitternacht und 12 Uhr hängt man ein a.m. *(ante meridiem)* und zwischen 12 Uhr mittags und 0.00 Uhr ein p.m. *(post meridiem)* an die Zahl. 6 a.m. meint also sechs Uhr morgens, 6 p.m. ist 18 Uhr am Abend.

adobe.stock ©evannovostro

Architektur | 557
Bevölkerung | 554
Englands Süden | 526
Englische Literatur | 560
Flora und Fauna | 532
Geschichte | 539
Medien | 550
Monarchie | 545
Naturschutz | 536
Regierung | 545
Umweltschutz | 536
Wirtschaft | 553

13
Land und Leute

Die Kreidefelsen von Dover

Englands Süden

„Keine Grafschaft Englands ist mit Kent vergleichbar, so wenig als irgendein Land mit England zu vergleichen ist“, soll *Winston Churchill* eines Tages einmal gesagt haben. Und hier, in der Grafschaft **Kent,** die auch auf den lieblichen Namen „Garten Englands“ hört, beginnt unsere Rundreise durch den Süden der Insel. Fruchtbar ist die Grafschaft, große Obstplantagen und endlose **Hopfenfelder** sind sacht eingepasst in die sanft geschwungene, grüne Landschaft. Vor allem der Hopfen, der ja zum Bierbrauen benötigt wird, hat dieser südöstlichsten Region des Inselstaates seinen Stempel aufgedrückt, und so ist Kent nicht nur der Garten Englands, sondern auch das *Hop Country,* das Hopfenland ganz Großbritanniens.

Turkeys, heresey, hops and beer/Came into England all in a year; hier ist dieser alte Vers noch lebendig, wonach Truthahn, Glaubenskämpfe, Hopfen und Bier gleichzeitig ins Land gekommen sind. Meterhoch ragen die Pfosten und Stangen auf, zwischen denen straff verspannte Drähte den Pflanzen Halt geben; solche Spaliere ziehen sich endlos dahin und verschwinden in der Ferne am Horizont.

Typisch für **Kent** sind auch die **Oast Houses** mit ihren hohen kegelförmigen Dachtürmen und dem weißen Aufsatz, der sich keck in den Wind reckt. In diesen Darrehäusern wurde früher der Hopfen getrocknet, heute sind sie fast alle zu Wochenend- oder Wohnhäusern umgebaut, und betuchte Manager eilen an Sonn- und Feiertagen mit der Familie aus der nahen Steinwüste London in die ländlich erholsame Region.

Aber Kent ist nicht nur der Garten, sondern auch das **Tor zu England,** *The gateway to England,* wie die Briten noch heute sagen, wenn sie den Kanal überqueren oder auf der Rückreise die weißen Kreidefelsen von Dover ausmachen. Hier landeten über Jahrhunderte die fremden Eindringlinge, die Römer, die Sachsen, die Dänen und zum Schluss, *Ten Sixty-Six,* wie es in England heißt, die Normannen – 1066 setzte *Wilhelm*

der Eroberer seinen Fuß auf den Strand des heutigen Hastings (das allerdings schon in Sussex liegt). Welche Gefahren vom nur 33 km entfernten Kontinent drohten, bezeugen die vielen **Küstenbefestigungen,** welche die Gestade säumen und bis in jüngste Zeit genutzt wurden – wie etwa Dover Castle.

Keine zwei Millionen Einwohner hat das kleine Kent, von denen viele Morgen für Morgen die Bahn besteigen und nach London zur Arbeit fahren. Denn die Grafschaft ist auch im Griff der alles beherrschenden Metropole, und immer weiter wächst das steinerne Stadtungetüm in die liebliche Landschaft hinein.

Nahe dem stimmungsreichen Puppenstubenörtchen Rye überschreitet der Besucher die Grenze zu **Sussex.** Hier dominieren die beiden eleganten und gepflegten Seebäder Eastbourne und Brighton an der Küste, und auch eine ganze Menge kleiner **Seaside Resorts** harrt zu Beginn des Sommers auf die sonnen- und meerhungrigen Besucher. Im Hinterland rollt die sanft geschwungene, leicht hügelige und von kleinen Laubwäldchen durchzogene Landschaft des **Weald.** Von Westen nach Osten durchziehen die anmutigen Rundungen der **South Downs** die Region. Die vielen Städtchen haben ihren einstigen ländlichen Marktcharakter noch wahren können, wenngleich sie heutzutage weitgehend von in London arbeitenden Pendlern, den *Commuters*, bewohnt werden.

Landschaftlicher Höhepunkt von Sussex ist sicher die 170 m hoch steil aus dem tiefblauen Meer in den Himmel schießende, schneeweiße Klippe **Beachy Head** und die sich daran anschließende, etliche Kilometer lange, aufragende Kreideformation **The Seven Sisters.**

Die Grafschaft **Surrey,** die sich unmittelbar an die Stadtgrenze von London schmiegt, ist ganz im Griff des Molochs und Teil des **Pendlergürtels,** der die Hauptstadt umschließt. Schienentrassen und Straßen durchschneiden die Landschaft. Da die Anfahrtswege nicht so lang sind wie von Sussex aus, wohnt hier die Crème der leitenden Angestellten, und so gelten die Pendler als sogenannte *Gin and Tonic Commuters* und ihre Grafschaft Surrey als *Stockbroker Belt*.

In Surrey war es, wo die Adligen König *Johann Ohneland* im Jahre 1215 die *Magna Carta* abtrotzten und damit Rechtssicherheit für jeden Bürger schufen.

Southampton und **Portsmouth,** zwei der großen britischen Hafenstädte, sind die industriellen Zentren der Grafschaft **Hampshire.** Hier wurde englische Seefahrtsgeschichte geschrieben, von hier lief die *Mayflower* mit den Pilgervätern in die neue Welt, von hier starte *Lord Nelson* mit seinem Flaggschiff *Victory,* um Großbritannien in der Schlacht von Trafalgar für mehr als ein Jahrhundert die absolute Vormachtstellung zur See zu sichern.

In Hampshire finden wir aber auch die Stadt **Winchester,** ehemals die Kapitale des ersten angelsächsischen Königreiches Wessex, Standort einer prachtvollen Kathedrale und durch einen riesigen *Round Table* ins mythische Netz von König *Artus* eingewoben.

Im Hinterland der Grafschaft wird Landwirtschaft betrieben, und Schafe grasen an den Hängen der North Downs. Der Südwesten Hampshires wird bestimmt von der Heide- und Waldlandschaft des **New Forest,** in dem wilde Ponys grasen, violett die Erika und gelb der Ginster leuchten.

Südlich von Southampton und Portsmouth liegt die, vom Festland durch die schmale, *Solent* genannte Meerenge getrennte, **Isle of Wight** – im Kleinen ein genaues Abbild des großen Englands. Steile Kreidefelsen, anmutig geschwungene Sandbuchten, eine leicht gewellte Landschaft, verschlafene Dörfer mit reetgedeckten, heimeligen Cottages und Badeorte mit zurückhaltendem Charme machen sie bei Jung und Alt zu einem gern besuchten Orte. Golfstromumspült ist die Insel eine der wärmsten Regionen Großbritanniens und zählte daher schon immer viele berühmte Besucher. *Karl Marx* war vor Ort, Hofdichter *Alfred Lord Tennyson* hatte ein Haus auf dem gastlichen Eiland, *Charles Darwin, D. H. Lawrence* und *Charles Dickens* schrieben ihre Bücher auf dem sonnenverwöhnten Fleck, und Queen *Victoria* liebte ihr von *Albert* erbautes *Osborne House* über alles.

In der Grafschaft **Dorset** beherrschen das große, mondäne Bournemouth und das kleinere, intimere Weymouth die Gestade; zwischen beiden Seebädern erstreckt sich eine spektakuläre Küstenszenerie, die in der verträumten, halbmondförmig geschwungenen **Lulworth Cove** und dem großen im Meer stehenden Torbogen **Durdle Door** ihre Höhepunkte findet. Von Weymouth dann weiter gen Westen schützt die mächtige Kieselbarriere **Chesil Beach** die Küste vor dem Ansturm des Meeres. In der schmalen Lagune hinter dem natürlichen Wellenbrecher haben viele Seevögel einen geschützten Lebensraum gefunden, und am Ende von Chesil Beach liegt die weltweit einmalige **Swannery von Abbotsbury;** in dieser Schwanerei verbringen Tausende von Schwänen den Winter und brüten ihre Jungen aus.

Strebt der Besucher fort von der Küste, so findet er seinen Weg in das behäbige **Dorchester,** in die Stadt von *Thomas Hardy,* der wie kein anderer sein dichterisches Lebenswerk dieser Region gewidmet hat. Auf den Spuren seiner Charaktere kann der literaturbegeisterte Leser den Süden Englands durchwandern: Bournemouth wird in *Hardys* Romanen zu Sandbourne, Weymouth zu Budmouth, Winchester zu Wintonceaster, die Isle of Portland gilt ihm als das Gibraltar von Wessex und heißt Isle of Slinger, Dorchester gerät ihm zu Casterbridge und aus Shaftesbury wird Shafton. – Und noch ein Großer verbrachte seine letzten Lebensjahre in Dorset; kein Geringerer als **T. E. Lawrence,** der *Lawrence von Arabien,* hatte sein Refugium in dem winzigen, einsamen Häuschen *Cloud's Hill;* hier schrieb er sein Lebenswerk, den kongenialen Band „Die sieben Säulen der Weisheit", nicht weit entfernt ist er zur letzten Ruhe gebettet – sein Grab ist leicht zu finden.

Wiltshire, das sich nördlich an Dorset anschließt, ist außer Surrey die einzige südenglische Grafschaft, die nicht ans Meer grenzt. Verwaltungskapitale ist das vor Atmosphäre und Charme sprühende **Salisbury** mit seiner prachtvollen frühgotischen Kathedrale, die von einem eleganten, nadelspitzen Turmhelm gekrönt wird – Salisbury ist eine der schönsten Städte Großbritanniens. Weitere Attraktionen Wiltshire's sind die prähistorischen Steinkreise von **Stonehenge** und **Avebury** – letzterer der größte Europas.

Hier finden wir **Stourhead,** einen der schönsten und verspieltesten Landschaftsparks, nachgerade Synonym für den englischen Garten, sowie **Longleat** und **Wilton House,** zwei der herausra-

1013es vken

genden Herrenhäuser im Süden der Insel. Den Norden von Wiltshire bestimmen die lieblichen, rollenden Kreidehügel der **Marlborough Downs,** in die eine ganze Reihe von großen, weithin sichtbaren weißen Pferdefiguren geritzt sind (siehe auch „Die weißen Pferde von Wiltshire", S. 402).

Die Gegend um Bath und Bristol mit dem Fluss **Avon,** der durch Bath sprudelt und bei Bristol ins Meer strömt, ist ein touristischer Anziehungspunkt. **Bath,** neben Salisbury eine der schönsten Städte im Inselstaat, kann das gelungenste Ensemble georgianischer Architektur aufweisen, eine einmalig prachtvolle Stadtplanung des 17. Jh., die weltweit ihresgleichen sucht. Zusammen mit dem grandiosen Römischen Bad, durch das heute wie zur Zeit *Cäsars* Tag für Tag eine Million Liter Wasser aus den heißen Quellen fließen, und dem unvergleichlichen Charme des Ortes, ist Bath von einer Lebendigkeit, die jeden Besucher in ihren Bann zieht und ihn mit heiterem Gemüt durch die schönen Straßen wandeln lässt.

Die Kamine drehen sich immer aus dem Wind: Oast Houses – Darrehäuser in Kent

Bristol ist trotz der verheerenden Zerstörungen im Zweiten Weltkrieg auf angenehme Weise neu erbaut worden und glänzt nicht durch sterile Betonarchitektur wie beispielsweise Portsmouth und Southampton. Am Floating Harbour, der sich von West nach Ost durch die Stadt zieht, ist ein hervorragendes Naherholungsgebiet entstanden.

In der Grafschaft **Somerset** blühen die Mythen und Legenden, allen voran die des edlen Königs *Artus*, seiner geliebten Herrscherin *Guinevere* und seiner Tafelrunde von unerschrockenen Rittern, wie *Lancelot* einer war. In **Glastonbury** soll der sagenhafte Keltenherrscher begraben sein. Der kleine und anheimelnde Ort **Wells** hat die prächtigste Kathedrale von England innerhalb seiner Mauern; dem herrlichen Anblick ihrer Westfassade entzieht sich keiner der Besucher.

Im Westen von Somerset erstreckt sich der **Exmoor-Nationalpark,** in dem wilde Ponys im Galopp am einsamen Wanderer vorbeidonnern und ihm Rotwild aus sicherer Entfernung lange nachschaut. Durchzogen wird das Moor-, Heide- und Waldgebiet von tief eingeschnittenen Schluchten und Tälern, den *Combes,* die in früheren Zeiten den Schmugglern und Räubern als ideale Verstecke dienten.

Devon, die größte Grafschaft in Englands Süden, grenzt im Norden an die Gestade des Bristol-Kanals, und landschaftlich wie historisch ging es hier rau zu. Eine Unmenge von Schiffen, die auf den sicheren Hafen von Bristol zuliefen, strandeten am **Hartland Point;** der letzte Frachter, den hier sein Schicksal erst in den 1980er Jahre ereilte, liegt zerschmettert auf den Mammutkieseln vor

318es fk

der Steilküste. In früheren Tagen lockten zudem *Shipwrecker,* üble Strandpiraten, mit falsch gesetzten Lichtern die Schiffsbesatzungen ins Verderben.

Im Süden endet Devon an der warmen, golfstromumspülten Kanalküste, wo Palmen die Straßen des großen Seebades **Torquay** säumen. In **Plymouth** war die Heimat der vier *Devon Sea Captains,* zu denen *Sir Francis Drake* gehörte; von hier lief auch die Flotte aus, welche die Spanische Armada vom Invasionsversuch abhalten sollte.

Nördlich von Plymouth lockt die raue Landschaft des **Dartmoor-Nationalparks,** eine neblige, schauerliche Gegend, in der *Sherlock Holmes,* der Hund von Baskerville und viele ausgebrochene Mörder des Dartmoor Prison durch den gefährlichen Sumpf platschten. Das Dartmoor mit seinen wilden Ponys, den urwüchsigen, zotteligen Rindviechern und den weißen Schafen an den grünen Hügelschultern ist bei aller Rauheit eine wunderschöne Heide-, Moor- und Waldlandschaft, eine ideale Gegend für beschaulich lange **Wanderungen,** von denen fünf in diesem Band ausführlich beschrieben werden.

Dartmouth, schön am Mündungstrichter des Dart gelegen, eingerahmt von hohen grünen Bäumen, mit efeuumrankten alten Fachwerkhäusern und blumengeschmückten Straßen, ist ein kleines Juwel an Devons Südküste.

Hoch über dem Fluss Tamar führt direkt hinter Plymouth eine Brücke hinein ins West Country, nach **Cornwall,** für viele gleichbedeutend mit Süd-England schlechthin. An **Land's End,** dem westlichsten Punkt Großbritanniens, branden unermüdlich die Wellen des Atlantiks an die spektakuläre Klippenszenerie, hier senden Leuchttürme ihre Lichtfinger weit hinaus auf die See, um den Schiffen den sicheren Weg in den englischen Kanal zu weisen. Rau und rissig, steil und steinig ist die Küste rund um Cornwall, doch gleichzeitig von unvergleichlicher Schönheit, weil ungezähmt und naturbelassen. Hoch über dem tosenden Meer schreitet der einsame Wanderer auf schweren Kieseln den Klippenpfad daher und genießt von Sekunde zu Sekunde neue und dramatische Bilder. Donnernd krachen tief unten die Wellen gegen die Felsen, schäumend spritzt die Gischt auf, vom Wind mit Leichtigkeit hundert Meter hoch auf die Spitze der Klippe getragen, wo der Wanderer den salzigen Atem des Meeres spürt.

Dort auch, im äußersten Westen der Insel, ist ein kleines **Theater** nur wenige Meter oberhalb des Wassers halbrund in die Felsen geschlagen. Wenn an schönen, ruhigen Sommerabenden in der Ferne die Sonne langsam glutrot im Meer versinkt, die Schiffe auf der spiegelglatten See in den englischen Kanal einlaufen, eine Möwe krächzend ihren heimischen Namen Kittiwake ruft und unten auf der Bühne *Shakespeares* lieblicher Sommernachtstraum den Besucher in eine Welt voller Fantasie und Zauber entführt, entschwindet die Schwermut der Tage für lange Zeit.

[<] Die Kathedrale in Wells

Flora und Fauna

Englands Süden ist eine dicht besiedelte, landwirtschaftlich genutzte Landschaft, in der wenig an natürlicher Flora und Fauna erhalten ist. Doch ist die Region reich an **Landschaftsgärten,** in denen die heimischen Bäume, Sträucher und Pflanzen gepflegt werden.

Aufgrund des Golfstroms wachsen in Cornwall, auf den Isles of Scilly wie auch einigen anderen geschützten Flecken des Südens **subtropische Pflanzen,** so etwa Zitronen, Bananen, neuseeländische Harthölzer, burmesisches Geißblatt, indische Fächerfarne, südamerikanische Lilien, mexikanische und afrikanische Palmen.

In den ausgedehnten **Moorgebieten** findet man die typischen Wollgräser sowie fleischfressende Pflanzen. Viele Felder werden immer noch von Bäumen, Sträuchern und Hecken vor dem Wind geschützt, und diese parkähnliche Kulturlandschaft ist von ökologischer Bedeutung, da sie vielen **Kleintieren** einen natürlichen Lebensraum gewährt.

Hase, Igel und Fuchs sind in Englands Süden weit verbreitet. Vom gestiegenen Umweltbewusstsein haben vor allem die **Füchse** profitiert, deren Population stark zugenommen hat und die bei den Farmern mittlerweile wieder als Landplage gelten.

Im New Forest, im Dartmoor und im Exmoor streifen **wilde Ponys** über die Heidekraut- und Moorebenen. Im Exmoor gibt es zudem den größten **Rotwildbestand** der Region; nach Schät-

316es fk

[>] Italienischer Garten in den Lost Gardens of Heligan

zungen durchziehen an die 3000 Rehe und Hirsche die Gegend. Mit ein wenig Glück bekommt man in den beiden Sumpfregionen – die übrigens ausgewiesene Nationalparks sind – noch einen possierlichen **Otter** zu Gesicht. Wenn nicht, sollte man zum Kinderbuch „Tarka, the Otter“ von *Henry Williamson* greifen, hierin wird das Exmoor umfassend beschrieben.

Reich ist die **Vogelwelt** entlang der Küste und *Bird Watching* gehört bei vielen Briten zur liebsten Feierabend- und Ferienbeschäftigung, ist doch die RSPB, die **Royal Society for the Protection of Birds** eine der mitgliederstärksten Institutionen im Inselreich. Mehr im Hinterland findet der Hobby-Ornithologe den Schilfrohrsänger *(Sedge Warbler)*, das Wintergoldhähnchen *(Goldcrest)*, den Reiher *(Heron)*, das Blässhuhn *(Coot)*, Regenpfeifer *(Plover)*, Brandgans *(Shelduck)*, den schillernden Eisvogel *(Kingfisher)* und die Eiderente *(Common eider)*.

1014es ENPA ©Nigel Stone

An der Küste geraten in das Blickfeld des Feldstechers die majestätischen Kormorane *(Cormorant)*, die lustig aussehenden Papageitaucher *(Puffin)*, Austernfischer *(Oystercatcher)*, die Fluss-Seeschwalbe *(Common Tern)*, Seetaucher *(Great crested grebe)*, Tordalk *(Razorbill)*, Trottellumme *(Guillemot)*, die rasant durch die Lüfte fetzende Sturmschwalbe *(Storm Petrel)*, die unermüdlich ihren englischen Namen *Kittiwake, Kittiwake* krächzende Dreizehenmöwe und die an Land recht unbeholfenen und daher treffend benannten Basstölpel *(Northern Gannet)*, die aus großer Höhe in Sturzflügen ins Meer schießen.

Der mächtigste Vogel ist die Mantelmöwe *(Great black-backed gull)*, die eine Spannweite von mehr als 1,50 m erreichen kann. Wohlgelitten ist sie bei den Vogelbeobachtern nicht, denn sie bringt die allseits beliebten, putzigen Papageitaucher ums Leben, greift sich aber auch Ratten, Mäuse und Kaninchen.

Wilde Ponys im Exmoor Nationalpark

Seevögel an Englands Küsten

Der **Tordalk** *(Alca torda)* ist leicht an seinem schwarz-weißen Gefieder erkennbar. Kopf, Hals und Oberseite sind bräunlich-schwarz mit einer weißen Flügelbinde. Die Unterseite ist weiß. Charakteristisch gezeichnet ist auch der Schnabel. Im vorderen Drittel ist er schwarz-weiß quergestreift.

Außerhalb der Brutzeit halten sich die Tordalken auf dem Meer auf, wo sie nach Fischen, Krebsen, Meereswürmern und -schnecken tauchen. Sie brüten an felsigen Steilwänden mit Gesimsen und Nischen in kleineren Gruppen. Die Eier werden ohne Unterlage auf dem Fels abgelegt und von beiden Partnern bebrütet. Die kreiselförmige Gestalt der Eier bewahrt sie einigermaßen vor dem Absturz. Brutzeit ist von Anfang Mai bis Juni. Die Jungen verlassen rund 25 Tage nach dem Schlüpfen den Brutfelsen und schwimmen im Meer.

Die **Dreizehenmöwe** *(Rissa tridactyla)*, sogenannt nach den drei Zehen an jedem Bein, ist überwiegend weiß. Rücken und Schwingen sind grau gefärbt. Davon setzen sich die schwarzen Spitzen der Schwingen deutlich ab. Der Ruf klingt „gägägä" oder „kitti-weck". Besonders in der Brutzeit ist dieser Vogel sehr ruffreudig. Daher rührt auch die englische Bezeichnung *Kittiwake* für die Dreizehenmöwe.

Dieser Hochseevogel hält sich fast nur am oder auf dem Meer auf, da er sich nahezu ausschließlich von Seetieren wie Fischen, Krebsen, Meeresschnecken und Plankton ernährt. Die Brut erfolgt immer in großen, teilweise riesigen Kolonien an felsigen Küsten und auch an Gebäuden. Spezielle Verhaltensnormen erlauben das Brüten selbst an kleinsten Vorsprüngen. Die Brutzeit dauert von Ende Mai bis Juni. Die Dreizehenmöwe überwintert auf dem Atlantik, am Mittelmeer und recht vereinzelt im Inland.

Die **Krähenscharben** *(Phalacrocorax aristotelis)* gehören zu den Kormoranen. Sie haben ein schwarzes Kleid mit starkem grünlichem Metallglanz. Die Vögel sind meist stumm, am Brutplatz sind sie mit „arrck, arrck" oder „kroack, kraick, kroack" zu hören.

Diese Vögel halten sich das ganze Jahr an felsigen Meeresküsten mit steilen Klippen und Wänden auf und brüten dort von Anfang April bis in den Juni in Nischen und Bändern. Die Brutpaare finden sich jeweils für eine Saison. Nestbau und Brüten obliegt vorwiegend den Weibchen. Die Jungen verlassen nach ca. 50 Tagen das Nest und werden noch rund 30 Tage geführt. Krähenscharben fischen zwar wie die Kormorane, d. h. schwimmend oder tauchend, jedoch ausschließlich im Meer.

Die **Papageitaucher** *(Fratercula arctica)* erkennt man vor allem am sehr hohen, rot-gelb-schwarz gestreiften Schnabel sowie an den rot leuchtenden Beinen (in der Brutzeit gelb). Die Oberseite ist schwarz, die Unterseite ist weiß. Die Vögel geben raue und knarrende Laute wie „arr" oder „orr" von sich.

Während der Fortpflanzungszeit trifft man den Papageitaucher an steilen, höhlenreichen Felsklippen und grasbewachsenen Hängen, wo er sich mit Schnabel und Krallen meterlange Röhren gräbt. Am erweiterten Röhrenende wird Anfang bis Mitte Mai das einzige Ei abgelegt. Nachdem die Jungen flügge sind, ziehen sich die Vögel auf die offene See zurück. Papageitaucher erlangen Fische und andere kleine Meerestiere tauchend. Selbst mit einer Anzahl Fische im Schnabel können sie noch weiterjagen.

Umwelt- und Naturschutz

Den Engländern ist eine **große Liebe zur Natur** nicht abzusprechen. So ist zum Beispiel das ganzjährige Füttern von Vögeln im Garten ein regelrechter Nationalsport. 200 Millionen Pfund geben die Briten jedes Jahr dafür aus – weit mehr als in allen anderen europäischen Staaten zusammengerechnet. Und allein der Verein *Royal Society for the Protection of Birds (RSPCA)*, der sich für den Schutz einheimischer Vögel einsetzt, hat mehr als 1,1 Millionen zahlende Mitglieder.

Mit gutem Beispiel voran geht schon seit Jahrzehnten **König Charles III.**, der bereits 1970 als Zwanzigjähriger vor den Gefahren der Umweltverschmutzung warnte. Seine Ländereien hegt er nach allen Regeln der Nachhaltigkeit, und jahrzehntelang redete er seinen Landsleuten kräftig ins Gewissen. Nach dem Tod seiner Mutter muss sich der König als Staatsoberhaupt nun allerdings neutral verhalten und darf sich lange nicht mehr so offen wie früher zu Wort melden.

Was die **Reduzierung von CO^2-Emissionen** betrifft, galt Großbritannien lange als Vorreiter in Europa. So war das Vereinigte Königreich das erste Land der Welt, das ein rechtlich bindendes Gesetz zur Reduzierung von CO^2-Emissionen verabschiedete: Das Klimaschutzgesetz von 2008 verpflichtete die Regierung dazu, die Ausstöße bis 2050 um 80 % gegenüber dem Niveau von 1990 zu senken. 2019 wurde das Gesetz verschärft und verlangt nun eine Reduzierung um 100 %. 2022 war bereits eine Senkung von 47 % erreicht, teilweise dank des bewundernswert schnellen Ausbaus von Offshore-Windanlagen sowie des raschen Kohleausstiegs, der bis Oktober 2024 vollzogen sein soll. Unter Premierminister *Rishi Sunak* machte die konservative Regierung jedoch eine Kehrtwendung. Er bleibe dem Netto-Null-Ziel bis 2050 weiterhin verpflichtet, betonte *Sunak*, jedoch solle dies nicht auf Kosten des wirtschaftlichen Wachstums und der Energiesicherheit passieren. Und so musste gerade der so umweltbewusste

adobe.stock ©Jackie Davies

▷ Kirche aus dem 12. Jh. in der Romney Marsh

König *Charles* bei der feierlichen Eröffnung des Parlaments 2023 die Pläne der Regierung vortragen, neue Öl- und Gasfelder in der Nordsee zu erschließen und den Abbau von fossilen Brennstoffen weiter zu fördern.

Auch der schleppende Ausbau von Wärmepumpen, die schlechte Hausdämmung und die Gewässerverschmutzung, die in den letzten Jahren immer wieder negative Schlagzeilen in den britischen Medien machte, werden von Umweltschützern kritisiert.

Aber es gibt auch Lichtblicke: So entstehen immer mehr **Rewilding-Projekte,** bei denen ganze Landstriche der Natur überlassen werden und die Biodiversität drastisch erhöht wird (www.rewildingbritain.org.uk). Ein Beispiel für diese Renaturierung ist das **Knepp Estate** in Suffolk, auf dessen 951 Hektar großem Areal noch bis 1987 intensive Landwirtschaft betrieben wurde. Heute findet man hier wieder Bieber, Störche, Nachtigallen, seltene Schmetterlinge und etliche andere bedrohte Tier- und Pflanzenarten. Finanziert wird das Projekt teilweise durch **Öko-Tourismus:** Auf dem *Knepp Estate* kann man zelten, *glampen* und an *Wildlife*-Safaris teilnehmen. Auch machen die Besitzer Profit durch den Verkauf von Wildbret, einer der laut des Bundes für Umwelt- und Naturschutz nachhaltigsten Fleischarten.

Das *Rewilding* beschränkt sich aber nicht nur auf das Land. So sorgt das *Sussex Kelp Recovery Project* dafür, dass die ehemals riesigen **Seetang-Wälder** vor der südenglischen Küste zwischen Brighton und Chichester wiederhergestellt werden (www.sussexkelp.org.uk). Ein 2021 verabschiedetes Gesetz verbietet nun die Grundschleppnetzfischerei in diesem Gebiet, die bis dahin zu großen Schäden am Meeresboden geführt und die Kelp-Wälder fast völlig zerstört hatte. Ihre Wiederherstellung soll etlichen Wirbellosen und Fischarten als Lebensraum dienen, die wiederum Nahrung für größere Säuger wie Robben und Delfine sowie Seevögel bedeuten.

Das **Baumpflanzprojekt** *Northern Forest* macht ebenso Hoffnung: Bis 2042 sollen von Liverpool an der Nordwestküste Englands bis hin nach Hull an der Ostküste 50 Millionen neue Bäume gepflanzt werden. Über vier Millionen einheimische Laubbäume sind bereits verpflanzt worden, und die Aufforstung ehemals kahler Regionen geht stetig weiter (www.thenorthernforest.org.uk). Allerdings scheint auch dies nur wie ein Tropfen auf den heißen Stein zu sein: Laut des *Climate Change Committee,* das der britischen Regierung in Sachen Klimawandel beratend zur Seite steht, müssten bis 2050 ganze 1,5 Milliarden Bäume gepflanzt werden, um die Klimaziele zu erreichen. Eine gigantische Aufgabe, die von zukünftigen Regierungen viel Handlungswillen und Entschlossenheit erfordern wird.

Storchennest mit Nachwuchs im Knepp Estate

Geschichte Englands

Römische Zeit (55 v. Chr.– 449 n. Chr.)

54/55 v. Chr.	Strafexpeditionen unter *Julius Caesar* dringen auf die Insel vor.
43 n. Chr.	Kaiser *Claudius* befiehlt die **Invasion Britanniens,** und mit vier Legionen unterwerfen die Römer die Insel und gliedern sie ins Römische Reich ein. Am Nordufer der Themse gründen die Invasoren die Stadt Londinium.
286	*Carausius*, Befehlshaber der Flotte, rebelliert gegen Kaiser Diokletian und lässt sich zum Herrscher Britanniens ausrufen.
410	Die römische Garnison wird aus England abgezogen, um Rom von den Westgoten unter *Alarich* zurückzuerobern.

Angelsächsische Zeit (449–1066)

449	Die **Angeln und Sachsen** unter ihren halblegendären Führern *Hengis* und *Horsa* drängen ins Land; die Briten leisten vergebens Widerstand unter König *Artus*. Aufgrund der ungenügenden Quellenlage heißt die folgende Ära auch das **Dark Age.**
um 596	Der heilige *Augustinus* missioniert in Südostengland, gründet die **erste Kirche** in Canterbury und wird erster Bischof des Landes.
ab 789	Überfälle und Plünderungen durch **Dänen und Wikinger;** zwischen 839 und 1035 wird London mehrfach belagert und zerstört.
827	*Egbert* eint die angelsächsischen Stämme und begründet in Süd-England das **Königreich Wessex** mit der Hauptstadt Winchester; *Egbert* gilt als erster Herrscher eines Reiches in Großbritannien.
871–899	*Alfred der Große von Wessex* schlägt mehrfach die Dänen und Wikinger, die sich in den Norden der Insel zurückziehen.
1016–1035	Die Dänen schlagen die untereinander zerstrittenen Angelsachsen, und der Nordmann *Knut* regiert über England, doch schon sein Sohn muss bald die Vorherrschaft des südenglischen Wessex wieder anerkennen.
1042–1066	*Eduard der Bekenner*, ein Normanne, ist König von England; unter seiner Herrschaft wird die Verteidigungsliga der **Cinque Ports** (siehe Exkurs im Kapitel „Bath – Canterbury", S. 441) gegründet; zu den fünf Häfen zählen Sandwich, Dover, Hastings, Romney und Rye, später kommen Hythe und Winchelsea hinzu.

Normannische Zeit (1066–1154)

1066	Der Normanne *William the Conqueror (Wilhelm der Eroberer)* wird nach der Schlacht bei Hastings in der Westminster Abbey zum König gekrönt.
1086	Das **Domesday Book,** Englands erstes Katasterwerk, verzeichnet den Besitz von Städten, Dörfern und Kirchsprengeln.
1100–1135	Während der Regierungszeit von *Heinrich I.* erlangt **London** endgültig den Rang einer **Hauptstadt;** 1130 gewährt ein königliches Dekret *(Charter)* der Metropole

	Stadtfreiheiten und Ämter der Selbstverwaltung (*Lord Mayor* = Bürgermeister, Stadtrat).
	Haus Anjou-Plantagenet (1154–1399)
1170	Ermordung des Erzbischofs *Thomas Becket* in der Kathedrale von Canterbury durch vier nahe Gefolgsleute von *Heinrich II.*; *Heinrich,* der den Mord nicht befohlen, doch durch Äußerungen zumindest angeregt hatte, tut öffentlich Buße und wird am Schrein von *Becket* gegeißelt.
1176–1209	Bau der **Old London Bridge,** der ersten Steinbrücke über die Themse und noch für viele Jahrhunderte die einzige Themseüberspannung Londons (bestand bis 1832).
1215	König *Johann Ohneland*, böse und grausam, bis heute der unpopulärste britische Herrscher, wird vom Adel gezwungen, die **Magna Carta** zu unterschreiben; in England besteht nun Rechtssicherheit für jeden Bürger.
1215–1272	Regierungszeit von *Heinrich III.* Gegen den Willen von *Heinrich,* aber mit Unterstützung des Adels und der Cinque Ports beruft *Simon de Montfort* ein **erstes Parlament** ein.
1337–1453	**Hundertjähriger Krieg** gegen Frankreich. Trotz anfänglicher Siege der Engländer verlieren sie bis auf Calais alle französischen Besitzungen.
1348/49	Eine verheerende **Pest** rafft fast die Hälfte der Bevölkerung dahin; Versuche, den wirtschaftlichen Niedergang mit höheren Steuern auszugleichen, führen zu Bauernaufständen und Bürgerkriegswirren.
	Haus Lancaster (1399–1461)
1415	*Heinrich V.* siegt unerwarteterweise in der **Schlacht bei Agincourt** gegen die Franzosen.
1455–1485	Zeit der **Rosenkriege.** Das Haus *York* (Weiße Rose) kämpft gegen das Haus *Lancaster* (Rote Rose) um die englische Krone.
	Haus York (1461–1485)
473	**Hansekaufleute** aus Köln lassen sich in London nieder (bis 1598).
1476	*William Caxton* eröffnet die **erste Buchdruckerei** in London.
1483	**Richard III.** lässt im Tower von London seinen Neffen *Eduard*, den rechtmäßigen Thronnachfolger, und dessen Bruder *Richard* ermorden und reißt die Krone an sich.
	Haus Tudor (1485–1603)
1485	*Heinrich VII.* begründet die Tudor-Dynastie.
1509–1547	Unter der Herrschaft von *Heinrich VIII.* kommt es zur Trennung von Rom und zur Gründung der **Anglikanischen Staatskirche.**
1532	Der Augsburger **Hans Holbein d. J.** wird Hofmaler von *Heinrich VIII.*
1535	Der Humanist **Thomas Morus,** von 1529 bis 1535 Lordkanzler von *Heinrich VIII.*, wird nach Auseinandersetzungen mit dem König hingerichtet.

1558–1603 Herrschaft von Königin *Elisabeth I.*, die Wissenschaft und Künste fördert; das Inselreich erlebt eine große kulturelle und wirtschaftliche Blüte.

1563 Einführung der ersten geregelten **Sozialhilfe** für die Armen Londons.

1577–1580 **Francis Drake** umsegelt auf seiner *Golden Hind* die Welt.

1588 Der spanische König *Felipe II.* schickt aufgrund der englischen Unterstützung der Freibeuterei und der Handelsbeziehungen Englands mit spanischen Kolonien die Armada gen Norden, um England militärisch in die Knie zu zwingen; die Flotte wird vernichtend geschlagen (siehe Exkurs „Lord Nelson, die Victory und die Schlacht von Trafalgar", S. 100).

1592 Erste Erwähnung von **William Shakespeare** (1564–1616), der als Dichter in London lebt.

1597 *Shakespeare* und seine Truppe spielen in London im **Globe Theatre.**

Haus Stuart (1603–1714)

1603 Nach dem Tod von *Elisabeth I.* wird *Jakob VI.* von Schottland als **Jakob I.** auch **König von England.** Mit *Jakob,* Sohn von *Maria Stuart,* beginnt die Herrschaft der schottischen *Stuarts* in England.

1605 Katholiken unter Führung von *Guy Fawkes* versuchen das Parlament in die Luft zu sprengen **(Gunpowder Plot);** die Verschwörer werden verraten und hingerichtet.

1620 An Bord der *Mayflower* laufen die Pilgerväter aus dem Hafen von Southampton in die Neue Welt aus. Die intensive **Besiedelung Nordamerikas** mit europäischen Auswanderern beginnt.

1642–49 Machtkampf zwischen Parlament und König. London unterstützt im Bürgerkrieg die Anhänger des Parlaments (Rundköpfe) gegen die Sympathisanten des Königs. *Oliver Cromwell* lässt *Karl I.* hinrichten und übernimmt als **Lord Protector** die Regierungsgeschäfte (1653–1658).

1652 Das **erste Kaffeehaus** öffnet in **London** seine Pforten.

1660 Restauration des Herrscherhauses der Stuarts; der lebenslustige und vergnügungssüchtige **Merry Monarch** *Karl II.* ist neuer König. London hat mehr als eine halbe Million Einwohner, damit wohnen 10 % aller Engländer in der Hauptstadt.

1665 In London wütet die **Pest** und fordert 70.000 Menschenleben.

1666 Beim **großen Brand von London** fallen vier Fünftel der Stadt in Schutt und Asche. Der kongeniale Architekt *Sir Christopher Wren* (1632–1723) wird zum Leiter des Wiederaufbauprogramms ernannt, kann sich mit seinen städtebaulichen Plänen jedoch nicht durchsetzen; neben weiteren 50 City-Kirchen entsteht nach seinen Plänen und unter seiner Bauaufsichtdie neue St. Paul's Cathedral.

1685–1688 *Jakob II.* versucht, den Katholizismus wieder einzuführen, wird von seinem protestantischen Schwiegersohn *Wilhelm von Oranien* gestürzt und muss ins Exil fliehen.

Wichtige verfassungsrechtliche Schritte, so die Verabschiedung der **Bill of Rights,** stärken die Macht des Parlaments und die Rechtssicherheit der Bürger.

1710	Der deutsche Komponist **Georg Friedrich Händel** siedelt nach London über, wo ihm vorerst ein größerer Erfolg jedoch versagt bleibt.
	Haus Hannover und Windsor (1714 bis heute)
1714	*Georg I.* begründet die Herrschaft des Hauses Hannover. Händel wird Leiter der neuen Oper von London.
1721	*Sir Robert Walpole* wird **erster Premierminister** Großbritanniens.
1727–1760	Siegreiche Kriege *Georg II.* gegen Spanien und Frankreich und die **Einverleibung von Indien und Kanada** ins Empire sichern dem Inselstaat weltweit eine Sonder- und Vorreiterrolle zu.
1759	Eröffnung des **Britischen Museums** in London, das aus einer 1753 erfolgten Stiftung hervorgeht.
1760	Die Londoner Stadtmauer und alle -tore werden niedergerissen, um die Ausdehnung der Metropole zu ermöglichen.
1775	**William Turner,** Maler und Wegbereiter des englischen Impressionismus, wird in London geboren (gest. 1851).
1801	**Erste Volkszählung**: England und Wales haben 10 Mio. Einwohner, London 860.000.
1802–1828	Der **Londoner Hafen** wird ausgebaut, bekommt eine Reihe neuer Docks und avanciert zum größten Hafen des Landes.
1805	*Lord Nelson* läuft mit seinem Flaggschiff *Victory* und einer Kriegsflotte aus dem Hafen von Portsmouth aus und verabreicht der französischen Marine bei **Trafalgar** eine vernichtende Schlappe; *Nelson* kommt in der Schlacht ums Leben.
1824	Gründung der **National Gallery** in London.
1837–1901	Regierungszeit von **Königin Victoria.** Großbritannien ist das reichste und industrialisierteste Land der Welt. Die sozialen Missstände des **Manchesterkapitalismus** haben für die Masse der Bevölkerung verheerende Auswirkungen.
1847/48	*Karl Marx* und *Friedrich Engels* gründen den Bund der Kommunisten und publizieren das **Kommunistische Manifest.**
1851	**Erste Weltausstellung** in London; *Joseph Paxton* baut den architektonisch bedeutsamen Ausstellungspavillon Crystal Palace.
1886–1894	Nach den Plänen und unter der Bauleitung von *Horace Jones* und *John Wolf-Barry* entsteht in London die **Tower Bridge.**
1908–1911	Der Schatzkanzler und spätere Premierminister *Lloyd George* führt die Altersrente ein und ruft ein **Sozialversicherungsprogramm** ins Leben.
1910	*Georg V.* besteigt den Thron.
1911	Eine **Volkszählung** für London ergibt 7 Mio. Einwohner.
1914–1918	**Erster Weltkrieg;** durch deutsche Luftangriffe mit Zeppelinen kommen ca. 2000 Hauptstadtbewohner ums Leben.
1918	Nach langem Kampf der Suffragetten erhalten **Frauen das Wahlrecht.**
1936	*Edward VIII.* dankt ab, um die Amerikanerin *Wallis Simpson* heiraten zu können. **Krise der Monarchie,** deren Ansehen bei der Bevölkerung auf den Nullpunkt sinkt.

1939–1945	**Zweiter Weltkrieg;** ab 1940 zahllose Luftangriffe auf London, bei denen rund 30.000 Menschen getötet werden. In der Stadt lassen sich viele vor dem faschistischen Regime geflüchtete Exilregierungen nieder.
1952	In Westminster Abbey wird **Elisabeth II.** zur Königin gekrönt.
1968	**Großer Streik von London;** das wirtschaftliche Leben in Großbritanniens Metropole kommt völlig zum Erliegen.
1973	Nach vergeblichen Versuchen 1963 und 1967 wird das Vereinigte Königreich zeitgleich mit Irland und Dänemark Mitglied der EWG (heute EU). Premierminister *Edward Heath* wird den Beitritt später als den größten Erfolg seiner Regierung bezeichnen.
1979	**Margret Thatcher** wird Premierministerin. Sie privatisiert viele Staatsbetriebe und dereguliert den Finanzsektor.
1981	Der älteste Sohn der Königin, **Prince Charles,** heiratet **Lady Diana Spencer.**
1990	Nach parteiinternen Machtkämpfen muss *Margret Thatcher* zurücktreten, ihr Nachfolger als Regierungschef wird **John Major.**
1992	Obwohl der *Labour Party* Gewinnchancen eingeräumt werden, gewinnen die **Konservativen** erneut die Parlamentswahlen. Das britische Königshaus steckt aufgrund der **amourösen Eskapaden** von *Charles* und *Diana*, *Edward* und *Fergie* in einer schweren Krise; Königin Elisabeth spricht von einem „Horrorjahr". Ein Brand zerstört weite Teile von Windsor Castle.
1994	Nach langjähriger Bauzeit wird im Mai der **Tunnel** eröffnet, durch den man innerhalb von 20 Minuten den Ärmelkanal unterqueren kann.
1996	Während der **Fußball-Europameisterschaft** in England wird von der IRA, der katholischen Untergrundbewegung Nord-Irlands, mit der größten Bombe, die je im Mutterland gelegt wurde, das Stadtzentrum von Manchester zerstört. *Tony Blair,* Führer der oppositionellen Labour Party, hat mit einem Rechtsruck seine Partei an die Spitze der Umfragen geführt. Unter dem Stichwort **New Labour** hat sich die Partei von den Gewerkschaften abgewandt und den Begriff des Sozialismus aus ihrem Programm gestrichen.
1997	Im Mai gewinnt nach fast zwei Jahrzehnten in der Opposition die **Labour Party** wieder die Macht und stellt die Regierung. Premierminister wird **Tony Blair,** unter dem die Partei erneut einen Rechtsruck erfährt. Zügig werden **Reformen** umgesetzt. Die Bank von England wird nach deutschem Vorbild unabhängig, und die Regierung lässt ein **Referendum** zu, in dem sich die Schotten und Waliser mit großer Mehrheit für ein eigenes Parlament entscheiden. **Prinzessin Diana** kommt bei einem Autounfall in Paris ums Leben.
1998	Trotz vieler Rückschläge durch protestantische wie katholische Hardliner wird ein **Friedensvertrag** in Nordirland beschlossen und ein Parlament für die nordirische Provinz gewählt, das im Herbst des Jahres zu seiner ersten Sitzung zusammentritt.
2001	Mit großer Mehrheit wird die *Labour Party* unter Premierminister *Tony Blair* wiedergewählt.

2007 *Tony Blair* tritt nach 11 Jahren im Amt im Juni 2007 als Premierminister zurück. Nachfolger wird der bisherige Schatzkanzler **Gordon Brown.**

2008/2009 Die **Finanz- und Wirtschaftskrise** trifft das Vereinigte Königreich besonders stark, da hier nach amerikanischem Vorbild der Finanzsektor – im Gegensatz zu anderen europäischen Ländern – besonders stark dereguliert ist.

2010 Bei den **Unterhauswahlen** im Mai verliert die *Labour Party* massiv an Stimmen, doch den Konservativen gelingt keine Mehrheit, und so müssen sie – eine Seltenheit in Großbritannien – mit den Liberaldemokraten eine **Koalition** eingehen. Neuer Premierminister des Vereinigten Königreichs wird **David Cameron,** Vorsitzender der *Conservative Party.*

2011 Der älteste Enkel der Königin, **Prince William,** nach seinem Vater *Charles* der zweite in der Thronfolge, **heiratet Catherine Middleton.**

2012 Die **Olympischen und Paralympischen Spiele** finden in London statt und ganz Großbritannien ist im Sportfieber.

2013 Am 22. Juli 2013 wird **Prince George Alexander Louis of Cambridge,** der Sohn von *Prince William* und dessen Frau *Catherine* geboren. Er ist somit der Urenkel der britischen Königin und steht in der Thronfolge an dritter Stelle.

2014 Premiermister *David Cameron* versucht die **wachsende EU-kritische Stimmung** bei Partei und Wählern zu besänftigen, indem er Pflichten und Rechte des Vereinigten Königreichs in der *Europäischen Union* neu auszuhandeln versucht.

2015 Bei Unterhauswahlen im Mai werden die **Konservativen** wieder zur stärksten Partei. Sie gewinnen genug Stimmen, um nun ohne ihren bisherigen Koalitionspartner, die Liberaldemokraten, weiter zu regieren.

2016 Premierminister *David Cameron* macht sein Wahlversprechen wahr und lässt im Juni eine **Volksabstimmung über den Verbleib des Vereinigten Königreichs in der EU** durchführen. 51,9 % der Wähler stimmen für den als **Brexit** bezeichneten Austritt aus der *Europäischen Union.*

Cameron tritt zurück. Seine Nachfolgerin wird die bisherige Innenministerin **Theresa May.**

2017 Im März setzt *Theresa May* den Europarat offiziell davon in Kenntnis, dass das Vereinigte Königreich die EU verlassen möchte. Die **„Scheidungsverhandlungen"** können beginnen.

Bis zum Sommer kommt es im Vereinigten Königreich zu **mehreren Terroranschlägen,** zu denen sich die islamistische Organisation *IS* bekennt.

2019 Im Januar stimmt die Mehrheit des britischen Parlaments gegen das von *Theresa May* ausgehandelte **EU-Austrittsabkommen.** *May* verliert das Vertrauen ihrer eigenen Partei und tritt im Juni als Leiterin der Konservativen Partei zurück.

Boris Johnson wird zum Parteiführer gewählt und von der *Queen* zum *Premier Minister* ernannt.

Bei der **Unterhauswahl** im **Dezember** triumphieren die Konservativen und gewinnen 43,6 % der Stimmen.

2020	Am 31. Januar **verlässt Großbritannien offiziell die EU.** Es beginnt eine Übergangsphase, die am 31.12. desselben Jahres endet. Am 23. März beginnt wegen der Ausbreitung des **Corona-Virus** der erste **Lockdown,** der bis Mitte Juni andauert. Nachdem die Ansteckungen im Herbst wieder rasant steigen, verhängt *Johnson* einen zweiten Lockdown.
2021	Nach einem dritten Lockdown zu Beginn des Jahres enden im Sommer die meisten Einschränkungen. Am 9. April stirbt **Prinz Philip,** der Prinzgemahl von Königin *Elisabeth II.* im Alter von 99 Jahren in Schloss Windsor.
2022	Premierminister **Boris Johnson** gerät zunehmend in Bedrängnis, als bekannt wird, dass während des strengen Lockdowns in der Downing Street mehrere Partys stattfanden – entgegen der damaligen Corona-Regeln. Im Juli kündigt er seinen Rücktritt an. Am 6. September wird **Liz Truss** zu seiner Nachfolgerin ernannt. Zwei Tage später, am 8. September, stirbt **Königin Elizabeth II.** im Alter von 96 Jahren auf Schloss Balmoral. Ihr Sohn tritt die Thronfolge als **Charles III.** an. Ende Oktober legt *Liss Truss* nach nur 45 Tagen ihr Amt nieder, da ihr Haushaltsplan zu großen Turbulenzen am britischen Finanzmarkt geführt hatte. Am 25. Oktober wird **Rishi Sunak** von König *Charles III.* zum neuen Premierminister ernannt.
2023	Am 6. Mai wird **König Charles III.** in der Westminster Abbey gekrönt.

Monarchie und Regierung

Beim Parlament, bestehend aus dem **Oberhaus** *(House of Lords)* und dem **Unterhaus** *(House of Commons),* liegt in Abstimmung mit dem König oder der Königin (für die bessere Lesbarkeit wird im Folgenden nur die männliche Form genutzt) die souveräne Gewalt des Vereinigten Königreiches – ausgedrückt durch die verfassungsrechtlichen Begriffe *The King in Parliament,* womit der Ort der höchsten Gewalt veranschaulicht wird, und *His Majesty's Government* als Bezeichnung für die Regierung.

Bereits in angelsächsischer Zeit gab es die Gewaltenteilung zwischen dem Herrscher und einer freien, alle Teile des Landes vertretenden Versammlung, dem **Witenagemot.** Dieser Rat hatte große Machtbefugnisse, konnte den König wählen bzw. absetzen, und nur in enger Zusammenarbeit mit dem Rat durfte der Monarch Gesetze erlassen, geistliche wie weltliche Würdenträger ernennen, Lehen vergeben und Gerichte einberufen.

Nach der Invasion der Normannen 1066 hatten sich deren Könige während ihrer Herrschaft mit den **Great Councils** auseinanderzusetzen – Versammlungen, die aus den Lehnsträgern bestanden und den Herrscher in allen wichtigen Fragen von nationalem Interesse berieten. Im Laufe der Zeit entwickelte sich daraus eine recht machtvolle Institution, die den König heftig unter Druck setzen konnte, wie das Jahr 1215 zeigte. In jenen Tagen zwangen die Adligen König *Johann Ohneland (John Lackland)* – bis heute bei den Briten der unpopulärste aller Könige – die **Magna Carta** anzuerkennen. Darin wurde der Monarch unter anderem verpflichtet, Steuererhöhungen mit dem Council abzusprechen. Dieser Rat bestand aus geistlichen Würdenträgern und Mitgliedern adliger Familien sowie den königlichen Lehnsträgern. 1254 entsandte jede Grafschaft vier gewählte Ritter in diese Versammlung, und ein gutes Jahrzehnt später konnten auch die Städte Repräsentanten *(Commons)* in den Council schicken.

1295 kam es in der Regierungszeit von *Eduard I.* mit dem **Model Parliament** zu einer weiteren Entwicklung der demokratischen Tradition in England. Dieser Rat setzte sich aus Bischöfen und hohen Adligen zusammen; die geistlichen Würdenträger brachten Mitglieder des niederen Klerus mit, die Aristokraten Ritter aus jeder Grafschaft und Bürger aus jeder Stadt. Dieses Parlament bestimmte die Steuern und äußerte sich zu

Britische Nationalsymbole

Höchstes Nationalsymbol ist bei der Jahrhunderte alten monarchistischen Tradition natürlich die **Krone** *(Crown)*, die den Herrscher und damit den Staat symbolisiert, weiterhin die Regierung verkörpert, die wiederum im Namen der Krone ihre Legitimität findet.

Der **Löwe** *(Lion)* ist ein ebenfalls Jahrhunderte altes Symbol der Kraft und steht als König der Tiere symbolisch für die Macht des Herrschers. Oft findet sich beim Löwen das **Einhorn** *(Unicorn)*, das als Sinnbild der Reinheit gilt und sowohl im englischen als auch im schottischen Wappen erscheint. Viele Pub-Namen wie etwa *Red Lion* oder *Lion and Unicorn* haben hier ihren Ursprung.

Die Figur des **John Bull** wurde erstmals Anfang des 18. Jahrhunderts in einer Satire als ehrlicher Leinenhändler dargestellt und dann ein Jahrhundert später vielfach mal als dummer August, mal als kluger Brite variiert. Er trägt häufig eine Weste im Union-Jack-Look und hat eine Bulldogge zu seinen Füßen stehen.

Die **Bulldogge** *(Bulldog)* steht für die militärische Stärke Großbritanniens und soll potentielle Aggressoren abschrecken.

Die **Britannia,** eine sitzende Frau, die mit Dreizack und Helm über die Meere herrscht, ist die Personifizierung des Landes.

Der **Union Jack** ist Landesfahne und zeigt das rote Kreuz des *hl. Georg,* des Schutzpatrons Englands, die zwei diagonalen weißen Streifen auf blauem Grund, das Kreuz des *hl. Andrew,* Schutzpatron Schottlands und das rote Kreuz von *St. Patrick,* des Schutzheiligen Irlands.

An Pflanzensymbolen stehen **Leek** und **Daffodil** (Lauch und Narzisse) für Wales, die **Thistle,** die Distel, für Schottland und die **Rose** steht für England.

Gesetzesvorlagen; es war darüber hinaus das höchste Gericht des Landes *(The High Court of Parliament).*

In der Mitte des 14. Jh. trennte sich diese Versammlung dann in **zwei Häuser;** die Ritter tagten zusammen mit den Bürgern und die weltlichen zusammen mit den geistlichen Würdenträgern. Damit war die Urform des heutigen Unter- bzw. des Oberhauses gefunden.

Bei den Auseinandersetzungen während der Zeit von *Karl I.* (1625–1649), die zur Hinrichtung des Herrschers führten, ging es um die Frage, wem die Souveränität gebührte: dem König allein oder dem König im Parlament **(King in Parliament).** Letztere Auffassung setzte sich durch, und ab nun hatte der Herrscher bei allen wichtigen Entscheidungen das Parlament zu konsultieren.

In den **Bill of Rights** wurden 1689 die Rechte und Pflichten des *King in Parliament* formuliert und festgeschrieben: Der König benötigte nun die Zustimmung der Versammlung, wenn er Gesetze erlassen, suspendieren oder ein stehendes Heer in Friedenszeiten aufstellen wollte. Damit war auch in England die konstitutionelle Monarchie eingeführt.

1701 wurde durch den *Act of Settlement* die **Erbmonarchie** eingeführt und die Thronfolge geregelt. Stirbt der Herrscher, so geht die Krone auf seinen ältesten Sohn (bzw. auf die älteste Tochter) über. Der König muss der Anglikanischen Staatskirche angehören und darf nicht katholisch verheiratet sein. Seit Mitte des 19. Jh. hat der Monarch nur noch Repräsentationspflichten, seine politischen Statements müssen die Regierungspolitik widerspiegeln. Die Regierung hat gegenüber dem König nur noch Informationspflichten, er wird bei Entscheidungen vorher nicht mehr konsultiert; seine Haltung muss parteipolitisch neutral sein.

Das Oberhaus, das **House of Lords,** ist aus dem *Great Council* (s.o.) hervorgegangen; im 14. Jh. trennten sich die Adligen und der hohe Klerus *(Lords)* von den bürgerlichen Repräsentanten *(Commons).* Mit Auflösung der Klöster durch *Heinrich VIII.* nahm der Einfluss der Geistlichkeit zugunsten der Mitglieder des Adels *(Peers)* ab. Die *Reform Bill* von 1832 beschnitt dem Oberhaus das Recht, die Mitglieder des Unterhauses zu bestimmen, und mit dem *Parliament Act* von 1911 wurde dem House of Lords die Beteiligung an der Gesetzgebung weitestgehend genommen. Das Kabinettsystem der Regierung hat die Einflussnahme des Oberhauses zusätzlich reduziert. Und 1998 gab die Labour-Regierung bekannt, dass sie seine Rechte noch weiter beschneiden will.

Alle Mitglieder des *House of Lords* sind dort aufgrund ihrer adligen Herkunft *(Peers)* mit Sitz und Stimme vertreten. Seit dem *Life Peerage Act* von 1958 kann die **Peers-Würde** auf Lebenszeit vergeben werden, auch an Frauen *(Peeresses).* Der *Peerage Act* aus dem Jahre 1963 gibt Politikern, die wichtige Ministerposten innehaben, aufgrund ihrer adligen Herkunft aber nicht im Unterhaus sitzen dürfen, die Möglichkeit, ihre Peers-Würde abzulegen.

Das House of Lords ist das **oberste englische Gericht,** es bearbeitet die Gesetzesvorlagen des Unterhauses, unterbreitet Änderungsvorschläge und diskutiert wichtige außen- und innenpolitische Fragen.

Etwa seit dem Jahr 1375 wird im *House of Commons,* im Unterhaus, aus der Mitte der Abgeordneten der **Sprecher** *(speaker)* gewählt, der berechtigt ist, die politischen Ansichten des Hauses gegenüber dem Monarchen darzulegen. Urkundlich erwähnt ist der *speaker* ab 1547, da man erst in diesem Jahr damit begann, Sitzungsprotokolle zu führen.

Während des 15. Jh. erlangte das Unterhaus die Rechte über die **Finanzgesetzgebung,** 200 Jahre später begann es, die steuerlichen Maßnahmen festzusetzen. Seit den vier Wahlrechtsreformen im 19. Jh. repräsentiert das *House of Commons* die britische Bevölkerung. 1918 wurde das **allgemeine Wahlrecht** eingeführt.

Der Regierung gehören über 100 Mitglieder an. Es obliegt dem Premierminister – ein Amt, das erst 1721 mit *Robert Walpole* eingeführt wurde –, die Ressortchefs der einzelnen Ministerien ins **Kabinett** zu berufen, der Außen- und der Innenminister, der Finanz- und Verteidigungsminister sowie der Lordkanzler *(Lord High Chancellor)* sitzen jedoch auf alle Fälle am Kabinettstisch.

Der Führer der Mehrheitsfraktion im Unterhaus wird vom König zum **Premierminister** berufen, auf Vorschlag des Regierungschefs ernennt der Herrscher die Mitglieder der Regierung. Der Premierminister bestimmt die Richtlinien der Politik, er kann das Unterhaus auflösen und Neuwahlen ausrufen.

Die jährliche **Parlamentseröffnung** nimmt der König in einem großen Staatsakt vor, ausgerichtet werden die Feierlichkeiten vom Großzeremonienmeister des Hofes. Bekleidet mit einem historischen Kostüm fährt der Monarch in der Staatskarosse zum Parlamentsgebäude, wo die Festrobe angelegt und die Krone aufs königliche Haupt gesetzt wird. Begleitet vom Hofstaat betritt der Herrscher nun das Oberhaus; ihm vorangetragen werden das Reichsschwert und die *Cap of Maintenace,* eine Samthaube, deren genaue Bedeutung nicht mehr bekannt ist. Nachdem der Monarch, der ja nicht ins Unterhaus darf, im *House of Lords* Platz genommen hat, schreitet der sogenannte *Black Rod,* der

adobe.stock ©Tupungato

oberste Beamte des Parlaments, zum Unterhaus, um die dort versammelten Parlamentarier ins *House of Lords* zu bitten. Dreimal klopft er mit seinem Stab an die Tür des Sitzungssaales (damit wird dokumentiert, dass die Mitglieder des Unterhauses nicht auf Abruf bereitstehen), dann wird ihm Einlass gewährt, und er führt die Abgeordneten ins Oberhaus, wo der König die vom Premierminister verfasste Rede verliest.

Die wichtigsten **Parteien** im britischen Unterhaus sind die *Conservative Party,* die *Labour Party* und die *Liberal Democrats;* die *Conservatives* entsprechen im deutschen Vergleich – grob gesprochen – der *CDU,* die *Labour Party* kommt der *SPD* nahe, und die *Liberal Democrats* sind eine linksliberale Partei. Zwar nicht in England wählbar, aber drittstärkste Partei im Unterhaus ist seit 2014 die *Scottish National Party (SNP),* die linksliberal und EU-freundlich ist und einen Austritt Schottlands aus dem Vereinigten Königreich zum Ziel hat. Als ebenfalls einflussreiche Parteien vor allem in England haben sich in den letzten Jahren die rechtspopulistische *UKIP (UK Independence Party),* die erfolgreich für den Austritt aus der EU eintrat, sowie die *Green Party of England and Wales* herausgebildet. Seit fast 100 Jahren haben entweder die Konservativen oder die *Labour Party* die Regierung gebildet. Ganz selten kommt es vor, wie es von 2010 bis 2014 mit Konservativen und Liberaldemokraten der Fall war, dass es eine **Koalitionsregierung** gibt.

Das **Ansehen der Monarchie** fiel mit dem Tod von Prinzessin *Diana* 1997 und der umstrittenen Haltung Königin *Elisabeth II.* zu diesem tragischen Ereignis auf einen nie dagewesenen Tiefpunkt. Seit dem hat sich das Image der *Royals* jedoch längst wieder erholt: Das Interesse an den Schicksalen von *Prince William* und *Prince Harry* und ihren Ehefrauen *Kate Middleton* und *Meghan Markle* scheint grenzenlos. Als *Harry* und *Meghan* 2021 ihren Rückzug von königlichen Verpflichtungen bekannt machten und ein zweistündiges Fernsehinterview gaben, schauten 55 % der britischen Haushalte zu. Die kontroverse Entscheidung war in England monatelang Gesprächsthema Nummer Eins.

Der **Tod der Queen** im Jahr 2022 kam zwar in Anbetracht ihres hohen Alters kaum überraschend, wurde aber trotzdem von vielen Briten mit großer Bestürzung aufgenommen. Die meisten von ihnen hatten nie einen anderen Monarchen als *Elizabeth II.* auf dem britischen Thron erlebt, und ihr Tod war für sie somit das Ende einer Ära.

Vor der **Krönung Charles III.** schien es fraglich, ob ihrem Sohn genauso viel Respekt entgegengebracht werden würde wie ihr, und ob die Monarchie nach ihrem Tod noch eine Zukunft hätte. Tatsächlich gaben 2023 nur noch 36 % der 18–24-Jährigen an, dass sie für ein Weiterbestehen der Monarchie seien. Trotzdem sieht eine Mehrheit der Briten ihrem neuen König mit Wohlwollen entgegen. Gerade in Anbetracht von großen Krisen und Umwälzungen im Land ist die *Royal Family* ein Zeichen von Kontinuität und Stabilität.

◁ Houses of Parliament mit Big Ben in London

Medien

Die Briten und ihre Zeitungen

„Nichts kennzeichnet die britische Psyche besser als ihre Leidenschaft für das Pressewesen", schrieb der Dichter *William Cowper* schon vor über 200 Jahren, und daran hat sich bis heute nichts geändert, wenn auch die Mehrheit der Briten ihre Nachrichten längst *Online* liest und nicht mehr in gedruckter Form. Kaum ein anderes westeuropäisches Land hat eine solche Fülle an täglich erscheinenden überregionalen Zeitungen wie Großbritannien. Für den Besucher, der mit der **englischen Presselandschaft** nicht vertraut ist, stellt sich die Frage nach dem richtigen Blatt. Die folgende, recht subjektive Übersicht will ein wenig Hilfestellung geben.

Ganz unten auf der Qualitätsskala rangiert die sogenannte **Gutter Press,** die Boulevardpresse. *The Sun* hat die höchste Auflage. 4 Mio. Exemplare dieses Skandal-Blattes werden täglich ausgeliefert, und Schätzungen zufolge kaufen 6 Mio. Briten die *Sun* in ihrer gedruckten Form, 26 Mio. lesen sie *Online.* Weiterhin gehören der *Daily Mirror* und der *Daily Star* zur *Gutter Press.*

Kaum besser, wenngleich vom Selbstverständnis der Zeitungsmacher im höheren Qualitätsbereich liegend, sind die Blätter der sogenannten **Middle Market Newspaper.** Dazu gehören *Daily Mail* und *Daily Express.* Während bei den oben genannten Boulevardblättern Primitivinformationen und Horrorgeschichten den Inhalt bestimmen, liefern diese Zeitungen wenigstens in Ansätzen seriöse Nachrichten und Auslandsberichte.

Britischer Blätterwald

www.fotolia.de © Rebecca Capell

Als lesbar gelten der *Guardian*, die *Times*, der *Daily Telegraph*, die *Financial Times* und der *Independent*, den es seit März 2016 aber nur noch digital gibt. Der britische Journalist *Ryan Chandler* hat die folgende, höchst treffende Charakterisierung dieser fünf Blätter abgegeben: Der *Guardian* wird von denjenigen gelesen, die das Land verändern möchten, in die Times schauen die, die das Land wirklich regieren, aus dem *Daily Telegraph* informieren sich Leute, die glauben, dass sie das Land regieren, die *Financial Times* blättern diejenigen durch, denen das Land gehört, und den *Independent* liest der, der das Land regieren möchte.

Der *Guardian* steht links von der Mitte, die *Times* ist bürgerlich konservativ, ebenso der *Daily Telegraph*, der im Volksmund auch *Torygraph* (Die Konservativen werden auch als *Tories* bezeichnet, und ein *Tory* ist ein Mitglied der konservativen Partei) genannt wird; die *Financial Times* ist das Fachblatt der Banker und Börsianer, und der nun digitale *Independent* ist liberal, sucht seine Leserschaft in der politischen Mitte, wobei er eher von Wählern der Liberaldemokraten und von *Labour* gelesen wird als von solchen der Konservativen.

Seit 2010 bereichert *the i* den britischen Zeitungsmarkt. Gegründet als Schwesterzeitung des *Independent* (so ist der Name zu erklären), richtet sie sich an Leser, die ausgewogene und seriöse Nachrichten und Analysen suchen, aber zu wenig Zeit für das Lesen anderer seriöser Zeitungen haben. *The i* hat einen geringeren Umfang, kürzere Texte und ist preiswerter als andere Qualitätszeitungen. Zwar wurde die Zeitung mittlerweile an ein anderes Verlagshaus verkauft, aber nach wie vor besteht eine enge Beziehung zum *Independent*, aus dem Artikel übernommen werden und dessen bekannteste Journalisten auch regelmäßig für *the i* schreiben.

Auch **am Sonntag** konkurriert eine ganze Anzahl von Zeitungen auf dem heiß umkämpften Markt. Spitzenreiter war bis Juli 2011 das Revolverblatt *News of the World*. Bis dahin war es mit rund 2,7 Mio. Exemplaren die meistgelesene britische Zeitung. Doch nach der Aufdeckung eines Skandals um die Methoden des Blattes wurde *News of the World* eingestellt. Die Redaktion hatte Telefongespräche illegal abgehört – z.B. eines von Schauspieler *Hugh Grant* – und sicherte sich Exklusivinformationen durch hohe Geldzahlungen. Herausgeber *Rupert Murdoch* zeigte Einsicht und machte den Laden zu. Das Geschäft mit den Nachrichten zum Sonntag wollte er sich jedoch nicht entgehen lassen: Im Februar 2012 brachte er den Nachfolger an den Markt: *The Sun on Sunday.*

In die gleiche Qualitätskategorie fallen *Sunday People*, wegen der vielen Klatsch- und Schlüssellochgeschichten auch *Sunday Peephole* genannt, und *Sunday Mirror* mit Hochglanzbeilagen.

Auch *Daily Mail* und *Daily Express* haben Sonntagsausgaben mit Hochglanzmagazinen.

Inhaltlich umfangreich, damit dick und schwer, kommt die *Sunday Times* daher; das Mitte-Rechts-Blatt, so witzelt *Ryan Chandler*, „ist die einzige Zeitung, die ein Hund nicht im Maul halten kann und dessen Leser ein Body Builder mit einem IQ von 180 sein muss."

Linksorientiert ist der *Observer*, und wie jeden Tag der Woche sind auch beim *Sunday Telegraph* die redaktionellen

Strickmuster die gleichen; auch diese Zeitungen haben farbige Hochglanzbeilagen.

Auf Spiegel-Niveau kommt das ausgezeichnete Nachrichtenmagazin *Economist* daher, das schon über 170 Jahre existiert und dabei keine alterungsbedingten Verkalkungserscheinungen zeigt, sondern wie ein junger Springinsfeld mit geschärfter Feder seine rechtskonservativen Kritiker zum Duell fordert und alsbald in die Flucht schlägt. Dem Gemisch aus „Zeitung und Geheimdienst" wird von den Rechten angekreidet, „dass es einem klassen- und wurzellosen, multiethnischen, internationalen Liberalismus" frönt.

Radio und Fernsehen

Im Jahre 1922 nahm die öffentlich-rechtliche **BBC** *(British Broadcasting Corporation)* ihre Rundfunksendungen auf, und nur 14 Jahre später strahlte sie weltweit das erste regelmäßige Fernsehprogramm in den Äther. Der Mammutsender finanziert sich über Rundfunkgebühren und ist daher nicht auf Werbeeinnahmen angewiesen; konsequenter als bei den Öffentlich-Rechtlichen in der Bundesrepublik sendet die *BBC* demzufolge auch keine Werbung.

Die Radioprogramme **BBC Radio 1** und **BBC 1 Extra** bestehen aus kurzweiliger Popmusik und richten sich vor allem an ein jüngeres Publikum; die stündlich gesendeten Nachrichten sind nicht länger als 30 Sekunden. **BBC Radio 2** liefert Unterhaltungssendungen, Pop-Musik und Sportinformationen; **BBC Radio 3** hat klassische Musik, Jazz, Weltmusik und Kultursendungen im Programm; **BBC Radio 4** sendet Nachrichten, Reportagen, Hörspiele etc. Musik hört man hier so gut wie nicht. Außerdem gibt es noch **BBC Radio 4 Extra** für Comedy und Hörspiele, **BBC Radio 5 Live** mit Nachrichten, Diskussionssendungen mit Hörerbeteiligung und Sport, **BBC Radio 6** Musik mit Rock, Funk und Indie-Musik, **BBC Asian Network,** das sich vor allem an Großbritanniens Bürger mit indischem und pakistanischem Hintergrund richtet und entsprechende Musik spielt, sowie zahlreiche regionale Radiosender.

Unerreicht ist das Auslandsprogramm der *BBC,* der **World Service,** der rund um die Uhr täglich in Englisch und 36 weiteren Sprachen Nachrichten und Informationen um die Welt schickt. Der *World Service* wird in seiner Qualität von keinem anderen Sender übertroffen, und der weltweit gute Ruf der *BBC* beruht vor allem auf der Arbeit der Redakteure im Londoner *Broadcasting House* am Portland Square, wo die Auslandsabteilung untergebracht ist.

Der Privatsender **LBC** *(London Broadcasting Corporation)* begann als auf Wortsendungen spezialisierter Lokalsender und richtet sich nun mittels DAB und Internet mit seinen Politikerinterviews und Diskussionssendungen mit Hörern an das ganze Land.

Die Hauptfernsehkanäle der *BBC* im Inland heißen **BBC One** und **BBC Two,** dazu kommen noch Sender wie **BBC Three, BBC Four** und **BBC News 24** hinzu. *BBC One* sendet Nachrichten (Hauptnachrichtensendung um 22 Uhr), Unterhaltungssendungen und Sport, während *BBC Two* mehr Kultur im Programm hat.

BBC Three richtet sich an ein jüngeres Publikum mit vielen Sitcoms und Comedy und wird seit 2016 nur noch im Internet verbreitet (der Empfang im Ausland ist blockiert). *BBC Four* ist stark kulturorientiert und sendet zum Beispiel Theateraufführungen, Dokumentarfilme oder nicht-englischsprachige Filme und ähnelt dem deutsch-französischen Sender *arte*. *BBC News* ist ein reiner Nachrichtensender. Schließlich gibt es noch zwei Kinderkanäle (**CBBC** und **CBeebies**) und **BBC Parliament,** der Parlamentsdebatten und politische Programme überträgt.

Derzeit gibt es zudem zahlreiche private **Rundfunkstationen,** so etwa *Capital Radio* in London, und ca. **15 regionale Fernsehsender,** die nach *BBC One* und *Two* als das dritte Fernsehprogramm gelten und meist landesweit unter dem Namen *ITV* das gleiche Programm ausstrahlen. 1982 kam der öffentlich-rechtliche, aber vollkommen aus Werbemitteln finanzierte *Channel Four* hinzu und 1997 der kommerzielle Fernsehsender *Five*. Zudem gibt es **Pay-TV-Dienste** wie *Sky 1, Sky Living* und *Sky Atlantic* aus dem Imperium des Medienmoguls *Rupert Murdoch*.

Wirtschaft

Die reichste und produktivste Region Großbritanniens ist der **Südosten,** in dem die Hauptstadt London wie ein Magnet wirkt, gefolgt vom Südwesten des Landes.

Industrie, geschweige denn eine Schwerindustrie (sieht man von Portsmouth, Southampton und Bristol einmal ab), gibt es so gut wie keine in Englands Süden. Die Region lebt nach wie vor von der Landwirtschaft, von ein wenig Fischerei, von Dienstleistungen aller Art und dem Tourismus – die Südküste ist das beliebteste Ferienziel der Briten.

London ist nach New York der **zweitgrößte Finanzplatz der Welt;** außerdem hat die Metropole die höchste Konzentration an Niederlassungen ausländischer Banken. Um aus dem teuren London fortzukommen, siedelten sich in den letzten Jahren vor allem **Hightech-Branchen** an der sonnigen Südküste und in Bristol an.

Bristol ist überhaupt neben London das zweite ökonomische Zentrum des Südens. Traditionell ist die Hafenmetropole die Stadt der Flugzeugbauer; *Rolls Royce* produziert seine Triebwerke hier und ist zusammen mit dem Luftfahrtunternehmen *British Aerospace* der größte Arbeitgeber für die Stadt und das Umland. Außerdem hat sich Bristol inzwischen, neben London, zu einem Finanzzentrum gemausert.

Damit die Badeorte auch außerhalb der Saison Besucher und damit fließende Gelder in die Stadtsäckel bekommen, werben sie mit ihren Konferenz- und Tagungsinfrastrukturen, ziehen erfolgreich betuchte Rentner aus anderen Teilen des Landes in den warmen Süden und bieten Jahr für Jahr Abertausenden von Sprachschülern Kurse an.

Über die **Hafenorte Southampton** und **Portsmouth** läuft ein großer Teil der englischen Importe und Exporte, die eingerechnet der **Werftindustrie** und den Ölraffinerien die Arbeitsplätze sichern.

In der **Landwirtschaft** können aufgrund des warmen Golfstroms **Wein-** und **Obst** kultiviert werden; in Kent sind der **Hopfenanbau** für die Bierproduktion und der **Apfellese** für den *Cider* von

Bedeutung; die Bewohner der Scilly Islands exportieren ab Dezember Schnittblumen in alle Landesteile. Schafe und Rinder grasen auf den saftigen Weiden. Im Südosten jedoch, innerhalb des riesigen Einzugsgebietes Londons, geben immer mehr Bauern auf und verkaufen ihr Land für viel Geld an Immobilienfirmen – London machts möglich!

Der Süden, vor allem aber der **Südosten,** bringt seinen Bewohnern den **höchsten Lebensstandard** im gesamten Vereinigten Königreich: In London werden die höchsten Gehälter gezahlt, gefolgt von Südosten und Südwesten. In den ärmeren Landesteilen im Norden liegen die Angestellten mit ihren Arbeitseinkünften um ein Drittel niedriger.

Bevölkerung

Wie kaum in einem anderen Land der Erde haben es die Briten verstanden, bis teilweise in unsere Tage hinein ein **Klassensystem** aufrechtzuerhalten, das ganz offensichtlich in der Lage ist, auch dem gleichmachenden Spätkapitalismus zu trotzen. So unterscheidet man die *Working Class*, die *Middle Class* und die *Upper Class*. In jeder dieser Klassen gelten andere kulturelle Strickmuster, Verhaltensnormen, ja sogar Sprachformen, und jede Gesellschaftsschicht ist strikt von der anderen abgeschottet, hat ihren eigenen Bildungshintergrund, ihre eige-

adobe.stock ©Gary L Hider

nen Wohnformen und ganz spezifische Freizeitvergnügen.

Der Begriff der Klasse wird in Deutschland an das Einkommen und damit an Geldbesitz geknüpft, **in Großbritannien** dagegen meint **class** weniger Geld als vielmehr den **Hintergrund einer Person.** Die Einteilung in eine bestimmte Klasse erfolgt unter anderem durch den Beruf, durch die Art und Weise, wie man sein Geld verdient und wofür man es ausgibt.

Die **Working Class** wird geprägt vom *Blue-Collar Worker,* vom Arbeiter im Blaumann, der mit seiner Familie in einem kleinen *Terraced House* lebt, eines von endlos vielen, in langer Reihe stehenden Häuschen mit zwei Schlafzimmern und einem kleinen Garten nach hinten raus. Das „Socio-Economic Profile of the Uk Population", das z.B. von den *Building Societies* oder von den Banken für Kreditgewährungen herangezogen wird, unterscheidet zwischen der *Skilled Working Class,* der ein Facharbeiter angehört, und der *Unskilled Working Class,* für ungelernte Arbeiter.

Die Angehörigen der **Middle Class** mit ihren *White-Collar Jobs,* halten Handel, Verwaltung, Staat und Regierung sowie das weite Feld der Dienstleistungen am Laufen. Hier unterscheidet das „Socio-Economic Profile" gleich dreimal, in die untere, die mittlere und die obere Mittelklasse. Wohnen die ersten beiden in *Semi-Detached Houses* (kurz *Semis* genannt), in vertikal getrennten Doppelhaushälften mit einem Vor- und einem Rückgarten sowie drei bis vier Schlafzimmern, so lieben die Angehörigen der *Upper Middle Class* die *Detached Houses,* freistehende Häuser. Sie sind es auch, die ein kleines Cottage weit draußen auf dem Land haben, im grünen *Stockbroker Belt* rund um die Metropole London wohnen und als wohlbetuchte, sogenannte *Gin and Tonic Commuters* allmorgendlich in die Hauptstadt fahren.

Zur **Upper Class** gehört der Adel; die Earls und Dukes leben in ihren Herrenhäusern, die sie schon lange nicht mehr unterhalten können und daher der neugierigen *Middle* und *Working Class* zugänglich machen müssen; andere haben ihren Besitz an den *National Trust* abgegeben und im Gegenzug das Recht auf Wohnsitz bekommen.

Wie groß die Klassenunterschiede früher waren, zeigte sich an der **Sprache;** der britische Linguist *A.S.C. Ross* führte 1954 ein soziolinguistisches Begriffspaar zur Charakterisierung der Sprache ein: die *Upper Class Usage (= U)* und die *Non Upper Class Usage (= Non-U).* Bei dieser *U and Non-U Language* ist Erstere eine perfekte, vornehme Ausdrucksweise, mit vielen Euphemismen und Fremdwörtern, Letztere die Sprache der Masse. Heutzutage sind diese Unterschiede allerdings nicht mehr so klar.

◁ Fischerboote im alten Hafen von Portsmouth

Anstatt sich zu verkleinern, hat sich die **Kluft zwischen Armen und Reichen** in Großbritannien über die letzten Jahrzehnte hinweg sogar noch vergrößert.

Diese Tatsache spielte sicherlich auch beim Ausgang des **Brexit-Referendums** 2016 eine Rolle: Diejenigen, die sich abgehängt fühlten, wollten einen Wandel, und machten anstatt der eigenen Regierung die EU für ihre Misere verantwortlich. Tragischerweise verstärkte der *Brexit* die Armut im Land deutlich, anstatt sie zu verbessern. Eine Studie der *London School of Economics* von 2022 deckte auf, dass der *Brexit* die Nahrungsmittelpreise über zwei Jahre hinweg um fast 6 Milliarden Pfund hatte ansteigen lassen. Kombiniert mit den Problemen, die die Covid-Pandemie sowie der Krieg in der Ukraine verursachten, hat sich die finanzielle Situation vieler Briten in den letzten Jahren dramatisch verschlechtert. 2023 besuchten fast drei Millionen Briten Tafeln, um über die Runden zu kommen. Ein Großteil der Bevölkerung musste den Gürtel enger schnallen. Immerhin hat sich die große Zerrissenheit im Land nach dem *Brexit*-Referendum mittlerweile gemildert. Nur noch ein Drittel der Bevölkerung denkt heute, dass der *Brexit* die richtige Entscheidung war, 57 % würden heute der EU gern wieder beitreten. Dass dies in der nahen Zukunft tatsächlich passieren könnte, ist höchst unwahrscheinlich, denn die *Conservative Party* lehnt eine engere Zusammenarbeit mit der EU ab, und auch *Kier Starmer,* der Vorsitzende der *Labour Party,* hat sich klar gegen einen Wiedereinstieg ausgesprochen. Allerdings ist zu hoffen, dass die *Labour Party* bei einem Wahlsieg 2024 einen sehr viel freundli-

1015es ar

cheren Ton bei der Zusammenarbeit mit den europäischen Nachbarn einschlagen wird, als dies die *Torys* über das letzte Jahrzehnt hinweg getan haben.

Architektur

In den Jahren 43 bis 410 siedelten die Römer auf der Insel; als die Westgoten unter der Führung *Alarichs* Rom eroberten, strebten die in Britannien stationierten Legionen in Gewaltmärschen gen Rom, um die Stadt zurückzuerobern. Damit endete der Einfluss der Römer, und die Angelsachsen konnten die Insel, ohne auf nennenswerte Widerstände zu stoßen, erobern.

Ein hervorragendes Zeugnis **römischer Baukunst** ist das Bad in Bath, weitere römische Hausfundamente befinden sich z.B. in Dover und auf der Isle of Wight; nicht versäumen darf man einen Besuch im Römischen Palast von Fishbourne nahe Chichester, nach Bath der größte Fund aus der Römerzeit sowie eine Besichtigung der Bigor Villa in Chichester.

☒ Am Camden Market in London

Baudenkmäler aus der **angelsächsischen Zeit** sind rar und selten; Kirchen aus jener Zeit zeigen dicke Mauern, niedrige Fenster mit einem Bogenabschluss und das sogenannte *Long-and-Short Work,* ein steinernes Fachwerk.

Mit der Invasion des Normannen *Wilhelm der Eroberer* setzte sich auch der **normannische Baustil** auf der Insel durch. Auf dem Kontinent wurde er **Romanik** genannt. Alle großen Kathedralen sind in diesem gedrungenen normannischen Baustil begonnen und dann ein Jahrhundert später gotisch modifiziert, umgebaut und erweitert worden.

Es waren die Zisterzienser, die ab etwa 1130 die **Gotik** vom Kontinent auf die Insel brachten; es sollte jedoch noch an die 50 Jahre dauern, bis sich eine erste eigenständige englische Gotik, die **Early English,** mit dem Bau der Kathedrale von Wells entwickelte. Bei dieser frühen englischen Gotik findet die Horizontale eine stärkere Betonung, der Chor ist gerade abgeschlossen und besitzt keine Kranzkapellen, und die Gewölbe sind dekorativer gestaltet als die französischen Vorbilder.

Im späten 13. Jahrhundert wandelte sich die Gotik der *Early English* zum fantasievolleren und verspielten **Decorated Style,** dessen konvex und konkav geschwungene Formen vor allem bei Bögen und in den Maßwerksfenstern zu beobachten sind; freie Flächen wurden – wie der Name schon andeutet – durch vielerlei Dekorationen, aber nicht naturalistischer, sondern stilisierter Art, reich verziert. Die Baumeister des *Decorated Style* maßen zudem der Raumbildung eine große Bedeutung zu und schufen lange und unerwartet weite Durchblicke.

Ab 1330 kam es in England zur Ausprägung der Hochgotik, die im **Perpendicular Style** ihren Höhepunkt findet. Im Gegensatz zum *Decorated* wird die verspielte, überbordende Verzierungssprache im *Perpendicular Style* wieder zurückgenommen; charakterisiert ist die englische Hochgotik durch die Betonung von vertikalen und horizontalen Linien, durch schlanke Stützen und durch recht fantasieloses Maßwerk in den Fenstern, wo rechteckige Felder mit Spitzbogen aneinandergereiht werden. Schön hingegen sind im *Perpendicular* die prachtvollen Fächergewölbe.

Als die Normannen 1066 auf die Insel kamen, revolutionierten sie, ausgehend von der palisadenumzäunten Motte mit Hügelaufschüttung und Holzbefestigung, recht schnell den Burgenbau. Wie auf dem Kontinent hatten auch die frühen englischen Befestigungen einen Bergfried *(keep)* in Form des französischen *Donjons*. Aufgrund der Erfahrungen aus den Kreuzzügen lag das Hauptgewicht jedoch bald nicht mehr in der Verteidigung eines einzigen Turms, sondern man schlug die Angreifer von türmchenbewehrten Burgmauern zurück, die manchmal in mehreren kon-

zentrischen Ringen um die Gebäude liefen. Der Tower in London und die Burg von Dover sind gute Beispiele dieser frühen Festungsbauweise. Mit dem Aufkommen der ersten Artillerie wandelte sich auch der Burgenbau. Die gewaltigen Mauern standen nun nicht mehr entlang einer Linie, sondern bildeten Halbkreise, an denen die Kugeln „abrutschten" und wenig Schaden anrichteten. Gute Beispiele sind die Festungen aus der Regierungszeit von *Heinrich VIII.*, Deal und Walmer Castle oder Mawes Castle.

In der Zeit von *Heinrich VII.* kam die **Renaissance** auf die Insel, blieb jedoch für viele Jahre erst einmal auf die Innendekoration beschränkt.

In der Elisabethanischen Ära dann entstanden die ersten großen Renaissance-Bauten für den Adel, allen voran Longleat House. Diese heute **Stately Homes** genannten Paläste haben einen E- oder H-förmigen Grundriss, einen Innenhof, und große Fenster dominieren und gliedern die Fassaden; gerade oder geschwungene Giebel, reiches Terrakottazierwerk sowie vielerlei Holz- und Stuckdekorationen schmücken die Häuser. Innen dominiert die sogenannte *Long Gallery*, ein im ersten Stock über die gesamte Länge des Hauses reichender schmaler Saal, in dem sich die männlichen Adligen mit ihren Gästen bei schlechtem Wetter die Zeit vertrieben, in den großen Fenstererkern Karten spielten oder von dort auf die Gärten schauten und sich unterhielten.

Zu Beginn des 17. Jh. dann vollzog **Inigo Jones** mit seinen beiden **palladianischen Bauten,** Queen's House in Greenwich (1616) und Banqueting House in Whitehall (1619), eine Revolution in der Architektur. Beeinflusst von den Gedanken des italienischen Baumeisters *Andrea Palladio* (1508–1580) arbeitete *Jones* nach den Prinzipien einer harmonischen Proportion, setzte Vorbauten in Form von säulenreichen Tempelfronten an und verwendete reichhaltig das sogenannte Palladiomotiv; bei diesem auch

724es fk

In Glastonbury – Church of John the Baptist

Venezianisches Fenster genannten Stilmittel ist ein breites Fenster von einem Bogen gekrönt und wird von zwei schmalen Öffnungen flankiert, die nach oben dort abschließen, wo der Bogen beginnt.

Der zweite geniale Architekt des 17. Jh. war **Christopher Wren,** der nach dem Großen Brand von London (1666) St. Paul's Cathedral sowie weitere 50 City-Kirchen erbaute und dabei eine erstaunliche Formenvielfalt zeigte; entweder legte er klassisch einfache Prinzipien zugrunde wie in der Kuppel von St. Paul's, oder er vermischte Stilmittel des Barocks mit gotischen Formen, worin ihm seine Schüler folgen sollten. Erst nach *Wren* und ein gutes Jahrhundert, nachdem *Inigo Jones* seine beiden palladianischen Schmuckstücke in die Stadtlandschaft von London gesetzt hatte, wurde der Palladianismus richtungsweisend bis in das frühe 19. Jh. hinein, dabei vielfach modifiziert sowie abwechslungsreich und kreativ in neue Stilrichtungen eingepasst. So z.B. in der **Georgian Architecture,** benannt nach den Königen der Hannoveraner. Hier war es der gleichermaßen geniale wie ungeheuer geldverschwendende *John Nash,* der die architektonischen Akzente setzte und die Repräsentationsbauten in klassizistischer Linienführung und vollendeter Grandezza in Szene setzte. Bei den Privathäusern des Adels hingegen zeigen die georgianischen Bauten außen mehr Zurückhaltung, sind dagegen im Innern üppig geschmückt.

In der Ära Königin *Victorias* (1837–1901) macht sich Regellosigkeit breit; einerseits verspielt-wahnsinniges wie der Royal Pavillion von Brighton, andererseits **Historismus,** der sich in neogotischen Bauten wie etwa den Houses of Parliament niederschlägt.

Zu Beginn des 20. Jahrhunderts sind die britischen Architekten mit der **Domestic Revival** weltweit führend in der Planung von Gartenvorstädtchen und in der Wohnhausarchitektur. Der Jugendstil des Kontinents schlägt sich in Großbritannien in der **Arts-&-Craft-Bewegung** nieder, dessen Meister der Schotte *Charles Rennie Macintosh* war.

Nach Kriegsende ist die Diskussion in der britischen Architektur von Annahme des bzw. Opposition gegen den **Internationalismus** bestimmt, dessen Stilmittel gekennzeichnet sind durch asymmetrische Kompositionen, einfache kubische Hauptformen, in horizontalen Reihen gegliederte Fensterfronten und das Fehlen von jeglicher Ornamentik und Profilierung.

Englische Literatur

Bei den Orts- und Routenbeschreibungen werden auch einige Schriftsteller, Lyriker und Literaten vorgestellt, die in der jeweiligen Stadt oder Region gewohnt haben, zu Besuch vor Ort weilten oder über die Landschaft geschrieben und ihre Protagonisten dort angesiedelt haben. Eine kurze Literaturgeschichte soll hier deshalb einen Überblick über die Stilepochen und die bekanntesten Autoren vermitteln.

Sieht man von den altenglischen Heldenliedern wie dem „Beowulf" ab, so beginnt die moderne englische Literatur mit den „Canterbury Tales“ von **Geoffrey Chaucer** gleich mit einem Paukenschlag. *Chaucer* (um 1340–1400) ist der erste Autor des Mittelalters, der aus der Anonymität seines Berufsstandes heraustritt und somit als Mensch wie als Schriftsteller biografisch fassbar wird und ein vielseitiges dichterisches Gesamtwerk hinterlassen hat. Anglisten loben sehr zu Recht „die Eleganz und Geschmeidigkeit seiner Sprache und die souveräne Heiterkeit, die den Ernst seines Anliegens hinter der Grazie der Aussage zu verbergen weiß, solche Vorzüge sollten sobald nicht wieder in dem Werk eines Autors vereint sein.“

Die **„Canterbury Tales“** sind zugleich *Greoffrey Chaucers* Hauptwerk; die Geschichten, welche sich die Pilger auf ihrem Weg von London nach Canterbury zum Schrein des *hl. Thomas Becket* erzählen, um die Reise so etwas kurzweiliger zu gestalten. Lesen wir doch einmal hinein in die von *Martin Lehnert* übersetzten Verse:

„Wenn milder Regen, den April uns schenkt
Des Märzens Dürre bis zur Wurzel tränkt
Und badet jede Ader in dem Saft,
sodass die Blume sprießt durch solche Kraft;
Wenn Zephyr selbst mit seinem milden Hauch
In Wald und Feld die zarten Triebe auch
Erwecket hat und die Sonne jung durchrann
Des Widders zweite Sternenhälfte dann,
Wenn kleine Vögel Melodien singen,
Mit offnen Augen ihre Nacht verbringen
– So stachelt die Natur sie in die Brust –:
Dann treibt die Menschen
stark die Wallfahrtslust,
Und Pilger ziehn zu
manchem fremden Strand,
Zu Heiligen berühmt in
manchem fernen Land;
Besonders sieht aus Englands Teilen allen
Man freudig sie nach Canterbury wallen,
Dem segenreichen Märtyrer zum Dank,
Der ihnen half, als sie einst siech und krank.“

Chaucer vermittelt ein kraftvolles Bild des spätmittelalterlichen Menschen und hat uns dadurch ein ausdrucksvolles Zeitgemälde jener Tage hinterlassen.

Mit *Heinrich VII.* (1485–1509) beginnt die Dynastie der Tudors, und die Renaissance hält im Inselreich ihren Einzug. Neben *Erasmus von Rotterdam* ist **Thomas More** (lat. *Morus*, 1478–1535) der bedeutendste Humanist Europas und sein Hauptwerk „Utopia“, in dem er einen idealen Staat entwirft und mit Kritik an den herrschenden Ungerechtigkeiten in England nicht spart, das vielgelesene Buch der großen Geister jener Tage. *Erasmus* lobt, „dass die Natur nichts Zarteres, Edleres und Glücklicheres geschaffen habe als den Geist des Thomas Morus.“ *Morus'* Gemüt zeichnet sich durch fromme Gläubigkeit, aber auch durch Fröhlichkeit und Humor, durch einen verschmitzten *Common Sense,* wie ihn die Briten ja so sehr lieben, durch Mut, große Bildung, diplomatisches Geschick und tiefe Liebe vor allem zu seinen Kindern aus. In der Regierungszeit von *Heinrich VIII.* steigt er bis in das höchste Amt des Staates auf, wird Lordkanzler; doch dann verweigert er seinem König nach dessen Bruch mit Rom die Anerkennung als kirchliches Oberhaupt der Anglikanischen Kirche, worauf der Schlächter Heinrich den aufsässigen Humanisten natürlich hinrichten lässt.

Als einer der bedeutendsten Dichter der Hochrenaissance, der zu Unrecht ganz vom Glanze seines Zeitgenossen *Shakespeare* überstrahlt wird, verdient

Edward Spenser (um 1552–1599) Erwähnung, dessen Name kaum über England hinaus bekannt geworden ist. Erst im reiferen Alter von 27 Jahren veröffentlicht *Spenser* die große Dichtung „The Sheppeardes Calender", die Literaturkritiker als Meilenstein in der Entwicklung der englischen Dichtkunst feiern. Hier geht es um moralische Tugenden, um Stolz, Ehrgeiz, Demut, es geht um die Jugend und das Altern, um die Ungerechtigkeiten von König und Kirche. Um den großen Erfolg seines Schäferkalenders nicht zu gefährden, tritt *Spenser* erst elf Jahre später wieder, in den Folgejahren dann regelmäßig, mit weiteren umfangreichen Verssammlungen an die Öffentlichkeit.

Ein weiterer Vorläufer *Shakespeares* ist **Christopher Marlowe** (1564–1593), *The Muses' Darling* genannt, der als erster Autor eines poetischen Dramas gilt und es verstand, seine Figuren und Charaktere mit Leben zu füllen. *Marlowe* war es, der als erster den Faust für die Bühne bearbeitete und die Blankverse – die er mit großer poetischer Kraft schmiedete – in die englische Literatur einführte. Von *Shakespeare* und seinen Zeitgenossen ob seiner literarischen Qualitäten bewundert, war *Marlowe* selbst kein angenehmer Geselle. In den letzten Jahren seines kurzen Lebens mehrfach wegen Totschlags, Landfriedensbruch, Gotteslästerung, Atheismus und Homosexualität angeklagt, wurde er bei seinem ausschweifenden Leben folgerichtig im Alter von 29 Jahren bei einer Wirtshausschlägerei erstochen.

Das elisabethanische Zeitalter steht ganz im Zeichen des alle überragenden **William Shakespeares** (1564–1616), Versdichter, Autor von Komödien, Tragödien und historischen Stücken, ein Universalgenie, ein genialer Autor, leider aber auch eine schwer zu fassende Persönlichkeit, über die wir immer noch viel zu wenig wissen.

Neben *Shakespeare* ist in dieser Zeit der hierzulande völlig unbekannte **Ben Jonson** (1573–1637) – „ein Riese der Energie", wie ihn ein Dichterkollege nannte – der bedeutendste Dramatiker. Er scharrt einen Kreis von ihn verehrenden Schriftstellern um sich, der spöttisch *Tribe of Ben* genannt wird, und ist beliebt und erfolgreich am Hof von *Jakob I.*

Als Dichter des elisabethanischen Zeitalters muss auch **John Donne** (1572–1631) genannt werden, der erfolgreich die bis dahin gängigen Sonett-Traditionen ignoriert und in der Poesie neue Akzente setzt und „lyrische Kostbarkeiten" hervorbringt. Die Literaturkritik lobt seine Fähigkeit, „die ganze Skala der Liebesgefühle von der zartesten und innigsten geistigen Beziehung bis zum groben Zynismus durch kühne Vergleichsaspekte prägnant zu erläutern."

Nicht nur in literarischer Hinsicht muss **Francis Bacon,** später *Baron Verulam* und *Viscount St. Albans* (1561–1626), als einer der ganz großen Geister Britanniens genannt werden. Das Universalgenie ist erfolgreich in der Politik und steigt bis zum Lordkanzler auf, gilt als hervorragender Jurist, Philosoph, Naturwissenschaftler und als Meister der englischen Prosa. Er ist es, der den Essay als neue Kunstform einführt.

Große politische Bedeutung erlangt der Verfechter eines extremen Materialismus, der von seinen Gegnern als der *Bugbear of the Nation* geschmähte **Thomas Hobbes** (1588–1679), dessen theoretisches Werk „Leviathan" zu den einflussreichsten politischen Schriften des Jahrhunderts zählt. *Hobbes* erklärt zum Schrecken der Kirche den absoluten Staat nicht mehr als gottgewollt, sondern entstanden aus reinen Nützlichkeitserwägungen – die Aufklärung wirft ihre Schatten voraus!

Der letzte große Dichter der englischen Renaissance – ähnlich sprachgewaltig wie *Shakespeare* – ist **John Milton** (1608–1674), der in seinen Werken die Kultur des Altertums mit Glaubensbezügen des Christentums in eine barocke Sprache fasst.

Als Literaturkritiker tritt **John Dryden** (1631–1700) mit seinem Band „Essay of Dramatic Poesie" an die Öffentlichkeit; sein scharfes Urteil, die Fähigkeit zur Textanalyse und sein brillanter Stil bleiben ebenso unerreicht wie seine Gedichte und Dramen.

Wenngleich nicht gerade ein Literat, so darf doch **Samuel Pepys** (1633–1703) nicht vergessen werden, der ein sehr privates und für den heutigen Leser äußerst vergnügliches Tagebuch hinterlassen hat, in dem das Leben in der Mitte des 17. Jh. in einer selten zu findenden Lebendigkeit erstrahlt.

Mit Beginn des 18. Jh. entwickeln **Daniel Defoe** (um 1660–1731) und **Jonathan Swift** (1667–1745) neben ihren klassischen Prosabänden auch den literarischen Journalismus; mit ihren im Verlauf der Jahrhunderte von Lektoren immer weiter verstümmelten Werken „Robinson Crusoe" und „Gullivers Reisen" gehören heute beide zu den Klassikern der Jugendliteratur.

Alexander Pope (1688–1744) ist der Meister der klassizistischen Dichtung im 18. Jh. und wird mit seinem subtilen wie geistreichen Stil der führende Dichter jener Zeit.

Samuel Richardson (1689–1761), **Henry Fielding** (1707–1754) und **Lawrence Sterne** (1713–1768) sind die großen Romanschriftsteller jener Tage; *Richardson* schreibt psychologische Briefromane, die *Goethe* sehr bewundert, *Fielding* verfasst bissige Satiren auf die moralgeschwängerten Inhalte von *Richardson* und ist uns vor allem mit seinem Band zum Findlingskind *Tom Jones* im Gedächtnis geblieben. *Sterne* schließ-

www.fotolia.de © Georgios Kollidas

[>] Francis Bacon

lich ist bis heute für seinen „Tristam Shandy“ bekannt.

In jener Epoche nicht vergessen werden sollten auch die bis heute gelesenen Romanautoren **Oliver Goldsmith** (1730–1774), **Tobias Smollet** (1721–1771) und **Horace Walpole** (1717–1797), letzterer begründete mit seinem Band „Die Burg von Otranto“ die Literaturgattung der *Gothic Novel*, des sogenannten „Schauerromans“.

Nachhaltigsten Einfluss auf die britische Literatur hat **Dr. Samuel Johnson** (1707–1784), dessen Bedeutung und Wirken in Großbritannien etwa mit demjenigen *Goethes* in Deutschland vergleichbar ist. Sowohl als Dichter als auch als Prosaschreiber leistet er Hervorragendes. Sein größtes Vermächtnis jedoch ist das im Jahre 1755 erschienene *Dictionary of the English Language*, das erste brauchbare Wörterbuch der englischen Sprache. *Johnson* definiert darin 40.000 Wörter und gibt diesen über 100.000 Zitate bei. Viele Definitionen sind bis in unsere Tage hinein gültig, und auf *Johnsons* Werk basiert letztendlich das heutige *Oxford English Dictionary*. Das Leben des Literaten ist dank seines Freundes *James Boswell* gut dokumentiert, und dessen Band „Life of Johnson“ ist eine der ersten großen Biografien im englischsprachigen Raum.

In der zweiten Hälfte des 18. Jh. ist es das schottische Naturtalent **Robert Burns** (1759–1796), der poetische Werke von großer Kraft schreibt und in jenen Tagen keinen ernsthaften Konkurrenten hat.

Unter den Dichtern der Romantik ragen die beiden Poetengrößen **William Wordsworth** (1770–1850) und sein Freund **Samuel Taylor Coleridge** (1772–1834), der auch als Philosoph und Literaturkritiker hervortritt, heraus. Tragisch verläuft das Leben der drei anderen großen Dichter der englischen Romantik; **Lord Byron** stirbt 1824 36-jährig als Freiheitskämpfer für die Griechen an einem Fieber, nur 30-jährig ertrinkt **Percy Bysshe Shelley** 1822 im Golf von Livorno, und **John Keats** wird als 26-jähriger im Jahre 1821 in Rom von der Tuberkulose hinweggerafft. Doch die Sprachgewalt ihrer frühen Jahre hat sie schon unsterblich gemacht.

Jane Austen (1775–1817), eine Romanschriftstellerin von Rang, siedelt ihre Protagonisten in der englischen Countryside zwischen niederem Landadel und gehobenem Bürgertum an. Der Schotte **Sir Walter Scott** (1771–1832) schreibt aufgrund seines starken Geschichtsbewusstseins neben einigen Versromanzen vor allem historisch solide Romane, die dem Publikumsgeschmack sehr entgegenkommen, in viele Sprachen übersetzt werden und Schottland international bekannt machen.

Unermüdlich prangert **Charles Dickens** (1812–1870) in seinen sozialkritischen Romanen – so etwa „David Copperfield“ oder „Little Dorrit“ – das Elend des Frühkapitalismus an und betätigt sich als „Sonderkorrespondent Londons für die Nachwelt“.

Benjamin Disraeli (1804–1881) ist nicht nur ein begnadeter Politiker und intelligenter Premierminister des 19. Jh., sondern auch ein exzellenter Romanschriftsteller, der ebenfalls die sozialen Gegensätze Englands analysiert und sprachgewaltig beschreibt.

Mit dem Roman „Vanity Fair“, dem „Jahrmarkt der Eitelkeiten“, ist **William Makepeace Thackeray** (1811–1863) berühmt geworden; auch er übt Kritik an der in Müßiggang und Langeweile versinkenden Oberschicht.

Die drei **Brontë-Schwestern** *Charlotte* (1816–1855), *Emily Jane* (1818–1848) und *Anne* (1820–1849) wachsen mutterlos in einer kleinen, armen Landpfarrei in Yorkshire auf, werden zusammen mit ihrem Bruder vom Vater weitgehend allein gelassen und erhalten kaum eine Schulbildung. In einer Landschaft von kahlen Hügeln und einem weiten Moor schaffen sich die Kinder ihre eigenen Traumwelten, die sie sich gegenseitig in Heftchen aufzeichnen. Aus dieser Lehrzeit des Schreibens resultieren ihre Romane, von denen Emilys wortmächtiges „Wuthering Heights“ die größte Bekanntheit erreicht hat.

George Eliot ist das Pseudonym von *Mary Ann Evans,* die in der puritanischen viktorianischen Zeit mit einem verheirateten Mann zusammenlebt und dadurch schwer gegen die Konventionen im England des 19. Jh. verstößt. Sie ist es, die den Roman aus der „Sphäre der Unterhaltung“ löst und ihn mit „kritischem Verstand als Kunstwerk gestaltet“.

Der Dichter der Viktorianer ist **Alfred Lord Tennyson** (1809–1892), der zu den ganz Großen der englischen Lyriker gerechnet werden muss. Große Bekanntheit und Beliebtheit als Dichter erreichen im 19. Jh. **Robert Browning** (1812–1889) und seine Frau **Elizabeth Barret Browning** (1806–1861), der präraffaelitische Maler **Dante Gabriel Rossetti** (1828–1882) und **Algernon Charles Swinburne** (1837–1909).

Vielfache Interessen zeichnen **John Ruskin** (1819–1900) aus, der als Begründer einer modernen Literaturkritik gilt, ein reiches Prosawerk hinterlassen und auch mehrere kunsttheoretische Bände verfasst hat.

Viel Dramatik hat der Schotte **Robert Louis Stevenson** (1850–1894) mit seinem Abenteuerroman „Die Schatzinsel“ in die Kinderzimmer gebracht. Er widmete sich mit psychologischem Feingefühl und suggestiven Bildern vor allem der Gattung der Kurzgeschichte. Die Gruselstory von *Dr. Jekyll* und *Mr. Hyde* gehört dazu. Nur 44-jährig verstarb *Stevenson* in der Südsee an einem Schlaganfall.

www.fotolia.de © Nickolae

[>] Charles Dickens

William Shakespeare – Leben und Werk

„We are such stuff
As dreams are made on; and our little life
Is rounded with a sleep“
William Shakespeare, „The Tempest“

William Shakespeare wird am 26. April 1564 in der Pfarrkirche zu Stratford getauft; das genaue **Geburtsdatum** kennen wir nicht, angenommen wird jedoch der 23. April, 52 Jahre später, am 23. April 1616, stirbt das Genie, sodass nun Geburts- und Todestag auf das gleiche Datum fallen.

Stratford verfügte bereits über eine gute **Grammar School** und qualifizierte Lehrer; zwar ist nicht dokumentiert, dass Klein *William* hier Schüler war, doch aufgrund seiner Bildung sowie der Zitate in seinen Stücken, die teilweise aus Schulbüchern der damaligen Zeit stammen, ist es doch sehr wahrscheinlich, dass er hier den Unterricht besuchte.

Die *Grammar School* der Tudor-Ära war in erster Linie eine Lateinschule, den Schülern wurden Grammatik und Rhetorik z.B. anhand der Texte von *Cicero* beigebracht, später lasen sie dann die Werke von *Virgil, Caesar, Ovid, Juvenal* und *Horaz. Shakespeare* dürfte hier auf alle Fälle eine fundierte Ausbildung erfahren haben (die sein akademisch gebildeter Freund *Ben Jonson* mit den Worten *„he had small Latin and less Greek“* abtat).

Die nächste aktenkundige Eintragung nach der Geburt bezog sich 18 Jahre später auf *Shakespeares* **Hochzeit.** Entweder am 30. November oder am 1. Dezember 1582 heiratet Jung *William* die acht Jahre ältere *Anne Hathaway.* Die Formalitäten für die Eheschließung waren mit großer Eile vorangetrieben worden, denn *Anne* war schwanger. Am 26. Mai 1583 wird *Susanna* geboren, zwei Jahre später, am 5. Februar 1585, die Zwillinge *Hamnet* und *Judith;* der Knabe stirbt mit elf Jahren, die beiden Mädchen überleben die Kindheit.

Von 1585 bis 1592 gibt es in *Shakespeares* Biografie erneut eine Lücke, keinerlei Aufzeichnungen verraten etwas über das private oder berufliche Leben. Diese undokumentierten sieben Jahre haben zu einer ganzen Reihe von teilweise wilden Spekulationen und Legendenbildungen Anlass gegeben. Das Problem, dass diese sogenannten **Lost Years** für die Biografen aufwirft, ergibt sich aus der Tatsache, dass *Shakespeare* 1592 an einem anderen Ort, nämlich in London, und dort bereits als namhafter Autor und Schauspieler wieder in das Licht der Geschichte tritt. Irgendwie hat *Shakespeare* – so nimmt man an – seinen Weg in eine **fahrende Schauspielertruppe** gefunden. Stratford bot dafür gute Voraussetzungen, denn Tournee-Theater gastierten regelmäßig in der Stadthalle; für die Jahreswende 1586/87 sind fünf Truppen urkundlich erwähnt. Wahrscheinlich hat sich *Shakespeare* dem Ensemble der *Queen's Men* angeschlossen, die

[>] Statue von Shakespeare in Stratford-upon-Avon

während ihrer Aufführungen in Stratford einen Schauspieler durch ein Duell verloren; *Shakespeare* dürfte diese Lücke ausgefüllt und sehr bald Stücke für die Truppe geschrieben haben.

Wenngleich das Theaterwesen keine eigene Zunft hatte und außerhalb jeglicher Gildenbestimmung stand, so war ein Ensemble doch nach den Prinzipien eines Handwerksbetriebs organisiert. Ganz oben stand der *Master*, der Chef der Truppe, der Pächter oder auch Besitzer des Theatergebäudes, ihm nachgeordnet, etwa im Rang von Gesellen, 15–20 festangestellte Schauspieler, die jedoch kein reguläres Gehalt bekamen, sondern am Einspielergebnis beteiligt waren. Aushilfskräfte *(Hired Hands)* verstärkten die Gruppe, hinzu kamen noch Jungschauspieler im Rang von Lehrlingen, die vor allem Frauenrollen spielten, denn auch das Theatergeschäft war eine reine Männerangelegenheit (Frauen ließ man erst ein gutes Jahrhundert später, nach der Restauration des Königshauses unter dem lebenslustigen und vergnügungssüchtigen *Merry Monarch Karl II.* auf die Bühne).

Für *Shakespeare*, der langsam vom Schauspieler zum Autor wechselte, bedeutete ein fester Platz in einem Ensemble große Sicherheiten, und er war damit besser gestellt als die freien Schreiber, welche die Truppen gegen ein Pauschalhonorar mit Texten für ein Stück versorgten, nie wissen konnten, wie oft ihr Drama gespielt wurde, und häufig in bitterer Armut lebten.

Auf alle Fälle taucht *William Shakespeare* am 3. September 1592 als bereits bekannter Mann und **geachteter Autor in London** auf. Wir wissen deshalb so genau darüber Bescheid, weil der Stückeschreiber *Robert Greene* mit einer wilden Attacke über *Shakespeare* herfällt. In seinem Pamphlet „Ein Groschen Witz gekauft für eine Million Reue" schimpft *Greene* über die Schauspieler, über „diese Marionetten, die nur mit un-

adobe.stock ©Neal

serem Mund sprechen", diese „Tanzclowns, die sich mit unseren Farben schmücken", über „diese angemalten Monstren". Und ganz besonders hat er *Shakespeare* im Visier, der als Schauspieler und Nichtakademiker glaubt, auch Stücke schreiben zu können. Da heißt es: „Yes trust them not: for their is an upstart crow, beautified with our feathers, that with his tiger's heart wrapped in a player's hide, supposes he is as well able to bombast out a blank verse as the best of you: and being an absolute Johannes factotum, in his own conceat the only Shakescene in the country." („Jawohl traut ihnen nicht: Denn da gibt es eine hochgekommene Krähe, mit unseren Federn geziert; und der glaubt mit seinem Tigerherz, von einem Schauspielerfell umhüllt, dass er es genausogut verstehe, einen Blankvers auszustaffieren wie der Beste von euch: und da er ein totaler Hans-Dampf-in-allen-Gassen ist, ist er in seiner eigenen Einbildung der einzige Bühnenerschütterer im Lande.")

Direkt genannt wird *Shakespeare* nicht, doch dass er gemeint ist, ergibt sich aus zwei Passagen: zum einen aus dem Wortspiel *Shake-scene*, das natürlich auf den Namen *Shakespeares* anspielt, zum anderen aus der Tigerherzstelle, die eine Parodie auf ein Zitat von *Shakespeare* aus dem Stück „Heinrich VI." ist (O tiger's heart wrapt in a woman's hide).

Dieser einzige Angriff eines Zeitgenossen gegen *Shakespeare* wird vom Nachlassverwalter *Greenes* wenige Wochen später entschuldigend zurückgenommen: „Es tut mir so leid, als sei der ursprüngliche Fehler (der Angriff von *Greene*) der meine gewesen, denn ich habe selbst festgestellt, dass sein Verhalten (das von *Shakespeare*) nicht weniger höflich ist, als er in dem Metier, das er betreibt, hervorragt. Außerdem haben mehrere Personen von Rang mir von seiner Rechtschaffenheit bei Geschäften berichtet, was für seine Ehrenhaftigkeit spricht, und von seiner heiteren Anmut als Autor, was ihn als Künstler ausweist."

Nach den Angriffen von *Greene*, die von Neid gegen den erfolgreichen Aufsteiger zeugen, versucht *Shakespeare* sich auch als **Poet,** um zu demonstrieren, dass er das gesamte Gebiet der Dichtkunst beherrscht. Theaterstücke gelten nicht als hohe Literatur, sondern als unterhaltende Gebrauchslyrik, ein Epos hingegen ist die Spitze der Dichtkunst. 1593/94 erscheinen die beiden Versepen „Venus and Adonis" und „The Rape of Lucrece". Binnen kurzem erlangt *Shakespeare* eine ungeheure Aufmerksamkeit, und eine Auflage nach der anderen überschwemmt den Markt. Trotz des Erfolgs schreibt *Shakespeare* weiter Theaterstücke, denn hiermit ist gutes Geld zu machen. Unaufhörlich vollzieht sich nun sein gesellschaftlicher und beruflicher Aufstieg.

In der elisabethanischen Ära konnten Theatergruppen nur überleben, wenn sie einen **adligen Patron als Schirmherr** besaßen. Die Angst der Autoritäten vor Leuten, die keiner Zunft angehörten, damit nicht kontrollierbar waren, veranlasste *Elisabeth I.*, 1572 das sogenannte Vagrantengesetz zu verabschieden. „Fechter, Bärenführer und gewöhnliche Schauspieler" werden darin als „Kriminelle und Vagabunden" dem Gesetz zugeführt und bestraft, soweit sie nicht „einem *Peer* des Reiches angehören". 1594 ist *Shakespeare* mit seiner Truppe Mitglied der **Lord Chamberlains's Men.** Das Ensemble hat großen Erfolg und ist gar bei Hofe hochbeliebt. Insgesamt 32 Mal spielen sie vor *Elisabeth I.*; nach ihrem Tod im Jahre 1603 übernimmt *Jakob I.* den Schutz der Schauspieler, die ab nun **The King's Men** sind. 175 Aufführungen erleben die Stücke von *Shakespeare* vor dem Monarchen.

1599 bietet die Familie *Burbage* dem Dramatiker eine Teilhaberschaft am **Globe Theatre** an, und *Shakespeare* wird *Sharer* mit 10 % Anteil; 1608 beteiligt er sich mit einem Siebtel am **Blackfriars Theatre.**

Am 20. Oktober 1596 verleiht das Königliche Wappenamt *John Shakespeare*, dem Vater des

Dichters, sowie seinen Kindern und Enkeln das Recht, ein Wappen zu führen; die Familie, so heißt es, ist *of good reputation and credit*. Natürlich hat *William* die Angelegenheit in die Wege geleitet und bezahlt. Nun gehört der Dichter zur *Gentry* und darf sich **Gentleman** nennen – mit seinem vollen Titel: *William Shakespeare of Stratford upon Avon, in the country of Warwick, Gentleman!*

Diese Bezeichnung führt er gern und ständig, sie zeigt, dass er mehr seiner Geburtsstadt als der Metropole London verhaftet ist, und folgerichtig legt er sein Geld in Stratford an. Am 4. Mai 1597 erwirbt er *New Place,* eines der größten Häuser des Ortes, am 1. Mai 1602 kauft er 43 ha Ackerland und am 28. September ein weiteres Haus gegenüber von *New Place.*

Obgleich nun mit viel Anerkennung bedacht, unternimmt *Shakespeare* keinerlei Anstrengungen, sein Werk einer breiten Öffentlichkeit zugänglich zu machen. Er lässt auch keines seiner Stücke drucken, versucht nicht, eine Gesamtausgabe zu initiieren, schreibt keine Vorworte oder Einleitungen zu seinen Dramen (wie etwa *Ben Jonson*) und tut nichts, um sich bleibenden Ruhm zu sichern. Zwar kursierten schon zu seinen Lebzeiten einzelne **gedruckte Bände** seines Werkes, doch sie kamen nicht auf seine Anregung hin zustande. Eine erste größere Gesamtausgabe wurde erst 1623, sieben Jahre nach seinem Tod, von *John Henninge* und *Henry Condell* besorgt. Unsere Kenntnis von 17 Dramen beruht allein auf dieser Folioausgabe.

Um das Jahr 1611 soll sich Shakespeare **vom Theaterleben** in London **zurückgezogen** haben und nach Stratford übergesiedelt sein. Doch hielt er weiter Kontakt zu seiner Schauspieltruppe und den Theatern in der Metropole.

Am **23. April 1616 stirbt er** – laut Legende, nach einem Saufgelage mit *Ben Jonson.*

Das ist so ziemlich alles, was wir über das Leben von *William Shakespeare* wissen, und so ist es nicht verwunderlich, dass in den vergangenen Jahrhunderten, ja sogar heute noch, wie ein im „Merkur" veröffentlichter Artikel zeigt, die Meinung kursierte, dass *Shakespeare* nur ein **Strohmann** war, der den eigentlichen Autor verbarg. Die Gründe für die Vermutung liegen auf der Hand, denn wie soll dieser in einer *bookless neighbourhood* aufgewachsene Sohn eines Analphabeten, von seinen Zeitgenossen weitgehend unbeachtete, ungebildete, mit höfischer Etikette unvertraute Mann, dieser Trunkenbold, dessen Tod offensichtlich mit seiner Sauferei zusammenhing, derart elaborierte, sprachgewaltige Werke geschrieben haben, die eine tiefe Detailkenntnis historischer Fakten verlangten. Und so soll *Shakespeare* für einen hohen Adligen den Autor gemimt haben, damit dieser nicht mit der verruchten Zunft der Schauspieler in einem Atemzug genannt wurde und so an Reputation verlor. Zwei Argumente sprechen immerhin dagegen: Zum einen ist es sehr unwahrscheinlich, dass über Jahrzehnte vor den Schauspielern, Druckern und Herausgebern die wahre Identität verschleiert werden konnte, zum anderen brauchte ein verkapper Aristokrat bei den Versepen nicht um seinen Ruf zu bangen; solch qualitätvolle Poesie hätte ihn zu einem geachteten Mann gemacht, warum also verzichtet der anonyme Autor auf diesen Ruhm. Und so blühen bis heute die Spekulationen, dass *Shakespeare* in Wahrheit eigentlich *Francis Bacon* war; große Aussicht, enttarnt zu werden, hat auch *Edward de Vere*, 17. Earl of Oxford, von dem schon *Sigmund Freud* glaubte, dass er der Meister gewesen sei.

Höchst spekulativ ist auch die These, dass *Christopher Marlowes* Tod in einer Wirtshausschlägerei nur vorgetäuscht war, um ihn vor der Anklage der Blasphemie zu schützen, und dass der Tunichtgut dann nach Italien floh, dort die Feder wetzte und Stücke sowie Sonette an einen Vertrauten namens *William Shakespeare* schickte.

1016es ar

Wie kein anderer hat **Thomas Hardy** (1840–1928) seine südenglische Landschaft und die Menschen mit ihren Sorgen und Nöten, eingebettet in die allumgebende Natur, beschrieben. „Tess of the d'Urberville" ist wohl sein bekanntester Roman, der das unglückliche Leben der schönen Tess zum Inhalt hat, die verführt und mehrfach verlassen wird, schließlich ihren Peiniger ersticht und nach kurzer Zeit gefasst und hingerichtet wird.

Umstritten ist der Autor des Dschungelbuches, **Rudyard Kipling** (1865–1936), der sich in seinen Werken als Reaktionär und Rassist entlarvt und chauvinistischen Vorurteilen frönt. Dennoch erhielt er als erster Brite den Nobelpreis für Literatur.

Vom gut beobachtenden und hervorragend beschreibendem **Henry James** (1843–1916) wird der Leser viele kurze oder auch längere, aber immer treffende Zitate in diesem Band finden. *James,* eigentlich amerikanischer Staatsbürger, aber fast sein ganzes Leben in England wohnend, arbeitete sowohl als Romancier als auch als Reiseautor. Seine Fahrtbeschreibungen durch Großbritannien lassen sich amüsant und lustig lesen und sind gesammelt in dem Band „In England um glücklich zu sein".

Joseph Conrad (1857–1924), der aus einer gebildeten polnischen Familie stammt und eigentlich *Theodor Josepf Konrad Korzeniowski* heißt, fährt als Kapitän der englischen Handelsmarine

In Buchläden mit angeschlossenem Café, wie dem London Review Bookshop, lässt es sich angenehm vor Ort schmökern

mehr als 20 Jahre zur See, bis er sich dann in England als Schriftsteller niederlässt. Seine Protagonisten stehen – wie nach einem Seefahrerleben nicht ungewöhnlich – in ständiger Auseinandersetzung mit den Kräften der Natur sowie ihren eigenen psychischen Urgewalten. Angelehnt an *Conrads* bekanntesten Roman „Herz der Finsternis" hat *Francis Ford Coppola* sein Vietnam-Trauma „Apocalypse Now" verfilmt.

John Galsworthy (1867–1933), mehr der Realität im edwardianischen England als der Romantheorie verhaftet, verfasste eine ganze Reihe von sozialkritischen Romanen; durch eine Fernsehserie auch hierzulande bekannt geworden ist die Familienchronik „Forsythe Saga".

Aus kleinen Verhältnissen stammt **Herbert George Wells** (1866–1946). Er bekommt nur wenig schulische Bildung und muss früh in die Lehre. Dann ermöglicht ein Stipendium dem Autodidakten das Studium an der renommierten School of Science im Londoner Viertel South Kensington. Hier erlernt er die theoretischen Grundlagen für seinen in alle Sprachen der Welt übersetzten fantastischen Roman „Die Zeitmaschine".

Gilbert Keith Chesterton (1874–1936) ist vor allem durch seine Pater-Brown-Krimis bekannt geworden, und **William Somerset Maugham** (1874–1965) hat uns eine ganze Reihe exzellenter Gesellschaftsromane hinterlassen.

Der Ire **George Bernard Shaw** (1856–1950) bringt das Drama zu neuem Ansehen, auf sein Stück „Pygmalion" geht das Musical „My Fair Lady" zurück.

Der bedeutendste Dichter nach dem Ersten Weltkrieg ist **T. S. Eliot** (1888–1965), dessen Geniestreich „The Waste Land" in der Hogarth Press von *Virginia* und *Leonard Woolf* publiziert wird; *Eliot* schreibt auch Dramen, so das religiöse Stück „Mord im Dom", dass die Ermordung des Erzbischofes *Thomas Becket* zum Inhalt hat und 1936 in der Kathedrale von Canterbury aufgeführt wird.

Unkonventionell sind die Romane von **D. H. Lawrence** (1885–1930), der zu den größten englischen Schriftstellern des 20. Jh. zu rechnen ist. In seinen Werken entwickelt er Visionen des Lebens und profiliert sich als Gesellschaftskritiker.

Virginia Woolf (1882–1941, siehe Exkurs „Virginia Woolf – Ein tragisches Genie", S. 66) präsentiert in ihren Romanen einen exklusiven Ausschnitt der Wirklichkeit, ihr bekanntestes Werk „Orlando", in dem sich die Hauptfigur vom Mann zur Frau wandelt und durch die Jahrhunderte reist, wurde 1992 verfilmt.

In seinem Roman „Brave New World" (der Titel stammt aus dem Shakespeare-Stück „Der Sturm") entwickelt **Aldous Huxley** (1894–1963) das Horrorszenario, dem die heutigen Gentechnologen immer näher kommen, und **George Orwell** (1903–1950) zeichnet unter dem Einfluss des Faschismus in seinem weltberühmten „1984" den totalitären Überwachungsstaat. Mit seiner Fabel „Animal Farm", in der einige gleicher als andere sind, rechnet er mit dem Kommunismus stalinistischer Prägung ab.

Der Konflikt zwischen Gut und Böse beherrscht die Romane von **E. M. Forster** (1879–1970), der diesen Aspekt häufig durch Gegenüberstellungen zweier Welten verdeutlicht.

Graham Greene (1904–1991) schildert auf unnachahmlich spannende Art, aber auch mit dem Blick des exzellenten Beobachters in seinen Romanen soziale

Milieus und nimmt diese gesellschaftskritisch unter die Lupe.

Mit **John Osborne** (1929–1994) und seinem Stück „Blick zurück im Zorn“ entstand die Protestbewegung der *Angry Young Men,* die sich gegen den behäbigen Mief in der Nachkriegsära Großbritanniens organisierten.

William Golding (1911–1993) zeigt in seinen Werken Personen, die in schnell wechselnden Situationen handeln müssen, beispielsweise schon in seinem Erstlingswerk „Herr der Fliegen“. Golding erhielt im Jahre 1983 den Literaturnobelpreis.

Die Gedichte des jung verstorbenen **Dylan Thomas** (1914–1953) haben eine explosive Kraft, er „häuft Wörter, Begriffe, Bilder in schier unerschöpflicher Fülle und Intensität aufeinander.“

Harold Pinter (1930–2008) der seit 1959 Stücke für die Bühne, das Fernsehen und den Film schrieb, war der bedeutendste Dramatiker der Gegenwart und Vertreter des englischen absurden Theaters. 2005 erhielt er den Nobelpreis für Literatur.

Anthony Burgess (1917–1993) findet erst im Alter von 39 Jahren zur Literatur; bekannt gemacht hat ihn sein Gewaltepos „Clockwork Orange“, das von *Stanley Kubrick* verfilmt wurde.

Iris Murdoch (1919–1999), Dozentin für Philosophie an der Universität Oxford, beschreibt in ihren Werken das Verhältnis des Menschen zu der ihn umgebenden Wirklichkeit.

Im Zentrum von **Doris Lessings** (geb. 1919–2013) Romanen stehen die gesellschaftlichen, aber auch sexuellen Erfah-

rungen der Frau. 2007 erhielt sie den Literaturnobelpreis.

Bei **Muriel Spark** (1918–2006) hingegen tritt häufig der moralische Grundcharakter deutlich hinter einer satirischen Oberfläche hervort.

Ian McEwan (geb. 1948) feierte mit seinem Roman „Abbitte", der 2007 mit *Keira Knightley* und *Saoirse Ronan* verfilmt wurde, einen Welterfolg. Jedes seiner nachfolgenden Bücher wurde ebenfalls zu einem Bestseller, so auch das an *Franz Kafkas* „Die Verwandlung" angelehnte „Die Kakerlake", in dem es um den *Brexit* geht.

Hilary Mantel (geb. 1952) gewann mit ihren historischen Romanen „Wolf Hall und Falken", in denen es um den Aufstieg *Thomas Cromwells* am Hofe *Heinrich VIII.* geht, jeweils den *Booker Prize,* den wichtigsten britischen Literaturpreis.

Nick Hornby (geb. 1957) ist einer der bedeutendsten Vertreter der Popliteratur, zu seinen bekanntesten Werken zählen „High Fidelity", „Fever Pitch" und „About a Boy", die durch ihre Verfilmungen auch einem größeren Publikum bekannt wurden.

Zadie Smith (geb. 1975) wurde mit ihrem Roman „Zähne zeigen" schlagartig berühmt; in ihren Werken artikuliert sie die Sorgen und Nöte der von der Politik vergessenen Mittelklasse und thematisiert konkret den daraus resultierenden Rassismus.

Im letzten Jahrzehnt hat sich das **New Nature Writing** (Naturschriftstellerei), das sich meist mit autobiografischem Schreiben vermischt, zu einem der beliebtesten Genres der englischen Literatur entwickelt. Zu den berühmtesten Vertretern gehören **Robert MacFarlane** (geb. 1976), der in Büchern wie „Karte der Wildnis" oder „Alte Wege" von seinen Streifzügen durch unberührte Landstriche erzählt. **Helen MacDonald** (geb. 1970) beschreibt in ihrer autobiografischen Abhandlung „H wie Habicht", wie sie den Tod ihres Vaters verarbeitet, in dem sie ihrem Kindheitstraum nachgeht und einen jungen Habicht zähmt. Auch **James Rebanks** (geb. 1974) Bestseller „Mein Leben als Schäfer", der von seiner Arbeit im nordenglischen Lake District erzählt, zeugt von der Liebe zur Natur.

Die British Library in London

Die Autorin | 598
Fotonachweis | 597
Kleine Sprachhilfe | 577
Literaturtipps | 576
Register | 588
Schreiben Sie uns! | 599

903es visit1066country

14 Anhang

Am Strand von Hastings

Literaturtipps

- *Ackroyd, Peter,* **Die Themse – Biographie eines Flusses,** München 2008. *Ackroyd* erzählt über die Themse wie über einen guten Freund.
- *Chaucer, Geoffrey,* **Die Canterbury-Erzählungen,** München 2021. Neuübersetzung der mittelalterlichen Erzählung über eine Pilgerreise zum Grab des *Hl. Thomas Becket.*
- *Coe, Jonathan,* **Middle England,** München 2023. Humorvoller Gesellschaftsroman über das Leben im heutigen England.
- *Hardman, Robert,* **Queen of Our Times: Das Leben von Elizabeth II.,** Köln 2022, Porträt einer Ausnahmepersönlichkeit.
- *Laing, Olivia,* **Zim Fluss: Eine Reise unter die Oberfläche,** München 2023. Die Autorin nimmt den Leser auf eine Wanderung entlang der Ouse mit, dem Fluss, in dem *Virginia Woolf* sich ertränkte, und verbindet Naturerfahrungen mit den Schicksalen der Menschen, die hier lebten.
- *Dittert, Annette,* **London Calling: Als Deutsche auf der Brexit-Insel,** Hamburg 2020. Persönliche Einblicke in das Leben in London von der ARD-Korrespondentin *Dittert.*
- *Doyle, Arthur Conan,* **Der Hund von Baskerville,** Zürich 2001. *Sherlock Holmes* reist ins Dartmoor, um dem Geheimnis eines alten Fluchs auf die Spur zu kommen.
- *Du Maurier, Daphne,* **Mein Cornwall,** Frankfurt/Main 1997. Die Schriftstellerin entführt den Leser in ihr geliebtes Cornwall.
- *Fletcher, Adam,* **So Sorry: Ein Brite erklärt sein komisches Land,** München 2022. Ein wunderbar satirischer Blick auf das moderne England.
- *Glendinning, Victoria,* **The Life of Vita Sackville-West,** London 2005. Biografie über eine der schillerndsten Figuren im England des 20. Jh.
- *Hunt, Claudia,* **What's for tea? Englisch, wie es nicht im Schulbuch steht,** München 2008. Ein humorvoller Leitfaden zum *British Way of Life.*
- *Mantel, Hilary,* **Wölfe,** Köln 2010. Großartiger Historienroman über das Leben *Thomas Cromwells* im 16. Jahrhundert.
- *Musall, Bettina* und *Schnurr, Eva-Maria,* **Die britische Krone: Die britische Monarchie im Wandel der Zeit,** Hamburg 2018, Aufsätze zu den Triumphen und Tragödien der britischen Monarchie.
- *Sackville-West, Vita,* **Sissinghurst – Portrait eines Gartens,** Frankfurt/Main 2017. Kurze Auszüge aus Tagebüchern und Briefen geben einen wunderbaren Einblick in die Gestaltung des berühmten Gartens.
- *Spalding, Frances,* **Virginia Woolf. Leben, Kunst und Visionen,** München 2016. Eine faszinierende Biografie, geschrieben von der Kunsthistorikerin *Spalding.*
- *Wende, Peter,* **Das Britische Empire,** München 2022. Wie die Briten ihr unerhört großes Weltreich errichteten und wieder verloren.
- *Woolf, Virginia,* **Orlando,** Frankfurt 1992. Erst männlich, dann weiblich, und über 300 Jahrhunderte alt – *Orlando* ist eine der skurillsten und großartigsten Romanfiguren *Woolfs.*
- *Zoob, Caroline,* **Virginia Woolfs Garten: Die Geschichte der grünen Oase in Monk's House,** Hildesheim 2023. Ein prachtvolles Buch für Literatur- und Gartenbegeisterte.

Einige dieser Titel sind nur noch antiquarisch erhältlich, aber dadurch nicht weniger lesenswert.

Kleine Sprachhilfe

Hier folgt ein kleines **Grundvokabular Deutsch/Englisch.** Ausführlichere Informationen und viele praktische Beispiele für den Reisealltag enthält der **Kauderwelsch-Sprachführer „Englisch – Wort für Wort“** (Band 64) aus dem Reise Know-How Verlag. Begleitend ist zu diesem Buch ein AusspracheTrainer auf Audio-CD oder als mp3-Download erhältlich. Wer tiefer in die Sprache einsteigen möchte, findet weitere Vokabeln in **„Englisch – Wort für Wort plus Wörterbuch“** (Band 64+) und **„British Slang – das andere Englisch“** (Band 47) – ebenfalls aus dem Reise Know-How Verlag.

Kleiner Reisewortschatz

Wichtige Fragen und Floskeln

Ja.	Yes.
Nein.	No.
Bitte.	Please.
Danke.	Thank you.
Guten Tag.	Hello.
Guten Abend.	Good evening.
Auf Wiedersehen.	Goodbye.
Hallo!	Hi!
Tschüss.	Bye.
Herzlich willkommen!	Welcome!
Einverstanden.	I agree.
Entschuldigung.	Excuse me.
Ich heiße …	My name is …
Ich komme aus	I'm from ...
… Deutschland.	… Germany.
… Österreich.	… Austria.
… der Schweiz.	… Switzerland.
Sprechen Sie Deutsch?	Do you speak German?
Ich habe nicht verstanden.	I don't understand.
Wiederholen Sie bitte.	Please repeat.
Sprechen Sie bitte langsamer.	Please speak slowly.
Haben Sie?	Do you have …?
Wann?	When?
Wo ist …?	Where is …?
Wie …?	How …?
Wie bitte?	Pardon?
Wie viel kostet …?	How much is …?
Ich suche …	I'm looking for …

Aussprache

- **a** wie a, ä, äi oder o, z.B. last (laaßt), back (bäkk), name (näim) oder all (ool)
- **e** wie e, ie, z.B. egg (egg), the (dhie)
- **i** wie i, ai oder ö, z.B. sick (ßikk), nice (naiß) oder first (föößt)
- **u** wie a oder uu, z.B. bus (baß), sure (schue)
- **c** klingt wie k, z.B. clock (klokk)
- **s** und **c** wie stimmloses s, z.B. sell (ßell), circus (ßöökes)
- **g** und **j** wie dsch, z.B. George (dshoodsh), joke (dshouk)
- **sh** wie sch, z.B. shoe (schuu)
- **sch** wie ßk, z.B. school (ßkuul)
- **sp** mit stimmlosem ß; kein schp, z.B. spell (ßpell)
- **st** mit stimmlosem ß; kein scht, z.B. stone (ßtoun)
- **th** mit stimmhaft gelispeltem s oder stimmlos gelispeltem ß, z.B. that (dhät) oder thorn (thoon)
- **v** wie w, z.B. vote (vout)
- **w** wie kurzes u, z.B. window (windou)
- **y** wie j, z.B. yes (jeß)
- **z** wie s, z.B. zoo (suu)

Wochentage und Zeitangaben

Montag	Monday
Dienstag	Tuesday
Mittwoch	Wednesday
Donnerstag	Thursday
Freitag	Friday
Samstag	Saturday
Sonntag	Sunday
Minute	minute
Stunde	hour
Wie spät ist es?	What's the time?
gestern	yesterday
heute	today
morgen	tomorrow
morgens	in the morning
mittags	at lunchtime
nachmittags	in the afternoon
abends	in the evening
nachts	tonight
jetzt	now
täglich	daily
früher	earlier
später	late

Unterwegs

Straße	street
Kreuzung	junction/crossroads
Platz	place/square
Fluss	river
Brücke	bridge
Marktplatz	marketplace
Altstadt	old town
Burg	castle
Kathedrale	cathedral
Kirche	church
Museum	museum
Rathaus	town hall/city hall
Taxi	taxi/cab
Bus	bus/coach
Straßenbahn	tram
Haltestelle	stop
Ampel	traffic light
nahe	near, close
weit/fern	far
geradeaus	straight on
gegenüber	across from
rechts	on the right
links	on the left
neben, bei	next to
zurück	back/behind/backward
Parkplatz	parking spot/ parking area
Tankstelle	filling station/ petrol station
Flughafen	airport
Bahnhof	railway station/ train station
Zug	train
Fähre	ferry
Boot	boat
Hafen	port
Fahrkarte	ticket
Fahrplan	timetable/schedule
Toilette	toilet/restroom/ bathroom
besetzt	occupied

[>] Traditionelles englisches Frühstück

Einkaufen

Lebensmittelgeschäft	grocery
Kaufhaus	department store
Bäckerei	bakery
Konditorei	cake shop/pastry shop
Markt	market
Postamt	post office
Briefkasten	mailbox
Briefmarke	stamp
Telefon	phone
Handy	mobile phone
Kreditkarte	credit card
Geldautomat	ATM
Wie viel kostet das?	How much is it?
offen	open
geschlossen	closed

Gastronomie

Restaurant	restaurant
Gaststätte	pub
Café	coffee shop
Frühstück	breakfast
Mittagessen	lunch
Abendessen	dinner
Vorspeise	starter
Hauptgang	main course
Nachtisch	dessert
vegetarisch	vegetarian
vegan	vegan
heiß/kalt	hot/cold
Speisekarte	menu
Die Rechnung bitte!	The bill please!
Guten Appetit!	Enjoy your meal!
Prost!	

Essen

Suppe	soup
Fisch	fish
Thunfisch	tuna
Lachs	salmon
Garnelen	shrimp
Fleisch	meat
Lamm	lamb
Schweinefleisch	pork
Rindfleisch	beef

1018es vcb

1019es vcb

Huhn	chicken
Kalbfleisch	veal
Gemüse	vegetables
Karotten	carrots
Zwiebel	onion
Pilze	mushrooms
Kartoffeln	potatoes
Tomaten	tomatoes
Spinat	spinach
Auberginen	eggplant
Zucchini	zucchini
Obst	fruit
Aprikose	apricot
Orangen	oranges
Erdbeeren	strawberries
Himbeeren	raspberries
Melone	melon
Apfel	apple
Pfirsich	peach
Nudeln	noodles, pasta
Reis	rice
Brot	bread
Brötchen	bun/bread roll
Käse	cheese
Marmelade	jam
Schinken	ham
roh/gekocht	raw/cooked
Salami	salami
Eis	ice
Speiseeis	ice cream
Zucker	sugar
Pfeffer	pepper
Salz	salt

Trinken

Getränk	drink
Saft	juice
Kaffee	coffee
Bier	beer
Wein	wine
Leitungswasser	tap water
stilles Wasser	still (mineral) water
Wasser mit Kohlensäure	sparkling water

Unterkunft

Hotel	hotel
Pension	pension/B&B
Jugendherberge	youth hostel
Einzelzimmer	single room
Doppelzimmer	double room
Schlüssel	key
Bad	bath
Dusche	shower
frei	free
Vollpension	full board
zu vermieten	for rent
Zimmervermietung	room rental

Notfall

Hilfe!	Help!
Polizei	police
Arzt	doctor
Zahnarzt	dentist
Krankenwagen	ambulance
Krankenhaus	hospital
Apotheke	pharmacy
Schmerzen	pain

Zahlen

1	one
2	two
3	three
4	four
5	five
6	six
7	seven
8	eight
9	nine
10	ten
11	eleven
12	twelve
13	thirteen
14	fourteen
15	fifteen
16	sixteen
17	seventeen
18	eighteen
19	nineteen
20	twenty
21	twenty-one
22	twenty-two
23	twenty-three
30	thirty
40	fourty
50	fifty
60	sixty
70	seventy
80	eighty
90	ninety
100	one hundred
200	two hundred
1000	thousand

Weitere Vokabellisten im Buch

- **Kleine Vokabelliste rund ums Auto,** S. 484
- **Kleine Vokabelliste für Restaurants,** S. 493
- **Kleine Vokabelliste rund ums Fahrrad,** S. 511

[<] Hausfassade einer Austern-Bar in Whitstable

REISE KNOW-HOW
@ReiseKnowHow
@reiseknowhowverlag
@Reise_KnowHow
auf www.reise-know-how.de
für den Newsletter anmelden
Zugspitze, Foto: Aneta Niemitz
Kauderwelsch | MeinTrip | InselTrip | Soul Places

Register

A

A la Ronde 204
Abbotsbury 188
Alexander Keiller Museum 409
Alfriston 61
Alpacas 214
Alum Bay 120
Anreise 476
Anreise, Isle of Wight 105
Anreise, London 472
Apotheken 501
Architektur 557
Ärmelkanal 31
Arnolfini Arts Centre 363
Arundel Castle 85
Arzt 501
Ausreisebestimmungen 487
Ausrüstung 510
Austen, Jane 564
Autofahren 482
Avebury 22, 407
Avebury Manor and Garden 410
Avon 368

B

Bacon, Francis 562
Bahn 478
Bahnnetz 521
Banksy 364
Barbara Hepworth Museum and Sculpture Garden 283
Barrierefreies Reisen 485
Bateman's 48
Bath 23, 374
Bath Abbey 385
Bath International Music Festival 382
Battle 46
Battle Abbey and Battle Field 47
Battle Museum of Local History 47
Baukunst, neolithische 408
Beachy Head 56
Beany House of Art and Knowledge, 435
Beaulieu 153
Bed & Breakfast 517
Beer 21, 192
Beer Quarry 192
Behinderte 485
Belle Tout-Leuchtturm 58
Bembridge 108
Bevölkerung 554
Bigbury-on-Sea 234
Bignor 86
Billigfluglinien 482
Birling Gap 61
Bishop Rock 274
Blackgang Chine 117
Bloomsbury Group 66
Bodiam Castle 47
Bodmin Moor 321
Bognor Regis 87
Boleyn, Anne 416
Bonchurch 115
Borough Market 459
Boscastle 320
Bournemouth 154
Brading 108
Brading Roman Villa 109
Brexit-Referendum 556
Brighstone 117
Brighstone Library and Museum 117
Brighton 72
Brighton Palace Pier 78
Bristol 360
Bristol Aquarium 363
Bristol Cathedral 365
Bristol-Sound 367
British Museum 469
BritRailPass 521

Broadlands Park 135
Broadstairs 444
Bryher 272, 278
Buchungsportale 516
Buckfast 218
Buckfast Abbey 222
Buckingham Palace 464
Buckler's Hard 153
Bude 324
Burchett's Wood 218
Burg Drogo 231
Burgh Island 234
Burnham-on-Sea 359
Burns, Robert 564
Bus 482
Busse 521
Butterdon Hill 217

C

Cadgwith 287
Cairns 214
Calbourne 121
Camber Sands 40
Camelford 320
Canterbury 430, 434
Canterbury Cathedral 431, 438
Canterbury Roman Museum 435
Castle Combe 401
Castle Drogo 232
Cerne Abbas 180
Chale 116
Chalice Well Garden 348
Chalk Ford 218
Charleston Farmhouse 63
Chartwell 421
Chaucer, Geoffrey 561
Cheddar Gorge 355
Chesil Beach 187
Chichester 87
Chichester Cathedral 88
Chinatown 468
Christie, Agatha 206
Churchill, Winston 421, 422
Cinque Ports 42, 441
City Museum Winchester 143
Clayton Tunnel North Portal 85
Clifton Suspension Bridge 368
Clink Museum 460
Clouds Hill 167
Clovelly 329, 330
Coasteering 514
Coleridge Cottage 345
Combe Martin 338
Corfe Castle, 166
Cornwall 14, 246, 310
Covent Garden 468
Cowes Maritime Museum 123
Cox's Cave 356
Cross Furzes 218
Croyde 334
Crypt of St. Leonard 33
Cuckmere 57
Cuckmere Haven 57, 61
Culver Cliffs 110

D

Dartmoor 212
Dartmouth 208
Deal 442
Defoe, Daniel 563
Dickens, Charles 444, 564
Dimbola Museum and Galleries 118
Dinosaur Isle 110
Dinosaurland Fossil Museum 190
Ditchling 85
Dokumente 487, 507
Donne, John 562
Dorchester 176
Dorset 176
Dorset County Museum 177
Dover 26
Dover Castle 27

Dover Museum 32
Downing Street 464
Drake, Francis 236, 238
Dreizehenmöwe 535
Drewsteignton 231
Dungeness 35
Dunkery Beacon 342
Dunster 344
Dunster Castle 344

E

East Cowes 123
East Cowes Heritage Centre 123
Eastbourne 51
Eastbourne, Umgebung 56
Einkäufe 486
Einreisebestimmungen 487
Eintrittspreise 501
Eisenbahn 478, 521
Elektrizität 489
English Heritage 60
Esoterik 345
Essen 489
Events 497
Excalibur 321
Exeter 196
Exeter Cathedral 196
Exford 340
Exmoor 23
Exmoor-Nationalpark 340

F

Fachwerkhäuser 61
Fähre 476
Fahrrad 510
Falmouth 256
Fan Bay Deep Shelter 30
Fashion Museum and Assembly Rooms 389
Fatboy Slim 76
Fauna 532
Feiertage 497
Ferienhäuser 519
Fernsehen 552
Feste 497
Fliegen 481
Flora 532
Flugzeug 481
Flug-Know-how 480
Follies 50, 204, 359
Fossilien 189
Fotografie 400
Fotografieren 498
Fotospots 498
Fowey 246, 247
Fox Talbot Museum 400
Fremdenverkehrsämter 502
Freshwater Bay 117
Frome 355

G

Gärten 15, 20
Gasthaus Jamaika 321
Gastropubs 491
Geld 499
Geldautomat 499
Geldnot 500
Geschichte 539
Gesundheit 501
Getränke 487
Gewichte 507
Glastonbury 22, 345
Glastonbury Abbey 346
Glen Lyn Gorge 339
Glyndebourne 65
Godshill 113
Golf 513
Gotik 557
Gough's Cave 356
Grafschaften 526

Gral, Heiliger 348
Great Dixter House & Garden 40
Greene, Graham 571
Greenway House 206
Guest Houses 518
Guildford 412

H

Hangershell Rock 217
Hardy, Thomas 176, 178, 570
Hartland Point 328
Hastings 43
Hastings Embroidery 44
Hastings, Hinterland 47
Haustiere 502
Hawker, Robert Stephen 325
Heinrich V. 136
Heinrich VIII. 418
Hengistbury Head Nature Reserve 156
Hepworth, Barbara 283
Herschel Museum of Astronomy 389
Hever Castle 416
Highclere Castle 412
Historic Dockyard 93
HMS Belfast 458
HMS Victory 100
HMS Warrior 93
Hobbes, Thomas 562
Höhlen 355
Holburne Museum 390
Holyrood Church Merchant Navy Memorial 133
Holywell Bay 312
Hostels 520
Hotels 519
House of Commons 463
House of Lords 463
Houses of Parliament 463
Hugh Town 277
Hunde 502
Huxley, Aldous 571
Hygiene 501
Hythe 33

I

Ilfracombe 334
Imbisse 491
Industrie 553
Informationen, London 471
Information 502
Internet 502
Island Planetarium 120
Isle of Portland 187
Isle of Purbeck 166
Isle of Wight 104
Isle of Wight, Praktische Tipps 124
Isle of Wight Steam Railway 106
Isles of Scilly 269
Isles of Scilly Museum 277
Isles of Scilly, Fauna und Flora 275
Isles of Scilly, Wirtschaft 273
Ivybridge 215

J

Jamaica Inn 321
James, Henry 570
Jarman, Derek 36
Johnson, Samuel 564
Jonson, Ben 562
Joss Bay 444
Jugendherbergen 519

K

Kanal 31
Kanaltunnel 476
Katzen 502
Kinder 503
Kingston Lacy 158

Kipling, Rudyard 48, 570
Klassensystem 554
Klima 504
Knepp Estate 537
Knole House 426
Kommunikation 504
Konfektionsgrößen 507
König Artus 318, 320
Konsulate 507
Krähenscharben 535
Krankenhäuser 501
Krankenversicherungskarte, Europäische 501
Kreditkarten 500
Kreidefelsen 56, 117
Küstenwanderungen, Cornwall 287
Kynance Cove 287

L

Lacock 400
Ladenschlusszeiten 486
Lake Village Museum 347
Lamas 214
Lamb House 39
Lamorna 265
Lamorna Cove 297
Land's End 268, 301
Landkarten 508
Landschaftsgärten 532
Landwirtschaft 553
Langbogen 136
Langer Mann von Wilmington 62
Lawrence von Arabien 170
Leeds Castle 428
Leicester Square 467
Leihwagen 522
Lesben 506
Lessing, Doris 572
LGBT+ 506
Lilliput Antique Doll & Toy Museum 109
Literatur 560
Literaturtipps 576
Lizard Point 287
Logan Rock 265
London 454
London Bridge 458
London Dungeon 462
London Eye 461
London Sea Life Aquarium 463
Long Man of Wilmington 62
Longleat 394
Lord Nelson 100
Lord Tennyson, Alfred 119
Lost Gardens of Heligan 20, 250
Lundy Island 337
Lydford-Klamm 230
Lyme Regis 189
Lyme Regis Museum 190
Lyndhurst 152
Lynmouth 339
Lynton 339

M

Mahlzeiten 489
Maiden Castle 177
Mantel, Hilary 573
Marazion 261
Margate 446
Marlborough 402
Marlowe, Christopher 562
Maße 507
Max Gate 176
Mayflower 236
McEwan, Ian 573
Medien 550
Medieval Merchants House 133
Mendips 355
Merry Maidens 297
Mevagissey 246, 253

Mevagissey Museum 253
Mietwagen 522
Milton Abbas 176
Minack Theatre 23, 266, 304
Minstead 154
Model Village Godshill 113
Monarchie 545, 549
Monk's House 65
Montacute House 182
More, Thomas 561
Moreton 167
Morwenstow 325
Mottisfont Abbey 137
Mountbattens 135
Mousehole 265
MShed –
The People's Museum 361
Museum of Bath at Work 390
Museum of East Asia Art 390
Museum of Witchcraft 320
Musik 65, 367
Musikszene,
Brighton 76

N

National Gallery 466
National Maritime Museum 258
National Motor Museum 153
National Portrait Gallery 467
National Trust 60
Nationalsymbole,
Britische 546
Naturschutz 536
Needles 118
Needles Old Battery and
New Battery 119
Needles Park 120
Nether Stowey 345
New Forest 151
New Nature Writing 573
Newport 121
Newquay 312
Niton 116
Normannen 46
Notfall 485, 507

O

Oast Houses 526
Öffnungszeiten 508
Old Battery 119
Old Sarum 151
Orientierung 508
Orwell, George 571
Osborne House 124

P, Q

Padstow 315
Palace of Westminster 463
Pallant House Gallery 88
Papageitaucher 535
Parkplätze 483
Parlament 548
Parteien 549
Pencarrow House and Gardens 317
Pendennis Castle 256
Penlee House 262
Penzance 261
Pepys, Samuel 563
Petworth House 86
Pferde 402
Piddle-und-Puddle-Land 173
Pilcher, Rosamunde 317
Pinter, Harold 572
Plymouth 235
Polesden Lacy 413
Polperro 21, 246, 246
Polperro Model Village,
Land of Legend &
Model Railway 247
Pope, Alexander 563

Porlock Weir 344
Porthcurno 265, 304
Porthgwarra 304
Portsmouth 92
Post 509
Prideaux Place 317
Private Hotels 518
Pubs 494, 496
Puppenmuseum 109
Quellen, Bath 374

R

Radio 552
Rauchen 509
Redoubt Fortress & Military Museum 51
Regierung 545
Reisegepäck 510
Reiserouten 14
Reisezeit 504
Reiten 513
Restaurantketten 495
Restaurants 491
River Erme 215
River Dart 223
Robben 280
Roman Baths 384
Roman Painted House 32
Romanik 557
Römische Bad 383
Romney Marsh 35
Romney, Hythe & Dymchurch Light Railway 34
Romsey 135
Ross von Cherhill 403
Ross von Hackpen Hill 402
Ross von Pewsey 403
Ross von Westbury 403
Royal Albert Memorial Museum and Art Gallery 201
Royal Cornwall Museum 255
Royal Crescent 387
Royal Pavilion 77
Royal William Yard 237
Rufus Stone 154
Ryde 106
Rye 37
Rye Castle Museum 38
Rye Harbour Nature Reserve 40

S

Safari 343
Salisbury 144
Salisbury Cathedral 145
Sandown 110
Sandwich 439
Sandworld 184
Saunton Sands 334
Schiffskatastrophen 270
Schluchten 355
Schnorcheln 280
Schwäne von Abbotsbury 188
Schwimmen 513
Schwule 506
Scilly Inseln 23, 269
Scott, Sir Walter 564
SeaCity Museum 132
Seaford 57
Seaford Head 57
Seaford Head Naturreservat 57
Seaview 107
Seevögel 535
Selworthy 344
Seven Sisters 56, 61
Sevenoaks 425
Shakespeare, William 561, 566
Shakespeare's Cliff 26
Shakespeare's Globe 460
Shanklin 21, 110
Shaw, George Bernhard 571
Sheffield Park Garden 414
Sherborne 181

Sherborne Castle 182
Shrek's Adventure 462
Sicherheit 510
Sir Max Aitken Museum 123
Sissinghurst 20, 427
Sky Garden, London 471
Smugglers Adventure 44
Smugglers' Museum 323
Somerset Rural Life Museum 347
South Foreland Lighthouse 30
Southampton 130
Southbank Centre 461
Spanische Armada 238
Spenser, Edward 562
Sperrnummer, Geldkarte 500
Sport 510
Sprache 484, 493, 511, 515, 577
Sprachschulen 515
St. Agnes 272, 278
St. Boniface Old Church 115
St. Catherine's Point 116
St. Ives 21, 280
St. Ives Museum 283
St. Ives Society of Artists Gallery 283
St. Just 269
St. Levan's Church 304
St. Martin's 272, 278
St. Mary's 272, 277
St. Mawes 246, 253
St. Michael's Church 133
St. Michael's Mount 22, 260
St. Paul's Cathedral 461
Stand-Up-Paddling 514
Stein, Rick 315
Steinkreise 403
Stevenson, Robert Louis 565
Stiles 213
Stonehenge 22, 403
Stourhead 20, 396
Strände 513
Straßen 483
Sugar Loaf 50
Surfen 312, 514
Swanage 166
Swannery 188
Swift, Jonathan 563

T

Tankstellen 483
Tarr Steps 342
Tate Modern 460
Tate, St. Ives 283
Tater Du, Leuchtturm 297
Tauchen 514
Tavistock 211
Taxen 523
Teign 231
Telefonieren 504
Tennis 513
The Eden Project 250
The Mall 465
Thermae Bath Spa 384
Thermen 374
Thomas, Dylan 572
Tinner's Way 292, 291
Tintagel 318
Tintagel Old Post Office 319
Titanic 131, 132
Tordalk 535
Torquay 204
Touren 14
Tower Bridge 455
Tower of London 455
Towner 53
Trafalgar Square 466
Trebah 259
Trebah Garden 20
Tresco 272, 277
Truro 254
Tudor House and Garden 133
Turner Contemporary 446
Two Bridges 223

U

Umweltschutz 536
Unterkunft 515
Unterkunft, London 473

V

Valhalla Museum 277
Veganer 491
Vegetarier 491
Ventnor 114
Ventnor Botanic Garden 114
Verhaltenstipps 520
Verkehrsmittel 521
Verkehrsmittel, London 472
Vicar's Close 353
Victoria Art Gallery 389
Viking Bay 444
Vogelwelt 533

W

Walmer 442
Wandern 511
Wanderungen 57, 61
Wanderungen, Cornwall 287
Wanderungen, Dartmoor 212
Wareham 167
Wassersport 514
Wells 349
Wells Cathedral 349
Wells, Herbert George 571
West Cowes 123
Western Beacon 215
Westminster Abbey 463
Weston-super-Mare 356
Westward Ho 334
Weymouth 184
White Cliff Country 26
White Cliffs 30
White-Lady-Wasserfall 230
Whitstable 21, 23, 450
Wilmington, langer Mann von 402
Wilton House 411
Wiltshire 402
Winchelsea 42
Winchelsea Court Hall Museum 42
Winchester 138
Winchester Cathedral 138
Winkle Street 121
Winsford 342
Wirtschaft 553
Wistman's Wood 22, 223
WLAN 506
Wookey Hole Caves 355
Woolacombe 334
Woolf, Virginia 65, 66, 571
Wordsworth, William 564
World of Model Railways 253
Wren, Christopher 560

Y

Yarmouth 120
Yarmouth Castle 120

Z

Zeit 523
Zeitungen 550
Zennor 291
Zinn 286
Zollbestimmungen 488
Zoo 110
Zug 478

▷ In Whitstable

Fotonachweis

Soweit ihre Namen nicht vollständig am Bild vermerkt sind, stehen die Kürzel oder Websites an den Abbildungen für die folgenden Fotografen, Firmen und Einrichtungen. Wir danken für die freundliche Abdruckgenehmigung.

Anna Regeniter (ar)
Hans-Günter Semsek (se)
Ash Mills (am), S. 145
Bristol Lido (bl), S. 370
Canterbury.co.uk, S. 21
Carol Casseldon (cc), S. 20
Destination Bristol (db), S. 365
Exmoor National Park Authority (ENPA, Autorennachweis teils am Bild), S. 23, 326, 340, 534
Fotolia.de (Autorennachweis jeweils am Bild), S. 27, 102, 132, 177, 194, 400, 443, 563, 565, 572
Lars Kabel/Astrid Fieß (fk), S. 183, 188, 254, 308, 350, 352, 359, 517, 530, 532, 558
National Trust (nt, Autorennachweis jeweils am Bild), S. 48, 50
Prideaux Place (pp), S. 316
Redstagsafari.co.uk, S. 342
Stefan Blank (sb), S. 524
adobe.stock.com (Autorennachweis jeweils am Bild), S. 20, 62, 70, 92, 94, 99, 111, 125, 126, 130, 139, 152, 155, 158, 159, 162, 164, 167, 170, 186, 191, 193, 197, 215, 216, 218, 222, 226, 227, 228, 232, 234, 236, 242, 257, 262, 287, 294, 303, 329, 335, 337, 339, 357, 394, 396, 402, 406, 410, 422, 427, 429, 430, 434, 451, 479, 511, 514, 518, 522, 523, 536, 548, 554
Thanet District Council (tdc), S. 4, 445, 446, 449
Thermaebathspa.com, S. 23, 391
The Royal Oak (ro), S. 181
Visit Bristol (vb, Autorennachweis teils am Bild), S. 366, 368
Visit Canterbury (vcb), S. 23, 520, 579, 580
Visit Dartmoor (vd), S. 22, 512
Visit Cornwall (vc, Autorennachweis teils am Bild), S. 20, 21, 22, 251, 258, 260, 267, 268, 307, 312, 321, 322, 324
Visit Isles of Scilly (vis), S. 1, 23, 244, 276, 278
Visit Kent (vken), S. 417, 529
Visit Somerset (vs), S. 346, 355
visit1066country.com, S. 38, 42, 46, 574
visiteastbourne.com, S. 52, 64
visitisleofwhight.co.uk, S. 21, 107, 109, 112, 114, 118, 121, 474, 503
visitsouthdevon.co.uk, S. 16, 21
Volker Kabel (vk), S. 72

1020es vcb

Die Autorin

en 330 ar

Anna Regeniter, wohnt seit 1994 in England. Nach einem Master-Studium in Literatur an der *University of London* zog sie 2004 nach Manchester, wo sie als Deutschlehrerin im Sekundarbereich tätig ist. Sie liebt den Humor der Engländer und die herrlichen Landschaften Großbritanniens.

Im Reise Know How Verlag erschienen von ihr „CityTrip Manchester", „CityTrip Birmingham" und „CityTrip York" sowie die Reiseführer „England – Norden und Mitte" und „Cornwall".

Hans-Günter Semsek war als freier Journalist und Autor tätig. 1967 kam er zum ersten Mal nach London und besuchte in den folgenden Jahren alle Regionen der Britischen Inseln. Im Jahr 2011 ist *Hans-Günter Semsek* verstorben.

Schreiben Sie uns!

Wir hoffen, dass Ihnen dieser Reiseführer gefällt und er Ihnen ein guter Begleiter auf einer außergewöhnlichen und spannenden Reise ist.

Weil ein Reiseführer von Erfahrungen lebt, sind wir an Ihren Erlebnissen interessiert: Haben Sie in unserem Buch ein Restaurant entdeckt, das es nicht mehr gibt, eine Sehenswürdigkeit, die wir noch nicht aufgeführt haben, oder eine falsche Adresse? Dann schreiben Sie uns! **Wir nehmen jeden Hinweis und jede Kritik ernst und arbeiten kontinuierlich daran, die Bücher aktuell zu halten und immer weiter zu verbessern.** Jede Mail wird gelesen und beantwortet. Auch wenn wir nicht jeden Wunsch erfüllen können, machen wir uns immer Gedanken über Ihre Anmerkungen.

Schreiben Sie uns:
per Mail an info@reise-know-how.de oder an
Reise Know-How Verlag Peter Rump GmbH, Postfach 140666, 33626 Bielefeld

Wenn sich Ihre Infos direkt auf das Buch beziehen, würde uns die Angabe der Seitenzahl und der Auflagenzahl bzw. des Erscheinungsjahres Ihrer Ausgabe die Arbeit sehr erleichtern. Besonders hilfreiche Beiträge und Ergänzungen zu den Büchern belohnen wir mit einem Sprachführer Ihrer Wahl aus der über 240 Bände umfassenden „Kauderwelsch"-Reihe.

Herzlichen Dank und gute Reisen
Ihr Reise Know-How Verlag

Irische See
WALES
Aberaeron
Cardigan
Lampeter
Builth Wells
Fishguard
Llandysul
Llandovery
St. David's
St. David's Head
Carmarthen
Llandeilo
Haverfordwest
Ammanford
Milford Haven
Glynneath
St. Ann's Head
Pembroke
Tenby
Llandelli
Swansea
Port Talbot
M4
Bridgend
Keltische See
Llantwit
Bristol Channel
330
Ilfracombe
339
Morte Point
Lynton
Minehead
328
Hartland Point
Barnstaple
EXMOOR
310
Dulverton
329
Clovelly
Bideford
Great Torrington
Chulmleigh
324
Bude
Tiverton
Holsworthy
Hatherleigh
196
318
Tintagel
Okehampton
Exeter
320
Camelford
Launceston
204
A la Ronde
248
315
Padstow
212
DARTMOOR
211
Tavistock
312
Newquay
Bodmin
Newton Abbot
Liskeard
235
204
Torquay
Plymouth
247
Fowey
280
St. Ives
Camborne-Redruth
254
Truro
St. Austell
246
Polperro
Brixham
208
Dartmouth
Newton Ferrers
261
Penzance
256
Falmouth
253
St. Mawes
Kingsbridge
BURGH ISLAND
268
Land's End
260
St. Michael's Mount
Helston
198
Start Point
Isles of Scilly
Lizard
Lizard Point
269
ISLES OF SCILLY
ST. MARTIN'S
Hugh Town
ST. MARY'S
Penzance
272